abc
LA COLLECTION

Tout-en-un

Le BAC en confiance

W0333797

1re
Générale

BAC 2025

Toutes les matières du TRONC COMMUN

Français
Françoise Cahen
Delphine Fradet
Garance Kutukdjian
Dominique Prest
Ghislaine Zaneboni

Histoire-Géographie
Laëtitia Benbassat
Frédéric Fouletier
Pascal Jézéquel
Servane Marzin
Johann Protais
Alain Rajot
Évelyne Soumah
Cécile Vidil

Enseignement scientifique
Christian Camara
Nicolas Coppens
Claudine Gaston
Karine Marteau-Bazouni

Mathématiques
Pierre-Antoine Desrousseaux

Anglais
Anne-Laure Delord

Espagnol
Antoinette de Jorna

Nathan

QR codes Nathan

À l'aide de votre smartphone, **flashez les QR codes** que vous voyez apparaître au fil des pages.

Ils vous donneront accès à des **ressources numériques*** (vidéos, articles, podcasts...) sélectionnées par les auteurs.

1 Flashez les QR codes

Vidéo

2 Accédez aux différentes ressources numériques

Pour accéder à ces ressources, vous pouvez également télécharger l'appli gratuite *Nathan Live* et flasher les pages sur lesquelles apparaissent les QR codes (bien flasher la page entière à chaque fois).

* Les éditions Nathan ne sont pas garantes de la pérennité des liens.

Direction éditoriale : Raphaëlle Mourey
Coordination éditoriale : Géraldine de Saint Palais, Marion Gautier, Julie Langlais, assistées d'Alix de Kersauson, Eva Aguerretche
Conception graphique intérieure : Élise Launay
Couverture : Hugues Vollant, Marc Henry
Schémas et cartes mentales : Coredoc, Pascal Marseaud, Coline Girard
Cartographie : Légendes Cartographie, Philippe Chauvet, Hugo_Map
Iconographie : Annie-Claire Auliard Villain
Compositeur : Linéale, Fabienne Grain
Fabrication : Frédéric Bouly

ISBN : 978-2-09-503560-0
Dépôt légal : Juillet 2023 - N° de projet : 10297580
Achevé d'imprimer en Juin 2024 par Vincenzo Bona S.p.A. à Turin en Italie

Mode d'emploi

Un ouvrage pratique pour réviser toutes les matières et réussir l'examen !

Retrouvez en un seul ouvrage les enseignements communs au programme de 1re.

Et pour chaque chapitre, trois rubriques pour progresser en toute sérénité :

FRANÇAIS

HISTOIRE-GÉO

ENS. SCIENTIFIQUE

ANGLAIS

ESPAGNOL

Cours

- Des **cours synthétiques** et **structurés** pour maîtriser tous les thèmes du programme.
- Des **encadrés en marge** donnent des informations complémentaires, du vocabulaire, des biographies, etc.

Révision express

- Une page **Révision Express** à la fin de chaque chapitre résume les principaux points à retenir.
- Un **Quiz** permet de se tester rapidement et de vérifier que le cours est bien compris.

Cap sur le bac

- Des **exercices** pour vous entraîner au contrôle continu ou des **sujets type** qui pourraient vous être proposés au bac.
- Des **conseils méthodologiques** vous aident à comprendre les points difficiles et à réaliser les exercices ou les sujets.
- Les **corrigés** sont accompagnés de nombreux **conseils**, **remarques**, **astuces du prof** pour acquérir les bons réflexes pour le bac.

Dans le Cahier Spécial Bac, des sujets complets (zéros et inédits) vous permettent de vous préparer au contrôle continu et aux épreuves de français du bac.

Sommaire

Thème 3 : La Terre, un astre singulier

Thème 4 : Son et musique, porteurs d'information

MATHÉMATIQUES

ANGLAIS

ESPAGNOL

CAHIER SPÉCIAL BAC

ANNEXES

Le Bac

Le calendrier

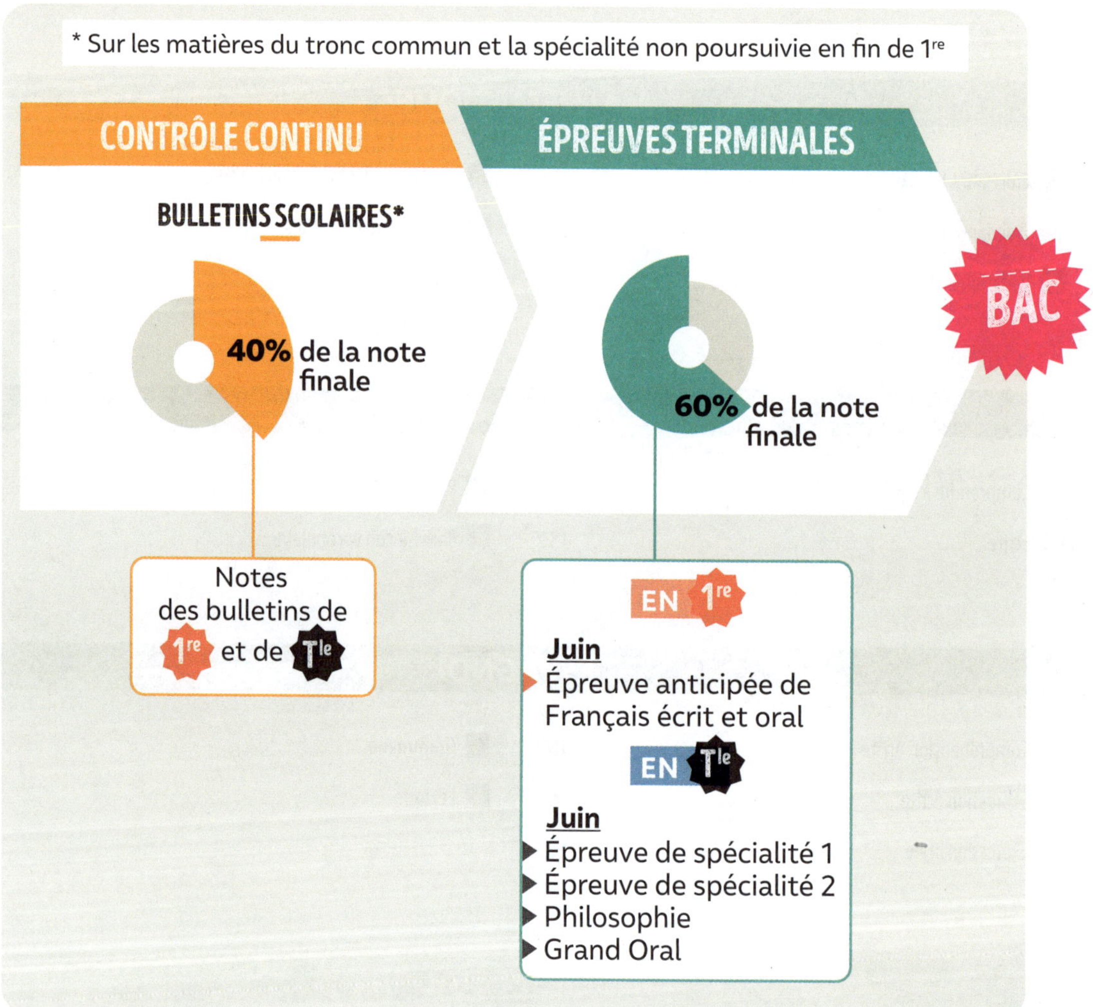

3 spécialités en Première, 2 spécialités en Terminale

- À la fin de l'année, les élèves de Première devront abandonner une des trois spécialités choisies en début d'année.
- La spécialité abandonnée sera évaluée en fin de première par une épreuve commune de contrôle continu (coef. 8).
- Les deux spécialités conservées en Terminale seront quant à elle évaluées par une épreuve finale en fin de terminale (coef. 16 chacune).

L'épreuve finale pour la Philosophie en T[le]

- **Trois sujets au choix** 20 pts

– Deux sujets de dissertation

– Une explication de texte

4 heures | Coeff. 8 | 3e trimestre

Le Grand Oral

- **Cette épreuve, d'une durée de 20 minutes**, se réalise devant un jury et porte sur les deux spécialités suivie en Terminale.
- **Elle se déroule en deux parties :** présentation d'une question portant sur un (ou les deux) enseignement(s) de spécialité, puis discussion avec le jury concernant l'exposé présenté et le programme des deux spécialités.

Description des épreuves de français en 1re

Les copies sont anonymes et corrigées par d'autres professeurs que ceux de l'élève.

Écrit

Durée : 4 heures
Coefficient : 5
Noté sur 20 points
Commentaire ou dissertation

- **Le commentaire porte sur un texte littéraire, en lien avec un des objets d'étude du programme de la classe de Première.** Le candidat compose un devoir qui présente de manière organisée ce qu'il a retenu de sa lecture et justifie par des analyses précises son interprétation et ses jugements personnels. Le texte proposé pour le commentaire n'est pas extrait d'une des œuvres au programme.
- **La dissertation consiste à conduire une réflexion personnelle organisée sur une question littéraire portant sur l'une des œuvres et sur le parcours associé figurant dans le programme d'œuvres.** Le candidat choisit l'un des trois sujets de dissertation proposés, chacun étant en rapport avec l'une des œuvres du programme et son parcours associé. Pour développer son argumentation, le candidat s'appuie sur sa connaissance de l'œuvre et des textes étudiés dans le cadre de l'objet d'étude concerné, ainsi que sur ses lectures et sa culture personnelles.

Oral

Préparation : 30 minutes
Durée : 20 minutes
Coefficient : 5

L'épreuve orale est composée de deux parties qui s'enchaînent après un temps de préparation de 30 minutes destiné à mener à bien le travail demandé par l'examinateur sur un texte, choisi dans le « récapitulatif », sur lequel porte aussi une question de grammaire.

À l'issue de son temps de préparation :

- **Première partie de l'épreuve orale : exposé sur un des textes du récapitulatif**

Durée : 12 minutes

1. Le candidat propose d'abord une lecture à voix haute juste, pertinente et expressive du texte choisi par l'examinateur, après l'avoir situé brièvement dans l'œuvre ou le parcours associé. Ce temps de l'épreuve est noté sur 2 points.
2. Le candidat propose l'explication linéaire d'un passage d'une vingtaine de lignes, sélectionné par l'examinateur dans le texte, quand celui-ci excède cette longueur. Ce temps de l'épreuve est noté sur 8 points.
3. Le candidat répond à la question de grammaire. La question, inspirée par le programme des classes de seconde et de Première, porte uniquement sur le texte : elle vise l'analyse syntaxique d'une courte phrase ou d'une partie de phrase. Ce temps de l'épreuve est noté sur 2 points.

- **Seconde partie de l'épreuves : présentation de l'œuvre intégrale choisie par le candidat et entretien avec l'examinateur**

Durée : 8 minutes

Cette partie de l'épreuve, notée sur 8 points, évalue l'expression et l'argumentation orale. Elle se déroule en deux temps : le candidat présente brièvement l'œuvre qu'il a retenue et expose les raisons de son choix ; s'ensuit un entretien avec l'examinateur.

Description du contrôle continu

Le **contrôle continu** correspond à **40 % de la note finale**. Il est composé des moyennes suivantes :

- **enseignement de spécialité suivi uniquement en classe de Première :** moyenne des moyennes trimestrielles ou semestrielles de la classe de Première ;
- **histoire-géographie, enseignement scientifique, langues vivantes A et B, enseignement moral et civique et mathématiques :** moyenne des moyennes trimestrielles ou semestrielles de la classe de Première et de la classe de Terminale.

En **éducation physique et sportive**, la note retenue au titre du contrôle continu est la moyenne des notes obtenues par l'élève aux évaluations certificatives prévues dans le cadre du contrôle en cours de formation (CCF).

Les **enseignements optionnels** seront également évalués sous forme de contrôle continu.

Histoire-Géographie

Plusieurs types d'évaluations peuvent être proposés en histoire-géographie.

- **Réponse à une question problématisée**

Il s'agit d'une réponse rédigée et construite. L'élève doit montrer qu'il a acquis des capacités d'analyse, qu'il maîtrise des connaissances, sait les sélectionner et les organiser de manière à répondre à la problématique.

- **Analyse de document(s) ou réalisation d'une production graphique**

L'analyse de document(s) est accompagnée d'une consigne suggérant une problématique. Le ou les document(s), en histoire comme en géographie, comporte(nt) un titre et, si nécessaire, un nombre limité de notes explicatives.

Lorsque la production graphique est un croquis, ce croquis est réalisé à partir d'un texte élaboré pour l'exercice qui présente une situation géographique. Un fond de carte est fourni.

L'élève fait preuve d'une plus grande autonomie pour identifier, organiser et hiérarchiser les éléments à représenter et construire la légende.

Dans le cas d'une autre production graphique, les consignes et les données servant à l'élaboration de cette production sont fournies avec l'exercice.

Enseignement scientifique et mathématiques

Les évaluations ont lieu tout au long de l'année scolaire. Elles peuvent être constituées d'un ou de plusieurs exercices, portant sur un ou plusieurs thèmes du programme.

Les évaluations peuvent porter sur une ou plusieurs disciplines. En effet, les trois disciplines étudiées dans l'enseignement scientifique sont la physique-chimie, les SVT et les mathématiques.

Lors des évaluations, l'usage de la calculatrice peut être autorisé, ou non.

Toute formulation des questions est envisageable, de la question ouverte jusqu'au questionnaire à choix multiples.

Les évaluations portent notamment sur les compétences suivantes :

- exploiter des documents ;
- organiser, effectuer et contrôler des calculs ;
- rédiger une argumentation scientifique.

Langues (LVA et LVB)

Plusieurs types d'évaluations peuvent être proposés en langues, portant sur les compétences suivantes :

- compréhension orale ;
- compréhension écrite ;
- expression orale ;
- expression écrite.

Français

Chapitre 1 Étude de la langue

1 L'expression de la cause

De quoi s'agit-il ? Les compléments circonstanciels indiquent les circonstances dans lesquelles se déroule l'action. Il existe plusieurs possibilités pour exprimer une même circonstance. Le complément circonstanciel de cause indique pourquoi, pour quelle raison s'effectue l'action exprimée par le verbe.

1 L'expression de la cause dans les indépendantes

- La relation causale peut être marquée par deux points : *Ne sors pas sans ton parapluie : il pleut.*
- Le lien logique peut être indiqué par la conjonction de coordination *car* ou un adverbe de liaison *en effet* au début de la proposition qui exprime la cause : *Ne sors pas sans ton parapluie car il pleut.*

2 La subordonnée circonstancielle de cause

- C'est une subordonnée conjonctive introduite par différentes conjonctions ou locutions conjonctives de subordination qui présentent des nuances de sens.

Vocabulaire
- Elle est aussi appelée subordonnée causale.

Conjonction ou locution conjonctive	Sens	Exemple
Parce que	La plus courante. La cause est considérée comme banale. Subordonnée placée après la principale.	*Il est allé voir le médecin parce qu'il était malade.*
Comme	Cause non connue. Subordonnée placée avant la principale.	*Comme elle est fatiguée, elle est restée couchée.*
Étant donné que, vu que	Pour les démonstrations avec des causes connues de tous. Subordonnée placée avant la principale.	*Étant donné qu'il a dix-huit ans, il sera déféré au parquet.*
D'autant que, surtout que	À l'oral.	*Ne viens pas, surtout que tu es malade.*
Puisque, du moment que, dès lors que	Pour argumenter ou se justifier en présentant une cause admise par tous.	*Puisque tu ne veux pas travailler, tu seras privé de sortie.*
Attendu que, considérant que	Langage juridique ou administratif.	*Attendu que le prévenu est mineur, il sera déféré au tribunal devant un juge pour mineurs.*
Sous prétexte que	Cause douteuse ou mensongère.	*Sous prétexte qu'elle est fatiguée, elle est restée couchée.*
Non que	Si la cause attendue est écartée car non réelle, suivie par la cause réelle.	*Elle n'est pas venue à la réunion, non pas qu'elle soit malade mais parce qu'elle ne le voulait pas.*
Soit que… soit que	Cause incertaine ou indifférente.	*Elle est alitée soit qu'elle soit fatiguée, soit qu'elle n'ait pas envie de se lever.*

3 L'expression de la cause dans la phrase simple

Préposition + nom		
Préposition	**Sens**	**Exemple**
À cause de, pour, en raison de, du fait de, par	Cause neutre	*À cause de son absence, la réunion a été annulée.*
Grâce à	Cause positive	*Grâce à sa persévérance, il a réussi.*
Sous prétexte de	Cause douteuse	*Sous prétexte de maladie, il n'est pas venu.*
À force de	Répétition ou intensité	*À force de persévérance il a été promu.*
Faute de	Manque	*Faute de temps, il n'a pu venir.*

Préposition + infinitif Même sujet pour le verbe et l'infinitif	
De, pour, à force de, sous prétexte de	*Pars tôt pour ne pas être en retard !*

Participe présent ou passé, gérondif	
Un même sujet pour les deux verbes	• *Fatiguée, elle est restée couchée.* • *Voulant éviter la réunion, il a prétexté une maladie.* • *En s'abstenant de répondre, elle a évité la polémique.*

Exercices résolus

Corrigé p. 522

Exercice 1

Relevez les différentes expressions qui expriment la cause et précisez leur nature.

1. Fatiguée, elle n'est pas venue à la réunion.
2. Sous prétexte qu'il avait une extinction de voix, il n'a pas pris la parole.
3. En sautant les marches quatre à quatre, il s'est fait une entorse.
4. À force de travail, il a réussi à passer l'agrégation.
5. Grâce à la gentillesse du personnel soignant, le malade a repris courage.

Exercice 2

Reliez les propositions indépendantes par une subordonnée causale puis par une autre tournure exprimant la cause.

1. Tu n'as pas travaillé, tu seras puni.
2. De nombreux arbres ont été déracinés, la tempête était très violente.
3. La précédente manifestation a été marquée par des violences, le gouvernement a interdit de nouveaux rassemblements.
4. Vous refusez de m'aider ; j'abandonne mon projet.
5. Je ne vais pas faire de ski, il ne neige pas mais je suis enrhumé.
6. Ils ne sont pas venus, ils n'auront pas reçu notre lettre ou ils ont eu un contretemps.
7. Il n'a pas rendu son devoir, il a prétendu qu'il était malade.
8. Le coureur a remporté la course, il était dopé.
9. La fillette était à bout de souffle ; elle arrêta de courir.

•••

Exercice 3

Exercice bilan

> Une chose n'est pas juste parce qu'elle est loi. Mais elle doit être loi parce qu'elle est juste.
>
> Montesquieu, *L'Esprit des lois*, 1748.

a. Par quelle autre locution conjonctive pourriez-vous remplacer « parce que » dans la première phrase qui permettrait de renforcer l'assertion de Montesquieu ?
b. Est-il possible de faire la même chose pour la seconde phrase ?
c. En quoi la formulation de Montesquieu est-elle préférable ?

2 L'expression de la conséquence

De quoi s'agit-il ? La conséquence indique le résultat de l'action du verbe dont elle dépend, celui-ci indique la cause dont découle ce résultat. Cause et conséquence sont donc liées par une relation logique dite de causalité. Pour les distinguer il faut analyser l'enchaînement logique des actions : la cause est première et entraîne une conséquence qui est seconde : ***elle est malade, elle est alitée*****. La maladie est la cause et entraîne le fait d'être alité, qui en est la conséquence.**

1 L'expression de la conséquence dans les indépendantes

- La relation peut être marquée par un signe de ponctuation : *Il pleut : ne sors pas sans ton parapluie.*
- Elle peut être indiquée par la conjonction de coordination *donc* ou un adverbe de liaison *c'est pourquoi, alors, aussi* : *Il pleut, aussi ne sors pas sans ton parapluie.*

Attention
Les deux points peuvent introduire aussi bien une explication (cause) qu'une conséquence.

2 La subordonnée circonstancielle de conséquence

- C'est une subordonnée conjonctive introduite par différentes **conjonctions** ou **locutions conjonctives de subordination** qui présentent des nuances de sens.
- Lorsque la conséquence est liée à la **manière** ou au **contexte**, elle est introduite par *de sorte que, de manière que, de façon que, si bien que, sans que* : *Il était malade si bien qu'il est allé voir le médecin.*
- Lorsque la conséquence est liée à **l'intensité**, elle est introduite par *si… que, tant… que, tellement… que, à tel point… que* : *Il était si malade qu'il a dû rester alité quinze jours.*
- *Pour que* est utilisé **après avoir été annoncé par des verbes impersonnels** : *il faut, il suffit*, des **adverbes d'intensité** : *assez, trop, peu*, **l'adjectif** *insuf-*

Vocabulaire
■ Elle est aussi appelée subordonnée consécutive.

Remarque
Après une principale négative, *sans que* peut-être remplacé par *que* : *Il ne se passe pas un jour qu'il ne proteste.* La locution *au point que* peut être réduite à *que* dans certaines expressions comme *Elle prend tout à la lettre que c'en est ridicule.*

fisant ou une **interrogative** : *Il suffit que je dise quelque chose pour qu'elle fasse le contraire. Que faut-il pour que je l'encourage ?*

- Les subordonnées consécutives sont :

– **à l'indicatif** si la conséquence est présentée comme **atteinte** : *Il est sorti sans manteau si bien qu'il est malade.*

– **au subjonctif** si la conséquence n'est **pas atteinte** :

- après une principale de sens négatif ou interrogative : *A-t-il si mal qu'il ne puisse concourir ?*
- avec *pour que* et *sans que* : *Tu dois partir sans que cela se sache.*
- avec le verbe *faire* et la locution *en sorte que* : *Fais en sorte qu'on ne te voie pas sortir.*

3 L'expression de la conséquence dans la phrase simple

- **Avec une préposition + un nom** : *Elle a réussi pour notre plus grand bonheur.*
- **Avec des prépositions** comme *à, assez, pour, au point de, de manière à, jusqu'à, trop … pour* + **un infinitif** (même sujet pour les deux verbes) : *Il a couru à perdre haleine.*

Exercices résolus

➲ Corrigé p. 522

Exercice 1

Relevez les différentes expressions qui expriment la conséquence et précisez leur nature.

1. Elle a couru jusqu'à être à bout de souffle.
2. Il avait une extinction de voix si bien qu'il n'a pas pu faire sa conférence.
3. Ce chien est agressif au point de faire fuir tous les visiteurs.
4. Il a tellement travaillé qu'il a réussi à passer l'agrégation.
5. Vous n'avez pas votre pièce d'identité si bien que vous ne pouvez pas entrer.
6. Elle était en retard, alors nous ne l'avons pas attendue.
7. Il suffit d'un peu de beurre dans un plat pour lui donner de la saveur.

Exercice 2

Reliez les propositions indépendantes par une subordonnée consécutive puis par une autre tournure exprimant la conséquence.

1. Tu n'as pas travaillé, tu seras puni.
2. De nombreux arbres ont été déracinés, la tempête était très violente.
3. La précédente manifestation a été marquée par des violences, le gouvernement a interdit de nouveaux rassemblements.
4. Vous refusez de m'aider ; j'abandonne mon projet.
5. Ils n'ont pas reçu notre lettre, ils ne sont pas venus.
6. Il n'a pas pu rendre son devoir, il était très malade.
7. Le coureur a remporté la course, il était dopé.
8. Je suis en retard ; la route était déviée.
9. Tu es sortie en silence, tu ne t'es pas fait voir.

•••

Exercice 3

Exercice bilan

> Iphis voit à l'église un soulier d'une nouvelle mode, il regarde le sien et en rougit, il ne se croit plus habillé ; il était venu à la messe pour s'y montrer, et il se cache ; le voilà retenu par le pied dans sa chambre pour le reste du jour. Il a la main douce, et il l'entretient avec une pâte de senteur (…). »
>
> La Bruyère, « De la mode », *Les Caractères*, 1688.

a. Soulignez en rouge les tournures qui expriment la cause et en bleu la conséquence et identifiez leur nature.

b. Remplacez la conjonction « et » pour indiquer soit la cause, soit la conséquence chaque fois que c'est possible.

c. Y a-t-il d'autres passages où il serait possible d'exprimer la conséquence ?

d. En quoi les choix stylistiques de La Bruyère sont-ils au service de sa satire ?

3 L'expression du but

De quoi s'agit-il ? **Le but exprime dans quelle intention est effectuée l'action exprimée par le verbe dont dépend le complément circonstanciel.**

1 La différence entre la conséquence et le but

• La conséquence est **réalisée** au contraire du but qui n'est qu'un projet dont on ignore s'il s'est réalisé ou s'il se réalisera :

– **Conséquence :** *Ses parents ont fait de gros sacrifices de sorte que leur fils a pu faire ses études de chirurgien.*

– **But :** *Ses parents ont fait de gros sacrifices pour que leur fils fasse ses études de chirurgien.*

Dans le 1er exemple, le fils a fait ses études, c'est une conséquence des efforts des parents qui ont porté leurs fruits tandis que dans le 2nd exemple on envisage la finalité dont on ne sait pas si elle s'est réalisée.

• C'est pourquoi la subordonnée de **but** est toujours au **subjonctif** alors que les subordonnées de conséquence sont majoritairement à **l'indicatif** sauf cas particulier.

2 La subordonnée circonstancielle de but

• Les subordonnées circonstancielles de but sont introduites par des locutions conjonctives.

Vocabulaire
■ Elles sont aussi appelées subordonnées finales.

Type de but	Locutions conjonctives	Exemple
But souhaité	*Pour que, afin que*	*Les parents travaillent pour que leurs enfants aient un meilleur avenir qu'eux.*
Finalité que l'on veut éviter	*Pour que (ne… pas), afin que (ne… pas) de crainte que, de peur que*	• *J'ai mis son manteau au bébé afin qu'il ne prenne pas froid.* • *J'ai mis son manteau au bébé de peur qu'il n'ait froid.*

Attention

Les locutions *dans la crainte que, de peur que* équivalentes à *afin que... ne pas* sont souvent accompagnées d'un *ne* (qui n'a pas obligatoirement de valeur négative), on dit qu'il est alors explétif mais il peut la conserver selon le contexte. *Sors vite qu'il ne te voie pas / Je l'ai caché de peur qu'il ne soit arrêté.*

● La conjonction ***que*** est utilisée derrière un verbe à l'impératif ou lorsque deux buts sont exprimés pour introduire le second but :

– *Sors discrètement, qu'on ne te voie pas.*

– *Elle a fait des courses pour que nous ayons quelque chose à manger à notre arrivée et que nous ne soyons pas obligés d'aller au restaurant.*

3 L'expression du but dans la phrase simple

● Le complément circonstanciel de but peut être :

– un **nom**, un pronom introduit par les prépositions *pour, en vue de, de crainte de, de peur de* : *Il travaille en vue de son examen.*

– un **infinitif** (si les deux sujets sont les mêmes) précédé des prépositions *pour, afin de, de peur de, dans l'intention de, Il travaille pour réussir son examen*.

● Avec les verbes de **mouvement** on peut **omettre la préposition** devant l'infinitif : *Elle descend à la cave chercher une bonne bouteille.*

● On peut aussi utiliser des **mots qui ont un sens de but** avec des nuances : dessein, fin, objectif, propos, terme, visée : *Il a eu des visées trop ambitieuses. Mon premier objectif est de gagner une médaille.*

Exercices résolus

➲ Corrigé p. 523

Exercice 1

Relevez les différentes expressions qui expriment le but et précisez leur nature.

1. Je cherche une villa qui ait une piscine.
2. Le professeur parle lentement pour que les étudiants puissent le comprendre et qu'ils aient le temps de prendre des notes.
3. Faites photocopier ce document afin que chacun en ait un exemplaire.
4. De crainte d'une reprise des hostilités, les gouvernements ont entrepris des négociations.
5. Berce le bébé de peur qu'il ne pleure.

Exercice 2

Reliez les phrases par une subordonnée consécutive et/ou par une autre tournure exprimant la conséquence. Que remarquez-vous ?

1. Il a pris une aspirine. Il ne voulait plus souffrir.
2. Le professeur a expliqué la difficulté. Il voulait être compris.
3. Au lieu du train nous prendrons l'avion. Nous voulons arriver plus vite.
4. La jeune fille s'était maquillée. Elle ne voulait pas qu'on la reconnaisse.
5. Je désire un plat. Il ne doit pas contenir de gluten.
6. Je vais vous faire un plan. Vous ne vous perdrez pas.

Exercice 3

Répondez aux questions par une relative au subjonctif.

1. Voulez-vous un appartement orienté au nord ? Non je préfère un appartement qui…
2. Voulez-vous ce roman en version originale ? Non je cherche une traduction qui…
3. Quel genre d'études envisagez-vous ? Je voudrais faire des études qui…

Exercice 4

Exercice bilan

> Puisque pour t'empêcher de courir au trépas,
> Ta vie et ton honneur sont de faibles appas,
> Si jamais je t'aimais, cher Rodrigue, en revanche,
> Défends-toi maintenant pour m'ôter à Don Sanche :
> Combats pour m'affranchir d'une condition
> Qui me donne à l'objet de mon aversion.
>
> Corneille, *Le Cid*, V. I

a. Relevez les différents compléments circonstanciels de but et précisez leur nature.
b. Essayez de trouver d'autres tournures grammaticales.
c. Que cherche à faire Chimène par cette utilisation conjointe des compléments de but et des impératifs ?

4 L'opposition et la concession

De quoi s'agit-il ? **On parle d'opposition lorsqu'on oppose deux faits, et de concession lorsque deux faits sont en contradiction :** ***Pierre travaille alors que Paul joue / Pierre travaille bien qu'il soit en vacances*****. Dans le 1er exemple travailler et jouer sont opposés mais pas contradictoires alors que dans le 2nd, la cause (les vacances) n'entraîne pas la conséquence attendue (ne pas travailler). Parfois la nuance entre les deux est difficile à percevoir.**

1 L'expression de l'opposition et de la concession dans les indépendantes

Opposition	Concession
• **Mais** : *Je viens mais je ne reste pas.* • **Au contraire** • **En revanche** (niveau de langue soutenu) • **Par contre** (à l'oral)	• **Mais** : *Paul a fait des efforts mais cela reste insuffisant.* • **Cependant, pourtant** • **Néanmoins** (niveau de langue soutenu) • **Toutefois** (niveau de langue soutenu)

2 Les subordonnées circonstancielles d'opposition

- *Alors que* et *tandis que* sont les locutions conjonctives les plus courantes :

– *Alors que son frère est agité, elle est calme et réservée.*

– *Elle fait des études littéraires alors que dans sa famille tous ont fait des études scientifiques.*

- *Tandis que* et *pendant que* peuvent exprimer l'opposition avec une nuance de **durée** :

– *Ils jouaient au foot pendant qu'elle lisait.*

– *Pendant qu'ils faisaient du ski à la montagne, elle était restée à Paris pour travailler sa thèse.*

3 Les subordonnées circonstancielles de concession

À l'indicatif	Au conditionnel	Au subjonctif
• **Tout… que :** *Tout étourdi qu'il est, il a cependant pensé à prendre une assurance.* • **Même si :** *Même s'il est étourdi, il a cependant pensé à prendre une assurance.*	• **Quand bien même :** *Quand bien même il viendrait, il ne resterait pas.*	• **Quoique / Bien que :** *Quoiqu'il / bien qu'il soit étourdi, il a cependant pensé à prendre une assurance.* • **Pour / Quelque… que :** *Pour / quelqu'étourdi qu'il soit, il a pensé à prendre une assurance.* • **Encore que :** *Encore qu'il soit étourdi, il a pensé à prendre une assurance.*

- *Sans que* introduit une **négation** : *Elles sont venues sans que personne ne les ait invitées.* Lorsque les deux sujets sont **identiques**, il faut utiliser *sans* avec **l'infinitif** : *Elles sont venues sans avoir été invitées.*

- *Même si* a aussi une valeur de **condition** et **d'hypothèse**. On l'utilise quand le fait pouvant s'opposer à l'action principale n'est qu'une éventualité : *Même s'il se déplace, il ne sera pas reçu.*

4 L'expression de l'opposition dans la phrase simple

- Elle peut être exprimée par un **nom, pronom ou infinitif** précédé des **prépositions** *au lieu de, contrairement à :*

– *Au lieu d'un CD de jazz, elle a préféré un CD de musique classique, contrairement à son frère.*

– *Au lieu de parler, tu ferais mieux d'écouter.*

5 L'expression de la concession dans la phrase simple

- Elle peut être exprimée par :

– un **nom** ou un **pronom** ou un **infinitif** précédé des prépositions *malgré, en dépit de, sans, loin de* : *Malgré son air farouche, c'est un garçon charmant. Il est parti sans l'autorisation de son père.*

– un **gérondif** : *Il a de mauvais résultats tout en travaillant beaucoup.*

Exercices résolus

➔ Corrigé p. 523

Exercice 1

Relevez les procédés grammaticaux utilisés pour exprimer la concession ou l'opposition que vous distinguerez, et précisez leur nature.

1. Bien qu'il pleuve, elle a décidé de sortir.
2. Quand bien même elle partirait, il ne la rejoindrait pas.
3. Sans y être invitée, elle a pris la parole.
4. Malgré les reproches de son père, elle continue à sortir le soir.
5. Le bébé, tout malade qu'il est, continue de sourire.

Exercice 2

Reliez les propositions indépendantes par une subordonnée de concession puis par une autre tournure grammaticale.

1. Elle est très âgée, elle est encore très dynamique.
2. Il est enrhumé, il travaille autant.
3. Je suis majeur, mes parents m'interdisent encore de sortir le soir.
4. Son propriétaire a menacé de la poursuivre en justice, elle ne paie toujours pas son loyer.

Exercice 3

Complétez les phrases pour exprimer une concession ou une opposition.

1. Elle avait promis de venir me voir…
2. Il y a de nombreuses recherches sur cette maladie…
3. Le film a reçu de mauvaises critiques…
4. Les voleurs lui ont pris son sac…
5. Ils se sont mariés il y a deux mois…

Exercice 4

Exercice bilan

> Ma mère, pourtant rien moins qu'agreste, manifestait en présence des mœurs champêtres des élans un peu conventionnels mais fortement exprimés et mon père, bien que né dans la culture betteravière, observait en face de la nature l'attitude polie et réservée d'un homme, trop bien élevé pour s'immiscer dans les affaires d'autrui.
>
> J. Perret.

a. Relevez tous les procédés pour exprimer l'opposition et la concession.
b. Quelle double opposition structure ce texte descriptif ?

5 L'expression de la condition

De quoi s'agit-il ? **Le complément circonstanciel de condition indique à quelle condition peut se réaliser l'action exprimée par le verbe dont il dépend.**

1 Les propositions subordonnées conjonctives de condition ou conditionnelles

• La subordonnée de condition est mobile et peut suivre, couper ou précéder la proposition principale : *Viens si tu en as envie. Ta fille, si elle le voulait, réussirait sans problème. À moins que tu ne partes vite, tu rateras ton train.*

• **Avec la conjonction de subordination « si ».** C'est la subordonnée conditionnelle la plus fréquente : elle forme avec la principale un système hypothétique (une action se réalise à la condition qu'une autre le soit). Le verbe de la subordonnée est à l'indicatif : *Si tu travaillais plus, tu progresserais.*

Attention

Si n'exprime pas toujours la condition. Il peut exprimer l'hypothèse, l'interrogation, l'affirmation, la conséquence, la concession, l'opposition, la cause.

• La **concordance des temps** entre la subordonnée de condition et la principale se décline comme suit.

Condition	Temps de la subordonnée	Temps de la principale	Exemple
Réalisable	Présent	Présent	*Si tu y tiens, tu peux venir avec nous.*
	Passé composé	Passé composé	*Tu t'es trompé si tu l'as cru.*
	Présent avec valeur de futur	Futur	*Si tu gagnes, tu auras réussi ton pari.*
	Passé composé avec valeur de futur antérieur	Futur	*Si tu as fini avant le dîner, nous irons au cinéma après.*
Possible mais incertaine (potentiel)	Imparfait	Conditionnel présent	*Si tu me quittais, je ne le supporterais pas.*
Irréalisée dans le présent (irréel du présent)	Imparfait	Conditionnel présent	*Si j'étais lui, je ne lui pardonnerais pas.*
Irréalisée dans le passé (irréel du passé)	Plus-que-parfait	Conditionnel passé	*Si tu étais venue, tu l'aurais vu.*

• **Les autres locutions conjonctives** :

Suivies d'un subjonctif	Suivies de l'indicatif	Suivies du conditionnel
Que, à condition que, pourvu que, en admettant que, pour autant que, pour peu que, si tant est que, soit que…soit que, à moins que, à supposer que, etc. : *À condition que vous partiez avant la nuit, vous n'aurez pas de brouillard.*	**Suivant que, selon que, ou que… :** *Selon que vous serez puissant ou misérable, / les jugements de cour vous rendront blanc ou noir. (Molière)*	**Au cas où, pour le cas où, dans l'hypothèse où :** *Au cas où je serais absent, vous trouverez la clé sous le pot de fleur.*

2 L'expression de la condition dans les indépendantes

- **Avec inversion du sujet** (tournure très littéraire) : *L'opposition fait-elle la moindre proposition, elle est aussitôt rejetée par la majorité.*
- **À l'impératif** (littéraire) : *Taisez-vous, il vous le reprochera. Parlez, et il vous le reprochera aussi.*
- **Au conditionnel** (à l'oral) : *Tu serais à sa place, tu ne ferais pas mieux.*

3 Les autres procédés pour exprimer la condition

- Un **nom, GN ou pronom** introduit par *avec, dans, en, en cas de, sauf : Sauf contretemps, je serai au rendez-vous.*
- Avec un **infinitif** précédé de *à, à condition de, à moins de, sans : À moins de partir sur-le-champ, nous serons en retard.*
- Un **gérondif** : *En partant sur le champ nous serons à l'heure.*
- Un **nom, adjectif** ou **participé apposé :** *Plus concentré, tu aurais gagné le match.*
- Une **proposition participiale :** *Tes examens réussis, tu pourrais entrer à l'université.*
- Une **relative au conditionnel** à valeur **de condition :** *Un homme qui l'affronterait alors serait un homme mort.*
- Une **subordonnée de condition sans principale :** *Si j'avais écouté mes pressentiments !*

Exercices résolus

➔ Corrigé p. 524

Exercice 1

Relevez les différentes expressions qui expriment la condition et précisez leur nature.

1. En cas de collision, la ceinture de sécurité peut vous sauver la vie.
2. Un politicien qui ne connaîtrait rien à l'économie ne pourrait réussir.
3. Pierre nous accompagnera pourvu qu'il soit rentré de vacances.
4. Seriez-vous le seul à le dire, je vous croirais.

Exercice 2

Mettez les verbes entre parenthèses aux temps et mode voulus.

1. Il viendrait dîner si vous l'(inviter) dans les formes.
2. Dans le cas où vous (être) de retour, faites-le moi savoir.
3. S'il est vrai que le golf (se démocratiser), il reste un sport onéreux.
4. Un enfant qui (désobéir) à ses parents mériterait une punition.
5. Si le film avait eu un meilleur scénario, il (mériter) un prix.

Exercice 3

Quel est l'emploi de « si » dans les phrases suivantes : hypothèse, interrogation, affirmation, conséquence, concession, opposition, cause ?

1. S'il s'en donnait la peine, il aurait une meilleure situation.
2. Je me demande si tu ne devrais pas t'excuser.
3. Il dormait si profondément qu'il n'a pas entendu la sonnerie du réveil.

•••

4. Si intéressant que soit ce livre, je ne pourrai le lire d'une seule traite.
5. Si Paul est gentil, sa sœur est toujours désagréable.
6. Votre mari n'est pas venu avec vous ? Si, il gare la voiture.
7. Comment aurais-je pu répondre à votre lettre si je ne l'ai pas reçue ?

Exercice 4

Exercice bilan

> Si j'avais à soutenir le droit que nous avons eu de rendre les nègres esclaves, voici ce que je dirais :
> Les peuples d'Europe ayant exterminé ceux d'Amérique, ils ont dû mettre en esclavage ceux de l'Afrique, pour s'en servir à défricher tant de terres.
>
> Montesquieu, « De l'esclavage des nègres », *L'Esprit des lois*, 1748.

a. Quels sont le thème et le propos de ce texte ?
b. Dans la subordonnée de condition analysez le verbe. *A priori* quelle est sa valeur ? Est-il plausible que Montesquieu soit du côté des esclavagistes ? Quelle est donc la valeur de ce verbe ?
c. Grâce au système hypothétique, quelle est la tonalité du texte ? En quoi est-ce corroboré par l'argument proposé ?

6 L'expression de la comparaison

De quoi s'agit-il ? **La comparaison consiste à rapprocher deux êtres ou deux choses pour chercher quelles sont leurs ressemblances et leurs différences.**

1 Les subordonnées conjonctives circonstancielles de comparaison

Rapport de ressemblance	Rapport de différence	Rapport de proportion
• **Comme** : *Elle est comme je l'avais imaginée.* • **Autant que** (égalité quantitative) : *Elle travaille autant que son frère.* • **Autant que** + nom : *Cette voiture consomme autant d'essence que la tienne* (sous-entendu *consomme*). • **Pareil que** : *La situation de Julie est pareille que celle de Sophie.*	• **Plus que, davantage que, Plus** + adjectif ou adverbe = **que, plus de** + nom = **que,** qui expriment une supériorité en quantité ou qualité : *Cette voiture est plus économique que la tienne.* • **Moins + adjectif ou adverbe = que, moins de** + nom = **que,** qui expriment une infériorité en quantité ou qualité : *Cette région est moins touristique que sa voisine.*	• **À mesure que, à proportion que, d'autant plus que, plus… plus, moins…moins, plus… moins, moins…** : *Plus je travaille dans cette entreprise, moins je m'y plais.*

Attention

La subordonnée de comparaison est souvent **elliptique du verbe**. Elle peut aussi faire l'économie du *que* : *Autant le mari est aimable, autant sa femme est désagréable.* Elle peut alors être confondue avec un groupe nominal complément circonstanciel de comparaison ou le complément du comparatif de l'adjectif ou de l'adverbe.

- La comparaison peut être renforcée par des adverbes d'intensité :

– *tout* avec *aussi...que, autant que ;*

– *beaucoup, bien* avec *plus/moins...que, plus/ moins de.*

2 Les modes dans la subordonnée de comparaison

- La subordonnée de comparaison est généralement à **l'indicatif**. Mais on trouve :

– le **conditionnel** lorsque le verbe exprime une éventualité : *Il a réagi comme je l'aurais fait.*

– le **subjonctif** derrière *autant que, pour autant que*, et avec le verbe *pouvoir* dans la subordonnée : *La maison était ici pour autant que je m'en souvienne. Il est aussi imprévisible qu'on puisse l'être.*

3 Les autres moyens grammaticaux d'exprimer la comparaison

- Un **groupe nominal** (nom ou pronom) complément circonstanciel de comparaison ou complément du comparatif introduits par des prépositions : *comme, selon, en, à la manière de, à la façon de, par rapport à, pareil(lle) à* : *La fillette s'est comportée en adulte. Elle est plus mûre que sa sœur aînée.*

- Les **locutions adverbiales** *en comparaison de, par rapport à* rapprochent des éléments pour mieux les opposer : *Les chiffres du chômage sont bons par rapport à ceux de l'année dernière.*

- Le complément du verbe *préférer* : *je préfère le jazz à la pop music.*

- **Deux propositions indépendantes** elliptiques construites parallèlement : *Tel père, tel fils.*

Exercices résolus

Corrigé p. 525

Exercice 1

Remplacez les points de suspension par les mots qui conviennent.

1. (...) que son professeur l'avait prévu, l'étudiant a échoué à ses examens.
2. Il courait (...) sa vie en dépendait.
3. Il aurait fallu (...) de soleil pour que les raisins arrivent à maturité.
4. Vous vous angoissez pour un rien, (...) vous vous enthousiasmez trop facilement.
5. Un papier peint habille (....) une pièce (...) simple badigeon.
6. Il était découragé car (...) il avançait dans ses recherches, (...) la solution était évidente.
7. Le remède est (...) que le mal.

Exercice 2

Identifiez le complément circonstanciel de comparaison et donnez sa nature. Remplacez-le quand c'est possible par une autre tournure grammaticale.

1. Il est aussi vaniteux que son cousin germain.
2. Je n'ai jamais autant ri de ma vie que ce soir-là.
3. Elle a d'autant plus besoin de ciel bleu et de soleil qu'elle a vécu dans le Sud de la France.
4. La voiture diesel pollue plus que la voiture à essence.
5. Pareil à son père, il rafle tous les prix en compétition.
6. Autant il excelle en sport, autant il néglige ses études.

Exercice 3

Exercice bilan

Plus me plaît le séjour qu'ont bâti mes aïeux
Que des palais romains le front audacieux ;
Plus que le marbre dur me plaît l'ardoise fine :

Plus mon Loir gaulois que le Tibre latin,
Plus mon petit Liré que le mont Palatin,
Et plus que l'air marin la douceur angevine.

Joachim du Bellay, « Heureux qui comme Ulysse », *Les Regrets*, 1558.

a. Lisez les deux dernières strophes du sonnet. Relevez les différents compléments circonstanciels de comparaison et donnez leur nature et leur valeur.
b. Quels sont les comparants et les comparés ? Que remarquez-vous quant aux champs lexicaux développés dans chacun d'eux ?
c. Que traduit la préférence de du Bellay exprimée à travers ce système comparatif ?

7 La syntaxe de la phrase négative

De quoi s'agit-il ? Les types de phrases ou modalités peuvent se combiner à des formes de phrases : affirmative/négative, active/passive, personnelle/impersonnelle, neutre/emphatique.

1 La portée de la négation

• **La négation totale** porte sur la totalité de la proposition avec *pas* ou *point* associés à *ne* : *Le professeur n'est pas rentré de son congé maladie.*

• Elle oppose à la phrase affirmative : *Le professeur est rentré de congé maladie.*

• Elle peut se résumer à un *non* ou un *pas* en réponse à une question ou une assertion négative : *Viens-tu demain ? Non./ J'aime la campagne. Moi, pas./ Pas de pitié pour les casseurs.*

• **La négation partielle porte sur une partie de la proposition.** Elle est exprimée par **des mots négatifs** associés à *ne* qui identifient l'élément visé par la négation :

– **un pronom négatif** (*personne, rien*) correspond à la négation d'un GN : *Personne n'a rien compris.*

– **un déterminant négatif** nie l'existence du nom qu'il précède : *Aucun élève n'a répondu.*

– **un groupe nominal circonstanciel négatif ou un adverbe de sens négatif** permet de nier une circonstance : *Il ne répond jamais, à aucun moment* versus *Il vient toujours, souvent.*

– *Non* comme négation de constituants : *Il a un chat, non un chien. Il a fini, non sans peine.*

• **La restriction** n'est pas à proprement parler une négation. Formulée à l'aide de *ne … que*, elle correspond à *seulement, uniquement*. Elle exclut tout ce qui n'est pas contenu dans le terme qui suit : *Elle ne mange que des légumes à l'exclusion de tout autre aliment.*

Remarque

Elle peut porter sur les différents constituants de la phrase : COD, attribut du sujet, complément circonstanciel, sujet réel du présentatif ou des tournures impersonnelles : *Elle ne vient que le dimanche. Il ne reste qu'elle sur la piste de danse.*

2 Les adverbes de négation

• Outre *ne... pas*, il existe de nombreux mots permettant de construire la négation avec des nuances particulières :

– *Pas... encore* est la négation de *déjà* et exprime que le sujet a l'intention de faire l'action alors que *jamais* exprime le contraire : *Avez-vous déjà concouru ? Pas encore / Jamais.*

– *Aucun* exprime une négation absolue : *As-tu reçu des réponses ? Je n'ai reçu aucune réponse.*

– *Ne... guère* signifie *pas beaucoup, pas souvent* et introduit une négation restreinte.

• Les mots négatifs peuvent être renforcés : *pas du tout, plus du tout, pas un seul, plus un seul, sans aucun : Non je ne connais pas du tout l'œuvre de Supervielle, je n'ai lu aucun de ses poèmes.*

• On peut trouver aussi des mots qui prennent un sens négatif avec *ne* : *On n'y voit goutte.*

3 L'ordre dans la phrase négative

• La phrase négative obéit à un **ordre** strict :

– aux temps simples, la négation composée encadre le verbe et les pronoms : *Je ne le crois pas* ;

– aux temps composés, elle encadre l'auxiliaire et les pronoms : *Je ne lui ai jamais fait confiance.*

• Mais *personne* et *aucun + nom* sont placés **après** l'auxiliaire : *Je n'ai vu personne.*

• La négation se place **devant l'infinitif** : *Je crains de ne pas venir* sauf avec les verbes *aller, devoir, vouloir, sembler, penser : je ne veux pas venir.*

• À l'impératif, elle encadre le verbe et les pronoms : *Ne lui dis pas de venir.*

• *Ne* peut être employé seul :

– avec *ni* qui est la conjonction de coordination entre des éléments négatifs : *je ne consomme ni lait, ni fromage ;*

– avec les verbes *pouvoir, savoir, oser, cesser : Je ne peux me résoudre à partir* ;

– avec *il y a... que, depuis... que : plusieurs mois se sont écoulés depuis que nous ne l'avons vu* ;

– dans certaines propositions de condition : *Si je ne me trompe, vous étiez présent aussi.*

• *Ne* **explétif** n'a pas de valeur proprement négative. Il s'emploie dans la langue soutenue dans certaines subordonnées (mais jamais devant un infinitif) :

– **complétives** derrière un verbe de crainte, d'empêchement, de défense ; de doute, de négation, employé dans une phrase négative, interrogative : *Je crains qu'il ne soit en retard* ;

– **circonstancielles** introduites par *avant que, à moins que, de peur que : décide-toi avant qu'il ne soit trop tard* ;

– **comparatives** posant l'inégalité ou la différence : *Il est plus sympathique que ne l'est son frère.*

Exercices résolus

➲ Corrigé p. 525

Exercice 1

Dites si les négations sont totales ou partielles. Dans le dernier cas, sur quel élément porte la négation ?

1. Vous n'avez pas encore fait de déposition à la police.
2. Ils n'ont aucune preuve.
3. Je n'irai nulle part sans toi.
4. Elles ne travaillent jamais le dimanche.

Exercice 2

Mettez les phrases suivantes à la forme négative.

1. Dans le jardin, il y a des pommes, des poires, des raisins.
2. Il était présent à la réunion, le directeur aussi.
3. Nous étions souvent partis pendant les vacances.
4. Je connais bien la région.
5. Il reste encore des miettes de pain.
6. Nous doutons que vous puissiez nous aider.
7. Il faut freiner dans un virage.

Exercice 3

Distinguez le « ne » négatif du « ne » explétif.

1. La grève risque de continuer à moins que le gouvernement ne fasse des concessions.
2. Nous ne pouvons donner une réponse favorable à votre demande.
3. Il était tellement surpris qu'il ne savait que répondre.
4. Ils avaient quitté le gîte avant que le jour ne se lève.
5. Ils se jetaient sur la nourriture : il y avait si longtemps qu'ils n'avaient mangé.

Exercice 4

Exercice bilan

SYLVIA : Laissez-moi. Tenez, si vous m'aimez, ne m'interrogez point. Vous ne craignez que mon indifférence et vous êtes trop heureux que je me taise. Que vous importent mes sentiments ?

DORANTE : Ce qu'ils m'importent, Lisette ! Peux-tu douter que je ne t'adore !

SYLVIA : Non, et vous me le répétez si souvent que je vous crois ; mais pourquoi m'en persuadez-vous ?

Marivaux, *Le Jeu de l'amour et du hasard*, 1730, III, 8.

a. Analysez chacun des termes négatifs dans cet extrait.
b. Que révèlent ces négations de l'état d'esprit des interlocuteurs ?

8 Les valeurs sémantiques de la négation

De quoi s'agit-il ? Du point de vue sémantique, la phrase négative n'est pas l'exact contraire de la phrase affirmative correspondante. Elle peut présenter des ambiguïtés qui sont aussi une richesse sémantique et peut relever d'une volonté stylistique.

1 Les valeurs logiques de la négation

- **La négation descriptive** porte seulement sur le contenu de l'énoncé. L'état ou l'événement énoncé est simplement rejeté comme contraire à la réalité : *Paul n'est pas venu* marque la non-véracité d'un fait, le départ de Paul.

- **La négation réfutative** contredit une affirmation (explicite ou non). Le locuteur reprend dans son discours une affirmation qu'il attribue à autrui pour la rejeter. Selon le contexte cette négation peut prendre une valeur polémique, le locuteur s'oppose à son interlocuteur en reprenant son discours pour mieux le contester : *Je n'ai pas grillé le feu rouge, monsieur l'agent !*

2 Les ambiguïtés sémantiques de la négation

- *Paul n'est pas venu hier.* Dans cet exemple, la négation peut porter sur le sujet *Paul*, le verbe *venir*, le complément circonstanciel *hier*. Cela renvoie à la distinction thème/propos.

- Avec des **déterminants quantitatifs** : *tous les étudiants ne sont pas venus*.

– soit la négation porte sur l'ensemble de la phrase : *Aucun étudiant n'est venu* ;

– soit elle porte sur le déterminant *tous* : *certains ne sont pas venus*. Le déterminant peut alors être déplacé pour lever l'ambiguïté : *Les étudiants ne sont pas tous venus.*

- Avec les **verbes modaux** exprimant la **possibilité**, **l'obligation** ou la **permission**, selon la place de la négation, le sens diffère :

– si les termes négatifs encadrent le verbe modal, la négation porte sur celui-ci et inverse sa valeur : *Je ne peux pas travailler* = impossibilité ;

– quand les termes négatifs sont placés devant l'infinitif, la négation porte sur la possibilité : *je peux ne pas travailler* = j'ai le choix ;

- L'emploi de certains termes négatifs implique la compréhension de **présupposés** pour donner tout son sens à l'énoncé :

– avec *ne… plus* : *il ne vient plus depuis quelque temps* suppose qu'avant il venait et peut selon le contexte exprimer un regret ou un soulagement.

– avec *ne… guère* : la proposition n'est pas totalement niée et peut prendre une valeur argumentative qui la rapproche de la litote (cf. *supra*).

Remarque

- **Avec *vouloir, devoir, falloir*, il n'y a pas d'ambiguïté, la négation encadre obligatoirement le verbe modal.**
- **Avec *sembler, penser*, la variation de la place de la négation n'entraîne aucun changement de sens.**

Vocabulaire

On appelle présupposé une information inscrite dans un énoncé qui sans être formulée est indispensable à la compréhension du discours.

3 Négation et procédés stylistiques

- **La phrase interro-négative** est un procédé pour induire une réponse affirmative de l'interlocuteur. Dans l'argumentation cela devient un procédé rhétorique pour emporter l'adhésion de l'auditoire : *Ne crois-tu pas que tu ferais mieux de renoncer à ce projet ?* La réponse attendue est oui.

- **La double négation** peut être utilisée pour :

– **atténuer** l'expression : *je ne dis pas non* = j'accepte ; cela peut même correspondre à la figure de style de l'**euphémisme** qui consiste à présenter de manière atténuée une vérité désagréable.

– **renforcer** l'expression : *Vous n'êtes pas sans savoir que c'est un sens interdit.* Cela correspond à la **litote** qui consiste à dire peu pour signifier plus et qui utilise une tournure négative ou un verbe de sens négatif. Le « *Va, je ne te hais point.* » de Chimène dans *Le Cid* de Corneille équivaut à « *Je t'adore.* »

4 Les autres procédés pour exprimer la négation

- *Sans* s'emploie seul et peut être suivi d'un infinitif ou d'un nom sans déterminant : *Il a accepté sans hésitation.* L'emploi de l'article indéfini renforce la négation : *Il a accepté sans une hésitation.*

- **La négation lexicale** avec l'utilisation des antonymes et adjectifs ou préfixes négatifs (*non-, à-, in-*) : *Il ne dit pas* = il nie. *Il n'est pas possible* = il est impossible. *Il n'est pas capable* = il est incapable.

Exercices résolus

Corrigé p. 526

Exercice 1

Cherchez les différents sens que peuvent prendre ces phrases négatives en vous appuyant sur la distinction thème et propos.

1. La police n'interviendra pas demain.
2. Les enfants ne s'étaient pas arrêtés à l'appel de leur mère devant la porte du jardin.
3. La réunion n'a pas eu lieu hier faute de participants.
4. Aucun participant n'est arrivé à l'heure.
5. Tous les invités ne viendront pas à la réception.

Exercice 2

Changez la place de la négation quand c'est possible. Y a-t-il une différence de sens ? Laquelle ?

1. Vous ne voulez pas vous impliquer.
2. Il ne semble pas qu'il soit favorable au projet.
3. Il pense ne pas être à la hauteur.
4. Je ne peux pas venir demain.
5. Vous n'êtes pas tenu de répondre.

Exercice 3

Exprimez la négation par un procédé autre que la phrase négative.

1. Il n'est pas pensable de continuer comme cela.
2. Ne refusez pas la main tendue.
3. Il dit qu'il n'a pas participé à la manifestation.
4. Il n'aime pas la polémique.

Exercice 4

Utilisez différents procédés pour renforcer l'expression.

1. Il est parti sans hésiter.
2. Il ne reste plus de places libres.
3. Croyez-vous que cela servira à quelque chose ?
4. J'aime les anticonformistes.

Exercice 5

Exercice bilan

> Et Pangloss disait quelquefois à Candide : « Tous les événements sont enchaînés dans le meilleur des mondes possibles ; car enfin si vous n'aviez pas été chassé d'un beau château à grands coups de pied dans le derrière pour l'amour de Mlle Cunégonde, si vous n'aviez pas été mis à l'Inquisition, si vous n'aviez pas couru l'Amérique à pied, si vous n'aviez pas donné un bon coup d'épée au baron, si vous n'aviez pas perdu tous vos moutons du bon pays d'Eldorado, vous ne mangeriez pas ici des cédrats confits et des pistaches. – Cela est bien, répondit Candide, mais il faut cultiver notre jardin. »
>
> Voltaire, *Candide*, 1759.

a. En quoi le système hypothétique développé dans la réplique de Pangloss est-il original ?

b. Comment Voltaire fait-il comprendre le côté fallacieux de ce raisonnement ? Que veut-il dénoncer une dernière fois dans l'*excipit* du conte ? Qu'apporte la dernière réplique de Candide ?

9 La phrase interrogative

De quoi s'agit-il ? Tout acte de parole (ou énonciation) est produit en vue d'une finalité. Cette motivation est la modalité de la phrase.

1 Les quatre modalités

• Les modalités correspondent aux types de phrase et indiquent la position du locuteur par rapport à son énoncé. Elles correspondent à des intonations différentes de la phrase :

– la **modalité déclarative** : on constate, on informe ;

– la **modalité exclamative** : on s'étonne, on s'indigne ;

– la **modalité impérative** : on ordonne, on interdit ;

– la **modalité interrogative** exprime une interrogation, c'est-à-dire une demande d'information. Elle se marque par une intonation montante en fin de phrase.

● On distingue **quatre formes d'interrogation** :

Interrogation directe	• Phrase simple	*Est-ce que tu me crois ?*
Interrogation indirecte	• Proposition subordonnée incluse dans une phrase complexe	*Je me demande si tu me crois.*
Interrogation totale	• Porte sur l'ensemble de la phrase et appelle une réponse par oui ou non	*Viens-tu ? Non.*
Interrogation partielle	• Ne porte que sur un élément de la phrase et appelle une réponse limitée à cet élément	*Quand viens-tu ? Demain.*

2 Les marques de l'interrogation totale

● Il existe **trois moyens** pour formuler l'interrogation totale.

● Le locuteur peut marquer l'interrogation simplement par **l'intonation ascendante** à l'oral et le point d'interrogation à l'écrit. L'ordre des mots reste le même. Cet emploi est plutôt réservé à l'oral, correspondant à un registre de langue relâché : *Tu viens demain ?*

● **Par l'inversion du sujet** qui s'ajoute aux autres marques. Cela correspond à un registre de langue soutenue. Il faut distinguer deux cas selon la nature du sujet :

– si le sujet est un pronom personnel, il y a inversion simple, le sujet est simplement placé après le verbe : *Viens-tu demain ?* ;

– si le sujet est un nom ou un pronom autre que le pronom personnel, il reste à sa place et il est repris après le verbe par un pronom personnel. C'est l'**inversion complexe :** *Paul vient-il demain ?*

● **Par l'emploi de la locution** *est-ce que*. L'ordre des mots reste le même que dans la phrase déclarative. L'inversion du sujet est totalement exclue. Cela correspond à un registre de langue courant : *Est-ce que tu viens demain ?*

3 L'interrogation partielle

● **Un mot interrogatif** précise l'élément de la phrase sur lequel porte la question :

– **un pronom interrogatif** : *qui, lequel, à quoi. Lesquels viennent demain ?*

– **un adverbe interrogatif :** *comment, où, pourquoi, combien ? Pourquoi vient-il ?*

– **un adjectif interrogatif** : *À quelle heure viens-tu ?*

● On emploie aussi bien l'inversion simple que l'inversion complexe mais celle-ci est plus soutenue : *Quand pars-tu / Quand est-ce que tu pars ?*

Attention

L'inversion complexe est obligatoire après *que*, **après** *qui*, *lequel* **en position d'attribut, après** *pourquoi*, **après le pronom** *à qui* **quand le verbe comporte un autre COD ou COS :** *À qui Pierre a parlé ?* **mais** *À qui Pierre a-t-il parlé de moi ?*

Exercices résolus

➲ Corrigé p. 527

Exercice 1

Précisez si les interrogations suivantes sont totales ou partielles. Quel est leur registre de langue ?

1. Qui vient là ?
2. Tu arrives quand ?
3. Pourquoi Pierre ne cherche-t-il pas à progresser ?
4. Quels sont ses domaines de compétence ?
5. Cet élève pense-t-il à son futur ?

Exercice 2

Transformez ces phrases déclaratives en phrases interrogatives en faisant porter l'interrogation sur l'élément souligné, d'abord dans un registre courant, puis soutenu. Précisez la nature du mot interrogatif.

1. Tu arrives demain par le premier train.
2. Il apporte un plat de son choix.
3. Rendez-vous à l'endroit convenu.
4. L'ouragan doit frapper l'île dans les prochains jours.
5. Éric a pris cette initiative par dépit.

Exercice 3

Transformez ces phrases interrogatives en supprimant la locution « est-ce que » de façon à obtenir un registre de langue soutenu.

1. Quand est-ce que ces élèves respecteront les consignes ?
2. Où est-ce que j'ai bien pu ranger mon sac ?
3. Est-ce que les candidats sont prêts ?
4. Pourquoi est-ce que tu me demandes mon avis ?

Exercice 4

Exercice bilan

Prends l'éloquence et tords-lui son cou.
Tu feras bien, en train d'énergie,
De rendre un peu la Rime assagie.
Si l'on n'y veille, elle ira jusqu'où ?

Ô qui dira les torts de la Rime ?
Quel enfant sourd ou quel nègre fou
Nous a forgé ce bijou d'un sou
Qui sonne creux et faux sous la lime ?

De la musique encore et toujours !
Que ton vers soit la chose envolée
Qu'on sent qui fuit d'une âme en allée
Vers d'autres cieux à d'autres amours.

Verlaine, « Art poétique », *Jadis et Naguère*, 1884.

a. Relevez les modalités utilisées dans ce poème.
b. Analysez les modalités interrogatives (forme, syntaxe, registre de langue). Quel effet produit leur variété ?
c. À quel champ lexical sont associées ces modalités interrogatives ? Comment est-il déprécié ? Quel art poétique Verlaine professe-t-il ?

10 L'interrogation indirecte

De quoi s'agit-il ? **L'interrogation indirecte correspond à une subordonnée interrogative introduite par un mot interrogatif. Elle dépend d'une proposition principale comportant un verbe exprimant une demande implicite ou explicite dont elle est le plus souvent COD.**

1 Les verbes introducteurs de la subordonnée interrogative indirecte

- Des verbes **posant explicitement ou non une question** à soi-même ou aux autres : *(se) demander, ignorer, chercher, ne pas savoir, vouloir savoir. J'ignore ce que tu penses vraiment.*
- Des verbes **déclaratifs à l'impératif qui induisent une réponse** : *Dis-moi ce que tu veux.*

2 La construction de l'interrogative indirecte

- **L'inversion du sujet disparaît :** *Quand viens-tu ? Je me demande quand tu viens.* Mais on trouve l'inversion du sujet avec un pronom interrogatif attribut : *Qui est cette personne ? Je me demande qui est cette personne.*
- **Le point d'interrogation disparaît** au profit du point. Mais si la principale est une interrogation, le point d'interrogation sera utilisé : *Pourriez-vous me dire qui est cette personne ?*

Attention
Le maintien de l'inversion du sujet est l'une des erreurs de syntaxe les plus courantes dans la langue parlée.

- **La place de la subordonnée interrogative indirecte** :
  – elle suit généralement la principale dont elle est COD : *Je me demande ce que tu fais* ;
  – on peut la trouver en tête de phrase quand elle est sujet du verbe de la principale : *Ce qu'elle fait ne me regarde pas.*
- **Elle peut être elliptique :** *Il est encore en retard. Ne me demande pas pourquoi.*

3 Les mots introducteurs

- Il faut les distinguer selon les **deux types d'interrogation** : totale et partielle.

Interrogation totale	Interrogation partielle		
	Adverbe interrogatif	Pronom interrogatif	Adjectif interrogatif
• La subordonnée est introduite par l'adverbe interrogatif *si* : *Je me demande si tu as bien compris la consigne.*	• **Quand, si, où, pourquoi, comment** : *Je ne sais pas quand tu viens.*	• **Lequel, qui, quoi, que** : *Je me demande qui viendra à la réunion.*	• **Lequel** : *Elle ne sait pas quelle robe choisir.*

4 Les temps dans la subordonnée interrogative indirecte

- Il n'y a pas de mode imposé. Cela dépend de la nuance que l'on veut exprimer.

Indicatif	• Les faits sont envisagés comme réels	*J'ignore ce qui s'est passé.*
Conditionnel	• Pour exprimer le futur dans le passé	*Tu ne m'as pas dit ce qu'il ferait.*
	• Pour exprimer une supposition	*Je ne sais pas ce qu'il ferait dans ce cas-là.*
Infinitif	• Pour exprimer le doute	*Je ne sais pas quoi dire.*

5 L'emploi de la subordonnée interrogative indirecte

• L'interrogation indirecte peut avoir une **valeur exclamative** marquée par le point d'exclamation : *J'ignorais combien tu étais machiavélique !*

• Elle est essentielle pour **passer du style direct au style indirect** lorsque le discours rapporté comporte des questions : *L'homme demanda « Avez-vous une place ? » / L'homme demanda s'il avait une place.*

• La maîtrise de l'interrogative indirecte est également indispensable pour **varier la formulation des problématiques mais aussi des annonces de plan**. *Nous nous demanderons si la poésie n'a pas cette capacité, revendiquée par Rimbaud, à changer le monde.*

Exercices résolus

➲ Corrigé p. 527

Exercice 1

Dans les subordonnées interrogatives suivantes, dites si elles sont totales ou partielles, relevez les mots interrogatifs et donnez leur nature.

1. Dites-moi quand vous pensez partir.
2. Il se demanda s'il devait répondre sur-le-champ.
3. Elle ne savait pas ce qu'elle devait comprendre.
4. L'enfant ignorait devant quelle sortie sa mère l'attendait.
5. Il ne savait plus que penser.

Exercice 2

Transformez les interrogations directes en interrogations indirectes.

1. Y a-t-il encore des places disponibles ?
2. Pierre s'interrogeait : « Dois-je partir ou non ? »
3. Qui était le gagnant du loto ? Tout le village s'interrogeait.
4. Comment iras-tu à l'aéroport ?
5. Qu'est-ce qui la rend triste ?

Exercice 3

Dans les subordonnées interrogatives indirectes, justifiez l'emploi des temps verbaux.

1. Elle lui demanda s'il viendrait le lendemain.
2. Le conducteur ignorait où il avait bien pu laisser ses clés.
3. Dites-moi ce que vous feriez à ma place.
4. Elle ne savait plus quoi répondre.

Exercice 4

Exercice bilan

Voici des sujets de dissertation. Dégagez pour chacun d'eux la problématique que vous formulerez une première fois sous la forme d'interrogation directe, puis indirecte.

a. « C'est par le plaisir qu'on vient à bout des hommes » disait Voltaire à propos de ses contes. Vous discuterez cette affirmation en vous appuyant sur l'œuvre de l'auteur étudiée cette année mais aussi sur vos lectures personnelles.

b. « Si, comme le dit, le peintre Fernand Léger, chaque époque invente sa beauté », nous devrions être davantage touchés par des œuvres qui nous sont contemporaines que par celles du passé.
Vous direz si vous partagez ce sentiment en vous appuyant sur des exemples précis empruntés à toutes les formes d'art.

11 Rhétorique et modalité interrogative

De quoi s'agit-il ? La modalité interrogative ne sert pas seulement au locuteur à obtenir des informations de la part de son destinataire. Elle peut aussi dans les discours littéraires ou argumentatifs, être un procédé d'organisation ou de rhétorique.

1 La modalité interrogative au théâtre et dans le récit

• Le début de la scène repose sur un jeu de questions-réponses entre les interlocuteurs, chaque nouvelle interrogation relançant le mouvement :

> *ORGON : Tout s'est-il, ces deux jours, passé de bonne sorte ?*
> Qu'est-ce qu'on fait céans ? Comment est-ce qu'on s'y porte ?
> *DORINE : Madame eut avant-hier la fièvre jusqu'au soir.*
> Avec un mal de tête étrange à concevoir.
> *ORGON : Et Tartuffe ?*
> *DORINE : Tartuffe ? Il se porte à merveille.*
> Gros et gras, le teint frais, et la bouche vermeille.
>
> Molière, *Tartuffe*, I, 4, 1669.

• Dans un **monologue**, la modalité interrogative fait émerger le **questionnement** du personnage pris dans un **dilemme** comme dans le célèbre monologue de Rodrigue dans *Le Cid* (Corneille, 1637) dont deux stances se terminent par un distique interrogatif où s'expriment les deux aspects du conflit intérieur : honneur versus amour. *Faut-il laisser un affront impuni ?/ Faut-il punir le père de Chimène ?*

M'es-tu donné pour venger mon honneur ?/ M'es-tu donné pour perdre ma Chimène ?

• L'interrogation peut aussi traduire le **désarroi** d'un esprit en pleine confusion comme Hermione dans le monologue d'Hermione (Racine, *Andromaque*, V, 1, 1668) après qu'elle a ordonné à Oreste de tuer son amant Pyrrhus. *Où suis-je ? Qu'ai-je fait ? Que dois-je faire encore ? / Quel transport me saisit ? Quel chagrin me dévore ?*

2 La modalité interrogative dans le discours argumentatif

• La modalité interrogative est fréquemment employée comme **procédé rhétorique** dans le discours argumentatif.

• Elle permet de varier les **modalités**, et utiliser l'interrogation permet d'**obliger le destinataire** qu'on veut convaincre **à répondre** lui-même à la question au lieu de lui donner directement la réponse, ce qui est une manière de l'impliquer plus fortement.

• **La question rhétorique** est l'un des procédés rhétoriques les plus utilisés pour convaincre l'auditoire. Elle consiste à poser une question dont la réponse va de soi et ne peut être contestée. C'est un moyen de faire adhérer l'auditeur à la thèse défendue.

Vocabulaire
- On l'appelle aussi interrogation oratoire.

• **Exemple** : Dans son *Poème sur le désastre de Lisbonne*, Voltaire s'en prend aux philosophes qui prônent la philosophie optimiste : *Direz-vous, en voyant cet amas de victimes :/ « Dieu s'est vengé, leur mort est le prix de leur crime » ? / Quel crime, quelle faute ont commis ces enfants/ Sur le sein maternel écrasés et sanglants ?*

Exercices résolus

➲ Corrigé p. 528

Exercice 1

> Où vont tous ces enfants dont pas un seul ne rit ?
> Ces doux êtres pensifs que la fièvre maigrit ?
> Ces filles de huit ans qu'on voit cheminer seules ?
> Ils s'en vont travailler quinze heures sous des meules ;
> Ils vont, de l'aube au soir, faire éternellement
> Dans la même prison le même mouvement.
>
> « Melancholia », *Les Contemplations*, Victor Hugo, 1856.

a. Comment commence ce poème ? Comment les interrogations sont-elles construites ? Pourquoi ?

b. Pourquoi avoir choisi de poser des questions et d'y apporter des réponses au lieu de poser directement le constat ?

Exercice 2

> Tu n'es ni un dieu, ni un démon : qui es-tu donc pour faire des esclaves ? […] ce pays est à toi ! et pourquoi ? parce que tu y as mis le pied ? Si un Tahitien débarquait sur vos côtes, et qu'il gravât sur une de vos pierres ou sur l'écorce d'un de vos arbres : Ce pays appartient aux habitants de Tahiti, qu'en penserais-tu ? […].
>
> Denis Diderot, *Supplément au voyage de Bougainville*, 1772.

a. Relevez les modalités interrogatives. Quelles réponses demandent-elles ?

b. En quoi sont-elles efficaces sur le plan argumentatif ?

Exercice 3

Qu'est-ce qui fait l'originalité de cet *incipit* par rapport aux romans traditionnels ?

> Comment s'étaient-ils rencontrés ? Par hasard, comme tout le monde. Comment s'appelaient-ils ? Que vous importe ? D'où venaient-ils ? Du lieu le plus prochain. Où allaient-ils ? Est-ce que l'on sait où l'on va ? Le maître ne disait rien ; et Jacques disait que son maître disait que tout ce qui nous arrive de bien et de mal ici-bas était écrit là-haut.
>
> Denis Diderot, *Jacques le fataliste*, 1796.

12 Histoire et formation des mots

De quoi s'agit-il ? Le lexique est l'ensemble des mots d'une langue. L'étude historique s'attache à montrer l'origine des mots (l'étymologie), leur formation et la manière dont ils évoluent au fil du temps.

1 L'histoire des mots

- Le lexique français vient de deux sources différentes.
- Le **fonds primitif** est constitué de mots venus :

– d'abord du latin, 80 % des mots en sont issus : *eau, feu, famille, père*, etc. ;

– du celte, langue que parlaient les Gaulois : *chêne, tonneau*, etc. ;

– du germanique que parlaient les Francs : *écharpe, gibier, hache,* etc.

- Les **emprunts** à d'autres langues ont enrichi la langue au cours des siècles :

– le grec ancien pour former le vocabulaire scientifique et philosophique ;

– l'italien surtout pour la langue artistique : *pastiche, fresque, concerto* ;

– l'arabe (*chiffre, zéro*) ;

– surtout l'anglais depuis un siècle : *paquebot, people, manager, etc.*

2 La formation des mots

- **La racine du mot** ou **radical** est l'élément de base à l'origine du mot. L'ensemble des mots qui sont formés sur un même radical est appelé **famille de mots.** Exemple : sur le radical *ban* qui désignait le territoire d'un suzerain ont été formés les mots *contrebandier, bandit, banlieue, bannir*, etc.

- Parfois, un mot de formation savante s'appuyant sur un radical grec ou latin est venu doubler un mot primitif de même origine mais dont la forme s'est modifiée : ce sont les **doublets**. *Hospitale* a donné *hôtel* (formation populaire) et *hôpital* (formation savante).

- **La dérivation** consiste à former des mots à partir d'un radical par adjonction :

– d'un **préfixe** placé avant qui change la signification du mot ; par exemple le préfixe *in* a une valeur privative ou signifie *aller dans* : *impossible, immigration*.

– d'un **suffixe** placé après qui change la catégorie grammaticale du mot, son sens ou lui donne une connotation particulière : *drôle/drôlerie, radical/radicalité/radicalisation ; fille/fillette* (diminutif).

> **Remarque**
> Cela peut donner des familles de mots complexes : ainsi dans la famille du mot *eau*, la racine latine *aqua* s'est déformée en *ev* en langue d'oïl et en *aigue* en langue d'oc et a donné *eau, évier, aiguière* mais des mots ont aussi été formés à partir de la racine initiale : *aquatique*, et de la racine grecque *hydro* qui a donné *hydraulique*.

- **La composition permet de former des mots nouveaux :**

– par **assemblage de deux mots :** *portemanteau, garde-manger* ;

– par **association** de deux racines grecques ou latines : *misanthrope* (*mis* = détester, *anthropo* = homme) = qui déteste le genre humain.

• **Quelques racines grecques et latines**

Racines grecques			Racines latines		
Radical	**Sens**	**Exemple**	**Radical**	**Sens**	**Exemple**
Iâtre(tri)	médecin	pédiatrie	aqua	eau	aquatique
-algie	douleur	antalgique	aud-	entendre	audition
anthropo-	homme	anthropologie	capit-	tête	capitale
auto-	soi-même	autobiographie	carn-	chair	carnassier
blibli-	livre	bibliophile	-cide	tuer	génocide
bio-	vie	biologie	-duc	conduit	aqueduc
chrono	temps	chronologie	péd-pédo	pied	pédicure
cratie	pouvoir	démocratie	multi-	beaucoup	multiple
gyn-	femme	gynécologue	prim(o)	premier	primordial
log-	étude	zoologie	prin	premier	prince
phil-	aimer	philanthrope	vor-	dévorer	carnivore
mono	seul	monarchie	sol(i)	seul	solo
proto	premier	protagoniste	sylv(i)	forêt	sylvestre

3 L'évolution des mots

• **Les changements de sens** : certains mots se renforcent ou plus souvent s'affadissent avec le temps. Ainsi au XVIe siècle *sans doute* signifiait *sans aucun doute*.

• Des mots disparaissent de l'usage courant, d'autres sont créés, **ce sont des néologismes** qui finissent par être reconnus par l'usage.

Exercices résolus

➲ Corrigé p. 528

Exercice 1

Utilisez des préfixes pour former des mots de sens contraire. Il peut y avoir plusieurs possibilités. Classez-les par préfixe.

Utile – moral – agréable – juste – heureux – complet – normal – correct – enchanté – attentif.

Exercice 2

Cherchez le maximum de mots de la famille de *caput* (la tête).

Exercice 3

À partir de chacun des radicaux grecs suivants, trouvez au moins deux mots dont vous préciserez la formation et donnerez le sens :

hypo- (sous), pan- (tout), -cratie (pouvoir), -phil- (aimer), -hipp- (cheval).

Exercice 4

Quel sens avaient ces mots dans la langue du XVIIe et du XVIIIe siècles ? Employez-les dans une phrase où ils auront leur sens actuel.

1. « Mais aux âmes bien nées, la vertu n'attend point le nombre des années. » Corneille, *Le Cid.*

2. « La question est une invention merveilleuse et tout à fait sûre pour perdre un innocent qui a la complexion faible, et sauver un coupable qui est né robuste. » La Bruyère, *Les Caractères.*

3. « Son pied entra fort avant dans un pot de chambre qu'on avait laissé dans la ruelle du lit (...) et personne ne put s'empêcher de rire, voyant le pied de métal que s'était fait le petit homme. (...) Nous le laisserons foulant l'étain d'un pied superbe pour aller recevoir un train de voyageurs qui entra en même temps dans l'hostellerie. » Scarron, *Le Roman comique.*

4. « Je résolus d'employer toute mon industrie pour la voir. » Abbé Prévost, *Manon Lescaut.*

Exercice 5

Exercice bilan

L'huître, de la grosseur d'un galet moyen, est d'une apparence plus rugueuse, d'une couleur moins unie, brillamment blanchâtre. C'est un monde opiniâtrement clos. Pourtant on peut l'ouvrir : il faut alors la tenir aux creux d'un torchon, se servir d'un couteau ébréché et peu franc, s'y reprendre à plusieurs fois. Les doigts curieux s'y coupent, s'y cassent les ongles : c'est un travail grossier. Les coups qu'on lui porte marquent son enveloppe de ronds blancs, d'une sorte de halo.

À l'intérieur, l'on trouve tout un monde, à boire et à manger : sous un *firmament* (à proprement parler) de nacre, les cieux d'en-dessus s'affaissent sur les cieux d'en dessous, pour ne plus former qu'une mare, un sachet visqueux et verdâtre, qui flue et reflue à l'odeur et à la vue, frangé d'une dentelle noirâtre.

Parfois, très rare, une formule perle à leur gosier de nacre, d'où l'on trouve aussitôt à s'orner.

Francis Ponge, « L'Huître », *Le Parti pris des choses*, 1942.

a. Quel suffixe retrouvez-vous dans les deux premiers paragraphes ? Quelle connotation a-t-il ? Quel rôle jouent ces caractérisations dans la description de l'huître ?

b. Cherchez le sens étymologique des mots « âtre », « firmament ». En quoi est-ce révélateur de la manière d'écrire de Ponge ?

c. En quoi le sens étymologique de « formule » éclaire-t-il la signification de la dernière phrase et par là celle du poème tout entier ?

13 La sémantique

De quoi s'agit-il ? La sémantique regroupe tout ce qui concerne la signification des mots, leurs relations, leur sens dans un énoncé.

1 Le sens des mots

MONOSÉMIE/POLYSÉMIE

- Un mot **monosémique** n'a qu'un seul sens. Il appartient surtout au lexique scientifique ou spécialisé : *un chevalet, spaghetti*. Il est beaucoup plus rare dans le langage courant.
- Mais la plupart des mots du langage courant ont plusieurs sens répertoriés par le dictionnaire. Ils sont **polysémiques**. Le mot *cours* peut renvoyer à l'eau courante, à l'écoulement du temps, à une période d'étude.
- Parmi les différents sens d'un mot, on distingue le **sens propre** qui est le sens premier du mot généralement concret et le **sens figuré** qui relève d'un emploi particulier plus abstrait ou imagé du mot : *bleu* au sens propre renvoie à la couleur mais il peut aussi désigner des ecchymoses ou les joueurs de l'équipe de France.

Remarque
Les différents sens d'un mot correspondent à ce qu'on appelle le **champ sémantique.**

SENS LEXICAL / SENS CONTEXTUEL

- **Le sens lexical** d'un mot est celui donné par le dictionnaire.
- Le **sens contextuel** est celui qui est actualisé dans un énoncé. C'est par le contexte qu'on peut choisir entre les différents sens lexicaux d'un mot : *fertile* au sens propre s'emploie pour désigner une terre riche ; au sens figuré il peut avoir pour synonyme *inventif* (*une imagination fertile*). C'est le contexte qui permet de faire le bon choix.

DÉNOTATION/CONNOTATION

- La **dénotation** correspond au(x) sens d'un mot répertorié(s) dans le dictionnaire accepté(s) par tous.
- La **connotation** correspond aux différentes significations supplémentaires que peut prendre un mot selon le contexte, les époques, les civilisations, les milieux sociaux. Par exemple le mot *rouge* dénote la couleur. Mais ses connotations sont multiples : la passion, la révolution, la violence, le deuil dans certaines civilisations, etc.

Attention
Ces sens ne sont pas stables. Les connotations peuvent être **appréciatives ou péjoratives.** Elles donnent souvent aux mots une portée **symbolique.**

2 Les relations entre les mots

- **Les synonymes** sont des mots de sens proches. La synonymie totale est très rare. Un mot polysémique peut accepter plusieurs synonymes selon le contexte. Par exemple le mot *mou* peut avoir comme synonyme *laxiste*, *moelleux*. Le synonyme peut aussi varier en intensité : *colère, fureur, rage* ou en affectivité : *homme, individu, quidam.*

- Les **hyperonymes** ou termes génériques correspondent à des mots qui ont un sens plus large : *habitation = maison, chalet, villa.*
- Les **antonymes sont des mots de sens contraires :** *vie/mort, fort/faible.*
- **Le champ lexical** est l'ensemble des mots qui renvoient à la même notion, au même champ d'expérience. Ils ont différentes natures grammaticales et regroupent aussi bien synonymes qu'antonymes. Plusieurs champs lexicaux se côtoient souvent dans un même texte. Leur analyse permet de trouver les thèmes du texte et leur relation.
- **Les homonymes** ont la même forme phonétique, voire orthographique (on parle alors d'homographes) mais un sens différent : *les cahots de la voiture / c'est le chaos depuis le tremblement de terre.*
- Les **paronymes** sont des mots de sonorités proches mais de sens différents : *un incident / un accident*. C'est une source d'erreur fréquente.

Remarque

Le choix d'un terme plutôt qu'un autre dans un texte littéraire mais aussi un discours politique n'est jamais anodin.

Attention

Ne confondez pas le **champ lexical** qui regroupe des mots renvoyant à la même idée et le **champ sémantique** qui correspond aux différentes significations d'un mot.

3 Les trois niveaux de langue

- On distingue par **niveaux de langue** différentes manières de s'exprimer à l'écrit ou à l'oral pour dire **la même chose sous des formes différentes** plus ou moins recherchées. Ils correspondent à des situations de communication différentes.

Remarque

Dans les textes littéraires ou publicitaires, les locuteurs jouent souvent sur l'homonymie et la paronymie pour créer des effets de sens. La rime est un procédé qui s'appuie sur la paronymie.

Niveau de langue	Usages	Exemple
Familier	• Surtout à l'oral dans un usage quotidien. • Syntaxe souvent incorrecte avec un vocabulaire simple, voire argotique.	*Je savais pas que t'allais debarquer.*
Courant	• Usage courant tant à l'écrit qu'à l'oral. • Vocabulaire usuel, syntaxe simple mais correcte.	*Je ne savais pas que tu allais venir.*
Soutenu	• Surtout à l'écrit, dans les discours officiels, les textes littéraires. • Syntaxe soignée et vocabulaire recherché.	*J'ignorais que tu venais.*

Exercices résolus

Corrigé p. 529

Exercice 1

Indiquez le sens des mots soulignés. Précisez s'il s'agit d'un emploi propre ou figuré. Faites une phrase où ces mots auront un autre sens.

1. Les négociations de paix piétinent.
2. Depuis quelques mois les prix à la pompe flambent.
3. La chute des cours du pétrole s'intensifie.

Exercice 2

Lisez ce sketch de Raymond Devos.

J'avais dit, « pendant les vacances, je ne fais rien !… rien !… Je ne veux rien faire. » Je ne savais pas où aller. Comme j'avais entendu dire : « À quand les vacances ?… À quand les vacances ?… » je me dis : « Bon !…. Je vais aller à Caen… Et puis Caen !…. ça tombait bien, je n'avais rien à y faire. » Je boucle la valise…je vais prendre le car… je demande à l'employé :
– Pour Caen, quelle heure ?
– Pour où ?
– Pour Caen !
– Comment voulez-vous que je vous dise quand, si je ne sais pas où ?
– Comment ? Vous ne savez pas où est Caen ?
– Si vous ne me le dites pas !
– Mais je vous ai dit Caen !
– Oui !…. mais vous ne m'avez pas dit où !

Raymond Devos, *Matière à rire*, 2015.

1. Sur quel procédé reposent principalement les jeux de mots ?
2. En quoi cela contribue-t-il à la satire de la bureaucratie ?

Exercice 3

Analysez des connotations culturelles/poétiques.

1. Quelles sont les connotations attachées pour vous aux mots suivants : *printemps, automne, été, hiver* ? Comparez vos réponses avec celles de vos camarades.
2. Que veut dire le poète Guillaume Apollinaire lorsqu'il écrit : « Automne ô ma saison mentale » ?

Exercice 4

Exercice bilan

Les écrivains engagés écrivent parce que c'est plus fort qu'eux, qu'il leur faut dire ce qu'ils ont à dire. Ils ne sont pas engagés au sens où le militaire et le policier sont engagés, c'est-à-dire ont pris l'engagement d'obéir aux ordres de leur supérieur, sans les discuter et au besoin sans chercher à les comprendre, ils ne se sont pas engagés d'avance à dire ce que l'on attendait d'eux, ils ne sont pas engagés comme le sont la recrue, l'homme à gages ou le domestique, ils ne sont pas engagés comme un train est engagé sur des rails. Ils n'ont pas pris du service, mais ils ont pris feu et ils ont pris parti.

Claude Roy, *Défense de la littérature*, 1968.

a. Cherchez les sens du verbe « engager » utilisés dans l'extrait ci-dessus. Pourquoi le verbe est-il employé négativement ?
b. Qu'est-ce qui motive les écrivains engagés, selon Claude Roy ? Comment comprenez-vous les deux dernières expressions « prendre feu » et « prendre parti » ? Remplacez-les par des synonymes.

Chapitre 2 La poésie du XIXe au XXIe siècle

FRANÇAIS

1 La poésie romantique

De quoi s'agit-il ? Le romantisme est un courant littéraire européen qui domine le début du XIXe siècle français en rupture avec les règles et valeurs classiques.

1 Le romantisme

Remarque

Le mot romantisme, synonyme de romanesque au XVIIe siècle, est utilisé par Madame de Staël en opposition au classicisme.

- Né en Allemagne et en Angleterre, le romantisme, en rupture avec le classicisme, s'impose tardivement en France même s'il touche des précurseurs comme Rousseau dès la fin du XVIIIe siècle. Il s'étend de 1820 à 1850, sous la Restauration et la monarchie de Juillet.
- Il influence de nombreux auteurs, notamment Constant et Chateaubriand, puis Hugo, Stendhal, Vigny, Musset, Lamartine…
- Ces écrivains se sont illustrés dans tous les genres : théâtre, roman, poésie. Ils ont aussi écrit des manifestes esthétiques comme les *Préfaces* des pièces de Hugo. Celle qui précède *Cromwell* fonde en 1827, avec *Henri III et sa cour* de Dumas, les principes du drame romantique.
- Le romantisme est un mouvement de **révolte** contre la dictature de la raison, les règles et une société bourgeoise figée qui, avec la fin de la Révolution et de l'Empire, empêche tout rêve de gloire et de grandeur.
- La jeunesse, souvent mélancolique, désenchantée, souffre du « mal du siècle », éprouve la « vague des passions » (émotions violentes mais confuses).

– Elle revendique sa **singularité**, l'expression du moi, le droit au rêve, au naturel et à la liberté dans l'art.

– Elle retrouve ses tourments et ses émois dans une **nature** à son image.

– Elle se réfugie dans la **solitude**, le passé et affectionne le fantastique.

Vocabulaire

■ **« Mal du siècle » :** Musset nomme ainsi le sentiment d'ennui, de malaise, d'insatisfaction qui caractérise la génération romantique.

2 Le romantisme en poésie

Vocabulaire

■ ***Topoï* :** sujets rebattus, éternels.

- Les thèmes et la sensibilité romantiques occupent une place de choix dans le genre de la poésie. Les auteurs renouvellent les *topoï* : la nature, l'amour, la fuite du temps et la mort.
- Le **lyrisme**, né dans l'Antiquité avec la légende de la lyre d'Orphée, devient le registre préféré du « moi » **intime**, de ses confidences mélancoliques, ses effusions, ses émotions exaltées :

« Je suis le ténébreux, le veuf, l'inconsolé. »

Gérard de Nerval, « El Desdichado », *Les Chimères*, 1854

- Le poète apprécie dans la nature ses **paysages-états d'âme** :

Tableau de Caspar Friedrich

> « Salut derniers beaux jours, **le deuil de la nature**
> **Convient à ma douleur** et plaît à mes regards. »
> Alphonse de Lamartine, « L'Automne », *Méditations poétiques*, XXIII, 1819

- Persuadé d'être seul et marginal, le poète espère être compris par son lecteur, « [s]on semblable, [s]on frère » comme l'exprimera plus tard Baudelaire.

- Le désir de rupture propre au romantisme se manifeste surtout dans sa forme. Il conserve la strophe et le vers, mais il aime les varier, les désarticuler, à force d'enjambements. Ces innovations conduiront au poème en prose d'Aloysius Bertrand et Charles Baudelaire.

Remarque

Hugo bouscule la tradition dans « Les Djinns » (*Les Orientales*, XXVIII, 1829) qu'il commence et termine par des vers de deux syllabes.

- On libère le lexique et la syntaxe des règles du classicisme et du bon goût. Hugo défend le mouvement par une métaphore filée dans sa « Réponse à un acte d'accusation », synthétisant ainsi la **révolution** romantique :

> « Alors, brigand, je vins [. . .]
> Et sur l'Académie, aïeule et douairière[1],
> Cachant sous ses jupons les tropes[2] effarés,
> **Et sur les bataillons d'alexandrins carrés,**
> **Je fis souffler un vent révolutionnaire.**
> **Je mis un bonnet rouge au vieux dictionnaire.**
> **Plus de mot sénateur[3] ! plus de mot roturier[4] ! »**
>
> Victor Hugo, « Réponse à un acte d'accusation »,
> *Les Contemplations*, I, 7, 1856

2 La poésie parnassienne et symboliste

De quoi s'agit-il ? Le parnasse et le symbolisme sont deux courants littéraires qui suivent le romantisme et concernent surtout le genre poétique.

D1 Le parnasse

- Le parnasse, mot inspiré par le mont Parnasse, lieu de résidence d'Apollon et des neuf Muses, se veut d'abord une **réaction** contre l'effusion lyrique des romantiques. Lamartine voulait faire descendre la poésie de l'Olympe ; ses successeurs voudront l'y réinstaller.

Remarque

Le nom du mouvement provient de la publication en 1866 par Lemerre de brochures de poèmes intitulées *Le Parnasse contemporain*.

- Autour de Leconte de Lisle et Heredia, après Banville et Gautier, précurseur du mouvement dès 1835, les poètes élaborent une théorie de l'impersonnalité. Ils refusent orgueilleusement d'être dans la société et dans l'histoire. Ils prônent une forme rigoureuse axée sur le travail de l'écriture qui doit, pour paraphraser Gautier, **ciseler** le vers comme un bijou ou une statue. « L'art pour l'art », le culte du Beau, le goût de l'Antiquité, des mythes, des légendes orientales remplacent les épanchements, les plaintes et les combats politiques des romantiques.

Citation

Gautier affirme : « Il n'y a de vraiment beau que ce qui ne peut servir à rien, tout ce qui est utile est laid ».

---

1. Vieille femme de la haute société.
2. Figures de style.
3. Personnel politique.
4. Non noble.

- Le sonnet « La Beauté » de Baudelaire illustre bien cet idéal poétique :

> **« Je suis belle, ô mortels ! comme un rêve de pierre**
> Et mon sein, où chacun s'est meurtri tour à tour,
> Est fait pour **inspirer au poète un amour**
> **Éternel et muet ainsi que la matière. »**
>
> Charles Baudelaire, *Les Fleurs du mal*, 1857

- De même, Leconte de Lisle attaque avec dérision, avec l'utilisation de la comparaison et du symbole, les romantiques, qualifiés de « Montreurs » :

> **« Tel qu'un morne animal,** meurtri, plein de poussière,
> La chaîne au cou, hurlant au chaud soleil d'été,
> Promène qui voudra son cœur ensanglanté
> Sur ton pavé cynique, **ô plèbe carnassière ! »**
>
> Leconte de Lisle, *Poèmes barbares*, 1862-1878

- Cet idéal esthétique **élitiste** s'adresse à un public restreint, choisi, aux goûts aristocratiques.

2 Le symbolisme

- Le symbolisme naît en France et en Belgique vers 1870, en opposition au parnasse et au naturalisme. Au sens large, le mouvement regroupe, après Baudelaire, précurseur reconnu, Verlaine, Rimbaud, Mallarmé et toute une bohème littéraire, appelés les « décadents ».

- Mouvement **mystique**, il croit au secret et au sacré, en une puissance au-dessus du monde réaliste et sensible. Il imagine de subtiles **correspondances**, horizontales entre « les parfums les couleurs et les sons », verticales entre le fini et l'infini, comme l'exprime Baudelaire :

> « La nature est un temple où de vivants piliers
> Laissent parfois sortir de confuses paroles ;
> **L'homme y passe à travers des forêts de symboles**
> **Qui l'observent avec des regards familiers. »**
>
> Charles Baudelaire, « Correspondances », *Les Fleurs du mal*, 1857

Le poète **voyant** tente d'accéder aux mystères du monde et d'atteindre un **Idéal**.

L'idée à retenir

Jean Moréas invente *a posteriori* le mot *symbolisme* en 1886 pour désigner une poésie qui utilise le symbole pour déchiffrer le monde.

Remarque

Les « Hydropathes », « Hirsutes », « Zutistes », « Je-m'en-foutistes » sont des décadents.

Baudelaire (1821–1867) : précurseur du symbolisme, poète du *spleen*.

- Le texte fondateur du mouvement est « L'Art poétique » de Verlaine, composé en 1874. Il revendique essentiellement, en l'appliquant instantanément dans des vers de neuf syllabes, la musicalité et la légèreté d'un vers aérien :

> **« De la musique encore et toujours !**
> **Que ton vers soit la chose envolée**
> Qu'on sent qui fuit d'une âme en allée
> Vers **d'autres** cieux à d'autres amours. »
>
> Paul Verlaine, « L'Art poétique », *Jadis et naguère*, 1884

- Les symbolistes privilégient la métaphore et le symbole, un vocabulaire riche et précieux. La suggestion sonore est préférée à la précision du mot, ce qui peut mener jusqu'à l'hermétisme :

> « Rien de plus cher que la **chanson grise**
> Où l'Indécis au Précis se joint. »
>
> Paul Verlaine, « L'Art poétique », *op. cit.*

• Le symbolisme, comme l'impressionnisme en peinture, est l'art de la lumière, du mouvement, de l'impression et de la sensation.

Les symbolistes au musée d'Orsay

3 Les avant-gardes, Dada et le surréalisme

De quoi s'agit-il ? Le mouvement Dada et le surréalisme sont deux courants artistiques de la première moitié du XXe siècle qui rejettent règles et conventions.

1 Les avant-gardes

• Marinetti, écrivain italien, écrit dans *Le Manifeste Futuriste* en 1909 : « Nous déclarons que la splendeur du monde s'est enrichie d'une beauté nouvelle : la beauté de la vitesse ».

• C'est l'éloge de la modernité, de la **beauté urbaine et industrielle**. Apollinaire prône « l'esprit nouveau », notamment dans « Zone », le poème qui inaugure le recueil *Alcools* :

> « À la fin tu es las de ce monde ancien
> Bergère ô tour Eiffel le troupeau des ponts bêle ce matin [...]
> J'aime la grâce de cette rue industrielle »
>
> Guillaume Apollinaire, *Alcools*, 1913

Apollinaire (1880–1918) : poète des avant-gardes artistiques (cubisme, futurisme), notamment dans *Alcools* (1913) et *Calligrammes* (1918).

2 Le mouvement Dada

• Le mouvement Dada naît à Zurich en 1916 autour des auteurs Hugo Ball, Tristan Tzara et du peintre Hans Arp au Cabaret Voltaire. Il est ensuite popularisé par les artistes Marcel Duchamp, Francis Picabia et Man Ray.

• Marqué par l'absurde de la guerre, le mouvement fait « **table rase** » de toutes les règles, contraintes, conventions idéologiques, esthétiques et morales. Il se veut ancré dans l'enfance, loufoque, irrespectueux, extravagant et érotique. Il se libère de toutes les tutelles, y compris celle de la raison. Ses œuvres iconoclastes et jubilatoires sont le produit du **hasard** et de la dérision.

Vocabulaire

- **Dada :** nom enfantin, **ludique**, choisi au hasard dans un dictionnaire.
- **Iconoclaste :** au VIIIe siècle, personne qui détruit les images saintes ; au sens moderne, hostile aux traditions.

• Tristan Tzara livre un art poétique en acte exemplaire dans « Pour faire un poème dadaïste », paru dans le *Manifeste sur l'amour faible et l'amour amer* (1920). Il joue avec le hasard et la technique du **collage** pour produire un poème parodique et poétique (voir p. 52 à 54).

3 Le surréalisme

Hommage à André Breton

• Issu à la fois de l'héritage et de la rupture avec le mouvement Dada en 1922, le surréalisme, d'abord littéraire, envahit la peinture, la sculpture, la photographie et le cinéma. Il devient un véritable mouvement avec la publication en 1924 par André Breton du *Manifeste du surréalisme* et s'affaiblira pendant la Deuxième Guerre mondiale. En 1969, Jean Schuster signe officiellement dans *Le Monde* son acte de décès.

• Le surréalisme retient du mouvement Dada la révolte et le rejet de toute règle. Il y ajoute les apports de la psychanalyse et la certitude du pouvoir créateur de l'**inconscient**.

L'idée à retenir

Le mot *surréalisme* est inventé par Apollinaire en 1917 dans *Les Mamelles de Tirésias*.

Grands artistes

Breton, Soupault, Crevel, Desnos, Éluard, Aragon, Péret, Ernst, Picabia.

4 La poésie surréaliste

• La poésie constitue à la fois un genre et un thème prisés du surréalisme avec la liberté et l'amour, comme le montrent le titre et une strophe d'un recueil d'Éluard, *L'amour la poésie*, en 1929 :

> **« La terre est bleue comme une orange**
> **Jamais une erreur les mots ne mentent pas**
> **Ils ne vous donnent plus à chanter**
> Au tour des **baisers** de s'entendre
> Les fous et **les amours**
> Elle sa **bouche d'alliance**
> Tous les secrets tous les sourires
> Et quels vêtements d'indulgence
> À la croire **toute nue**. [...] »

Paul Éluard, *L'amour la poésie*, I, 7, © Éditions Gallimard, 1929

• Le mot est choisi à la fois pour son sens, pour ce qu'il suggère et sa musicalité.

• La poésie permet à l'inconscient d'exprimer sa créativité dans trois exercices :

– **L'écriture automatique :** on écrit le plus rapidement possible, sans réfléchir, ni se préoccuper de la grammaire, de la morale, de la cohérence ou de l'esthétique, dans un état proche de l'hypnose. *Les Champs magnétiques* publiés par Breton et Soupault en 1920 en sont le premier fruit :

« Tu sais que ce soir il y a un crime vert à commettre. Comme tu ne sais rien, mon pauvre ami. Ouvre cette porte toute grande, et dis-toi qu'il fait complètement nuit, que le jour est mort pour la dernière fois. »

– **Le cadavre exquis** : le jeu consiste pour chacun des participants à composer un texte ligne par ligne sans savoir ce qu'a écrit le précédent.

– **Le compte-rendu de rêves** : le rêve est, selon Freud, la voie royale d'expression de **l'inconscient**. Desnos s'est fait le spécialiste de cette technique :

« En août 1922 - Je suis couché et me vois tel que je suis en réalité. André Breton entre dans ma chambre, le *Journal Officiel* à la main. "Cher ami, me dit-il, j'ai le plaisir de vous annoncer votre promotion au grade de sergent-major" puis il fait demi-tour et s'en va. »

Robert Desnos, « Rêves », in *Littérature* n° 5, 1922

4 L'OULiPo et la poésie aujourd'hui

De quoi s'agit-il ? **L'Ouvroir de Littérature Potentielle joue avec les contraintes formelles qu'il s'impose et la poésie d'aujourd'hui, aux langages multiples, renouvelle le lyrisme.**

1 L'OULiPo

• L'OULiPo, Ouvroir de littérature potentielle, est fondé en France en 1960 et est toujours actif.

• Il rassemble des mathématiciens et des écrivains héritiers des Grands Rhétoriqueurs dont **Queneau**, l'un de ses fondateurs.

• Ils sont partisans d'une écriture à **contraintes** paradoxalement considérées comme puissant **stimulant de la créativité** mais **ludique et fantaisiste**. Ils pratiquent toutes sortes de jeux d'écriture dont le lipogramme, le tautogramme ou encore la méthode S + 7 exposée par Jean Lescure lors d'une des premières réunions de l'OULiPo, le 13 février 1961.

Remarque
La méthode S + 7 remplace dans un texte source chaque substantif par le septième substantif qui le suit dans un dictionnaire donné.

• Perec écrit le plus long lipogramme en « e » connu dans son roman *La Disparition*. Queneau écrit en 1973 « La Cimaise et la Fraction » d'après « La Cigale et la Fourmi » de La Fontaine. Grâce à des combinaisons, il propose également un livre-objet où le lecteur pourra reconstituer *Cent Mille Milliards de Poèmes* (1961).

2 La poésie aujourd'hui

• La poésie aujourd'hui échappe aux tendances. Elle vogue, parfois marquée par les arts plastiques, entre contraintes et liberté, lyrisme renouvelé, recherche du sens et innovation du langage.

• **Saint-John Perse** déploie un verbe lyrique parfois hermétique comme Mallarmé au XIXe siècle.

• **Michaux**, grand voyageur du monde et de son paysage intérieur, qui refuse tout paraître, **mêle la poésie aux arts graphiques** et aux expérimentations hallucinogènes.

Le poète Aimé Césaire

• On s'interroge aussi sur la mission du poète, jusqu'à s'engager comme **Char**, après Éluard et Aragon, pour la Résistance, avec les poètes de la « négritude », **Césaire** et **Senghor** qui célèbre en versets la beauté noire.

Femme nue, femme noire
Vêtue de ta couleur qui est vie, de ta forme qui est beauté
J'ai grandi à ton ombre ; la douceur de tes mains bandait mes yeux
Et voilà qu'au cœur de l'Été et de Midi,
Je te découvre, Terre promise, du haut d'un haut col calciné
Et ta beauté me foudroie en plein cœur, comme l'éclair d'un aigle

Femme nue, femme obscure
Fruit mûr à la chair ferme, sombres extases du vin noir, bouche qui fais lyrique ma bouche
Savane aux horizons purs, savane qui frémis aux caresses ferventes du Vent d'Est
Tamtam sculpté, tamtam tendu qui gronde sous les doigts du vainqueur
Ta voix grave de contralto est le chant spirituel de l'Aimée

« Femme noire », Chant d'ombre (1945) in *Œuvre Poétique*, Léopold Sédar Senghor,
© Éditions du Seuil, 1964.

• Ponge fait d'un pain, d'une orange, d'un cageot, un objet poétique dans ses « proèmes ».

Le cageot

À mi-chemin de la cage au cachot la langue française a cageot, simple caissette à claire-voie vouée au transport de ces fruits qui de la moindre suffocation font à coup sûr une maladie.

Agencé de façon qu'au terme de son usage il puisse être brisé sans effort, il ne sert pas deux fois. Ainsi dure-t-il moins encore que les denrées fondantes ou nuageuses qu'il enferme.

À tous les coins de rues qui aboutissent aux halles, il luit alors de l'éclat sans vanité du bois blanc. Tout neuf encore, et légèrement ahuri d'être dans une pose maladroite à la voirie jeté sans retour, cet objet est en somme des plus sympathiques, - sur le sort duquel il convient toutefois de ne s'appesantir longuement.

Francis Ponge, *Le Parti pris des choses*, 1942

• **Jacques Reda**, comme **Ponge** inspiré par le quotidien qu'il transfigure dans une voix marquée par le jazz, Philippe **Jaccottet**, Yves **Bonnefoy** posent, en vers et en prose renouvelés, la question éternelle de l'homme et de la mort, de son rapport au monde et à la nature.

5 La versification

De quoi s'agit-il ? La versification est l'ensemble des techniques utilisées pour écrire un poème ; elle marque l'appartenance du texte au genre de la poésie.

● Jusqu'au XIXe siècle, la poésie est fortement codifiée. Elle suit obligatoirement les règles de La Pléiade (autour de 1555) et surtout de Malherbe (1555-1628), qui s'inspire de la Poétique du philosophe grec de l'Antiquité Aristote. Après le XIXe siècle, avec Baudelaire puis Rimbaud, considéré comme le père de la poésie moderne, les règles seront peu à peu abandonnées.

Rimbaud **(1854–1891) :** poète adolescent, provocateur et inclassable, qui a révolutionné la poésie.

1 La structure du vers

● La versification française admet différents mètres. Les principaux sont pairs :
- l'octosyllabe (8 syllabes) ;
- le décasyllabe (10 syllabes) ;
- l'alexandrin (12 syllabes) utilisé dans les genres nobles : tragédie, épopée.

● Les vers impairs comme l'heptasyllabe (7 syllabes) sont surtout utilisés dans les genres légers (fables).

● Il faut savoir décompter les syllabes sans se tromper :
- le e muet ne se compte que lorsqu'il est suivi par une consonne, jamais s'il est suivi par une voyelle ou à la fin du vers ;
- la diérèse et la synérèse allongent ou réduisent le mètre : on fait une « diérèse » lorsque l'on prononce de façon séparée les deux termes d'une diphtongue. La synérèse est son contraire.

Li/on [l i j ɔ̃] : 2 syllabes, diérèse – Lion [l j ɔ̃] : 1 syllabe, synérèse.
- les liaisons doivent toujours être comptabilisées. Le dernier vers du « Dormeur du val » comprend bien douze syllabes :

> « sur sa poitrine,
> Tran/qui/lle. Il/ a/ deux/ trous/ rou/ge/s au/ cô/té/ droit. »
>
> Arthur Rimbaud, « Le Dormeur du val », 1870

Vocabulaire
■ **Diphtongue :** union d'une semi-consonne et d'une voyelle.

● La versification suppose un système de rimes :
- les rimes sont constituées de sons qu'on retrouve à la fin de deux ou plusieurs vers ;
- elles peuvent être plates ou suivies (AABB), embrassées (ABBA), croisées (ABAB) ;
- elles sont pauvres quand elles ont un seul son commun, suffisantes avec deux, riches au-delà.

Attention
On évite les rimes faciles, comme deux adverbes en –ment.

2 Les groupes de vers

● Les strophes sont des groupements de vers séparés par des blancs typographiques significatifs.

● Les poèmes à forme fixe ont une structure déterminée et figée.
- Les lai, virelai, rondeau, ballade sont des genres aux règles strictes utilisés au Moyen Âge, rapidement abandonnés.

Vocabulaire
Nom des strophes :
2 vers : distique
3 vers : tercet
4 vers : quatrain
5 vers : quintil
6 vers : sizain
10 vers : dizain

– Le sonnet existe depuis la Renaissance ; régulier, il se compose de deux quatrains et de deux tercets aux rimes à la disposition obligatoire :

1e quatrain	A	B	B	A
2e quatrain	A	B	B	A
1e tercet	C	C	D	
2e tercet sonnet français	E	E	D	
Ou 2e tercet sonnet italien	E	D	E	

3 La versification dans la poésie moderne

• La poésie moderne continue parfois de respecter les règles classiques et le **vers régulier** (Aragon après sa période surréaliste, Valéry et les « règles exquises »…). Elle a surtout renouvelé ou inventé d'autres formes très attentives aux effets sonores et rythmiques, à l'accentuation.

• Le **vers libre**, souvent court, ne respecte pas un nombre compté de syllabes, ni un système de rimes.

Ma Morte vivante
Dans mon chagrin rien n'est en mouvement
J'attends personne ne viendra
Ni de jour ni de nuit
Ni jamais plus de ce qui fut moi-même

Paul Éluard, *Le Temps déborde*, 1947

Remarque
Ce poème, comme d'autres dans le recueil, a été inspiré à Éluard par la mort soudaine de sa chère épouse Nush.

• Le verset est au départ la forme utilisée pour les livres sacrés (Bible, Coran, Thora). Au XXe siècle, certains auteurs la remettront à l'honneur, en particulier Gide et Claudel, pour des textes très déclamatoires. Il tient de la prose et du vers ; il peut faire alterner le paragraphe avec des membres de phrases très courts, voire à un mot.

[…] Ni
Le marin, ni
Le poisson qu'un autre poisson à manger
Entraîne, mais la chose même et tout le tonneau, et la veine vive,
Et l'eau même, et l'élément même, je joue, je resplendis ! Je partage la liberté de la mer omniprésente !
L'eau […]

Claudel, *Cinq grandes ondes*, II, 1910

• Le **poème en prose**, depuis Aloysius Bertrand et Baudelaire, se distingue d'un extrait de roman par sa brièveté, son unité, sa fermeture sur lui-même et le soin porté à sa clausule. Francis Ponge invente le terme de « proème » pour ses poèmes en prose.

Remarque
On préfère *clausule* à *clôture* pour désigner la fin très travaillée d'un poème en prose.

Les Ponts

Des ciels gris de cristal. Un bizarre dessin de ponts, ceux-ci droits, ceux-là bombés, d'autres descendant ou obliquant en angles sur les premiers, et ces figures se renouvelant dans les autres circuits éclairés du canal, mais tous tellement longs et légers que les rives, chargées de dômes, s'abaissent et s'amoindrissent.

Arthur Rimbaud, *Illuminations*, 1886

FRANÇAIS

Révision express

Les points importants à retenir

Les courants poétiques français des XIXe et XXe siècles

	Romantisme	Parnasse	Symbolisme	Dada	Surréalisme
Période : précurseurs fin	1800 1843	1861 1876	1857 1899	1916 1925	1919 – Après la 2e guerre mondiale
Rupture avec	Le classicisme	Le romantisme	Classicisme, naturalisme et parnasse	Le passé (« Table rase »)	Toutes les règles
Principes	Émergence d'un « je » mélancolique et singulier	Impassibilité, impersonnalité	Aspiration vers un Idéal au-delà du monde visible	• Rejet de toutes les valeurs • Hasard • Non sens	Poésie libérée, issue d'un inconscient créateur
Thèmes, sujets	• Nature • Amour • Fuite du temps, mort	• Antiquité • Mythes • Légendes orientales	• Le monde comme mystère à déchiffrer • Correspondances	• Dada (le mouvement est lui-même le sujet de son esthétique) • Le Rien	• Amour • Poésie • Liberté • Rêve • Engagement
Poétique	• Lyrisme • Élégie • Pour un vers et un art libérés	• Forme impeccable • Vers ciselé comme un bijou	• Lyrisme • Musicalité légère • symbole	• Dérision • Absurde • Collages hasardeux • Jeu typographique, musicalité	• Libération du mot • Images • Écriture automatique • Cadavres exquis
Poètes	Hugo, Musset, Vigny, Lamartine	Gautier, Banville, Leconte de Lisle, Heredia	Baudelaire, Verlaine, Rimbaud, Mallarmé	Ball, Tzara, des femmes	Breton, Soupault, Desnos, Eluard, Aragon, Péret

Quiz

Cochez la bonne réponse :

1. Le romantisme est une tonalité. ☐ Vrai ☐ Faux
2. Le parnasse aime l'élégie. ☐ Vrai ☐ Faux
3. Le sonnet comporte deux quatrains et deux tercets. ☐ Vrai ☐ Faux
4. L'heptasyllabe est un vers libre. ☐ Vrai ☐ Faux
5. Malherbe a codifié la poésie au XVIIe siècle. ☐ Vrai ☐ Faux
6. L'OuLiPo joue avec les contraintes. ☐ Vrai ☐ Faux

→ Réponses p. 530

COMMENTAIRE

Le texte à commenter est choisi non pas dans le cadre d'un parcours mais au sein de l'objet d'étude, en l'occurrence *La poésie du XIXe au XXIe siècles.*

Énoncé

Rédigez le commentaire du texte de Tristan Tzara.

Un poème complètement *D*ad**A**

Prenez un journal.
Prenez des ciseaux.
Choisissez dans ce journal un article ayant la longueur que vous comptez donner
à votre poème.
Découpez l'article.
Découpez ensuite avec soin chacun des mots qui forment cet article et mettez-les
dans un sac.
Agitez doucement.
Sortez ensuite chaque coupure l'une après l'autre.
Copiez ensuite **CONSCIENCIEUSEMENT** dans l'ordre où elles ont quitté le sac.
Le poème **vous** ressemblera.
Et vous voilà *un écrivain infiniment original et d'une sensibilité charmante*, encore
qu'incomprise du vulgaire.
Exemple :
prix ils sont hier convenant ensuite tableaux
apprécier le rêve époque des yeux
pompeusement que réciter l'évangile genre s'obscurcit
groupe l'apothéose imaginer dit-il pouvoir des couleurs
taillla cintres ahuri de la ce n'est plus 10 à 12

Tristan Tzara, « Pour faire un poème dadaïste », in *Sept manifestes Dada*,
© Pauvert, département des éditions Fayard, 1979.

En savoir plus sur le mouvement dada

Méthode

- Ne vous laissez pas troubler par l'originalité et la fantaisie du texte.
- Remplissez la grille de lecture mettant en valeur la situation, la nature, l'idée générale et la composition du texte. Revoyez et exploitez la notion « d'art poétique ».
- Votre lecture linéaire doit s'intéresser aussi bien au fond qu'à la forme, déroutante, du texte.
- Dégagez une problématique inspirée par la singularité du poème puis un plan dont les axes résolvent la problématique.

Rappel

Un « art poétique » est un poème « autotélique » (qui se prend lui-même comme objet) et qui donne des conseils pour écrire un poème, tout en célébrant ou critiquant des formes et des courants poétiques antérieurs.

Corrigé

Dans votre devoir, vous ne devrez pas conserver les titres des différentes étapes du développement.

Introduction L'histoire littéraire progresse selon des attaques, des ruptures et des proclamations théorisées dans les manifestes esthétiques et les « Arts poétiques » produits par les mouvements artistiques successifs. C'est ainsi que Tzara compose en 1920 « Pour faire un poème dadaïste », qu'il intègre au *Manifeste sur l'amour faible et l'amour amer*. Comment ce créateur d'un mouvement qui veut faire « table rase » du passé va-t-il jouer avec la tradition de l'art poétique issue de l'Antiquité et du très sérieux Aristote ? Voyons comment la parodie d'un art poétique en acte, marquée par l'ironie, exhibe une esthétique fantaisiste et absurde : celle du mouvement Dada.

> **Gagnez des points !**
> Liez logiquement votre problématique à ce qui précède et à ce qui suit.

I. La parodie d'un art poétique en acte, marquée par l'ironie…

Dès son titre, le poème s'inscrit dans la tradition de l'art poétique en acte ; mais n'en fait-il pas une parodie marquée par l'ironie ?

A. Un art poétique en acte : la mise en abyme de l'acte créateur

Il se présente bien comme un art poétique en acte en mettant en abyme les gestes créateurs. Il est composé en deux temps : la leçon de poésie puis son application. Il est l'objet d'un travail sur la forme et sollicite les sens visuel et sonore. Il offre la possibilité d'une lecture verticale : « *prenez / prenez* » ; « *choisissez / comptez* » ; « *découpez / découpez* ». Il travaille la musicalité avec beaucoup d'effets sonores et rythmiques.

B. Le registre didactique

Le but didactique de l'art poétique se retrouve dans le ton injonctif, la multiplication des impératifs qui implique le lecteur-poète-élève. Il propose en fait la parodie d'une recette de cuisine appliquée à l'élaboration poétique, qui se crée au fur et à mesure que progressent les injonctions comme dans la confection d'un plat en cuisine.

C. La posture du poète : la satire du topos

Comme dans la plupart des arts poétiques antérieurs, la figure du poète se dessine hyperboliquement : « *Et vous voilà un écrivain infiniment original et d'une sensibilité charmante, encore qu'incomprise du vulgaire.* » Ce texte propose donc bien, avec son registre didactique et la suggestion de la figure du poète, les codes d'un art poétique, en acte puisqu'il applique simultanément les conseils qu'il prône. Mais l'ironie subvertit déjà les objectifs traditionnels du genre et en fait une parodie. On va voir comment elle met en valeur une esthétique fantaisiste et absurde : celle du mouvement Dada.

II. … Qui exhibe une esthétique fantaisiste et absurde : celle du mouvement Dada

A. Le rejet des codes habituels et la pratique de la « table rase »

Les pratiquants de la « table rase » rejettent les codes habituels. Ils refusent les contraintes idéologiques et esthétiques, notamment classiques, et témoignent d'un irrespect subversif.

B. L'esthétique du « collage »

Tzara va utiliser l'esthétique du « collage », présente également dans les arts plastiques. Le poète doit manier des ciseaux et non un stylo pour jouer avec la matérialité du mot, de la ligne, du vers. Il joue aussi sur la typographie en exploitant la différence de corps, de police, de couleurs. L'exercice de style produit un texte incohérent guidé par le hasard. La

> **Vocabulaire**
> - **corps** : taille de la lettre.
> - **police** : forme de la lettre.

poésie naît de rapprochements incongrus, de mots sans suite et même de l'intégration des chiffres : « *10 à 12* ». Les règles formelles traditionnelles sont bafouées.

C. Des registres ludiques et subversifs qui démythifient poètes et poésie

De plus, Tzara exploite satire, burlesque, absurde et fantaisie, des registres ludiques et subversifs qui démythifient poètes et poésie. Le journal, anti-littéraire d'après les codes habituels, devient l'instrument d'une poésie réinventée. Tout le monde peut devenir poète, ce qui s'oppose radicalement à la figure du poète élu, voyant, singulier, marginal, voire maudit, des mouvements romantique et symboliste.

Vocabulaire
- **démythifier : dégrader.**

D. Des thèmes chers aux dadaïstes

Enfin, on retrouve dans ce montage hasardeux des thèmes chers aux dadaïstes : « *tableaux* », « *yeux* », « *rêve* », « *imaginer* », « *couleurs* », et le goût de l'image appréciée aussi des surréalistes qui prendront la suite de Dada.

Conclusion Ainsi ce poème suggère-t-il une conception tout à fait originale de la poésie et du poète. Tzara se saisit d'une tradition, celle de « l'Art poétique », pour la parodier et s'en moquer, mais aussi pour suggérer une esthétique profondément moderne : la poésie naît du hasard, du collage, du rapprochement incongru de mots et d'images. Loin de l'élégie et de l'engagement, elle est fantaisiste, burlesque, absurde. Entreprise iconoclaste et réjouissante, elle est contemporaine des moustaches et du bouc ajoutés à *La Joconde* par Duchamp, qui intitulera son œuvre *L.H.O.O.Q.*

Gagnez des points
L'élargissement n'est pas obligatoire mais bienvenu s'il est pertinent.

La Joconde, Léonard de Vinci (1503-1506)

L.H.O.O.Q., combinaison readymade/dadaïsme iconoclaste, Marcel Duchamp, 1919

DISSERTATION

Parcours : Émancipations créatrices

Énoncé

Le mythe autour de Rimbaud le fait apparaître comme un génie précoce. En quoi les poèmes effectivement écrits avant ses seize ans témoignent-ils de la puissance de ses émancipations créatrices ? Vous répondrez à cette question dans un développement organisé en vous appuyant sur l'étude des *Cahiers de Douai*, sur le parcours étudié au cours de l'année, ainsi que sur votre culture personnelle.

Méthode

- Le traitement du sujet exige une parfaite connaissance de l'œuvre, sa thématique, ses enjeux. La lecture des *Cahiers de Douai* doit donc être active et permettre le recueil raisonné de références et de citations.
- Comprendre le sujet. Le sujet s'inspire directement de la thématique du parcours associé : émancipations créatrices. Bien le saisir implique la définition des termes et leur relation problématique : en quoi l'émancipation – au pluriel –, si elle existe, permet-elle et produit-elle la création poétique ?
S'émanciper, certes, mais de quoi ? Codes et valeurs morales, sociales, culturelles, religieuses. Pourquoi et comment ? Dans quel but et pour quel résultat ?
- Le plan attendu est analytique et non dialectique. Il doit être détaillé avant d'être rédigé. Les références doivent être précisées et expliquées, parfois assorties de citations lors de la rédaction.

Corrigé

Le corrigé de la dissertation est sous forme de plan détaillé, dont il faudra expliciter les références et citations.

I. Un riche héritage assumé et détourné

A. Les influences sur un lecteur précoce, élève modèle et brillant

1. Adolescent féru des langues et cultures antiques, lauréat de concours de vers latins, influencé par les mythes, les auteurs antiques : Virgile, Lucrèce, l'univers païen de la mythologie inspirent « Soleil et chair », « Vénus, Anadyomène ».

2. L'influence de ses prédécesseurs : Villon pour « Le Bal des pendus », Shakespeare pour « Ophélie », Molière pour « Le Châtiment de Tartuffe » ; Hugo et ses *Misérables* pour les poèmes à vocation sociale, les parnassiens pour « Soleil et chair » ; Baudelaire : « le premier voyant, roi des poètes, un vrai Dieu » (Correspondance, à Paul Demeny, 15 mai 1871) inspire certains thèmes – prostitution, pendus – la noirceur et la crudité ; Verlaine et ses *Fêtes galantes*.

3. Un « Shakespeare enfant » selon Hugo.

B. Le détournement, la crudité, l'ironie et la parodie → un poète iconoclaste

1. Dans les thèmes, la démythification
- Des grandes figures : celle de Vénus, déesse de la beauté, devenue une prostituée, malade et repoussante. Mot qui clôt « Vénus anadyomène » : « Belle hideusement d'un ulcère à l'*anus* ».
- De l'amour.
Parodie du romantisme : « Les Réparties de Nina » (opposition du rêveur et de la matérialiste), « Roman » (cf. le commentaire du texte p. 110 à 113).

2. Dans la forme

– Jeu avec la « vieillerie poétique » (« La vieillerie poétique avait une bonne part dans mon alchimie du verbe », *Une saison en enfer*) : utilisation du vers régulier, l'alexandrin et l'octosyllabe, de la forme fixe du sonnet, mais dissonances et discordances, notamment entre la métrique et la syntaxe avec la multiplication des enjambements.

Non-respect de l'organisation des rimes dans presque tous les sonnets : « Vénus anadyomène », « La Maline » : sonnets « libertins ».

– Un lyrisme mis à distance par l'ironie : « Roman ».

– La crudité du langage, des images ; la trivialité (trois poèmes se terminent par l'évocation des fesses : « Vénus anadyomène » », « les Effarés », « L'éclatante victoire de Sarrebruck »).

➔ L'éclatement des conventions poétiques, artistiques, poésie du « laid » grâce à « l'alchimie du Verbe ».

II. Une création poétique engagée, libertaire et libérée

A. La dénonciation, la rébellion

1. Contre la société bourgeoise matérialiste du Second Empire

Cf. Verlaine et son sonnet satirique : « Monsieur Prudhomme », section « Caprices » des *Poèmes Saturniens*, 1865.

– Caricature de la bourgeoisie de Charleville dans « À la musique ».

– Satire contre l'idéologie matérialiste qui détruit l'amour, « Les Réparties de Nina ».

– Tableau pathétique et parfois grinçant de la pauvreté des enfants, « les Effarés », comme Hugo dans ses *Misérables*.

– La révolte et la voix du peuple opprimé, contre l'injustice sociale : « Le Forgeron ».

2. Contre la religion et son hypocrisie : « Le Châtiment de Tartuffe », « Le Mal ».

3. Contre le pouvoir oppressant et la guerre (celle qui oppose la France à la Prusse)

– Comme Hugo dans son *Napoléon le petit*, Napoléon III est attaqué dans « Morts de 92 », « Rages de César », « L'éclatante victoire de Sarrebruck ».

– Évocation dramatique et pathétique de la mort d'un jeune soldat, « Le Dormeur du val ».

4. Contre « Le Mal », devenu allégorie généralisante, et non seulement une charge contre la guerre et la religion.

B. La revendication et la libération

1. « L'homme aux semelles de vent » (Verlaine)

– L'art de la fugue (à de nombreuses reprises entre 15 et 17 ans).

– Le goût et l'éloge du vagabondage « Ma bohème », « Au Cabaret vert ».

2. Un libertaire politique

– Probable participation à la Commune.

– Un engagement radical, « Morts de 92 » ; « Le Forgeron », long poème aux tons contrastés célèbre la révolution.

3. Pour le désir et le plaisir dans un lyrisme renouvelé

– Le rejet de la morale et des valeurs traditionnelles.

– L'éloge de la nature, « Soleil et chair », « Les Réparties de Nina », « Ma bohème », « Sensation », avec une dimension symbolique dans « Ophélie », « Le Dormeur du val ».

– L'éloge de la sensualité : « Première soirée », « Sensation », « Au Cabaret vert », « La Maline », « Rêvé pour l'hiver ».

➔ « Le poète se fait voyant par un long, immense et raisonné dérèglement de tous les sens », *Lettre à Paul Demeny*, 15 mai 1871.

Vers une nouvelle poétique qui aboutira dans les recueils vivants au vers libre, au poème en prose *(Illuminations)*, et au silence…

Un autre sujet possible

D'après un rapport policier rédigé le 1er août 1873, « comme moral et comme talent, ce Rimbaud est une monstruosité. Il a la mécanique des vers comme personne, seulement ses œuvres sont absolument inintelligibles et repoussantes ».

Les Cahiers de Douai vous paraissent-ils susceptibles de mériter semblable jugement ?

Vous répondrez à cette question dans un développement organisé en vous appuyant sur l'étude des *Cahiers de Douai*, sur le parcours étudié au cours de l'année, ainsi que sur votre culture personnelle.

Chapitre 3 La littérature d'idées du XVIe au XVIIIe siècle

1 La littérature d'idées au XVIe siècle : L'Humanisme

De quoi s'agit-il ? **Ample mouvement intellectuel qui émerge en Italie avec le quattrocento (notre XVe siècle). Il se développe jusqu'à la fin du XVIe siècle.**

1 L'Humanisme, un mouvement européen

- **L'Humanisme** désigne une **nouvelle conception de l'homme et de l'Univers** qui place **l'homme au centre de ses préoccupations**, en s'inspirant des modèles de l'Antiquité gréco-latine.

- Pendant les guerres d'Italie (1494-1559), les Français découvrent la Renaissance italienne. Les rois de France veulent que leur pays rayonne également sur le plan artistique. François Ier s'entoure d'artistes, devient le mécène de Léonard de Vinci. La Renaissance gagne la France. **L'invention de l'imprimerie**, en 1448, par Gutenberg, permet une **large diffusion des textes**. Martin Luther (1483-1564), un moine allemand, critique l'Église : selon lui tout homme devrait pouvoir lire les textes sacrés, sans les prêtres. C'est la Réforme et les débuts du protestantisme.

2 La naissance du genre de l'essai

- Au XVIe siècle, sous l'influence de Montaigne, l'essai prend un sens littéraire : **un essai est un ouvrage à visée argumentative, en prose qui traite d'un sujet, sans viser à l'exhaustivité**. Il ne relève pas de la fiction.

- **Les *Essais* de Michel de Montaigne** (1533-1592) constituent un ouvrage unique en son genre et présentent un aspect autobiographique. Les *Essais* proposent au lecteur plusieurs états de la pensée de l'écrivain sur des sujets divers, classés par chapitres.

- Montaigne, très érudit, se nourrit des auteurs qui l'ont précédé (avec une préférence pour ceux de l'Antiquité) et confronte ses idées, ses opinions aux leurs. En quelque sorte, **il essaie sa pensée en la frottant à celle des autres et invite le lecteur à faire de même avec la sienne**. Il aborde des sujets universels et existentiels (relation de l'homme à la mort) et des questions liées à l'actualité de son époque (conquête du Nouveau Monde).

« Chaque homme porte la forme entière de l'humaine condition. » Montaigne

Vocabulaire

- **Essai : le terme, issu du latin, désigne au Moyen Âge une tentative, une preuve. Son usage au XVIe siècle (tester un goût, un aliment) introduit la notion d'expérimentation.**

La tour de Montaigne

3 Les romans humanistes de François Rabelais

- Les romans de **François Rabelais** sont à la fois philosophiques et comiques. Pour lui, « rire est le propre de l'homme ». Ses personnages géants, Pantagruel et Gargantua, caricaturent les penchants humains. Rabelais critique la violence quand il décrit les guerres picrocholines. On y voit frère Jean des Entommeures se battre avec entrain, tel un héros épique. Sous une apparence légère, faisant appel au bon sens populaire, Rabelais aborde des thèmes essentiels et profonds.

• **Ses fictions permettent d'exprimer l'idéal humaniste.** L'abbaye de Thélèmes décrit une éducation élitiste et harmonieuse : hommes et femmes vivent ensemble dans cette communauté utopique. On doit à Rabelais bien des formules célèbres : « science sans conscience n'est que ruine de l'âme » est une bonne définition de l'éthique scientifique.

Vocabulaire

- **Utopie :** vient du grec *topos*, « le lieu », et de *eu*, « la perfection ».

4 L'influence des découvertes sur la littérature d'idées

• **Les récits de voyage**, la découverte de l'Amérique bouleversent à la Renaissance le rapport des hommes au monde. Jean de Léry est l'un de ces auteurs qui font connaître le reste du monde aux hommes du XVIe siècle, à travers son *Histoire d'un voyage fait en la terre du Brésil* (1578). Le regard qu'il porte sur les indigènes est assez ambigu. D'une part, il les présente comme des gens forts et beaux. D'autre part, il critique leur brutalité, leur aspect primitif. Il compare leur comportement à celui des Européens.

• Enfin, **les découvertes de Copernic** en matière d'astronomie constituent une véritable révolution : jusqu'alors, on pensait que la terre était le centre du monde, et Copernic, dès 1510, affirme au contraire que le Soleil est un point fixe autour duquel la Terre tourne. Ce changement de toute la représentation du monde affecte la science dans son ensemble, mais aussi la représentation mentale que l'homme se faisait de l'univers et de la place qu'il y tenait.

2 La littérature d'idées aux XVIIe et XVIIIe siècles

De quoi s'agit-il ? Les principaux genres argumentatifs visent à soutenir, réfuter ou discuter une opinion. Ils peuvent convaincre (par des arguments raisonnables), ou persuader (en agissant sur les sentiments).

1 La fable

• **La fable** est un petit texte en vers composé d'un récit et d'une morale. La morale peut être exprimée au début (prologue) ou à la fin (épilogue). Les recueils de fables de l'Antiquité, comme ceux d'Esope et de Phèdre, ont inspiré directement les auteurs français.

• Au XVIIe siècle, La Fontaine adapte ce genre au goût de son époque. Il définit la fable comme une « ample comédie à cent actes divers ». Pour distraire le lecteur, le récit (« le corps » de la fable) se doit d'être plaisant. Mais c'est la morale (« l'âme ») qui lui donne son sens. « *Je me sers d'animaux pour instruire les hommes* » a affirmé La Fontaine dans l'*Épître au Dauphin*. Les *Fables* sont aussi marquées par le contexte politique : il dénonce le pouvoir tyrannique du roi à travers le lion, projection de Louis XIV.

La vie de La Fontaine

Vocabulaire

- **Fable :** vient du latin « fabula », qui signifie « récit, propos ».

Jean de La Fontaine (1621–1695) : auteur de *Contes* et de douze livres de *Fables*.

2 La satire au XVIIe siècle

- **Le ton satirique** qualifie le ton moqueur, ironique utilisé dans de nombreuses œuvres de l'époque (dont les fables) pour se moquer des travers humains. C'était également un genre prisé de l'Antiquité, typique de la littérature latine, comme les *Satires* de Lucilius.

- Au XVIIe siècle, les auteurs utilisent beaucoup la satire, comme Molière dans ses comédies (quand il se moque des médecins, des faux dévots ou des Précieuses). Dans les *Caractères,* La Bruyère accumule les observations acerbes sur ses contemporains, et plus particulièrement sur la vie à la Cour du roi.

- Le XVIIe siècle est un siècle de moralistes : on note aussi d'autres genres argumentatifs comme les *Maximes* de La Rochefoucauld (1665) ou des romans didactiques comme *Les Aventures de Télémaque* de Fénelon (1699), qui n'excluent pas la satire.

Vocabulaire

- **Satire : vient du latin « satura » qui signifie « pot pourri »**

Voltaire

(1694–1778) : auteur des Lumières maître dans l'art du conte philosophique (*Candide*).

3 Les contes philosophiques, essais et romans au XVIIIe siècle

- Les genres argumentatifs, au XVIIIe siècle, connaissent leur âge d'or à travers le courant littéraire des Lumières. Certains romans ont un contenu argumentatif ; c'est le cas de *Jacques le fataliste* de Diderot (1784) ou des *Lettres persanes* de Montesquieu (1721).

- L'*Encyclopédie* est un ouvrage collectif ambitieux essentiel mené par les philosophes des Lumières, dont les articles développent des points de vue subjectifs, éloignés de la neutralité d'un ouvrage documentaire.

	Essai	Conte philosophique
Définition	Toute œuvre en prose, à **visée** argumentative, ne relevant pas de la fiction. Les sujets abordés sont de toute nature. Ce genre admet une grande souplesse dans sa forme.	C'est un récit invraisemblable et merveilleux qui intègre une quête de la vérité par l'exercice de la raison. Le conte philosophique apparaît au XVIIIe siècle avec le mouvement des Lumières. Comme son nom l'indique, il emprunte au conte et à la philosophie.
Les maîtres du genre	Au XVIe siècle, Montaigne est l'inventeur du mot « essai » pour désigner son œuvre littéraire.	Voltaire est un virtuose dans l'écriture de contes philosophiques.
Exemples	*De l'Esprit des lois,* Montesquieu (1748) ; *Dictionnaire philosophique,* Voltaire (1764).	*Candide* (1759), *Zadig* (1747), *Micromégas* (1752), Voltaire.
Composition	– **L'essai analytique,** proche du constat, donne au lecteur des éléments pour mieux comprendre. – **Le traité** aborde de façon rigoureuse et systématique un sujet unique et délimité. – **Le pamphlet, polémique**, provocateur, exprime une indignation devant un fait…	– **Éléments empruntés au conte** : sa structure en forme de quête, des personnages symboliques, des lieux imaginaires, des événements merveilleux, le voyage initiatique… – **L'approche philosophique** : il aborde des sujets de prédilection tels que le pouvoir, les institutions, le relativisme, la violence et l'injustice, le bonheur…

3 L'art du discours : un héritage de l'Antiquité

De quoi s'agit-il ? La rhétorique est la technique qui consiste à bien parler. Ce terme renvoie à l'art de l'orateur intervenant dans la cité (sur l'agora en Grèce, sur le forum ou à la Curie à Rome).

1 Les origines de la rhétorique

L'histoire de la rhétorique

• **La** rhétorique est la technique qui consiste à bien parler. Ce terme renvoie à l'art de l'orateur intervenant dans la cité (sur l'agora en Grèce, sur le forum ou à la curie à Rome). À l'origine, la rhétorique est donc liée à la vie publique dans l'Antiquité.

• **Les œuvres fondatrices de la rhétorique** dans l'Antiquité grecque, au IVe s. av. J.-C., sont le *Gorgias* et *Phèdre* de Platon dans lesquels le philosophe analyse les objets, les instruments et les buts de la rhétorique. À la même époque, Aristote écrit *La Rhétorique*, à l'usage des étudiants.

2 Les différents genres de l'éloquence

• Traditionnellement, la rhétorique classait les discours selon leur visée et en distinguait ainsi trois grands types.

– **Le discours judiciaire** a pour but d'accuser ou de défendre. Les lettres de reproches, d'excuses ou d'invectives, les plaidoyers (visant à défendre) ou les réquisitoires (visant à accuser) peuvent y être assimilés. Voltaire, lorsqu'il a défendu Jean Calas, injustement accusé du meurtre de son fils, publia plusieurs textes afin de convaincre la population de son innocence.

– **Le discours délibératif** conseille ou déconseille. Il examine les choix à faire. Il est aussi qualifié de « discours politique » et s'adresse au peuple en général. Les remontrances, les sermons, les exhortations peuvent être assimilés à ce type de discours. Ainsi, dans le *Supplément au voyage de Bougainville* (1796), Diderot fait parler un vieux Tahitien qui reproche à ses compatriotes leur attitude face aux Européens.

Denis Diderot **(1713–1784) :** le philosophe des Lumières qui a supervisé *L'Encyclopédie*.

– **Le discours** épidictique loue ou blâme. Son sujet est souvent une personne, dont on fait l'éloge ou la critique. Son but est de mettre en valeur le bien ou le mal. Les panégyriques, les oraisons funèbres, les épitaphes appartiennent à ce type de discours. Bossuet a par exemple écrit de nombreuses oraisons funèbres de personnages illustres de son époque.

3 Les règles de l'élaboration du discours

• L'enseignement de la rhétorique, dans l'Antiquité, a été décomposé en plusieurs parties, constituant une véritable méthode pour élaborer un discours le plus efficacement possible :

Les cinq étapes de la rhétorique (désignées par des termes latins)	Objectifs
Inventio	La recherche des idées, des arguments : c'est une sorte de « brouillon » encore désordonné. On commence par chercher la matière du discours.
Dispositio	L'organisation des éléments dans l'ordre le plus efficace, comprenant quatre parties : • **L'exorde** : destiné à capter l'attention. C'est le début du discours, il doit intéresser les auditeurs et présenter clairement le sujet. • **La narration** : l'exposé des faits concernant le sujet à traiter, le pour et le contre. La narration nécessite la clarté, la brièveté et la crédibilité. • **La récapitulation** : reprend les éléments principaux. • **La péroraison** : fait appel à l'émotion et prend un caractère pathétique. C'est le couronnement du discours : elle doit frapper les esprits.
Elocutio	Le choix des formes les plus appropriées parmi les procédés, le travail du style. C'est un travail de rédaction pointu, utilisant les figures efficaces pour la persuasion : l'amplification, l'emphase, le travail du rythme...
Memoria	Les moyens pour favoriser la mémorisation du discours. Il doit être prononcé par cœur et donner le sentiment de l'improvisation. Quintilien affirmait qu'un homme dépourvu de mémoire devait abandonner l'idée de faire de la politique.
Prononciatio/Actio	L'usage le plus efficace de la voix, des gestes, du corps. Le discours est une véritable performance de comédien : il faut assurer un spectacle. De cette « *actio* » peut dépendre la réussite du discours, qui doit toucher le public.

• Encore aujourd'hui, ces conseils de méthode venus de l'Antiquité sont tout à fait judicieux, et vous pouvez vous en inspirer pour élaborer un exposé en classe.

4 La littérature et les débats du siècle

De quoi s'agit-il ? Les écrivains des XVIIe et XVIIIe siècles ont pris position dans la société de leur époque, de différentes manières, aussi bien dans des polémiques littéraires que dans des débats philosophiques ou sociaux.

1 Les polémiques intellectuelles du XVIIe siècle

• **La querelle des Anciens et des Modernes** oppose les tenants de la **tradition** et les partisans de la **modernité**. Elle éclate en 1687, à l'Académie française, à la suite de la lecture du poème de Perrault, « Le siècle de Louis le Grand ». Le conteur fait l'éloge du XVIIe siècle, qui peut rivaliser avec l'Antiquité. Il remet en cause l'admiration accordée aux auteurs anciens : il préfère une littérature qui soit l'expression de son temps. Les divergences persistent entre les deux clans et une seconde querelle suivra dans les années 1713-1718, mais les Modernes imposent progressivement leurs vues.

• **Les débats religieux** sont très vifs au XVIIe siècle, marqués par l'opposition entre les Jésuites et les Jansénistes, deux congrégations religieuses catholiques aux doctrines opposées. Blaise Pascal prend parti pour les Jansénistes, autour de l'abbé Arnauld réfugié à Port-Royal-des-Champs, dans *Les Provinciales* (1657), un recueil de lettres, parfois satiriques, critiquant les Jésuites.

Blaise Pascal **(1623-1662)** : scientifique et philosophe classique, auteur des *Pensées*.

2 La critique de la société par les écrivains classiques

• Les comédies sont pour Molière l'occasion de mettre en cause l'actualité de son époque. Les Jésuites se sont sentis attaqués à travers le personnage de faux-dévot que met en scène *Tartuffe* (1664), pièce interdite sous la pression des dévots de l'époque. Mais Molière a eu d'autres cibles comme les Précieuses (*Les Précieuses ridicules*, 1659), les libertins (*Don Juan*, 1665), les médecins (*Le Médecin malgré lui*, 1666 ; *Le Malade imaginaire*, 1673)…

• Plusieurs écrivains osent, à mots plus ou moins couverts, s'attaquer au mode de vie de la Cour à Versailles : La Bruyère dans *Les Caractères*, La Fontaine dans ses *Fables*, La Rochefoucauld dans ses *Maximes* ou le cardinal de Retz dans ses *Mémoires*. Le XVIIe siècle est bien un siècle de moralistes.

3 Les valeurs des Lumières au XVIIIe siècle

La liberté	Les formes du pouvoir politique	Diderot, article « Autorité politique », *Encyclopédie*
	La liberté d'expression	Voltaire, *De l'Horrible Danger de la lecture*
L'égalité	La critique de l'esclavage	Voltaire, *Candide* : l'esclave de Surinam (chap. 19)
	La critique des privilèges	Rousseau, *Discours sur l'origine des inégalités*
La tolérance	Réflexion sur les religions	Voltaire, *Traité sur la tolérance*
	Le respect des cultures différentes	Montesquieu, *Lettres persanes*

Jean-Jacques Rousseau (1712-1778) : philosophe des Lumières de sensibilité préromantique.

4 Les engagements de Voltaire

L'affaire Calas

	Lieu	Date	Motifs	Engagement
L'affaire Calas	Toulouse	1762	Le protestant Jean Calas, meurtrier présumé de son fils, est condamné à mort, torturé et exécuté.	Voltaire se charge d'une enquête posthume et démontre son innocence.
L'affaire du Chevalier de La Barre	Abbeville	1765	Le jeune chevalier de La Barre a refusé d'enlever son chapeau et de s'agenouiller au passage d'une procession religieuse : il est torturé puis exécuté.	Voltaire œuvre sans succès à sa réhabilitation posthume.
L'affaire Sirven	Castres	1765	Une des filles des protestants Sirven disparaît. Elle est détenue dans un couvent. Elle réussit à en sortir, mais elle est retrouvée morte. On accuse ses parents d'avoir voulu l'empêcher de se convertir au catholicisme. Condamnés à mort, ceux-ci s'enfuient.	Voltaire démontre l'innocence des parents Sirven en 1771.

Révision express

Les points importants à retenir

Trois grands genres argumentatifs

- **La fable :** petit texte en vers composé d'un récit et d'une morale.
Exemple : *Fables*, La Fontaine (1668).

- **Le conte philosophique :** récit invraisemblable et merveilleux qui intègre une quête de la vérité.
Exemple : *Candide*, Voltaire (1759).

- **L'essai :** œuvre en prose, à **visée** argumentative, ne relevant pas de la fiction.
Exemple : *De l'Esprit des lois*, Montesquieu (1748).

Trois types de discours de la rhétorique

- **Discours judiciaire :** a pour but d'accuser ou de défendre.
Exemple : les plaidoyers de Voltaire en faveur de Jean Calas.

- **Discours délibératif :** conseille ou déconseille. Il examine les choix opportuns à faire.
Exemple : le discours du vieux Tahitien à ses compatriotes dans le *Supplément au voyage de Bougainville* de Diderot.

- **Discours épidictique :** vise l'éloge ou le blâme, met en valeur le bien ou le mal.
Exemple : les éloges funèbres de Bossuet, évêque de Meaux.

Quiz

Cochez la bonne réponse :

1. Les lettres de reproches sont classées dans les discours judiciaires. ☐ Vrai ☐ Faux
2. La Querelle des Anciens et des Modernes porte sur l'âge de la retraite des écrivains au XVIIe siècle. ☐ Vrai ☐ Faux
3. La péroraison est le couronnement final d'un discours. ☐ Vrai ☐ Faux
4. Le mot *satire* vient d'un mot latin qui signifie « pot-pourri ». ☐ Vrai ☐ Faux
5. L'*elocutio* est la dernière étape du travail de la rhétorique. ☐ Vrai ☐ Faux
6. Un essai est un texte de fiction en vers. ☐ Vrai ☐ Faux

→ Réponses p. 530

COMMENTAIRE

Énoncé

Vous commenterez la fable de La Fontaine, « Le Cheval s'étant voulu venger du Cerf ».

De tout temps les Chevaux ne sont nés pour les hommes.
Lorsque le genre humain de gland se contentait,
Âne, Cheval, et Mule, aux forêts habitait ;
Et l'on ne voyait point, comme au siècle où nous sommes,
Tant de selles et tant de bâts,
Tant de harnais pour les combats,
Tant de chaises, tant de carrosses,
Comme aussi ne voyait-on pas
Tant de festins et tant de noces.
Or un Cheval eut alors différend
Avec un Cerf plein de vitesse,
Et ne pouvant l'attraper en courant,
Il eut recours à l'Homme, implora son adresse.
L'Homme lui mit un frein, lui sauta sur le dos,
Ne lui donna point de repos
Que le Cerf ne fût pris, et n'y laissât la vie ;
Et cela fait, le Cheval remercie
L'Homme son bienfaiteur, disant : Je suis à vous ;
Adieu. Je m'en retourne en mon séjour sauvage.
– Non pas cela, dit l'Homme ; il fait meilleur chez nous :
Je vois trop quel est votre usage.
Demeurez donc ; vous serez bien traité.
Et jusqu'au ventre en la litière.
Hélas ! que sert la bonne chère
Quand on n'a pas la liberté ?
Le Cheval s'aperçut qu'il avait fait folie ;
Mais il n'était plus temps : déjà son écurie
Était prête et toute bâtie.
Il y mourut en traînant son lien.
Sage s'il eût remis une légère offense.
Quel que soit le plaisir que cause la vengeance,
C'est l'acheter trop cher, que l'acheter d'un bien
Sans qui les autres ne sont rien.

Jean de La Fontaine, « Le Cheval s'étant voulu venger du Cerf », *Fables* (1678-1679), IV, 13.

Méthode

- La Fontaine a écrit lui-même que le but des fables était à la fois de plaire et d'instruire : organisez votre commentaire autour de ces axes qui seront pertinents pour expliquer la plupart des fables. Pensez à relever des procédés littéraires précis.

Corrigé

Le corrigé du commentaire est partiellement rédigé. Pour faciliter votre lecture, nous avons gardé les titres des différentes étapes du développement. Dans votre copie, vous ne devrez pas les conserver.

Introduction

« Le Cheval s'étant voulu venger du Cerf » est une fable animalière écrite par la Fontaine dans le livre VI de son recueil. Le poète du XVIIe siècle s'est inspiré d'un thème antique cité par Aristote et repris par Phèdre. Un cheval renonce à sa liberté sauvage pour le plaisir de se venger d'un cerf, acceptant la domination de l'homme qui le soumet à tout jamais, en échange du service rendu pour la capture du cerf. Conformément à l'esprit des fables, nous pourrons nous demander comment celle-ci vise à la fois à plaire et à instruire. D'une part, nous envisagerons ses aspects plaisants. D'autre part, nous étudierons son contenu **didactique**.

> **L'astuce du prof**
> La **problématique** d'une fable est bien souvent toute trouvée, puisqu'elles visent toutes à plaire et instruire à la fois !

I. Un récit vivant

A. Le contexte de la fable

Une époque mythique renvoie à des temps immémoriaux : les animaux parlent, ne sont pas domestiqués. Les hommes mangent des glands, par opposition à l'époque actuelle (v. 4 : « *au siècle où nous sommes* »).

B. La simplicité des personnages

Cheval et cerf sont personnifiés : ils ont une majuscule (comme pour un nom propre). Leurs caractéristiques essentielles sont exploitées par le fabuliste : ils courent vite, ils peuvent être en concurrence car ils se ressemblent (La Fontaine a préféré le cerf au sanglier, qui était à l'origine dans la fable de Phèdre, l'auteur latin dont il s'est inspiré). Le cheval a été domestiqué par l'homme. L'homme reste anonyme. Il a une majuscule contrairement à l'expression « *les hommes* » (v. 1) car c'est un individu particulier, mais sans identité.

C. La rapidité du récit

L'histoire est développée des vers 10 à 24 (relativement courte) ; la structure de la fable est bien organisée : on a un préambule, le récit lui-même, et enfin sa conclusion assortie de la morale (dernière strophe). Pour le récit lui-même : on note le passé simple, les phrases courtes, les verbes d'action : « *attraper* », « *mit* » « *sauta* », « *donna* ». Des vers 14 à 16, on a un enchaînement des actions dans une seule phrase. Cela illustre le thème de la vitesse. L'histoire est volontairement simplifiée : l'origine de la dispute avec le cerf est inconnue (l'expression « *avoir différend* » reste vague).

D. L'utilisation du dialogue

Le dialogue rend la fable plus vivante. Il anime le lien entre l'Homme et le Cheval. Leur rapport de force est traduit par l'impératif : « *demeurez* » montre l'autorité de l'homme, et « *implora* » illustre la soumission du cheval. Les arguments de l'homme sont persuasifs car il utilise un vocabulaire valorisant : « *meilleur* », « *bien* ».

II. Plusieurs leçons de morale

A. Une critique à peine voilée de la société du XVIIe siècle

Des vers 5 à 8, l'accumulation est renforcée par la répétition de « tant » accompagné de termes qui renvoient à des outils de domestication et de contrainte du cheval. On remarque une **gradation** dans ces termes : du plus modeste (la selle) au plus magnifique (le

> **Remarque**
> Gradation : c'est une progression dans les termes d'une énumération.

carrosse), et on constate aussi qu'ils s'appliquent de plus en plus aux êtres humains (chaises et carrosses). La Fontaine veut ainsi montrer qu'il vise les hommes de son temps qui n'ont plus la liberté que les animaux avaient aux origines. Il critique aussi le luxe de la cour : « *tant de festins et tant de noces* » s'oppose au temps où « *le genre humain de gland se contentait* ».

B. La vanité de la vengeance

Celle-ci est critiquée : elle peut sembler cruelle, car elle conduit à la mort du cerf (comme le montre la **périphrase** : « *n'y laissa la vie* »), pour un motif peu fondé, qui reste vague, qualifié de « *légère offense* » (v. 30). La Fontaine préconise donc le pardon : « *Sage s'il eût remis une légère offense* » même s'il reconnaît que la vengeance peut procurer de la satisfaction « *quel que soit le plaisir que cause la vengeance* ». Cette vengeance est vue comme une impulsion qu'on regrette ensuite (« *Il avait fait folie* » : le plus-que-parfait montre que le cheval ne réalise les faits qu'après les avoir commis).

C. L'éloge de la liberté

La ponctuation montre l'engagement de La Fontaine : l'interjection « *hélas !* » et la question rhétorique posée au lecteur : « *que sert la bonne chère/Quand on n'a pas la liberté ?* » en sont les preuves. C'est un vrai idéal pour le fabuliste, qui n'a pas été un courtisan modèle auprès de Louis XIV : il était fidèle à Fouquet, qui a été disgracié par le roi. Or les courtisans se faisaient acheter leur liberté de penser : « *Et jusqu'au ventre la litière* » peut faire allusion au fait qu'ils étaient logés et nourris à Versailles, par le roi, de même que l'expression « *bonne chère* ». Le dernier vers comporte la pointe finale de la fable, sous la forme d'une périphrase : « *un bien/sans qui les autres ne sont rien* »… Le lecteur doit deviner que c'est la liberté qui compte plus que tout le reste.

Conclusion

Cette fable est un récit vivant, par le recours au dialogue et la rapidité de la narration, qui rendent sa lecture agréable. Mais elle est aussi un récit profond, qui contient au moins trois morales différentes, entre la critique de la société du XVIIe siècle, la condamnation de la vengeance et surtout l'éloge de la liberté. Nous pouvons la comparer à une autre fable animalière : « Le Loup et le Chien », car elles font toutes les deux la critique de la servitude… Rien d'étonnant pour un homme aussi libre que La Fontaine, qui, contrairement aux courtisans serviles de son époque, osait parfois critiquer directement son souverain…

Gagnez des points !
À la fin de votre commentaire, vous pouvez utiliser les autres textes du corpus pour finir par une comparaison.

DISSERTATION

Parcours : Rire et savoir

Énoncé

Dans *Gargantua* de Rabelais, le rire vous semble-t-il le moyen le plus efficace pour délivrer un enseignement ?
Vous répondrez à cette question dans un développement organisé. Votre réflexion prendra appui sur l'œuvre de Rabelais au programme, sur le travail mené dans le cadre du parcours associé et sur votre culture littéraire.

Corrigé

Le corrigé de la dissertation est intégralement rédigé. Pour faciliter votre lecture, nous avons gardé les titres des différentes étapes du développement. Dans votre copie, vous ne devrez pas les conserver.

Introduction

Gagnez des points !
Soignez l'amorce en proposant une contextualisation du sujet.

Au XVIe siècle, les auteurs humanistes s'interrogent sur la meilleure façon de délivrer un enseignement et ainsi d'éduquer les jeunes gens. En effet, ils remettent en question l'éducation délivrée au Moyen Âge puisque celle-ci reposait principalement sur un travail de mémoire. On imposait ainsi des savoirs aux enfants sans les inviter à réfléchir et à se les approprier. Rabelais contestera lui aussi cette manière de faire et proposera un nouveau modèle éducatif dans son œuvre *Gargantua*. À son tour, il cherche à délivrer un enseignement, mais loin d'une écriture sérieuse et formelle, Rabelais choisit le rire comme outil pour véhiculer ses idées. On peut alors se demander dans quelle mesure le rire apparaît comme le moyen le plus efficace pour délivrer un enseignement. Tout d'abord, le rire, parce qu'il est plaisant, semble particulièrement efficace. Toutefois, selon le public, les discours plus sérieux peuvent être préférables. Finalement, il convient, pour transmettre un savoir, de trouver une juste mesure entre rire et sérieux.

I. Le rire semble un moyen efficace pour transmettre un savoir

A. Il tourne en dérision et ainsi condamne un individu, une situation ou une institution

L'astuce du prof
Au brouillon, ne bâclez pas vos titres. Rédigez de véritables arguments.

L'**onomastique** est l'étude des noms propres.

Tout d'abord, le rire apparaît comme un moyen particulièrement efficace pour critiquer et ainsi remettre en question la société. En effet, le rire permet de tourner en dérision des comportements ou des institutions et ainsi de délivrer une leçon au lecteur. En se moquant, le rire retire toute crédibilité et invite alors à voir le monde autrement. C'est le sort que subit Janotus de Braquemardo, docteur de théologie à la Sorbonne. Dans un premier temps, l'onomastique le ridiculise puisque Janotus désigne un personnage sot et « bragmarder » signifie paillarder. À cela s'ajoute un surnom peu valorisant puisqu'il est nommé le « tousseux ». De plus, sa harangue rapportée au discours direct, est ridicule. Il emploie un jargon scolaire et sa démonstration est vide de sens, comme lorsqu'il dit au chapitre 19 : « Toute cloche clochable clochant dans le clocher, en clochant fait clocher par le clochatif ceux qui clochent clochablement. Le Parisien a des cloches. Donc : et toc ! ». Enfin, la réaction de Ponocrates et Eudémon qui « éclatèrent de rire » finit de dresser un portrait risible et ridicule du sophiste et plus généralement de l'institution même de la Sorbonne à laquelle appartiennent sophistes et théologiens. Le rire, sous toutes ses formes, permet ainsi une critique sévère des institutions.

B. Le rire rabelaisien est tellement exagéré qu'il ne laisse aucune place au doute concernant l'enseignement à recevoir

De plus, le rire, parce qu'il repose chez Rabelais sur l'exagération, ne laisse aucun doute dans l'esprit du lecteur quant à la satire. Le rire apparaît efficace pour délivrer un savoir parce qu'il est univoque. Face à l'ampleur des situations grotesques dans *Gargantua*, le lecteur ne peut que rire au dépend de ceux qui sont critiqués. De ce fait, lorsque Ponocrates étudie les habitudes de Gargantua qui sont le résultat de l'éducation transmise par ses « anciens précepteurs », le comique de farce, les accumulations et les exagérations condamnent avec virulence la Sorbonne. En effet, au chapitre 21, on apprend que Gargantua « chiait, pissait, crachait, rotait, éternuait et se mouchait abondamment ». D'autre part, il justifie son appétit gargantuesque par le modèle de ses maîtres : « Mes premiers maîtres m'y ont habitué, disant que bon déjeuner donne bonne mémoire : c'est pourquoi ils y buvaient les premiers ». Le rire rabelaisien ne laisse aucune échappatoire à sa cible, et en cela il est particulièrement efficace et redoutable. Ainsi, le rire semble être efficace pour transmettre un savoir en ce qu'il permet de tourner en dérision des individus, des situations ou encore des institutions sans laisser de doute sur le message à transmettre. Toutefois, le rire permet la critique alors qu'un discours sérieux construit un nouveau savoir. En cela, un ton plus neutre peut être parfois préférable.

Gagnez des points !
N'oubliez pas la transition entre les grandes parties.

II. Mais des discours plus sérieux sont parfois préférables

A. Le discours sérieux est plus objectif alors que le rire est subjectif

Le rire, pour fonctionner, nécessite une adhésion de la part du lecteur tandis qu'un discours sérieux sera reçu plus universellement. En effet, le rire est subjectif et dépend bien souvent d'une époque. On ne rit pas tous des mêmes situations. De ce fait, ce qui amusait le lecteur du XVIe siècle risque de ne pas divertir celui du XXIe siècle. *A contrario*, le discours que Gargantua adresse aux vaincus au chapitre 50 revêt une dimension universelle en ce qu'il défend la paix et la bienveillance à l'égard d'autrui mais aussi de ses ennemis. Par la même occasion, il témoigne de ses progrès et de l'efficacité de l'éducation humaniste qu'il a reçue aux côtés de Ponocrates. On pourra relever à ce titre l'organisation rhétorique de son propos qui tient compte de son auditoire et qui s'appuie sur les figures de Moïse ou Jules César en guise d'exemples. Par la qualité de son discours, Gargantua montre que l'éducation améliore l'homme et qu'elle favorise la recherche de la paix. Ces paroles ne peuvent qu'encourager à suivre son exemple.

B. Le rire rabelaisien, parce qu'il repose sur le gigantisme, risque de lasser son lecteur

Gagnez des points !
Des citations précises permettront d'enrichir votre devoir. Pensez à les intégrer à votre argumentation.

Le rire présent dans *Gargantua* est le résultat de la mise en scène de géants où tout est disproportionné. Les effets comiques reposent alors sur les exagérations comme le temps de gestation de Gargamelle (onze mois) ou la naissance de l'enfant par l'oreille. Mais à cela s'ajoutent de nombreuses accumulations qui s'étendent sur plusieurs lignes comme c'est le cas au chapitre 13 avec l'énumération farcesque : « Chiard,/ Foirard,/ Pétard,/ Breneux [...] ». On retrouve à nouveau ce procédé par la multiplication des blasphèmes au chapitre 17 ou avec l'énumération des jeux au chapitre 22. Ces listes qui s'étendent sur plusieurs lignes, voire pages, risquent de lasser un lecteur éloigné de la culture carnavalesque propre à cette époque. De ce fait, le pouvoir du rire semble ainsi réduit et un ton plus neutre offre finalement des pauses salutaires au sein d'un livre qui multiplie les obscénités. Ainsi, le rire étant subjectif, il risque de ne pas fonctionner si le lecteur n'adhère pas à ce qu'il lit. De ce fait, un discours plus sérieux apparaît davantage universel car il peut être reçu par tous. De plus, il permet aussi au lecteur de ne pas dépendre complètement du rire rabelaisien qui est le fruit d'une culture carnavalesque propre à une époque. Finalement, pour être efficace, il semble falloir trouver une juste mesure entre rire et sérieux.

Un **blasphème** est un discours outrageant à l'égard de la religion.

III. Une juste mesure entre rire et sérieux

A. Le rire divertit et facilite ainsi la lecture de l'œuvre

Dans l'Antiquité, le poète latin Horace défendait l'idée que le divertissement favoriserait l'enseignement. Ainsi, le rire aurait pour fonction principale de divertir le lecteur afin de lui donner envie de lire l'œuvre et ainsi lui permettre « par une lecture attentive et une méditation assidue, [de] rompre l'os et [de] sucer la substantifique moelle » (Prologue). Le rire sert alors une apparence plaisante qui inciterait le lecteur à rechercher l'enseignement plus sérieux qui se trouve au sein du texte.

Gagnez des points !
Des références à d'autres auteurs seront un atout dans votre copie.

B. Alors que le rire attaque, le sérieux défend

De plus, rire et sérieux semblent se compléter. En effet, alors que le rire attaque, un discours sérieux peut défendre. On constate ce mouvement de bascule dans l'œuvre où la satire est suivie par un ton moins moqueur afin de délivrer le modèle à suivre. Cela apparaît dans les chapitres consacrés à l'éducation de Gargantua. Alors que l'éducation délivrée par Thubal Holoferne et Jobelin Bridé est tournée en dérision, celle donnée par Ponocrates est au contraire valorisée. Le rire laissant alors place à un ton plus neutre, le narrateur revient sur les principes de l'éducation humaniste qui est présentée comme positive. Aussi remarque-t-on que les deux pans se complètent. Le rire détruit des préjugés pour mieux reconstruire ensuite un nouvel idéal.

Conclusion

Ainsi, le rire revêt des atouts lorsqu'il s'agit de transmettre un enseignement. En effet, il permet de tourner en dérision une institution afin d'en montrer les travers et, parce qu'il exagère, n'offre aucun sursis possible à ses victimes. Toutefois, pour que cela fonctionne, le lecteur doit accepter d'être le complice du narrateur, autrement le rire n'opère pas. De ce fait, un discours plus sérieux permettrait de s'adresser à un plus grand nombre de lecteur. Finalement, le moyen le plus efficace pour délivrer une leçon consiste en l'association du rire et d'un ton plus sérieux. Alors que le rire divertit, le sérieux apporterait un contrepoint permettant de valoriser les idéaux humanistes. Cette association sera d'ailleurs reprise par La Fontaine au XVIIe siècle. Convaincu que le plaisir du récit favorise la réception de l'enseignement moral, il fera de ses fables un outil au service de l'éducation de tous.

L'astuce du prof
Afin d'éviter les généralités en ouverture, proposez un prolongement en évoquant un autre auteur en lien avec le parcours.

Chapitre 4 Le roman et le récit du Moyen Âge au XXIe siècle

1 Le récit et le roman du Moyen Âge au XVIIIe siècle

De quoi s'agit-il ? **Raconter des histoires, c'est la fonction du récit. Le roman était d'abord le nom de l'ancienne langue française, il a désigné ensuite les fictions en prose assez longues.**

1 Les récits du Moyen Âge à la Renaissance

- **Au Moyen Âge** (du Ve au XVe siècle), les **chansons de geste** (comme la *Chanson de Roland*) mettent en avant l'héroïsme guerrier, elles ont une dimension épique. Les **romans courtois** valorisent l'amour et la chevalerie. La légende arthurienne y a bonne place avec les romans de Chrétien de Troyes (*Le Chevalier au lion, le Chevalier à la Charrette, le Conte du Graal,...*) ou de Béroul (*Tristan et Iseut*). On peut également lier à ces récits arthuriens les *Lais de Marie de France* (fin du XIIe siècle).

- **La littérature de voyage** est déjà appréciée au Moyen Âge, avec Jean de Mandeville, ou *Le Livre des merveilles* de l'Italien Marco Polo (qui raconte son périple en Chine) mais il se développe à la Renaissance, avec la découverte de l'Amérique. Jean de Léry en 1578 publie *Voyage en terre de Brésil.*

- **Rabelais** avec *Gargantua* et *Pantagruel* au XVIe siècle écrit des romans dont les héros sont des géants : des thèmes de réflexion sérieux comme la guerre, l'éducation y sont transposés dans un univers burlesque. Les nouvelles sont aussi à la mode au XVIe siècle avec l'*Heptaméron* de Marguerite de Navarre dans la veine courtoise et on retrouve des contes populaires qui poursuivent la tradition des fabliaux du Moyen Âge.

2 Le XVIIe siècle : préciosité et classicisme

- Les **romans héroïques précieux** de Mlle de Scudéry (1607-1701) sont écrits dans un esprit épique : les personnages sont marqués par le modèle des héros antiques. *Clélie* est un roman à clés qui contient la fameuse « carte du tendre ». *L'Astrée* d'Honoré d'Urfé (1567-1701) est un roman pastoral.

Remarque

Dans un roman à clés, les personnages représentent des personnes réelles.

- À l'opposé des héros « parfaits » des romans précieux, on trouve les personnages réalistes des romans comiques, dont les aventures sont parfois sordides. C'est le cas dans *L'Histoire comique de Francion* (1623) de Charles Sorel.

- Le chef d'œuvre du roman classique est *La Princesse de Clèves* de Madame de La Fayette (1678). À l'opposé des romans baroques, l'intrigue y est dépouillée : il y a une unité d'action qu'on ne trouvait pas jusque-là dans le roman. Tous les personnages reflètent les traits idéaux des courtisans prestigieux de Henri II.

La princesse de Clèves

3 Le XVIIIe siècle : la naissance du héros de roman moderne

Types de romans	Types de personnages	Exemples de romans	Exemples de personnages
Les romans d'aventures sociales	Un personnage entreprenant qui est à la recherche de la réussite et affronte des obstacles pour avoir sa place dans la société.	*Gil Blas de Santillane*, Lesage (1735) *La Vie de Marianne*, Marivaux (1741)	Dans *La Vie de Marianne*, l'héroïne, orpheline et courageuse, doit trouver un statut social et faire face à des difficultés.
Les romans libertins	Un personnage hédoniste, libre penseur et inconstant. **Remarque** Un personnage hédoniste fait passer avant tout son propre plaisir.	*Les Égarements du cœur et de l'esprit*, Crébillon-fils (1736) *Les Liaisons dangereuses*, Choderlos de Laclos (1782)	Le vicomte de Valmont, dans *Les Liaisons dangereuses*, séduit et abandonne Madame de Tourvel par simple défi.
Les romans philosophiques des Lumières	Un personnage critique face à la société qui l'entoure, analysant le monde qu'il découvre au fil de ses aventures.	*Les Lettres persanes*, Montesquieu (1721) *Jacques le Fataliste*, Denis Diderot (1773)	Deux Persans, Usbeck et Rica, partagent leurs impressions à propos d'un voyage en France. Leur regard neuf sur la société parisienne débusque tous ses travers...
Les romans pré-romantiques	Un personnage sensible qui exprime ses élans passionnés de façon lyrique.	*La Nouvelle Héloïse*, Jean-Jacques Rousseau (1761)	Saint-Preux et Julie s'aiment : leur correspondance reflète leur vertu et leur passion.

2 Le XIXe et le XXe siècle : du triomphe du roman à la crise du personnage

De quoi s'agit-il ? Au XIXe siècle, le roman triomphe, à travers de grandes fresques réalistes et naturalistes. Au XXe siècle, le « nouveau roman » remet en cause le personnage.

1 L'idéalisation romantique

- Victor Hugo (1802-1885) en revient à une **conception épique** du roman : l'auteur doit dramatiser les événements, pour leur donner un sens symbolique, en procédant par scènes et tableaux.
- Dans *Les Misérables*, Hugo élève jusqu'au mythe le personnage du forçat Jean Valjean, et deux enfants, Cosette, image de l'innocence persécutée, et Gavroche, emblème du courage et de la liberté.

2 La modernité réaliste

• Le projet titanesque de *La Comédie humaine* de Balzac (1799-1850) est inspiré de *L'Histoire naturelle* de Buffon, puisque la société ressemble à la nature. Les personnages sont donc autant de « types humains ». Mais son projet a aussi un aspect politique : l'éducation, la religion catholique, la monarchie sont présentés comme les **fondements de la vie sociale**.

Remarque

La Comédie humaine est un ensemble de 137 ouvrages, dont 95 romans !

• **L'idéal romanesque** de Flaubert tend à la **représentation fidèle de la vie**. Son effort d'objectivité est perceptible dans ses romans. Parfois, les personnages disparaissent même derrière les objets qui les entourent et dont ils ne semblent être qu'un prolongement, comme dans la longue description de la casquette de Charles Bovary, au début du livre. Flaubert met en avant l'importance du style, et chez lui, **l'esthétique, la quête du beau** est essentielle.

Gustave Flaubert
(1821-1880) : auteur de *L'Éducation sentimentale* et de *Madame Bovary*.

3 Le roman naturaliste

• Zola veut analyser dans ses romans l'interaction entre l'individu et son milieu. Il emprunte directement à la réalité la matière de ses livres. Pour le chef de file des naturalistes, le roman est un véritable « **document humain** » scientifique. Zola s'est d'ailleurs beaucoup inspiré des doctrines de Claude Bernard en matière de médecine expérimentale. Il fait l'éloge de la **description** parce qu'elle permet de dresser « un état du milieu qui détermine et complète l'homme ».

Émile Zola
(1840-1902) : a écrit *Les Rougon-Macquart*, une fresque de 20 romans sur la vie d'une famille.

4 Le XXe siècle : la crise du personnage

• Dans les années 1920, des romanciers comme Marcel Proust, Virginia Woolf ou James Joyce mettent l'accent sur la multiplicité des sensations, qui « éparpillent » les personnages. Avec eux, le roman suit les tortueuses subtilités de la conscience fluide et complexe de l'individu.

• Dans les années 1930, Bernanos, Malraux et Hemingway en reviennent à un personnage fort. Leurs héros sont très **engagés**. Ils s'intéressent au destin de personnages aux prises avec **l'Histoire**, qui cherchent à donner un sens à leur vie. Dans *La Condition humaine* de Malraux, l'idéal de Kyo, le héros révolutionnaire, est clair : « Sa vie avait un sens : donner à chacun de ces hommes que la famine faisait mourir comme une peste lente la possession de sa propre dignité ».

• Les années 1950 et le nouveau roman proclament la mort du personnage : selon Robbe-Grillet dans *Pour une théorie du roman*, le personnage fait partie des « notions périmées ». Pour lui, c'en est fini de la conception traditionnelle du roman, vu comme « l'analyse d'une passion ». C'est, selon Nathalie Sarraute, parce que le roman est entré dans « l'ère du soupçon » ; le lecteur n'a plus confiance dans le romancier.

L'idée à retenir

Le nouveau roman est un mouvement littéraire des années 1942-1970, qui rejette l'idée d'intrigue, et même la nécessité de personnages.

• Nathalie Sarraute cherche à rendre ses romans « grouillants de vie » ; elle nous fait plonger dans une conscience anonyme pour saisir le foisonnement des sensations. Elle mêle **récit, dialogue** et **« drames minuscules »** qui se jouent à la limite de la conscience.

« Le personnage dépouillé de toutes ses prérogatives, de son caractère, réduit à n'être qu'un trompe l'œil, une survivance, un support de hasard. Ce personnage est souvent confondu dans un groupe que désignent de simples pronoms pluriels. » (Nathalie Sarraute, *Nouveau roman, hier, aujourd'hui*, 1972)

3 Les grands principes du récit

De quoi s'agit-il ? Pour raconter une histoire, le romancier décide qui perçoit les événements rapportés : c'est la focalisation. L'auteur, le narrateur, le personnage sont trois entités différentes.

1 La focalisation

Les différents points de vue dans *Voyage au bout de la nuit*

Vocabulaire

Le mot focalisation vient de la photographie : c'est le foyer à partir duquel une photo est prise.

• **La focalisation externe**

On ignore les pensées des personnages, l'auteur s'efface : le compte rendu des actions est fait de façon impartiale. Seul ce qui est visible de l'extérieur est raconté.

« Au bout de la rue Guénégaud, lorsqu'on vient des quais, on trouve le passage du Pont-Neuf, une sorte de corridor étroit et sombre qui va de la rue Mazarine à la rue de Seine. » (Émile Zola, *incipit* de *Thérèse Raquin*, 1867)

• **La focalisation interne**

Un seul personnage perçoit les événements : seules ses pensées et ses sensations sont connues, grâce à la présence de verbes de perception, au vocabulaire des sentiments. On ignore donc ce que le personnage lui-même ne connaît pas. Ce point de vue subjectif favorise l'identification du lecteur au personnage.

« L'œil de Julien suivait machinalement l'oiseau de proie. Ses mouvements tranquilles et puissants le frappaient, il enviait cette force, il enviait cet isolement. C'était la destinée de Napoléon, serait-ce un jour la sienne ? » (Stendhal, *Le Rouge et le Noir*, 1830)

• **Le point de vue omniscient (ou focalisation zéro)**

Le passé, le présent, les pensées et les sensations de l'ensemble des personnages sont connus. Le romancier prend plus d'importance dans le récit, il surplombe les événements. Le lecteur peut connaître des choses que certains personnages ignorent.

« Si dans les premiers temps de sa liaison, l'étudiant s'était cru le maître, madame de Nucingen était devenue la plus forte [...]. Était-ce en elle un calcul ? Non ; les femmes sont toujours vraies, même au milieu de leurs plus grandes faussetés, parce qu'elles cèdent à quelque sentiment naturel. » (Honoré de Balzac, *Le Père Goriot*, 1835)

2 Les relations entre le personnage, l'auteur, le narrateur

• Le récit est un **montage narratif** de plusieurs niveaux : l'auteur écrit un roman et délègue au narrateur le soin de raconter une histoire mettant en scène des personnages. On appelle mode de narration la façon dont le récit est assuré par le narrateur.

• Les relations entre auteur-narrateur et personnage :

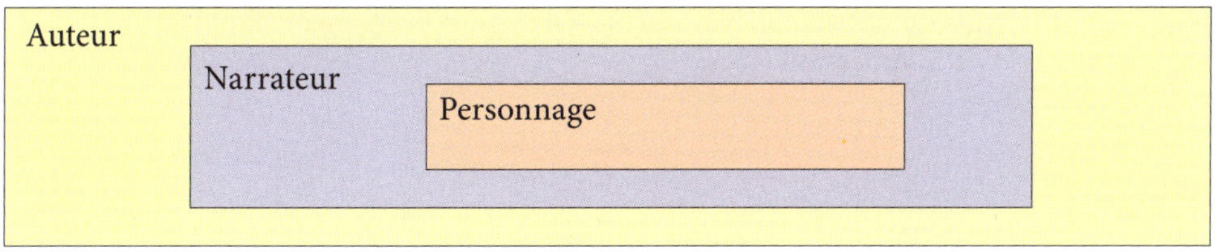

• Il y a deux modes principaux de narration. Le **narrateur extérieur** au récit raconte l'histoire à la troisième personne : il semble absent du récit. Le **narrateur-personnage** est en revanche directement présent dans le récit : il le raconte à la première personne, en tant que héros ou personnage témoin.

• Le **nouveau roman** a beaucoup joué sur le statut de l'auteur et du narrateur. On y trouve des modes d'énonciation originaux : le narrateur peut s'adresser à lui-même, le « je » et le « il » désignent la même personne, plusieurs narrateurs racontent successivement le même événement, etc. La mode récente de l'autofiction brouille les distinctions traditionnelles entre auteur, narrateur et personnage : sans être des autobiographies, les intrigues sont fortement inspirées de la vie des auteurs. Certains romans de Marguerite Duras (*Un Barrage contre le Pacifique*, *L'Amant*) appartiennent à ce genre littéraire qui entretient une confusion entre écrivain et personnage.

• Le roman offre une somme de données dispersées sur le personnage, que le lecteur assemble. Philippe Hamon dans *Poétique du récit* définit le personnage comme une construction mentale que le lecteur opère à partir d'un ensemble de signes épars dans le texte. Le lecteur fabrique le personnage au fil de sa lecture. C'est « **l'effet-personnage** », qui est une illusion : au départ le personnage n'existe pas, et le texte romanesque lui donne progressivement une épaisseur.

4 Les différents types de récits

De quoi s'agit-il ? Apprenez à reconnaître les différents types de récits : leurs conventions sont différentes, et ne se limitent pas à une distinction entre les formes brèves et les formes longues.

1 Les formes courtes

• **Les fabliaux** sont de courts récits médiévaux, comiques, qui ont souvent une morale, comme les fables, mais leur fonction principale reste de faire rire les lecteurs.

• **Les contes de fées** sont des formes de récits merveilleux qui ont souvent été orales avant d'être écrites, notamment par Charles Perrault : ce genre devient à la mode en France grâce à lui au XVIIe siècle. S'ils peuvent contenir des leçons morales, c'est bien les éléments fabuleux qui restent le plus important.

• **Les contes philosophiques** apparaissent au XVIIIe siècle et permettent à un auteur de critiquer la société : ses mœurs, la politique, la religion, etc. Il utilise l'artifice de la fiction pour mieux parler du monde qui l'entoure. *Zadig* ou *Candide* de Voltaire sont des contes philosophiques très célèbres.

Candide de Voltaire

• **Les premières nouvelles** sont nées en Italie avec le *Décaméron* de Boccace au XIVe siècle. Les personnages y racontent, chacun à leur tour, une histoire. En France, Marguerite de Navarre s'en est inspirée pour son *Heptaméron*, au XVIe siècle. La plupart des nouvelles présentent les faits comme vrais ou vraisemblables, même s'il s'agit d'événements fantastiques, comme dans le *Horla* de Maupassant (1886).

2 Le roman

• **Le mot « roman »**, apparu au XIIe siècle, désignait un récit en prose ou en vers, écrit en langue romane « vulgaire », contrairement au latin. De nos jours, le roman caractérise toute **fiction en prose** assez longue pour raconter les aventures des personnages principaux en développant leur psychologie.

• Il existe de **nombreuses formes de romans**, qui varient avec les époques, comme le roman épistolaire, entièrement composé de lettres, le roman d'anticipation (appelé aussi roman de science-fiction), le roman policier, etc… Ce genre très libre et divers, qui a longtemps été méprisé avant d'acquérir ses lettres de noblesse, domine à l'heure actuelle la scène littéraire, avec plus de 550 romans qui paraissent en France à la rentrée de septembre.

3 Les récits biographiques

Type de récit	Définition	Exemple
La biographie	Récit de la vie d'une personne réelle, fait par quelqu'un d'autre, sans objectif esthétique, dans une perspective documentaire.	*Romain Gary,* Dominique Bona, 2001
L'autobiographie	« Récit rétrospectif en prose qu'une personne fait de sa propre existence, lorsqu'elle met l'accent sur sa vie individuelle, en particulier sur l'histoire de sa personnalité. » (Philippe Lejeune)	*Les Confessions,* Jean-Jacques Rousseau, 1782
Les mémoires	L'auteur prend en compte dans son récit rétrospectif à la fois sa propre existence et l'actualité de son époque, dont il est le témoin.	*Mémoires d'Outre-Tombe,* François-René de Chateaubriand, 1849
Le journal intime	Contrairement à l'autobiographie, le récit que l'auteur fait de sa propre vie n'est pas rétrospectif, il est écrit au jour le jour.	*Journal*, Anne Frank, 1947
L'autofiction	L'autofiction (mot inventé par S. Doubrovski en 1977) est le croisement entre un récit de la vie réelle de l'auteur et une fiction.	*La naissance du jour,* Colette, 1928
Le récit de voyage	Ces récits initiés par les grands explorateurs décrivent à la fois les pays visités et l'expérience personnelle du voyageur.	*Le livre des Merveilles*, Marco Polo, 1298
L'exofiction	Biographie romancée d'une personne réelle autre que l'auteur.	*Ravel*, Jean Echenoz, 2006

Révision express

Les points importants à retenir

Les types de personnages au fil des siècles

Siècles	Types de personnages	Exemples
XVIIe	Le héros précieux, l'aventurier des romans comiques, le personnage classique	Mlle de Scudéry, *Clélie* ; Charles Sorel, *L'Histoire comique de Francion* ; Mme de la Fayette, *La Princesse de Clèves*
XVIIIe	Le personnage de la tendance réaliste, le libertin, le héros des Lumières, le pré-romantique sensible	Marivaux, *La Vie de Marianne* ; Choderlos de Laclos, *Les Liaisons dangereuses* ; Denis Diderot, *Jacques le Fataliste et son maître* ; Jean-Jacques Rousseau, *La Nouvelle Héloïse*
XIXe	Le romantique idéalisé, les personnages réalistes et naturalistes	Victor Hugo, *Les Misérables* ; Honoré de Balzac, *La Comédie humaine* ; Émile Zola, *Les Rougon-Macquart*
XXe	Le personnage des romans psychologiques, le héros engagé, l'anti-personnage du nouveau roman	Marcel Proust, *À la recherche du temps perdu* ; Malraux, *La Condition humaine* ; Nathalie Sarraute, *Tropismes*

La focalisation, les points de vues

- Le point de vue **externe** = perception « du dehors », sans connaître les pensées des personnages.
- Le point de vue **interne** = perception d'un seul personnage, dont on suit les pensées, les sensations.
- Le point de vue **omniscient** (ou focalisation zéro) = perception de l'ensemble des sentiments et des sensations de tous les personnages.

Quiz

Cochez la bonne réponse :

1. Les héros de *La Princesse de Clèves* sont inspirés des personnages des romans picaresques espagnols.

☐ Vrai ☐ Faux

2. Le personnage libertin est un libre penseur hédoniste et inconstant.

☐ Vrai ☐ Faux

3. *La Comédie humaine* de Balzac est inspirée de *L'Histoire naturelle* de Buffon.

☐ Vrai ☐ Faux

4. Pour Zola, la vertu essentielle d'un romancier est son imagination fantaisiste.

☐ Vrai ☐ Faux

5. Le narrateur, c'est l'autre nom de l'auteur.

☐ Vrai ☐ Faux

→ Réponses p. 530

SUJET 1

Énoncé

Vous commenterez le texte de Stendhal, extrait du *Rouge et le Noir*.

Julien Sorel, d'origine modeste, est précepteur de la famille De Rênal. Il vient d'obtenir du maître de maison une augmentation de salaire, et part se promener dans la campagne.

Julien prenait haleine un instant à l'ombre de ces grandes roches, et puis se remettait à monter. Bientôt, par un étroit sentier à peine marqué et qui sert seulement aux gardiens des chèvres, il se trouva debout sur un roc immense et bien sûr d'être séparé de tous les hommes. Cette position physique le fit sourire, elle lui peignait la position qu'il brûlait d'atteindre au moral. L'air pur de ces montagnes élevées communiqua la sérénité et même la joie à son âme. Le maire de Verrières était bien toujours, à ses yeux, le représentant de tous les riches et de tous les insolents de la terre ; mais Julien sentait que la haine qui venait de l'agiter, malgré la violence de ses mouvements, n'avait rien de personnel. S'il eût cessé de voir M. de Rênal, en huit jours il l'eût oublié, lui, son château, ses chiens, ses enfants et toute sa famille. Je l'ai forcé, je ne sais comment, à faire le plus grand sacrifice. Quoi ! plus de cinquante écus par an ! un instant auparavant je m'étais tiré du plus grand danger. Voilà deux victoires en un jour ; la seconde est sans mérite, il faudrait en deviner le comment. Mais à demain les pénibles recherches.

Julien debout sur son grand rocher regardait le ciel, embrasé par un soleil d'août. Les cigales chantaient dans le champ au-dessous du rocher, quand elles se taisaient tout était silence autour de lui. Il voyait à ses pieds vingt lieues de pays. Quelque épervier parti des grandes roches au-dessus de sa tête était aperçu par lui, de temps à autre, décrivant en silence ses cercles immenses. L'œil de Julien suivait machinalement l'oiseau de proie. Ses mouvements tranquilles et puissants le frappaient, il enviait cette force, il enviait cet isolement.

C'était la destinée de Napoléon, serait-ce un jour la sienne ?

Stendhal, *Le Rouge et le Noir*, livre premier, chapitre X, 1830

Méthode

- Orientez-vous sur l'aspect descriptif du texte : en quoi le paysage correspond-il aux états d'âme du personnage ?

Corrigé

Le corrigé du commentaire est intégralement rédigé. Pour faciliter votre lecture, nous avons gardé les titres des différentes étapes du développement. Dans un devoir, vous ne devrez pas les conserver.

Introduction

Le chapitre X du *Rouge et le Noir* met en scène Julien Sorel lors d'une promenade dans une position de surplomb, qui favorise sa méditation exaltée, révélant ses fantasmes de toute-puissance et son ambition orgueilleuse, alors qu'il vient de se voir gratifier d'une forte augmentation par Monsieur de Rênal. Cette pause descriptive rend compte à la fois d'un paysage et des sentiments du personnage. Comment l'auteur parvient-il à faire fusionner les éléments descriptifs du panorama et le discours intérieur du personnage ? Nous étudierons d'abord la psychologie de Julien Sorel à travers ce paysage-état d'âme, avant de percevoir dans cette description une mise à distance du stéréotype romantique.

Gagnez des points !
La problématique, sous forme de question, se distingue clairement de l'annonce du plan.

I. Un paysage « état d'âme »

Le monde intérieur de Julien Sorel correspond au paysage où il se trouve. La description de la nature et la psychologie du personnage sont interdépendantes. L'ascension sociale du personnage est à l'image de l'ascension physique de cette montagne.

A. Une ascension symbolique

Dès le début, la description du paysage est apparemment objective. Cependant, la nature du sentier qu'emprunte Julien a peut-être déjà un sens symbolique : il est peu emprunté, étroit, et ne sert qu'aux « *gardiens de chèvres* », ce qui peut constituer une allusion ironique à la condition sociale modeste de Julien. C'est ensuite Julien lui-même qui a l'intelligence de lire dans le paysage une coïncidence entre les éléments physiques extérieurs et ses dispositions passionnées. Il y a un parallèle entre la réalité extérieure et les sentiments du héros (« *position physique* » / « *position qu'il brûlait d'atteindre au moral* »). Puis, ce qui n'était qu'une intuition se charge d'émotion : du sourire, on passe à la sérénité, puis à la « *joie* » (sentiment rarement éprouvé par Julien Sorel au cours du roman). La progression de ces sentiments est rendue d'autant plus remarquable par la coordination insistante : « *et même* ». Sobrement, Stendhal allie l'instauration de cet état de bonheur à la simple sensation de « *l'air pur* ». On peut établir une correspondance entre l'ascension de la montagne et l'exaltation du moi. L'aspiration exaltée de Julien au sublime se manifeste dans les expressions « *brûlait d'atteindre* », « *haine qui venait de l'agiter* » (ici le sentiment est d'autant plus fort qu'il est sujet du verbe) ou « *la violence de ses mouvements* ». Les expressions superlatives récurrentes : « *le plus grand sacrifice* », « *le plus grand danger* » témoignent d'une exagération manifeste ainsi que les expressions totalisantes « *tous les riches* », « *tous les insolents de la terre* ». Le thème de l'isolement, aussi bien physique que psychologique, est mis en valeur par une expression hyperbolique : « *bien sûr d'être séparé de tous les hommes* ». Stendhal affectionne les scènes panoramiques, récurrentes dans ses romans. L'épervier s'inscrit dans la dynamique ascensionnelle que suit le regard du personnage : son attitude dominatrice par rapport au paysage correspond à son exaltation morale.

B. La fusion entre la description et le discours intérieur

De plus, la fusion du psychologique et du physique, de l'intérieur et de l'extérieur est favorisée dans le texte par la façon dont Stendhal insère le discours intérieur du personnage dans la description. L'auteur instaure une progression ; il part d'une sensation, d'une intuition, il la verbalise peu à peu. Le discours indirect libre sert de transition entre le récit proprement dit et le discours intérieur de Julien. Le glissement de la sensation pure à sa mise en paroles est d'autant plus discret que la rupture syntaxique ne se fait que progressivement. Stendhal utilise ensuite le style indirect : « *Julien sentait que…* », revenant pour une phrase à l'indirect libre, avant de passer enfin au style direct. L'arrivée de la première personne (« *Je l'ai forcé* ») frappe le lecteur : imprévue, elle est placée en début de phrase et se fait insistante par sa redondance dans l'incise « *je ne sais comment* ». Il y a ici coïncidence du texte et du discours intérieur du personnage : d'un point de vue extérieur, on est passé à la totale identification avec le héros. On en vient à des affirmations exaltées, et enfin à l'interjection violente : « *Quoi !* ». Les tournures exclamatives ainsi que les phrases nominales : « *plus de 50 écus par jour !* », « *voilà deux victoires en un jour* », « *mais à demain les pénibles recherches* » rendent encore plus sensible à la fin du paragraphe la succession rapide des idées, et leur heurt. Ces tournures révèlent le caractère affectif de l'expression brute. La structure du second paragraphe est identique : Stendhal opère un retour à la contemplation du paysage, donc à la perception. Renonçant au discours intérieur, Julien se perd dans l'observation du paysage. C'est dans ce second paragraphe que Stendhal laisse le plus de place aux détails descriptifs. L'adverbe « *machinalement* » montre qu'au départ le regard de Julien se posant sur l'épervier ne provoque pas d'emblée une perception consciente : ce n'est qu'ensuite qu'il l'interprète. La dernière phrase de l'extrait (« *C'était la destinée de Napoléon, serait-ce un jour la sienne ?* ») a un statut ambigu : est-ce un discours indirect libre intérieur du héros, ou bien est-ce une réflexion de l'auteur sur le destin de son personnage adressée au lecteur ?

Il y a donc bien une fusion entre le monde intérieur de Julien et le paysage, de même qu'il y a une fusion entre la description et le discours que le personnage se tient à lui-même. La posture du héros peut faire penser aux peintures romantiques de Gaspard Friedrich, qui montrent bien souvent un homme seul face à l'immensité de la nature. Mais Stendhal semble prendre ses distances par rapport à ce stéréotype romantique.

L'astuce du prof

N'hésitez pas à faire des références picturales en rapport avec le texte.

II. La mise à distance du stéréotype romantique

En effet, nous sommes dans le cadre d'une scène familière à l'imaginaire romantique, dans laquelle Stendhal s'interdit pourtant ostensiblement tout ce qui pourrait aller dans le sens d'un lyrisme romantique.

A. L'absence de description lyrique du paysage

D'une part, la nature est évoquée à travers quelques détails, tout juste entend-on quelques cigales : la description du cadre est subordonnée à la signification symbolique que prennent ces éléments pour le personnage lui-même (l'épervier, l'isolement…). D'où l'absence de pittoresque malgré le panorama. Les « *vingt lieues de pays* » sont évoquées de façon on ne peut plus concise ; la notation de cette distance fonctionne comme une hyperbole de l'étendue dans le cadre d'une vision panoramique et exaltée.

B. Le discours du ressentiment social

De plus, l'expression personnelle du héros ne va pas non plus dans le sens d'un épanchement lyrique familier aux romantiques. Julien n'est pas entraîné dans une exaltation de soi, comme le montre la forme concise, lapidaire de ses phrases. On ne note aucune extase panthéiste face à la nature contemplée. C'est parce qu'il tient avant tout un discours du ressentiment social, qu'il s'interdit le lyrisme. Julien fait du maire de Verrières le représentant unique, presque allégorique des oppresseurs. Il ne s'arrête pas aux individus que sont M. de Rênal et sa famille. D'ailleurs, ils sont partiellement réifiés, dans sa formule méprisante : « *lui, son château, ses chiens, ses enfants, et toute la famille* », où par un procédé d'accumulation péjorative, Julien fait passer singulièrement le château et les chiens avant les « *enfants* ». L'omission dans cette liste de Mme de Rênal peut nous paraître symptomatique, car elle se retrouve comprise dans l'expression « *toute sa famille* », mais elle n'est pas nommée. Ne manifeste-t-il pas par là la résistance encore inconsciente qu'il éprouve à ranger Mme de Rênal parmi les oppresseurs ?

C. La figure de Napoléon

Finalement, seul l'épervier peut sembler être un élément lyrique dans l'évocation du paysage. Il s'agit d'une métonymie, car il symbolise l'aigle napoléonien, dont la figure culmine à la fin de l'extrait. C'est une référence à l'actualité politique et sociale sous forme polémique. Pour le personnage, faire référence à Napoléon dans ce contexte de restauration réactionnaire, mesquine et sournoise, comme l'incarne M. de Rênal, c'est montrer combien il est différent. Une conciliation entre le héros et ce milieu est impossible (il lit le Mémorial de Sainte-Hélène et les Bulletins de la grande armée en secret dans sa chambre). Stendhal contribue ici à dessiner le mythe littéraire de Napoléon Ier : c'est pour lui un instrument de dénonciation critique des bassesses de la Restauration.

Conclusion

Nous avons d'abord constaté combien Stendhal parvient dans ce texte à fusionner les éléments du paysage et les états d'âme du personnage, la description et le discours. Bien que cette attitude du personnage isolé contemplant un paysage où il voit l'image de ses propres sentiments soit une tradition romantique, Stendhal prend ses distances par rapport à ce modèle, notamment par une touche d'ironie. Néanmoins, en émule de Rousseau ou de Lamartine, le héros solitaire parvient à l'affirmation exaltée de lui-même dans un lieu élevé. On y perçoit l'idéal de supériorité individuelle de Julien. Dans sa solitude, il reste cependant obsédé par ceux contre qui il affirme cet idéal : il n'est donc pas si solitaire qu'on pourrait le croire.

SUJET 2

Parcours : La célébration du monde

Énoncé

Vous proposerez un plan pour le sujet de dissertation suivant : Les œuvres *Sido* et *Les Vrilles de la vigne* ne sont-elles qu'une célébration du monde ?
Vous examinerez cette question en vous appuyant sur l'étude de *Sido* et *Les Vrilles de la vigne* de Colette, sur le parcours étudié au cours de l'année, ainsi que sur votre culture personnelle.

Corrigé

1. Analyse du sujet

« Célébration du monde » : éloge de la nature, regard mélioratif porté sur un objet mais aussi moment de joie. La célébration permet une union avec le monde et plus précisément avec la nature. Négation « ne […] que » : seulement. Ces deux œuvres auraient pour seul but la célébration du monde.

2. Le plan

I. La célébration du monde est au cœur de *Sido* et des *Vrilles de la vigne*

A. Éloge de la nature

Colette ne cesse de célébrer la nature dans les deux œuvres. Qu'il s'agisse du jardin de sa mère au sein duquel elle aimait se réfugier ou encore du rossignol ou de la guêpe dans *Les Vrilles de la vigne*. La nature est partout et la narratrice porte un regard admiratif sur celle-ci.

B. Les sensations sont au cœur de l'œuvre

Le monde est avant tout célébré par les différentes sensations qu'il fait naître chez la narratrice. La nature offre une explosion de sensations propre à réjouir celui qui s'y trouve. C'est bien pour cette raison qu'elle défend la vie à la campagne au détriment de la ville dans *Sido*.

II. Toutefois, ces œuvres ne se réduisent pas à la célébration du monde

A. Une œuvre autobiographique ?

Si Colette fait de nombreuses références à la nature, l'œuvre Sido a surtout pour but de présenter sa famille. En effet, chaque chapitre est consacré à un ou plusieurs membres de sa famille qu'elle dépeint à partir d'anecdotes et de souvenirs. L'œuvre n'est donc pas que centrée sur la célébration du monde. Si elle parle tant de la nature, c'est surtout pour évoquer la passion de sa mère pour son jardin.

B. Des récits intimes

En effet, dans ces deux œuvres, elle parle surtout d'elle et de ce qu'elle ressent. La première personne est omniprésente, la narratrice dresse son autoportrait à travers ce qu'elle a pu observer, ce qui l'a touchée, et délivre des pensées et réflexions dans *Les Vrilles de la vigne*. La nature fait alors office de métaphore pour imager ce qu'elle ressent.

III. Communion entre la narratrice et la nature

A. La nature a eu une place décisive dans le devenir de la narratrice

À plusieurs reprises dans l'œuvre, la narratrice ne fait qu'un avec la nature, ce qui souligne le rôle décisif de cette dernière dans la construction de la jeune fille devenue femme. Cela est représenté par le chiasme qui marque l'union : « À force de coucher sur la terre, la terre m'a donné sa couleur. »

B. La célébration du monde donne lieu à une célébration de l'écriture

Grâce aux mots, à l'écriture, la nature va revivre sous la plume de l'autrice. Le lecteur pourra alors à son tour sentir le parfum des géraniums ou entendre le chant du rossignol.

Chapitre 5 Le théâtre du XVIIe au XXIe siècle

FRANÇAIS

1 Le théâtre aux XVIIe et XVIIIe siècles : la période classique

De quoi s'agit-il ? **Le texte théâtral présente des spécificités propres, liées à sa double nature de texte à lire et de texte à jouer.**

1 Un théâtre fortement codifié aux XVIIe et, en partie, XVIIIe siècles

- Les pièces classiques doivent respecter :

– la **règle des trois unités** : **lieu** unique, **temps**, 24 heures au plus, **action**, une seule **intrigue** ;

– les **bienséances** : rien de choquant dans le langage ou dans l'action ne doit être représenté sur scène (la mort adviendra hors scène et sera racontée par un personnage) ;

– la **vraisemblance** : la pièce doit être crédible ;

– le **non-mélange** des genres et des tons.

2 Le XVIIe siècle ou le triomphe du classicisme

- Monarque absolu soucieux du **rayonnement de la France** autant que de son propre divertissement, Louis XIV mène une politique culturelle qui vise à encourager, soutenir, mais également unifier toute la production artistique, en donnant à chaque domaine et chaque genre ses **normes** et ses **codes** propres : c'est ce qu'on appelle le classicisme, phénomène typiquement français.

Remarque

Les règles strictes imposées n'empêchent pas de grands auteurs d'émerger, comme Corneille, Racine ou Molière, même si leurs pièces seront critiquées, voire censurées, autant qu'admirées et applaudies.

- À l'imitation du théâtre antique, le théâtre classique se divise en deux sous-genres distincts et, à bien des égards, opposés : la **tragédie** qui, inspirant crainte et pitié au spectateur, provoque la *catharsis* (purgation des passions) et la **comédie** qui le fait rire par de multiples procédés.

- La **tragi-comédie** ne mélange pas les genres, ce qui serait une entorse aux règles, c'est une tragédie qui finit bien (par exemple *Le Cid* de Corneille).

Marivaux (1688-1763) : a notamment écrit des pièces utopiques dont les thématiques annoncent déjà les Lumières (*L'Île des esclaves*, 1725 ; *La Colonie*, 1750).

3 Le XVIIIe siècle ou la folie du théâtre

- Le théâtre devient un haut lieu de la **sociabilité** aristocrate avec également un public populaire. Certains auteurs, comme **Marivaux** ou **Beaumarchais**, en profitent pour diffuser des idées (pré-)révolutionnaires annonciatrices des **Lumières** : *L'Île des esclaves*, *La Colonie*, celles du valet Figaro dans la trilogie de Beaumarchais.

- De nouveaux genres naissent à la fin du siècle, comme le **vaudeville**, la **comédie larmoyante**, le **mélodrame** ou « tragédie des boulevards », le **drame bourgeois** (Diderot, Beaumarchais) qui disparaît assez vite, mais annonce le drame romantique au siècle suivant.

Beaumarchais (1732-1799) : créateur de figures originales, comme le valet Figaro, qui apparaît dans plusieurs pièces dont *Le Barbier de Séville* (1775).

	Tragédie classique (XVIIe-XVIIIe s.)	Comédie classique (XVIIe-XVIIIe s.)
Structure de la pièce	Toujours en cinq actes	• Très libre • En un à cinq actes
Nature de l'intrigue	• Essentiellement politique • L'intrigue amoureuse est soumise à la dimension politique	• Essentiellement amoureuse • Le dénouement est le plus souvent le mariage des amoureux
Statut des personnages	• Élevé (distance avec le spectateur) • Nobles ayant un pouvoir politique	• Bas ou moyen (proximité avec le spectateur) • Bourgeoisie, petite noblesse pour les maîtres • Les valets jouent également un grand rôle, voire parfois le premier rôle
Niveau de langue et forme	• Langue soutenue, style élevé • Toujours en vers (alexandrins)	• Langue courante ou familière, style bas ou moyen • En prose ou en vers (alexandrins)
Époque à laquelle se déroule l'intrigue	Le passé (Antiquité gréco-romaine la plupart du temps)	L'époque contemporaine, le présent (de l'auteur)
Lieu de l'action	Le palais (ou une pièce du palais)	Soit la rue, soit la place du village, soit une maison bourgeoise

2 Le théâtre au XIXe siècle : l'âge des révolutions

De quoi s'agit-il ? Le classicisme, qui définit et structure l'écriture théâtrale aux XVIIe et XVIIIe siècles, est totalement remis en cause au XIXe siècle.

1 Le drame romantique

• La nouvelle sensibilité littéraire qui se développe du début jusqu'au milieu du XIXe siècle environ, et qu'on appelle le **romantisme**, s'exprime en réaction aux codes et aux principes du théâtre classique. Ce refus se traduit, entre autres, par l'abandon de la barrière entre comédie et tragédie, et l'invention d'un nouveau genre : le **drame romantique** illustré par Dumas (père, puis fils), Hugo, Musset, Vigny.

Remarque

Ces caractéristiques dérangent, comme le témoignent les conflits à la première représentation d'*Hernani* (Hugo).

• Dans la préface de *Cromwell* (1827), véritable **manifeste**, Hugo fustige la règle des trois unités, et prône la « féconde union » du « grotesque » et du « **sublime** » : multiplication des lieux, des personnages et des intrigues, vers ou prose, mélange des tonalités (comique et tragique) et des styles…

• Le **héros romantique**, marginal, sensible et exalté, est un être incompris, dont les idéaux et les aspirations élevées se heurtent au prosaïsme des réalités sociales et politiques.

2 Le théâtre dans la deuxième moité du XIXe siècle

• Le **vaudeville** est une **comédie populaire** qui met en scène de manière légère des réalités sociales (mariage, adultère, héritage) : s'enchaînent quiproquos et rebondissements. Il connaît son apogée dans les années 1850-1870, avec Feydeau et Courteline et se prolonge, aujourd'hui, dans le « théâtre de boulevard ».

• Le **théâtre naturaliste**, s'il a peu survécu à son époque, est associé à **l'invention de la mise en scène**, par André Antoine, lecteur et ami de Zola. Décors et costumes **reconstituent fidèlement** le milieu social (Henry Becque, Eugène Brieux) et une attention nouvelle est portée au **naturel** recherché dans le jeu des comédiens.

• Le théâtre symboliste, tragique et spirituel, s'est développé à la fin du XIXe siècle, dans un mouvement de réaction idéaliste contre le drame bourgeois et le théâtre naturaliste. Ses auteurs, comme Claudel et Maeterlinck, ou le metteur en scène Lugné-Poe, **rejettent toute autorité**, les valeurs bourgeoises comme les contraintes formelles. Ils cultivent morbidement pessimisme et mélancolie sans renier pour autant l'ironie et la parodie. Les décors sont minimalistes et ornementaux (toiles peintes façon « tapisserie »). Les acteurs récitent le texte à la manière d'un poème plus qu'ils ne jouent.

Aurélien Lugné-Poe
fondateur du théâtre de l'Œuvre, il prône un théâtre symboliste. Il lance nombre de pièces qui marquent l'histoire du théâtre, comme *Ubu roi* d'Alfred Jarry (1896).

• Le **théâtre d'avant-garde**, « à cheval » sur le début du XXe siècle, regroupe plusieurs auteurs : l'inclassable Alfred Jarry, auteur d'*Ubu-Roi*, père de la « **pataphysique** » et précurseur du surréalisme et de l'absurde, Apollinaire qui invente le mot « surréaliste , et Antonin Artaud qui prône un « théâtre de la cruauté » emportant acteurs et spectateurs dans une transe quasi mystique.

Regardez *Ubu Roi* très originalement mis en scène par Jean-Christophe Averty

3 Le théâtre aux XXe et XXIe siècles : l'âge des mutations

De quoi s'agit-il ? **La naissance de la mise en scène et les avant-gardes théâtrales de la fin du XIXe siècle et du début du XXe siècle bouleversent la conception du texte théâtral autant que sa représentation.**

1 Une nouvelle approche du langage théâtral

• Les grands metteurs en scène des XXe et XIXe siècles alternent entre la reprise de pièces du **répertoire classique**, dont ils donnent leur lecture et leur vision, et la création de pièces contemporaines souvent en collaboration avec l'auteur.

• La naissance de la mise en scène ainsi que les avant-gardes de la fin du XIXe siècle et du début du XXe **bouleversent la conception et la représentation** du texte théâtral.

• La structure et la forme des pièces varient, non plus en fonction des codes inhérents au genre théâtral, mais en fonction des choix esthétiques et dramaturgiques de l'auteur. Certaines pièces sont ainsi divisées en « tableaux » au lieu d'actes et/ou de scènes voire ne comportent aucune division.

• On assiste à un éclatement des genres. Chaque auteur invente sa terminologie. Ainsi Ionesco : « anti-pièce » : *La Cantatrice chauve*, « drame comique » : *La Leçon*, « farce tragique » : *Le Roi se meurt*.

• Conséquence directe de l'importance accordée à la mise en scène, le **discours didascalique** envahit le texte théâtral (*Fin de partie* de Beckett). Le dispositif théâtral est même au cœur de l'écriture de certaines pièces (*Les Paravents* de Genet).

• Certains dramaturges, comme Joël Pommerat, intègrent dans leurs textes les propositions des comédiens au fil des répétitions, des circonstances et des improvisations **(théâtre de plateau)**.

Entretien avec Pommerat

2 L'individu, la société et la condition humaine

• Giraudoux *(La guerre de Troie n'aura pas lieu)*, Anouilh *(Antigone)* et Cocteau *(La Machine infernale)*, entre les deux guerres mondiales, **modernisent les mythes antiques** pour sensibiliser aux tragédies qui naissent de leur temps.

• Camus, Sartre suivant Brecht, après 1945, développent la philosophie **existentialiste** et interrogent le sentiment de l'absurde, la responsabilité individuelle, l'engagement social et politique. Genet pratique un théâtre de la **transgression** avec les thèmes de la prison, les passions entre hommes, la grandeur de la sexualité et du crime.

• L'homme, mis en scène par Ionesco et Beckett, est condamné à la **solitude**, l'aliénation, l'absurde de la condition humaine. Pour Nathalie Sarraute, il pratique un langage qui n'est qu'un artifice révélant et accentuant l'absence d'authenticité de la vie sociale. Koltès et Lagarce l'exposent à la maladie mortelle, le sida, en insistant sur la nécessaire incarnation physique de l'acteur.

• Au XXe siècle, le théâtre s'élargit au « spectacle vivant » : ***happenings***, formes musicales et chorégraphiées, cirque. Il **critique** souvent la société de consommation, la désinformation, l'insécurité politique et écologique, l'omniprésence de l'image et du virtuel.

• Le théâtre **post-dramatique** (Bernhard, Müller, Lepage, Koltès, Lagarce, Novarina, Mouawad, Pommerat) **remet en cause la fiction**, la logique de la narration et la représentation traditionnelles en transgressant les genres.

• Le théâtre d'aujourd'hui se manifeste par la recherche, le mouvement, les prises de risque, la provocation. Il explose les codes, cadres et conventions historiques, morales, explore des terrains inconnus et des thématiques actuelles (question du *genre- trans*, sexualité, racisme, violence, ***wokisme***) dans une forme constamment renouvelée.

Vocabulaire

- **Absurde :** déjà pratiqué par Jarry, il se déploie surtout à partir de la Seconde Guerre mondiale qui bouscule par ses atrocités toutes les valeurs et le sens-même de l'existence. Il peut se manifester dans le roman (Camus, Sartre...) comme dans le théâtre par le sentiment d'être étranger au monde, désemparé par l'absurdité de la condition humaine et il pratique formellement volontiers le non-sens, le mélange des tons (« farce tragique »), l'écriture carnavalesque qui, par le burlesque, inverse les valeurs.

Découvrir le théâtre de l'absurde

- **Existentialisme :** doctrine selon laquelle l'homme n'est pas déterminé d'avance par son essence, mais libre et responsable de son existence et donc déterminé par ses choix et ses actes.
- ***Happening*** **:** anglicisme qui décrit un spectacle, une performance où la part d'imprévu et de spontanéité est essentielle et qui exige la participation active du public.
- ***Wokisme*** **:** du terme anglais « *woke* », qui signifie être « éveillé », Idéologie centrée sur les questions d'égalité, de justice et de défense des minorités.

Le scandale des violences esthétiques de Romeo Castellucci

➜ Révision express

Les points importants à retenir

Les principaux courants littéraires au théâtre du XVIIe au XXe siècle

	Courant /mouvement	Principaux auteurs	Principes
XVIIe siècle	Classicisme	Corneille, Racine, Molière	Règles strictes, séparation des genres et des registres.
XVIIIe siècle	Lumières	Marivaux, Beaumarchais	Dans une forme souvent classique, parfois renouvelée (drame bourgeois), contestation sociale et politique.
XIXe siècle	Romantisme	Hugo, Musset, Vigny	Refus des règles du classicisme.
	Naturalisme	Hennique, Becque	Volonté de réalisme, de naturel.
	Symbolisme	Maeterlinck, Claudel	Primauté de la parole poétique.
XXe siècle	Théâtre d'avant-garde (à l'orée du siècle)	Jarry, Artaud	Balaie les conventions théâtrales.
	Théâtre d'idées	Anouilh, Camus, Sartre	Réflexion philosophique et engagement politique.
	Nouveau Théâtre	Ionesco, Beckett	Variations sur l'absurdité de l'existence humaine.

Quiz

Cochez la bonne réponse :

1. Les règles du théâtre classique sont en vigueur :
☐ **a.** aux XVIIe et XVIIIe siècles. ☐ **b.** uniquement au XVIIe siècle. ☐ **c.** uniquement au XVIIIe siècle.

2. Le principe de bienséance exige qu'une pièce de théâtre :
☐ **a.** soit crédible. ☐ **b.** se déroule en un lieu unique.
☐ **c.** soit sur scène conforme à la morale, aux bonnes mœurs.

3. La tragi-comédie :
☐ **a.** mélange les tons. ☐ **b.** mélange les genres. ☐ **c.** est une tragédie qui se termine bien.

4. Les romantiques :
☐ **a.** appliquent les règles du théâtre classique. ☐ **b.** rejettent les règles du théâtre classique.
☐ **c.** n'ont aucune opinion particulière au sujet des règles du théâtre classique.

5. Alfred de Musset appartient au courant littéraire du :
☐ **a.** classicisme. ☐ **b.** romantisme. ☐ **c.** symbolisme

6. Quelle pièce de Hugo a déclenché une célèbre « bataille » entre partisans et détracteurs du théâtre romantique ?
☐ **a.** *Hernani.* ☐ **b.** *Ruy Blas.* ☐ **c.** *Lucrèce Borgia.*

7. Le drame bourgeois a été inauguré par :
☐ **a.** Racine. ☐ **b.** Diderot. ☐ **c.** Vigny.

→ Réponses p. 530

COMMENTAIRE

Le texte à commenter est d'habitude choisi non pas dans le cadre d'un parcours mais au sein de l'objet d'étude. Ici, le travail permettra d'approfondir la connaissance de l'œuvre théâtrale au programme à la rentrée 2024, dans le parcours *les jeux du cœur et de la parole.*

Énoncé

Vous ferez le commentaire du texte B (Musset, *On ne badine pas avec l'amour*).

Perdican et Camille reviennent, après des années de séparation, sur les lieux où ils ont grandi ensemble dans leur enfance, et où le Baron, père de Perdican et oncle de Camille, compte les marier. Mais la jeune fille, qui a été élevée au couvent, s'est forgée, d'après les récits des religieuses, une image extrêmement négative de l'amour et des hommes et refuse d'épouser son cousin, ainsi que d'admettre les sentiments qu'elle éprouve pour lui. Quand elle annonce son départ pour le couvent, Perdican lui tend un piège.

CAMILLE, *lisant*[1]. – Perdican me demande de lui dire adieu, avant de partir, près de la petite fontaine où je l'ai fait venir hier. Que peut-il avoir à me dire ? Voilà justement la fontaine, et je suis toute portée[2]. Dois-je accorder ce second rendez-vous ? Ah ! (*Elle se cache derrière un arbre.*) Voilà Perdican qui approche avec Rosette, ma sœur de lait[3]. Je suppose qu'il va la quitter ; je suis bien aise de ne pas avoir l'air d'arriver la première.

Entrent Perdican et Rosette, qui s'assoient.

CAMILLE, *cachée, à part.* – Que veut dire cela ? Il la fait asseoir près de lui ? Me demande-t-il un rendez-vous pour y venir causer avec une autre ? Je suis curieuse de savoir ce qu'il lui dit.

PERDICAN, *à haute voix, de manière que Camille l'entende.* – Je t'aime, Rosette ! Toi seule au monde tu n'as rien oublié de nos beaux jours passés ; toi seule tu te souviens de la vie qui n'est plus ; prends ta part de ma vie nouvelle ; donne-moi ton cœur, chère enfant ; voilà le gage de notre amour.

Il lui pose sa chaîne sur le cou.

ROSETTE – Vous me donnez votre chaîne d'or ?

PERDICAN – Regarde à présent cette bague. Lève-toi, et approchons-nous de cette fontaine. Nous vois-tu tous les deux, dans la source, appuyés l'un sur l'autre ? Vois-tu tes beaux yeux près des miens, ta main dans la mienne ? Regarde tout cela s'effacer. (*Il jette sa bague dans l'eau.*) Regarde comme notre image a disparu ; la voilà qui revient peu à peu ; l'eau qui s'était troublée reprend son équilibre ; elle tremble encore ; de grands cercles noirs courent à sa surface ; patience, nous reparaissons ; déjà je distingue de nouveau tes bras enlacés dans les miens ; encore une minute, et il n'y aura plus une ride sur ton joli visage ; regarde ! c'était une bague que m'avait donnée Camille.

CAMILLE, *à part.* – Il a jeté ma bague dans l'eau.

PERDICAN – Sais-tu ce que c'est que l'amour, Rosette ? Écoute ! le vent se tait ; la pluie du matin roule en perles sur les feuilles séchées que le soleil ranime. Par la lumière du ciel, par le soleil que voilà, je t'aime ! Tu veux bien de moi, n'est-ce pas ? On n'a pas flétri ta jeunesse ? On n'a pas infiltré dans ton sang vermeil les restes d'un sang affadi ? Tu ne veux pas te faire religieuse ; te voilà jeune et belle dans les bras d'un jeune homme. Ô Rosette, Rosette ! Sais-tu ce que c'est que l'amour ?

ROSETTE – Hélas ! monsieur le docteur[4], je vous aimerai comme je pourrai.

PERDICAN – Oui, comme tu pourras ; et tu m'aimeras mieux, tout docteur que je suis et toute paysanne que tu es, que ces pâles statues fabriquées par les nonnes, qui ont la tête à la place du cœur, et qui sortent des cloîtres pour venir répandre dans la vie l'atmosphère humide de leurs cellules ; tu ne sais rien ; tu ne lirais pas dans un livre la prière que ta mère t'apprend, comme elle l'a apprise de sa mère ; tu ne comprends même pas le sens des paroles que tu répètes, quand tu t'agenouilles au pied de ton lit ; mais tu comprends bien

---

1. Perdican a écrit à Camille une lettre, qui vient de lui être transmise.
2. Émue.
3. Rosette est la fille de la nourrice de Camille.
4. Perdican est docteur, c'est-à-dire diplômé, en droit ; il n'est pas médecin.

que tu pries, et c'est tout ce qu'il faut à Dieu.
ROSETTE – Comme vous me parlez, monseigneur !
PERDICAN – Tu ne sais pas lire ; mais tu sais ce que disent ces bois et ces prairies, ces tièdes rivières, ces beaux champs couverts de moissons, toute cette nature splendide de jeunesse. Tu reconnais tous ces milliers de frères, et moi pour l'un d'entre eux ; lève-toi, tu seras ma femme, et nous prendrons racine ensemble dans la sève du monde tout-puissant.
Il sort avec Rosette.

Alfred de Musset, *On ne badine pas avec l'amour*, acte III, scène 3, 1834

Méthode

1 Élaborez la problématique

- Le dispositif particulier : scène à témoin caché.
- Traitement habile et virtuose de ce dispositif : le témoin caché (Camille) n'est pas le dupeur mais le dupé.

2 Éléments à exploiter

- Le double discours de Perdican.
- Le théâtre dans le théâtre.
- L'esthétique romantique.
- L'ambiguïté de la scène (comique et cruelle à la fois).

Corrigé

Le corrigé du commentaire est intégralement rédigé. Pour faciliter votre lecture, nous avons gardé les titres des différentes étapes du développement. Dans votre devoir, vous ne devrez pas les conserver.

Introduction

Publiée en 1834, *On ne badine pas avec l'amour* est, avec *Lorenzaccio*, la plus célèbre des pièces de Musset. Elle raconte les amours tumultueuses de Perdican et Camille, deux cousins destinés à se marier, mais dont l'union est compromise par les réticences de la jeune fille, rendue méfiante par les mises en garde des religieuses qui l'ont élevée au couvent. Afin de la forcer à (s')avouer ses sentiments, Perdican va donc chercher à éveiller sa jalousie. À la scène 3 de l'acte III, il s'arrange ainsi pour que Camille assiste, cachée, aux déclarations d'amour passionnées qu'il fait à une jeune paysanne, Rosette. Comment Musset revisite-t-il la scène à témoin caché ?

On verra comment, exploitant une situation classique de comédie, Musset, fidèle à l'esthétique romantique, met en effet en œuvre des éléments et des perspectives qui débordent, de loin, à la fois la comédie et le ton comique, livrant finalement une scène très ambiguë.

I. Une situation traditionnelle de comédie

À bien des égards, la scène 3 de l'acte III d'*On ne badine pas avec l'amour* relève d'une situation traditionnelle de comédie.

1. Un univers de comédie

L'univers de la scène est typique du genre : les personnages sont des jeunes gens et il est question d'amour. Les objets et les lieux eux-mêmes contribuent à renforcer cette impression : la fontaine est, dans toute une tradition littéraire qui remonte au Moyen Âge, un lieu symbolisant l'amour,

Gagnez des points !
N'hésitez pas à recourir aux connaissances que vous devez maîtriser de l'histoire du genre, de ses traditions et procédés.

un lieu intime de rendez-vous galant ; la lettre est un *topos* de l'intrigue amoureuse ; bague et chaîne sont les symboles du mariage et de l'union.

2. Le stratagème de Perdican

De plus, cette scène repose sur un stratagème, une ruse mise en œuvre par Perdican, et qui consiste à attirer Camille près de la fontaine pour qu'elle croie l'y surprendre en pleine conversation amoureuse avec Rosette. Le dispositif de la scène à témoin caché, comme celui de la mise en abyme puisque Perdican va jouer la comédie, fonctionne sur un double niveau : Camille pense qu'elle épie cette entrevue entre Perdican et Rosette, alors qu'en réalité, cette entrevue n'est destinée qu'à la tromper. On retrouve ici l'un des principaux ressorts comiques au théâtre : le dupeur dupé. Ce dispositif est soutenu par le double discours constant de Perdican. En effet, lorsqu'il parle à Rosette, Perdican s'adresse en réalité à Camille, comme le montre la didascalie : « Perdican, à haute voix, de manière que Camille l'entende ». Il fait semblant d'ignorer sa présence alors qu'il ne parle que pour elle, et Rosette ne se doute de rien. Tout le discours de Perdican est rempli d'allusions transparentes à Camille (« ces pâles statues fabriquées par les nonnes ») et à leur situation amoureuse (« toi seule », répété deux fois ; « Tu ne veux pas te faire religieuse »), allusions que Rosette ne peut pas saisir. Camille a donc tout lieu de croire que Perdican ne l'aime pas et Rosette toutes les raisons de penser qu'il l'aime, tout cela n'étant que des faux-semblants.

> **Vocabulaire**
> La mise en abyme est une figure consistant à enchâsser un genre dans un genre, une scène dans une autre scène, (ici le théâtre dans le théâtre), un récit dans un autre récit (de façon imagée, c'est la représentation de la « Vache qui rit » ou les poupées gigognes russes).

3. Le théâtre dans le théâtre

Perdican, dont les répliques dominent largement la scène, est donc tout à la fois auteur, metteur en scène et acteur de la « comédie » qu'il donne à Camille avec la participation innocente de Rosette. Il l'a imaginée et a écrit la lettre conviant Camille au rendez-vous, règle les déplacements sur la scène (« Lève-toi, et approchons-nous… »), et (sur)joue l'amour passionné. Le « théâtre dans le théâtre », la mise en abyme viennent ici redoubler et remotiver le dispositif du témoin caché, dans un raffinement dramatique qui n'est pas sans rappeler les comédies de Marivaux.

II. Une scène marquée par l'esthétique romantique

Malgré la présence d'un univers et d'un dispositif typiques de la comédie, cette scène, très marquée par l'esthétique romantique, mêle plusieurs tonalités.

> **L'astuce du prof**
> La transition doit également vous servir à introduire une partie.

1. Le lyrisme de Perdican…

À quelques exceptions près (comme le dépit de Camille lorsque Perdican jette sa bague), le ton comique est très peu présent dans cette scène, où domine le lyrisme de Perdican. Emporté par la nostalgie des « beaux jours passés », c'est-à-dire de l'époque où Camille l'aimait, il demande aux lieux (et à Rosette) de lui rendre ce que le temps (et Camille) lui a volé. Il chante son amour sur un ton particulièrement exalté, qui se traduit par de nombreuses exclamations et interrogations, et lui donne une dimension cosmique, associant sans cesse Rosette aux éléments naturels (il regarde ses « beaux yeux » dans le reflet de l'eau ; lui prête le pouvoir de déchiffrer le monde), et prend la nature à témoin de son amour pour elle (« Par la lumière du ciel, par le soleil que voilà, je t'aime ! »).

2. … miné par l'amertume

Mais ce lyrisme est lui-même comme miné, au fur et à mesure, par l'amertume qui envahit le discours de Perdican, et qui se traduit notamment par l'emploi de nombreuses tournures négatives : « On n'a pas flétri », « on n'a pas infiltré », « Tu ne veux pas », « tu ne sais rien », « Tu ne sais pas lire »... Sous le badinage amoureux du jeune homme séduisant une jeune fille pour en rendre jalouse une autre, perce la blessure à vif de l'amoureux éconduit.

3. Mélange des tons et confusion des sentiments

Typique de l'esthétique romantique, le mélange des genres et des tons traduit ici la confusion des sentiments, perceptible également dans certains motifs, comme l'eau troublée par la bague qu'y jette Perdican, ou certaines images dont l'incohérence reflète l'état d'esprit de l'amoureux : « la pluie du matin roule en perles sur les feuilles séchées que le soleil ranime ». Ces ombres au tableau idyllique de la comédie font de ce passage une scène ambiguë.

III. Un succès relatif pour une scène ambiguë

Le succès du stratagème de Perdican semble en effet tout relatif, voire très contestable.

1. Perdican pris à son propre piège ?

Les répliques de Rosette expriment la surprise (« Vous me donnez votre chaîne d'or ? »), ou l'embarras (« Comme vous me parlez, monseigneur »), pas vraiment l'amour, et Camille ne réagit qu'une seule fois (« Il a jeté ma bague dans l'eau ») à ses provocations. Plus encore, il semble pris à son propre jeu, passant de la simple déclaration (« Je t'aime, Rosette ») à une sorte de prophétie imaginaire (« tu seras ma femme, et nous prendrons racine ensemble dans la sève du monde tout-puissant »), comme si le fantasme de toute-puissance contenu dans son stratagème finissait par le dépasser.

2. Sous des allures badines, une scène cruelle

Remarque
Un même exemple peut être analysé sous deux angles différents.

Cette mégalomanie de Perdican en fait d'ailleurs un personnage très ambigu, sinon cruel. Pour rendre Camille jalouse, il instrumentalise Rosette, la rendant complice de sa ruse à son insu. D'ailleurs, s'il la regarde et la touche au début de la scène, il semble l'oublier au fur et à mesure que la figure de Camille envahit son discours, allant même jusqu'à ignorer sa dernière réplique. Les propos que Musset lui prête sont pleins de condescendance, voire franchement méprisants (« Oui, comme tu pourras » ; « tu ne comprends même pas le sens des paroles que tu répètes »). Quant à Camille, le portrait extrêmement négatif qu'il en fait comme d'une sorte de morte-vivante sous influence (« sang affadi », « pâles statues fabriquées par les nonnes ») a largement de quoi blesser la jeune fille.

Conclusion

Ainsi, Musset, s'appuyant sur des dispositifs et des éléments typiques de la comédie traditionnelle mis au service d'une esthétique romantique, nous offre une scène qui cache sous des dehors badins une réelle cruauté. Passage-charnière dans la pièce, elle annonce et préfigure le moment où la comédie tourne au drame et le badinage à la tragédie, où un stratagème digne d'un valet de Molière cause la mort d'une innocente.

Influencée, à bien des égards, par les comédies de Marivaux, *On ne badine pas avec l'amour* s'en distingue pourtant par le pessimisme dont elle fait preuve, séparant définitivement les amoureux au lieu de les réunir par le traditionnel mariage.

Remarque
L'élargissement, facultatif, montre votre connaissance de l'histoire littéraire.

DISSERTATION

Parcours : Les jeux du cœur et de la parole

Énoncé

Comédie, drame, tragédie : la pièce d'Alfred de Musset, *On ne badine pas avec l'amour* échappe à une classification rigoureuse. Dès son titre en forme de proverbe, elle suggère, avec un dénouement malheureux, l'interaction étroite du langage et des sentiments : en quoi le badinage, les jeux de la parole conduisent-ils à la douleur des cœurs ? Vous répondrez à cette question dans un développement organisé en vous appuyant sur votre lecture de la pièce, sur les textes que vous avez étudiés dans le cadre du parcours associé, et sur votre culture personnelle.

1. Analysez le sujet suivant : définition des termes, délimitation du sujet.

2. Proposez un plan rapide pour résoudre la problématique.

Méthode

1 Comprendre le sujet

- Comédie, drame, tragédie : la pièce d'Alfred de Musset, *On ne badine pas avec l'amour* échappe à une classification rigoureuse. Dès son titre en forme de proverbe, elle suggère, avec un dénouement malheureux, l'interaction étroite du langage et des sentiments : en quoi le badinage, les jeux de la parole conduisent-ils // à la douleur des cœurs ? **Vous répondrez à cette question dans un développement organisé** en vous appuyant sur votre lecture de la pièce, sur les textes que vous avez étudiés dans le cadre du parcours associé, et sur votre culture personnelle.
- **Définition des termes**

– **Badinage** : propos léger, qui ne prête pas à conséquences, où règnent la plaisanterie, la fantaisie. Le badinage amoureux, comme le marivaudage, le *flirt*, vise à séduire par ces propos légers, galants, spirituels, parfois précieux.

> **Vocabulaire**
> **Marivaudage :** Nom commun forgé sur le patronyme de Marivaux (1688-1763), dramaturge célèbre pour être l'inventeur d'une langue nouvelle, un langage dramatique qui joue sur/avec les sentiments

2 Délimitation du sujet

- Le sujet porte sur la pièce de Musset. Il est étroitement inspiré par le libellé du parcours : *les jeux du cœur et de la parole*. Il se présente comme une question directe, sans citation à l'appui, qui propose d'emblée la problématique de la dissertation.
- Il souligne la puissance de la parole qui influence, domine, voire conditionne fortement les sentiments, les émotions, le cœur. Avec la mention du badinage, il restreint l'étude de la parole au langage amoureux (on ne s'arrêtera donc pas sur le burlesque fréquent amené par les personnages du Baron, des Maîtres Bridaine, Blazius et Dame Pluche). Il suppose une tension (//) entre la connotation positive du mot « jeux » et la connotation négative du mot « douleur ». Il sous-entend que le jeu va fort mal se terminer.
- **L'injonction** met en évidence le **raisonnement** à produire dans ce devoir sous la forme d'un **plan** non dialectique mais analytique (cf. p. 115) – qui répond à la question « en quoi » – en deux ou trois parties.
  Le recours aux textes étudiés dans le cadre du parcours associé et à la culture personnelle n'est recommandé qu'en référence à la réflexion sur la pièce de Musset.

Corrigé

Nous vous proposons un corrigé sous forme de plan détaillé.

I. La fonction contrastée de la parole → Du duo au duel, entre badinage et sérieux revendiqué

A. Désir d'une complicité ludique de Perdican, expert en badinage lyrique

1. D'après Blazius, Acte I, 1, il arrive « la bouche toute pleine de façons de parler si belles,

et si fleuries qu'on ne sait que lui répondre les trois quarts du temps ».
2. Avec Camille et Rosette : multiplicité des compliments sur leur beauté, lyrisme séducteur à l'œuvre : acte II, 5, acte III, 3.

B. Désir de sérieux chez les jeunes femmes
1. de Camille, refus total du badinage, insensible au lyrisme.
2. de Rosette, innocente, sincère et crédule, sensible au badinage, acte III, 4.

C. Duel, joute verbale
Le baron déplore la « discordance » entre les deux jeunes gens (Acte I, 3).
1. Camille reproche le manque d'authenticité des discours de Perdican, acte II, 5.
2. Perdican reproche à Camille les discours qu'elle a appris sur l'amour.
Les discours que les personnages tiennent ne sont pas en accord avec leur cœur, la vérité de leurs sentiments.

II. La fonction dramatique de la parole → Jeux de masque, mise en abyme, - mensonge et vérité

Vocabulaire
Fonction dramatique : qui joue sur l'action, la fait progresser, génératrice de péripéties et de coups de théâtre.

A. Le langage se révèle obscur et générateur de cruels duplicité, mensonge, malentendu
1. Selon le baron, les femmes « aiment à avoir de la poudre dans les yeux ».
2. Camille ment à Perdican, Perdican ment à Rosette et Camille. Rosette croit naïvement aux mots mensongers et réclame sans l'obtenir, la vérité (Acte III, 7).
3. Acte III, 6 : débat sur le mensonge entre Camille qui en avoue la nécessité, Perdican qui affirme sans honte ne jamais mentir.
La parole montre sa puissance à véhiculer le mensonge qui agit sur autrui de façon radicale.

B. Le langage est ce qui permet de se jouer la comédie. Mise en abyme et mystification

Vocabulaire
Mystification : tromperie.
Démystifier : détromper.

Trois scènes en écho avec témoin caché.
1. Acte III, 3 : Perdican, acteur et metteur en scène, adresse à Rosette des paroles d'amour. Mais discours à double sens destiné à blesser Camille cachée.
2. Acte III, 6 : Camille, actrice et metteuse en scène, veut démystifier Rosette, cachée par ses soins. Perdican déclare en effet : « Je ne mens jamais, je t'aime, Camille, voilà tout ce que je sais ». La jeune paysanne s'évanouit de douleur. Mais Perdican, piégé par Camille, persiste dans sa promesse de mariage.

C. Le langage dévoile enfin la vérité
Acte III, 8 : Rosette, dissimulée derrière l'autel, assiste, désespérée, au duo amoureux de Camille et de Perdican.

III. La fonction tragique de la parole → Quand le jeu tourne mal
A. Évocation fréquente des souffrances de l'amour
1. Répétitions multiples des mots « malheur, malheureux ».
2. Souffrance de Perdican : « Tu me fends l'âme ! » dit-il à Camille.
3. « Blessures profondes » des religieuses, dont Louise au couvent.
4. Craintes et refus de Camille qui préfère le voile au mariage arrangé, à un amour désenchanté forcément soumis à l'infidélité.

B. La catastrophe brutale : le dénouement pathétique et tragique

Vocabulaire
Catastrophe : d'après Aristote, le dénouement tragique est amené par l'action d'un fait violent.

1. La parole assassine : la mort de Rosette, annoncée acte III, 4. Coup de théâtre dans une réplique particulièrement brève. Camille revient des coulisses : « Elle est morte ».
2. L'échec, l'amour devenu impossible des deux amants, exprimés en deux mots qui terminent la pièce : « Adieu Perdican ».
*Le proverbe On ne badine pas avec l'amour révèle tout son sens : les **jeux** de la parole ne peuvent que conduire à la **douleur** des cœurs.*

FRANÇAIS

Chapitre 6

Les outils d'analyse littéraire et iconographique

1 Les figures de style

De quoi s'agit-il ? Les figures de style proviennent de l'art antique de la rhétorique. Elles permettaient à l'orateur de solliciter et de capter l'attention de son public pour mieux le convaincre et le persuader.

1 Définition et usages

- Les figures de style constituent un écart par rapport à l'usage courant de la langue. Procédé stylistique, elles marquent la volonté de produire un effet sur le lecteur.
- Extrêmement nombreuses, elles caractérisent le texte littéraire mais sont aussi présentes dans le langage courant, la publicité : « On part avec un sac sous le bras. On revient avec des valises sous les yeux – Ici la mer est bleue et les nuits sont blanches » (parallélismes, zeugma, jeu sur les sens propre et figuré).

2 Figures jouant sur la syntaxe et la place des mots

Figures	Définitions	Exemples
Anaphore	Reprise de mots en tête de segment de phrase, de phrase ou de vers.	« **Rome**, l'unique objet de mon ressentiment ! / **Rome**, à qui vient ton bras d'immoler mon amant !... », Corneille.
Énumération	Juxtaposition de mots de mêmes nature et fonction.	« Adieu **veau, vache, cochon, couvée** », La Fontaine.
Accumulation	Énumération longue donnant un effet de profusion.	« Quand on m'aura jeté, vieux flacon désolé, **Décrépit, poudreux, sale, abject, visqueux, fêlé,** » Baudelaire.
Parallélisme	Reprise de termes en parallèle.	« **Je meurs si je vous perds** ; mais **je meurs si j'attends**. », Racine.
Chiasme	Reprise de termes en croix.	<u>Un roi</u> chantait **en bas**, **en haut** mourait <u>un Dieu</u>. », Hugo.
Antithèse	Jeu d'oppositions.	« Es-tu si las de **vivre** ? As-tu peur de **mourir** ? », Corneille.
Oxymore	Alliance de mots en opposition de sens.	« Le **soleil noir** », Nerval.
Zeugma	« Attelage » de mots au sens incohérent.	« Mieux vaut s'**enfoncer** <u>dans la nuit</u> qu'<u>un clou dans la fesse gauche</u> », Allais.

Mémoriser les figures de style

3 Figures jouant sur le sens des mots

Image	Suggère une réalité par analogie ou similitude avec un élément d'un autre domaine ou champ lexical.	« Soleil cou coupé », Apollinaire.
Comparaison	Image qui comprend le **comparant**, le compaté et un *outil de comparaison*.	« La terre est bleue *comme* une **orange** », Éluard.
Métaphore	Image dont le comparé et l'outil de comparaison sont sous-entendus. *Métaphore filée* : série de métaphores reliées par le sens.	« **Petit-Poucet** rêveur, **j'égrenais dans ma course** / Des **rimes** », Rimbaud.
Métonymie	Désigne une chose par un autre nom que celui qui convient : la partie pour le tout, la matière pour l'objet.	J'ai lu un Maupassant.
Allégorie	**Personnification** d'une abstraction.	**L'Espérance, l'Angoisse** chez Baudelaire.
Symbole	Utilisation d'un élément concret pour exprimer une abstraction.	La rose, éphémère comme la beauté, l'amour et le temps.
Litote	Atténuation, minoration qui suggère le plus en disant le moins, souvent à l'aide d'une tournure négative.	« Va, je ne te hais point », Corneille.
Euphémisme	Adoucissement d'une idée désagréable, odieuse ou triste consistant à la déguiser sous une expression voilée.	« Elle a vécu, Myrto, la jeune Tarentine » (elle est morte), Chénier.
Hyperbole	Exagération, majoration dans les termes et dans la syntaxe.	« L'ombre…/Semble **élargir jusqu'aux étoiles** », Hugo.
Périphrase	Remplacement du mot par une expression explicative.	« **L'astre du jour** » pour le soleil.

4 Figures jouant sur la sonorité des mots

Allitération, assonance	Répétition d'une consonne ou d'une **voyelle**. Quand les deux sont associés, ils forment des [échos sonores].	« Je fais souv**ent** ce rêve [**étran**]ge **et** pén[**étrant**] », Verlaine.
Homéotéleute	Jeu sur l'accumulation des mots et des sons.	« Capon, félon, histrion, fripon, souillon », Jarry.
Paronomase	Jeu de paronymes, mots se rapprochant par les sons.	« **Ménage** ton **manège** », Max Jacob.

Retrouvez des citations de Pierre Desproges, le magicien des mots

2 Les différents tons, tonalités et leur visée

De quoi s'agit-il ? Les tons ou les tonalités témoignent de la volonté qu'a l'auteur de produire un effet sur le lecteur par l'utilisation d'un certain nombre de procédés.

1 Les tons, tonalités associés à un domaine sérieux

Ton	Définition / Visée
Dramatique	Tout ce qui a un rapport avec l'action (*drama* : « action ») ; les « procédés dramatiques » (qui peuvent être comiques) influent sur l'action dans une pièce de théâtre ou un roman.
Tragique	Suite d'événements vécus par des personnages dans une situation sans issue en rapport avec la mort, le destin ou la fatalité (*fatum*) ; provoque l'horreur du spectateur.
Pathétique	Situation qui suscite l'émotion triste, l'attendrissement extrême, le bouleversement des lecteurs.
Mélodramatique	Pathétique et dramatique poussés à l'extrême.
Épique	Vient d'« épopée » : évocation grandiose de hauts faits ; utilise l'**emphase**. **Remarque** **L'emphase vise à majorer l'expression en accentuant les effets stylistiques.**
Symbolique	Dont le sens apparent suggère un sens caché.
Réaliste	Vise à donner des « effets de réel ».
Critique, polémique	Qui attaque ; un texte violemment agressif devient un « **pamphlet** ».
Didactique	Qui professe, enseigne, donne des conseils.

2 Les tons, tonalités associés à un domaine plaisant

Ton	Définition / Visée
Comique	Prête au rire par des procédés variés : mots, gestes, situations.
Humoristique	Comique provenant de la façon inhabituelle de présenter choses, faits, situations, gestes.
Farcesque	Provient de la farce, genre dramatique médiéval fondé sur un comique lourd.
Satirique	Critique moqueuse de personnages, de phénomènes sociaux.
La dérision	Tourne quelqu'un ou quelque chose en ridicule ; moquerie comique que l'on confond souvent avec l'ironie.
Burlesque	Comique qui naît du contraste ; dégradation d'institutions ou de personnages respectés.
Parodique	Imitation moqueuse ; quand elle est excessive, la parodie devient caricature.
Grandiloquent	Emphase poussée à l'extrême, jusqu'au ridicule.
Héroï-comique	Parodie de l'épique.

3 Les tons, tonalités qui déforment ou transfigurent la réalité

Ton	Définition / Visée
Poétique	Transfigure la réalité dans un texte non obligatoirement versifié.
Lyrique	Expression poétique, avec l'accent mis sur la musicalité (*lyre*), des sentiments personnels du poète ; thèmes lyriques : vieillesse, mort, amour, nature, solitude…
Élégiaque	Lyrisme triste, qui exprime la plainte.
Fantaisiste	Refuse les règles formelles, rationnelles ; prête à sourire et peut aboutir à l'absurde.
Merveilleux	Introduit dans un monde magique fait de conventions.
Fantastique	Surnaturel qui intervient dans le quotidien, à la lisière du réel, du naturel et du surnaturel ; produit l'angoisse.

- Le cas particulier de l'**ironie verbale** :

Elle est caractérisée par la polyphonie : un discours apparent cache un discours réel qui le contredit. Elle nécessite la présence d'un naïf qui est dupe du discours apparent et d'un récepteur complice qui comprend l'implicite. Par exemple, Voltaire dans *Candide* (1758) jette son personnage éponyme en pleine guerre, une « boucherie héroïque : « **Rien n'était si beau, si leste, si brillant, si bien ordonné** que les deux armées. Les trompettes, les fifres, les hautbois, les tambours, les canons, formaient **une harmonie telle** qu'il n'y en eut jamais en enfer ».

3 Lire l'image

De quoi s'agit-il ? L'image, fixe ou mobile, accompagnée ou pas d'écriture, offre un message visuel immédiat.

1 L'observation de l'image

L'image, fixe ou mobile, accompagnée ou non d'écriture, offre un **message visuel synchrone**, à la différence du texte dont la lecture est linéaire, mais on peut l'étudier avec la même méthode. Commençons par remplir une **grille de lecture** :

Situation (paratexte)	• Auteur, commanditaire • Œuvre : titres du document, de l'œuvre complète ou du périodique • Contexte : date, circonstances, courant artistique ou culturel
Nature	• Genre : tableau, gravure, photographie, dessin, affiche publicitaire, bande dessinée, film (photogramme), scène de théâtre captée • Type(s) : narration, description, explication, argumentation, scène, nature morte, autoportrait, reproduction de paroles et de pensées (notamment dans les phylactères de la BD) • Tonalité(s), ton(s) : quels effets sont produits sur le récepteur, quelles émotions sont mobilisées ?
Idée générale	• Sujet : personnages, objets, paysage, décor • Dans le cas d'une scène : où ? quand ? • S'il y a lieu : les légendes et l'écriture (le sens comme la typographie) et leur rapport avec l'image

Composition	• Noir, blanc, couleurs, contrastes, jeux d'ombre et de lumière, clair-obscur, relief • Formes (arrondi, carré, triangle...) • Perspectives, point de fuite • Point de vue, cadrage, prise de vue : – **contre-plongée** : prise de vue faite de bas en haut ; le sujet apparaît grandi, valorisé, mais parfois déformé – **plongée** : l'appareil a été placé au-dessus de l'objet ; le sujet paraît écrasé • Plan et échelle des plans • Pour l'image mobile, montage des plans et des séquences • Rapport des masses
Problématique	• Interrogation sur les points d'intérêt du document iconographique révélés par l'étude des procédés, enjeux, intentions de l'auteur

Vocabulaire

■ **Échelle des plans : proportion entre le sujet et le cadre ; taille des êtres animés, objets ou éléments de décor représentés par rapport à celle de l'image.**

2 L'interprétation de l'image

• Vous devez comprendre la **dénotation** et la **connotation**, la portée **explicite**, **implicite** et **symbolique** de l'image, qui est un document polysémique. Vous serez attentif aux procédés rhétoriques, aux usages commerciaux et culturels, aux **signes** que vous décrypterez.

• Les **signes sociaux** (noms, sigles, logos, vêtements, insignes) vous renseigneront sur l'identité personnelle ou collective du sujet. Vous examinerez les relations suggérées entre individus – les mimiques (sourire, grimace), la gestuelle (poignée de main, poing fermé) –, entre groupes sociaux ou au sein de la société, notamment les rapports hiérarchiques, les manifestations collectives et festives (présence de drapeaux : fête nationale).

• Vous analyserez les **éléments du décor**, leur fonction référentielle, les effets de réel.

Vocabulaire

■ **Effet de réel :** qui donne l'impression de la réalité.

■ **Référentiel :** qui renvoie à cette réalité tangible, matérielle.

• Vous serez sensible aux **codes, signes** et **symboles** qui agissent sur l'inconscient individuel ou collectif : le bestiaire (loup, serpent, renard), les couleurs (opposition du blanc et du noir, rouge de la passion ou de la mort)...

• Vous serez conscient du **caractère mensonger** de l'image, ludiquement exprimé par Magritte quand il légende la représentation d'une pipe : « Ceci n'est pas une pipe » (1928). Le **trompe-l'œil** désigne une image qui donne l'illusion de la réalité, des trois dimensions par un rendu du relief apparent de l'objet, grâce aux jeux d'ombre et de lumière (voir le tableau ci-contre, *La maison aux escaliers*, M.C. Escher, 1951).

• Dans le cas particulier de l'**image mobile (film)**, souvenez-vous que le récit filmique et la captation théâtrale sont composés d'**images** mais aussi de **sons**.

• Ces observations orienteront l'analyse linéaire du document. Vous pourrez donc formuler la **visée esthétique, narrative, persuasive, dénonciatrice, provocatrice** du message iconographique.

Révision express

Les points importants à retenir

Étudiez l'image pas à pas

Étape 1 Situation (paratexte)
- Auteur • Œuvre • Contexte

Étape 2 Nature
- Genre • Type(s) • Ton(s)

Étape 3 Idée générale, sujet

Étape 4 Composition

Étape 5 Observation et relevés linéaires

Étape 6 Problématique

Étape 7 Interprétation organisée

Quiz

Cochez la bonne réponse :

1. L'euphémisme majore l'expression. ☐ Vrai ☐ Faux
2. « Périphrase » est l'antonyme de « paraphrase ». ☐ Vrai ☐ Faux
3. La métaphore filée est une suite de métaphore appartenant au même champ lexical. ☐ Vrai ☐ Faux
4. L'oxymore est une forme d'antithèse. ☐ Vrai ☐ Faux
5. L'anaphore est une image poétique. ☐ Vrai ☐ Faux
6. Le discours ironique est à comprendre au second degré. ☐ Vrai ☐ Faux
7. Le fatum appartient à la tonalité tragique. ☐ Vrai ☐ Faux
8. Le lyrisme suppose l'investissement d'un « je ». ☐ Vrai ☐ Faux
9. Le trompe l'œil témoigne du caractère mensonger de l'image. ☐ Vrai ☐ Faux
10. La contre-plongée valorise le sujet. ☐ Vrai ☐ Faux

→ Réponses p. 530

COMMENTAIRE

Le texte à commenter est choisi non pas dans le cadre d'un parcours mais au sein de l'objet d'étude, en l'occurrence ***La poésie du XIX*^{e} *au XXI*^{e} *siècles***.

Énoncé

Vous ferez le commentaire du texte de Fourest.

Le Cid

« Va, je ne te hais point »
P. Corneille

Le palais de Gormaz, comte et gobernador,
est en deuil : pour jamais dort couché sous la pierre
l'hidalgo dont le sang a rougi la rapière
de Rodrigue appelé le Cid Campeador.

Le soir tombe. Invoquant les deux saints Paul et Pierre
Chimène, en voiles noirs, s'accoude au mirador
et ses yeux dont les pleurs ont brûlé la paupière
regardent, sans rien voir, mourir le soleil d'or…

Mais un éclair, soudain, fulgure en sa prunelle :
sur la plaza Rodrigue est debout devant elle !
Impassible et hautain, drapé dans sa capa,

Le héros meurtrier à pas lents se promène :
« Dieu ! » soupire à part soi la plaintive Chimène,
« qu'il est joli garçon l'assassin de Papa ! »

Georges Fourest, *La Négresse blonde* (1909).

Méthode

- Rafraichissez vos connaissances sur la tragi-comédie de Corneille.
- Lisez le poème épique que Hérédia, le parnassien, a consacré au « Triomphe du Cid » dans *Les Trophées* (1893).
- Révisez la structure du sonnet traditionnel, notamment de l'effet de chute, fréquent au dernier vers.

Corrigé

Nous vous proposons un corrigé sous forme de plan détaillé.

Introduction

Georges Fourest, qui a fréquenté les cercles symbolistes et décadents, s'est illustré dans les réécritures, notamment dans son recueil poétique *La Négresse blonde*, publié en 1909. Dans le sonnet intitulé « Le Cid » et suivi d'une citation célébrissime de la pièce de Corneille, il imite aussi l'écriture poétique des Parnassiens du XIXe siècle. En quoi Fourest se livre-t-il à une réécriture qui double pastiche et parodie dans ce poème à forme fixe ? On verra dans un premier temps comment l'auteur s'exerce à imiter *Le Cid*, puis comment, grâce au jeu de la transposition et des tonalités, il s'amuse à mêler pastiche et parodie de deux auteurs différents.

I. Le choix de réécrire *Le Cid*, tragi-comédie de Corneille

A. La référence textuelle en exergue : Pierre Corneille

B. La reprise du cadre spatio-temporel et de la couleur locale hispanisante

1. Le palais de Gormaz.

2. Le *mirador*, la *plaza*.

C. La reprise des personnages

1. Le comte de Gormaz : *gobernador* (v. 1), *hidalgo* (noble espagnol : v. 3).

2. Rodrigue : *le Cid Campeador* (v. 4), surnommé ainsi après sa victoire sur les Maures, « *impassible et hautain, drapé dans sa capa* » (v. 11).

3. Chimène (v. 6) : fille en deuil (« *les voiles noirs* ») du comte de Gormaz.
Onomastique qui plonge le lecteur en Espagne.

D. La reprise de l'intrigue, que connaît tout lecteur normalement cultivé

Rodrigue a tué le père de Chimène pour sauver l'honneur du sien, et ainsi désespérer son amante, dont l'une des célébrissimes répliques est reproduite dans une citation en exergue : « *Va, je ne te hais point* ».

II. Le jeu de la transposition et de la distorsion aboutit à un pastiche qui double une parodie

A. La transposition d'un genre dans l'autre

1. La tragi-comédie cornélienne est synthétisée dans le moule du sonnet.

2. Quatorze alexandrins construits dans deux quatrains et deux tercets sur cinq rimes irrégulièrement réparties ainsi : ABBA BABA CCD EED.

3. Fourest casse la tradition en omettant les majuscules en tête de vers.

B. Le pastiche

1. Fourest choisit d'imiter Heredia, auteur d'origine cubaine, descendant des Conquistadors espagnols, et *Les Trophées*, qui mettent en scène des nobles héroïques, dont Le Cid, auquel est consacré un chapitre.

2. L'imitation de la recherche thématique et stylistique du Parnasse, son impeccable facture :
– reprise des **stylèmes** d'Heredia ;
– vers ciselé comme des bijoux, pour paraphraser Gautier, père de l'Art pour l'Art ;
– recherche musicale ;
– vocabulaire noble ;
– reprise au XIXe siècle de la mode de la couleur locale.

> **Vocabulaire**
> **Stylèmes : caractéristiques typiques du style d'un auteur.**

3. L'imitation confine à la raillerie d'autant que ce pastiche constitue aussi une parodie.

C. La parodie

1. Une progression et une dégradation du registre épique et tragique à un contexte trivial, jeu sur les contrastes.

2. La chute burlesque du sonnet : l'exclamation de Chimène, au niveau de langue à la fois noble et familier, constitue un décrochage qui rompt brutalement avec le contexte tragique et épique, pour tomber dans le vaudeville :
« "Dieu !" soupire à part soi la plaintive Chimène,
"Qu'il est joli garçon l'assassin de Papa !" »

Conclusion

Ainsi, la réécriture prend-elle ici la forme complexe d'un pastiche de Heredia dans une parodie du *Cid*. Fourest manie la transposition et le burlesque tout en témoignant de sa virtuosité d'imitateur cultivé et habile.La tragi-comédie baroque, comme l'art des Parnassiens, subissent un traitement iconoclaste qui réjouit le lecteur, complice de l'écrivain dans sa subversion des valeurs mythiques.

Chapitre 7 Le commentaire

1 Comment aborder l'exercice du commentaire littéraire

De quoi s'agit-il ? Le commentaire présente de façon organisée l'analyse d'un texte littéraire dans sa forme comme dans son fond, en expliquant son sens, son but, ses enjeux.

1 Qu'est-ce qu'un commentaire de texte ?

• C'est une argumentation organisée qui se développe en deux ou trois parties, précédée d'une introduction et suivie d'une conclusion.

• Le commentaire doit étudier :

– les intentions « conscientes » de l'auteur qui anticipe les émotions de son lecteur. Il veut émouvoir, attrister, bouleverser, horrifier, faire rire, réfléchir, prendre conscience, passer un message ;

– les procédés, tonalités mis en œuvre pour y parvenir, notamment les figures de style ;

– les effets, les réactions et les sensations que ces intentions provoquent chez le lecteur.

• Votre travail s'apparente à une enquête policière, où le texte est la scène du crime. L'enquêteur que vous êtes doit interroger, investiguer, observer, relever les indices, les analyser, les confronter pour, enfin, les interpréter. C'est ainsi que vous résoudrez l'énigme sans erreur judiciaire et éviterez faux-sens et contresens.

Conseils
Éviter de vous cantonner à la simple paraphrase, c'est-à-dire la reformulation du sens d'un texte.

Conseils
Considérez le texte comme une construction, le fruit d'un travail sur l'écriture.

Conseils
Analysez les procédés qui produisent vos émotions, n'exprimez pas vos impressions spontanées face au texte ou son auteur.

2 Comment commencer à travailler le commentaire ?

• Vous devez d'abord lire le texte plusieurs fois, accueillir et interroger vos premières impressions, puis remplir une grille proposant des clés de lecture déterminées par la situation, la nature, les thèmes, la composition du texte.

• **Grille de lecture**

Réviser les genres et registres

Précisez la situation, le « paratexte »	**1. Nom de l'auteur** Exploitez dans sa biographie seulement ce qui peut éclairer le texte.
	2. Situation dans l'œuvre – Titre de l'œuvre complète et éventuellement du texte. – Moment de l'histoire où le texte s'insère pour le roman ou le théâtre.
	3. Contextualisation (ce qui se passe à l'époque où le texte a été écrit) : indiquez obligatoirement la date de publication et, si nécessaire, le contexte historique, politique, économique, social, culturel.

Analysez la nature	**1. Genre** – Quatre principaux : poésie, roman, théâtre, littérature d'idées, essai ou réflexion. – Nouvelle, conte, fable, autobiographie, mémoires, journal intime, littérature épistolaire : correspondance fictive ou réelle, roman par lettres.
	2. Types, formes de discours – Récit, description ou portrait. – Paroles rapportées : monologue, dialogue. – Restitution de la pensée d'un personnage : monologue intérieur. – Réflexion, théorie, argumentation, raisonnement, explication.
	3. Ton, tonalité Ils concernent la manière dont l'auteur livre son message et l'effet qu'il veut produire sur le lecteur.
Dégagez l'idée, les thèmes généraux	Synthétisez-les en une phrase.
Repérez la **composition,** la structure d'ensemble	**1.** Organisation formelle, « physionomie » du texte. Dans un texte en prose, notez tout ce qui échappe à la normale (paragraphes, ponctuation, typographie) ; dans un poème, versification. **2.** Composition du « fond », plan, suite des idées de l'auteur. Dégagez les différentes parties du texte et donnez-leur un titre.

2 Comment approfondir l'analyse du texte

De quoi s'agit-il ? Le texte, souvent, paraît opaque, ou lisse comme un mur d'escalade dépourvu d'aspérités. Il s'agit de savoir comment trouver « ses prises » pour en « atteindre le sommet », l'interroger, pour repérer et analyser les procédés qui servent les enjeux, la visée.

1 Les questions incontournables

- Les effets, procédés ou figures de rhétorique.
- Le vocabulaire, le style, les niveaux de langue (soutenu, courant, familier, argotique).
- La musicalité.
- L'aspect traditionnel ou l'originalité du style ou des thèmes.

2 Les questions à se poser face à une description

- Une description est une représentation de personnages, d'objets ou de lieux qui constitue une pause dans le récit. Elle remplit quatre fonctions : ornementale, narrative, expressive, symbolique.
- Quel est son sujet ? Un lieu (intérieur, extérieur, ville ou campagne ?), un personnage (portrait), une foule…
- Comment l'auteur sollicite-t-il les sens ? Par la vue (les couleurs, la luminosité, le mouvement, les volumes, la répartition des masses, les perspectives, les formes), le toucher (froid, chaleur, moiteur, humidité, vent, douceur, rugosité), l'ouïe, l'odorat, le goût.

- **Identifier les fonctions de la description**

Fonctions	Ornementale	Narrative	Expressive	Symbolique
Définition	Récréation dans le récit, exercice de virtuosité rhétorique pour séduire le lecteur.	Elle suggère et sert le récit jusqu'à se substituer à lui.	La description de la nature mime les sentiments et les émotions du personnage.	Elle sous-entend autre chose que ce qu'elle décrit, elle peut annoncer la suite de l'intrigue.
Exemples	Les œuvres d'art, les armes dans les romans de chevalerie.	Les objets dans le Nouveau Roman.	Les langueurs de l'automne dans les paysages de Lamartine.	Chez Balzac, le décor et le physique suggèrent la psychologie d'un personnage.

- **Un exemple de la fonction symbolique de la description :**

Quand Chloé se prépare pour son mariage avec Colin dans *L'Écume des jours* de Boris Vian (1946), un pétale rouge dans le décor et le camélia qu'elle porte annoncent sa fin tragique au lecteur cultivé, qui reconnaît l'allusion à *La Dame aux camélias* de Dumas fils.

3 Les questions à se poser face au récit

- **Les circonstances (temps, lieu) = le chronotope.**

- **Le sujet – l'action – l'intrigue :**

– Déroulement : chronologie ? Introduction ***in medias res*** ? Retour dans le passé (***analepse***) ? Annonce de l'avenir (***prolepse***) ?

– Le temps réel correspond-il au temps du récit ? Est-il étiré ? Condensé (*sommaire*) ? Y a-t-il des ellipses ?

- **Les personnages :**

– Leur importance dramatique ? Héros ? Personnages secondaires ?

– Leur portrait physique, psychologique, social.

– Leur position par rapport au lecteur.

- **Le narrateur ou le point de vue :**

– Le différencier de l'auteur et du personnage (sauf autobiographie).

– Le situer par rapport à l'action (extérieur ou intérieur, témoin), aux personnages, au lecteur : sympathie ? antipathie ? neutralité ?

– Variation des points de vue et focalisations (externe, interne, zéro) ?

- Exemple → *Caractérisez le récit : extrait du chapitre 6, le* Rouge et le Noir *de Stendhal (1830).*

Circonstances (chronotope)	Action	Personnages	Narrateur
Devant la maison de Madame de Rênal à Verrières en 1830.	Un ***topos*** (lieu-commun), la rencontre amoureuse.	Madame de Rênal, Julien Sorel.	Extérieur et omniscient. Variation des points de vue.

4 Les questions à se poser face au texte théâtral

- Didascalies (décor et jeux de scène).
- Double énonciation et destination.
- Comment mettre en scène et jouer les personnages ? Problèmes de la représentation.
- Intérêts dramatique et psychologique (évolution, rapports des personnages).
- Éventuel respect des règles « classiques » : les « trois unités », bienséances, vraisemblance, non mélange des genres et des registres.
- Exemple → *S'interroger sur la façon de mettre en scène la longue tirade argumentative peu théâtrale de Don Juan* (voir p. 127 à 130).

« *LE GARDE, annonçant.*

Sa Majesté, la reine Marguerite, première épouse du Roi, suivie de Juliette, femme de ménage et infirmière de Leurs Majestés. Vive la Reine !

Marguerite, suivie de Juliette, entre par la porte à droite premier plan et sort par la grande porte. »

Eugène Ionesco, *Le Roi se meurt* © Éditions Gallimard, 1962

Remarque

En italiques, les *didascalies* portent ici un sens symbolique à élucider.

3 Analyser linéairement le texte et construire un plan de commentaire

De quoi s'agit-il ? L'analyse du texte doit être organisée en deux ou trois parties construites du plus au moins évident, du moins au plus important.

1 Analyse linéaire du texte

• Annotez directement le document, pratiquez des va-et-vient constants entre le texte, votre brouillon, la grille présentant les premiers éléments d'observation, pour préciser, au fil du texte, les intentions de l'auteur, les procédés, l'explicite et l'implicite. Partez de vos émotions, puis du relevé des éléments intéressants du texte pour proposer une interprétation.

• En même temps que vous menez cette étude linéaire, vous pouvez classer vos analyses dans un **tableau** (étape facultative) indiquant les différents types, tons (ou registres), thèmes et procédés. Ils représentent les centres d'intérêt.

• Vous pourrez ensuite dégager une problématique s'intéressant aux enjeux du texte et dont la résolution composera votre commentaire.

Conseil

Attention au risque de faux-sens.

Astuce du prof

La problématique à dégager du texte découle de son centre d'intérêt, de sa singularité, de ses enjeux. Elle peut émerger des thèmes traités, du **contexte**, des caractéristiques d'écriture.

2 Élaboration d'un plan détaillé

• À partir de ce tableau et de cette problématique, établissez un plan détaillé pour le commentaire. Chacune des colonnes du tableau peut constituer un axe ou un « sous-axe » de partie.

• Classez les centres d'intérêt du plus au moins évident, du moins au plus important, du plus superficiel au plus profond ; votre devoir doit proposer une démonstration, une argumentation progressives. Vous pouvez partir de l'observation (que fait l'auteur ? comment ?) pour aboutir à l'interprétation (pourquoi ?).

• Gardez-vous de plaquer n'importe quel plan (ou une correction préalable) sur n'importe quel texte. Chaque texte doit faire l'objet d'un plan spécifique faisant ressortir sa **singularité**.

• Ne vous contentez pas de trouver au brouillon deux ou trois grands titres ; justifiez-les par des sous-titres qui supposeront des « sous-parties » et des analyses précises des procédés et des citations du texte.

Attention

Vous devrez absolument **détailler** votre plan au brouillon.

3 Centres d'intérêt pouvant constituer les axes ou « sous-axes » du commentaire

- Selon la richesse du texte, ces centres d'intérêt pourront être étudiés seuls ou conjugués.

Construire un axe selon :	Exemples dans des extraits d'œuvres
un genre	**la lettre** et ses contraintes dans *Les Liaisons dangereuses*, Choderlos de Laclos, 1781
un type	**le récit** du combat du Cid contre les Maures dans *Le Cid*, Corneille, 1636
des types conjugués	**le récit descriptif** dans « Une allée du Luxembourg », Nerval, 1832
un ou plusieurs thèmes	les images de la **femme** et de **l'amour** dans « Ma morte vivante », Éluard, 1947
un ou plusieurs tons	**épique** et **poétique** dans *La Chanson de Roland*, fin du XIe siècle
un ou plusieurs types et tons, registres	la **description poétique** des rives du Meschacébé, *Atala*, Chateaubriand, 1801
un ou plusieurs types et thèmes	la **réflexion** sur la **guerre** dans l'article « Guerre », *Dictionnaire philosophique*, Voltaire, 1764
un ou plusieurs tons, registres et thèmes	l'image **satirique** de la **bourgeoisie** dans « Monsieur Prudhomme », Verlaine, 1866
un ou plusieurs tons, registres, types et thèmes	le **récit dramatique** et **tragique** d'un **suicide**, celui de Boris dans *Les Faux-monnayeurs*, Gide, 1925
Penser aussi : tradition et originalité	un **objet moderne** du quotidien **poétiquement** transformé dans « La bicyclette », Réda, 1989

4 Rédiger le commentaire

De quoi s'agit-il ? Les titres et sous-titres du plan doivent être transformés en phrases. La rédaction du I devient ainsi l'introduction partielle du développement.

1 L'introduction

Étape 1 J'amorce l'intérêt.

Étape 2 Je présente le texte.

1. La situation du texte
   - Nom de l'auteur
   - Situation dans l'œuvre de l'auteur
   - Situation dans le contexte
2. La nature du texte
   - Genre(s)
   - Type(s)
   - Ton(s), tonalité(s), registre(s)
3. L'idée générale, les thèmes du texte

Étape 3 Je formule la problématique.
Ce qui déterminera le projet de lecture du texte

Étape 4 J'annonce le plan.

Remarque
L'amorce, l'ouverture, selon le texte, pourra être inspirée par la situation, la nature, le thème abordé.

Attention
Vous devez annoncer les grands titres du plan du commentaire de façon subtile dans la dernière phrase de l'introduction.

2 La conclusion

• Les deux étapes de la conclusion :

– obligatoire : synthétisez les grandes idées du développement, de l'analyse détaillée, tant sur le plan de la forme que sur le plan du fond ;

– facultatif : élargissez, ouvrez votre synthèse vers des textes ou des problèmes voisins.

• Elle doit être très complète, très bien préparée, très bien formulée. N'oubliez pas que c'est la dernière impression que vous laisserez à l'examinateur. Vous devez donc commencer à la rédiger dès que vous aurez terminé votre introduction.

3 La rédaction

• Pour introduire vos parties et ménager des transitions, la rédaction doit transformer chaque titre du plan en une phrase en faisant sauter les « puces » (I, A, -...).

• Chaque idée doit être argumentée et illustrée par l'insertion de citations qui ne doivent pas être trop longues.

Piège à éviter

Attention à ne pas faire disparaître votre plan en rédigeant dans la même phrase des titres de niveau 1, 2 et 3.

• Pour éviter la paraphrase et le « psychologisme », préférez comme sujet de vos phrases l'auteur plutôt que le personnage, par exemple « Corneille nous présente une Chimène censée penser… » ou plus sobrement : « le personnage de Chimène pense » plutôt que « Chimène pense ».

• Ne confondez pas l'auteur, le personnage historique qui a écrit l'œuvre avec le personnage même si celui-ci s'exprime à la première personne. Le Chevalier des Grieux, narrateur de l'histoire de *Manon Lescaut*, n'est pas l'Abbé Prévost, auteur du roman.

• Utilisez le vocabulaire technique, le langage grammatical et littéraire, la figure de style adaptés au lieu d'abuser des périphrases lourdes et imprécises.

• La citation d'un ou plusieurs vers d'un poème doit respecter leur typographie.

• **Comment insérer des citations pour illustrer, justifier vos réflexions :**

Conseil	Exemple
Utiliser des expressions qui permettent l'articulation de la citation à la phrase d'analyse.	*Nous voyons avec…, par exemple, comme le suggère…, c'est le cas de…*
Varier ce vocabulaire introducteur avec : – des verbes ; – des termes grammaticaux ; – des figures de rhétorique.	 *L'auteur souligne « … » dans…* *L'adjectif, l'adverbe modalisateur « … »* *La **métaphore**, la métonymie « … »*
Utiliser la ponctuation appropriée : – l'usage des guillemets ; – avec ou sans les deux-points.	 *L'adjectif « … » dénonce…* *Le texte recèle de nombreux adjectifs de couleur : « … »*
Ne pas transformer la citation ou si nécessaire jouer sur la ponctuation et l'utilisation des crochets.	*Le poète soutient [qu'] « il… »*
Éviter l'usage de parenthèses, sauf pour préciser la référence (ce qui ne doit pas être systématique).	*L'**oxymore** « … » (ligne…) pointe…*
Proscrire les citations trop longues.	*Ne pas excéder deux lignes, ou 4 vers (la citation d'un ou plusieurs vers d'un poème doit respecter leur typographie).*

Révision express

Les points importants à retenir

Les 3 étapes-clés du commentaire

Étape 1 **Je lis et j'analyse le texte.**

1. Lecture attentive du texte et recueil des impressions
2. Situation du texte, paratexte : auteur, œuvre, contexte
3. Nature du texte : genre, type(s), tonalité(s)
4. Idée générale, thèmes du texte
5. Composition d'ensemble du texte (forme et fond)
6. Relevé des effets et procédés dans une étude linéaire
7. Classement dans un tableau (types, thèmes, tons ou tonalités) pour mettre en valeur les centres d'intérêt du texte

↓

Étape 2 **Je construis le commentaire.**

1. Problématique dégagée des centres d'intérêt du texte
2. Plan cohérent, précis et progressif
3. Introduction
   - Amorce, ouverture
   - Présentation du texte : situation, nature, idée générale
   - Problématique : mise en valeur des enjeux du texte et du projet de lecture
   - Annonce du plan du commentaire
4. Conclusion
   - Synthèse des différentes parties
   - Elargissement

↓

Étape 3 **Je rédige l'ensemble du commentaire. Je me relis.**

Quiz

Cochez la bonne réponse :

1. Le commentaire propose les impressions de l'élève sur un texte littéraire. ☐ **Vrai** ☐ **Faux**

2. L'exercice du commentaire demande des qualités d'observation et d'interprétation. ☐ **Vrai** ☐ **Faux**

3. Le commentaire est construit pour résoudre une problématique à dégager de l'analyse du texte. ☐ **Vrai** ☐ **Faux**

4. Le plan du commentaire suit passivement le mouvement du texte. ☐ **Vrai** ☐ **Faux**

5. L'introduction doit présenter précisément le texte. ☐ **Vrai** ☐ **Faux**

6. Chaque partie du commentaire doit analyser un point d'intérêt du texte. ☐ **Vrai** ☐ **Faux**

7. Le commentaire doit utiliser un langage approprié, dont des termes techniques. ☐ **Vrai** ☐ **Faux**

8. Je dois être sensible à un implicite, des sous-entendus éventuels sous le discours apparent. ☐ **Vrai** ☐ **Faux**

9. Je mets entre guillemets le titre de l'œuvre complète. ☐ **Vrai** ☐ **Faux**

10. La conclusion, particulièrement travaillée, synthétise les réponses progressivement apportées à la problématique dans le développement. ☐ **Vrai** ☐ **Faux**

→ Réponses p. 530

COMMENTAIRE

Commenter un *incipit* de roman

Le texte à commenter est choisi non pas dans le cadre d'un parcours mais au sein de l'objet d'étude, en l'occurrence ***Le roman et le récit du Moyen Âge au XXIe siècle***.

Énoncé

Vous ferez le commentaire de cet extrait du roman de Céline, *Voyage au bout de la nuit*.

Dans ce roman, le narrateur-personnage Bardamu, sorte d'antihéros, s'engage dans l'expérience épouvantable de la Première Guerre mondiale, sur le front et à l'arrière. Il migre ensuite dans les colonies africaines, puis aux États-Unis, avant d'ouvrir un cabinet de médecine en banlieue parisienne. Cet extrait présente le début du roman.

Ça a débuté comme ça. Moi, j'avais jamais rien dit. Rien. C'est Arthur Ganate qui m'a fait parler. Arthur, un étudiant, un carabin lui aussi, un camarade. On se rencontre donc place Clichy. C'était après le déjeuner. Il veut me parler. Je l'écoute. « Restons pas dehors ! qu'il me dit. Rentrons ! » Je rentre avec lui. Voilà. « Cette terrasse, qu'il commence, c'est pour les œufs à la coque ! Viens par ici ! » Alors, on remarque encore qu'il n'y avait personne dans les rues, à cause de la chaleur ; pas de voiture, rien. Quand il fait très froid, non plus, il n'y a personne dans les rues ; c'est lui, même que je m'en souviens, qui m'avait dit à ce propos : « Les gens de Paris ont l'air toujours d'être occupés, mais en fait, ils se promènent du matin au soir ; la preuve, c'est que lorsqu'il ne fait pas bon à se promener, trop froid ou trop chaud, on ne les voit plus ; ils sont tous dedans à prendre des cafés crème et des bocks. C'est ainsi ! Siècle de vitesse ! qu'ils disent. Où ça ? Grands changements ! qu'ils racontent. Comment ça ? Rien n'est changé en vérité. Ils continuent à s'admirer et c'est tout. Et ça n'est pas nouveau non plus. Des mots, et encore pas beaucoup, même parmi les mots, qui sont changés ! Deux ou trois par-ci, par-là, des petits... » Bien fiers alors d'avoir fait sonner ces vérités utiles, on est demeurés là assis, ravis, à regarder les dames du café.

Après, la conversation est revenue sur le Président Poincaré[2] qui s'en allait inaugurer, justement ce matin-là, une exposition de petits chiens ; et puis, de fil en aiguille, sur *Le Temps* où c'était écrit. « Tiens, voilà un maître journal, *Le Temps* ! » qu'il me taquine Arthur Ganate, à ce propos. « Y en a pas deux comme lui pour défendre la race française ! — Elle en a bien besoin la race française, vu qu'elle n'existe pas ! » que j'ai répondu moi pour montrer que j'étais documenté, et du tac au tac.

« Si donc ! qu'il y en a une ! Et une belle de race ! qu'il insistait lui, et même que c'est la plus belle race du monde et bien cocu qui s'en dédit ! » Et puis, le voilà parti à m'engueuler.

Louis-Ferdinand Céline, *Voyage au bout de la nuit*, 1932, Gallimard

1. Étudiant en médecine.
2. Raymond Poincaré, président de la République (1913-1920) et président du Conseil à trois reprises.

Méthode

- Tenez compte de la situation de l'extrait dans l'œuvre : un *incipit*, ce qui implique certaines attentes du lecteur.
- Soyez attentif à la langue, et au niveau de langue utilisés.
- Étudiez le caractère original de ce début de roman.

Corrigé

Le corrigé du commentaire est intégralement rédigé. Pour faciliter votre lecture, nous avons gardé les titres des différentes étapes du développement. Dans un devoir, vous ne devrez pas les conserver.

Introduction

L'*incipit* d'un roman vise, en satisfaisant l'horizon d'attente du lecteur, à lui offrir des informations et à nouer l'intrigue. Celui du *Voyage au bout de la nuit* de Louis-Ferdinand Céline, paru en 1932, présente un début bien particulier avec un monologue narratif reproduisant un dialogue entre deux amis à la terrasse d'un café parisien. En quoi cet *incipit* est-il original et paradoxal ? On verra comment Céline répond à la tradition du genre pour mieux la détourner et faire exploser les codes du roman, du langage et du monde.

I. Un *incipit* paradoxal

L'*incipit* d'un roman répond traditionnellement à l'horizon d'attente du lecteur. Celui du roman de Céline apparaît d'emblée paradoxal.

A. La délégation du récit à un narrateur à la première personne

Le récit débute *in medias res*. Le lecteur a l'impression de saisir des paroles au vol, celles d'un narrateur à la première personne, homodiégétique selon la terminologie de Gérard Genette.

> **Gagnez des points !**
> Utilisez le langage technique de la narratologie

B. Le refus d'une description précise

L'auteur refuse le procédé traditionnel de la description réaliste. Son *incipit* se situe aux antipodes des procédés balzaciens, par exemple. Ainsi le cadre spatio-temporel est-il à peine esquissé. En ce qui concerne le lieu, on comprend peu à peu que la scène se déroule dans un café place de Clichy à Paris. Aucun pittoresque n'est installé. En ce qui concerne le temps, l'allusion historique à Poincaré, président de la République de 1913 à 1920 et président du Conseil à trois reprises, permet de situer ce qui n'est pas encore une intrigue aux alentours de la Première Guerre mondiale.

> **Gagnez des points !**
> Faites références à l'histoire littéraire, à la tradition du roman.

Les personnages ne sont pas plus caractérisés. Les deux qui apparaissent, Arthur Ganate et le narrateur-personnage, n'ont pas droit à une véritable présentation physique, morale ou sociale. On sait juste qu'ils sont « *carabins* », c'est-à-dire étudiants en médecine. C'est en fait par leur langage qu'ils se définissent.

C. Le refus d'une véritable intrigue

L'auteur refuse également de nouer une intrigue. On voit juste, ou plutôt on entend, deux personnages qui se rencontrent et débattent : un anarchiste et un patriote xénophobe. Ils tiennent une conversation de « café du commerce », des propos à bâtons rompus, multiplient les pronoms personnels ou impersonnels (« *on* », « ça », « *ils* »…) sans que l'on sache vraiment à qui ou à quoi ils renvoient, se lancent dans des digressions, enfilent des lieux communs…

D. Le brouillage des genres et des discours

Céline déroute encore davantage le lecteur traditionnel en brouillant les genres et les discours. Écrit-il un roman ou une pièce de théâtre ?

> **L'astuce du prof**
> L'interrogation sur les genres permet d'affiner le commentaire.

Le texte présente en fait un monologue qui comprend à la fois un dialogue et une narration au présent qui actualise le propos et mime l'action par la parataxe : « *On se rencontre donc place Clichy. C'était après le déjeuner. Il veut me parler. Je l'écoute. "Restons pas dehors ! qu'il me dit. Rentrons !" Je rentre avec lui. Voilà.* » (l. 2-4).

Par ce procédé, Céline travaille la dramatisation, la théâtralisation dans un dialogue lui-même théâtralisé au sein du discours du personnage-narrateur.

La situation d'énonciation est elle aussi brouillée : Qui parle ? De qui ? De quoi ? La phrase qui inaugure le roman, « Ça a débuté comme ça », constitue comme une mise en abyme, avec la notion de commencement. On s'interroge déjà : à quoi renvoie donc « ça » ? Le champ lexical de la parole se développe dans les phrases suivantes : « *Moi, j'avais jamais rien* ***dit****. Rien. C'est Arthur Ganate qui m'a fait* ***parler*** ». Le « je » est en fait fort peu sujet : divisé, il se dissout très vite dans le « on ». Les ellipses, reproduisant le flux de la conversation et ses pauses, contribuent à brouiller un peu plus les discours.

Transition

Céline, précurseur en cela du Nouveau Roman, fait donc exploser les codes, et dit ainsi, en visionnaire, l'explosion d'un monde.

Gagnez des points !
N'oubliez pas votre transition.

II. L'explosion des codes qui dit l'explosion d'un monde

A. Un projet esthétique de « table rase »

L'auteur suggère dans cet *incipit* un projet esthétique de « table rase ». Il refuse le réalisme du XIXe siècle, la description balzacienne, les personnages héroïques, la grandeur, le sublime, dans le Bien comme dans le Mal. Il met au contraire en scène la banalité quotidienne de personnages médiocres, avec parfois un sourire caustique, empreint d'ironie et de dérision : « *Bien fiers alors d'avoir fait sonner ces vérités utiles, on est demeurés là assis, ravis, à regarder les dames du café* ».

B. L'explosion du langage

Mais c'est surtout dans l'invention et l'explosion du langage que Céline innove et révolutionne la tradition romanesque. Il utilise, jouant sur le rythme, une syntaxe syncopée, relâchée, fautive : « *Restons pas dehors !* ***qu'il me dit****.* », « *Siècle de vitesse !* ***qu'ils disent****. Où ça ? Grands changements !* ***qu'ils racontent****.* », « ***qu'il me taquine*** *Arthur Ganate, à ce propos* »...

Il use à l'envi d'un vocabulaire populaire, voire grossier : « *Si donc ! qu'il y en a une ! Et une belle de race ! qu'il insistait lui, et même que c'est la plus belle race du monde et bien* ***cocu*** *qui s'en dédit ! » Et puis, le voilà parti à* ***m'engueuler****.* »

Cette révolution célinienne fait donc entrer dans la littérature de façon provocante l'oralité et la crudité du langage. On retrouvait déjà cette caractéristique chez Zola, mais seulement dans les dialogues, dans la « parlure » des classes populaires. Le fait de laisser ainsi le narrateur s'emparer de cette langue a scandalisé les lecteurs de l'époque.

C. Qui préfigure l'explosion d'un monde

Cette explosion du langage n'est pas un simple effet de style ou une innovation gratuite. Elle est symbolique et préfigure l'explosion d'un monde.

Le texte insiste sur le vide, le « *rien* » : « *Alors, on remarque encore qu'il n'y avait personne dans les rues, à cause de la chaleur ; pas de voiture,* ***rien****.* » D'une scène au réalisme banal, on vire ainsi vers le fantastique.

Les personnages critiquent la société et ses valeurs, ce siècle de vitesse, de technologie, les notions de race et de patrie. Le président Poincaré inaugure une « *exposition de petits chiens* » alors qu'on va vers la guerre et la fin d'un monde.

Conclusion

Ainsi cet *incipit* est-il paradoxal quand il refuse la tradition réaliste et méprise les attentes traditionnelles, quand il brouille les genres et les discours. En dynamitant les codes et les valeurs, en faisant entrer dans la littérature un langage puissant, provocateur et libéré, ce début de roman dessine un monde vide, proche de l'apocalypse que va représenter la toute proche guerre de 1914-1918.

COMMENTAIRE

Parcours : Modernité poétique ?

Le texte à commenter est d'habitude choisi non pas dans le cadre d'un parcours mais au sein de l'objet d'étude. Ici, le travail permettra d'approfondir la connaissance de l'œuvre poétique au programme à la rentrée 2023 dans le parcours ***Modernité poétique*** ?

Énoncé

Vous ferez le commentaire du poème « Roman » de Rimbaud.

Roman

I

On n'est pas sérieux, quand on a dix-sept ans.
– Un beau soir, foin[1] des bocks et de la limonade,
Des cafés tapageurs aux lustres éclatants !
– On va sous les tilleuls verts de la promenade.

Les tilleuls sentent bon dans les bons soirs de juin !
L'air est parfois si doux, qu'on ferme la paupière ;
Le vent chargé de bruits – la ville n'est pas loin –
A des parfums de vigne et des parfums de bière...

II

– Voilà qu'on aperçoit un tout petit chiffon
D'azur sombre, encadré d'une petite branche,
Piqué d'une mauvaise étoile, qui se fond
Avec de doux frissons, petite et toute blanche...

Nuit de juin ! Dix-sept ans ! – On se laisse griser
La sève est du champagne et vous monte à la tête...
On divague ; on se sent aux lèvres un baiser
Qui palpite là, comme une petite bête...

III

Le cœur fou robinsonne à travers les romans,
– Lorsque, dans la clarté d'un pâle réverbère,
Passe une demoiselle aux petits airs charmants,
Sous l'ombre du faux col effrayant de son père...

Et, comme elle vous trouve immensément naïf,
Tout en faisant trotter ses petites bottines,
Elle se tourne, alerte et d'un mouvement vif...
– Sur vos lèvres alors meurent les cavatines[1]...

IV

Vous êtes amoureux. Loué jusqu'au mois d'août.
Vous êtes amoureux. – Vos sonnets La font rire.
Tous vos amis s'en vont, vous êtes mauvais goût.
– Puis l'adorée, un soir a daigné vous écrire... !

– Ce soir-là,... – vous rentrez aux cafés éclatants,
Vous demandez des bocks ou de la limonade...
– On n'est pas sérieux, quand on a dix-sept ans
Et qu'on a des tilleuls verts sur la promenade.

Rimbaud, « Roman » (29 septembre 1870), *Poésies*, 1891

Méthode

- Soyez attentif à la structure du poème, sa typographie, sa ponctuation, porteuses de sens.
- Interrogez-vous sur la singularité de l'énonciation (« on », « vous »...).
- Soyez réceptif à l'ironie du jeune Rimbaud.

Corrigé

Le corrigé du commentaire est intégralement rédigé. Pour faciliter votre lecture, nous avons gardé les titres des différentes étapes du développement. Dans un devoir, vous ne devrez pas les conserver.

Introduction

En quatre ans, Rimbaud a révolutionné la poésie française. Ses premières œuvres respectent encore les règles de Malherbe, comme ce poème intitulé « Roman » écrit en septembre 1870, qui sera publié après sa mort en 1891. Nous allons voir comment un poète de seize ans joue avec les **stéréotypes**, les *topoï* du genre, des thèmes et du romantisme. Il suggère ainsi, dans un genre ambigu, par un récit et une description **lyriques**, une réflexion à la fois **didactique** et amusée sur les amours adolescentes.

> **Gagnez des points !**
> L'annonce du plan est subtile.

I. Une ambiguïté des genres : poème ou « roman » ?

A. Un roman

D'emblée, le lecteur s'interroge sur le genre du texte : « poème ou roman » ? En effet, les huit quatrains sont organisés deux par deux, et précédés de chiffres romains (I, II, III, IV), comme la numérotation des chapitres dans un roman. La composition relate l'attente et la découverte de l'amour chez les adolescents dans un récit particulièrement romanesque en quatre étapes.

> **Rappel**
> Chaque partie doit être introduite par la rédaction du grand titre du plan.

Rimbaud met en scène un ***topos***, la scène de première rencontre. L'action suit un déroulement chronologique ; elle est annoncée par la formule traditionnelle du récit : « *un beau soir* » qui introduit l'élément perturbateur du schéma narratif, le refus de la fête bruyante dans les cafés ; elle est censée avoir eu lieu dans le passé mais elle est racontée au présent, ce qui l'actualise et la généralise.

Le narrateur semble extérieur ; le pronom indéfini « *on* » témoigne de la volonté d'une prise de distance qui généralise cette expérience de l'attente de l'amour à tous les adolescents. L'emploi du pronom personnel « *vous* », quand intervient la découverte de l'amour, implique le lecteur et fait apparaître l'aventure comme universelle, celle de l'adolescence en général.

B. Un poème versifié : un récit et une description lyriques

Pourtant, ce texte présente bien des aspects poétiques. D'abord par l'utilisation de la versification : huit quatrains d'alexandrins couplés deux par deux, (il faut faire toutes les liaisons et la **diérèse** à « *séri/eux* »), et une composition cyclique avec les répétitions et variations entre la première et la dernière strophe.

Ensuite, il met en scène, dans une description poétique et symbolique, un décor contrasté naturel mais « civilisé » : d'une part la ville où règnent le bruit et la lumière, les « *cafés tapageurs aux lustres éclatants* », dont la **trivialité** est rejetée dans l'exclamation de mépris « *foin de [...] !* ») ; d'autre part la « *promenade* », le jardin public, lieu voisin propice à la solitude rêveuse et à la rencontre amoureuse. Le poète sollicite les sensations, la sensualité, olfactive aux vers 5 et 8, tactile aux vers 6 et 15, auditive (cf. vers 7), visuelle dans tout le troisième quatrain. Il livre des images poétiques, avec par exemple l'évocation métaphorique du ciel (vers 9 à 12). Il se souvient du romantisme : la nature vit et vibre en même temps que l'adolescent.

Enfin, le lyrisme est très présent. Même si le poète prend ses distances avec l'investissement personnel – l'emploi des pronoms « on » et « vous » masque le « je lyrique » –, il se manifeste par l'expression de l'émotion, de l'exaltation amoureuse avec la métaphore de l'ivresse.

> **L'astuce du prof**
> Utilisez des connecteurs logiques pour marquer la progression des sous-parties.

Les sentiments se montrent formellement par une ponctuation aux marques abondantes et significatives avec les tirets, points, points de suspensions, points virgules, virgules. La **musicalité** est particulièrement travaillée. La ponctuation syncope les phrases (cf. vers 7, 13, 26, 29), ménage des pauses ; à la fin de presque chaque strophe, des points de suspension suggèrent le non-dit. Le travail sur les sonorités est très important dans tout le poème, avec beaucoup d'**allitérations**, d'échos sonores : « *petite et toute blanche* » reprend par paronomase « *petite branche* ». Les répétitions jouent un rôle à la fois rythmique et sonore comme on le voit aux vers 5, 8, 25, 26.

Ainsi, dans un genre à la fois romanesque et poétique, le poète met en scène avec lyrisme le ***topos*** de la rencontre amoureuse. Mais ne prend-il pas ses distances quand il propose une évocation des amours adolescentes imbriquée dans la réflexion qu'elles inspirent ?

> **Gagnez des points !**
> N'oubliez pas la transition.

II. L'évocation des amours adolescentes imbriquée dans la réflexion qu'elles inspirent

A. L'évocation de ces amours

Le poète dramatise ces amours et montre que le désir naît avant le sentiment lui-même. Il le suggère par la **métaphore filée** de la griserie (et également par la sensation du baiser tellement désiré qu'il en devient présent, vers 15 et 16 à la quatrième strophe).

Ce désir d'amour est alimenté par la littérature romanesque comme on le voit dès le titre et au vers 17 ; le néologisme « robinsonner », tiré du nom propre Robinson Crusoé, souligne le caractère imaginaire des rêveries adolescentes où l'on vit des aventures à la manière du héros de Daniel Defoe.

Soudain le rêve se concrétise avec les vers 18 à 23 qui mettent en scène l'apparition d'une « *demoiselle* » **hypocoristiquement** pourvue de « *petits airs charmants* », en contraste avec le personnage de « *son père* » qui la chaperonne ; elle est mise en valeur par la lumière. Sa vivacité est soulignée par l'allitération en [t] du vers 22.

> **Astuce**
> Soulignez les sons.

« *Tout en faisant trotter ses petites bottines* » qui mime le bruit des pas. Le « *père* » est dans « *l'ombre* » réduit à son « *faux col effrayant* », symbole de la respectabilité bourgeoise comme dans « Monsieur Prudhomme » de Verlaine. Son mouvement s'interrompt dans les points de suspension : « *Elle se tourne, alerte et d'un mouvement vif...* » et une **ellipse** laisse imaginer le traditionnel coup de foudre (vers 23, 24).

Le contraste est marqué dans ce couple adolescent. Lui est caractérisé par sa timidité, sa gaucherie, sa naïveté, le goût du romanesque et de la poésie (vers 17, 26), sa crainte enfantine du père de la jeune fille (vers 20 « *sous l'ombre du faux-col effrayant* »). La jeune fille est beaucoup moins réservée (vers 21 à 26) ; elle manifeste espièglerie et assurance malgré son appartenance à la classe bourgeoise (« *demoiselle* ») et la présence de son père.

Le poème met en abyme une réminiscence de l'amour courtois : le jeune homme qui voue un culte à la jeune fille d'abord indifférente, exprime son amour et tente de la séduire par sa poésie (vers 26) comme les troubadours médiévaux. Il doit passer par des épreuves pour mériter l'amour de sa belle assimilée à une idole (vers 28) qui enfin répond :

« — *Puis l'adorée, un soir a daigné vous écrire... !* »

Mais c'est un amour éphémère : « *loué jusqu'au mois d'août* ».

> **Astuce**
> Variez l'insertion des citations.

La dernière strophe suggère les conséquences de cette lettre tout en jouant sur un effet de surprise. Le jeune amoureux (« *vous* ») retourne dans les cafés qu'il avait fuis au début pour commander « *des bocks et de la limonade* ». Faut-il y voir une entrée dans le monde adulte, avec sa trivialité, loin des rêveries romanesques ?

En tout cas, cette aventure est imbriquée dans une réflexion didactique empreinte de dérision.

B. Une réflexion quelquefois didactique empreinte de dérision

Le poème met à distance les émois adolescents. Il commence et finit par une maxime au présent de vérité générale :

« *On n'est pas sérieux quand on a dix-sept ans.* »

La jeunesse est ici caractérisée par sa légèreté, son insouciance dans la négation de l'adjectif qualificatif « *sérieux* ».

Le poète ne parle pas directement en son nom propre mais, en moraliste, il généralise par l'emploi de l'indéfini « *on* », puis il implique le lecteur dont il se dissocie par l'usage du « *vous* ». Le lecteur a l'impression qu'il considère les événements de loin avec un attendrissement amusé, de la dérision, et que ce n'est pas un adolescent, comme c'est pourtant le cas, qui a écrit ce poème.

Astuce
Aérez votre devoir. Sautez des lignes entre les sous-parties.

Le poème témoigne aussi d'une mise à distance de l'écriture. L'effervescence et les tentatives poétiques du jeune homme provoquent le rire de la jeune fille au lieu de l'émouvoir, ce qui reflète bien l'ambiguïté essentielle du poème « Roman » dans son ensemble, empreint de lyrisme mais s'en dégageant sans cesse par le second degré et la dérision.

Conclusion

Ainsi, ce poème de jeunesse évoque avec une distance amusée l'état d'esprit d'un adolescent naïf et romanesque en proie au désir d'amour et qui finit, un temps, par le rencontrer. Il esquisse, avec un lyrisme essentiellement musical mais mis à distance, le tableau d'un adolescent à la sensualité en éveil, recherchant la solitude dans un cadre naturel et poétique, avant la rencontre d'une jeune fille vive et spirituelle.

Toutefois, sous ce récit et cette description lyriques se déguise une réflexion critique sur les rapports amoureusement platoniques de deux adolescents-types de l'époque dans un milieu bourgeois, sur le caractère éphémère de ces amours, comme sur la littérature qui véhicule les *topoï* du romanesque.

Ce rejet de « la vieillerie poétique », exacerbé, amènera Rimbaud à la révolution d'une « alchimie du verbe » dans *Une saison en enfer* et les *Illuminations*.

Gagnez des points !
L'ouverture n'est pas obligatoire mais elle montre votre capacité à élargir le commentaire.

Un site particulièrement riche : *Arthur Rimbaud, le poète*

Chapitre 8 La dissertation

1 Analyser le sujet et faire un plan

De quoi s'agit-il ? La dissertation répond à un sujet portant sur une œuvre au programme, en développant une argumentation qui fait le tour du problème. Cette réflexion écrite suit un plan et s'appuie sur des exemples précis.

1 Qu'est-ce qu'une dissertation ?

• La dissertation répond à un sujet en développant une **argumentation** qui fait le tour du problème. Cette réflexion écrite est charpentée par un plan, et s'appuie sur des exemples précis. C'est l'un des deux sujets d'écriture proposés lors de l'écrit du bac français.

• Le sujet porte toujours sur une **œuvre au programme** et le **parcours associé**.

Exemple d'énoncé	Type de sujet	Objet d'étude
« Il ne cherche ni à étonner ni à plaire ; mais à exprimer raisonnablement ce dont il est sûr. » Ce jugement vous semble-t-il convenir aux Caractères *de La Bruyère ?*	Vous devez commenter une citation.	Œuvre : La Bruyère, *Les caractères* Parcours : La comédie sociale
Dans quelle mesure la nature permet-elle de révéler l'intimité du poète ?	Cet énoncé demande un avis personnel.	Œuvre : Hélène Dorion, *Mes forêts* Parcours : La poésie, la nature, l'intime
Les romans ont-ils pour unique but de divertir leurs lecteurs ?	Vous devez répondre à une question générale en vous appuyant principalement sur l'œuvre au programme.	Œuvre : L'abbé Prévost, *Manon Lescaut* Parcours : Personnages en marges, plaisirs du romanesque

2 Comment commencer à travailler face au sujet ?

• Recopiez le sujet au brouillon. Relisez-le et **surlignez** les termes importants. Écrivez la définition des **mots-clés**, les **notions** que vous devrez approfondir. Reformulez l'énoncé. Notez la question posée par le sujet telle que vous l'avez interprétée personnellement : c'est la **problématique.**

• Écrivez ensuite tout ce qui vous vient à l'esprit pour y répondre : arguments, exemples... Faites d'abord un **brouillon** désordonné, sans rédiger ! Constituez une réserve de références et d'idées, la plus large possible.

• **Ordonnez** ensuite votre brouillon pour constituer un **plan**. Regroupez les idées qui vont ensemble. Associez un argument à un exemple. Une idée qui ne s'appuie pas sur un exemple ne vaut rien ! Le plan ne doit pas être constitué de plus de trois parties. Celles-ci doivent elles-mêmes reposer sur plusieurs sous-parties.

3 Quel type de plan est adapté à mon sujet de dissertation ?

• Si je peux répondre au sujet par oui ou par non, je choisis un **plan dialectique**. Exemple de sujet : « *L'objectif principal des* Caractères *de La Bruyère est-il de dénoncer la comédie humaine ?* »

Doc. 1 Plan dialectique

Thèse	1. Il dénonce la comédie humaine	Donnez au moins 2 ou 3 arguments et exemples « pour ».
Antithèse	2. Mais son but est aussi d'amuser son lecteur	Donnez au moins 3 arguments « contre ».
Synthèse (facultative)	3. Le rire permet ainsi de renforcer la satire	Nuancez le pour et le contre.

• Si le sujet pose une question partielle (*quels sont…*) : je choisis un **plan thématique** dans lequel les thèmes sont progressifs et vont du plus évident au plus subtil. Exemple de sujet : « *Quelles sont les fonctions du rire dans* Gargantua *de Rabelais ?* »

Doc. 2 Plan thématique

Premier thème	1. Une fonction divertissante
Deuxième thème	2. Une fonction argumentative
Troisième thème (facultatif)	3. Le comique attire l'attention

• Si le sujet invite à approfondir une affirmation, il ne faut pas la discuter mais juste l'expliquer : je choisis un **plan analytique**. Exemple de sujet : « *Vous montrerez comment Hélène Dorion place la forêt au centre de son recueil* Mes forêts. »

Doc. 3 Plan analytique

Premier éclairage	La mise en scène de la nature
Deuxième éclairage	L'évocation des forêts intérieures
Troisième éclairage (facultatif)	La forêt comme moyen d'accéder à l'universel

2 Rédiger une introduction et une conclusion de dissertation

De quoi s'agit-il ? Écrivez directement votre développement au propre en suivant votre plan au brouillon. Soyez très clair : la structure du devoir doit être apparente : sautez une ligne entre chaque grande partie.

1 L'introduction

• Il convient de ne rédiger une introduction de dissertation qu'**après en avoir conçu au brouillon le plan détaillé**. Prenez le temps de **rédiger soigneusement** cette partie très stratégique ! Le correcteur jugera dès ce premier paragraphe votre bonne compréhension du sujet, et la façon dont vous allez l'aborder… Il faut lui faire bonne impression !

• En un seul paragraphe, l'introduction d'une dissertation, rédigée avec soin au brouillon, doit comporter quatre étapes :

- La première phrase constitue une **amorce** qui amène le sujet, par un biais général : ce peut être une définition, un mouvement littéraire, un registre…
- Ensuite, il faut **présenter le sujet** lui-même, en le recopiant intégralement, s'il n'est pas trop long. S'il le faut, résumez-le, en prenant garde de ne pas en déformer le sens. Faites comme si le correcteur n'était pas au courant de la question posée. Analysez les mots-clés.
- Après avoir cité le sujet, analysez-le : reformulez-le de manière à en tirer une **problématique** ; en quoi est-il particulièrement intéressant ?
- Enfin, **annoncez** impérativement votre **plan** (les grandes parties), clairement et sans lourdeur.

Doc. 4 Schéma général d'une introduction

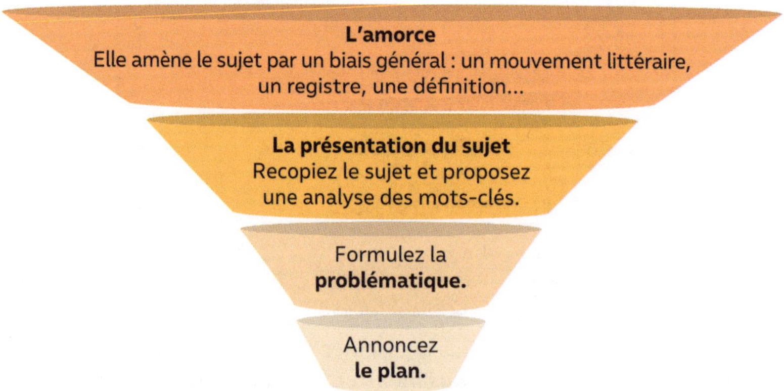

2 La conclusion

• Il est conseillé de **rédiger soigneusement la conclusion au brouillon** avant le développement, pour éviter d'en bâcler une à la dernière minute, pris par le temps. C'est un choix déterminant : improviser quelques lignes d'urgence à la fin du devoir risque de décevoir le correcteur juste au moment où il va mettre la note.

• En un seul paragraphe, la conclusion comporte deux étapes.

Doc. 5 Schéma général d'une conclusion

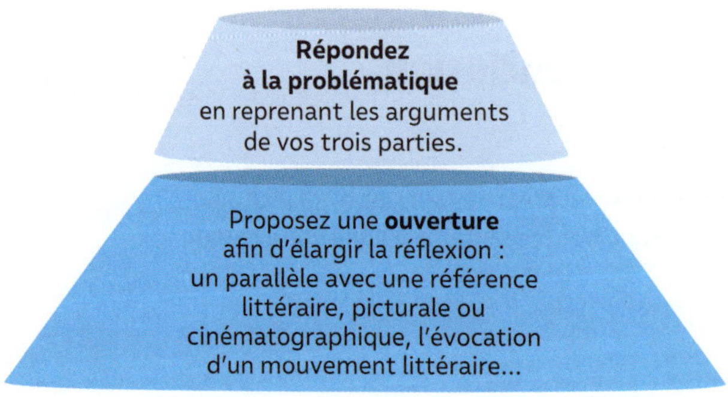

3 Rédiger le developpement

De quoi s'agit-il ? Écrivez directement votre développement au propre en suivant votre plan au brouillon. Soyez très clair : la structure du devoir doit être apparente : sautez une ligne entre chaque grande partie.

1 La structure du développement

• **Consacrez un paragraphe à chaque argument.** Pour que cette structure apparaisse nettement aux yeux du correcteur, débutez chaque paragraphe par un alinéa (retrait de deux à trois carreaux), et par des **connecteurs** logiques (« d'abord », « ensuite », « enfin »…) qui articuleront l'ensemble.

• Au début de **chaque partie**, faites une **phrase d'introduction partielle** qui rappelle le thème que vous allez développer. Cette phrase d'accueil joue le rôle d'un titre. À la fin de chaque grand axe du développement, faites un bilan partiel de votre analyse, et ménagez une transition avec la partie suivante. Insistez sur les articulations de votre devoir, pour mettre en évidence la logique de votre raisonnement.

2 L'utilisation des exemples

• Un **paragraphe** doit correspondre **à une seule idée**, toujours **illustrée** par un ou plusieurs exemples précis. Ceux-ci peuvent être utilisés sous différentes formes :

– Vous pouvez utiliser des **citations**, pas trop longues, entre guillemets. (Puisez dans les documents du cours, dans votre manuel !) Une citation doit être exacte, au mot près. Expliquez toujours les phrases que vous relevez.

– Vous pouvez aussi faire **allusion à des œuvres lues en classe** ou chez vous : comme si le correcteur ne les connaissait pas du tout, résumez avec exactitude les passages utiles à votre analyse. Dans ce cas-là, vous n'avez pas besoin de connaître par cœur des phrases de l'ouvrage, mais expliquez en quoi telle œuvre, tel texte ou tel auteur est utile pour illustrer votre raisonnement. Pensez à souligner les titres des livres cités.

Attention
Votre devoir porte avant tout sur l'œuvre au programme. La convocation d'autres auteurs doit représenter seulement 10 % de la copie.

• Si votre professeur a fourni un corpus de documents qui accompagnent le sujet, vous y trouverez forcément des exemples pertinents. Vous pouvez aussi en chercher dans vos cours, dans un manuel, et dans vos lectures personnelles.

3 Quel vocabulaire utiliser pour rédiger mon développement ?

	Exemples	Attention !
Conseils généraux pour l'ensemble du développement	• Les verbes doivent être conjugués au présent. • Privilégier les phrases courtes, sans abuser des subordonnées.	• Ne pas utiliser « je », ni « tu », ni « vous » mais « nous » ou « on ». • Ne pas employer de mots « à la mode ».
Pour présenter le thème d'un axe	Verbes : *décrire, définir, démontrer, développer, éclairer, expliquer, exposer, justifier, illustrer, montrer, prouver, envisager…*	Proscrire les formules trop « passe-partout » comme « *Il y a* ».
Pour enchaîner les arguments	• Connecteurs : *d'abord, tout d'abord, premièrement, en premier lieu/en second lieu, de plus, ensuite, de surcroît, par ailleurs, puis, d'une part/d'autre part, en outre…* • Pour présenter une hypothèse : *à supposer que, dans le cas où…*	Ne pas abuser des mots de liaison : les utiliser principalement en début de paragraphe.
Pour opposer une idée contraire	Connecteurs : *mais, néanmoins, cependant, pourtant, toutefois…*	Ne jamais employer deux connecteurs d'opposition à la suite : ils s'annulent…
Pour introduire un exemple	*Pour illustrer cette thèse, ainsi, c'est notamment le cas de, on peut illustrer ce propos par, on peut mentionner, on peut citer l'exemple de, comme en témoigne, on peut signaler, comme le signale, comme l'indique…*	Ne pas écrire : « comme par exemple », c'est un pléonasme.
Pour conclure l'axe développé	*Enfin, pour (en) conclure, en conclusion, en définitive, en fin de compte, finalement, pour (en) finir, pour toutes ces raisons…*	Reformulez les idées principales sans vous répéter mot à mot.
Pour écrire une transition avec la partie suivante	*S'il est vrai que…, il est vrai aussi que… ; Si l'on peut dire pour... que…, on ne peut pas dire la même chose pour... ; au contraire… ; Même si l'on a admis que… ; il faut toutefois convenir que…*	Ne pas se contredire de façon trop abrupte dans le cas d'une thèse et d'une antithèse.

Révision express

Les points importants à retenir

Les 3 étapes-clés de la dissertation

Étape 1 **J'analyse le sujet et j'élabore le plan.**

1. Lecture du sujet et définition des mots-clés
2. Reformulation du sujet pour en tirer la problématique
3. Recherche d'idées et d'exemples dans le désordre
4. Élaboration d'un plan à partir des idées

↓

Étape 2 **Je rédige l'introduction et la conclusion.**

L'introduction

1. Une phase d'accroche
2. La présentation du sujet
3. La problématique
4. L'annonce du plan

La conclusion

1. Le bilan du développement
2. La réponse à la problématique
3. La phrase d'ouverture

↓

Étape 3 **Je rédige chaque partie du développement.**

1. Une phase de présentation de l'axe développé
2. Plusieurs sous-parties comportant chacun un argument et un exemple, constituant des paragraphes distincts
3. Une phrase de bilan et de transition avec la partie suivante

Quiz

Cochez la bonne réponse :

1. Je dois trouver une entrée en matière générale avant de présenter le sujet. ☐ Vrai ☐ Faux

2. Je dois répondre au sujet du devoir dès l'introduction, dans laquelle on attend que je donne mon avis personnel. ☐ Vrai ☐ Faux

3. Je dois rappeler dans l'introduction la question posée par le sujet, en développant sa problématique. ☐ Vrai ☐ Faux

4. Un plan de dissertation est toujours annoncé à la fin de l'introduction. ☐ Vrai ☐ Faux

5. Un plan en quatre parties principales est conseillé. ☐ Vrai ☐ Faux

6. Il convient de sauter une ligne entre les grands axes du développement. ☐ Vrai ☐ Faux

7. Un exemple doit toujours être une citation. ☐ Vrai ☐ Faux

8. Je dois forcément choisir un plan qui ait la forme « thèse/ antithèse ». ☐ Vrai ☐ Faux

9. Une conclusion ne doit pas rappeler le plan du devoir. ☐ Vrai ☐ Faux

10. Je mets entre guillemets le nom des auteurs. ☐ Vrai ☐ Faux

→ Réponses p. 530

DISSERTATION

Parcours : Les romans de l'énergie : création et destruction

Énoncé

L'œuvre *La Peau de chagrin* de Balzac est-elle un roman de l'énergie ?

Vous répondrez à cette question dans un développement organisé. Votre réflexion prendra appui sur l'œuvre de Balzac au programme, sur le travail mené dans le cadre du parcours associé et sur votre culture littéraire.

Corrigé

Introduction

Balzac, dans son œuvre monumentale qu'est *La Comédie humaine*, se donne pour objectif de représenter la société et d'en examiner les rouages. Dans *La Peau de chagrin*, il met en scène un jeune écrivain sans argent interrompu dans son projet de suicide par un vieil antiquaire qui lui offre une Peau de chagrin propre à exaucer ses désirs au prix de sa vie. Balzac interroge alors la notion d'énergie que chaque homme consomme à sa guise. En effet, selon Balzac, tout homme possède à sa naissance une certaine quantité d'énergie vitale et la vie va ainsi consister à utiliser cette énergie jusqu'à la mort. On peut ainsi se demander dans quelle mesure le récit *La Peau de chagrin* de Balzac peut être considéré comme un roman de l'énergie. Tout d'abord, ce roman semble bien entrer dans la catégorie des romans de l'énergie. Toutefois, la notion d'énergie est assombrie par l'omniprésence de la mort au sein de l'œuvre. Finalement, plutôt qu'un roman de l'énergie, il semblerait que *La Peau de chagrin* soit un roman qui invite le lecteur à réfléchir sur sa propre énergie.

> **Méthode**
> Dans le cadre d'un plan dialectique, il s'agit de discuter de la validité d'une thèse, de montrer les limites d'un point de vue.

I. *La Peau de chagrin* semble être un roman de l'énergie

A. Le roman repose sur l'histoire de Raphaël qui renonce au suicide

La Peau de chagrin semble bien être un roman de l'énergie puisque l'histoire repose sur l'énergie nouvelle de Raphaël qui rejette la mort. En effet, dans le chapitre « Le talisman », Raphaël change d'attitude et affirme vouloir « vivre avec excès ». Cela est confirmé par sa longue réplique dans laquelle il formule son premier vœu : « Je veux un dîner royalement splendide, quelque bacchanale digne du siècle où tout s'est, dit-on, perfectionné ! » Cette énergie nouvelle transparaît ensuite au sein des multiples exclamations soulignées par l'anaphore en « que » (« Que mes convives soient jeunes […] ! Que les vins se succèdent […] ! Que cette nuit soit parée de femmes ardentes ! »). Raphaël est alors traversé par une nouvelle force vitale, un nouvel élan qui le pousse à choisir la vie.

> **L'astuce du prof**
> Vous pouvez insérez vos citations directement au sein de votre argumentation, les introduire par les deux points ou choisir de les mettre entre parenthèses.

B. L'œuvre expose différents types d'énergie

Face à l'énergie soudaine de Raphaël qui fait suite à la rencontre de l'antiquaire, d'autres personnages apparaissent, faisant preuve d'une énergie différente. En effet, il y a ceux qui préfèrent vivre pleinement chaque instant au risque de mourir jeune, plutôt que de chercher à conserver cette énergie et vivre plus longtemps. C'est le cas, par exemple, des deux courtisanes, Aquilina et Euphrasie, dans « Le talisman ». Alors que Raphaël pense que le bonheur vient de l'âme – et ainsi du « savoir » –, Euphrasie explique qu'elle choisit une existence constituée d' « une longue partie de plaisir ». Selon elle, une courtisane vit « plus en un jour qu'une bonne bourgeoise en dix ans » donc « autant

> **L'astuce du prof**
> Ne vous concentrez pas seulement sur les personnages principaux, faites aussi référence aux personnages secondaires.

rester libres, aimer ceux qui nous plaisent et mourir jeunes ». Cette conception de la vie sera également partagée par le personnage de Rastignac qui privilégie la multiplication des plaisirs à la vertu. À ces protagonistes, s'oppose le modèle de l'antiquaire qui fait le choix d'une vie longue en plaçant sa vie « dans le cerveau qui ne s'use pas et qui survit à tout ». L'œuvre devient alors un véritable laboratoire au sein duquel le romancier expose différentes façons de vivre et de consommer son énergie. *Transition :* Ainsi, *La Peau de chagrin* apparaît bien comme un roman de l'énergie puisque cette dernière est au cœur même de l'œuvre et concerne tous les personnages qui évoquent leur manière de vivre. Cependant, la notion d'énergie est ombragée par la mort qui encadre l'œuvre.

II. Toutefois, la mort qui plane dans tout le roman semble tarir l'énergie mise en scène

A. Raphaël, héros de l'œuvre, est un personnage de peu d'énergie

S'il est bien question d'énergie au sein de l'œuvre, celle-ci se voit diminuer par la présence de la mort. En effet, la mort encadre l'œuvre qui débute par le projet de suicide de Raphaël et qui se termine par sa mort. Dès le départ est évoquée sa « pesante idée du suicide » qu'il justifie par la gradation suivante : « je suis dans la plus profonde, la plus ignoble, la plus perçante de toutes les misères ». Si finalement, Raphaël choisit de continuer à vivre, il ne s'agit pas d'une renaissance mais d'un report de sa mort comme le précise l'antiquaire lorsqu'il dit que son « suicide n'est que retardé ». Cela se confirme puisque l'œuvre se termine par la mort du jeune homme qui est alors désigné par la périphrase « le moribond » avant de n'être plus qu'un « cadavre ». D'autre part, la mort plane sur Raphaël tout au long du récit. En effet, celui-ci apparaît comme un jeune homme ayant peu d'énergie. L'antiquaire le souligne au moment de lui confier le talisman : « J'ai offert le terrible pouvoir que donne ce talisman à des hommes doués de plus d'énergie que vous ne paraissez en avoir ». Dans « La femme sans cœur », il juge lui-même que son énergie est « impuissante ». De ce fait, le roman semble davantage être celui de la perte d'énergie que celui de l'énergie.

B. La Peau, plutôt qu'un talisman, devient pour Raphaël un compte à rebours tragique

Ainsi, la Peau, plutôt que la métaphore de l'énergie, devient le symbole de la mort prochaine et irrémédiable. En effet, cette Peau ne cesse de rappeler à Raphaël que sa vie diminue à chaque instant. En l'acceptant, le jeune homme, à l'image de Faust, passe un véritable pacte avec le diable puisque chaque désir impliquera une diminution de l'énergie. D'où l'injonction : « règle tes souhaits sur ta vie ». Si elle réjouit au départ Raphaël, la Peau devient rapidement source d'angoisse en lui rappelant sa mort future. Il en vient alors dans « L'agonie » à « abdiqu[er] la vie pour vivre ». Angoissé à l'idée que la Peau diminue, il suspend celle-ci face à lui et en dessine les « contours fatidiques » afin de visualiser un éventuel rétrécissement. La Peau, principal objet de ses préoccupations, devient un véritable compte à rebours qu'il tente tant bien que mal de ralentir. Mais son incapacité à y parvenir redouble ses angoisses et il ne peut réfréner un « cri » de terreur lorsqu'elle diminue. La Peau apparaît bien comme un talisman par son pouvoir magique, mais elle n'est pas pour autant un porte-bonheur qui le préserverait du malheur. Au contraire, elle lui rappelle l'implacable finitude de son existence. *Transition :* Ainsi, *La Peau de chagrin*, à défaut d'être un roman de l'énergie, invite à réfléchir sur la notion d'énergie qui compose toute existence humaine.

III. *La Peau de chagrin* invite le lecteur à réfléchir sur la bonne utilisation de l'énergie

A. Le roman expose différentes façons de consommer son énergie

Finalement, le roman invite le lecteur à réfléchir à la manière de mener sa vie et ainsi de consommer son énergie. Dès le chapitre « Le talisman », l'antiquaire expose les deux choix qui s'offrent à chaque individu : « vouloir et pouvoir » qu'il oppose au « savoir ». Selon lui, « Vouloir nous brûle et Pouvoir nous détruit ; mais Savoir laisse notre faible organisation dans un perpétuel état de calme. » Sont alors présentés dès le début de l'œuvre deux chemins possibles que chaque lecteur peut emprunter pour mener sa vie. Soit on laisse de côté les passions et on peut aspirer à une longue vie, soit on choisit de vivre toutes les passions et on accepte alors une existence plus brève comme le souligne Émile chez le banquier Taillefer lorsqu'il dit : « En un mot, tuer les sentiments pour vivre vieux, ou mourir jeune en acceptant le martyre des passions, voilà notre arrêt. » L'antiquaire propose alors un modèle de modération où la rêverie et la contemplation permettraient de vivre les émotions par procuration, sans risquer de consumer son énergie. En effet, il explique que « ce que les hommes appellent chagrins, amours, ambitions, revers, tristesse, sont pour [lui] des idées [qu'il] change en rêveries ; au lieu de les sentir [il] les exprime […] ; au lieu de leur laisser dévorer [sa] vie, [il] les dramatise, [il] les développe ». On peut reconnaître ici le travail même de l'écrivain qui choisit de parler des passions sans pour autant les vivre. C'est pourquoi la mansarde d'écrivain de Raphaël apparaît comme un véritable refuge face au règne des passions à l'extérieur de l'hôtel Saint-Quentin. Il le réalise dans « La femme sans cœur » lorsqu'il avoue : « Pourquoi suis-je sorti de ma vertueuse mansarde ! Le monde a des envers bien salement ignobles. » À la lecture de ce roman, il revient alors au lecteur de réfléchir à sa propre façon de vivre.

Méthode
Lorsque vous modifiez un mot au sein d'une citation, pensez à le mettre entre crochets.

B. L'épilogue témoigne d'une démarche didactique

À ce titre, le roman revêt une portée volontairement didactique lors de l'épilogue en présentant explicitement Foedora comme l'allégorie de la société : « c'est, si vous voulez, la Société ». Le lecteur comprend alors que la société du XIXe siècle, à l'image du personnage, est une société matérialiste pour laquelle l'argent prime sur tout. En effet, Foedora représente une société au sein de laquelle ne règnent que les apparences et où les sentiments sincères n'ont pas leur place. En outre, on peut relever le titre de la deuxième partie « La femme sans cœur » qui résume bien l'image alors délivrée de la société. *A contrario*, le personnage de Pauline apparaît comme l'antithèse de Foedora, elle représente l'idéal vers lequel la société devrait tendre. Tout au long du roman, elle est présentée comme une jeune fille honnête, vertueuse, désintéressée et humble. Ces qualités perdureront même lorsqu'elle sera devenue riche. Cette perfection transparaît dans l'épilogue par le portrait particulièrement élogieux qui est fait de la jeune fille et par la multiplication des images mélioratives pour la désigner : « la reine des illusions, la femme qui passe comme un baiser, la femme vive comme un éclair », « l'être increé, tout esprit, tout amour ». De plus, l'exclamation « ô bonheur sans nom ! » souligne que ce n'est pas la fortune ni la classe sociale qui rend heureux mais bien la simplicité et l'honnêteté. Par cet épilogue, l'auteur condamne fermement la société et propose un nouveau modèle de vertu permettant d'accéder au véritable bonheur propre à créer une énergie nouvelle chez le lecteur.

Conclusion

Ainsi, *La Peau de chagrin* fait partie des romans de l'énergie en centrant son histoire sur un personnage qui choisit de prolonger sa vie et qui se découvre alors une nouvelle énergie. À ses côtés, l'auteur met en scène d'autres protagonistes qui illustrent les différents types d'énergie, pouvant être tout aussi bien positifs que négatifs. Toutefois, l'énergie présente au sein du roman est atténuée par l'omniprésence de la mort qui plane au-dessus du personnage de Raphaël. En effet, Raphaël apparaît comme un personnage de peu d'énergie et finit par mourir. À ce titre, la Peau est pour lui davantage un compte à rebours lui rappelant la finitude de sa condition plutôt qu'un talisman propre à lui porter bonheur. Finalement, *La Peau de chagrin* est une œuvre qui invite le lecteur à réfléchir à la notion même d'énergie et à son utilisation. À la lecture de l'œuvre, on découvre plusieurs façons de consommer l'énergie et celles-ci invitent alors à faire le bon choix. Cette thématique apparaît aussi dans le roman *Le Portrait de Dorian Gray* d'Oscar Wilde mettant en scène un jeune dandy qui refuse de vieillir et ainsi de perdre sa beauté. À l'image de Raphaël, il n'hésite pas à faire un pacte avec le diable dans l'espoir de conserver son énergie.

Gagnez des points !
En ouverture, vous pouvez proposer un parallèle avec une autre œuvre abordant un sujet similaire. Pensez à bien citer le titre et le nom de l'auteur.

Chapitre 9

L'épreuve orale du bac

1 Les modalités et le déroulement de l'épreuve

De quoi s'agit-il ? **C'est une épreuve qui se déroule en deux temps : une explication linéaire suivie de la résolution d'une question de grammaire par le candidat (12 minutes), puis un entretien avec l'examinateur (8 minutes).**

1 Les modalités et le déroulement de l'épreuve orale au bac

- **Généralités**

– **Coefficient** : 5 à l'oral, comme à l'écrit.
– **Programme** : les objets d'étude de la classe de Première.
– **Durée de l'épreuve** : 30 minutes de préparation (+ temps d'accueil) et 20 minutes de présentation.
– **Documents à fournir** : convocation ; pièce d'identité ; en double, récapitulatif des lectures signées par le professeur, textes et œuvres mentionnés sur le récapitulatif.

- **Le récapitulatif des lectures et activités**

– Il indique les œuvres et textes, imposés ou non par le programme, étudiés durant l'année de Première, de façon détaillée ou cursive.
– Pour le Bac général, au moins **16 textes** : 4 par objet d'étude, dont 3 extraits minimum pour chaque œuvre et 1 extrait pour le parcours associé.
– Pour le Bac technologique, au moins **12 textes** : 3 par objet d'étude, dont 2 extraits minimum pour chaque œuvre et 1 extrait pour le parcours associé.
– S'y ajoute une **œuvre de votre choix** parmi celles étudiées en classe ou proposées en lecture cursive obligatoire par l'enseignant.

- **Le déroulement de l'épreuve, en deux temps après la préparation**

– **Première partie de l'épreuve**, 12 minutes, 12 points : l'examinateur vous fournit un **bordereau** qui présente le passage (une vingtaine de lignes) du texte choisi dans le récapitulatif que vous devrez expliquer et une question de grammaire sur cet extrait. Vous devrez **situer** brièvement le texte dans l'œuvre ou le parcours associé, puis en faire une **lecture** à voix haute (2 points). Vous proposerez ensuite une explication linéaire du passage en question (8 points). Enfin, vous répondrez à la question de grammaire portant sur un point syntaxique du texte expliqué (2 points).
– **Seconde partie de l'épreuve**, 8 minutes, 8 points : vous devrez tout d'abord **présenter** de façon originale l'œuvre que vous avez choisie et **expliquer** les raisons de votre choix. Cette présentation est suivie d'un **entretien** : l'examinateur, sans revenir sur la première partie de l'épreuve, vous relance en s'appuyant sur votre exposé afin d'évaluer vos capacités à dialoguer, nuancer et étoffer votre réflexion, ou encore défendre votre point de vue.

2 L'épreuve : le temps de préparation (30 minutes)

- **Déroulez au brouillon les grandes étapes** de votre explication avec les idées-clés, mais ne rédigez pas de phrases complètes. Soulignez directement dans le texte les procédés, les exemples à citer et à analyser.

- **Notez de lire le texte** pour être sûr de ne pas l'oublier.
- **Consacrez** un temps suffisant à la résolution de la **question de grammaire**.
- **Mobilisez** vos connaissances et prenez quelques notes rapides pour **présenter l'œuvre** de votre choix au début de la seconde partie de l'épreuve.

Remarque
N'utilisez que le recto des feuilles de brouillon et numérotez-les : ainsi, vous n'oublierez pas un élément de votre exposé lors de votre passage à l'oral.

2 Se préparer et s'entraîner pour l'oral du bac

De quoi s'agit-il ? **Passer un oral suppose un entraînement personnel où l'on mobilise sa mémoire auditive, visuelle et kinesthésique (fondée sur le mouvement). Il est aussi nécessaire de s'entraîner dans les conditions de l'examen, de préférence en binôme, et de tester ce qu'on est capable de préparer en 30 minutes puis de produire à l'oral.**

1 Comment se préparer ?

- Pour **réviser les textes** que vous présenterez à l'oral du bac, composez des fiches claires, synthétiques et efficaces : notez bien les références du texte (auteur, titre, date) et les éléments cruciaux (forme et fond) au fil du texte, en organisant la progression de l'explication selon ses mouvements successifs. Pour l'introduction et la conclusion, inscrivez les éléments essentiels qui peuvent vous servir, sans rédiger.

Conseil
Utilisez des couleurs sur vos fiches de révision. Vous stimulerez ainsi votre mémoire visuelle.

- Composez également des **fiches de synthèse** sur les œuvres intégrales (biographie de l'auteur, date de publication, contexte, intrigue, thématiques, parcours, procédés marquants), les mouvements littéraires et les notions étudiés.
- Procédez de la même façon pour les **fiches de grammaire** sur les notions à maîtriser en Seconde et en Première.
- N'attendez pas le mois de juin, composez vos fiches régulièrement, tout au long de l'année, et apprenez-les **au fur et à mesure**. La mémoire sature vite si on tente, juste avant l'épreuve, d'apprendre en quelques jours tout votre programme !

Piège à éviter
Ne risquez aucune « impasse », révisez tous les textes et tous les points de grammaire.

2 Comment s'entraîner ?

- Exercez-vous à **maîtriser le temps de préparation** : 30 minutes, c'est court pour répondre à la question de grammaire, organiser l'explication de texte, présenter votre lecture de l'œuvre complète et envisager le contenu de l'entretien !
- Le mieux est évidemment de s'entraîner devant quelqu'un, **en temps limité**, dans des conditions proches de celles de l'examen : demandez à un camarade de tenir le rôle de l'examinateur et de vous interroger sur un texte pris au hasard dans votre récapitulatif. Plus vous répèterez cet exercice, plus vous aborderez sereinement l'épreuve du bac.

Astuce du prof
Exercez-vous à lire les textes à haute voix pour être à l'aise le jour de l'oral.

- Réfléchissez aux **questions** qui peuvent vous être posées durant l'entretien et préparez des réponses argumentées. Là encore, s'entraîner avec un camarade de classe est très bénéfique.

3 Répondre aux attentes de l'examinateur

<table>
<tr><th>Les étapes</th><th colspan="2">Les attentes</th></tr>
<tr><th colspan="3">La première partie de l'épreuve – 12 minutes (notée sur 12)</th></tr>
<tr><td>L'explication du texte issu d'une œuvre intégrale ou d'un parcours imposés (introduction : présentation du texte, problématique, développement structuré par le mouvement du texte, conclusion : réponse synthétique à la problématique, élargissement facultatif)</td><td colspan="2">• Maîtriser parfaitement le sens littéral du texte.
• Savoir en analyser la visée, les enjeux.
Connaître le vocabulaire, les principaux procédés littéraires et les éventuelles références culturelles.
• Savoir replacer le texte dans un ensemble plus large (œuvre intégrale ou groupement de textes).</td></tr>
<tr><td>La lecture</td><td colspan="2">La lecture du texte est obligatoire, et l'objet d'une évaluation particulière : elle se fait après la présentation du texte. Elle doit être sensible, expressive, théâtralisée.</td></tr>
<tr><td rowspan="2">La question de grammaire (2 minutes) porte essentiellement sur la syntaxe du texte expliqué : vous devez parfaitement connaître le programme de 2° et de 1°</td><td>Le programme de Seconde :
• Les accords : dans le GN ; entre le sujet et le verbe
• Le verbe : valeurs temporelles, aspectuelles et modales ; concordance des temps
• Les relations au sein de la phrase complexe
• La syntaxe des propositions subordonnées relatives</td><td>Le programme de Première :
• Les subordonnées conjonctives compléments circonstanciels
• L'interrogation : syntaxe, sémantique et pragmatique
• L'expression de la négation</td></tr>
<tr><td colspan="2">Lexique : modes de néologie, relations lexicales : rappels et rencontres dans les textes.</td></tr>
<tr><th colspan="3">La deuxième partie de l'épreuve – 8 minutes (notée sur 8)</th></tr>
<tr><td>La présentation de l'œuvre choisie</td><td colspan="2">Vous avez trois minutes pour convaincre et persuader ! La présentation doit être originale, à la fois nourrie par les impressions de lecture, la qualité de l'analyse littéraire et la solidité des connaissances.</td></tr>
<tr><td>L'entretien</td><td colspan="2">Pendant cinq minutes, vous devez être réactif aux questions portant seulement sur votre présentation, faire valoir votre sensibilité, votre sens critique, votre capacité à défendre votre point de vue, et aussi à reconnaître et corriger vos erreurs.</td></tr>
</table>

Révision express

Les points importants à retenir

Pour réussir la seconde partie de votre oral au bac

Présenter l'œuvre intégrale : exemple de *Lambeaux* (1995) de Charles Juliet

1. **Bien la choisir :** ne pas hésiter à promouvoir l'originalité dans la sélection des lectures cursives imposées par le professeur. Parfois l'examinateur interroge toute une classe. Il sera très vite lassé par la répétition de discours semblables sur l'œuvre la plus choisie.
2. **Bien la présenter :** envisager la présentation plutôt comme un article journalistique.
3. **Bien commencer :** une accroche (ou citation)
   « Tous les hommes portent en eux les larmes de leur mère, rares sont ceux qui ont la chance de pouvoir en faire un livre qui les délivrera un peu. » Ce « livre », c'est Lambeaux, *récit biographique et autobiographique de Charles Juliet paru en 1995. Je l'ai choisi car il m'a profondément questionnée, émue.*
4. **Soutenir l'intérêt :** organiser les idées, multiplier les citations, varier les tons.
   En effet..., c'est pourquoi..., etc.
5. **Bien terminer :** une synthèse, une chute.
   Charles Juliet nous offre ainsi un livre à effet thérapeutique. Mais surtout, grâce à une écriture riche, sensible, simple et élaborée à la fois, mêlant prose romanesque et poème en vers libres, il édifie pour ses deux mères un « tombeau » littéraire délicat, rempli de poésie et de pure émotion qui nous bouscule encore aujourd'hui.

Quiz

Cochez la bonne réponse :

1. L'épreuve orale porte sur :
- ☐ **a.** des textes et œuvres étudiés au cours de l'année de Première.
- ☐ **b.** des textes et œuvres proposés par l'examinateur.
- ☐ **c.** des textes et œuvres étudiés en Seconde.

2. La question de grammaire porte sur :
- ☐ **a.** n'importe quelle notion à connaître depuis l'école primaire.
- ☐ **b.** le programme de Première.
- ☐ **c.** le programme de Seconde et de Première.

3. Pour guider l'entretien, l'examinateur s'appuie sur :
- ☐ **a.** les indications données par le candidat sur le travail de l'année.
- ☐ **b.** la présentation de l'œuvre choisie par le candidat.
- ☐ **c.** le cahier de textes mis en ligne par le professeur.

4. Durant l'entretien, l'examinateur pose des questions :
- ☐ **a.** uniquement sur le texte expliqué.
- ☐ **b.** uniquement sur les œuvres intégrales imposées.
- ☐ **c.** uniquement sur l'œuvre que le candidat a choisi de présenter.

→ Réponses p. 530

EXPLICATION LINÉAIRE

Énoncé

Préparez l'explication linéaire du dialogue entre Don Juan et Sganarelle (Dom Juan, Molière, 1665, Acte V, scène 2).
Conformément aux Instructions du BO, l'examinateur/trice peut ne vous proposer que 20 lignes du texte choisi pour l'épreuve même si votre récapitulatif présente des extraits plus longs. Adaptez-vous. Ne rédigez pas, utilisez un code couleurs sur votre brouillon et sur la photocopie du texte à expliquer.

SGANARELLE

Quoi ! vous ne croyez rien du tout, et vous voulez cependant vous ériger en homme de bien ?

DON JUAN

Et pourquoi non ? il y en a tant d'autres comme moi, qui se mêlent de ce métier, et qui se servent du même masque, pour abuser le monde !

SGANARELLE

Ah ! quel homme ! quel homme !

DON JUAN

Il n'y a plus de honte maintenant à cela ; l'hypocrisie est un vice à la mode, et tous les vices à la mode passent pour vertus. Le personnage d'homme de bien est le meilleur de tous les personnages qu'on puisse jouer. Aujourd'hui, la profession d'hypocrite a de merveilleux avantages. C'est un art de qui l'imposture est toujours respectée ; et, quoiqu'on la découvre, on n'ose rien dire contre elle. Tous les autres vices des hommes sont exposés à la censure, et chacun a la liberté de les attaquer hautement ; mais l'hypocrisie est un vice privilégié qui, de sa main, ferme la bouche à tout le monde, et jouit en repos d'une impunité souveraine. On lie, à force de grimaces, une société étroite avec tous les gens du parti. Qui en choque un, se les attire tous sur les bras ; et ceux que l'on sait même agir de bonne foi là-dessus, et que chacun connaît pour être véritablement touchés, ceux-là, dis-je, sont toujours les dupes des autres ; ils donnent bonnement dans le panneau des grimaciers, et appuient aveuglément les singes de leurs actions. Combien crois-tu que j'en connaisse qui, par ce stratagème, ont rhabillé adroitement les désordres de leur jeunesse, qui se font un bouclier du manteau de la religion, et, sous cet habit respecté, ont la permission d'être les plus méchants hommes du monde ? On a beau savoir leurs intrigues, et les connaître pour ce qu'ils sont, ils ne laissent pas pour cela d'être en crédit parmi les gens ; et quelque baissement de tête, un soupir mortifié, et deux roulements d'yeux, rajustent dans le monde tout ce qu'ils peuvent faire. C'est sous cet abri favorable que je veux me sauver, et mettre en sûreté mes affaires. Je ne quitterai point mes douces habitudes ; mais j'aurai soin de me cacher, et me divertirai à petit bruit. Que si je viens à être découvert, je verrai, sans me remuer, prendre mes intérêts à toute la cabale, et je serai défendu par elle envers et contre tous. Enfin, c'est là le vrai moyen de faire impunément tout ce que je voudrai. Je m'érigerai en censeur des actions d'autrui, jugerai mal de tout le monde, et n'aurai bonne opinion que de moi. Dès qu'une fois on m'aura choqué tant soit peu, je ne pardonnerai jamais, et garderai tout doucement une haine irréconciliable. Je ferai le vengeur des intérêts du ciel ; et, sous ce prétexte commode, je pousserai mes ennemis, je les accuserai d'impiété, et saurai déchaîner contre eux des zélés indiscrets, qui, sans connaissance de cause, crieront en public contre eux, qui les accableront d'injures, et les damneront hautement de leur autorité privée. C'est ainsi qu'il faut profiter des faiblesses des hommes, et qu'un sage esprit s'accommode aux vices de son siècle.

SGANARELLE

Ô ciel ! qu'entends-je ici ? Il ne vous manquait plus que d'être hypocrite, pour vous achever de tout point, et voilà le comble des abominations.

Corrigé

Introduction

Dans la scène précédente de *Dom Juan* (1665) de Molière, le personnage éponyme, libertin provocateur, séducteur impénitent, a reçu très dévotement son père et lui a fait croire qu'il allait s'amender. Mais aussitôt après, il détrompe son inséparable valet, le crédule Sganarelle, qui remerciait déjà le ciel de cette conversion. L'extrait de la deuxième scène de l'acte II nous présente, entouré des répliques de Sganarelle, une tirade très **rhétorique** – et polémique, satirique – que Don Juan tient sur les « vertus » de l'hypocrisie.

Nous verrons comment ce discours est aussi l'occasion pour Molière de stigmatiser les faux **dévots** dont il a eu à se plaindre à propos de *Tartuffe*, la pièce écrite juste avant *Dom Juan*, qui a déchaîné la « cabale des dévots ».

> Utilisez des abréviations sur votre brouillon, par exemple DJ = Don Juan, S.=Sganarelle.

> **Vocabulaire**
> • **Rhétorique** : style éloquent, emphatique et déclamatoire qui utilise des procédés, moyens oratoires (figures de style, musicalité) pour persuader.
> • **Dévot** : pieux, plein de zèle dans ses pratiques religieuses.

Composition

Bref échange de répliques entre Don Juan et Sganarelle (**partie 1**), qui introduit une longue tirade de Don Juan (**partie 2**), suivi d'une réplique du valet, ici coupée (**partie 3**).

La **tirade** – **partie 2** – peut être découpée en 3 mouvements :

- Premier mouvement (de « Il n'y a plus de honte » jusqu'à « tout ce qu'ils peuvent faire ») : développement général sur l'hypocrisie dans la société contemporaine de Molière.
- Deuxième mouvement (de « c'est sous cet abri favorable » jusqu'à « autorité privée ») : l'usage particulier que Don Juan compte faire de ce « vice à la mode ».
- Troisième mouvement (de « c'est ainsi » jusqu'à « vices de son siècle », dernière phase) : **péroraison**.

Donc, composition très rhétorique qui part du général pour aboutir au particulier, et qui clôt le discours par une **péroraison**.

> **Vocabulaire**
> **Péroraison** : conclusion éloquente d'un discours.

Analyse linéaire

> Les citations ici reproduites doivent juste être surlignées sur la photocopie du texte proposé pour gagner du temps lors de la préparation de l'épreuve orale.

Première partie : Bref échange de répliques entre Don Juan et Sganarelle

Première réplique de Sganarelle : « Quoi ! vous ne croyez rien du tout, et vous voulez cependant vous ériger en homme de bien ? » : doublement interrogative, marquée par son étonnement naïf, comique à deux niveaux :

– Concernant le personnage de Don Juan.
– Concernant l'ambiguïté de la morale.

Familiarité du ton : c'est un valet qui parle. Toutefois, décrochage, car ce valet adopte parfois un style plus soutenu.

Opposition entre la première partie de la phrase et la deuxième marquée par l'adverbe « cependant ». Sur le plan social et moral : « l'homme de bien », c'est l'homme qui croit. Dans la société de Molière, primauté en effet de la religion. Mais c'est une religion sociale. Sganarelle confond ce qui est de l'ordre du social et du privé (les marques extérieures de la dévotion // la sincérité de la foi), ce que Don Juan démontera plus loin.

Réplique de Don Juan, également interrogative, légère et familière au départ : « Et pourquoi non ? ». Il commence l'apologie de l'hypocrisie et dévoile son but : « pour abuser le monde ! », centrée d'abord sur l'importance de son « usage » : « il y en a tant d'autres comme moi ». « Qui se mêlent de ce **métier** » : image concrète qui présente l'hypocrisie non comme un défaut inné, mais comme une attitude volontairement assumée ; « et qui se servent du même **masque** » celui de la piété : théâtralité du personnage, théâtre dans le théâtre. Étymologie d'hypocrite : en grec *hupokrites* : acteur – il portait des masques sur scène. Phrase scandée par l'allitération en [m]) qui renforce la dimension rhétorique : « il y en a tant d'autres co**mm**e **m**oi, qui se **m**êlent de ce **m**étier, et qui se servent du **m**ê**m**e **m**asque, pour abuser le **m**onde ! »

Réplique exclamative comique de Sganarelle qui ne parvient pas à argumenter, et qui ne peut que répéter : « Ah ! quel homme ! quel homme ! ». Comique de caractère : le contraste entre les deux personnages.

Deuxième partie : la tirade de Don Juan

Tirade de Don Juan, morceau de bravoure, très difficile à jouer pour maintenir l'attention du public. En fait, sous le masque de Don Juan, c'est Molière qui prend polémiquement la parole, c'est l'auteur qui a eu à souffrir de la « cabale des dévots » à propos de *Tartuffe*, qui se fait ici plaisir.

Premier mouvement : développement général sur l'hypocrisie dans la société contemporaine de Molière.

Début ironique. Opposition entre le présent et le passé : « il n'y a plus », « maintenant ». Dogmatisme, ton assuré, usage de l'hyperbole dans les **paradoxes** affirmés. **Relativisation** ironique de la morale : « l'hypocrisie est un vice à la mode, et tous les vices à la mode passent pour vertus » : phrase marquée par rhétorique, jeux sonores : répétition (anadiplose), allitérations [v, s]. **Syllogisme** inversé : (majeure : « tous les vices à la mode passent pour vertus / mineure : or, « l'hypocrisie est un vice à la mode » / conclusion : donc, « il n'y a plus de honte maintenant à cela »). L'hypocrisie est celle des faux dévots. Molière, de mauvaise foi, feint, à travers son personnage, d'assimiler la vertu de la dévotion à son imitation mensongère. Opposition être / paraître, essence / existence.

Vocabulaire

- **Paradoxe :** Affirmation surprenante qui va à l'encontre de l'opinion courante, des préjugés, idées reçues.
- **Relativisation :** fait de considérer, réévaluer par rapport à autre chose.
- **Syllogisme :** raisonnement logique en trois étapes : on énonce deux propositions (les prémisses – majeure, mineure – dont on déduit une troisième : la conclusion.

Retour à la métaphore filée du théâtre qui était amorcée par celle du « masque » : « personnage » à deux reprises, « jouer » ; plus loin, « grimaces », « grimaciers », « singes » : caricature des gestes dévots. La « profession » d'hypocrite renvoie au « métier », devient « art » : pointe satirique. Toujours même sûreté du ton, hyperbole, présent de vérité générale, **style gnomique** qui n'admet pas de contradiction. Don Juan dénonce la supercherie, l'imposture de la société d'« aujourd'hui » : caractère ancré dans le temps des usages et des jugements moraux.

Vocabulaire

Style gnomique : sentencieux, qui exprime des vérités morales sous forme de proverbes ou de maximes souvent au présent de vérité générale.

Construction à la fois parallèle et antithétique : « **Tous** les autres vices des hommes sont exposés à la censure, // et **chacun** a la liberté de les attaquer hautement ; **mais** l'hypocrisie est un vice privilégié qui, de sa main, ferme la bouche à tout le monde » : hypocrisie allégorisée, transformée en censeur despotique (allusion évidente à la censure exercée contre le théâtre en général et *Tartuffe* en particulier par la Compagnie du Saint-Sacrement) pour critiquer « l'impunité souveraine » de ceux qui la pratiquent. Impunité garantie par solidarité des faux dévots, « gens du parti », désignés par le pronom indéfini, « on » : « qui en choque **un**, // se les attire **tous** sur les bras ».

Dans la phrase suivante, Don Juan/Molière introduit une prudente différence entre vrais et faux dévots grotesquement évoqués (« grimaciers » néologisme burlesque, « singes »), mais critique la naïveté des premiers, « toujours les **dupes** des autres » : « ils donnent **bonnement dans le panneau** des grimaciers, et appuient **aveuglément** les singes de leurs actions ». Effet de langage parlé : « ceux-là, **dis-je** » qui reste artificiel – rappel que le personnage parle sur scène.

Ample phrase périodique ensuite, interrogation rhétorique qui s'adresse à Sganarelle : du général, on passe progressivement au particulier ; expérience personnelle du personnage qui évoque le « stratagème » fréquent des faux dévots pour se racheter une conduite après « les désordres de leur jeunesse » (attaque personnelle contre anciens libertins célèbres, comme le prince de Conti, convertis de façon aussi brutale que spectaculaire ?). Métaphore filée du vêtement qui les couvre et les déguise : « rhabiller », « manteau de la religion », « habit respecté ». Insistance sur leur habilité : « adroitement » ; « ont la permission » : ironie mordante, surtout avec le contraste qui suit, hyperbole avec le superlatif renforcé : « d'être **les plus méchants hommes du monde** ».

Poursuite de la critique de ceux qui se laissent duper par les « grimaces » des dévots caricaturés en quelques gestes : « quelque baissement de tête, un soupir mortifié, et deux roulements d'yeux » : jeu de scène grotesque qui donne à voir et à se moquer. Selon Bergson, le rire naît de « la mécanique plaquée sur du vivant ».

Deuxième mouvement (de « c'est sous cette habits abri favorable » jusqu'à « autorité privée ») : l'usage particulier que Don Juan compte faire de ce « vice à la mode ».

Passage de la digression critique générale à l'usage que Don Juan, opportuniste se projetant dans le futur, compte faire de « ce vice à la mode » et du « manteau de la religion ». Encore une image concrète de l'hypocrisie : « sous cet abri favorable ». Ambiguïté de l'expression : « je veux me **sauver** ». Les Chrétiens cherchent effectivement à se sauver du mal, désirent leur salut. Mais c'est le salut social, et non divin, que recherche Don Juan, ce qu'exprime la trivialité de l'expression coordonnée : « mettre en sûreté mes affaires ». Le libertin le reste clandestinement et devient Tartuffe : portrait satirique du parfait faux dévot ; application concrète de l'hypocrisie sociale, vocabulaire de la dissimulation : « Je ne quitterai point mes douces habitudes ; mais j'aurai soin de me cacher, et me divertirai à petit bruit », satire appuyée par la musicalité, assonance en [i].

Illustration personnelle de ce qui était dénoncé plus haut, et du pouvoir exorbitant de la cabale dans une proposition hypothétique potentielle : « **Que si je viens à être découvert** (participe passé polysémique avec encore sous-jacent le thème du vêtement), je verrai, sans me remuer, prendre mes intérêts à toute la cabale, et je serai défendu par elle envers et contre tous ».

L'adverbe « enfin » prolonge et parfait l'argumentation autour des masques de Don Juan, qui jouera Tartuffe – avant la péroraison. Retour du thème de l'impunité : « c'est là le vrai moyen de faire **impunément** tout ce que je voudrai », lié à l'intolérance, l'intransigeance. Effets de contraste, jeu entre minoration et majoration de l'expression : « jugerai **mal** de *tout le monde*, // et n'aurai **bonne** opinion que de *moi*. Dès qu'une fois on m'aura **choqué** *tant soit peu* (minoration), // **je ne pardonnerai** *jamais* (majoration), et garderai **tout doucement** (minoration) // une haine **irréconciliable** (majoration) ». Emphase ironique avec rappel du jeu des masques et de l'acteur : « Je ferai le (*je jouerais le rôle du*) vengeur des intérêts du ciel ».

Après le portrait en action du futur parfait faux dévot, explication de son utilité : « sous ce prétexte commode ». Structure ternaire avec crescendo rythmique, pleine d'emphase, suivie d'une autre structure ternaire. Rhétorique que l'on retrouve dans les micro-structures, avec les antithèses. Importance du regard social. Encore satire violente (hyperboles) des dévots qui se laissent aveugler et qui crient avec les faux, de leur orgueil, de leur intransigeance, de leur fanatisme : « zélés indiscrets, qui, sans connaissance de cause crieront en **public** contre eux (1), qui les accableront d'injures (2), et les damneront hautement de leur autorité **privée** (3).

Troisième mouvement (dernière phase) : péroraison.

« C'est ainsi » conclusif : péroraison à l'ampleur croissante en forme de « pointe », marquée par un cynisme à l'emphase ironique et la recherche musicale (allitération en [s]. Style gnomique du moraliste mais antimorale exhibée : « <u>C</u>'est ainsi qu'**il faut** profiter des **faible<u>ss</u>es des hommes**, et qu'un **<u>s</u>age e<u>s</u>prit** s'accommode aux vi<u>c</u>es de son <u>s</u>iècle ». Effondrement des valeurs morales au nom de la sagesse, détournée, subvertie, et des accommodements faciles.

<u>Troisième partie : la réplique du valet</u>

Réplique du valet, tout à fait comique, comme celles qui ont précédé la tirade de Don Juan. Étonnement, naïf, scandalisé de celui qui reste dans les normes, qui respecte les codes et les valeurs religieuses. Usage de l'exclamation emphatique et de l'interrogation rhétorique (« Ô ciel ! qu'entends-je ici ? »), critique hyperbolique (« Il **ne** vous manquait plus que d'être hypocrite, pour vous achever de tout point, et voilà le **comble des abominations** ») prêtées de façon parodique au valet qui closent grotesquement l'extrait.

Conclusion

Réponse à la problématique, élargissement facultatif.

Chapitre 10 Œuvres et parcours

Œuvre 1 Colette, *Sido*, 1930, et *Les Vrilles de la vigne*, 1908

1 Résumé des œuvres

SIDO	Sido	L'œuvre s'ouvre sur un chapitre consacré à la **mère, Sido**. L'autrice dresse tout d'abord le **portrait** d'une femme aimant la province. On apprend alors qu'elle a du caractère, qu'elle est fantaisiste et qu'elle apprécie peu les tâches ménagères. Ce que l'autrice souligne surtout, c'est le **rapport particulier que sa mère entretient avec son jardin**. Celui-ci lui offre un véritable apaisement et constitue pour elle un **havre de paix**. Par cette description du jardin, on ressent toute l'**admiration** que la fillette a pour sa mère qui apparaît comme un être exceptionnel. Ainsi, **la célébration de la nature s'entremêle à celle de la mère**. La jeune fille évoque aussi le souvenir d'une visite à Adrienne, l'« amie singulière » et qui a été pour elle une première expérience de la séduction.
	Le capitaine	Si la figure de la mère irradie dans tout le livre, cette deuxième partie est davantage consacrée au **père, Jules-Joseph Colette**. L'autrice précise d'emblée qu'elle a peu connu son père et tente de **reconstruire** son portrait à partir de ce qu'elle pense qu'il était. On apprend tout d'abord qu'il était très amoureux de Sido, qu'il était capitaine dans l'armée, qu'il a participé à la guerre et qu'il était, contrairement au reste de sa famille, citadin. La narratrice partage aussi avec le lecteur des **souvenirs d'enfance** tels qu'une partie de campagne, des chansons ou des échanges sur ses habits. Cette partie se termine sur une visite de l'autrice, adulte, rendant visite à Mme B., capable de communiquer avec les esprits.
	Les sauvages	Cette dernière partie est consacrée à ses **frères, Achille et Léo**, et sa **demi-sœur Juliette**. On apprend qu'au moment de l'écriture, son frère aîné est décédé. Elle confie avoir dû questionner sa mère pour en savoir davantage sur ses frères. On apprend qu'Achille entreprendra des études de médecine tandis que Léo se détournera de la musique. Enfin, elle évoque leurs **jeux** et taquineries d'enfants.
LES VRILLES DE LA VIGNE	Cette œuvre rassemble un **ensemble de textes** écrits à des époques différentes mais pour la plupart en 1907-1908. Ce sont des textes brefs dans lesquels nous retrouvons des dialogues de bêtes mais aussi des évocations de la nature, des méditations sur l'amour, la solitude, la liberté ou encore le passage du temps.	

Colette
(1873-1954) :
- Naît le 28 janvier 1873, meurt le 3 août 1954.
- En 1893, elle épouse Henri Gauthier-Willars, écrivain plus âgé connu sous son nom de plume Willy.
- En 1900, Colette publie son premier roman *Claudine à l'école* sous le nom de son mari.
- En 1906, elle divorce et commence à signer ses œuvres.
- En 1945, elle est élue membre de l'académie Goncourt.

2 Les personnages dans *Sido*

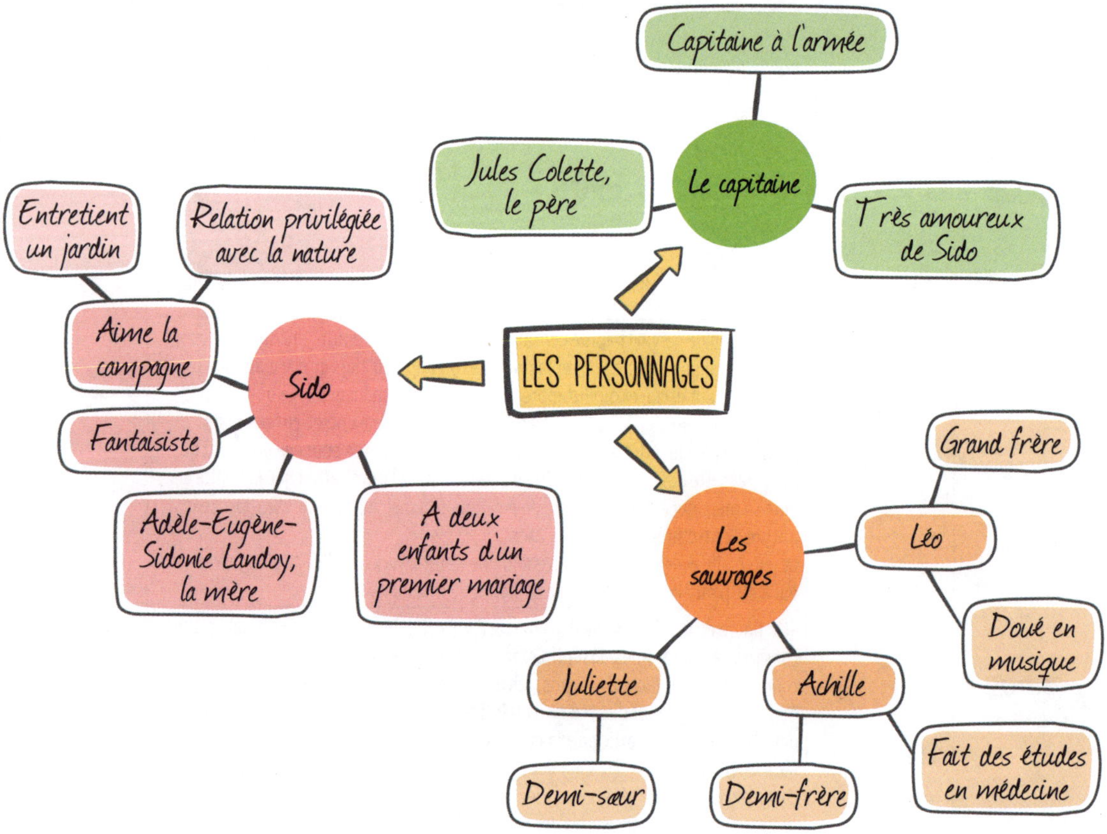

Pour aller plus loin

• Des récits autobiographiques ?

Les Vrilles de la vigne est un **recueil d'articles** dans lequel Colette ne revient ni sur son passé ni ne tente d'analyser sa personne. On retrouve au contraire des textes qui s'apparentent à des **contes**, des **chroniques**, des **poèmes en prose** ou encorc des **scènes de théâtre**. En cela, cette œuvre n'est pas un récit autobiographique.

Dans *Sido*, si Colette semble se consacrer au portrait de sa mère, elle n'en fait pas moins un véritable **autoportrait** de l'enfant qu'elle a été et plus particulièrement pendant la période entre huit et douze ans. L'écriture est alors le moyen de **retrouver ce temps passé** et de retourner, par les souvenirs et les mots, dans le village de son enfance. En cela, *Sido* apparaît bien comme un **récit autobiographique**.

• Le rossignol

Ce texte, qui sert d'introduction au recueil *Les Vrilles de la vigne*, annonce les **thèmes majeurs** que le lecteur va retrouver : l'**aspiration à la liberté** et le **refus des contraintes**. Cette œuvre marque un tournant dans sa carrière puisqu'elle lui permet de s'affirmer en tant que femme suite à son divorce avec Willy.

Ce texte est constitué de **deux parties**, une anecdote et l'explicitation de cette anecdote. Le lecteur doit comprendre qu'il ne faut pas se laisser enfermer par les habitudes comme l'a fait le rossignol mais que l'apprentissage de la liberté ne sera pas sans douleur.

...

…

• La reconstruction du lieu

Dans *Sido* et *Les Vrilles de la vigne*, le **lieu de l'enfance** est constamment idéalisé par la jeune fille. Le lecteur est alors invité au sein de ce lieu par les mots qui le décrivent. Il peut en découvrir les mêmes sensations : « Viens, toi qui l'ignores, viens que je te dise tout bas : le parfum des bois de mon pays égale la fraise et la rose ». Les mots permettent alors de **reconstituer** le lieu et ainsi de le faire revivre.

Parcours La célébration du monde

• La célébration

Célébrer consiste à **louer** quelque chose, à en faire l'éloge dans le but de l'honorer. La célébration implique donc une **description méliorative** et tout un **vocabulaire laudatif** propre à mettre en avant les qualités et ainsi de les faire constater aux yeux de tous.

La célébration s'apparente aussi à une **fête**. Elle est un moment collectif de joie permettant une **union**. Colette, par sa célébration du monde, crée une union avec le lecteur qu'elle invite à poser un nouveau regard sur ce lieu.

• La célébration du monde

Dans ces deux œuvres, Colette ne cesse de célébrer le monde qui l'entoure et plus particulièrement la **nature**. Cela commence par la beauté du jardin de sa mère pour ensuite s'étendre à l'univers. La **beauté du paysage** est ainsi retranscrite par la **poésie des mots** qui nous font entendre les bruits, sentir les odeurs…

Colette observe le monde avec **minutie** afin d'en saisir toutes les nuances et le retranscrit par un **vocabulaire précis** sur la nature qui l'entoure. Elle fait preuve d'un regard attentif. D'autre part, c'est bien par des associations avec la nature que l'autrice développe sa **conception de la vie** puisqu'elle n'hésite pas à se comparer au rossignol dans *Les Vrilles de la vigne*.

Ce paysage célébré est aussi l'expression des émotions intimes de la jeune fille puisqu'on le découvre par le prisme de son regard. À l'instar des auteurs romantiques, elle nous dévoile, par sa perception du monde, son **paysage intérieur**.

Pour aller plus loin

Le *locus amoenus* est une expression latine désignant un lieu idyllique. On retrouve fréquemment cette thématique dans les œuvres littéraires pour décrire un lieu idéalisé où règnent bien-être, confort et sécurité. Le jardin de Sido semble bien être un *locus amoenus*.

Œuvre 2 L'Abbé Prévost, *Manon Lescaut*, 1731

1 Résumé des œuvres

AVIS DE L'AUTEUR	L'auteur explique qu'il a choisi de publier à part l'*Histoire de Des Grieux et de Manon Lescaut* du reste des *Mémoires et aventures d'un homme de qualité* afin de ne pas briser le rythme de ses *Mémoires*. Il se concentre sur le personnage de **Des Grieux** qu'il présente comme « un exemple terrible de la force des passions ». Puis il réfléchit à la difficulté à **mettre en pratique des principes moraux** qui sont pourtant estimés.
PREMIÈRE PARTIE	**Renoncour**, l'homme de qualité, raconte sa rencontre avec Des Grieux qu'il a croisé à Pacy-sur-Eure lors de l'arrivée d'un convoi de filles de joie déportées en Louisiane. Des Grieux ne dévoile pas leur identité mais lui confie sa tentative pour **délivrer Manon** en suivant le convoi. Touché, Renoncour lui donne un peu d'argent et poursuit sa route. Deux ans plus tard, Renoncour rencontre de nouveau Des Grieux à Calais. Ce dernier accepte de lui **raconter son histoire**. On apprend alors que Des Grieux a eu un véritable **coup de foudre** pour Manon et qu'ils s'enfuient ensemble. Mais après quelques semaines à vivre leur amour et sans réserve financière, Manon le trompe avec **M. de B...** qui est vieux mais riche. Le père de Des Grieux envoie ses laquais afin de ramener son fils à la maison. Il reprend alors ses études de théologie mais Manon le retrouve. Il quitte tout pour partir avec elle. Ils s'installent ensemble à Chaillot et rencontrent **Lescaut**, le frère de Manon. Ce dernier est prêt à prostituer sa sœur pour avoir plus d'argent. Leur maison brûle et l'argent commence à manquer. Manon **tend alors un piège** à **M. de G. M.** à qui elle a promis de se vendre pour finalement lui voler ses biens. Ce dernier les dénonce à la police et Des Grieux et Manon sont enfermés. Des Grieux s'évade et parvient à libérer Manon avec l'aide de Lescaut et de **M. de T.** Lescaut meurt lors d'une bagarre. Des Grieux recontacte son ami **Tiberge** afin de lui réclamer une aide financière.
SECONDE PARTIE	Manon souhaite **se venger** de M. de G. M. en séduisant et dupant son fils. Mais finalement, elle apprécie de **vivre dans le luxe** et envoie alors une lettre à Des Grieux lui disant qu'elle ne le rejoindra pas. Des Grieux la menace de la quitter ou de se tuer. Elle accepte alors de le rejoindre. Le vieux G. M. **les fait enfermer** au Châtelet mais le père de Des Grieux intervient et parvient à obtenir la libération de son fils tandis que Manon sera envoyée en **exil** au Mississippi. Des Grieux suit donc le convoi et embarque pour l'Amérique. À la colonie, on les croit mariés. Des Grieux demande à régulariser cette situation mais le gouverneur refuse car son neveu est amoureux de Manon. Des Grieux s'en prend alors au neveu et s'enfuit dans le désert avec Manon. Manon, épuisée, meurt. Deux mois plus tard, Tiberge vient retrouver Des Grieux et les deux amis rentrent ensemble. C'est là qu'il rencontre pour la deuxième fois Renoncour.

L'Abbé Prévost

(1697-1763) :

- Il est ordonné prêtre en 1726.
- Il rencontre des ennuis avec la censure et s'exile pendant deux ans en 1740.
- Le pape lui octroie un prieuré près du Mans.

2 Les personnages

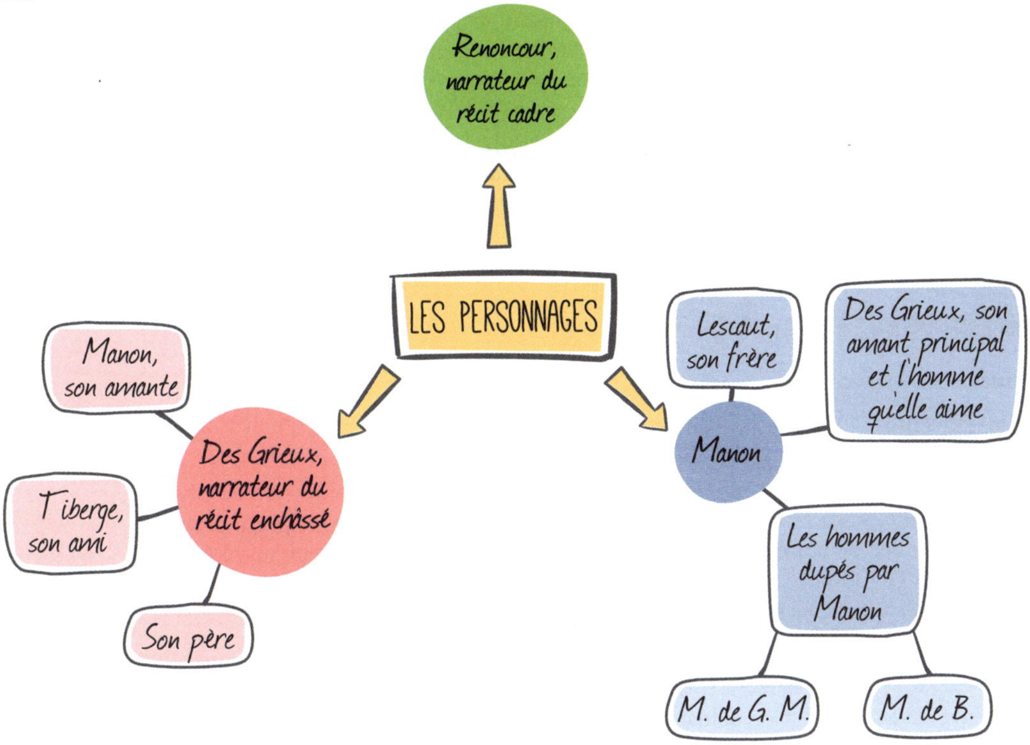

Pour aller plus loin

- **Le libertinage**

Le mot **libertinage** désigne la liberté de l'esprit en matière de pensée religieuse ou de mœurs. Au XVIIIe siècle, il est employé pour nommer un comportement humain mais aussi un **courant littéraire**.

L'œuvre *Manon Lescaut* restitue tout un **milieu social**, immoral et corrompu, caractéristique de l'époque. Dans la société au sein de laquelle évoluent Manon et Des Grieux, les hommes semblent être seulement motivés par la seule notion de plaisir sans aucune considération pour le bien et le mal. Si Manon s'adapte rapidement à ce milieu, Des Grieux finira à son tour par y succomber et le lecteur sera le témoin de sa **déchéance**.

- **L'argent**

Pour parvenir à **assouvir ses désirs**, il faut de l'argent. L'**argent** est ainsi omniprésent au sein de la société. En effet, **tout se monnaye**, des baisers de Manon à la corruption des gardiens de prison. Manon est incapable d'être heureuse sans luxe. À plusieurs reprises, elle privilégie le confort à l'amour sincère qu'elle éprouve pour Des Grieux.

Mais les plus riches sont aussi critiqués car ils n'hésitent pas à profiter de la pauvreté de Manon pour assouvir leurs envies. En effet, les plus vieux ne parvenant plus à séduire les jeunes femmes compensent ce manque en recourant à la prostitution. Manon, véritable courtisane, sera assimilée à n'importe quelle prostituée lorsqu'elle sera déportée par convoi en Amérique.

...

...

- **Une histoire d'amour**

Manon et Des Grieux font partie des **couples mythiques** de la littérature. En effet, le jeune homme est entièrement asservi par sa passion et est prêt à tous les sacrifices pour la femme qu'il aime. Si Manon est plus frivole, elle semble malgré tout sincèrement attachée à Des Grieux.

Leur passion, parce qu'elle apparaît **instinctive et naturelle**, semble vraie. Mais surtout, cette passion leur sera **fatale** en les conduisant à leur perte. En effet, Des Grieux devient un criminel par amour et Manon finira par mourir.

Parcours Personnages en marge, plaisirs du romanesque

- **Personnages en marge**

Être en marge signifie être à l'écart. Les personnages en marge sont donc ceux qui ne s'intègrent pas à la société : il s'agit ici principalement des bandits, des tricheurs et des prostituées.

Manon est une **courtisane**, c'est-à-dire qu'elle accepte de vivre avec un homme en échange de son argent. Pour elle, seule la **fidélité du cœur** compte, celle du corps lui importe peu. Cela explique pourquoi elle peut aimer Des Grieux tout en vendant son corps à un autre homme. Elle dit d'ailleurs à Des Grieux que si elle fait cela, c'est pour qu'il puisse être heureux puisque, pour elle, **bonheur et richesse sont indissociables**.

Des Grieux est issu d'une bonne famille de la jeunesse picarde. Mais sa passion pour Manon va le mener à sa perte et le conduit à devenir un véritable escroc.

Lescaut, le frère de Manon, est un soldat fanfaron qui recherche de l'argent dans le jeu quitte à tricher.

M. de B. et M. de G. M. sont des **personnages influents** qui, face au charme de Manon, vont profiter de leur situation sociale afin de parvenir à leur but.

- **Plaisirs du romanesque**

Manon Lescaut est avant tout le récit de Des Grieux. Prévost a utilisé la forme des **mémoires** qui lui permet de présenter son récit comme un témoignage.

On retrouve aussi les caractéristiques du **roman picaresque** qui allie épisodes extraordinaires et exagérations au sein d'un récit rythmé. Le picaresque désigne des œuvres où domine le thème du **marginal rusé** qui, face à une société hostile, a recours à différents masques pour s'adapter aux situations auxquelles sa vie itinérante le confronte.

Le roman est constitué de nombreuses **analepses** et **prolepses** qui rythment le récit et annoncent ainsi la **fin tragique**. Ainsi, l'œuvre s'ouvre *in medias res* sur la scène du convoi qui marquera la fin du récit.

Pour aller plus loin

Le **roman libertin** reprend la trame du jeune noble initié à la sensualité par une femme légère et plus expérimentée (ou l'inverse). On retrouve ce schéma dans l'œuvre *Les Liaisons dangereuses* de Choderlos de Laclos avec les personnages de Mme de Merteuil et du chevalier Danceny.

Œuvre 3 Balzac, *La Peau de chagrin*, 1831

1 Résumé de l'œuvre

LE TALISMAN	Un après-midi d'octobre 1830, un jeune homme entre dans une maison de jeu du Palais Royal à Paris afin d'y jouer sa dernière pièce. Après l'avoir perdue, il décide de **mettre fin à son existence** misérable en se jetant dans la Seine. Mais pour cela, il attend la nuit afin de ne pas être vu. Il erre alors dans la rue et finit par entrer dans une boutique d'antiquités. En discutant avec **l'antiquaire**, il lui confie son projet de mourir. L'antiquaire lui offre alors une **peau de chagrin** qui aurait le pouvoir de réaliser tous les vœux de celui qui la détient. Mais en contrepartie, la vie du détenteur s'amenuise un peu plus à chaque souhait. Le jeune homme accepte et formule son premier vœu qui est d'assister à une orgie. En sortant du magasin, il croise des amis qui se rendent au banquet du banquier Taillefer. Le vœu de **Raphaël de Valentin** (le lecteur connaît à présent son nom) se réalise alors. Lors de la soirée, Raphaël boit et échange avec des courtisanes. Il finit par se confier à son ami Émile sur son projet de suicide et lui fait alors le **récit de sa vie passée**.
LA FEMME SANS CŒUR	On apprend que sa mère est décédée tôt et qu'il a suivi les choix d'un père autoritaire. Pour aider son père financièrement, il choisit de vendre la majeure partie de l'héritage de sa mère. Son père est sauvé du déshonneur mais ne supporte pas la ruine de son fils. Il meurt de chagrin en 1826. Raphaël se retrouve alors **seul et ruiné**. Il s'installe dans une mansarde et consacre son temps à l'écriture. Raphaël est séduit par **Pauline Gaudin**, fille de la propriétaire de l'hôtel, mais se refuse de l'épouser car il rêve de vivre dans le luxe. En décembre 1829, Raphaël croise son ami **Rastignac** qui lui présente la riche comtesse **Foedora** dont il s'éprend immédiatement. Il lui rend régulièrement visite mais l'attachement n'est pas réciproque. Sous l'influence de Rastignac, il accepte de rédiger de faux-mémoires afin de gagner de l'argent. Il continue de fréquenter la comtesse mais découvre rapidement qu'elle se moque de lui. Raphaël interrompt alors son récit et repense à la peau de chagrin. Il fait le vœu de recevoir une grosse somme d'argent. Si son souhait est exaucé en apprenant qu'il a hérité d'un oncle, il découvre aussi que son talisman a rétréci.
L'AGONIE	En décembre 1830, Raphaël vit reclus dans un hôtel luxueux. Il s'en remet à son domestique **Jonathas** et refuse toute visite afin de ne pas risquer d'émettre un souhait. Il accepte exceptionnellement de recevoir **Porriquet**, son ancien professeur, mais formule par mégarde un souhait faisant rétrécir davantage la peau de chagrin. Raphaël choisit de se rendre au théâtre où il y croise ses amis mais surtout Pauline qui est devenue riche. Raphaël et elle peuvent alors vivre pleinement leur amour. Mais le talisman continue de diminuer car tout désir, même non formulé, est pris en compte. Voyant sa santé faiblir, Raphaël lui révèle tout. Celle-ci, comprenant qu'elle est la cause de ses désirs, tente de se suicider afin d'épargner le jeune homme. Mais Raphaël l'en empêche et meurt en la mordant au sein.
ÉPILOGUE	Le narrateur explique que Pauline représente l'idéal et Foedora la société.

Honoré de Balzac

(1799-1850) :

- Naît le 20 mai 1799, meurt le 18 août 1850.
- Après ses études, Balzac refuse de devenir notaire. Sa famille accepte qu'il se lance dans le domaine littéraire.
- Il écrit de nombreuses œuvres mais est couvert de dettes.
- À partir des années 1832-1833, il commence à réfléchir au grand projet que sera *La Comédie humaine.*

2 Les personnages

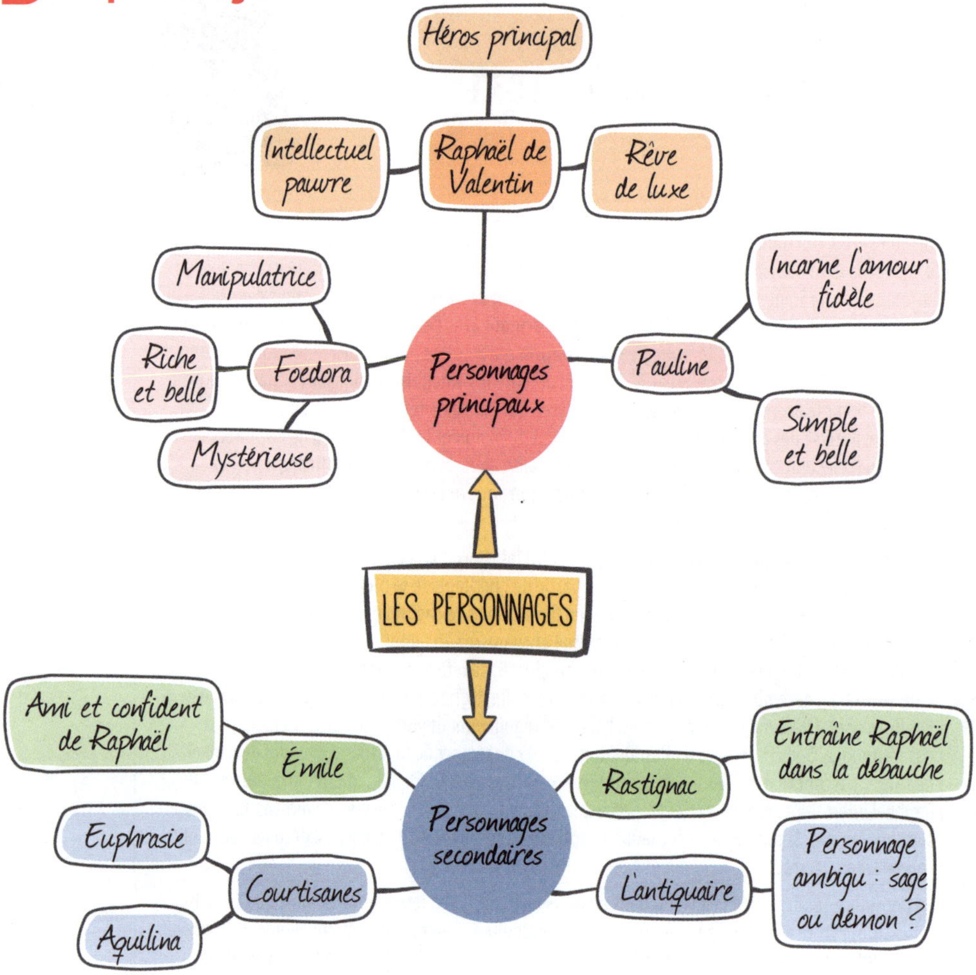

Pour aller plus loin

- **Un récit fantastique**

Le fantastique est **l'intrusion du surnaturel au cœur du quotidien.**

L'élément fantastique principal est la peau de chagrin qui est présentée comme inaltérable. De plus, on lui reconnaît un **véritable pouvoir magique** puisqu'elle permet d'exaucer n'importe quel vœu de son propriétaire. C'est ainsi que Raphaël assistera au banquet de Monsieur Taillefer et qu'il recevra un héritage inattendu. Mais si elle exauce les souhaits explicitement formulés, elle réalise aussi les **moindres désirs du personnage** malgré lui. D'autre part, l'antiquaire apparaît aussi comme un personnage fantastique, véritable **envoyé du diable**.

L'action se déroule dans une époque tout à fait réelle : le **Paris des années 1830**. La ville de Paris est mentionnée par ses rues, ses monuments, ses ponts et permet ainsi au lecteur de **se repérer avec précision** au sein de la capitale. D'autre part, la **chronologie** est elle aussi précise. Le roman est jalonné par des dates qui nous permettent de reconstruire dans le temps la vie de Raphaël.

...

…

• Le mythe de Faust

Le **mythe de Faust** trouve sa source dans la vie du docteur Johann Faust qui intriguait par ses pratiques occultes. Il aurait révélé avoir passé un **pacte avec le diable**.

À son tour, Raphaël passe un pacte avec le diable en acceptant de prendre la peau de chagrin. L'antiquaire lui explique qu'à chaque vœu exaucé, la peau rétrécira et la vie de son propriétaire diminuera. Il précise aussi que jusqu'à ce jour personne n'a accepté ce pacte.

La peau de chagrin représente le **désir**. Celui pour l'argent qui est érigé par la société comme valeur suprême (Raphaël ne peut concevoir l'amour sans argent) mais aussi le désir physique puisque la peau diminue chaque fois que Raphaël désire Pauline.

Parcours Les romans de l'énergie : création et destruction

• Les romans de l'énergie

Balzac pense que tout homme possède à sa naissance une certaine quantité d'**énergie vitale**. La vie va ainsi consister à utiliser cette énergie jusqu'à la mort. Il réfléchit alors sur la possibilité d'**influencer ce processus** (que ce soit en le ralentissant ou en l'accélérant) mais aussi sur les éventuelles **conséquences** d'une telle intervention.

Dans *La Peau de chagrin*, le **talisman** devient la métaphore de cette énergie qui diminue et qui est ainsi dépensée de vœu en vœu. Le roman illustre aussi les conséquences d'un tel acte. En voulant influencer son destin, Raphaël va perdre le contrôle de sa vie qui va se consumer plus rapidement.

• Création et destruction

Création et destruction sont deux termes qui **s'opposent**. La création est l'acte consistant à produire et à former un être ou une chose qui n'existait pas auparavant. La création peut aussi renvoyer à la figure divine, créatrice de toutes choses. À l'inverse, la destruction implique la perte.

Avec la peau de chagrin, Raphaël devient un véritable **créateur** puisqu'il peut influencer son destin qui est normalement entre les mains de Dieu. Mais cet acte s'accompagne d'une **destruction essentielle** qui est celle de sa vie. En effet, s'il peut connaître la richesse, l'amour, la gloire, il ne peut pas prolonger sa vie et au contraire la diminue. L'homme ne peut pactiser avec le diable sans en subir de **tragiques conséquences**. Pour Balzac, l'énergie représente le pouvoir de la création mais elle détient aussi le **pouvoir de détruire**.

Pour aller plus loin

La Peau de chagrin revêt une dimension autobiographique. En effet, nous pouvons reconnaître Balzac dans le personnage de Raphaël. Dans la deuxième partie, lorsque ce dernier fait le récit de sa vie, nombreux sont les événements que Balzac a véritablement vécus.

Œuvre 4 Rabelais, *Gargantua*, 1534

1 Résumé de l'œuvre

Prologue	L'auteur s'adresse au lecteur et lui demande de ne pas se fier à l'apparence triviale du livre mais de chercher la « **substantifique moelle** ».
La naissance de Gargantua Chapitres 1 à 7	**Alcofibras**, le narrateur, rappelle qu'il a déjà donné la généalogie de Gargantua dans l'œuvre *Pantagruel*. Il fait ensuite le portrait de **Gargamelle et Grandgousier, parents de Gargantua**. On apprend que l'enfant est resté onze mois dans le ventre de la mère et que celle-ci a accouché après avoir abusé de tripes. Gargantua sort alors par l'oreille gauche de sa mère et crie « À boire ! À boire ! À boire ! » dès sa naissance.
L'enfance de Gargantua Chapitres 8 à 24	Un intérêt est accordé aux habits donnés à Gargantua. On apprend que ses couleurs sont **le blanc et le bleu** et cela donne lieu à une digression sur la symbolique des couleurs. Le jeune homme se fait ensuite remarquer positivement par son père avec son invention, le « torche-cul ». Son père décide alors de lui donner un précepteur. Après avoir reçu un enseignement ennuyeux de **Thubal Holoferne** puis de **Jobelin Bridé**, Gargantua est confié à **Ponocrates**, pédagogue moderne.
La guerre picrocholine Chapitres 25 à 49	Une altercation entre les fouaciers de Lerné ayant pour roi **Picrochole** et les bergers de Grandgousier est à l'origine de la **guerre picrocholine**. Picrochole attaque alors l'abbaye de Seuilly que le moine **Frère Jean des Entommeures** parvient à défendre à lui seul. Grandgousier envoie un ambassadeur, **Ulrich Gallet**, à la rencontre de Picrochole afin de le raisonner et de lui rappeler le traité d'amitié conclu entre les deux rois. Mais, sous l'influence de Toucquedillon, **Picrochole s'obstine à vouloir faire la guerre**. Gargantua rejoint alors son père et fait prisonnier Toucquedillon. Ce dernier sera renvoyé à Picrochole avec des cadeaux dans le but de retrouver la paix, mais Picrochole ordonne son exécution immédiate. Gargantua remporte alors la dernière bataille, entraînant la fuite de Picrochole.
Après la guerre, l'abbaye de Thélème Chapitres 50 à 58	Pour récompenser Frère Jean, Gargantua l'autorise à fonder son abbaye à Thélème. Il fait alors construire une abbaye somptueuse dans laquelle la seule règle est « **Fais ce que tu voudras** ». L'œuvre se termine par la découverte d'un **texte énigmatique** dans les fondements de l'abbaye.

François Rabelais
(1494-1553) :
- D'abord moine, il étudie le droit mais abandonne rapidement la vie monastique.
- Il se consacre alors à ses études de médecine. Une fois diplômé, il exerce à l'hôpital et édite des textes de droit et de médecine.
- En 1532, il publie l'œuvre *Pantagruel* dans laquelle il met en scène le fils de Gargantua.

2 Les personnages

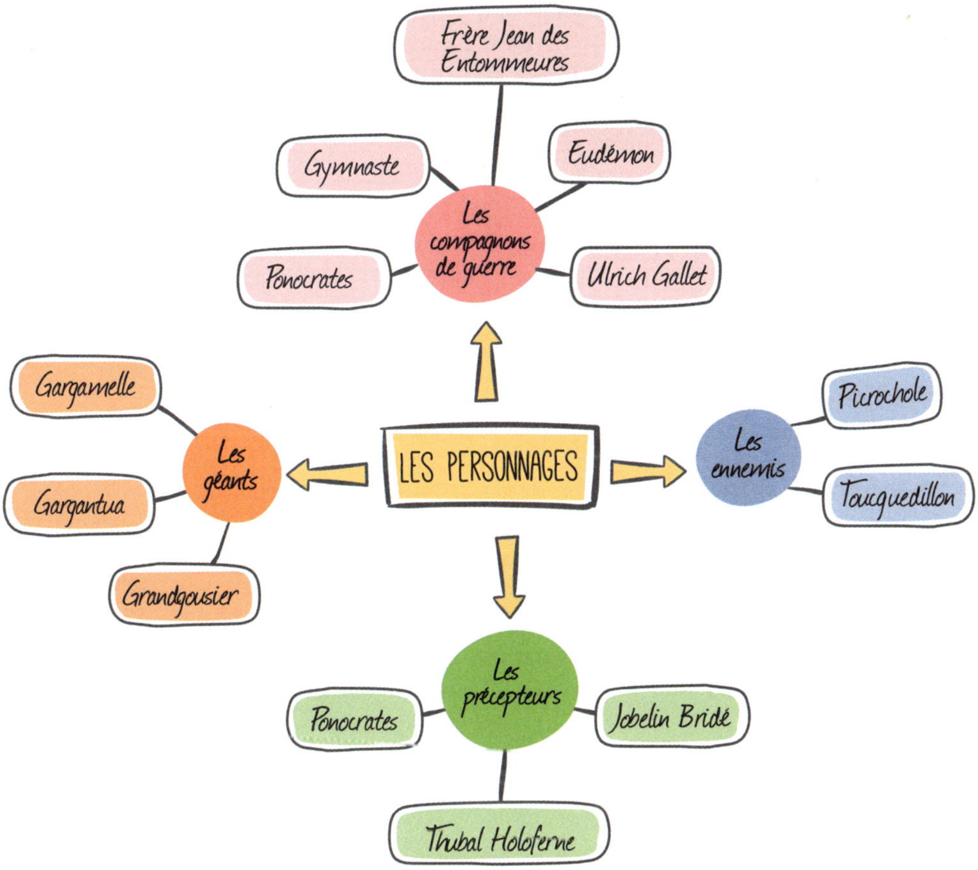

Pour aller plus loin

- **Le modèle humaniste**

L'éducation est au cœur des préoccupations humanistes. Les pédagogues modernes respectent la nature de l'enfant et l'aident à se perfectionner. Ils accordent autant d'importance au **développement de l'esprit** qu'au **soin du corps**. Loin de pousser l'élève à apprendre par cœur, on lui apprend au contraire à réfléchir et à faire preuve d'**esprit critique**.

D'autre part, les humanistes encouragent un **retour vers les œuvres antiques**. Les auteurs latins et grecs deviennent alors des modèles à suivre.

- **Le gigantisme**

Rabelais choisit comme **personnages principaux** des **géants** auxquels il donne des traits humains.

Les dimensions des géants sont avant tout **au service du registre comique** de l'œuvre. L'effet comique naît essentiellement du décalage entre les dimensions du géant et celles du milieu dans lequel il est plongé. Cela apparaît quand Gargantua manque de manger des pèlerins cachés dans sa salade. De plus, l'évocation de **quantités gigantesques** souvent soulignées par des **hyperboles** renforce l'**effet comique**.

...

...

• La critique de l'éducation médiévale

La **scolastique** est l'enseignement philosophique qui fut donné en Europe du Xᵉ au XVIᵉ siècle et qui consistait à relier les dogmes chrétiens à la philosophie traditionnelle.

Elle se caractérise par :

- l'étude des arts libéraux : le trivium (grammaire, rhétorique, dialectique) et le quadrivium (arithmétique, géométrie, astronomie, musique) ;
- le commentaire des commentaires (ce qui éloigne du texte d'origine) ;
- l'initiation logique, qui est censée renforcer la foi.

Au Moyen Âge, **les études sont livresques**, sans rapport avec la vie ni avec la connaissance du monde. Elles consistent en un seul appel à la mémoire mécanique et non à l'intelligence.

Parcours Rire et savoir

• Le rire

Le rire a un **rôle divertissant**. Il procure du plaisir lors de la lecture et crée une complicité entre le lecteur et le narrateur. Il est une **réaction physique**.

Mais le rire peut être aussi plus mordant et servir la **critique**. En effet, le rire permet de se moquer et de **tourner en dérision** un personnage ou une situation. On le retrouve dans la satire qui est une critique moqueuse.

Au XVIᵉ siècle, le rire est associé à la **culture carnavalesque**. Le carnaval est une fête lors de laquelle les hiérarchies habituelles sont inversées : on se moque de ce qui est sérieux, comme par exemple l'Église.

Le rire dans *Gargantua* repose souvent sur un comique de **farce**, d'où les nombreuses références au bas corporel.

• Le savoir

Le savoir est l'ensemble des **connaissances acquises** par l'étude, par l'observation, par l'apprentissage et/ou par l'expérience. Le savoir est ce qui permet d'**élever** l'homme et ainsi de le rendre meilleur.

Au XVIᵉ siècle, le savoir implique autant le **soin de l'esprit** que le **soin du corps**. On développe de nouvelles pédagogies afin de s'émanciper des apprentissages du Moyen Âge (qui reposaient principalement sur un travail de mémoire) et ainsi encourager l'élève à réfléchir par lui-même.

Dans l'Antiquité, le poète Horace soulignait par son principe ***placere docere*** (« plaire et instruire ») la nécessité de proposer un texte divertissant au lecteur afin d'en favoriser l'instruction. Le rire serait alors un **moyen de transmission du savoir**, il permettrait de véhiculer, de façon plaisante, un enseignement au lecteur. Mais il semble aussi **s'opposer au savoir**. Lorsqu'on rit, on manque de sérieux, on se déconcentre et on empêche ainsi la progression de l'apprentissage. Le rire peut alors apparaître comme un contrepoint léger afin de mettre en lumière des discours plus sérieux.

Pour aller plus loin

L'**apologue** est un genre argumentatif qui se soucie de la forme pour délivrer une leçon. En font partie les **contes philosophiques** de **Voltaire** dont le rire a pour but de dénoncer les dérives de son temps ou encore les **fables** de **La Fontaine** qui associent un récit divertissant à une morale et dont l'enjeu initial était l'éducation des enfants.

Œuvre 5 La Bruyère, *Les Caractères*, Livres V à X, 1696

1 Résumé de l'œuvre

« DE LA SOCIETÉ ET DE LA CONVERSATION » Livre V	Ce livre évoque les différentes **attitudes en société** et les **types de locuteurs**. Il formule aussi les règles qui devraient régir la conversation. Le moraliste montre que **la parole est étroitement liée à l'esprit** et que celui qui manque d'esprit va utiliser la conversation pour dominer, rabaisser ou attirer l'attention sur lui. Le chapitre se clôt sur la **figure du sage** reculé du monde.
« DES BIENS DE FORTUNE » Livre VI	Le moraliste révèle que la société est dominée par l'**argent**. L'homme n'est pas jugé selon son « mérite personnel » (chapitre II) mais selon ses biens. De fait, on veut être proche de celui qui est riche et, par la même occasion, on souhaite qu'il échoue. Il dénonce alors l'idée que l'homme passe sa vie à courir après l'argent, qu'il est prêt à tout pour en avoir plus, même lorsqu'il a déjà une fortune importante.
« DE LA VILLE » Livre VII	La ville de Paris est décrite comme un véritable **théâtre** où chacun s'apprête et joue son rôle. Peu importent la sagesse et la vertu, ce qui compte est de **se faire remarquer**. Ce chapitre fait ainsi écho au thème du *theatrum mundi* faisant du monde un théâtre au sein duquel chacun tient son rôle.
« DE LA COUR » Livre VIII	La Bruyère peint un tableau de la **cour de Louis XIV**, avec ses règles et ses codes. Il dresse alors un portrait du courtisan, véritable **prodige du paraître**. Pour conserver honneur et vertu, il semble nécessaire de fuir la cour.
« DES GRANDS » Livre IX	L'auteur brosse un portrait accablant des grands du royaume qui apparaissent **orgueilleux, corrompus et méprisants**. Dénués d'esprit, leur reconnaissance n'est pas la conséquence de leur mérite.
« DU SOUVERAIN OU DE LA RÉPUBLIQUE » Livre X	L'œuvre *Les Caractères* est un véritable **traité de politique** au sein duquel La Bruyère formule des conseils et esquisse le **portrait du monarque idéal**. Il n'attaque pas Louis XIV mais remet en question les fondements de la guerre. En effet, il n'hésite pas à comparer le souverain au berger afin de lui rappeler le rôle essentiel qu'il a face à son peuple, l'invitant ainsi à se soucier du bien-être de ses sujets.

Jean de La Bruyère
(1645-1696) :
- Il fait des études de droit et achète un office de trésorier des finances afin de débuter sa carrière.
- De 1684 à 1687, il est sous-précepteur du duc de Bourbon.
- Cette expérience lui permet d'observer le fonctionnement de la cour.
- En 1693, il est élu à l'Académie française.

2 Le contexte littéraire

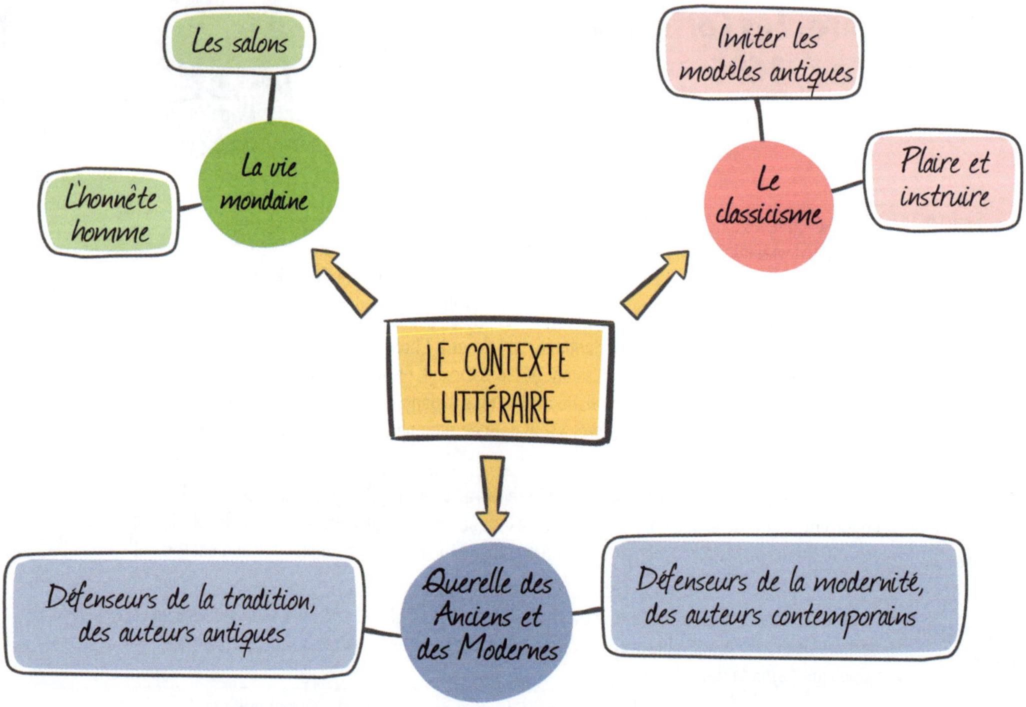

Pour aller plus loin

- **La caricature**

En un sens premier, **est comique ce qui appartient au théâtre**. La Bruyère emprunte au théâtre ses types comiques. Les portraits amusent en ce qu'ils grossissent des traits de caractère chez les personnages.

Il recourt aussi au **burlesque** qui consiste à traiter un sujet élevé en style dégradant. C'est bien ce qu'il fait lorsqu'il réduit les tâches des courtisans à des déplacements vains ou qu'il les compare à des machines.

- **Fuir la société**

Face à tant de bassesse et d'hypocrisie, le moraliste délivre une leçon claire : il faut **se retirer de la société**. Le thème de la fuite parcourt alors le recueil.

Le **personnage du sage** est celui qui a su s'extraire de la médiocrité qui règne à la cour afin de s'en préserver.

- **L'éducation du prince**

La préoccupation principale du monarque doit être le **bonheur du peuple**. C'est pourquoi la tyrannie, qui fait son malheur, est un sujet incontournable.

La monarchie est un régime politique idéal tant que le roi fait preuve de **sagesse** et de **vertu** alors qu' « il ne faut ni art ni science pour exercer la tyrannie » (X, 2). De fait, le roi a des devoirs envers son peuple et ceux-ci s'inscrivent dans un **idéal chrétien de gouvernement des peuples**.

...

…

- **La satire sociale**

Pour La Bruyère, connaître la cour revient à en connaître les **vices** et savoir jouer le jeu de la **dissimulation**. La cour est un lieu moralement condamnable car il éloigne l'homme de la vertu en l'incitant au mensonge et à la dissimulation (le choix du retrait est ainsi le choix de la vertu).

Parcours La comédie sociale

- **La comédie**

Au XVIIe siècle, le mot désigne une pièce ayant pour but la **peinture de travers privés ou de vices sociaux**. Si le genre vise à divertir et a un but moral, il n'est pas nécessairement destiné à faire rire. La comédie peut désigner un genre d'écriture mais renvoie aussi au jeu théâtral.

Les protagonistes mis en scène par La Bruyère deviennent des **types comiques** au même titre que les personnages des pièces de Molière. Parce qu'ils sont **caricaturés**, l'auteur met en scène un caractère qu'il peut alors ridiculiser.

- **Une comédie sociale**

La cour du roi devient un véritable théâtre où chacun **se met en scène** afin de se faire remarquer.

Le *theatrum mundi* est une métaphore, d'origine antique, approfondie pendant la période baroque. Elle illustre l'idée que **la vie sociale est un spectacle vain fait de divertissements** et, en donnant une représentation de ce théâtre du monde, on vise à **édifier le lecteur**, à l'inciter à renoncer aux illusions de la comédie sociale, à se repentir de ses erreurs et assurer ainsi son salut.

La Bruyère la reprend pour rendre compte du **spectacle de la vie sociale**. Le monde est un théâtre où se joue une comédie créée par un dramaturge et metteur en scène qui s'appelle Dieu et dont les acteurs sont les hommes.

Cette comédie sociale a un **but moral** : ironie, maximes et portraits dénoncent les vices (l'amour-propre, la cupidité, la flagornerie) et invitent le lecteur à réfléchir sur la nature humaine.

Pour aller plus loin

La Bruyère ne sera pas le seul auteur à révéler la comédie sociale qui se joue au sein de la société. Au XIXe siècle, Balzac publie *La Comédie humaine* dont le but est de mettre en scène la société tout en révélant ce que l'on ne voit pas habituellement (manipulation, tromperie, etc).

Œuvre 6 Olympe de Gouges, *Déclaration de la femme et de la citoyenne*, 1791

1 Résumé de l'œuvre

À LA REINE	Olympe de Gouges écrit à la reine Marie-Antoinette afin de l'inviter à soutenir le combat en faveur des droits de la femme. Elle espère ainsi éveiller en elle une sorte de solidarité féminine propre à soutenir son combat.
« HOMME, ES-TU CAPABLE D'ÊTRE JUSTE ? »	Elle s'adresse aux hommes afin d'**interroger leur capacité à être justes**. Elle remet ainsi en question leur légitimité en comparant les deux sexes au reste de la nature et elle constate que cette inégalité est inexistante. Par cette analogie, elle dénonce leur prétendue supériorité.
PRÉAMBULE	Porte-parole de toutes les femmes, elle rappelle leur rôle au sein de la nation et affirme ainsi leur **légitimité politique**. Elle justifie cette reconnaissance en suggérant que cela permettrait de parvenir au bonheur collectif dont les hommes doivent se préoccuper.
LES DIX-SEPT ARTICLES	Olympe de Gouges s'inspire de la *Déclaration des droits de l'homme et du citoyen* pour rédiger ce chapitre. Elle évoque ainsi les droits et les devoirs de la femme et de l'homme en insistant sur l'**égalité entre les sexes**. Elle souligne que les femmes obéissent aux mêmes lois que les hommes et qu'elles doivent ainsi **bénéficier des mêmes droits** aussi bien économiques, sociaux que politiques. Elle affirme enfin que la Constitution n'est valable qu'à condition qu'elle soit **représentative** de l'ensemble de la société.
POSTAMBULE	Lors d'une adresse aux femmes, elle les encourage à **se battre pour leurs droits**. Elle souligne leur force et leur capacité à obtenir leur liberté.
FORME DU CONTRAT SOCIAL DE LA FEMME ET DE L'HOMME	Olympe de Gouges rédige un contrat qui aurait pour but de protéger les femmes et les enfants lors des unions hors mariages mais aussi lors des séparations. Elle aborde alors le partage des biens mais aussi la reconnaissance de la paternité. Enfin, elle évoque aussi les droits des hommes noirs en esquissant un parallèle avec la condition de la femme.

Olympe de Gouges
(1748-1793) :

- À 17 ans, elle épouse un homme qui mourra peu de temps après la naissance de leur enfant. Par la suite, elle refuse de se marier à nouveau.
- Ne souhaitant pas être appelée la « veuve Aubry », Marie Gouze prend l'un des prénoms de sa mère, transforme son patronyme en « Gouges » et y ajoute une particule nobiliaire pour se faire accepter dans les milieux littéraires.
- En 1793, elle est arrêtée pour ses prises de position engagées et sera ensuite guillotinée.

2 Chronologie

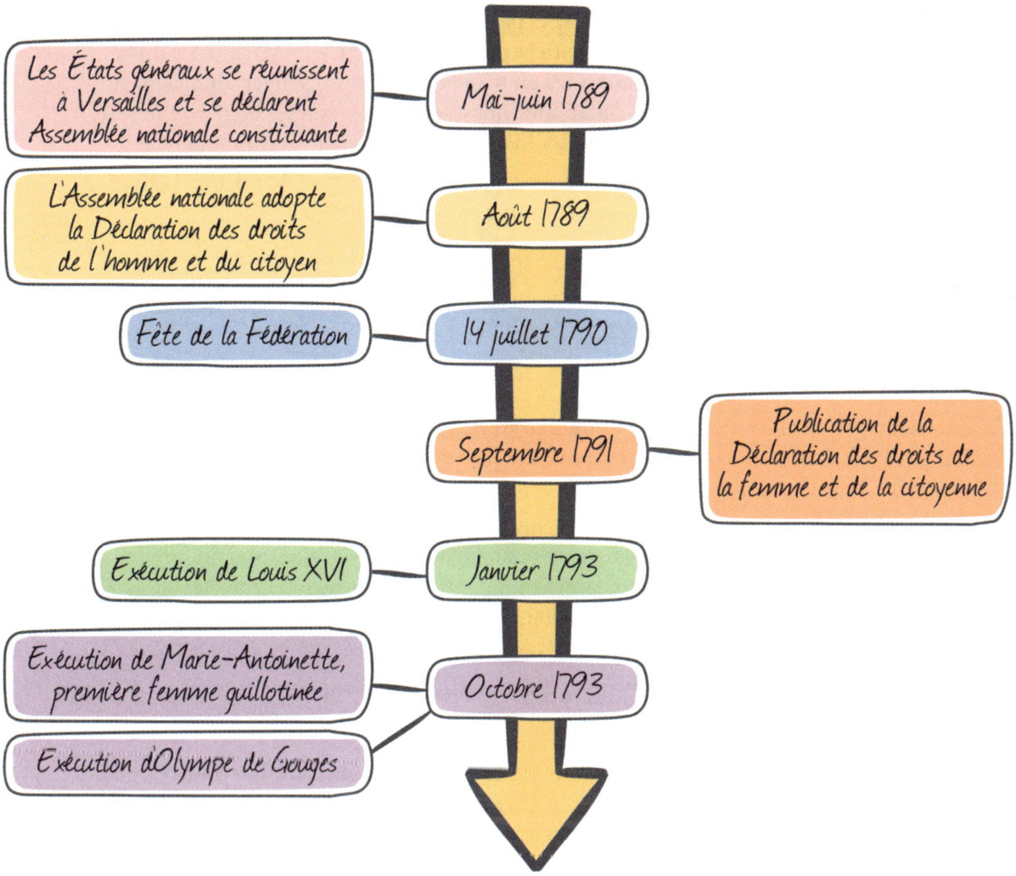

Pour aller plus loin

- **Les Lumières**

Ce mouvement littéraire du XVIIIe siècle a pour but de **lutter contre l'obscurantisme** que représentent les abus de la religion et de la sphère politique. Il se caractérise par la confiance dans le progrès de l'esprit humain et prône ainsi l'esprit critique. En effet, la **Raison est pour le philosophe le moteur du progrès**. Les auteurs favorisent alors la diffusion du savoir afin d'éveiller les consciences et de permettre à tous de participer à la lutte.

Le combat des Lumières vise principalement à l'**égalité** et à la **liberté** en dénonçant l'esclavage et les abus de pouvoir.

- **Le combat pour l'égalité**

Après la Révolution française, les citoyens ont acquis des droits sans reconnaître ceux des femmes. Le texte d'Olympe de Gouges a pour but de rappeler que les **femmes devraient bénéficier des mêmes droits que les hommes** et qu'il est à présent temps de les reconnaître.

Elle montre alors à l'homme l'absurdité de ses agissements en le comparant au reste de la nature. **L'homme apparaît être la seule espèce à dominer l'autre sexe** et ce comportement nuit au bonheur de la société tout entière.

...

...

- **L'argumentation**

Olympe de Gouges sait manier la langue française et parvient à construire une **argumentation efficace** en recourant aussi bien aux émotions qu'à la raison. En effet, elle n'hésite pas à **apostropher** Marie-Antoinette ou encore les hommes en général afin de les obliger à réfléchir et à ainsi à se remettre en question. Par les différentes questions rhétoriques, elle présente ses arguments comme évidents aux yeux du lecteur et invite ainsi à partager son point de vue.

Par son discours, elle montre aussi que **la femme est capable d'érudition et de raison** et qu'elle mérite alors d'obtenir une place égale à celle de l'homme.

Parcours Écrire et combattre pour l'égalité

- **Écrire et combattre**

La **littérature engagée**, si elle a été **théorisée au xxe siècle**, existe depuis toujours. Les auteurs s'impliquent par leurs écrits en défendant une cause. C'est bien ce que fait Olympe de Gouges par ses écrits : elle s'engage en faveur des droits des femmes.

La **plume devient alors une véritable arme de combat** propre à blesser par les mots. Celle d'Olympe de Gouges est particulièrement affutée lorsqu'elle interpelle les hommes en remettant en question leur capacité à être justes dans le préambule. Le but de son écriture est alors de favoriser une prise de conscience et d'induire ainsi un changement au sein de la société.

Si son combat s'ancre dans une époque donnée en évoquant par exemple le statut des enfants non reconnus, son écriture accède à une forme d'**universalité** par les thèmes abordés.

- **L'égalité**

Olympe de Gouges s'engage avant tout en faveur de la **reconnaissance de la condition des femmes** et ainsi de l'égalité homme/femme. En effet, elle se présente comme le **porte-parole des femmes de la société** qui a été oubliée aux lendemains de la révolution alors même que tous se sont battus pour les mêmes droits.

Toutefois, son discours ne se réduit pas à la seule condition des femmes, elle dénonce toutes les inégalités en effectuant un parallèle entre la servitude des femmes et l'esclavage des Noirs. Par cette analogie, elle souligne finalement **l'importance de l'égalité entre tous les êtres** et pas seulement une partie de la société. Son engagement acquiert alors une portée universelle.

Pour aller plus loin

Si le terme « féminisme » prend son sens actuel au XIXe siècle, cela ne signifie pas que le combat des femmes n'a pas commencé plus tôt. Il n'était simplement pas encore nommé.

Œuvre 7 Corneille, *Le Menteur*, 1643

1 Résumé de l'œuvre

ACTE I	Dorante revient tout juste de Poitiers après avoir mis fin à ses études de droit. De retour à Paris, il souhaite profiter pleinement de sa jeunesse. Lors de sa rencontre avec Clarice, il n'hésite pas à mentir à la jeune fille pour la séduire en lui expliquant qu'il a fait la guerre en Allemagne et que cela fait déjà un an qu'il est amoureux d'elle. Mais Dorante pense avoir avoué son amour à Lucrèce alors qu'il s'agit de Clarice.
ACTE II	Géronte dit à Clarisse qu'il souhaiterait qu'elle épouse son fils Dorante. Mais cette dernière est déjà engagée auprès d'Alcippe qu'elle ne peut pas épouser tant que le père du jeune homme ne rentre pas. Pour échapper au projet de mariage de son père, Dorante invente une histoire rocambolesque et explique qu'il est déjà marié. Alcippe, qui pense que Dorante cherche à lui prendre Clarice, souhaite l'affronter en duel.
ACTE III	Dorante rassure Alcippe et le duel n'a pas lieu. Clarice, que Dorante prend pour Lucrèce, révèle au jeune homme qu'elle sait qu'il a menti.
ACTE IV	Dorante fait croire à Cliton qu'il a tué Alcippe lors du duel mais ce dernier arrive pour annoncer que son père est de retour et qu'il va pouvoir enfin épouser la jeune fille dont il est épris. Géronte souhaite rencontrer la prétendue femme de son fils mais Dorante invente une fausse grossesse qui empêcherait sa femme de voyager. Pendant ce temps, le jeune homme donne de l'argent à Sabine dans le but qu'elle intervienne en sa faveur auprès de Lucrèce.
ACTE V	Géronte découvre que son fils lui a menti et exprime son mécontentement. Dorante lui avoue alors être amoureux de Lucrèce et demande à son père d'intercéder en sa faveur. Lors d'un échange avec Clarisse et Lucrèce, Dorante découvre qu'il a confondu les deux jeunes femmes. Il ment de nouveau pour justifier les discours tenus à Clarice. La pièce se termine sur l'annonce des deux mariages : celui de Clarice et Alcippe ainsi que celui de Lucrèce et Dorante.

Corneille
(1606-1684) :
- Il fait des études de droit. Après avoir acheté deux offices en 1628, il devient avocat chargé de défendre les intérêts du roi.
- En 1629, il fait jouer sa première comédie, *Mélite*, à Paris et devient très rapidement célèbre. Son succès se confirmera plus tard avec le *Cid*.
- En 1647, il entre à l'Académie française.

2 Les personnages

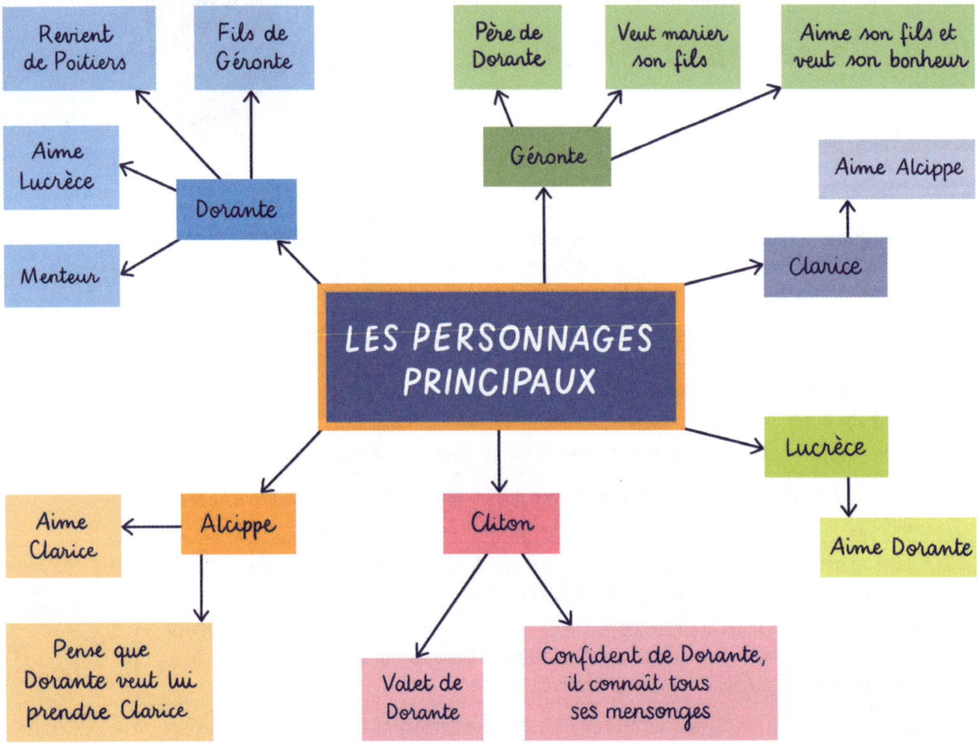

Pour aller plus loin

• L'effet comique

Le nom même de la pièce annonce un comique de caractère. Dorante ne peut s'empêcher de mentir à tout le monde et crée des mensonges plus rocambolesques les uns que les autres. En effet, son premier mensonge, par exemple, s'inscrit dans le registre épique puisqu'il se présente comme un valeureux combattant. De même, l'évocation de son faux mariage et de la naissance de son futur enfant ne peut que faire rire le spectateur par son exagération.

On retrouve aussi le comique de situation avec les différents quiproquos présents dans l'œuvre. En effet, Dorante confond dès le premier acte Clarice et Lucrèce, tandis qu'Alcippe croit que Dorante est l'amant de Clarice. À cela s'ajoutent d'autres situations particulièrement comiques comme le passage où Alcippe revient sur scène alors que Dorante vient d'annoncer sa mort...

Enfin, les apartés entre Dorante et Cliton sont particulièrement savoureuses en ce qu'elles révèlent l'ampleur des mensonges de Dorante.

• Une pièce baroque

Le terme « baroque » vient du portugais *barroco* qui signifie « perle irrégulière ». Le théâtre baroque met en scène des intrigues foisonnantes et surprenantes et recourt souvent au procédé de mise en abyme afin d'illustrer l'idée que le monde est un théâtre.

La pièce de Corneille peut être qualifiée de baroque en ce qu'elle met en scène des personnages qui multiplient les faux-semblants, les déguisements et les mensonges.

...

Parcours Mensonge et comédie

• Le Mensonge

Le mensonge consiste à ne pas dire la vérité dans le but de tromper.

Si Dorante est le principal menteur de la pièce, il n'est pas le seul. La plupart des personnages sont amenés à mentir chacun à leur tour. C'est le cas de Clarice et Lucrèce lors de la scène du balcon puisque Clarice se fait passer pour Lucrèce ; mais c'est aussi le cas d'Alcippe et Clarice qui gardent leur relation secrète. De même, Isabelle n'hésite pas à mentir à sa maîtresse en se laissant acheter par Dorante...

Si les mensonges exagérés de Dorante font sourire, le spectateur découvre tout de même une société qui n'hésite pas à mentir pour parvenir à ses fins.

• La Comédie

À l'origine, la comédie est une pièce mettant en scène des personnages de moyenne ou basse condition et dont l'intrigue finit bien.

Corneille choisit de mettre en scène dans ses comédies des jeunes gens faisant partie de la bonne société. On retrouve alors les thématiques propres à l'élite sociale que sont le mariage arrangé, le jeune homme qui revient de ses études, le choix d'un bon parti, etc. Le projet de Corneille était avant tout de faire rire les gens de qualité et c'est pour cela que sa comédie ne s'inspire pas du genre de la farce dont le but principal était de faire rire par une intrigue grossière.

Corneille ancre alors sa pièce dans une forme de réalisme en évoquant le Paris de l'époque et en faisant indirectement référence à la guerre de Trente Ans ou à l'interdiction des duels par Richelieu.

Pour aller plus loin

La pièce de Corneille est une réécriture de *La Verdad sospechosa (La Vérité suspecte)* de Jean Ruiz de Alarcón. A la différence de Corneille, l'auteur espagnol punit le héros de sa pièce en l'empêchant d'épouser celle qu'il aime.

Œuvre 8 Musset, *On ne badine pas avec l'amour*, 1834

1 Résumé de l'œuvre

ACTE I	La pièce s'ouvre sur l'arrivée de Maître Blazius et de Dame Pluche au château du Baron. Ils seront suivis par Camille et Perdican. Le Baron souhaite marier son fils à sa cousine, mais les retrouvailles des deux jeunes gens ne se passent pas comme prévu. Le Baron se désole du comportement des deux êtres qu'il prédestinait l'un à l'autre. De leur côté, Maître Blazius et Maître Bridaine se soucient plus de la bonne chair et de la boisson que des projets du Baron. Perdican, quant à lui, est très heureux de retrouver les paysans qui ont partagé son enfance et plus particulièrement la belle Rosette avec qui il se montre séducteur.
ACTE II	Perdican n'est pas indifférent au charme de Camille et accepte de l'épouser mais il se confronte au refus de la jeune fille qui préfère retourner au couvent. Perdican se montre alors plus entreprenant avec Rosette mais ne parvient pas pour autant à masquer les sentiments qu'il ressent pour Camille. Auprès du Baron, Blazius accuse Camille d'avoir écrit une lettre destinée à un courtisan. À la fin de l'acte, Camille et Perdican débattent au sujet de l'amour et évoquent des idées bien opposées. Camille dit sa crainte de tomber amoureuse et de souffrir tandis que Perdican défend l'idée que l'on ne peut vivre pleinement sans aimer.
ACTE III	Le Baron chasse Blazius car ce dernier a volé des bouteilles et a accusé Camille. Perdican découvre la lettre que Camille a écrite à sœur Louise. Dans cette lettre, elle explique qu'elle sera bientôt de retour au couvent et qu'elle laissera derrière elle le jeune homme au désespoir. Perdican choisit alors de se venger en organisant un faux rendez-vous qui a pour but d'amener Camille à le voir séduire et demander en mariage Rosette afin de susciter sa jalousie. Ce procédé fonctionne puisque Camille choisit à son tour de se venger en révélant à Rosette que Perdican lui a menti. Rosette demande alors à Perdican de la laisser retourner chez ses parents mais le jeune homme réitère son souhait de l'épouser. L'acte se termine sur la scène tragique de la mort de Rosette qui assiste à l'aveu d'amour de Camille et Perdican.

Musset
(1810-1857) :
- Il poursuit de brillantes études au collège Henri IV et commence à écrire des vers dès l'âge de 14 ans.
- Dès 1828, il est introduit dans les cénacles romantiques et fréquente ainsi les auteurs influents du siècle. Il reste toutefois en marge du mouvement.
- En 1832, il est particulièrement affecté par le décès de son père et choisit alors de vivre exclusivement de sa plume.
- Pendant presque trois ans, il vit une passion tumultueuse avec George Sand qui lui inspire *On ne badine pas avec l'amour*.
- Alors que ses premières pièces n'avaient pas eu le succès espéré, Musset est enfin véritablement reconnu en tant que dramaturge avec sa pièce *Un caprice*.

2 Les personnages

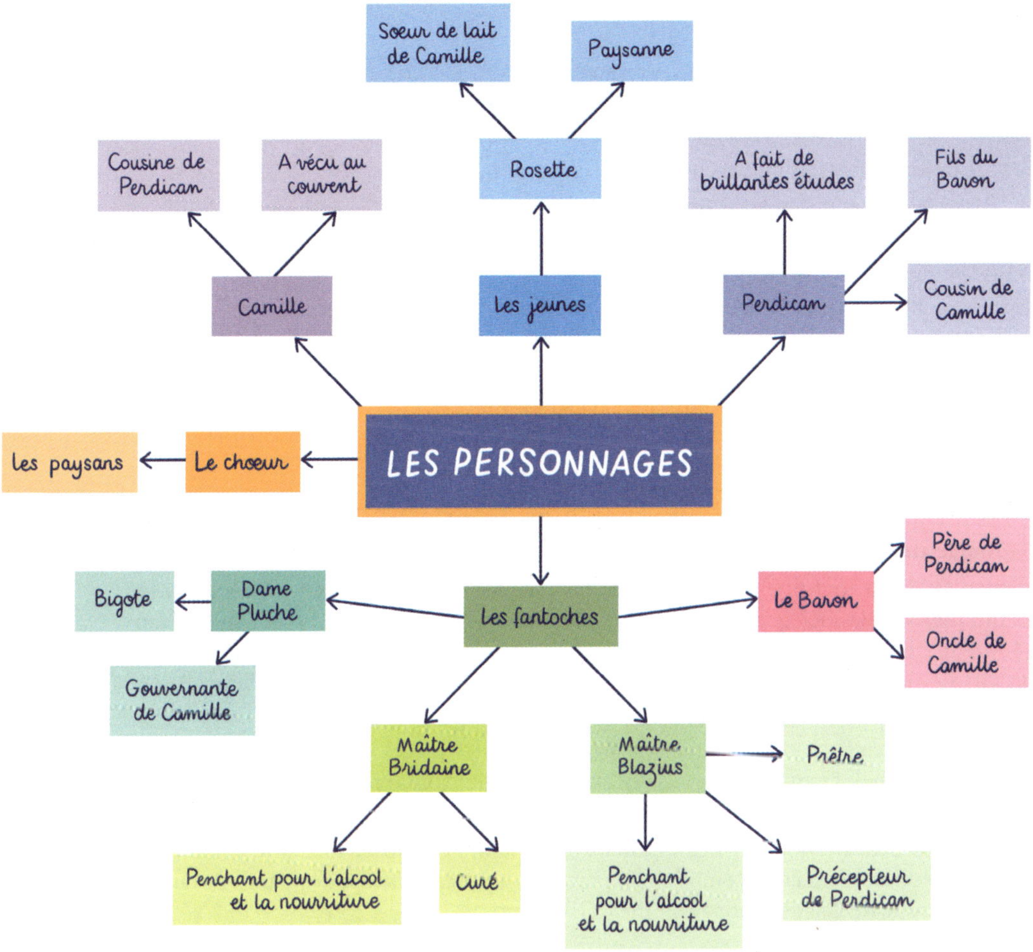

Pour aller plus loin

● Les registres : comique et tragique

Les deux registres cohabitent au sein de la pièce.

- Les personnages comiques sont les fantoches. Le Baron ne comprend pas ce qu'il se passe et est ainsi impuissant. Il est parfaitement incapable de faire respecter sa volonté. De leur côté, Maître Bridaine et Maître Blazius, qui sont pourtant les représentants de la religion, multiplient les péchés en se préoccupant principalement de la nourriture et de l'alcool et en passant leur temps à se dénoncer mutuellement. Quant à Dame Pluche, elle apparaît ridicule par sa bigoterie et son physique maigrelet.
- Par opposition, les personnages tragiques sont les jeunes. Camille et Perdican vont jouer avec l'amour dans le but de se pousser mutuellement à révéler leurs sentiments. Rosette est la victime de l'orgueil des deux jeunes gens qui ne parviennent pas à être simplement sincères.

Plus on avance dans la pièce, plus les scènes comiques s'amenuisent au profit de scènes plus sérieuses. La fin est tragique pour les trois jeunes gens puisque Rosette meurt de désespoir tan-
•••

…

dis que Camille et Perdican sont condamnés à être malheureux. En effet, Camille choisit de retourner au couvent et met ainsi un terme à la belle histoire d'amour qu'ils auraient pu vivre.

• **Les trois unités**

Suite aux critiques rencontrées lors de ses premières mises en scène, Musset a choisi d'écrire des pièces destinées non pas à être jouées, mais à être lues. De ce fait, il ne s'attache pas au respect des règles des auteurs classiques ou romantiques.

La pièce se déroule sur trois jours : chaque acte correspond à une journée.

Le lieu s'organise entre des espaces intérieurs et extérieurs. Les espaces intérieurs se situent au sein du château du Baron tandis que les espaces extérieurs se trouvent au sein du village (dans un champ, près d'une fontaine...).

L'intrigue se concentre principalement sur l'histoire d'amour qui unit Camille et Perdican. Le premier acte met en scène les retrouvailles des deux jeunes gens. Le deuxième acte oppose leurs conceptions de l'amour tandis que le dernier acte représente l'issue tragique de leurs jeux orgueilleux.

Parcours Jeux du cœur et de la parole

• **Le badinage amoureux**

Le badinage est avant tout une façon de plaisanter avec légèreté. Il fait ainsi partie des codes sociaux qui régissent la société et il devient alors tout naturel de badiner lors d'échanges mondains. Entre un jeune homme et une jeune fille, le badinage s'apparente à une tentative de séduction qui ne s'accompagne pas nécessairement de sentiments. Il s'agit alors d'une attitude galante qui consiste à flatter l'autre et à se présenter favorablement.

Le badinage amoureux est particulièrement présent dans les pièces de Marivaux puisque ce dernier met en scène des jeunes gens issus de l'aristocratie qui vont être confrontés à l'amour et à ses problématiques telles que le mariage arrangé.

On constate que Perdican adopte la même attitude face à Camille et Rosette. Lors de ses échanges avec les deux jeunes filles, il les complimente sur leur beauté. Le propos apparaît davantage comme une marque de galanterie que comme un aveu intime.

• **La parole**

La parole peut être utilisée pour partager des sentiments profonds et sincères mais aussi à des fins plus dangereuses. En effet, Camille et Perdican vont utiliser les mots pour masquer leur orgueil et pousser l'autre dans ses retranchements. Les deux jeunes gens ayant reçu une éducation, ils maîtrisent les mots et les échanges mondains. Face à eux, la jeune Rosette, simple paysanne, ne connaît pas les rouages de la parole et se laisse manipuler par Camille et Perdican. La parole, malhonnête, conduit alors à une fin tragique.

• **Le jeu**

Les personnages n'hésitent pas à tromper pour se venger. C'est le cas par exemple de Perdican qui organise un faux rendez-vous avec Camille dans le but de l'amener à observer son échange amoureux avec Rosette et ainsi éveiller sa jalousie. Rosette est alors la victime innocente du jeu des deux jeunes gens.

Pour aller plus loin

La fin de la célèbre tirade de Perdican à la scène 5 de l'acte II est en fait un emprunt à une lettre que George Sand lui a écrite.

Œuvre 9 Nathalie Sarraute, *Pour un oui pour un non*, 1982

1 Résumé de l'œuvre

H.1 vient retrouver H.2 afin de lui demander pourquoi il lui en veut. Il pense cela car H.2 ne le contacte jamais. Ce dernier explique qu'il n'est pas dans sa nature de prendre l'initiative. Ils reviennent alors sur la qualité de leur amitié en évoquant des moments passés. H.1 insiste pour savoir ce qui a changé pour H.2 et qui justifierait sa prise de distance. Mais H.2 ne souhaite pas s'expliquer car ce qui l'a gêné ne semble pas important. Il révèle alors que c'est la réponse de H.1 « c'est bien... ça... » qui l'a dérangé. Alors que H.2 a entrepris les démarches pour mettre fin à leur amitié, il découvre qu'il a lui-même un casier judiciaire et qu'il est désigné comme « celui qui rompt pour un oui pour un non ». H.1 l'aide alors à définir ce qui a pu tant le gêner dans ses propos en nommant le ton employé de condescendant.

H.2 souhaite faire une nouvelle demande d'autorisation de rupture. Pour cela, il suggère que ses voisins, F. et H.3, fassent office de jurys. Ils expliquent alors leur différend aux voisins en revenant sur la situation passée. On apprend que H.2 avait félicité H.1 pour sa promotion et que ce dernier lui avait proposé de lui trouver une tournée de conférences pour lui permettre de voyager. En guise de réponse, H.2 s'était vanté en disant qu'on lui avait déjà fait cette offre. Face à cette explication peu compréhensible, H.3 et F. choisissent de s'en aller.

H.2 reproche alors à H.1 d'exposer son bonheur de façon subtile et ce dernier estime qu'il est jaloux. H.2 explique que H.1 faisait tout pour qu'il soit jaloux mais qu'il ne l'était pas car ce qui rend heureux H.1 ne l'attire pas. Selon lui, H.1 pourrait tolérer un autre bonheur à condition que celui-ci soit catégorisé.

H.1 est sur le point de partir mais H.2 s'excuse. Ils s'accordent sur la qualité de vie offerte par le lieu qu'habite H.2 mais H.1 complète la phrase de son ami en citant Verlaine et le conflit reprend. H.1 lui reproche alors d'avoir fait exprès d'employer le début d'une citation de Verlaine pour le piéger. Il lui avoue considérer la fonction de poète de H.2 avec beaucoup d'ironie. H.1 revient alors sur un souvenir. Les deux hommes faisaient de l'alpinisme avec un groupe et H.2 avait demandé à ce que tout le monde s'arrête afin de contempler la vue. H.1 lui avait alors répondu qu'il trouverait plus tard de jolies cartes postales.

H.2 reconnaît alors qu'ils sont en conflit et H.1 les oppose en précisant que lui fait partie des hommes qui luttent tandis que H.2 appartient aux « ratés ». Le conflit s'envenime et les reproches se multiplient.

H.1 évoque à son tour l'idée de faire une demande pour rompre. Mais l'œuvre se conclut sur leur désaccord avec l'antithèse « oui » / « non ».

Nathalie Sarraute

(1900-1999) :

- Issue d'un milieu d'intellectuels russes, elle fera de nombreux allers-retours entre la Russie et la France à la suite de la séparation de ses parents.
- Lors de ses études de droit, elle rencontre l'homme qu'elle épousera, Raymond Sarraute et qui la soutiendra dans son travail d'écrivain.
- Parution de *L'Ère du soupçon* en 1956. Nathalie Sarraute est reconnue comme autrice du Nouveau Roman.

2 Les personnages

Pour aller plus loin

- **Les personnages**

Les personnages n'ont pas d'identité précise et cela apparaît clairement par leur absence de nom. Ils sont désignés par des lettres qui renvoient probablement à leur sexe. Comme il y a plusieurs hommes dans la pièce, un numéro leur sera ajouté afin de les distinguer. Il y a ainsi H.1, H.2, H.3 et F.

La perte d'identité des personnages est l'une des caractéristiques du Nouveau Roman.

- **Le langage**

L'omniprésence du terme « mots » dès la scène d'exposition indique que l'enjeu même de la pièce sera le langage et plus particulièrement le choix des mots. En effet, si les actions semblent absentes de l'œuvre, c'est bien parce que tout se joue dans les répliques et dans l'utilisation du langage.

Dans son œuvre, Sarraute s'intéresse aux tropismes. Les tropismes désignent les mouvements infimes que l'on ressent et qui influencent notre interprétation d'une phrase aussi banale soit-elle en tenant compte de l'intonation, des silences et des sous-entendus qui sont une sous-conversation propre à modifier notre interprétation du contenu d'une réplique. Face à une phrase stéréotypée comme « c'est bien ça », le personnage ressent un certain malaise car il interprète négativement l'intonation et le silence soulignés ainsi : « c'est biiien... ça... ». Ces tropismes révèlent alors le conflit qui divise H.1 et H.2 puisque ces personnages s'opposent quant à leur mode de vie et à leur vision l'un de l'autre.

vre 10 Arthur Rimbaud, *Les Cahiers de Douai*, 1870

1 Structure de l'œuvre

Premier cahier	
« PREMIÈRE SOIRÉE »	Scène charnelle entre deux amants.
« SENSATION »	La nature, associée à l'image de la femme, est présentée comme un lieu paisible et épanouissant.
« LE FORGERON »	À travers la figure du forgeron, le poète donne la parole au peuple face à un pouvoir tyrannique. Si c'est Louis XVI qui est mis en scène, le lecteur est implicitement invité à faire le parallèle avec Napoléon III.
« SOLEIL ET CHAIR »	Dans un contexte antique, Rimbaud fait revivre les figures de la mythologie afin de célébrer l'amour et la nature.
« OPHÉLIE »	Reprise du personnage de Shakespeare, Ophélie, qui s'est suicidée en se noyant après s'être couronnée de fleurs.
« BAL DES PENDUS »	Danse macabre parodique.
« LE CHÂTIMENT DE TARTUFE »	Reprise du personnage de Molière afin de critiquer la religion.
« VENUS ANADYOMÈNE »	Sonnet parodique sur la naissance de Vénus.
« LES RÉPARTIES DE NINA »	Échec amoureux entre un jeune homme lyrique et une jeune fille matérialiste.
« À LA MUSIQUE »	Satire des bourgeois.
« LES EFFARÉS »	Critique de la misère à travers la description d'enfants vivant dans la rue.
« ROMAN »	Aventure amoureuse à dix-sept ans.
« MORTS DE QUATRE-VINGT-DOUZE… »	Hommage aux combattants et dénonciation de l'hypocrisie politique.
« LE MAL »	Dénonciation de la guerre et de la religion.
« RAGES DE CÉSARS »	Portrait satirique de Napoléon III.
DEUXIEME CAHIER	
« RÊVE POUR L'HIVER »	Rêve sensuel.
« LE DORMEUR DU VAL »	Mort d'un jeune soldat à la guerre.
« AU CABARET-VERT »	Évocation d'un moment de bonheur.
« LA MALINE »	Récit d'une rencontre avec une jeune serveuse séduisante.
« L'ÉCLATANTE VICTOIRE DE SARREBRÜCK »	Critique de la guerre et des journalistes.
« LE BUFFET »	Description d'un buffet présenté comme le gardien des souvenirs.
« MA BOHÈME »	Hymne à la liberté.

Arthur Rimbaud

(1854-1891) :

- Il rencontre Verlaine à Paris en 1871.
- En 1873, Verlaine tire sur Rimbaud et le blesse. Rimbaud publie *Une saison en enfer*.
- Il abandonne la littérature en 1875.

2 Caractéristiques de l'œuvre

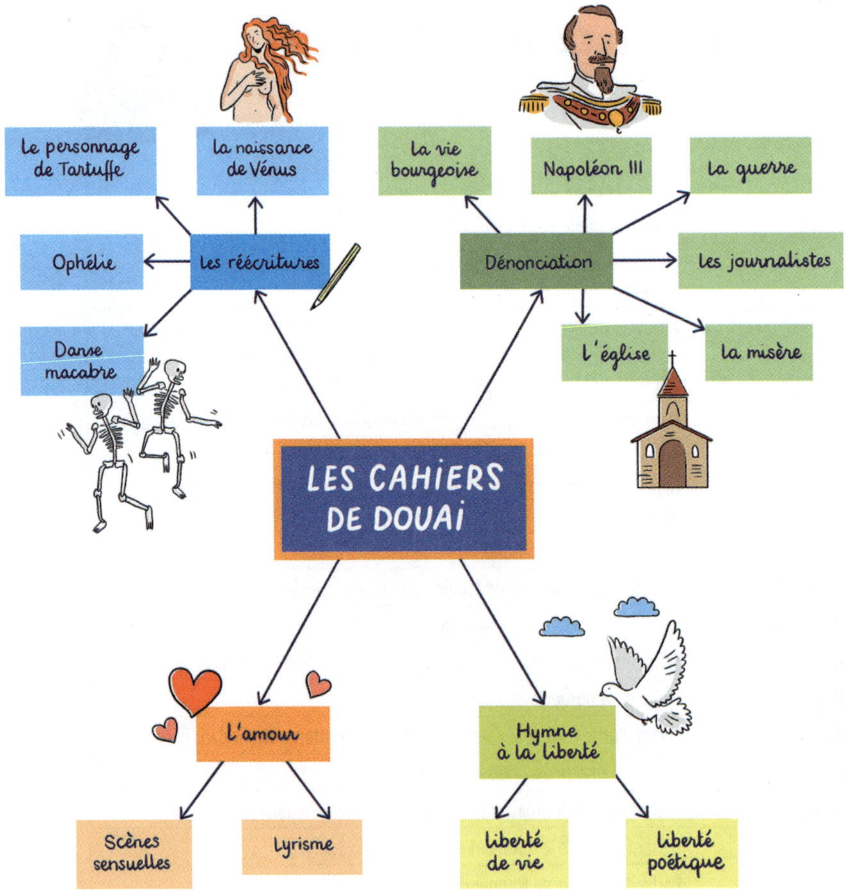

Pour aller plus loin

- **Deux thèmes : l'un personnel et l'autre collectif**

Le poète propose une poésie intime dans laquelle il décrit des scènes sensuelles. Le lecteur découvre alors les premières amours d'un jeune homme qui se laisse aller aux plaisirs des sens. Dans cette poésie, la nature occupe une place privilégiée.

Rimbaud n'hésite pas à dénoncer ce qu'il juge négatif au sein de la société. On retrouve alors dans le recueil la satire de Napoléon III, la critique de la guerre, de la misère et de la religion, la critique de la société bourgeoise, ainsi que, plus généralement, la dénonciation du mal. Le poème « Le dormeur du val », par la description d'une nature paisible, surprend le lecteur en proposant une pointe surprenante propre à dénoncer la guerre.

- **Les réécritures**

Les Cahiers de Douai sont l'œuvre d'un jeune poète dont l'inspiration a été nourrie par d'autres auteurs. On retrouve ainsi différentes réécritures au sein du recueil. En effet, « Le bal des pendus » reprend le poème la « Ballade des pendus » de Villon, « Ophélie » s'inspire du personnage de Shakespeare qui avait déjà été un sujet poétique pour Banville, « Vénus anadyomène » propose une nouvelle variation à partir de la figure mythologique évoquée chez d'autres poètes tels que Baudelaire et « Le Châtiment de Tartufe » reprend le célèbre personnage de Molière.

Parcours Émancipations créatrices

• Émancipations

Le terme employé au pluriel suggère plusieurs émancipations. L'émancipation est avant tout l'action de se libérer, de s'affranchir d'un état de dépendance.

On peut relever tout d'abord l'émancipation de l'enfant qui quitte le foyer familial. En effet, l'adolescence de Rimbaud est marquée par ses nombreuses fugues qui lui permettent de voyager mais qui lui vaudront aussi un séjour en prison puisqu'il voyage sans billet de train. L'émancipation est aussi celle du citoyen qui refuse le conformisme social et donc critique la bourgeoisie. C'est aussi l'émancipation de celui qui refuse le pouvoir en place et qui dénonce la politique de Napoléon III.

Enfin, l'émancipation apparaît aussi poétique. Il s'agit de s'émanciper de ses modèles pour parvenir à une poésie plus personnelle.

• Émancipations créatrices

Les émancipations du poète sont présentées comme autant de sources d'inspiration pour le jeune homme. En effet, le recueil évoque bien la recherche de liberté du poète. Celle-ci apparaît dans :

– les thèmes évoqués tels que la bohème, la politique, etc. ;
– la liberté prise avec les formes (il s'émancipe, par exemple, des règles strictes du sonnet) ;
– les allusions grivoises ;
– le jeu avec les interjections.

Pour aller plus loin

Dans la lettre du 2 novembre 1870 à Georges Izambard, Rimbaud souligne son adoration pour la « liberté libre ».

Œuvre 11 Francis Ponge, *La rage de l'expression*, 1952

1 Structure de l'œuvre

« BERGES DE LA LOIRE »	Ce premier texte s'apparente à une préface. Ponge annonce son projet poétique au lecteur en insistant sur la place primordiale de l'objet et comment la poésie peut le servir.
« LA GUÊPE »	Le poète s'intéresse autant au physique de la guêpe qu'à sa psychologie. Il décrit aussi ce qu'elle fait, comment elle agit (son attirance pour le sucre, les piqûres qu'elle inflige aux hommes) et n'hésite pas à la comparer au tramway ou encore à la femme afin de clarifier sa description.
« NOTES PRISES POUR UN OISEAU »	Ponge s'intéresse à l'oiseau. D'abord il le décrit, s'arrête sur les définitions du mot mais aussi ses différents emplois ainsi que son étymologie. À partir des définitions, le poète est amené à découvrir d'autres mots et à les définir à leur tour. Ces notes sont parsemées de réflexions sur l'observation et l'écriture.
« L'ŒILLET »	Ponge commence cette section en s'adressant au lecteur afin de lui expliquer sa méthode. Le lecteur accède ainsi à l'atelier du poète, ce qui lui permettra de mieux comprendre son écriture. Le texte argumentatif est suivi de quinze morceaux dans lesquels il met en application sa méthode à partir de l'évocation de cette fleur.
« LE MIMOSA »	Le poète décrit le mimosa puis se laisse aller à des analogies à partir du mot afin de le donner à voir autrement. Le texte s'enrichit alors de définitions qui permettent d'approfondir la vision de l'objet poétique. Par les mots, le poète a pour but de recréer le mimosa afin de le donner à voir et sentir au lecteur.
« LE CARNET DU BOIS DE PINS »	**« Leur assemblée »** Le pin, évoqué à travers les cinq sens, est décrit aussi bien en tant qu'arbre individuel que dans ce qu'il apporte au sein d'une forêt. Le poète apporte alors différentes variations à ses poèmes en prose en reprenant les mêmes mots. C'est aussi l'occasion pour lui de réfléchir à son écriture. **« Formation d'un abcès poétique »** Plusieurs poèmes en vers sur le bois de pins qui sont autant de variantes à partir d'un même thème et qui permettent de découvrir le travail du poète. **« Tout cela n'est pas sérieux »** Le poète revient sur ce qu'il a écrit puis s'intéresse à la dimension sociale de l'arbre. **« Appendice au "Carnet du Bois de Pins" »** Il explique que son écriture a une dimension politique et morale.
« LA MOUNINE »	Ponge essaie de restituer ce qu'il a ressenti un matin à La Mounine.

Francis Ponge
(1899-1988) :
- Adhère au parti communiste en 1937 et le quitte en 1946.
- Il publie *Le parti pris des choses* en 1942.
- Il reçoit en 1972 le Grand prix de poésie de l'Académie française.

2 Les enjeux

Pour aller plus loin

- **Le titre**

« La rage » renvoie à la notion de lyrisme mais celle-ci n'est plus associée à l'homme mais aux mots, à « l'expression ». Ceci est une façon de se détourner d'une poésie trop centrée sur l'homme.

Le titre annonce alors une attention particulière aux mots. Cela se traduit par le vocabulaire spécifique employé et les nombreux recours aux définitions du dictionnaire.

L'expression marque à la fois la volonté et la difficulté à dire, à parvenir au mot juste, d'où les différentes variations à partir d'un même thème. La recherche du mot exact semble devenir une véritable obsession pour le poète.

- **Le travail sur les mots**

Ponge joue avec les différents sens des mots qui permettent d'enrichir le texte et de proposer des images poétiques surprenantes.

Il s'appuie aussi sur l'étymologie des mots afin de restaurer leur sens premier qui apparaît comme la définition la plus permanente.

Il recourt à des néologismes pour mieux exprimer ce qu'il perçoit.

Si le travail sur les mots dénote un souci d'approcher du sens le plus juste, il est aussi le résultat d'un jeu de la part du poète qui s'amuse avec les sons et les sens afin de créer des images poétiques propres à enrichir la signification du texte.

…

…

- **Dire la nature**

Alors que son recueil *Le parti pris des choses* se concentrait sur les objets du quotidien, dans *La rage de l'expression*, le poète s'intéresse davantage à la nature comme le suggèrent les titres « L'œillet », « Le mimosa » ou encore « Le Carnet de Bois de Pins ». Le projet ultime de Ponge était de parvenir à écrire sur l'homme, mais il est décédé avant d'y arriver.

Parcours Dans l'atelier du poète

- **Dans l'atelier du poète**

Cette expression renvoie à un ouvrage qui réunit différents textes rédigés par René Char, poète du XXe siècle. Le but de ce recueil est de montrer le travail du poète en révélant la progression de son écriture par la publication de ses brouillons et manuscrits. *L'atelier du poète* renvoie ainsi au travail qui précède la publication d'un travail abouti et achevé.

- **Le travail du poète**

L'intitulé du parcours interroge le travail du poète par opposition à l'inspiration. En effet, au XIXe siècle, les romantiques ont développé l'idée que l'écriture serait le fruit de l'inspiration et qu'elle dépendrait ainsi d'une puissance extérieure et non de leur travail propre. Cette idée a été rejetée par les auteurs du Parnasse qui refusent le sentimentalisme et privilégient le travail formel. Le poème est bien le résultat de la sueur du poète et non d'une inspiration divine.

Le travail transparaît alors dans les différents essais effectués par le poète. Dans l'œuvre de Ponge, on peut lire ses doutes, ses interrogations et découvrir ses différentes tentatives pour parvenir au poème souhaité. Le recueil prend l'apparence d'un véritable laboratoire en nous exposant les expériences faites par Ponge.

En même temps qu'il fabrique la nature qu'il décrit au lecteur, il propose une réflexion sur le langage et les mots qu'il emploie dans le but de la fabriquer par les mots. Le travail lexical est alors crucial pour parvenir à dire les choses.

- **Les commentaires du poète**

Dans l'œuvre, Ponge recourt à plusieurs reprises à la première personne afin de clarifier son projet ou d'évoquer ses doutes et difficultés. Son propos, plus intime, dévoile les préoccupations du poète tout au long du processus de création.

Pour aller plus loin

La correspondance des poètes est souvent l'occasion d'entrer dans l'atelier du poète. On peut penser, par exemple, à la célèbre lettre dite « du voyant » de Rimbaud au sein de laquelle il expose son projet poétique.

uvre 12 Hélène Dorion, *Mes forêts*, 2021

1 Structure de l'œuvre

« MES FORÊTS »	Ce premier poème annonce l'enjeu métaphorique du sujet choisi que sont les forêts.
« L'ÉCORCE INCERTAINE »	Dans cette partie, Hélène Dorion nous fait parcourir la forêt en en mentionnant les différents éléments tels que l'arbre, le ruisseau, le rocher ou encore les feuilles. Le lecteur est ainsi amené à parcourir cette forêt qui apparaît bien souvent inquiétante mais aussi protectrice.
« MES FORÊTS »	La poétesse revient sur ses forêts. Pour elle, la forêt conserve le souvenir des choses puisqu'elle perdure tandis que l'homme n'est que de passage avant de redevenir « poussière ». La forêt est aussi le poème qui se construit et qui est source de vie pour son auteur. Il s'agit alors de la forêt intérieure qui est faite de rêves mais aussi de désillusions.
« UNE CHUTE DE GALETS »	Cette partie est composée d'un long poème déstructuré afin de mimer « le bruit du monde » et « l'écoulement du temps ». La forêt prend véritablement vie grâce aux mots qui convoquent tous les sens. Mais le « murmure » de la forêt a rencontré le monde moderne qui est fait de « sirènes, klaxon » et « tintamarre ».
« MES FORÊTS »	Les forêts sont présentées en opposition au monde moderne qui se laisse dominer par les réseaux sociaux.
« L'ONDE DU CHAOS »	Hélène Dorion incarne par ses poèmes la question écologique en évoquant le système moderne qui s'éloigne de la nature pour devenir esclave de la machine.
« MES FORÊTS »	La poétesse revient sur l'origine du monde et en retrace l'évolution. Elle montre comment l'homme s'est éloigné de la nature pour commettre des actes tragiques. Elle présente alors les mots, et plus particulièrement la lecture, comme un moyen de renouer avec la nature et de redonner du sens à l'humanité.
« LE BRUISSEMENT DU TEMPS »	Hélène Dorion évoque l'origine du monde en rappelant que celui-ci était avant tout habité par les végétaux et les animaux. Le ton change avec l'apparition de l'homme qui n'hésite pas à détruire par orgueil. Elle parcourt le temps jusqu'au monde contemporain qui se caractérise par « l'ère numérique ». Elle présente alors la littérature comme échappatoire possible à ce monde puisqu'elle permet de rêver, de voyager à travers les mots et surtout de redonner du sens à l'humanité.
« MES FORÊTS »	Lieu intime pour l'autrice, les forêts désignent les poèmes qu'elle écrit. L'écriture apparaît à la fois douloureuse et salvatrice en ce qu'elle permet de se retrouver.

Hélène Dorion

- Naît le 21 avril 1958 à Québec.
- Elle fait des études en littérature puis dispense des cours. En parallèle, elle rédige ses premiers textes.
- En 1991, elle devient directrice des éditions Noroît.
- En 1999, elle est écrivaine en résidence à l'Université du Québec.
- Tout au long de sa carrière, elle a remporté de nombreux prix dont le prix Athanase-David, la plus haute distinction décernée par le gouvernement du Québec en littérature.

2 Les thèmes

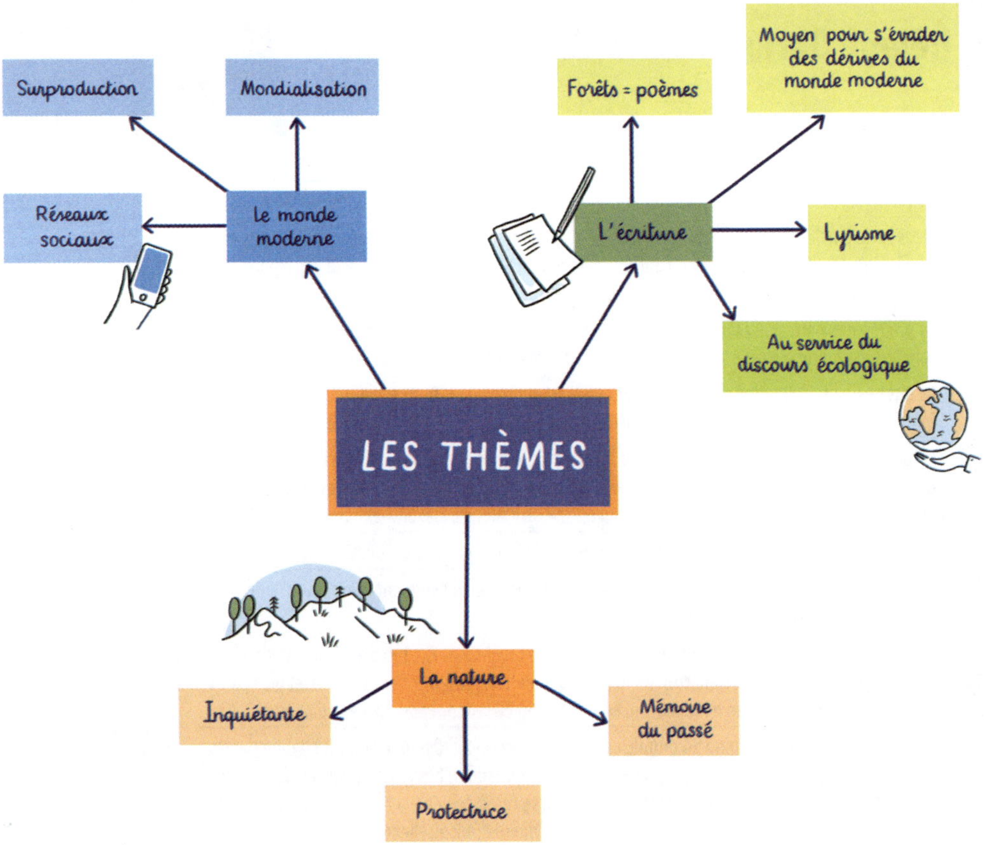

Pour aller plus loin

• La reconstruction d'un lieu

Par les mots, Hélène Dorion reconstitue le lieu. En effet, les forêts prennent forme sous les yeux du lecteur au fur et à mesure qu'il avance la lecture du recueil. Il chemine au sein de cette forêt et arrête son attention devant « l'arbre », le « ruisseau », le « rocher » ou encore le « tronc ». Le lecteur déambule au sein de cette forêt qui éveille tous les sens.

La poétesse s'intéresse à tout ce qui compose la forêt, aux moindres détails tels que l'humus ou la cime des arbres. Par cette attention particulière, elle ancre son rapport au monde et plus particulièrement à la nature.

• Les forêts intérieures

Les forêts, de manière métaphorique, renvoient aussi à l'intime. Il s'agit alors des forêts intérieures. La poétesse, par l'écriture, partage ce qu'elle ressent avec son lecteur. Elle dévoile ses craintes, ses espoirs, ses regrets ou encore ses rêves. Selon Hélène Dorion, écrire de la poésie, c'est aller vers l'autre et ainsi partager son espace intérieur.

...

…

- **Le monde contemporain**

La poétesse met en garde face au monde contemporain qui se laisse envahir par le numérique. En effet, la chaleur du vivant est remplacée par la froideur d'un « temps de pixels d'algorithmes ». Elle interroge alors la place des réseaux sociaux au sein de notre communauté. Sont-ils bons pour l'homme ou au contraire sont-ils nocifs ? Par sa poésie, elle nous invite à réfléchir à notre propre utilisation de la technologie. Ne sommes-nous pas devenus esclaves de ces nouveaux moyens de communication ?

L'homme n'est que de passage sur terre alors que la forêt perdure. En cela, elle conserve en mémoire le passé.

Parcours La poésie, la nature, l'intime

- **La poésie et l'intime**

Dès le mythe d'Orphée, la poésie est associée à l'intime. En effet, Orphée chantait son amour pour Eurydice accompagné de sa lyre. Sa poésie était alors des plus personnelles et cela a donné naissance au lyrisme qui renvoie à l'expression des sentiments intimes.

Dans le recueil d'Hélène Dorion, l'intime est présent dès le titre avec l'emploi du déterminant possessif « mes ». C'est aussi la première personne qui ferme le recueil (« moi-même »). L'écriture permet alors de partager ses sentiments personnels avec autrui mais elle est aussi l'occasion d'un retour sur soi dans un monde qui perd en humanité au profit des nouvelles technologies.

- **La poésie et la nature**

Le mythe d'Orphée crée aussi un lien entre poésie et nature puisqu'Orphée avait le pouvoir de charmer, par son chant, végétaux et minéraux. La nature apparaît alors comme le confident attentif du poète qui livre ses émotions intimes.

Au XIXe siècle, les poètes romantiques ont choisi la nature afin de transmettre leurs émotions. En effet, le paysage-état d'âme reflète les émotions du poète afin de les représenter au lecteur. Cela illustre alors le lien étroit entre nature et poésie.

Le recueil d'Hélène Dorion devient lui-même la forêt. En effet, son écriture très visuelle reconstruit le lieu afin de le donner à voir au lecteur. Le lecteur arpente alors la forêt au fil de sa lecture.

- **La poésie, la nature, l'intime**

La poétesse crée un lien étroit entre les trois notions puisque ses poèmes représentent aussi bien la forêt que l'on peut parcourir que sa forêt intime, c'est-à-dire ses sentiments personnels qu'elle partage avec le lecteur. La poésie semble alors détenir le pouvoir de réunir l'universel et l'intime afin d'interroger la place de l'homme dans le monde.

Pour aller plus loin

Lors de l'écriture de son recueil, Hélène Dorion s'est imprégnée de pièces musicales. Le lecteur peut à son tour les écouter lors de sa lecture afin de s'immerger pleinement dans les forêts de la poétesse.

Chapitre 11 Lexique

Les mots du lexique ci-dessous correspondent aux mots surlignés en violet dans les fiches de français.

A

Absurde : contraire à la raison, à la logique. Devient une tonalité qui prête au sourire ou un courant littéraire, notamment théâtral (ex. : Ionesco, Beckett) ou romanesque (ex. : Camus, Sartre).

Accentuation : disposition particulière des accents toniques qui souligne le rythme du vers.

Acrostiche : forme poétique qui permet de composer un mot ou une expression en lien avec le poème quand on lit verticalement, de haut en bas, la première lettre ou, parfois, les premiers mots d'une suite de vers.

Actant : force agissante dans le schéma actantiel du « personnel » théâtral (ensemble des personnages).

Actualisation : procédé consistant à rendre présents et donc vivants un discours, un événement ou une scène passés.

***Ad hominem* :** se dit d'un argument qui attaque un individu dans sa personne.

Adjuvant : aide le héros à accomplir sa mission.

Allitération : répétition significative d'un son de consonne.

Anachronisme : procédé consistant à attribuer à une époque ce qui appartient à une autre.

Anagramme : mot obtenu en changeant l'ordre des lettres d'un autre mot.

Analepse : retour en arrière, *flash-back* au cinéma.

Anthologie : recueil de textes choisis.

Anthropomorphisme : attribution d'une forme humaine à une chose ou un animal.

Aphorisme : sentence exprimée dans une courte formule.

Apologue : court récit allégorique suggérant un enseignement, une leçon de morale pratique, qui vise à plaire *(placere)* en instruisant (*docere*) et en émouvant (*movere*).

Art poétique : poème dans lequel sont suggérés des règles ou principes à suivre en matière de création littéraire ; un « art poétique *en acte* » sous-entend les revendications esthétiques du poète tout en les exploitant.

Assonance : répétition significative d'un son de voyelle.

B

Bienséance : conduite sociale conforme aux normes et usages, à respecter dans l'idéal classique.

Bovarysme : mot créé par le philosophe Jules de Gaultier pour désigner le défaut d'esprit qui consiste à se faire de soi et de sa condition une idée fausse, comme Emma Bovary dans le roman de Flaubert.

C

***Captatio benevolentiae* :** « captation de bienveillance » en latin, formule de début d'un discours qui a pour but d'emporter d'emblée l'adhésion du public.

Carnavalesque : désigne une littérature pratiquant un renversement temporaire des hiérarchies et des valeurs dont le carnaval fournit un exemple emblématique (ex : Rabelais, Diderot).

***Catharsis* :** « purgation », purification des passions obtenues dans la tragédie classique par la sollicitation de la crainte et de la pitié.

Césure : coupe principale du vers.

Chronotope : cadre spatio-temporel.

Clausule : fin très travaillée d'un poème, d'une nouvelle, d'un texte court.

Cliché : pensée ou expression si banale qu'elle ressemble à une plaque d'imprimerie, reproduite en d'innombrables exemplaires. (Voir *stéréotype*, *topos* pour un thème.)

Connecteur : mot de liaison.

Contexte : actuel, historique, culturel : ensemble de circonstances dans lequel se situe un fait, une œuvre et qui lui donne sa signification.

D

Démythifier : ramener quelqu'un ou quelque chose qui avait été mythifié à un niveau réaliste, normal, familier. (Ne pas confondre avec *démystifier* qui signifie « détromper ».)

Dénouement : résolution de l'intrigue.

Didactique : qui apporte un enseignement.

Diérèse : prononciation séparée des deux ter-mes d'une diphtongue. (Contraire : *synérèse*.)

Dilemme : hésitation entre deux choix opposés aux conséquences lourdes.

Diphtongue : union d'une semi-consonne et d'une voyelle (ex. : « lion », « lui », « Louis »).

Dithyrambe : 1) hymne religieux ; 2) louange enthousiaste parfois excessive.

E

Effusion : épanchement, de sang ou d'émotion.

Ellipse : omission volontaire d'un élément dans le style (ellipse stylistique) ou dans la conduite d'un récit (ellipse dramatique), ce qui permet de ménager le suspens.

Empirique : qui se fonde sur l'expérience.

Enjambement : la phrase se poursuit sans pause sur le vers suivant.

Enjeu : finalité, portée d'un texte, d'une quête ou d'une situation.

Énonciation : production d'un énoncé adressé à un destinataire dans certaines circonstances.

Épicurisme : philosophie matérialiste et atomiste inspirée d'Épicure qui recherche le bonheur en même temps que la sagesse. (Ne pas confondre avec *hédonisme*.)

Épidictique : sous-genre de la rhétorique en rapport avec l'éloge et le blâme.

Épitaphe : inscription sur une tombe.

Essai : œuvre en prose à visée argumentative, ne relevant pas de la fiction.

Esthétique : discipline philosophique cultivant le « Beau » et l'émotion qu'il produit ou, plus largement, tout ce qui a un rapport avec l'art. Une esthétique peut désigner les valeurs stylistiques d'un courant littéraire.

Ethnocentrisme : tendance à privilégier les normes sociales de son pays.

Euphémisme : expression adoucie d'une réalité parfois brutale.

Exhiber : montrer avec affectation.

Exposition : au théâtre, présentation initiale des informations nécessaires à la compréhension de la pièce (personnages, action), qui peut s'étaler sur plusieurs scènes.

F, G, H

Fabliau : petit récit en vers simple et amusant pratiqué au Moyen Âge.

Focalisation : point de vue.

Géocentrisme : conception qui fait de la Terre le centre du monde.

Gradation : progression dans les termes d'une énumération.

Hédonisme : philosophie qui érige le plaisir en principe de vie. (Ne pas confondre avec *épicurisme*.)

Héliocentrisme : conception qui met le Soleil au centre du monde.

Hémistiche : moitié d'un vers.

Hyperbole : figure de style utilisant l'exagération (mot au sens fort, superlatif) pour frapper les esprits.

Hypocoristique : dérivation affectueuse du sens d'un mot (ex. : « ma biche », « mon chat », « mon chou », « ma petite »).

I

Iconoclaste : au VIIIe siècle, personne qui détruit les images saintes ; au sens moderne, personne hostile aux traditions, aux valeurs respectées.

In medias res : « au milieu des choses », de l'action ; technique narrative qui fait commencer le récit au cœur de l'intrigue.

Intertextualité : relations plus ou moins évidentes, volontaires ou involontaires, entre différents textes.

Introspection : analyse de soi, de ses pensées et sentiments.

Ironie : discours apparent qui cache un discours implicite à décoder.

L

Libertin : 1) athée, libre penseur ; 2) amoureux des plaisirs charnels multipliés.

Lipogramme : texte produit sans utiliser telle ou telle lettre (ex. : *La Disparition* de Perec est un roman qui exclut totalement la lettre « e »).

Lubricité : goût excessif pour les plaisirs du corps, la luxure.

Ludique : qui relève du jeu.

M

Manifeste : texte programmatique exposant les principes d'un mouvement littéraire ou artistique.

Marivaudage : vient du nom du dramaturge Marivaux ; jeu et art de la conversation galante.

Matérialisme : conviction, affirmation que le monde et la nature sont de l'ordre de la matière, sans intervention d'un possible créateur.

Métaphore : image littéraire, sans mot comparatif.

Métaphore filée : suite de métaphores appartenant au même champ lexical.

Misanthrope : personne qui supporte difficilement les autres êtres humains.

Mise en abyme : figure consistant à enchâsser un genre dans un genre, une scène dans une autre scène, un récit dans un autre récit (de façon imagée, c'est la représentation de la « Vache qui rit » ou les poupées gigognes russes).

Modalisation : moyen pour l'énonciateur de prendre position par rapport à son énoncé et/ou à son co-énonciateur, par le jeu des adverbes par exemple.

Musicalité : recherche formelle sur le rythme et la mélodie (assonances, allitérations, échos sonores) du texte.

Mythe : récit qui se veut explicatif et fondateur d'une pratique sociale, porté à l'origine par une tradition orale, souvent sacrée, qui propose une explication sur les fondements d'un monde, d'une culture.

Mythifier : ériger au niveau du mythe, mettre sur un piédestal, sacraliser.

O

Objectif : dépourvu de tout sentiment personnel. (Contraire : *subjectif.*)

Obscurantisme : attitude hostile au progrès.

Onirisme : univers du rêve.

Opposant : s'oppose au héros pour l'empêcher de mener à bien sa mission.

OuLiPo : Ouvroir de **li**ttérature **po**tentielle, courant littéraire contemporain regroupant des artistes qui s'imposent des contraintes pour créer.

Oxymore : alliance de deux termes voisins contradictoires (ex. : « obscure clarté », Racine).

P

Palindrome : mot ou groupe de mots que l'on peut lire aussi bien de gauche à droite que de droite à gauche.

Pamphlet : écrit court fortement polémique et satirique.

Panégyrique : éloge, apologie.

Paradoxe : idée, jugement, position qui s'oppose avec provocation aux sens et usages communs.

Paraphrase : reformulation du sens d'un texte.

Parodie : imitation d'un texte dans un but comique et moqueur.

Pastiche : imitation du style d'un auteur.

Pathétique : qui provoque la compassion, le bouleversement.

Périphrase : figure de style consistant à désigner en plusieurs mots ce qui pourrait l'être par un seul.

Personnification : figure de style consistant à attribuer à une chose ou à un animal des traits humains.

Pittoresque : digne d'être peint ; par extension, qui décrit de façon imagée.

Plagiat : copie frauduleuse de l'œuvre d'un autre auteur.

Polémique : tonalité du débat animé, de la discussion virulente.

Polyphonie : croisement de voix ou de consciences multiples dans un texte ; principe de l'ironie.

Problématique : présentation d'un problème sous plusieurs angles. C'est la question qui détermine l'angle d'attaque d'un ou de plusieurs textes, celle qui permettra la résolution d'un sujet de dissertation, d'essai ou d'exposé par une argumentation progressive.

Programmatique : qui annonce ce qui va suivre. L'*incipit* d'un roman a le plus fréquemment une fonction programmatique.

Prolepse : anticipation, dans le récit, d'une action future. (Adjectif : *proleptique*.)

Q, R

Quiproquo : méprise, malentendu consistant à prendre quelqu'un ou quelque chose pour quelqu'un ou quelque chose d'autre.

Récurrence : répétition.

Réforme : mouvement religieux du XVIe siècle, qui a donné naissance au protestantisme (Calvin, Luther).

Rétrospectif : qui regarde en arrière dans le temps.

Rhétorique : ensemble des règles et des procédés de style concernant l'art de persuader par la parole.

S

Satire : critique qui utilise le ridicule et la moquerie pour dénoncer.

Scatologie : qui a un rapport avec les excréments.

Situation d'énonciation : situation dans laquelle s'élabore le discours ; répond aux questions : *qui parle ? À qui ? Comment ?*

Stéréotype : au départ, moulage qui va donner lieu à de nombreuses impressions ; par dérivation, lieu commun, préjugé.

Subjectif : influencé par les sentiments, les jugements personnels. (Contraire : *objectif*.)

Subversif : désigne une action souvent clandestine qui contredit ou conteste les valeurs d'un système (du latin *subvertere* : « renverser »).

Suspens : à préférer à *suspense*, anglicisme. Situation dont on attend l'issue avec impatience et inquiétude.

Synérèse : prononciation d'une diphtongue en une seule syllabe. (Contraire : *diérèse*.)

T, U, V

Tautogramme : texte à contrainte formé de mots commençant par les mêmes lettres ou sons.

Thématique : ensemble des thèmes, sujets du texte.

Thèse : opinion défendue.

Tic de langage : expression, souvent pauvre ou vide de sens, qui revient de façon répétée, machinale et inconsciente dans le discours.

Ton, tonalité : effet produit sur les émotions du lecteur par l'utilisation d'un certain nombre de procédés.

***Topos* :** thème devenu banal. (Pluriel : *topoï*.)

Transcendance : puissance qui nous dépasse.

Trivialité : vulgarité.

Unité : au théâtre classique, unités de lieu, de temps et d'action : une seule action doit se dérouler dans un seul lieu, en 24 heures au plus.

Utopie : fiction qui décrit un endroit idéal. (Contraire : *contre-utopie.*) L'*uchronie*, formée sur le mot *utopie*, consiste à réécrire l'Histoire à partir de la modification d'un événement du passé.

Verset : forme utilisée pour les livres sacrés (Bible, Coran, Thora). Au XXe siècle, certains auteurs la remettront à l'honneur.

Visée : portée, enjeu, finalité d'une action ou d'un texte.

Vulgarisation : transposition d'un savoir pour le rendre accessible à un large public.

Histoire-géo

Histoire

Géographie

Histoire-Géo

Chapitre 1 L'Europe face aux révolutions

1 L'année 1789, année de rupture politique et sociale

De quoi s'agit-il ? La monarchie absolue et la société des trois ordres (noblesse, clergé, tiers état) connaissent à la fin du XVIIIe siècle une crise profonde qui débouche sur une véritable révolution en 1789.

1 Le blocage de l'Ancien Régime

• La crise économique met en difficulté les finances de l'État, endetté. Louis XVI, devant le refus des privilégiés de payer tout impôt, convoque les états généraux pour discuter d'une réforme fiscale. Ceux-ci s'ouvrent le 5 mai 1789 à Versailles avec plus de 1 000 députés des trois ordres, portant des cahiers de doléances.

2 La révolution politique et sociale

• Le 20 juin, les députés du tiers état dont la voix est minoritaire décident, à part, de se proclamer Assemblée nationale et de rédiger une Constitution. Louis XVI préfère temporiser et, le 9 juillet, reconnaît l'Assemblée nationale constituante. La révolution politique a commencé, le roi semble accepter de partager ses pouvoirs.

• Le peuple entre en scène, inquiet d'une réaction violente du roi et de la noblesse : prise de la Bastille le 14 juillet à Paris, « Grande Peur » dans les campagnes où les châteaux sont incendiés.

• Dans la séance de la nuit du 4 au 5 août, l'Assemblée décide l'abolition des privilèges et proclame l'égalité des Français. La révolution sociale prend le relais.

Vocabulaire

- **États généraux : réunion de représentants de chacun des trois ordres qui composent la société (noblesse, clergé et tiers état).**
- **Cahier de doléances : cahier rassemblant les plaintes (doléances) et solutions, destinées au roi.**
- **Tiers état : l'essentiel de la population (97 %), composé de ceux qui travaillent (paysans, bourgeois) et payent des impôts.**
- **« Grande Peur » : période d'agitation après le 14 juillet liée à la crainte paysanne d'une réaction de la noblesse.**

3 La Déclaration des droits de l'Homme et du citoyen

• Le 26 août la Déclaration des droits de l'Homme et du citoyen fixe les principes de construction d'une France nouvelle. Inspirés des Lumières, ils mettent en avant les valeurs de liberté et d'égalité, la séparation des pouvoirs, la souveraineté nationale (synonyme de démocratie), les libertés de pensée et d'expression, les garanties judiciaires. Les sujets du roi sont désormais des citoyens libres et égaux en droits.

• Le 14 juillet 1790, lors de la fête de la Fédération, la Nation, à travers des délégués de toutes les provinces, et le roi, se prêtent mutuellement serment de fidélité. Presse et clubs animent le débat politique au sein de la population française (**Doc. 1**).

Doc. 1 Le salon de Mme Roland à Paris

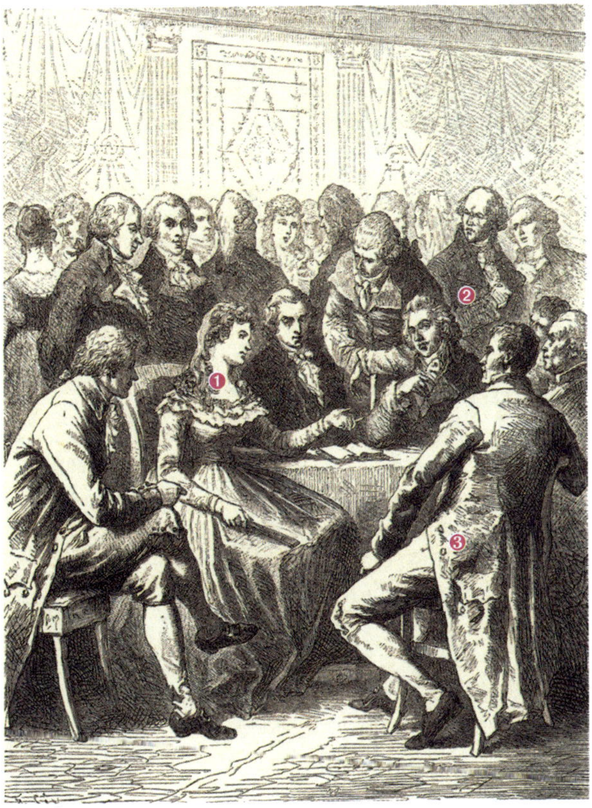

❶ Mme Roland (1754-1793), au centre, s'engage dans la Révolution en faisant vivre la liberté d'opinion et d'expression.

❷ Son salon attire surtout la gauche jacobine, désireuse de réformes profondes. Les déchirements entre Jacobins sous la Terreur amèneront à son exécution.

❸ Il y a surtout des hommes : l'égalité hommes/femmes, qu'elle ne réclame pas, est une opinion très minoritaire, représentée par d'autres femmes comme Olympe de Gouges.

2 L'essai de monarchie constitutionnelle

De quoi s'agit-il ? L'Assemblée propose un système de monarchie constitutionnelle partageant les pouvoirs et fondé sur la souveraineté nationale. L'hostilité de Louis XVI fait échouer cette tentative politique.

1 L'effort de démocratisation

- L'Assemblée continue son travail de réformes afin de faire vivre l'idée de souveraineté nationale : justice réorganisée avec des jurys populaires, création de départements, Constitution civile du clergé.
- La démocratie sera représentative mais la question du vote aux élections est posée : suffrage universel pour tous les citoyens, ou suffrage censitaire reposant uniquement sur ceux qui contribuent « suffisamment » à l'impôt ?
- Louis XVI tente de fuir à l'étranger mais est arrêté à Varennes le 21 juin 1791 et revient à Paris. Cet épisode rend d'avance difficile l'application de la Constitution enfin adoptée en octobre.

Vocabulaire

- **Jury populaire :** ensemble de citoyens rendant un verdict dans un procès.
- **Département :** nouveau découpage, égalitaire, du territoire pour mettre fin aux inégalités entre les provinces.
- **Constitution civile du clergé :** réorganisation des relations entre l'Église et l'État, celui-ci contrôlant le clergé.
- **Suffrage censitaire :** système électoral dans lequel le droit de vote est réservé à ceux qui paient une certaine somme d'impôts, que l'on appelle le « cens ».

2 L'échec de la monarchie constitutionnelle

• Le pouvoir législatif appartient à l'Assemblée législative, élue tous les deux ans au suffrage censitaire (4 sur 7 millions de citoyens, hommes de plus de 25 ans). Le roi et son conseil des ministres possèdent le pouvoir exécutif. Toutefois, le roi conserve un droit de veto, suspensif, sur les lois.

• Louis XVI utilise régulièrement celui-ci et essaye de bloquer le travail de l'Assemblée, soutenant parfois les Jacobins. Le 20 avril 1792, face à la menace grandissante des monarchies européennes, hostiles au processus révolutionnaire, la France déclare la guerre à la Prusse et à l'Autriche. Louis XVI espère qu'une défaite lui rendra ses pouvoirs.

• La France est envahie et, en juillet, la Patrie est déclarée « en danger ». L'Assemblée fait appel, au sein du peuple, aux volontaires. L'ennemi menace le peuple de Paris lui intimant l'ordre de rétablir Louis XVI dans ses droits.

• Les Parisiens, notamment les sans-culottes, répondent le 10 août par une nouvelle journée insurrectionnelle, prenant le palais royal des Tuileries. Le roi se réfugie à l'Assemblée mais celle-ci, sous pression, décide son arrestation ainsi que l'élection au suffrage universel d'une Convention nationale dominée par les Jacobins (**Doc. 2**).

Vocabulaire

- **Jacobins :** partisans d'une poursuite de la Révolution et d'une démocratie centralisée. Ils se réunissaient dans l'ancien couvent des Jacobins.
- **Sans-culottes :** catégorie sociale modeste sans être pauvre, souvent composée d'artisans des villes prônant l'égalité sociale. Ils sont appelés ainsi car ils portaient des pantalons et non des culottes, comme les aristocrates.

Doc. 2 Appel nominal des députés de la Convention à la séance des 16 et 17 janvier 1793

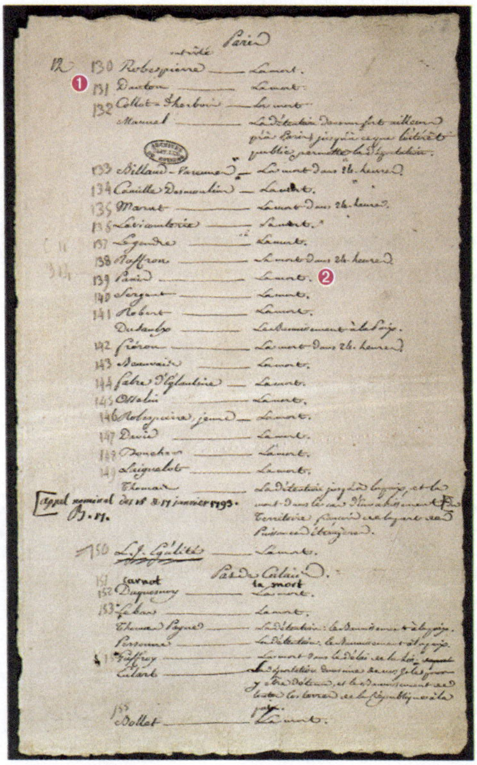

❶ La Convention s'est instituée en tribunal pour juger Louis XVI (décembre 1792). Cette page présente la liste des députés de Paris (parmi eux Robespierre, Danton, Desmoulins, etc.).

❷ La culpabilité du roi a été prononcée à 90 %. En face de chaque nom figure la sanction demandée. La mort l'emporte d'une courte majorité.

3 Achever la Révolution sans le roi (1793-1815)

De quoi s'agit-il ? La République est proclamée par la Convention le 22 septembre 1792. Mais les guerres rendent son fonctionnement instable jusqu'à l'arrivée au pouvoir de Napoléon Bonaparte, qui parvient à fonder un empire.

1 La Ire République et son instabilité

• À la Convention, les Montagnards écartent les Girondins en juin 1793 et imposent la Terreur (loi des suspects, suspension des libertés) face aux menaces : guerre extérieure, où intervient par exemple l'Angleterre, début de guerre civile (révoltes royalistes en Vendée, girondines au Sud-Ouest).

• La Terreur s'arrête avec la chute de Robespierre le 9 thermidor an II (27 juillet 1794 ; la République a changé le calendrier). Un Directoire se met en place où les pouvoirs sont divisés et se neutralisent pour empêcher le retour de la tyrannie.

Vocabulaire

- **Girondins, Montagnards :** courants politiques divisant les députés.
- **Loi des suspects :** loi votée par la Convention (17 septembre 1793) permettant d'arrêter et juger toute personne suspecte, ennemi réel ou potentiel de la Révolution.
- **Directoire :** forme du pouvoir exécutif, divisé entre cinq directeurs.

2 La France et l'Europe sous l'empire napoléonien

• Le général Napoléon Bonaparte prend le pouvoir par un coup d'État le 18 brumaire an VII (9 novembre 1799). Le Consulat met fin au Directoire. Napoléon devient Premier consul jusqu'à son couronnement en tant qu'empereur, sous le nom de Napoléon Ier, le 2 décembre 1804.

• Le pouvoir exécutif entre ses mains est exercé de façon autoritaire (police, censure), le pouvoir législatif est affaibli. Il préserve certains acquis de la Révolution (égalité devant la loi, séparation des pouvoirs, suffrage universel, etc.), y ajoutant des « masses de granit » pour achever la Révolution : préfets, lycées, nouvelle monnaie (le franc), Code civil (**Doc. 3**) et Code pénal. Un Concordat réorganise et pacifie les relations entre l'État et l'Église.

Vocabulaire

- **Consulat :** forme du pouvoir exécutif, divisé entre trois consuls.
- **Masses de granit :** expression de Napoléon pour désigner les réformes nécessaires pour compléter, consolider et achever la Révolution.
- **Concordat :** traité réglant les relations entre un État et l'Église catholique, représentée par le pape.

• Les guerres ont permis des conquêtes voire des annexions (Belgique, Hollande, Italie du Nord…), diffusant ainsi les idées révolutionnaires. Une armée de citoyens volontaires avait été organisée par Lazare Carnot, devenue sous Napoléon la « Grande Armée » et remportant des victoires prestigieuses : Austerlitz (2 décembre 1805), etc.

• Napoléon réorganise l'Europe (proches placés à la tête de nombreux pays, traités d'alliance avec les vaincus). La domination française amène le soulèvement de peuples européens (Espagne, pays allemands…) avant qu'une nouvelle coalition européenne, suite à l'échec de la campagne de Russie (1812), ne parvienne à faire plier l'empire français en 1814 puis, après un bref retour de Napoléon Ier, en 1815 (défaite de Waterloo le 18 juin).

Doc. 3 Extraits du Code Napoléon (1804)

Le Code, recueil de lois, est voulu par Napoléon pour fixer celles-ci et finir la Révolution. Depuis 1793, Cambacérès, qui en est chargé, a essayé de faire adopter un tel texte.

Art. 1er. Les lois sont exécutoires dans tout le territoire français, en vertu de la promulgation qui en est faite par le Premier consul. Elles seront exécutées dans chaque partie de la République, du moment où la promulgation en pourra être connue.

Art. 8. Tout Français jouira des droits civils.

Art. 144. L'homme avant dix-huit ans révolus, la femme avant quinze ans révolus, ne peuvent contracter mariage.

Art. 203. Les époux contractent ensemble, par le fait seul du mariage, l'obligation de nourrir, entretenir et élever leurs enfants.

Art. 488. La majorité est fixée à vingt-un ans accomplis.

Art. 544. La propriété est le droit de jouir et disposer des choses de la manière la plus absolue, pourvu qu'on n'en fasse pas un usage prohibé par les lois ou par les règlements.

Art. 1101. Le contrat est une convention par laquelle une ou plusieurs personnes s'obligent, envers une ou plusieurs autres, à donner, à faire ou à ne pas faire quelque chose.

Art. 1382. Tout fait quelconque de l'homme, qui cause à autrui un dommage, oblige celui par la faute duquel il est arrivé, à le réparer.

Art. 1832. La société est un contrat par lequel deux ou plusieurs personnes conviennent de mettre quelque chose en commun, dans la vue de partager le bénéfice qui pourra en résulter.

La République est toujours officiellement en place, sous l'égide de Bonaparte, Premier consul – avant de devenir Empereur. Sous la République « une et indivisible », la loi est la même pour tous

Le texte donne des droits et des devoirs, reconnaissant l'égalité devant la loi – mais pas entre hommes et femmes.

Le Code porte sur le droit des personnes mais aussi des biens, et définit les contrats, la propriété, l'entreprise (société). L'art. 1382 définit les délits.

Le Code civil a pu se diffuser avec les conquêtes (Belgique…) et inspirer nombre de nouveaux États (Italie, pays d'Amérique latine…).

4 Clore la Révolution en restaurant un ordre monarchique en Europe

De quoi s'agit-il ? En 1814-1815, les vainqueurs de Napoléon souhaitent clore l'épisode révolutionnaire en restaurant un ordre monarchique et conservateur sur le continent. Mais ceux-ci se heurtent à l'émergence de mouvements révolutionnaires et nationaux.

1 Réorganiser l'Europe selon l'ordre ancien

• Dans la première moitié du XIXe siècle, la crainte de la résurgence de mouvements révolutionnaires pousse les souverains européens à réorganiser le continent. Les vainqueurs de Napoléon se réunissent lors du congrès de Vienne pour tenter d'effacer l'empreinte révolutionnaire et impériale.

• La carte de l'Europe est alors redessinée selon les intérêts des grands empires et sans tenir compte des aspirations des peuples à se constituer en nations ou à obtenir davantage de libertés.

• Après la défaite de Napoléon, Clément Metternich-Winneburg, ministre des Affaires étrangères et chancelier d'Autriche, négocie le traité de Paris (avril 1814) et accepte la restauration des Bourbons sur le trône de France. Pendant le congrès de Vienne, il tente de modérer l'esprit de revanche des alliés contre la France, car c'est pour lui la condition première pour garantir la paix et la stabilité en Europe

2 Un congrès favorable aux grandes puissances

• Quand le congrès de Vienne s'achève en 9 juin 1815, une étape importante a été franchie puisque de nouvelles frontières ont été délimitées, la libre circulation navale reconnue, la traite négrière abolie et la neutralité suisse affirmée.

• Quelques mois plus tard, à l'initiative du tsar de Russie, une « Sainte Alliance » est conclue à Paris, en septembre 1815, entre l'Autriche, la Prusse et la Russie pour établir une paix durable et se protéger d'éventuels mouvements populaires et révolutionnaires (**Doc. 4**).

Vocabulaire

- **Sainte Alliance :** pacte signé entre les monarchies russe, autrichienne et prussienne en 1815 pour restaurer un ordre monarchique en Europe.

Doc. 4 La politique de la Sainte Alliance et de Metternich en 1820

La révolution de Naples s'enracinant tous les jours de plus en plus, aucune ne pouvant menacer d'une manière plus imminente la tranquillité des États voisins et n'étant pas dans le cas d'être attaqués aussi promptement et aussi immédiatement, on s'est convaincu de la nécessité de procéder à l'égard du royaume des Deux-Siciles d'après les principes […] énoncés.

Pour préparer à cette fin des mesures conciliatrices, les monarques réunis à Troppau ont résolu d'inviter le roi des Deux-Siciles à se réunir à eux à Laybach ; démarche dont le but était uniquement de délivrer S. M. de toute espèce de contrainte extérieure, et de constituer ce monarque médiateur entre ses peuples égarés et les États dont ils menaçaient la tranquillité. Les monarques étant résolus de ne point reconnaître les gouvernements formés par une révolte ouverte, ils ne pouvaient négocier qu'avec le roi en personne. Leurs ministres et leurs agents à Naples ont reçu des instructions en conséquence. La France et l'Angleterre ont été invitées à prendre part à cette démarche et l'on doit s'attendre qu'elles ne refuseront pas d'y accéder […].

D'après G. F. Martens, *Nouveau Recueil de traités… depuis 1808…*, t. V, Gottingue, 1824.

- La révolution de Naples inquiète les souverains européens. Ils ont peur d'une « contagion » comme à l'époque de la Révolution française.
- Les souverains de la Sainte Alliance se réunissent pour faire face à ce danger et apportent leur aide au souverain de Naples, roi des Deux-Siciles.
- Ils évoquent des « peuples égarés » pour montrer que la révolution est « anormale ».
- Les souverains décident d'être solidaires entre eux pour conserver l'ordre monarchique instauré par le congrès de Vienne.

3 De nouvelles frontières qui ne tiennent pas compte des aspirations nationales

• Les vainqueurs de Napoléon souhaitent tirer profit de leur victoire en agrandissant leur territoire, sans prendre en compte la question des aspirations nationales.

• De son côté, le Royaume-Uni ne cherche pas à acquérir des territoires, mais souhaite asseoir sa puissance maritime. Celle-ci est en effet la condition nécessaire pour le développement d'un commerce florissant, source d'hégémonie planétaire.

Vocabulaire

- **Hégémonie :** domination exclusive d'un État sur les autres.

5 Deux expériences de monarchie constitutionnelle en France

De quoi s'agit-il ? Après la chute de Napoléon, la France s'engage dans la longue recherche d'un régime politique stable et tente d'expérimenter la monarchie constitutionnelle.

1 Rétablir la monarchie en tenant compte des acquis de la Révolution

- En France, Louis XVIII (1814-1824), frère de Louis XVI et héritier théorique de la couronne depuis 1795, est rétabli sur le trône par les puissances étrangères qui viennent de vaincre Napoléon. La monarchie est restaurée, mais le roi « octroie » une Charte qui limite le pouvoir royal et reconnaît les principaux acquis de la Révolution, telle l'abolition des privilèges.
- C'est un début de système représentatif où le roi, chef de l'exécutif, partage le pouvoir législatif avec le Parlement.

Vocabulaire

- **Système représentatif :** régime politique qui accorde à une assemblée le droit de représenter la nation. La volonté des citoyens s'exprime par l'intermédiaire de représentants élus.

2 « Dé-révolutionner » la société française ?

- Cependant, la Charte de 1814 n'introduit pas un régime parlementaire et le système électoral est fondé sur le suffrage censitaire. Ainsi, les droits politiques ne concernent que 100 000 électeurs (sur 29 millions d'habitants).
- À la mort de Louis XVIII (1824), son frère devient roi sous le nom de Charles X (1824-1830). Comme les « ultras » (royalistes), il souhaite renforcer le pouvoir royal et met en œuvre une réaction antilibérale. Cela entraîne une nouvelle révolution les 27-28 et 29 juillet 1830. On parle des « Trois Glorieuses » (**Doc. 5**).

Vocabulaire

- **Régime parlementaire :** régime politique fondé sur une séparation des pouvoirs, avec un gouvernement qui incarne le pouvoir exécutif et peut être renversé par le Parlement devant lequel il est politiquement responsable.

Doc. 5 1830 et les « Trois Glorieuses »

Charles X ne peut plus rentrer dans Paris : il a fait couler le sang du peuple.

La République nous exposerait à d'affreuses divisions : elle nous brouillerait avec l'Europe.

> D'emblée l'auteur annonce que Charles X doit quitter le pouvoir et donc abdiquer, mais que la République n'est pas le régime idéal pour la France.

Le duc d'Orléans est un prince dévoué à la cause de la Révolution.

Le duc d'Orléans ne s'est jamais battu contre nous.

> Le duc d'Orléans a participé à la Révolution française et est attaché à ses valeurs comme à ses symboles.

Le duc d'Orléans était à Jemmapes.

Le duc d'Orléans est un roi-citoyen.

Le duc d'Orléans a porté au feu les couleurs tricolores. Le duc d'Orléans peut seul les porter encore. Nous n'en voulons point d'autres.

Le duc d'Orléans ne se prononce pas. Il attend notre vœu. Proclamons ce vœu et il acceptera la Charte comme nous l'avons toujours entendue et voulue. C'est du peuple français qu'il tiendra sa couronne.

> Le nouveau souverain est tenu d'accepter la Constitution (Charte) et devient « roi des Français » : il montre ainsi qu'il tient son pouvoir du peuple et non pas de ses ancêtres.

Placard rédigé par Thiers, affiché à Paris le matin du 30 juillet 1830.

3 La monarchie de Juillet : entre libéralisme et conservatisme (1830-1848)

- Philippe d'Orléans, cousin de Charles X, est proclamé « roi des Français » sous le nom de Louis-Philippe Ier grâce au soutien des bourgeois libéraux. L'objectif du nouveau souverain est de réformer sans révolutionner : il adopte le drapeau tricolore et révise la Charte en développant une base électorale plus large. Le Parlement partage désormais l'initiative des lois avec le roi.

- La petite bourgeoisie et les ouvriers réclament en vain le suffrage universel. Guizot dirige un gouvernement conservateur qui réprime les révoltes des ouvriers. Quand le roi interdit les réunions politiques, cela entraîne une nouvelle révolution qui éclate en février 1848.

Vocabulaire

- **Suffrage universel :** système électoral dans lequel le droit de vote est accordé à tous les citoyens.

6 L'essor des contestations en Europe entre 1815 et 1848

De quoi s'agit-il ? Entre 1815 et 1848, des mouvements révolutionnaires secouent l'Europe et tentent d'imposer les idées libérales et le concept de l'État nation.

Vocabulaire

- **État nation :** État qui rassemble une nation établie sur un territoire délimité, et définie en fonction d'une identité commune de la population.
- **Nationalités :** groupement d'individus partageant des mêmes valeurs, une histoire et une origine communes.

1 Libéralisme et aspirations nationales en Europe

- Né en Angleterre au XVIIIe siècle, le libéralisme est une idéologie qui rappelle que l'individu dispose de libertés et de droits fondamentaux (d'expression, de réunion, de conscience…) face à l'État.

- Les libéraux apportent leur soutien à la lutte en faveur des nationalités opprimées ou divisées qui souhaitent se constituer en États nations.

2 Le mouvement des nationalités

- Dans la première moitié du XIXe siècle, les dirigeants des mouvements nationalistes, ignorés par le congrès de Vienne, s'emploient à répondre aux aspirations nationales qui peuvent se classer en deux grandes catégories :
  - celles qui visent à regrouper leur nation en un seul État (tels les Italiens et les Allemands) ;
  - celles placées sous la domination d'autres États et qui revendiquent leur indépendance.

- Le massacre des habitants grecs de Chios (Doc. 6) par les Ottomans (1822) entraîne une intervention des puissances européennes (1827) et favorise l'indépendance de la Grèce en 1829-1830.

Doc. 6 1822 et le massacre de Chios (ou Scio)

Eugène Delacroix, *Scènes du massacre de Chios*, 1824, musée du Louvre, Paris.

❶ Au premier plan, quinze figures de victimes et de bourreaux sont entremêlées avec, en particulier, le cadavre d'une mère morte en train d'allaiter. On remarque des personnages de tous les âges.

❷ Au deuxième plan, on observe les cavaliers ottomans.

❸ Au dernier plan, apparaissent les ruines fumantes de Chora, la capitale de Chios (ou Scio).

3 1830-1848 : deux poussées révolutionnaires

• Au XIXe siècle, de nombreux opposants aux régimes en place sont contraints de fuir leur pays pour des raisons politiques. Ces exilés participent à la circulation des idées à l'échelle du continent européen.

• La révolution parisienne de 1830 entraîne un ensemble de révoltes sur le continent. En 1830, la Belgique catholique obtient son indépendance des Pays-Bas alors que les Polonais se soulèvent à leur tour, sans succès, contre la domination russe.

• À la suite de la révolution qui secoue la France en février 1848, un ensemble de révoltes enflamme de nouveau le continent : on parle d'un « Printemps des peuples ». Les citoyens prennent conscience de leur pouvoir potentiel et démontrent que les aspirations à la liberté ne peuvent plus être étouffées.

Révision express

L'Europe entre Restauration et révolution

Le schéma à retenir

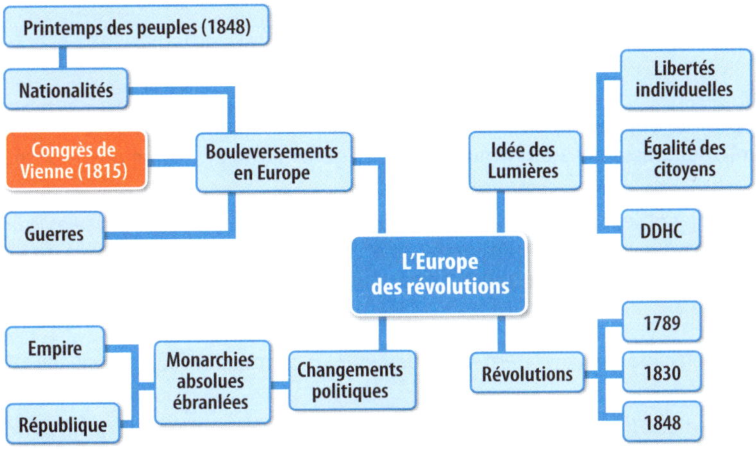

Quiz

Cochez la bonne réponse.

1. À quelle date l'Ancien Régime a-t-il complètement disparu en France ?

a. ☐ Le 5 mai 1789
b. ☐ Le 14 juillet 1789
c. ☐ Lors de la nuit du 4 août 1789

2. Quel texte rassemble les principales lois issues des changements révolutionnaires ?

a. ☐ La Déclaration des droits de l'Homme et du citoyen
b. ☐ Le Code civil

3. Quel suffrage existe en France sous la Restauration (1814-1830) ?

a. ☐ Le suffrage universel
b. ☐ Le suffrage censitaire

4. Quel congrès entend redessiner les frontières européennes et favoriser le retour d'un ordre monarchique en Europe ?

a. ☐ Le congrès de Vienne
b. ☐ Le congrès de Paris
c. ☐ Le congrès de Londres

→ Réponses p. 530

EXERCICE GUIDÉ

Rédiger une introduction de composition

Énoncé

Rédigez l'introduction du sujet suivant :

« La France entre Restauration et révolutions (1815-1830). »

Méthode

L'introduction pose le sujet et le situe : elle détermine le contexte spatial et temporel de celui-ci, son intérêt, puis passe progressivement de l'idée générale au problème précis posé par le sujet.

Elle présente surtout les objectifs du devoir, fait le point sur la problématique adoptée et fournit au correcteur l'axe de réflexion qui lui permet de saisir l'organisation du propos. C'est un exercice technique qui nécessite de suivre rigoureusement la méthode.

1 Analyser le sujet

C'est la partie indispensable, celle qui permet de dessiner les contours du sujet à travailler. Elle se décompose comme suit :

- **l'accroche :** elle permet d'introduire le sujet et peut consister en un court rappel de la période passée, du rappel d'un évènement, d'une citation, etc. Inutile d'y consacrer trop de temps, elle n'est pas indispensable ;
- **la définition des termes du sujet** ;
- **le cadre chronologique :** il faut borner le sujet, préciser les dates de début et de fin et expliquer la pertinence de ce choix chronologique ;
- **le cadre spatial,** indispensable en géographie mais parfois non pertinent en histoire ;
- **l'intérêt du sujet :** pourquoi étudier ce phénomène à cette période ? En quoi a-t-il marqué l'Histoire ?

2 Exposer les enjeux du sujet par la problématique

Vous devez l'énoncer sous la forme d'une question.

Il faut éviter une problématique décomposée en plusieurs questions qui correspond en réalité à une annonce déguisée de plan.

3 Annoncer le plan

C'est une étape formelle, le correcteur peut ainsi vérifier la logique de votre développement. L'idéal est de rédiger des phrases en utilisant des pronoms personnels : « Dans une première partie nous étudierons… », etc.

Corrigé

L'astuce prof
L'emploi d'une citation dès le début permet d'introduire le sujet de manière plus explicite.

« Vous vous plaignez d'un roi sans jambes, vous verrez ce que c'est qu'un roi sans tête. » C'est par ces mots que Louis XVIII rappelait à son frère, le comte d'Artois et futur Charles X, que la Révolution française et l'Empire (1789-1815) avaient profondément bouleversé l'ordre européen et que tout retour trop brutal en arrière pouvait rallumer l'incendie révolutionnaire. En 1814-1815, les vainqueurs de Napoléon souhaitaient clore l'épisode révolutionnaire en restaurant l'ancien ordre monarchique, en particulier en France. C'est ainsi qu'ils imposaient le retour des Bourbons, appelé « Restauration », sur le trône avec Louis XVIII (1814-1824) auquel succédera Charles X (1824-1830). Cependant, les souverains français, comme leurs homologues européens, doivent alors composer avec une Constitution (Charte) qui limite leur pouvoir, et affronter la poussée révolutionnaire de 1830 qui signe l'échec de la Restauration.

Comment expliquer l'échec de la Restauration en France ?

Pour répondre à cette question centrale, nous analyserons dans un premier temps les conditions politiques de la restauration des Bourbons sur le trône de France en 1814-1815. Puis, nous verrons de quelle manière les deux frères de Louis XVI appliquent la Charte. Enfin, nous tenterons de comprendre pourquoi le rétablissement des Bourbons s'achève par une nouvelle révolution en 1830.

Bien comprendre

Le cadre spatial et chronologique doit être précisé mais il faut aussi citer le nom des principaux acteurs, à savoir les souverains Bourbons.

Chapitre 2 La France dans l'Europe des nationalités : politique et société (1848-1871)

1 La difficile entrée dans l'âge démocratique : la naissance de la IIe République

De quoi s'agit-il ? Au XIXe siècle, le rapport de force entre républicains et tenants d'un régime de type monarchique se trouve relancé avec la révolution de 1848.

1 La proclamation de la IIe République

• Le 23 février 1848, le soulèvement des Parisiens provoque l'abdication du roi : la monarchie de Juillet est renversée.

• Le 24 février, Lamartine proclame la République depuis l'Hôtel de ville (**Doc. 1**). Il annonce la composition d'un gouvernement provisoire qui compte de nombreux républicains : Dupont de l'Eure, Arago à la guerre et aux colonies, Lamartine aux Affaires étrangères, et deux socialistes : Louis Blanc, journaliste, et Albert, ouvrier.

Doc. 1 Lamartine défend le drapeau tricolore

> Citoyens, vous pouvez faire violence au Gouvernement, vous pouvez lui commander de changer le drapeau de la nation et le nom de la France. […] Quant à moi, jamais ma main ne signera ce décret. Je repousserai jusqu'à la mort ce drapeau de sang, et vous devez le répudier plus que moi, car le drapeau rouge que vous rapportez n'a jamais fait que le tour du Champ-de-Mars, traîné dans le sang du peuple en 91 et en 93, et le drapeau tricolore a fait le tour du monde, avec le nom, la gloire et la liberté de la patrie.
>
> Discours de Lamartine devant l'Hôtel de ville, 25 février 1848.

Né en 1790, issu de la petite noblesse, d'une grande ferveur religieuse, Lamartine est entré dans la vie politique en 1833 comme député royaliste modéré. À partir de 1840, il bascule dans l'opposition et marque la Chambre par ses talents oratoires.

Lamartine appartient depuis le 24 février au gouvernement provisoire, qui a remplacé le gouvernement de Louis-Philippe. Il en démissionnera le 24 juin, faute d'avoir empêché la répression contre les ouvriers parisiens.

Le 24, son discours marque le changement de régime, l'acclamation de la foule valant adoption. Le 25, il fait proclamer un « droit au travail » qui enthousiasme les classes populaires, et plaide avec ferveur pour la conservation du drapeau tricolore.

2 La réaffirmation de principes républicains

• Une nouvelle devise, « Liberté, Égalité, Fraternité », et l'effigie de Marianne, qui mêle la République et la liberté, réactivent l'héritage révolutionnaire.

• Le 25 février, des droits fondamentaux sont proclamés : liberté de réunion et de la presse, enseignement primaire gratuit et obligatoire, abolition de la peine de mort en matière politique et abolition de l'esclavage.

• Le droit au travail et la réduction de la durée du travail sont reconnus. Le 26 février sont créés les ateliers nationaux, qui emploient les chômeurs à des travaux publics.

• Le 5 mars 1848, comme en 1792, la IIe République instaure le suffrage universel masculin. Le nombre d'électeurs passe de 250 000 à plus de

Vocabulaire

■ **Suffrage universel masculin :** capacité de voter accordée à tous les hommes adultes, sans condition de revenu ou de naissance.

9 millions ! En avril de la même année, 84 % des inscrits élisent une chambre de notables. Ce suffrage universel masculin est contesté par des féministes qui réclament l'égalité politique (**Doc. 2**).

Vocabulaire

- **Notables : personnes qui occupent des positions sociales influentes.**
- **Féminisme : pensée politique qui réclame les mêmes droits pour les femmes que pour les hommes.**

Doc. 2 Les féministes appellent George Sand à se présenter aux élections législatives

La première femme appelée à l'Assemblée constituante devrait être acceptée par les hommes. Sand ne leur est pas semblable, mais son génie les étonne et peut-être, magnifiques rêveurs, ils lui font l'honneur d'appeler mâle son génie. Ne relevons pas le gant, laissons-le tomber. Il y a du vrai dans leurs prétentions, il y a du positif dans la nôtre.

Sand, dès ses débuts dans la carrière littéraire, a renié son sexe et son nom ; elle s'est faite homme par l'esprit, elle est restée femme par le côté maternel. [...] Sand est puissante et n'effraie personne ; c'est elle qu'il faut appeler par le vœu de toutes au vote de tous. [...] En appelant Sand à l'Assemblée, les hommes croiront faire une exception ; ils consacreront le principe et la règle.

Eugénie Niboyet, *La Voix des femmes*, 6 avril 1848.

George Sand, pseudonyme d'Aurore Dupin, est née à Paris en 1804 d'une double ascendance noble et roturière qui marque sa vie. Elle forge ses convictions politiques par des rencontres, tout en publiant romans, nouvelles et articles. Elle y défend l'égalité entre les classes. En 1831, elle adopte un pseudonyme masculin, George Sand, pour protester contre la sujétion des femmes, notamment par le mariage.

Eugénie Niboyet milite pour l'égalité hommes-femmes et fonde *La Voix des femmes*, un journal féministe où elle lance un appel pour la candidature de George Sand aux élections.

2 La multiplication des tensions met un terme au projet républicain

De quoi s'agit-il ? Les républicains se divisent sur la nature du nouveau régime, tandis que les Français s'orientent vers une pratique plus conservatrice du pouvoir. Les conflits sont inévitables.

1 Les tensions entre bourgeois et ouvriers, et la guerre civile (juin 1848)

- En avril 1848, les Français ont élu une Chambre de notables et de bourgeois, « républicains du lendemain », hostiles au droit du travail. Les ouvriers comptent sur la République pour adopter une réelle législation sociale.
- Les députés ferment au contraire les ateliers nationaux le 21 juin. Les ouvriers s'insurgent, des barricades se dressent dans Paris (**Doc. 3**). La répression est terrible : aux milliers de morts et fusillés sans jugement s'ajoutent 11 000 personnes jetées en prison ou déportées. Jusqu'à la fin de 1848, le pouvoir est confié à Cavaignac. Des lois répressives brisent la dynamique de la révolution de Février.

Vocabulaire

- **Barricade : accumulation d'objets divers qui forment une barrière protectrice dans les rues.**
- **Répression : fait d'arrêter par la violence un mouvement de lutte collectif.**

2 Les tensions entre ville et campagne

• La révolution de 1848 touche d'abord les villes, et surtout Paris. Foyer de contestation, elle accueille aussi les nouveaux pouvoirs politiques.

• Les campagnes françaises, où domine la petite paysannerie propriétaire, sont fragiles. Les ruraux cumulent travail aux champs et à l'atelier. L'augmentation de 45 % des impôts fonciers, destinés à financer les Ateliers nationaux, y est donc très mal perçue. Les ruraux, majoritaires, élisent des conservateurs en avril 1848 puis en mai 1849.

Vocabulaire

- **Impôts fonciers :** impôts perçus sur le sol, sur la propriété d'une surface (champ, logement).
- **Conservateur :** qui souhaite que les choses restent en l'état, hostile au changement.

Doc. 3 Prise des barricades de La Villette, juin 1848

Source : *Fastes de Gardes nationales de France*, 1849.

3 Les tensions entre républicains et conservateurs

• Après les élections, les républicains s'opposent à la Chambre, conservatrice. Le 15 mai, ils échouent à renverser le gouvernement. Des figures républicaines sont arrêtées (Raspail, Barbès, Blanqui), d'autres s'enfuient.

• Cavaignac devient l'homme fort du gouvernement. La Constitution votée le 4 novembre prévoit l'élection du président de la République au suffrage universel. Louis-Napoléon Bonaparte est élu avec plus de 75 % des voix (**Doc. 4**). Le pouvoir échappe alors aux républicains. Le « parti de l'ordre » l'emporte en mai 1849 et s'emploie à purger la société de son « ferment révolutionnaire », jusqu'au coup d'État du 2 décembre 1851.

Vocabulaire

- **« Parti de l'ordre » :** parti qui défend l'ordre établi, la hiérarchie en place dans la société.

Doc. 4 Déclaration de candidature de Louis-Napoléon Bonaparte, décembre 1848

Pour me rappeler de l'exil, vous m'avez nommé représentant du peuple. À la veille d'élire le premier magistrat de la République, mon nom se présente à vous comme symbole d'ordre et de sécurité. [...] Je ne suis pas un ambitieux qui rêve tantôt l'Empire et la guerre, tantôt l'application de théories subversives. [Je] resterai toujours fidèle aux devoirs que m'imposeront vos suffrages et les volontés de l'Assemblée. Si j'étais nommé président, [...] je me dévouerais tout entier, sans arrière-pensée, à l'affermissement d'une République sage par ses lois, honnête par ses intentions, grande et forte par ses actes.

Né en 1808, Louis-Napoléon Bonaparte est le neveu de Napoléon Ier. À deux reprises, il tente de renverser Louis-Philippe. Condamné à perpétuité au for de Ham, il s'enfuit et s'exile en Angleterre en 1846. Fort de sa relative célébrité, Louis-Napoléon Bonaparte est élu député en avril 1848.

Candidat à la présidence de la République en décembre 1848, il est triomphalement élu, recueillant plus de 75 % des suffrages dès le premier tour. Les désaccords se multipliant, il provoque un coup d'État contre l'Assemblée le 2 décembre 1851.

HISTOIRE-GÉO

3 Le Second Empire, régime autoritaire

De quoi s'agit-il ? Le Second Empire concentre les pouvoirs entre les mains de l'empereur. Progressivement, les Français, et notamment les ouvriers, contestent cet ordre établi et réclament des droits.

1 Un régime fort entre les mains de l'empereur

• Dès 1851, une répression brutale s'abat sur la presse et les républicains, condamnés ou exilés. Louis-Napoléon Bonaparte obtient par plébiscite la responsabilité de rédiger une nouvelle Constitution. Le 2 décembre 1852, il est proclamé empereur héréditaire des Français, sous le nom de Napoléon III (**Doc. 5**).

• L'empereur détient seul le pouvoir exécutif, déclare la guerre et signe les traités. Il incarne la Nation et fait l'objet d'une intense propagande, comme sauveur de la France. Le travail de la presse est encadré, le droit de réunion limité, les cafés sous contrôle. Les Français semblent soutenir l'empereur et ses « candidats officiels », favorisés par le ministère de l'Intérieur à chaque scrutin.

Vocabulaire

- **Plébiscite :** vote de confiance auquel les électeurs répondent par oui ou non.
- **Propagande :** procédés par lesquels un pouvoir politique met en scène sa réussite et ses actions, et dissimule ses échecs pour conserver sa position.

2 Un régime contesté qui finit par s'effondrer

• L'enracinement du régime semble s'amorcer dans les campagnes. L'exercice du vote ouvre le monde rural à la vie politique nationale. Mais notables et ouvriers se montrent moins sensibles à la politique de grandeur nationale du régime.

• La libéralisation du régime est alors décidée, mais en vain. En 1860, Napoléon III accorde des assouplissements politiques : en 1863, l'opposition triple son score. Le délit de coalition est supprimé en 1864, ce qui facilite les grèves. Mais ces concessions mécontentent les bonapartistes sans satisfaire les républicains ni les conservateurs : les difficultés du régime s'accentuent.

Vocabulaire

- **Libéralisation :** assouplissement politique d'un régime par la reconnaissance de droits.

- Victor Hugo choisit l'exil et s'oppose frontalement à l'empereur à travers ses écrits comme *Napoléon le Petit*, *Les Châtiments*, *Les Misérables*. Edgard Quinet, historien et républicain en exil, devient petit à petit la conscience des jeunes républicains : Léon Gambetta, Jules Ferry, François Raspail, Jules Favre s'affirment.

- Lors des élections législatives de 1869, l'opposition républicaine et libérale remporte 40 % des suffrages, surtout dans les villes. Soutenu par les Français, Napoléon III croit pousser son avantage en déclarant la guerre à la Prusse, mais il est fait prisonnier à Sedan le 19 juillet 1870. La IIIe République est proclamée le 4 septembre 1870.

Doc. 5 Portrait officiel de Napoléon III

On retrouve dans ce portrait officiel toutes les *regalia*, c'est-à-dire les objets symbolisant les attributs du pouvoir : sceptre, main de justice, manteau d'hermine, couronne. L'héritage de louis XIV est encore fort, et revendiqué.

Napoléon III cherche aussi à s'appuyer sur le souvenir de son oncle. Avec la légion d'honneur, visible sur la poitrine, et le trône de Napoléon Ier placé derrière lui, il ravive un héritage qui consolide son pouvoir.

F. X. Winterhalter, *Napoléon III, empereur des Français*, 1855, huile sur toile, Châteaux de Versailles et de Trianon, Versailles.

4 Le Second Empire et la modernisation de la France

De quoi s'agit-il ? Le Second Empire entend moderniser la France à travers le développement des réseaux de communication et le remodelage de Paris. Cela favorise l'essor du secteur financier.

1 La promotion de l'invention et de l'esprit scientifique

• Le Second Empire valorise l'esprit scientifique et notamment la capacité d'invention : traités et outils théoriques de recherche se multiplient. L'administration mène de nombreuses enquêtes pour mesurer et rationaliser le développement économique.

• L'Empire met en scène les réussites industrielles par les expositions universelles de 1855 et 1867. Dans les campagnes, l'organisation des comices, obligatoire après 1851, récompense les pratiques innovantes, comme l'usage de l'engrais.

Vocabulaire

- **Comices :** réunion annuelle de membres influents du monde rural pour mettre en scène leur réussite par des concours.

2 Un territoire décloisonné et connecté

• Par la loi de 1842, l'État favorise l'essor du réseau ferré. Il prend à sa charge les infrastructures (terrains, ponts…), tandis que le matériel et les gares font l'objet de concessions à des compagnies privées. En 1857, la fusion des lignes concédées aboutit à la création de six grandes compagnies associant industriels et financiers.

• Les liaisons connectent la France. Entre 1851 et 1870, le réseau ferré passe de 3 000 km à 17 000 km, et le réseau télégraphique de 2 000 km à 40 000 km.

Vocabulaire

- **Concessions :** délégation de service que l'État accorde à une entreprise privée.

3 La transformation des modes de financement et ses effets

• L'ampleur du projet économique impérial implique un recours accru au crédit et favorise de nouvelles banques, comme le Crédit lyonnais et la Société générale. Elles contribuent au financement de ces grands travaux d'aménagement (**Doc. 6**).

• Pour financer l'essor du réseau ferré, l'État garantit à hauteur de 3 % les obligations émises par les compagnies privées. Cet engagement inédit draine les fonds des grands capitalistes et l'épargne des petits investisseurs, et alimente un intense mouvement de spéculation.

• Les établissements de crédit alimentent quant à eux la spéculation urbaine. L'état sanitaire de Paris, dénoncé par les hygiénistes, justifie un profond remodelage urbain piloté par Haussmann. Le pouvoir cherche aussi à mieux contrôler les classes populaires, tout en réalisant des opérations de prestige.

Vocabulaire

- **Obligation :** titre émis sur le marché financier par l'État en vue d'un emprunt.
- **Spéculation :** opération financière reposant sur les fluctuations du marché et permettant des gains très rapides.
- **Hygiénisme :** idée selon laquelle l'état de santé de la population et la maîtrise des épidémies dépendent de la salubrité de l'espace public, et peuvent donc être traités par une politique urbaine et sociale.

Doc. 6 **La construction du Grand Hôtel, projet des frères Pereire, à Paris**

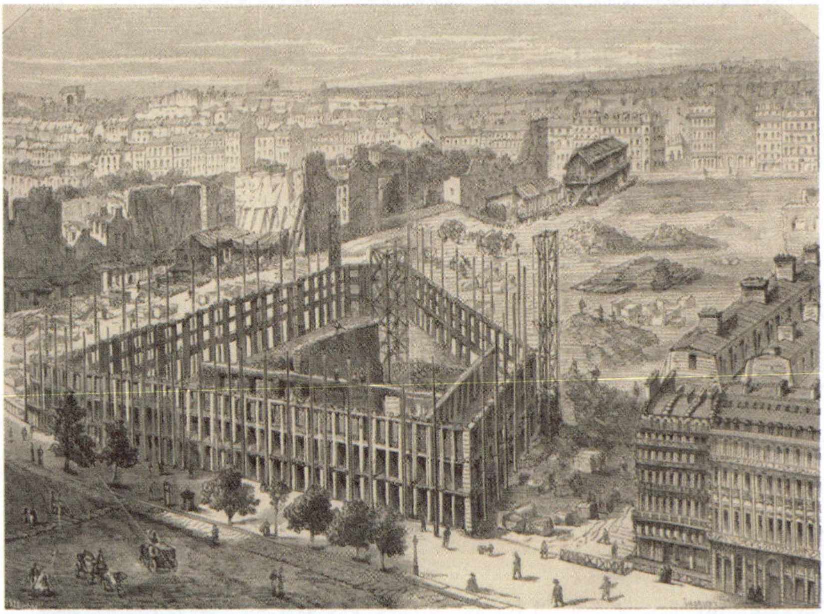

Source : Le Monde illustré, 31 août 1861.

Cherchant à contrôler la population et à maîtriser les épidémies, Napoléon III décide d'opérer un remodelage profond de l'espace urbain parisien. Le baron Haussmann, préfet de la Seine en 1853, est chargé de mettre en œuvre ce projet.

Les réalisations haussmanniennes reconfigurent Paris par la percée d'axes structurants, la mise en relation des gares et l'aménagement d'un vaste réseau de distribution et d'évacuation des eaux. La spéculation des investisseurs immobiliers, à l'image des opérations des frères Émile (1800-1875) et Isaac (1806-1880) Pereire, d'autant que la destruction des anciens quartiers chassent les Parisiens les plus modestes du centre de Paris.

5 Les transformations de la société française au temps de l'industrialisation

De quoi s'agit-il ? La modernisation du pays provoque des bouleversements sociaux, en ville comme dans les campagnes.

1 La grande variété des campagnes françaises

- En 1852, sur 35 millions d'habitants, la France compte 27 millions de ruraux, dont 3 millions de prolétaires agricoles pluriactifs, alternant activités agricoles et industrielles. Des ateliers sont délocalisés à la campagne où la main-d'œuvre est moins organisée et les salaires plus faibles.

- À partir de 1860, les mobilités définitives augmentent. L'exode rural débute. Les ruraux privilégient les villes moyennes proches tandis que les flux vers Paris proviennent des villes moyennes.

Vocabulaire

- **Exode rural : déplacement massif des ruraux vers les espaces urbains.**

- La transformation de l'agriculture s'étale sur tout le XIXe siècle. Les productions augmentent. La mise en réseau du territoire favorise la spécialisation régionale.

2 L'industrie, entre patronat et monde ouvrier

- Le textile, la métallurgie et la construction dominent un monde industriel très varié. La production augmente, portée par la mécanisation, l'innovation et la consommation. Elle dépend des ateliers et du travail à domicile, mais la rationalisation des coûts et l'utilisation de la vapeur favorisent la concentration industrielle.
- Artisans et fabricants-négociants combinent flexibilité et qualité grâce à leurs ateliers. Les grands entrepreneurs montent en puissance, tout en développant la philanthropie.
- Les ouvriers très qualifiés ont un salaire trois à cinq fois supérieur aux ouvriers du textile et aux mineurs, à 80 % analphabètes. Les femmes sont deux à trois fois moins payées que les hommes, et de nombreux enfants travaillent malgré la loi. Tous doivent avoir un livret ouvrier. L'écrasante majorité vit dans la misère.

Vocabulaire

- **Philanthropie :** attitude de soutien à des œuvres de bienfaisance, qui offre en retour une image positive du donateur.
- **Livret ouvrier :** document officiel délivré par la mairie de résidence de l'ouvrier, sur lequel figurent son identité et les dates d'entrée et de sortie de chaque entreprise où il a travaillé.

HISTOIRE-GÉO

3 La montée des revendications ouvrières

- Le travail en atelier isole les ouvriers, mais l'essor des usines facilite leur organisation. Sociétés de secours mutuel et coopératives se développent. Des grèves courtes permettent d'obtenir hausse de salaire et réduction du temps de travail malgré la répression, car toute coalition est interdite.
- Le 25 mai 1864, la loi Ollivier supprime le délit de coalition, dépénalisant la grève sous certaines conditions, mais sans reconnaître pour autant le droit de réunion (Doc. 7). L'Association internationale des travailleurs voit le jour à Londres, portée par la pensée marxiste. Les grèves se multiplient en 1869 et 1870, et sont violemment réprimées ; l'Empire a échoué à rallier les ouvriers.

Vocabulaire

- **Coalition :** rassemblement temporaire, destiné à organiser une réponse collective à une décision touchant un groupe social ou professionnel.
- **Marxisme :** pensée politique qui fait reposer le système social sur la lutte des classes entre patrons et ouvriers, et encourage ces derniers à renverser l'ordre économique et social capitaliste par une révolution.

Doc. 7 La loi de 1864 présentée par Émile Ollivier, son défenseur

J'ai voulu simplement résumer [...] les principales conditions auxquelles est désormais soumise la faculté de se coaliser, afin que les patrons et les ouvriers puissent [...] juger eux-mêmes de l'étendue de leurs droits et les exercer sans péril. Je compléterai ces premières indications à mesure que la pratique en démontrera l'insuffisance, ce qui, je l'espère, ne sera pas nécessaire [...]. Sans doute [cette loi] doit être complétée, mais elle n'en est pas moins une des meilleures qui aient été faites par le gouvernement actuel. [...] Depuis le commencement de ce siècle, le peuple n'a fait que deux conquêtes. [...] La conquête politique, c'est le suffrage universel ; la conquête sociale, c'est le droit de se coaliser.

Émile Ollivier, *Commentaire de la loi du 25 mai 1864 sur les coalitions*, Maresq aîné, Paris, 1864.

Prenant conscience de leur force commune, les ouvriers décident de lutter pour obtenir une reconnaissance politique et sociale, mettant ainsi en jeu l'autorité impériale.

En 1864, l'empereur, qui souhaite tirer parti de ce mouvement, fait adopter une loi dépénalisant le délit de coalition et autorisant la grève sous certaines conditions. Les ouvriers s'en emparent et revendiquent la reconnaissance de nouveaux droits, mais sans soutenir pour autant l'empereur.

6 Napoléon III et la question de l'Italie

De quoi s'agit-il ? Napoléon III souhaite replacer la France parmi les grandes puissances européennes. Il mène une politique étrangère favorable aux revendications des nationalités, en particulier en Italie.

1 Une péninsule politiquement divisée

• Au Moyen Âge, la péninsule Italienne s'est morcelée (**Doc. 8**). Certaines villes comme Venise sont parvenues à gagner leur autonomie avant que des royaumes ne se constituent. Au centre de la péninsule, le pape lui-même exerce une autorité monarchique sur les États pontificaux.

• Après un remodelage provisoire des frontières effectuées par Napoléon Ier au début du XIXe siècle, ces royaumes se recréent. Le pape récupère ses États alors que toute la moitié sud constitue le royaume des Deux-Siciles. Au Nord, on trouve le royaume de Piémont-Sardaigne qui dirige l'unité de la nation. La Lombardie et la Vénétie appartiennent quant à elle à l'empire d'Autriche.

• Comme dans beaucoup d'autres pays européens à cette époque, le débat politique est centré autour de l'idée de nationalité. Les Italiens revendiquent la création d'un État nation. C'est le *Risorgimento*. Le mouvement Jeune-Italie, fondé par le révolutionnaire républicain Mazzini, est un des plus actifs.

Vocabulaire

- **États pontificaux :** le pape a hérité du titre religieux romain de « pontife », d'où le nom de ses États.
- ***Risorgimento* :** en italien, résurgence ou renaissance, sous-entendu de l'Italie, comme espace uni.

Doc. 8 L'Italie, une péninsule politiquement divisée (1859)

Le royaume de Piémont a été agrandi en 1815 par l'adjonction de la Sardaigne.

Les États du Nord sont sous l'influence de l'Autriche voisine.

Le pape contrôle tout le centre de la péninsule.

Le royaume de Naples est l'héritier du royaume de Sicile du Moyen Âge.

2 La France apporte son soutien à l'effort d'unité

• En 1848 déjà, lors du Printemps des peuples, Charles-Albert, roi de Piémont-Sardaigne, avait pris cette idée à son compte mais avait échoué à unifier la péninsule. Le royaume adopte toutefois une Constitution libérale qui partage les pouvoirs entre le roi et un parlement élu.

• Son successeur, Victor-Emmanuel II, nomme le libéral Camillo Cavour Premier ministre. Celui-ci relance le projet d'unité mais a conscience qu'il a besoin pour y parvenir d'appuis notamment contre l'Autriche. Il en obtient de la France.

• Napoléon III s'engage pour des raisons de politique extérieure : affaiblir l'Autriche tout en trouvant un nouvel allié. Par ailleurs, l'attentat commis contre lui par Orsini, membre du mouvement Jeune-Italie lui reprochant son intervention militaire à Rome en 1849 en faveur du pape, l'alerte sur l'importance de la question italienne. Il rencontre secrètement Cavour à Plombière (Vosges) le 20 juillet 1858.

7 Le rôle de la France dans l'unité de l'Italie

De quoi s'agit-il ? C'est en usant à la fois de la diplomatie mais aussi des moyens militaires que Napoléon III contribue à l'unification de la péninsule Italienne.

1 Un engagement récompensé

• Un traité d'alliance est signé en janvier 1859 entre la France et le Piémont qui réorganise l'Italie : un royaume unirait les royaumes du Nord à celui de Piémont-Sardaigne, laissant au pape ses États au centre et au roi de Naples le Sud. Les relations entre les trois États seraient réglées par un système confédéral à la tête duquel il est envisagé de placer le pape.

Vocabulaire

- **Confédération :** forme politique liant plusieurs États en leur laissant beaucoup d'autonomie, dans de nombreux domaines.

• Au printemps, l'Autriche déclare la guerre au royaume du Piémont. Les opérations militaires tournent tout de suite en faveur des Franco-Piémontais avec les victoires de Magenta et de Solferino face aux Autrichiens qui essayent de défendre leur présence en Italie.

• Une succession de plébiscites rattache les territoires du Nord au Piémont. Cependant, le Centre et le Sud sont la proie d'une agitation réclamant l'unification totale au détriment de leur souverain. Le pape est débordé, le roi de Naples abdique suite à l'« expédition des Mille », menée entre avril et septembre 1860 par un autre patriote du mouvement Jeune-Italie, Giuseppe Garibaldi, pour soutenir les insurgés.

• En échange de son soutien, la France reçoit du Piémont les territoires de la Savoie, où les élites sont francophones, et du comté de Nice, par ailleurs patrie de Garibaldi (**Doc. 9**). Là aussi, des plébiscites sont organisés, favorables à la France.

Doc. 9 Médaille commémorative de l'annexion de la Savoie et de Nice par la France en 1860

Jean Lagrange, *Annexion de la Savoie et du comté de Nice*, 12 juin 1860.

2 Une unité achevée avec difficulté

- Le 17 mars 1861 le royaume d'Italie est fondé avec pour roi Victor-Emmanuel, roi du Piémont. Il faut toutefois une décennie pour contrôler le Sud où l'annexion n'est pas acceptée par tous. Par ailleurs, Rome reste possession du pape avec le soutien de Napoléon III qui ne veut pas s'aliéner le soutien des catholiques et de l'Église en France.

- Turin puis Florence sont les premières capitales de l'Italie réunifiée, qui fonctionne sur le modèle libéral de la monarchie constitutionnelle déjà en place au Piémont depuis 1848. La Vénétie n'est rattachée qu'en 1866 à la faveur d'une défaite de l'Autriche dans une guerre qui l'oppose à la Prusse. Le tour de Rome ne vient qu'en 1870, lors d'une défaite cette fois de la France de Napoléon III, toujours face à la Prusse.

8 La difficile question allemande

De quoi s'agit-il ? Les Allemands qui se sentent unis par une même langue et une même culture connaissent eux aussi une grande division politique même s'ils ont déjà construit un lien confédéral. C'est la Prusse qui, au XIXe siècle, prend le flambeau de l'unification.

1 Un peuple divisé en de multiples États

- Comme l'Italie, l'espace allemand est particulièrement morcelé politiquement malgré le lien qui a uni les États dans le Saint-Empire romain germanique puis dans la Confédération germanique née en 1815 après un remodelage de frontières sous Napoléon Ier.

- Comme les Italiens, les peuples allemands sont travaillés par l'idée d'unité nationale, qui s'exprime notamment à la diète de Francfort lors du Printemps des peuples de 1848. Celle-ci réunit des représentants des différents États, prêts à donner la couronne de l'Allemagne unie au roi de Prusse. Mais celui-ci, aux conceptions plutôt autoritaires, refuse une couronne qui le ferait dépendre du vote populaire.

- Par ailleurs, si la Prusse est un des États allemands les plus puissants, militairement et économiquement, il faut aussi compter sur l'empereur d'Autriche. Or, intégrer l'empire d'Autriche serait contradictoire avec l'idée d'unité nationale puisque les Allemands y sont minoritaires face aux autres peuples (Hongrois, Tchèques, Roumains, etc.). En outre, l'empereur d'Autriche, s'il peut soutenir l'idée d'unité, refuse catégoriquement de se séparer de ses territoires non allemands. L'idée monarchique entre en contradiction avec l'idée nationale.

Vocabulaire

- **Saint-Empire romain germanique :** héritier de l'empire de Charlemagne, il s'étend essentiellement sur le monde germanique.
- **Diète :** ici, institution du Saint-Empire chargée de veiller sur les affaires générales et de trouver une solution aux différends qui pourraient s'élever entre les États confédérés.

2 La solution d'une « Petite Allemagne »

- Les partisans de l'unité allemande s'opposent donc sur deux solutions : une « Grande Allemagne » incluant tous les peuples allemands dont les Autrichiens ou, sans eux, une « Petite Allemagne », solution préférée par la Prusse. Elle s'appuie pour cela sur le Zollverein, une union douanière en vigueur depuis 1833 mettant en commun les intérêts économiques et commerciaux allemands à laquelle l'Autriche ne participe pas. En 1866, la Prusse vainc l'Autriche à la bataille de Sadowa et prend la tête d'une Confédération d'Allemagne du Nord (**Doc. 10**).

- Il lui reste à convaincre les États du Sud, plus réticents en partie parce que catholiques quand le Nord est protestant et, à ce titre, plus favorable aux Autrichiens. C'est là qu'intervient la France de Napoléon III.

Doc. 10 L'espace allemand en cours d'unification (1867)

La Prusse est un des plus grands et plus puissants États allemands.
Depuis le XVIe siècle, l'Autriche contrôle un empire qui s'étend au-delà du monde germanique.
La Confédération de l'Allemagne du Nord est un prélude à l'unité nationale.

9 La France face à l'unification de l'Allemagne

De quoi s'agit-il ? Autant Napoléon III voit d'un œil favorable la création d'un État italien, autant l'unification allemande sous l'égide de la Prusse lui apparaît de plus en plus comme une menace.

1 La France s'oppose à l'unité allemande

- Sur la question allemande et en cohérence avec ses choix politiques, l'empereur français affiche sa sympathie pour les efforts d'unification. Toutefois, il réalise vite que l'unité de l'Allemagne constitue une menace sur la frontière est.
- Si l'Autriche semble au passage continuer à s'affaiblir, la future Allemagne sous l'égide de la Prusse n'est pas une alliée potentielle et se renforcerait considérablement sur le plan politique et économique (**Doc. 11**). Napoléon III tente alors d'empêcher la Prusse d'arriver à ses fins par tous les moyens, diplomatiques mais aussi militaires.
- Or Bismarck, le chancelier du roi de Prusse, prépare lui aussi la guerre : elle unirait les Allemands en leur donnant un ennemi commun. La question de la succession au trône d'Espagne est le déclencheur.

Vocabulaire
- **Chancelier : ici, chef du gouvernement allemand.**

Napoléon III s'oppose au candidat proposé par la Prusse et obtient son retrait. Mais dans la célèbre « dépêche d'Ems », Bismarck utilise des propos vis-à-vis de la France considérés comme insultants par l'empereur : la guerre est déclarée à la Prusse.

Doc. 11 Proclamation de l'empire d'Allemagne le 18 janvier 1871

Anton Von Werner, *La Proclamation de l'empire allemand*, 1885, huile sur toile, musée Bismarck.

Sur l'estrade, le roi de Prusse Guillaume Ier à qui est conféré le titre de kaiser de l'Allemagne unifiée. Les princes de différents États allemands, avec leurs étendards, se trouvent en arrière de leur nouvel empereur.
Au centre, ici en blanc, le chancelier prussien Bismarck, artisan de l'unité.
La cérémonie se déroule dans la galerie des Glaces du château de Versailles, signe de la victoire sur la France qui a permis d'unir les Allemands.

Vocabulaire

■ **Kaiser :** empereur (en allemand).

HISTOIRE-GÉO

2 L'unité allemande se forge dans la défaite française

• La guerre commence le 19 juillet 1870. Les troupes des différents États allemands envahissent le territoire par le nord-est. Le 2 septembre, l'empereur Napoléon III, qui a tenu à mener les troupes, est fait prisonnier lors du désastre de Sedan.

• La nouvelle déclenche la chute de l'Empire : la IIIe République est proclamée le 4 septembre. Le nouveau gouvernement républicain, sous la houlette de Gambetta, continue la guerre. Mais, dépassé par l'avancée allemande, Paris étant encerclée, il négocie finalement l'arrêt des combats – ce qui déclenche l'insurrection parisienne menant à l'épisode de la Commune (mars-mai 1871).

• Le 18 janvier 1871, dans la galerie des glaces du château de Versailles occupé, le IIe Reich allemand est proclamé. Le traité de Francfort signé le 10 mai 1871 ampute la France de l'Alsace et la Moselle, territoires considérés comme germaniques par leur culture par l'Allemagne, et l'oblige à payer de lourdes indemnités.

Vocabulaire

■ **Commune :** mouvement insurrectionnel républicain d'inspiration socialiste, contrôlant et organisant Paris pendant deux mois (18 mars-28 mai 1871) en rupture avec le gouvernement.

Révision express

La France et la construction de nouveaux Etats

Le schéma à retenir

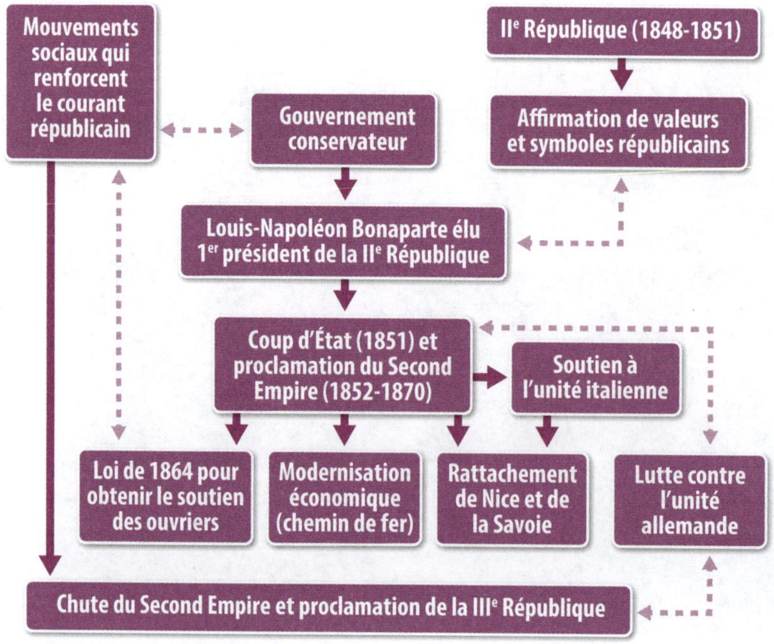

Quiz

Cochez la bonne réponse.

1. La IIe République réactive les symboles républicains.
a. ☐ Vrai **b.** ☐ Faux

2. Napoléon III développe un régime centré sur sa personne.
a. ☐ Vrai **b.** ☐ Faux

3. Sous le Second Empire, la modernisation économique touche plus les villes que les campagnes.
a. ☐ Vrai **b.** ☐ Faux

4. À partir de 1860, le royaume d'Italie est dirigé par :
a. ☐ Garibaldi.
b. ☐ Victor-Emmanuel.
c. ☐ Mussolini.
d. ☐ Napoléon III.

→ Réponses p. 530

EXERCICE GUIDÉ 1

Analyser un sujet de question problématisée

Énoncé

Par quels moyens Napoléon III essaye-t-il de refaire de la France une puissance sur le continent européen ?

Plan proposé :

I. Un pays qui compte dans le processus d'industrialisation de l'Europe

A. L'effort d'industrialisation (l'exemple des expositions universelles)

B. Le rapprochement avec l'Angleterre

II. Un pays qui cherche à jouer un rôle dans le jeu géopolitique

A. Les interventions de la France : une nation influente (guerre de Crimée, politique coloniale)

B. Les interventions de la France : la question des nationalités (unités italienne et allemande)

Méthode

Travailler son brouillon

- Réfléchissez d'abord soit à l'introduction soit à votre développement.
- Décomposez et définissez, ou reformulez, chacun des termes du sujet : quels sont les cadres temporels et spatiaux (quelle époque, quel contexte, quel espace est concerné ?) ; quels sont les thèmes parmi lesquels vous devez sélectionner les connaissances utiles pour construire votre argumentation ?
- Listez ensuite les dates, noms d'États, continents, lieux, etc., les mots-clés voire les notions, surtout s'ils font partie du vocabulaire spécifique du cours. Ce sont ces éléments-là qui distinguent une bonne copie d'une autre.
- Pensez également aux mots de liaison, conjonctions, prépositions, en particulier « et » qui demande à lier des termes différents. Enfin, notez si la phrase qui formule le sujet est affirmative ou interrogative.

Corrigé

1. Analyser le sujet

- « Second Empire » = régime politique de la France entre 1852 et 1870 sous l'autorité de Napoléon III (quelles politiques mène-t-il ?).
- « Europe » = continent ; situation à cette époque = révolution industrielle, agitation des nationalités, relations entre les différents pays et équilibres entre eux ; quelles puissances (Angleterre, Prusse, Autriche…) ?
- « et » = trouver les liens entre la France à l'époque de Napoléon III et l'Europe, les autres pays.

> **L'astuce du prof**
> La reformulation du sujet, à partir de l'analyse de ses termes, se rapproche de la problématique proposée. Celle-ci est toutefois plus précise.

Définir le terme Second Empire permet ici de dégager aussi la période concernée ; « Europe » donne le cadre spatial mais il faut aussi réfléchir à la situation de l'Europe dans l'époque concernée ; le mot « et » oblige à trouver les relations entre les deux termes du sujet : quelle est la place de la France dans l'Europe des années 1850-1860 ?

Reformulation : comment se situe la France à l'époque du Second Empire sur le continent européen alors en pleine industrialisation et agitation nationale ?

2. Travailler son brouillon

Certains aspects du cours seraient hors-sujet si on les développait : il s'agit de parler de la France dans l'Europe de l'époque. Le terme « Second Empire » ne doit pas vous conduire, même si cela est tentant, à détailler le fonctionnement de ce régime politique – vous ignoreriez alors le second terme du sujet. D'ailleurs, le plan proposé vous aide (pour le moment) à éviter ces pièges : aucune partie ou sous-partie n'est consacrée au fonctionnement du régime impérial.

De même, il ne s'agit pas de faire un tableau général de l'Europe de l'époque. Il faut au contraire y replacer la France et expliquer son rôle.

L'astuce du prof

Le mot « et » est ici central et vous aide à trier vos connaissances. Si vous pouvez signaler le caractère autoritaire du régime impérial, il n'est pas l'objet du sujet qu'on vous demande de traiter.

EXERCICE GUIDÉ 2

Prélever et classer les informations d'un texte à partir d'une consigne

Énoncé

Montrez que le développement des réseaux de communication transforme les territoires et repose sur des acteurs variés. Exposez les liens d'Isaac Pereire avec le Second Empire et questionnez la nature de son discours dans le cadre des comices agricoles.

Doc. Extraits du discours d'Isaac Pereire au comice agricole[1] de Beynat (Corrèze), le 20 septembre 1863

Qui d'entre nous ne reste, en effet, frappé d'admiration [...] lorsqu'il voit dans nos campagnes ces convois de chemin de fer, remorquant une multitude de voyageurs ou des masses de marchandises que des centaines de chevaux auraient été impuissants à traîner lentement sur nos routes, dévorer l'espace avec la vitesse d'un ouragan, sous la conduite d'un seul homme, à peu près affranchi de tout travail manuel. [...]

C'est encore aux arts mécaniques que vous devez ces voies ferrées qui commencent à sillonner votre territoire. Créées par la sollicitude du Gouvernement impérial [...], elles devront un jour retirer de ce développement même les éléments de revenu qui leur manquent aujourd'hui. [...]

Vos voies de communication rapides vont se trouver complétées par le chemin de [fer de] Rodez à Montpellier, dont la Compagnie des chemins du Midi a été déclarée concessionnaire, et je m'applaudis d'avoir, en qualité d'administrateur de cette compagnie, à concourir à l'augmentation de la prospérité de votre département par la création de ce nouveau débouché vers la Méditerranée. [...]

L'Empereur marche en tête de ces expériences, dont le résultat sera de rendre à la France un pays qui était naguère comme perdu pour elle et pour ses habitants.

Isaac Pereire, *Discours au comice agricole de Beynat*, Imprimerie Dupont, Paris, 1863, p. 7-11.

1. Comice agricole : réunion annuelle d'exploitants agricoles, le plus souvent en présence d'un représentant de l'État, afin de faire connaître les pratiques innovantes et d'améliorer la production. Leur organisation est obligatoire depuis 1851.

Méthode

- Relevez les mots-clés de la consigne, et affectez-leur un code couleur (une couleur par question).
- Classez et hiérarchisez les informations du document en respectant le code couleur que vous avez choisi.
- Pour chacune des réponses, exposez les informations contenues dans le document et confrontez-les à vos connaissances pour les expliquer et/ou les critiquer.
- Mettez toujours en doute la fiabilité du discours produit par le document, pour mieux en repérer les limites et/ou les silences.

Corrigé

Montrez que le développement des réseaux de communication transforme les territoires et repose sur des acteurs variés. Exposez les liens d'Isaac Pereire avec le Second Empire et questionnez la nature de son discours dans le cadre des comices agricoles.

Doc. **Extraits du discours d'Isaac Pereire au comice agricole[1] de Beynat (Corrèze), le 20 septembre 1863**

Qui d'entre nous ne reste, en effet, frappé d'admiration [...] lorsqu'il voit dans nos campagnes ces convois de chemin de fer, remorquant une multitude de voyageurs ou des masses de marchandises que des centaines de chevaux auraient été impuissants à traîner lentement sur nos routes, dévorer l'espace avec la vitesse d'un ouragan, sous la conduite d'un seul homme, à peu près affranchi de tout travail manuel. [...]

C'est encore aux arts mécaniques que vous devez ces voies ferrées qui commencent à sillonner votre territoire. Créées par la sollicitude du Gouvernement impérial [...], elles devront un jour retirer de ce développement même les éléments de revenu qui leur manquent aujourd'hui. [...]

Vos voies de communication rapides vont se trouver complétées par le chemin de [fer de] Rodez à Montpellier, dont la Compagnie des chemins du Midi a été déclarée concessionnaire, et je m'applaudis d'avoir, en qualité d'administrateur de cette compagnie, à concourir à l'augmentation de la prospérité de votre département par la création de ce nouveau débouché vers la Méditerranée. [...]

L'Empereur marche en tête de ces expériences, dont le résultat sera de rendre à la France un pays qui était naguère comme perdu pour elle et pour ses habitants.

Isaac Pereire, *Discours au comice agricole de Beynat*, Imprimerie Dupont, Paris, 1863, p. 7-11.

L'astuce du prof

Le classement des informations permet de faire apparaître les éléments du discours que vous devrez ensuite justifier par vos connaissances.

Vous citerez le document en vous appuyant sur votre code-couleur au fur et à mesure de votre devoir.

Chapitre 3 La IIIe République avant 1914

1 L'affirmation progressive du projet républicain : imposer l'idée républicaine

De quoi s'agit-il ? **En 1870, la République s'installe en France dans un contexte difficile et doit donc s'affirmer pour s'imposer.**

1 Une République d'abord incertaine (1870-1876)

• À l'annonce de la déroute de Sedan (2 septembre 1870), la République est proclamée à Paris le 4 septembre. Il s'agit d'une révolution pacifique qui aboutit à la mise en place d'un gouvernement de Défense nationale.

• La France est contrainte de signer un armistice le 28 janvier 1871. Des élections sont aussitôt organisées au mois de février : les monarchistes conservateurs, partisans de la paix à tout prix, l'emportent et les républicains sont minoritaires.

Vocabulaire
- **Armistice : arrêt des hostilités avant la signature de la paix.**

2 La Commune de Paris : un moment insurrectionnel en faveur de la République sociale

• Les élections ont révélé une véritable fracture entre le vote conservateur des campagnes et celui, républicain, des villes. Ces dernières s'insurgent contre la politique menée par le chef du gouvernement, Adolphe Thiers, qui souhaite mettre fin au conflit.

• La Commune de Paris (18 mars-28 mai 1871) souhaite réaliser des réformes radicales : gel des loyers, éducation gratuite pour tous, séparation de l'Église et de l'État. Paris est reconquise par le gouvernement pendant la « Semaine sanglante » (21-28 mai 1871). Une sévère répression frappe les Communards qui sont exécutés, emprisonnés ou déportés.

• Louise Michel, institutrice proche des milieux révolutionnaires, est une militante active de la Commune (**Doc. 1**). Elle anime un club qui s'occupe d'enseignement et d'éducation, et elle combat sur les barricades.

3 Vers la victoire républicaine

• Adolphe Thiers, « chef du pouvoir exécutif », se rallie à la République. Il devient le premier président de la IIIe République mais doit composer avec une majorité qui lui est de plus en plus hostile. Il est remplacé en 1873 par Patrice de Mac Mahon qui est favorable à la restauration monarchique, bien qu'ayant le titre de « président de la République ».

• Face aux divisions des monarchistes, l'Assemblée vote des lois constitutionnelles (1875) qui établissent un régime parlementaire et affirment le principe républicain en France.

Vocabulaire
- **Lois constitutionnelles : ensemble de trois lois qui organisent le régime républicain en 1875.**

• Le sentiment républicain progresse dans le pays : au printemps 1876, la Chambre des députés devient majoritairement républicaine. Le 16 mai 1877, le président Mac Mahon renvoie le président du Conseil républicain Jules Simon et dissout la Chambre des députés. Ce « coup de force » échoue quand les élections législatives portent de nouveau une majorité républicaine à la Chambre. Mac Mahon démissionne en 1879.

Doc. 1 Louise Michel pendant la Commune de Paris (1871)

Le comité de vigilance de Montmartre[1] aura son histoire à part ; nous en sommes peu de survivants ; il fit sous le siège trembler la réaction. On s'envolait chaque soir, du 41 de la chaussée Clignancourt, sur Paris, tantôt démolissant un club de lâcheurs, tantôt soufflant la révolution, car le temps de la duperie était passé. Nous savions ce que pèsent les promesses et la vie des citoyens devant un pouvoir qui se noie […]. Les comités de vigilance de Montmartre ne laissaient personne sans asile, personne sans pain. On y dînait avec un hareng pour quatre ou cinq, mais on n'épargnait pas pour ceux qui en avaient besoin les ressources de la mairie, ni les moyens révolutionnaires des réquisitions.

Mémoires de Louise Michel écrits par elle-même, tome I, 1886, F. Roy, libraire-éditeur.

1. À Montmartre, il y avait deux comités de vigilance, celui des hommes et celui des femmes.

Le comité de vigilance était très actif sous la Commune. Beaucoup de ses membres sont morts pendant la « Semaine sanglante » ou avec la répression qui a suivie.

Ce comité pratique des actions violentes pour faire triompher ses idées.

Ce comité tente de mettre en œuvre les objectifs de la « République sociale ».

2 Un régime porteur de libertés fondamentales : une République libérale

De quoi s'agit-il ? Le régime républicain veut influencer les Français dans leur vie quotidienne et se faire accepter en instaurant ou en restaurant de grandes libertés.

1 Stimuler l'imaginaire républicain

• À partir de 1879, les « républicains de gouvernement » arrivent au pouvoir. Leur projet est d'unifier la nation autour des valeurs de 1789 et se faire ainsi accepter des Français.

• Pour cela, la nation doit s'identifier à des symboles forts tels que le drapeau tricolore ou la devise « Liberté-Égalité-Fraternité », qui trône au fronton des édifices publics. En 1879, la « Marseillaise » devient l'hymne national, alors que le 14 juillet est érigé en fête nationale en 1880.

2 Le projet scolaire républicain

• Jules Ferry, ministre de l'Instruction publique, fonde un enseignement primaire gratuit (1881), obligatoire et laïque (1882). Les instituteurs (les « hussards noirs de la République »), formés dans les Écoles normales, apprennent bien entendu aux élèves à lire, à écrire, à compter, mais également à connaître l'histoire de la nation, en développant l'amour de la patrie par les cours d'« Instruction morale et civique ».

• L'enseignement primaire devient à la portée de tous : on parle de méritocratie républicaine.

Vocabulaire

- **Méritocratie :** progression dans l'échelle sociale grâce au mérite et non à la naissance.

3 De grandes libertés sont introduites en France

- Les républicains se réclament de la Révolution de 1789 et souhaitent garantir par des « lois républicaines » ce qu'ils considèrent comme des droits fondamentaux dans une démocratie libérale. Le Parlement, dominé par les républicains modérés, joue un rôle central en restaurant ou en introduisant des droits et libertés : liberté de réunion (1881), liberté de la presse (1881) et liberté d'association (1884) qui permet de reconnaître les syndicats ouvriers.

- Le 1er juin 1885, les obsèques de Victor Hugo célèbrent le « grand-père de la République » et démontrent, par la présence d'une foule évaluée à 2 millions de personnes, que les Français adhèrent au régime républicain (**Doc. 2**).

Doc. 2 Les funérailles nationales de Victor Hugo (1885)

1er juin [1885]

Je viens d'assister aux funérailles de Victor Hugo, du haut d'une fenêtre donnant sur le boulevard Saint-Germain. C'était vraiment colossal. J'étais chez le sonneur de Saint-Thomas-d'Aquin. Je suis ivre de tant de bruit, de foules, de couronnes portées, de musique, de costumes, de manifestations.

Je note ici ce qui m'a causé le plus d'impression. C'était, outre l'armée à pied et à cheval qui encadrait cet immense défilé, qui l'ouvrait et qui le fermait, d'abord cette suite de chars traînés par des chevaux vêtus de housses noires et blanches et portant des montagnes de couronnes. Non, jamais tant de couronnes aux mille couleurs n'ont été jetées au pied d'un défunt. Un Himalaya ! Le corbillard où reposait Victor Hugo était celui des pauvres, triste et noir. Mais quel défilé ! [...]

Tout mon pays était là ! Tous les âges, toutes les corporations, toutes les associations étaient représentées. Je regardais particulièrement ces lycéens, ces jeunes gens, ces enfants qui escortaient le poète auguste ! [...]

Des femmes défilaient avec des hommes qui portaient, elles aussi, leurs couronnes. Et les drapeaux et les bannières flottaient au vent. Parfois, souvent même, la foule vivement battait des mains. J'ai cru l'entendre applaudir le char algérien qui s'avançait, surmonté d'un palmier, et aussi l'Alsace-Lorraine. Elle applaudissait encore la musique – voire même la Marseillaise et l'air de « Mourir pour la patrie ! ».

Le boulevard Saint-Germain, mon pacifique quartier, était un fourmillement de visages et de chapeaux. Foule sous les arbres verts de la chaussée, foule aux balcons. Quelques audacieux étaient perchés sur les toits. Sur le trottoir, échelles, estrades sur lesquelles le public se hissait pour mieux voir. Les becs de gaz étaient allumés sous leurs crêpes. On eût dit un oeil rouge sombre qui regardait çà et là.

L'Histoire racontera ce poème vivant dont j'ai été le témoin. [...]

Je n'oublierai pas le 1er juin 1885 où j'ai vu mon pays, le monde entier suivre l'humble corbillard de Victor Hugo.

Abbé Mugnier, *Journal (1879-1939)*, Mercure de France, Paris, 1985-2003.

> Le 24 mai, la Chambre des députés a décidé d'organiser des funérailles nationales à Victor Hugo dont le corps est transféré au Panthéon.

> Le cortège est composé d'éléments officiels mais également d'anonymes qui représentent la diversité du peuple français.

> Le poète est devenu un symbole républicain.

HISTOIRE-GÉO

3 Ambitions, fragilités et limites du modèle républicain

De quoi s'agit-il ? Le régime républicain est menacé par plusieurs crises et doit faire face à ses propres contradictions qui remettent en cause ses valeurs fondamentales.

1 Une République toujours menacée : surmonter les crises

• Entre 1886 et 1899, la République affronte plusieurs scandales et crises politiques. Le général Boulanger, ministre de la Guerre en 1886, devient très populaire. Arborant le slogan « Révision, dissolution, constituante », il rassemble autour de son nom un large rassemblement hostile au parlementarisme républicain. Ce mouvement prend fin en 1889, quand il ne parvient pas à résister à la contre-attaque républicaine qui menace Boulanger d'arrestation.

• L'Affaire Dreyfus (1894-1906) divise en profondeur les Français et menace le régime. Cet officier juif, injustement accusé de trahison, est dégradé et déporté en Guyane. Cette affaire divise la France en deux camps. D'un côté, les « dreyfusards » veulent que l'on reconnaisse l'innocence du capitaine Dreyfus et réclament le triomphe de la justice et de l'égalité. De l'autre, les « antidreyfusards » refusent de reconnaître l'erreur judiciaire et sont persuadés qu'il est coupable parce que juif. Le capitaine Dreyfus est finalement réhabilité en 1906, mais cette crise a ébranlé la République.

2 L'instauration de la laïcité : une réaction républicaine forte après 1899

• La IIIe République sort cependant plutôt renforcée de ces crises, en démontrant la solidité de ses institutions et le rôle positif que peut jouer la presse quand elle n'est pas contrôlée.

• Néanmoins, on a pu observer également que ses opposants sont nombreux et structurés : les antisémites ont montré leur dangerosité, alors que les nationalistes, alliés à l'Église, constituent une force redoutable. À partir de 1899 et jusqu'en 1914, les républicains de gauche dominent la vie politique française : ils sont favorables à la laïcité, mais se divisent autour de la question sociale.

Vocabulaire

■ **Laïcité : neutralité de l'État par rapport aux religions.**

• Émile Combes, président du Conseil entre 1902 et 1905, renforce la laïcité en France : il interdit aux congrégations religieuses d'enseigner. Le combat pour la laïcité aboutit à la loi de séparation des Églises et de l'État, votée en décembre 1905 à l'initiative du socialiste Aristide Briand (**Doc. 3**). Le vote de cette loi entraîne une très forte opposition des milieux catholiques.

Doc. 3 La séparation des Églises et de l'État : la loi du 9 décembre 1905

Article 1er : La République assure la liberté de conscience. Elle garantit le libre exercice des cultes sous les seules restrictions édictées ci-après dans l'intérêt de l'ordre public.

Article 2 : La République ne reconnaît, ne salarie, ni ne subventionne aucun culte. En conséquence, à partir du 1er janvier qui suivra la promulgation de la présente loi, seront supprimées des budgets de l'État, des départements et des communes, toutes dépenses relatives à l'exercice des cultes.

Pourront toutefois être inscrites auxdits budgets les dépenses relatives à des services d'aumônerie et destinées à assurer le libre exercice des cultes dans les établissements publics tels que lycées, collèges, écoles, hospices, asiles et prisons.

Les établissements publics du culte sont supprimés, sous réserve des dispositions énoncées à l'article 3.

La République apporte la liberté de conscience, de croire ou de ne pas croire.

La République devient neutre par rapport à la religion et ne subventionne plus aucun culte. Ont néanmoins échappé à cette loi l'Alsace-Moselle, restée soumise au régime concordataire car elle était allemande en 1905, et certains départements et collectivités d'outre-mer.

HISTOIRE-GÉO

3 Une République confrontée à ses limites et ses contradictions

- La IIIe République maintient l'état d'exclusion civile et politique des femmes au sein d'un espace qui se veut pourtant démocratique.
- La République devient également coloniale et une forme de consensus se dégage peu à peu en faveur des conquêtes. Pourtant, en instaurant le Code de l'indigénat pour toutes les colonies en 1887, la République renie nombre de ses valeurs.

4 La France poursuit son industrialisation

De quoi s'agit-il ? Avec l'industrialisation, le monde de l'usine se développe et les ouvriers prennent une part de plus en plus importante dans la population active. La baisse précoce de la natalité rend nécessaire l'appel à une nouvelle main-d'œuvre.

1 Innovations et industrialisation

- L'industrialisation se poursuit avec l'apparition d'un nouveau cycle d'innovations lié aux progrès de l'électricité et du moteur à explosion. Les expositions universelles de 1889 et 1900 sont les vitrines de cette modernité (**Doc. 5**).
- Des concentrations industrielles font leur apparition. Par exemple, les usines Schneider du Creusot se développent rapidement dans la ville et concentrent une main-d'œuvre ouvrière de plus en plus nombreuse (**Doc. 4**). L'entreprise passe en quarante ans de 9 000 à 20 000 ouvriers et met en place une politique paternaliste qui a pour vocation de les stabiliser et les contrôler.

Vocabulaire

- **Industrialisation :** processus d'extension et d'intensification des activités industrielles pendant lequel la production industrielle dépasse la production agricole.
- **Concentration industrielle :** concentration sur un même site industriel de l'ensemble des processus de fabrication d'un produit.
- **Paternalisme :** système mis en place par la direction d'une entreprise pour prendre en charge nombre d'aspects de la vie du quotidien (logement, soins, éducation…).

Doc. 4 Le Creusot et les usines Schneider en 1847

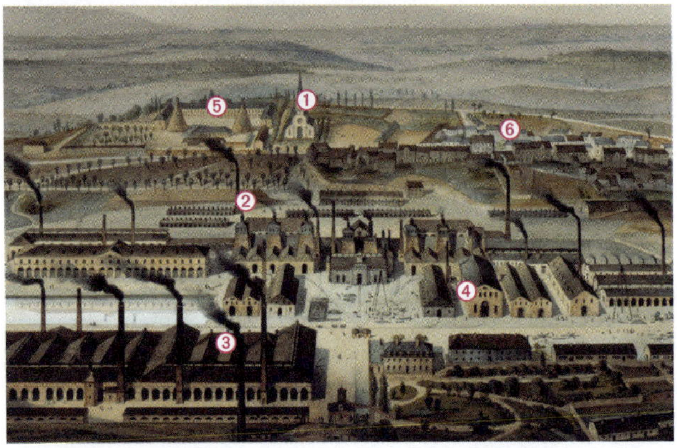

❶ Cœur de l'ancien village du Creusot avec l'église Saint-Laurent
❷ Hauts-fourneaux
❸ Forge
❹ Ateliers de construction
❺ Château de la verrerie où vit la famille Schneider
❻ Cités ouvrières

D'après Philippe Trémaux, *Le Creusot en 1847* (détail), lithographie, Écomusée Creusot-Montceau.

Doc. 5 L'exposition universelle de 1900 célèbre le progrès

Le XIXe siècle a été le grand siècle du progrès. Pour fêter les prodiges des Arts et des Sciences, de l'Industrie et de l'Agriculture, la France a invité toutes les nations à participer à l'Exposition universelle qu'elle organisait à Paris. Toutes ont répondu à cette invitation ; elles tenaient à comparer les progrès de leurs industries avec ceux des autres nations.

L'exposition de 1900 fut une merveille. Le Champ-de-Mars avec son château et ses fontaines lumineuses qui, le soir, transformaient cette partie de l'exposition en une véritable féerie, les quais de la rive gauche de la Seine, du pont Alexandre III au pont d'Iéna, étaient occupés par les palais des Nations, chacun dans son architecture nationale. [...] Toutes ces constructions constituaient un ensemble riche et pittoresque et représentaient un travail formidable qui retenait l'attention des visiteurs. Jamais, à aucune époque de l'Histoire, le travail n'a été autant glorifié que pendant l'année 1900.

Jeanne Bouvier, *Mes Mémoires, une syndicaliste féministe, 1876-1935.*

2 L'essor du monde ouvrier

• L'essor important de la grande industrie entraîne une augmentation du nombre d'ouvriers. Entre 1866 et 1906, la croissance de la population ouvrière est réelle, bien que plus lente qu'ailleurs en Europe. En 1914, les ouvriers représentent 31 % de la population active. Le monde ouvrier est encore très hétérogène et dominé par le modèle de production de l'atelier.

• La France fait appel à une main-d'œuvre d'origine étrangère et devient ainsi le premier pays d'immigration en Europe, accueillant Belges et Italiens. Les femmes intègrent également massivement les usines pour pallier un manque régulier de main-d'œuvre.

3 Grande entreprise et développement de nouvelles classes sociales

• La gestion de la grande entreprise fait naître de nouvelles formes de travail. Les emplois tertiaires se développent : au Creusot, l'entreprise compte 5 % d'employés en 1881 et 11 % en 1911. Ils offrent des perspectives d'ascension sociale aux classes populaires grâce à l'école républicaine, qui augmente ses effectifs avec 140 000 fonctionnaires en 1914.

• La bourgeoisie capitaliste tire profit de cette industrialisation en s'enrichissant considérablement et en intégrant le pouvoir politique pour défendre ses intérêts.

5 Des populations marginalisées dans la République

De quoi s'agit-il ? Les républicains cherchent à rassembler les Français autour de valeurs et de principes communs mais peinent à intégrer certaines catégories de population.

1 Des ouvriers marginalisés en attente d'une République sociale

- Les expositions universelles organisées à Paris font étalage des richesses produites par les industries françaises. Celle de 1900 révèle un climat d'euphorie et affiche une unité nationale retrouvée (après le règlement provisoire de l'Affaire Dreyfus). Se pose alors la question de l'intégration républicaine des ouvriers qui ont participé à la reprise économique.

- La pénibilité et la dangerosité du travail, l'absence de protection sociale poussent les ouvriers à faire grève. Ils sont soutenus par les syndicats, forme de rassemblement autorisée depuis 1884. Ces grèves sont réprimées par les forces armées. À Fourmies, petite cité textile du Nord, les ouvriers organisent, le 1er mai, une manifestation pour protester contre la paupérisation ouvrière. Le maire de la ville fait intervenir l'armée : neuf manifestants sont tués, une cinquantaine sont blessés (**Doc. 6**).

Vocabulaire

- **Grève :** action collective consistant en une cessation du travail par les salariés d'une entreprise.
- **Syndicat :** association qui défend les intérêts professionnels des droits des travailleurs.

Doc. 6 **La fusillade de Fourmies, 1891**

Couverture illustrée du *Petit Parisien*, 17 mai 1891.

Le Petit Parisien est un quotidien républicain parmi les plus populaires en France qui paraît entre 1863 et 1944.

Les manifestants font face à la troupe qui fait feu.

Le drapeau français, brandi dans la douleur par un ouvrier blessé qui s'effondre, figure au centre de l'image.

La foule est composée de femmes et d'hommes. Des corps sont tombés sous le coup des balles. Des personnages fuient.

2 Des femmes actives qui peinent à être reconnues

• Entre 1870 et 1906, le travail des femmes augmente de 30 % (**Doc. 7**). Globalement deux fois moins payées que les hommes, elles ne peuvent disposer librement de leurs revenus qu'à partir de 1907.

• Quelques lois visant à améliorer leurs conditions de travail sont votées : journées de travail limitées à 10 heures (1900), congé de maternité de quatre semaines (1909).

• À partir de 1881-1882, elles peuvent suivre une instruction, mais celle-ci n'a pas pour vocation de leur donner les moyens de se libérer de leurs conditions sociales.

Doc. 7 La pénibilité du travail : des ouvrières dans les mines

Atelier de Nadar, *Aciéries Holtzer, mines de Bruay*, 1889.

3 Les immigrés, victimes de xénophobie

• Le nombre d'incidents xénophobes augmente dès la fin du XIXe siècle. On en compte 230 entre 1870 et 1914. Moins payés, les étrangers apparaissent comme une main-d'œuvre concurrente.

Vocabulaire

■ **Xénophobie :** haine de l'étranger.

• Ce rejet peut se traduire par de violentes bagarres. En 1893, la tuerie des travailleurs italiens d'Aigues-Mortes fait huit morts et plusieurs dizaines de blessés.

6 Les paysans face à la modernisation du monde rural

De quoi s'agit-il ? L'industrialisation et la transformation des campagnes poussent les ruraux à quitter les campagnes pour aller vers la ville. Ce phénomène contribue à la disparition lente et progressive de la France rurale traditionnelle.

1 Une France encore rurale

- La ruralité reste prédominante jusqu'en 1914 et l'agriculture reste l'activité dominante : 38,5 % des Français y travaillent encore en 1914. La France reste un pays de petits paysans et d'ateliers (**Doc. 8**). La plupart d'entre eux gèrent de petites exploitations fondées sur la polyculture, sensibles à la conjoncture.
- Cette agriculture de subsistance contraint les agriculteurs à rechercher un revenu de complément en exerçant une autre activité, artisanale ou proto-industrielle. On parle alors de paysans ouvriers.

Vocabulaire

- **Polyculture :** culture de plusieurs espèces végétales au sein d'une même ferme, par opposition à la culture spécialisée souvent pratiquée dans de grandes exploitations agricoles.
- **Proto-industrie :** terme qui désigne les petits ateliers, souvent textiles, dispersés en milieu rural et qui ont précédé la naissance de la grande industrie.

HISTOIRE-GÉO

Doc. 8 La population rurale de 1876 à 1911

	Population rurale (en milliers)	% de la population rurale par rapport à la population totale
1876	24 928	67,5
1881	24 560	65,2
1886	24 450	64
1891	24 030	62,7
1896	23 490	61
1901	23 005	59
1906	22 730	57,9
1911	22 096	55,9

La population rurale diminue lentement tout au long de la période.

En proportion de la population totale, la baisse est plus rapide.

2 La modernisation des campagnes

- Si les méthodes de travail restent dans l'ensemble traditionnelles, la mécanisation et les innovations se répandent toutefois dans les campagnes après 1890. De plus en plus d'agriculteurs appliquent de nouvelles méthodes de culture (jachère et rotation des terres), utilisent les engrais (**Doc. 9**) ou investissent dans des machines agricoles. Les moissonneuses, faucheuses et batteuses se développent dans certaines campagnes, particulièrement dans le Bassin parisien et le Nord-Est où la production se mécanise plus vite.
- Ailleurs, la modernisation est plus lente. Les petits propriétaires sont plus soucieux d'investir leurs maigres gains dans l'achat de terres que dans la modernisation des matériels.

Vocabulaire

- **Jachère :** pratique culturale qui consiste à laisser la terre au repos.

Doc. 9 **L'introduction des engrais chimiques dans l'agriculture**

Calendrier de 1911, lithographie, bibliothèque Forney.

3 L'exode rural

- Cette lente mécanisation réduit toutefois peu à peu le nombre de paysans nécessaires et accélère le mouvement d'exode rural. En effet, le manque de travail et la misère poussent à l'émigration vers la ville, pourvoyeuse d'emplois dans l'industrie et les services, tels que la domesticité pour les femmes.
- Dans le même temps, on assiste à une acceptation mutuelle de la République et des paysans : les masses rurales se politisent. La politique vient au village en même temps que le vote républicain s'enracine dans les campagnes.

7 La IIIe République et la constitution d'un empire colonial

De quoi s'agit-il ? **Au XIXe siècle, la France se lance dans la conquête coloniale et se constitue un immense empire en Afrique et en Asie.**

1 Le précédent algérien

- En Algérie en 1827, une altercation concernant une dette de la France éclate : le consul de France est souffleté par le dey. Devant son refus de s'excuser, la France s'en sert de prétexte pour déclencher l'expédition d'Alger (1830), ouvrant la voie à la conquête du pays tout entier.
- Celle-ci fut longue et violente du fait de la résistance des Algériens menée par l'émir Abdelkader. Celui-ci est finalement vaincu en 1847. Cette première colonie est directement intégrée au territoire national par la création de trois nouveaux départements en 1848.

Vocabulaire

- **Dey :** titre porté par le chef du gouvernement à Alger désigné par le sultan ottoman.
- **Émir :** titre donné à un chef militaire dans la civilisation musulmane.

2 La France devient une puissance coloniale

- Un parti colonial se constitue autour de militaires, de marchands, de missionnaires qui plaident tous pour une relance du processus de colonisation dans les années 1880. La conquête de l'Indochine en Asie est lancée, tandis que Savorgnan de Brazza est missionné pour explorer et prendre possession du bassin du fleuve Congo en Afrique.

Vocabulaire
- **Missionnaire :** religieux chargé de propager sa foi.
- **Métropole :** désigne ici l'État colonisateur.

- La France se construit rapidement le deuxième plus grand empire avec 10 millions de km² et 70 millions d'habitants sous son contrôle. Celui-ci prend deux formes différentes. Dans une colonie proprement dite, la souveraineté et l'administration du pays sont entièrement aux mains de la métropole. Dans un protectorat, l'ancien pouvoir conserve théoriquement la souveraineté et la gestion du pays, la métropole n'apportant qu'un encadrement.

3 La France au cœur des rivalités coloniales

- Pour réguler les rivalités qui éclatent entre puissances européennes, la conférence de Berlin (1885) postule que le premier arrivé sur un territoire en détiendra la souveraineté.
- Mais en 1898, à Fachoda (Soudan), l'arrivée et l'installation de la mission française Marchand contrarie les ambitions britanniques sur la région. Devant le risque d'une guerre dans un contexte de nationalisme exacerbé en Grande-Bretagne, la France choisit de reculer (**Doc. 10**).

Doc. 10 La crise de Fachoda (1898)

Couverture illustrée du *Petit Journal*, 20 novembre 1898.

8 Les contradictions de la colonisation française

De quoi s'agit-il ? Les promoteurs de la colonisation mettent en avant la générosité de la France qui apporterait prospérité et civilisation. Pourtant, la réalité coloniale est toute autre.

1 L'idéal colonial de la mission civilisatrice

• Le parti colonial porte l'idée, largement partagée, que la colonisation n'est pas seulement affaire de puissance et de conquêtes. Elle s'inscrit au contraire dans la tradition d'émancipation chère à la République depuis la Révolution.

• Aux peuples indigènes, tous considérés comme inférieurs, la France va offrir, par une politique d'assimilation, les valeurs républicaines au fondement de la civilisation. Tous les acteurs, des missionnaires aux hommes politiques, en sont pétris. Ainsi, Jules Ferry évoque en 1885 à l'Assemblée « le devoir des civilisations supérieures envers les civilisations inférieures ». De même, la lutte contre l'esclavage est mise en avant lors de l'expédition de Brazza et sert à légitimer la conquête.

Vocabulaire

- **Indigène :** terme à connotation péjorative désignant des populations considérées par la métropole comme non civilisées.
- **Assimilation :** pour un individu, processus d'intégration à la culture du colonisateur en même temps que d'abandon de sa culture antérieure.

2 Une violence intrinsèque

• Si l'opinion publique reste peu mobilisée par l'aventure coloniale, elle y est très largement favorable. Seul Georges Clemenceau oppose à Jules Ferry la perte d'énergie que constitue la colonisation quand les efforts devraient se concentrer sur les provinces occupées par l'Allemagne, et la violence bien peu civilisée de l'entreprise coloniale.

• En effet, les colons exercent leur domination avec brutalité. Le travail forcé réduit les Africains à un statut proche de l'esclavage alors que la France se félicitait de l'avoir détruit : la construction du chemin de fer Congo-Océan fait ainsi des milliers de morts.

• Cette violence est légitimée par la République qui promulgue le Code de l'indigénat (**Doc. 11**), d'abord en Algérie (1881) puis à l'ensemble des colonies (1887) mais pas des protectorats. Les indigènes sont considérés comme des sujets français à la merci des dispositions toujours renouvelées de cette législation d'exception qui les prive de leurs droits élémentaires, et ce en contradiction avec les principes républicains.

Vocabulaire

- **Code de l'indigénat :** ensemble de mesures prises dans les colonies françaises légalisant *a posteriori* les pratiques disciplinaires utilisées par les colons contre les populations colonisées.
- **Sujet :** personne soumise à une autorité.

Doc. 11 Le Code de l'indigénat (extraits)

Art. 1er. Les administrateurs des communes mixtes du territoire civil de l'Algérie conserveront, à l'égard des musulmans non naturalisés habitant ces circonscriptions, les pouvoirs de répression, par voie disciplinaire, des infractions spéciales à l'indigénat, énumérées au tableau annexé à la présente.

Art. 2. Les infractions spéciales à l'indigénat sont punies des peines de simple police. Toutefois, si l'administrateur le juge utile ou si le contrevenant le demande, l'amende ou l'emprisonnement peuvent être remplacés par des prestations en nature imposées au condamné et devant consister en travaux d'entretien ou d'amélioration des voies de communication, fontaines ou puits d'usage public. [...]

Tableau annexe [liste des infractions]

1. Propos tenu contre la France ou son gouvernement.

3. Refus de fournir contre remboursement immédiat, au prix du tarif fixé par le préfet, les agents auxiliaires, les moyens de transport, les vivres, l'eau potable et le combustible aux fonctionnaires ou agents dûment autorisés et accrédités officiellement.

6. Retard prolongé et non justifié dans le paiement des impôts, amendes et généralement de toute somme due à l'État ou à la commune, ainsi que dans l'exécution des prestations faites en nature.

9. Détention pendant plus de 24 heures d'animaux égarés sans avis donné à l'autorité.

10. Asile donné, sans en aviser immédiatement le chef du douar, à des vagabonds ainsi qu'à tout étranger à la commune mixte non porteur d'un permis régulier.

13. Défaut pour tout indigène de se munir d'un passeport, permis de voyage, carte de sûreté ou livret d'ouvrier régulièrement visé lorsqu'il se rend dans un arrondissement autre que celui de son domicile.

16. Actes de désordre sur les marchés et dans les lieux publics, n'offrant pas un caractère de gravité suffisant pour constituer un délit.

18. Réunion sans autorisation pour ziara ou zerda (pèlerinage, repas public) – réunion sans autorisation de plus de 25 personnes du sexe masculin.

Loi relative aux pouvoirs disciplinaires des administrateurs, 21 décembre 1897.

9 Des sociétés coloniales très inégalitaires

De quoi s'agit-il ? Les inégalités inhérentes à la colonisation donnent lieu à des résistances de plus en plus structurées au début du XXe siècle.

1 La mise en valeur économique des colonies au profit de la métropole

- La colonisation doit fournir la métropole en ressources. Populations et territoires indigènes sont mobilisés. En Tunisie, le chemin de fer aménagé sert à acheminer le phosphate depuis le centre du pays vers les ports. En Algérie et en Indochine, notamment dans le port de Saïgon (**Doc. 12**), les meilleures terres sont accaparées par les colons dans de grandes exploitations exportant vers la France vin et hévéa.
- Les colonies sont aussi des marchés de consommateurs pour les produits industriels européens qui concurrencent et détruisent l'artisanat local, ce qui accroît la dépendance économique vis-à-vis de la métropole.

Vocabulaire

- **Phosphate :** minerai entrant dans la composition des engrais, indispensables avec la modernisation de l'agriculture.
- **Hévéa :** aussi appelé arbre à caoutchouc car sa sève est ensuite transformée en caoutchouc.

2 La ségrégation

- Les colonisés ne sont pas citoyens à l'exception des habitants des Quatre communes (Sénégal). Les inégalités sont à la base du système colonial. Dans l'éducation, elles servent à conforter la domination : seuls 5 % des Algériens sont scolarisés. Enfin, l'aménagement des villes coloniales marque spatialement la ségrégation.
- Dans les villes coloniales, des monuments imposants sont érigés : une cathédrale, un théâtre, un palais du gouverneur, un hôpital, une grande poste. Ces constructions doivent montrer la supériorité morale et technique de la France.

Vocabulaire

- **Quatre communes :** communes du Sénégal (Dakar, Saint-Louis, Rufisque et Gorée) dont les habitants, citoyens français, ont le pouvoir d'élire et d'éligibilité.

3 L'émergence des nationalismes

● Au début du XXᵉ siècle, les contradictions entre le discours colonial et les inégalités criantes donnent naissance à un premier nationalisme partout dans l'empire. Il ne revendique pas encore l'indépendance mais davantage d'autonomie et d'égalité par le biais de mouvements politiques (Jeunes Algériens et Jeunes Tunisiens) et de journaux.

● Par crainte de la répression, il est cependant souvent caché et peut donner lieu à des manifestations violentes : en 1901, à Margueritte près d'Alger, éclate une brève mais violente révolte qui montre que le pays n'a pas été pacifié.

Vocabulaire

■ **Nationalisme :** doctrine politique qui revendique le droit pour un peuple de former une nation dirigée par un État indépendant et souverain.

Doc. 12 Plan de Saïgon, capitale de l'Indochine, en 1881

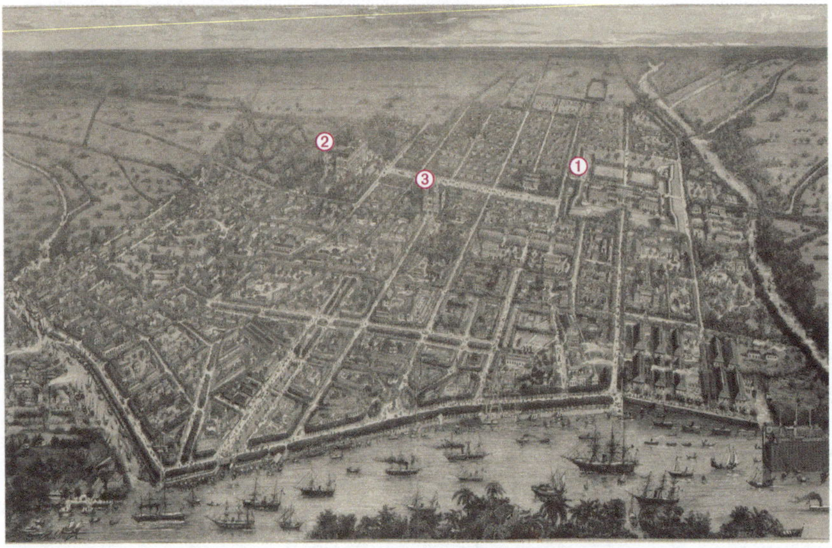

Capitaine de la Marine Favre, *Plan de Saïgon* (détail), gravure, 1881.

Les villes coloniales sont construites sur le modèle des villes européennes avec de larges avenues et des places arborées, des lieux de pouvoir militaire (caserne ❶), politique (palais du gouverneur ❷), religieux (cathédrale ❸) qui marquent la domination française.

Révision express

La mise en œuvre du projet républicain

Le schéma à retenir

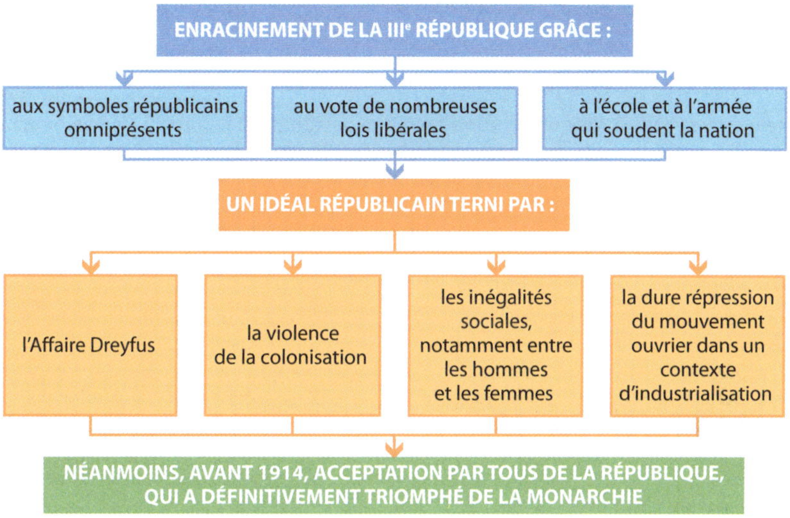

Quiz

Cochez la bonne réponse.

1. La IIIe République a d'abord été dominée par les monarchistes.

a. ☐ Vrai **b.** ☐ Faux

2. Les trois départements d'Algérie sont créés en :

a. ☐ 1830.
b. ☐ 1848.
c. ☐ 1881.
d. ☐ 1885.

3. Donnez la date de chacune de ces grandes lois de la IIIe République.

a. ☐ Loi sur la laïcité.
b. ☐ Loi autorisant les syndicats.
c. ☐ Loi sur l'école laïque, gratuite et obligatoire.
d. ☐ Loi autorisant le divorce.
e. ☐ Loi sur la liberté de la presse.

→ Réponses p. 531

EXERCICE GUIDÉ 1

Analyser un texte historique

Énoncé

Analysez ce document en montrant que l'auteur s'appuie sur les principes républicains pour contester la colonisation.

Doc. Georges Clemenceau et la colonisation

Je passe maintenant à la critique de votre politique de conquêtes au point de vue humanitaire. [...] « Nous avons des droits sur les races inférieures. Les races supérieures ont sur les races inférieures un droit qu'elles exercent et ce droit, par une transformation particulière, est en même temps un devoir de civilisation. » Voilà, en propres termes, la thèse de M. Ferry [...]. Races supérieures ! Races inférieures ! C'est bientôt dit. Pour ma part, j'en rabats singulièrement depuis que j'ai vu des savants allemands démontrer scientifiquement que la France devait être vaincue dans la guerre franco-allemande, parce que le Français est d'une race inférieure à l'Allemand. [...]

Je ne veux pas juger au fond la thèse qui a été apportée ici et qui n'est autre chose que la proclamation de la puissance de la force sur le droit. L'histoire de France depuis la Révolution est une vivante protestation contre cette unique prétention. C'est le génie même de la race française que d'avoir généralisé la théorie du droit et de la justice, d'avoir compris que le problème de la civilisation était d'éliminer la violence des rapports des hommes entre eux dans une même société et de tendre à éliminer la violence, pour un avenir que nous ne connaissons pas, des rapports des nations entre elles. [...] Regardez l'histoire de la conquête de ces peuples que vous dites barbares et vous y verrez la violence, tous les crimes déchaînés, l'oppression, le sang coulant à flots, le faible opprimé, tyrannisé par le vainqueur ! [...] Et c'est un pareil système que vous essayez de justifier en France dans la patrie des droits de l'Homme !

Discours de Georges Clemenceau à l'Assemblée nationale le 30 juillet 1885.

Méthode

- L'analyse de document est à la base du travail de l'historien. En tant qu'élève, on vous demandera surtout de montrer que vous avez compris le document et que vous savez l'expliquer et éventuellement le critiquer avec vos connaissances.
- L'exercice est difficile puisque vous ne disposez que d'une seule heure pour cet examen.
- L'analyse est guidée par un ensemble de questions ou une consigne. Attention, celle-ci n'est ni une problématique ni un plan, elle guide votre réflexion et une problématique et un plan personnels seront attendus.

1 Présenter le document

- L'introduction est construite autour de la présentation du ou des documents. Il faut suivre une méthode rigoureuse exposée p. 28.
- Elle est complétée par une problématique et un plan très sommaire.

2 Organiser sa réflexion au brouillon

- Votre réflexion doit être bâtie rigoureusement en identifiant tout d'abord les idées présentes dans le(s) document(s), en veillant à bien le(s) comprendre pour éviter les contresens.
- Ensuite, il faut identifier quels éléments du cours peuvent faire écho aux thèmes présents dans le(s) document(s). Le tableau suivant peut fournir une base de travail pour le brouillon car il vous oblige à commencer par travailler sur le document et insiste sur la nécessaire concordance entre document et éléments du cours.

	Idées du document	Éléments du cours
Doc. 1		
Doc. 2		

- Dans une analyse de document, il n'est pas possible de replacer l'ensemble de son cours : vous serez toujours interrogés sur des éléments réduits.

3 Bâtir un plan et rédiger

- Ce travail d'analyse achevé, il faut bâtir un plan qui puisse guider votre propos.
- Chaque partie doit ensuite contenir des citations et des éléments de cours, ceux-là devant être majoritaires puisqu'il s'agit d'un contrôle de connaissances sous une forme plus complexe.
- Commencer vos parties systématiquement par une citation permet d'éviter au maximum le hors sujet, principale erreur commise lors de ce type d'exercice.

Corrigé

• Organiser sa réflexion au brouillon

Je passe maintenant à la critique de votre politique de conquêtes au point de vue humanitaire. [...] « Nous avons des droits sur les races inférieures. Les races supérieures ont sur les races inférieures un droit qu'elles exercent et ce droit, par une transformation particulière, est en même temps un devoir de civilisation. » Voilà, en propres termes, la thèse de M. Ferry [...] Races supérieures ! Races inférieures ! C'est bientôt dit. Pour ma part, j'en rabats singulièrement depuis que j'ai vu des savants allemands démontrer scientifiquement que la France devait être vaincue dans la guerre franco-allemande, parce que le Français est d'une race inférieure à l'Allemand. [...]

Je ne veux pas juger au fond la thèse qui a été apportée ici et qui n'est autre chose que la proclamation de la puissance de la force sur le droit. L'histoire de France depuis la Révolution est une vivante protestation contre cette unique prétention.

C'est le génie même de la race française que d'avoir généralisé la théorie du droit et de la justice, d'avoir compris que le problème de la civilisation était d'éliminer la violence des rapports des hommes entre eux dans une même société et de tendre à éliminer la violence, pour un avenir que nous ne connaissons pas, des rapports des nations entre elles. [...] Regardez l'histoire de la conquête de ces peuples que vous dites barbares et vous y verrez la violence, tous les crimes déchaînés, l'oppression, le sang coulant à flots, le faible opprimé, tyrannisé par le vainqueur ! [...] Et c'est un pareil système que vous essayez de justifier en France dans la patrie des droits de l'Homme !

Discours de Georges Clemenceau à l'Assemblée nationale le 30 juillet 1885.

Idées du document	Éléments du cours
Ce discours est une réponse à celui de Jules Ferry	– Jules Ferry porte les idées du parti colonial : coloniser revient à apporter à des civilisations inférieures notre civilisation, notre génie, nos valeurs, notre prospérité. – Mythe de l'assimilation alors que les colonisés restent des sujets selon le Code de l'indigénat de 1881 pour l'Algérie. – Figure de Savorgnian de Brazza.
Clemenceau conteste cette thèse, qui est pour lui ferment de violence, de tyrannie du vainqueur sur le vaincu, comme les Allemands l'ont fait avec les Français.	– La colonisation s'est déroulée de manière particulièrement violente. En 1885, date du discours, la colonisation de l'Algérie commencée en 1830 est achevée depuis peu, tant elle a été violente et a suscité de résistances.

Rappel des valeurs républicaines qui trouvent leurs origines dans la Révolution française : les droits de l'Homme, l'égalité contre l'idée d'infériorité, la justice. Il souligne la contradiction entre la colonisation et la République.	– La IIIe République se veut dans la filiation de la Ire République : les symboles de la Révolution, le drapeau tricolore, le 14 juillet et la Marseillaise sont officialisés dans ces années. – Les valeurs républicaines universelles sont bafouées par la violence de la colonisation quand celle-ci est justifiée par le fait que l'on civilise et offre les idées généreuses et égalitaires de la France aux « indigènes ».

• Bâtir un plan et rédiger

Problématique :

Quelles contradictions Georges Clemenceau souligne-t-il entre le discours civilisateur et républicain de la colonisation française et sa réalité bien plus violente ?

Plan :

I. Pour Clemenceau, l'idéal colonial porté par Jules Ferry est une imposture

– Clemenceau dénonce les arguments de Jules Ferry sur le devoir de civiliser et donc de coloniser.

– Les acteurs : le parti colonial représenté par Jules Ferry, les missionnaires, les marchands.

– Idéal colonial de l'émancipation des peuples colonisés permis par les apports de la civilisation européenne.

– S. de Brazza lutte contre l'esclavage alors qu'il explore le Congo.

– Volonté d'assimiler les indigènes pour qu'ils renoncent à leur culture pour embrasser les valeurs françaises

Bien comprendre

Chaque partie commence par une référence au document, afin de bien traiter le sujet et de ne pas dériver vers des éléments hors sujet.

II. Clemenceau dénonce la violence de la colonisation

– Cependant, Clemenceau dénonce la violence de la colonisation.

– En Algérie, depuis 1830, l'armée a commis beaucoup de massacres pour la « pacifier ».

– La mise en place du Code de l'indigénat en Algérie dès 1881 officialise la domination des colons sur les colonisés.

III. Les valeurs républicaines universelles sont bafouées par la colonisation

– Clemenceau mobilise les valeurs républicaines fondatrices de la France contemporaine et issues de la Révolution.

– La IIIe République se veut en effet la poursuite de la Ire République.

– Les symboles révolutionnaires sont officialisés comme symboles nationaux.

– Ces valeurs ont un caractère universel, elles doivent montrer le génie de la nation française.

– La France s'éloigne de ses principes et adopte les mêmes discours que l'Allemagne, nation ennemie depuis la défaite de 1870.

Bien comprendre

Chaque partie est construite à partir du document mais documentée par des connaissances précises tirées du cours.

EXERCICE GUIDÉ 2

Faire une fiche de révision

Énoncé

Mettez sous forme de fiche le cours intitulé « Métropole et colonies. »

Méthode

1 Comprendre l'intérêt de la réalisation d'une fiche

● La fiche de révision ne doit pas consister à recopier en le raccourcissant le cours, car il manquerait une étape essentielle : la réflexion. Il faut trier, regrouper et éventuellement reformuler les idées de vos cours.

● Une fiche doit être révisable en 10 minutes, il faut donc faire le tri dans ce que vous mobilisez et vous concentrer sur des éléments précis et des mots-clés.

● La réalisation d'une fiche permet de ne pas apprendre par cœur le cours au risque de ne pas savoir trier les idées pertinentes en réponse à un sujet donné. Elle permet aussi d'enrichir vos devoirs de connaissances précises qui permettent de construire des copies solides et efficaces.

2 Varier la mise en forme d'une fiche

● Varier la mise en forme de vos fiches permet d'identifier celle qui vous convient le plus et ainsi de mieux vous préparer pour vos études supérieures. Il y a plusieurs façons de ficher un cours d'histoire.

● Votre fiche de révision peut se présenter sous la forme d'un tableau reprenant les éléments indispensables du cours.

● Votre fiche peut également être un schéma logique qui souligne les liens entre les phénomènes majeurs de la période historique étudiée. Il permet de mettre en valeur un raisonnement, des connexions entre un évènement, ses causes et ses conséquences.

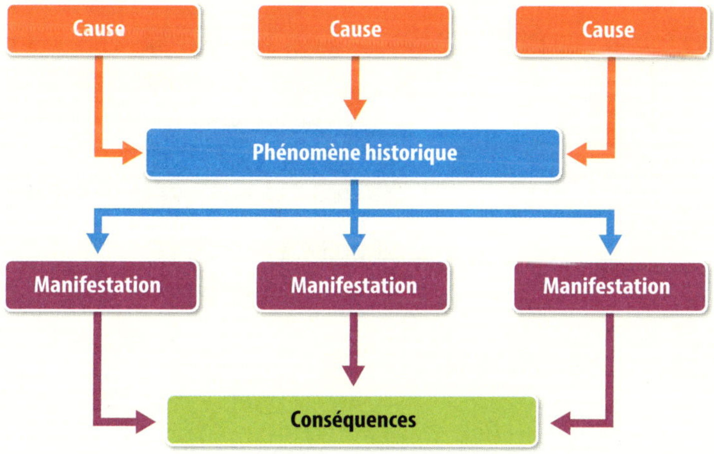

Corrigé

1. Sous forme d'un tableau

Notions / Vocabulaire	Personnages historiques	Dates-clés	Exemples
Parti colonial	Jules Ferry		
Missionnaire			
Métropole			
Colonie/protectorat	Brazza		
Rivalités		1898 : Fachoda	
Indigènes		1881 : Code de l'indigénat	
Assimilation			
Travail forcé			Chemin de fer Congo-Océan
Exploitation			Phosphate (Tunisie)
Contestation	Clemenceau	1901 : émeutes à Margueritte (Algérie)	
Nationalisme			

2. Sous forme d'un schéma

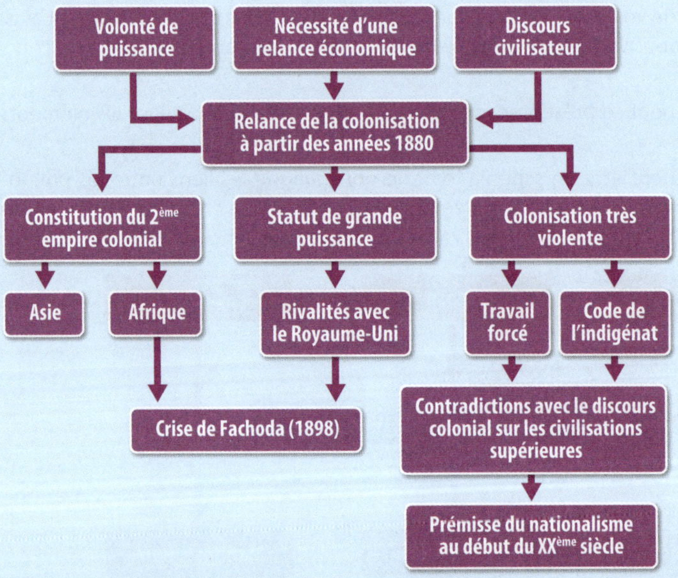

Chapitre 4 La Première Guerre mondiale : le « suicide de l'Europe » et la fin des empires européens

1 L'embrasement : d'un conflit européen à une guerre mondiale

De quoi s'agit-il ? Pourquoi et comment un conflit lié aux tensions européennes devient-il une guerre mondiale de longue durée ?

1 Les causes de la guerre

- Les causes sont multiples : tensions politiques, économiques, coloniales. En 1914, deux camps s'opposent : la Triple Entente (France, Royaume-Uni et Russie) et la Triplice (Allemagne, Autriche-Hongrie, l'Italie n'entrant en guerre qu'en 1915 en rejoignant l'Entente) (**Doc. 1**).
- Suite à l'attentat de Sarajevo (28 juin 1914), l'Autriche déclare la guerre le 28 juillet à la Serbie, qui reçoit le soutien de la Russie à laquelle l'Allemagne déclare à son tour la guerre, déclenchant le soutien de l'Entente.

2 L'extension du conflit

- La plupart des belligérants sont aussi des puissances coloniales. On se bat dans les colonies qui fournissent surtout des matières premières et des soldats (600 000 soldats coloniaux rejoignent ainsi la métropole française).
- La Chine et le Japon s'allient à l'Entente, ainsi que les États-Unis à partir d'avril 1917. L'empire ottoman se joint à l'Allemagne.
- D'abord conçue comme devant être une campagne courte (quelques semaines), la guerre s'enlise dès fin 1914 après une phase de mouvements (offensives et contre-offensives) et une guerre de position dite des tranchées.
- La guerre de mouvement reprend en 1918. La Russie, épuisée, est entrée en révolution en février 1917 en chassant son tsar. Elle se retire de la guerre après la prise de pouvoir bolchevique en octobre. Le front ouest devient alors le front principal où se massent les forces armées.

Vocabulaire

- **Belligérants :** personnes ou États en guerre.
- **Guerre de position :** stratégie défensive consistant à bloquer l'avancée de l'ennemi.
- **Tranchées :** fossés creusés à même le sol où stationnent des troupes pour faire barrage à l'ennemi.
- **Guerre de mouvement :** stratégie offensive nécessitant le déplacement des troupes à l'assaut de l'ennemi.
- **Bolcheviques :** révolutionnaires communistes russes, partisans de Lénine.

Doc. 1 L'Europe en guerre

Deux camps s'opposent, identifiés ici par des teintes différentes. Les États-Unis interviennent à partir de 1917, officiellement au nom de la liberté de circulation dans les océans entravée par les sous-marins allemands

2 L'embrasement : se battre en 1914-1918

De quoi s'agit-il ? **La guerre est marquée par de nombreuses batailles restées dans les mémoires par leurs enjeux stratégiques mais aussi par les conditions dans lesquelles ont combattu au total 70 millions de soldats.**

1 Les batailles de la guerre de mouvement

- Selon le plan Schlieffen, l'Allemagne devait gagner rapidement en passant par la Belgique, pourtant neutre.
- Début septembre 1914, les Allemands ne sont plus qu'à 50 km de Paris. Mais le général Joffre réussit à exploiter des brèches dans le dispositif

Vocabulaire

Plan Schlieffen : plan d'invasion de la France établi à partir de 1905 par les chefs d'état-major allemands, consistant à contourner par la Belgique l'armée française positionnée à la frontière est.

ennemi, trop étendu spatialement, et à le faire reculer par plusieurs contre-offensives (bataille de la Marne).

- À l'Est, la Russie a pénétré en Allemagne qui réussit à son tour une contre-offensive victorieuse stoppant l'invasion russe (bataille de Tannenberg).

Vocabulaire

- **Contre-offensive :** attaque menée pour repousser l'avancée de l'ennemi.

2 Les batailles de la guerre de position : faire basculer les fronts

- Les belligérants, à la fin de 1914, optent pour une guerre défensive, chacun devant tenir ses positions par un réseau de tranchées le long de centaines de kilomètres. Toutefois, chaque camp tente de percer le front, sans succès. Les Allemands échouent ainsi dans le secteur de Verdun (février-décembre 1916).

- En 1915, les Britanniques, aidés de régiments de leur empire (notamment australiens) et des Français tentent un débarquement dans le détroit des Dardanelles contre l'empire ottoman.

- Entre juillet et novembre 1916, ils attaquent dans la Somme et utilisent pour la première fois des chars (**Doc. 2**) pour protéger l'avancée de l'infanterie, soumise aux tirs intensifs de l'artillerie ennemie (mitrailleuses, obus, etc.). Cette bataille fait 400 000 morts.

Vocabulaire

- **Artillerie :** ensemble des armes lançant à distance divers projectiles sur l'ennemi.

Doc. 2 Franchissement d'une tranchée par un char, bataille de la Somme (1916)

Le char d'assaut contient jusqu'à dix hommes protégés par le blindage et permet aux troupes à pied d'avancer derrière.

Le char, innovation peu maniable, lente, s'est ici embourbé dans la tranchée. On voit bien le système de la tranchée, creusée à même le sol et renforcée, où vivent au quotidien les soldats – ici, des Britanniques.

B La reprise finale des offensives

• En 1918, le retrait de la Russie à l'Est et l'arrivée des États-Unis font du front ouest le front décisif. Profitant du rapatriement de ses troupes du front russe, l'Allemagne lance une offensive en mars-avril 1918, de nouveau dans la Somme et en Flandres.

• Les Alliés tiennent puis, à partir d'août, lancent une offensive qui fait reculer progressivement les Allemands.

3 Une guerre totale : la mobilisation de toutes les ressources matérielles

De quoi s'agit-il ? **L'économie des pays en guerre est mise au service de celle-ci.**

1 La mobilisation de l'économie

• La Première Guerre mondiale est souvent considérée comme une guerre de la révolution industrielle. En effet, les tensions sont en partie liées à des rivalités économiques et la guerre mobilise les capacités industrielles des belligérants. La durée et l'ampleur du conflit obligent à mettre sur pied une économie de guerre dans laquelle les usines tournent à plein régime pour fournir des armes et des munitions au front (**Doc. 3**). On parle de « guerre totale ».

• La mobilisation est aussi financière. Les États empruntent de l'argent aux banques, à d'autres États (l'arrivée des États-Unis en 1917 peut aussi s'expliquer par leur désir d'assurer le remboursement des prêts) et aux populations civiles.

Vocabulaire

- **Guerre totale : mobilisation de tous les secteurs de la société, militaire mais aussi économique, culturel, etc., pour mener la guerre.**

• Le pillage des ressources de l'ennemi est aussi pratiqué dans les zones occupées, en particulier par l'Allemagne dans les départements du nord de la France, alors riches en mines et usines mais aussi en main-d'œuvre.

Doc. 3 Femmes contrôlant des obus à l'arrière (Lyon, 1914)

Des usines sont créées ou reconverties pour la fabrication de l'armement.

Les femmes sont mobilisées pour remplacer les ouvriers au front et fabriquer leurs armes ; on les surnomme les « munitionnettes ».

2 La mobilisation des sciences et des techniques

• Pour gagner une guerre où les forces s'équilibrent, les États engagent leurs capacités de recherche et d'innovation. De nouvelles armes sont mises au point (grenades, mitrailleuses, gaz…), les chars et les avions viennent en appoint sur le terrain. Mais chaque camp rattrape systématiquement les innovations de l'adversaire.

• La nature des blessures implique une mobilisation de la médecine. Pendant la guerre, les découvertes sur la radioactivité permettent d'utiliser la radiologie. Après la guerre, la chirurgie esthétique doit réparer les « gueules cassées ».

Vocabulaire

- **« Gueules cassées » :** surnom donné aux blessés défigurés.

3 Des conditions de vie souvent rudes

• Le ravitaillement des armées nécessite organisation et rationnement, ce qui se traduit parfois à l'arrière par le prix élevé voire la pénurie de certains produits, faisant naître un marché noir.

• L'Entente organise un blocus économique de l'Allemagne qui détériore grandement le quotidien des Allemands (famine à l'hiver 1916-1917). La capitulation de 1918 s'explique aussi par cette asphyxie économique.

Vocabulaire

- **Arrière :** territoire à l'arrière du front, hors des opérations militaires.
- **Marché noir :** opérations commerciales illicites permettant de se procurer à prix souvent élevés des denrées difficiles à trouver.
- **Blocus :** opérations destinées à empêcher le ravitaillement en marchandises d'un pays.

4 Une guerre totale : la mobilisation des ressources humaines

De quoi s'agit-il ? **Les sociétés sont entièrement impliquées dans la guerre qui ne concerne donc plus seulement les soldats mais aussi directement les civils.**

1 La propagande

• La mobilisation fut aussi mentale. La propagande, accompagnée de la censure, gagne les médias, essentiellement la presse. Elle est destinée à maintenir la mobilisation des soldats dans les tranchées, autant que celle des civils à l'arrière – y compris les enfants à l'école. Les populations ne sont pas totalement dupes de ce qu'elles qualifient de « bourrage de crâne ». Les soldats produisent leurs propres journaux de tranchées.

• La guerre est cependant peu idéologique, elle est surtout patriotique (pour la France, un des objectifs est de récupérer les provinces perdues d'Alsace-Moselle). L'ennemi est présenté comme un barbare contre lequel il faut défendre la patrie voire la civilisation. Cette mobilisation permet de comprendre aussi comment les populations ont accepté la durée de la guerre.

Vocabulaire

- **Propagande :** utilisation des moyens de communication (presse, affiches, etc.) pour diffuser des idées.
- **Censure :** action limitant la publication d'informations.

2 Les effets de la guerre sur la condition féminine

• Les femmes sont impliquées dès les débuts du conflit, telle Marie Curie qui met ses découvertes au service des soldats (**Doc. 4**). Quant aux anonymes, si elles sont nombreuses déjà à travailler avant 1914, elles sont appelées à remplacer dans les champs, dans les usines, les hommes partis au front.

• Cette mobilisation relance le débat sur leur accès à la citoyenneté. Le droit de vote des femmes, accordé par l'Assemblée nationale en 1919 après la guerre, reste bloqué par le Sénat en France quand il est obtenu en Allemagne à la faveur de la révolution qui remplace l'empire par une République en novembre 1918.

• Peu de femmes sont au front. Les rares armées qui intègrent des femmes (comme celle des États-Unis) les y envoient rarement (en Serbie, face à l'invasion autrichienne). On retrouve essentiellement des infirmières au contact des blessés.

• En France ou en Belgique principalement, les marraines de guerre permettent aux soldats célibataires de tenir une correspondance comme le font leurs homologues avec leur épouse. Le nombre de veuves ou de mères éplorées est à l'aune des millions de soldats morts.

Doc. 4 **Marie Curie enseignant aux infirmières en radiologie (1915)**

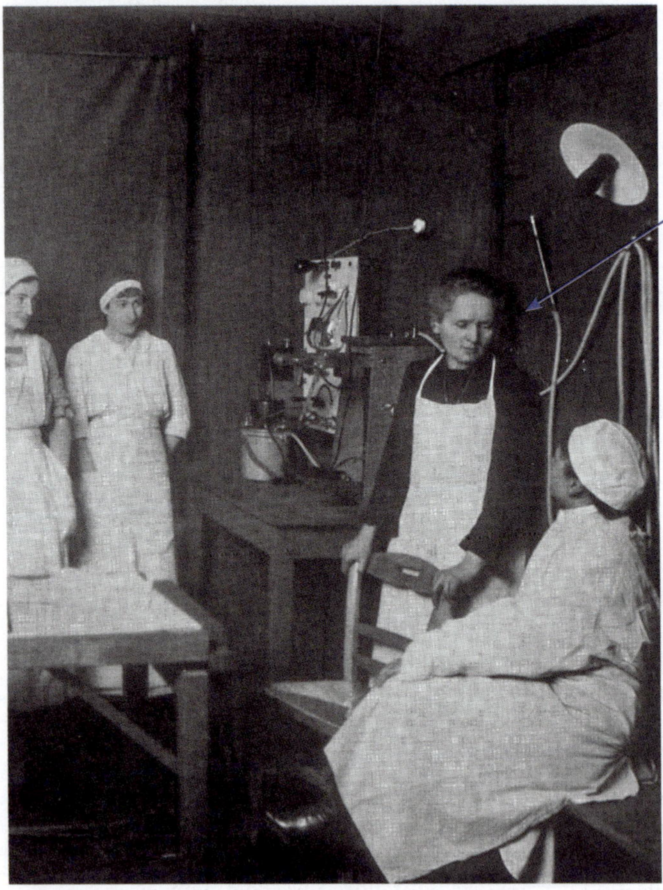

Marie Curie, pionnière des études sur la radioactivité, est déjà deux fois Prix Nobel (1903 et 1911). Elle met ses connaissances au service de la médecine de guerre. La radiologie se développe pour mieux analyser et soigner les blessures.

5 La guerre totale : le cas du génocide des Arméniens

De quoi s'agit-il ? Les civils sont parfois directement victimes des combats (bombardements…). Le génocide des Arméniens par les autorités ottomanes est un des premiers cas reconnus comme tel.

1 La montée du nationalisme dans l'empire ottoman

- Les causes sont liées à la guerre mais remontent à l'effritement de l'empire ottoman depuis le XIXe siècle. Celui-ci a vu ses provinces européennes devenir indépendantes après des révoltes nationales. Sur les frontières orientales, la population arménienne revendique une identité spécifique par la langue mais aussi la religion chrétienne. Elle se distingue des autres populations de l'empire, globalement musulmanes.

- Des massacres d'Arméniens avaient déjà été perpétrés dans les années 1894-1896 par le sultan Abdulhamid, avec l'aide de Kurdes. Au début de la guerre, les autorités suspectent les Arméniens d'être favorables à la Russie voisine mais ennemie, et d'affaiblir par leur présence la sécurité de l'empire à ses frontières.

2 Déportation et massacres

- Entre avril 1915 et juillet 1916, le gouvernement ottoman, par l'intermédiaire de Talaat Pacha son ministre de l'Intérieur, organise la déportation des Arméniens, encadrée par la gendarmerie et l'armée turque (**Doc. 5**).

- Exécutions et viols sont commis, répétés au cours des marches forcées qui mènent les Arméniens vers les régions désertiques du Sud (Syrie) : des camps de concentration les y attendent où les survivants sont littéralement laissés à l'abandon.

Doc. 5 La responsabilité du gouvernement ottoman

« Tous les droits des Arméniens sur le sol turc, tels que le droit de vivre et de travailler, ont été supprimés, et personne ne doit rester [en vie] – pas même les enfants dans leur berceau ; le gouvernement en assume l'entière responsabilité. »

« Il a été rapporté précédemment que la décision d'éliminer et d'exterminer tous les Arméniens présents en Turquie a été prise par le gouvernement […] Ceux qui s'opposeront à cet ordre ne pourront plus faire partie de l'administration. […] Quelle que soit l'horreur des mesures d'extermination, qu'il s'agisse de femmes, d'enfants ou de personnes handicapées, ils doivent tous être exterminés. Les scrupules de conscience n'ont pas leur place ici. »

Extraits de télégrammes de Talaat Pacha, ministre de l'Intérieur ottoman, aux gouverneurs locaux, sep. 1915.

Ces documents ont été essentiels pour déterminer la nature génocidaire du massacre des Arméniens.

3 Les suites du génocide

• Les estimations oscillent entre 0,5 et 1,5 million de morts (environ les deux tiers de la population arménienne de l'empire). Certains Arméniens se sont échappés et ont fui vers la Russie, jusqu'en France après la guerre.

• L'ampleur et la systématisation du massacre, la volonté de détruire le peuple arménien ont conduit à définir juridiquement ce crime de masse commis sur des civils : le juriste américain Raphaël Lemkin est le premier à utiliser, en 1944, le terme de « génocide ». Un procès fut organisé en 1920 contre les responsables ottomans dans la Turquie d'après-guerre (**Doc. 6**). Mais si celle-ci reconnaît des massacres, elle rejette toujours la qualification de génocide.

> **Vocabulaire**
> ■ **Génocide :** extermination volontaire et organisée d'une population en raison de son identité propre.

Doc. 6 Déclaration de l'Entente du 24 mai 1915

Depuis un mois environ, la population kurde et turque de l'Arménie procède de connivence et souvent avec l'aide des autorités ottomanes à des massacres des Arméniens. [...] À Constantinople, le gouvernement ottoman sévit contre la population arménienne inoffensive. En présence de ces nouveaux crimes de la Turquie contre l'humanité et la civilisation, les gouvernements alliés font savoir publiquement à la Sublime Porte qu'ils tiendront personnellement responsables desdits crimes tous les membres du gouvernement ottomans ainsi que ceux de ses agents qui se trouveraient impliqués dans de pareils massacres.

> Les opérations ont commencé depuis un mois et les alliés de l'Entente sont au courant.

> Le terme de crime contre l'humanité est utilisé ici distingué des crimes de guerre. Il sera repris après la Seconde Guerre mondiale dans le droit international pour désigner notamment les massacres touchant les juifs.

> La Sublime Porte désigne le palais où siège le gouvernement et, par extension, l'empire ottoman lui-même.

6 Sortir de la guerre : organiser la paix

De quoi s'agit-il ? L'armistice est demandé par l'Allemagne et signé le 11 novembre 1918. À partir de 1919, les vainqueurs se réunissent à Paris pour discuter de la réorganisation de l'ordre mondial.

1 Des traités pour régler le cas de chaque vaincu

• Le traité de Versailles signé le 28 juin 1919 rend l'Allemagne principale responsable du conflit : territoire réduit et coupé en deux, perte des colonies, armée limitée à 100 000 hommes, énormes réparations à payer aux vainqueurs... Le nouveau gouvernement allemand est contraint à la signature et les Allemands qualifient le traité de « diktat ».

• D'autres traités sont signés dans le même esprit : démembrement de l'empire austro-hongrois et de l'empire ottoman accompagné de la création (Tchécoslovaquie, Pologne...) ou extension de pays. Ils renvoient au principe du droit des peuples à disposer d'eux-mêmes, défendu par le président Wilson dans ses 14 points présentés au Congrès américain en 1918.

> **Vocabulaire**
> ■ **Traité :** texte juridique de droit international passé entre plusieurs États et réglant leurs relations et décisions communes.
> ■ **Diktat :** décision imposée par le camp adverse.

2 La SDN, une utopie ?

• Parmi ces 14 points, et incluse dans le traité de Versailles, figure la création d'une organisation internationale destinée à mettre en place une diplomatie permanente pour la résolution pacifique des conflits, la Société des Nations (SDN) (**Doc. 7**).

• Le Congrès des États-Unis refuse toutefois d'y adhérer et la SDN se trouve de fait dominée par les vainqueurs européens, qui maintiennent ainsi leur mainmise politique sur la planète. La SDN peine cependant à régler certains conflits en suspens après la guerre et échoue ensuite dans les années 1930.

Vocabulaire

■ **Congrès** : Parlement aux États-Unis, issu de la réunion des députés et des sénateurs.

Doc. 7 La nouvelle Europe après les traités de paix

3 Un continent encore agité

• Le continent ne sort pas pour autant des combats en 1918. Les Russes sont plongés dans une guerre civile (jusqu'en 1922) et se battent pour leurs frontières, notamment avec la Pologne, ou pour empêcher l'indépendance de l'Ukraine.

• Les Turcs refusent quant à eux le territoire étriqué que leur laissent les traités, chassent les Grecs de l'Ouest et reprennent à l'est des régions où devait naître un Kurdistan indépendant. Des plébiscites tranchent les dernières questions frontalières notamment avec l'Allemagne et ses voisins.

7 Sortir de la guerre : des sociétés marquées

De quoi s'agit-il ? L'ampleur du conflit et de l'implication des sociétés a marqué celles-ci et bouleversé les structures sociales, culturelles…

1 La Grande Guerre, enjeu de mémoire immédiat

• À la sortie du conflit, les autorités affichent une volonté de commémorer la guerre. Des monuments aux morts sont construits dans les communes de France, souvent parce que les corps des soldats morts sont restés sur les champs de bataille ou, au mieux, dans des cimetières militaires.

• En France, les autorités décident de commémorer symboliquement le sacrifice de la Nation à travers la figure d'un combattant, symbolisant le citoyen-soldat, et choisissent pour cela un soldat anonyme.

2 La Grande Guerre et la culture d'après-guerre

• La guerre envahit le champ artistique. Nombre d'écrivains et de peintres d'avant-garde (Dorgelès, H. Barbusse, E. M. Remarque, O. Dix) expriment le traumatisme de l'expérience combattante. Le pacifisme s'y dispute à l'élan patriotique.

• Mais la fin de la guerre fut aussi un appel d'air pour des sociétés plongées dans quatre années de violence, de douleur et de mort. La fin du conflit ouvre ainsi, avec les « années folles », une période affirmant la rupture avec les années difficiles par le succès du surréalisme et du jazz par exemple.

Vocabulaire

- **Pacifisme :** courant littéraire et politique prônant la paix, les moyens de la maintenir et la suppression de la guerre.
- **« Années folles » :** désigne la première décennie qui suit la guerre.
- **Surréalisme :** mouvement artistique s'appuyant sur la libération de la pensée du contrôle de la raison (par le rêve, l'inconscient…).

3 La Grande Guerre, enjeu pour les générations suivantes

• Le souvenir de 1914-1918 a été régulièrement instrumentalisé au cours des années qui ont suivi (**Doc. 8**) :

– volonté de revanche d'Hitler qui sera à l'origine de son ascension et du soutien d'une partie de l'armée ;

– choix du maréchal Pétain, le « vainqueur de Verdun », à la tête de la France en 1940 ;

– réconciliation franco-allemande, comme lors de la commémoration de la bataille de Verdun réunissant président français et chancelier allemand en 1984 ;

– centenaire de la guerre avec son cortège de commémorations.

• La guerre a aussi été un objet d'étude pour les historiens, qui s'interrogent sur les racines des totalitarismes dans le concept de « brutalisation » des sociétés (G. Mossé), ou sur les causes du soutien des populations à la guerre, oscillant entre consentement et contrainte.

Vocabulaire

■ **Brutalisation :** banalisation de la violence de guerre dans laquelle ont été plongées les sociétés européennes.

Doc. 8 L'inhumation du soldat inconnu sous l'Arc de Triomphe (1921)

Les autorités politiques sont présentes ainsi que des associations d'anciens combattants.

Des soldats portent le cercueil d'un soldat inconnu, désigné au hasard par un jeune soldat.

Révision express

1914-1918 Un embrasement mondial

Le schéma à retenir

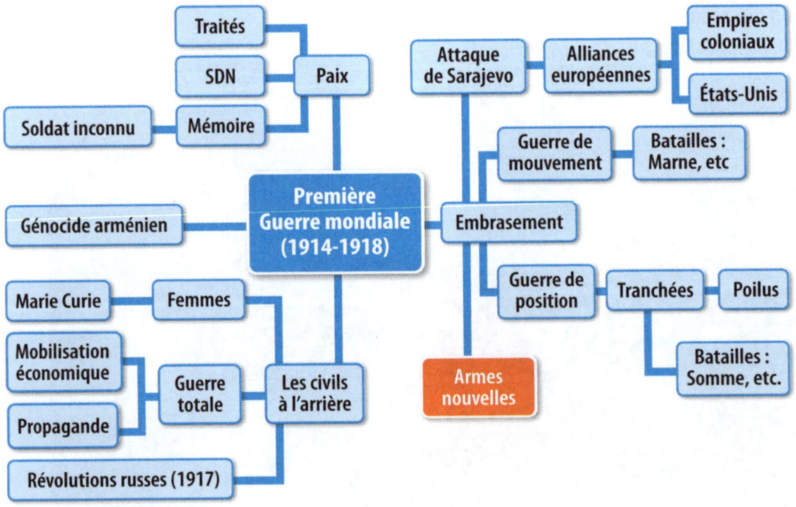

Quiz

Cochez la bonne réponse.

1. La Première Guerre mondiale est provoquée par un conflit :

a. ☐ germano-russe. **b.** ☐ austro-serbe. **c.** ☐ franco-allemand.

2. La construction de tranchées est caractéristique de :

a. ☐ la guerre de mouvement. **b.** ☐ la guerre de position. **c.** ☐ la guerre totale.

3. Les États-Unis entrent en guerre en :

a. ☐ juin 1914. **b.** ☐ avril 1915. **c.** ☐ avril 1917.

4. Les femmes sont appelées à remplacer les hommes au front :

a. ☐ dans les champs. **b.** ☐ dans les usines. **c.** ☐ dans les services.

5. Le génocide arménien est perpétré par :

a. ☐ les Ottomans. **b.** ☐ les Allemands. **c.** ☐ les Russes.

6. Le traité qui règle le cas de l'Allemagne vaincue est le traité de :

a. ☐ Paris. **b.** ☐ Versailles. **c.** ☐ Berlin.

→ Réponses p. 531

EXERCICE GUIDÉ 1

Faire un brouillon de composition

Énoncé

Rédigez une composition sur le sujet : « Gagner la guerre (1914-1919). »

Méthode

- Le brouillon est incontournable. Avant de rédiger quoi que ce soit, soyez sûrs de ce que vous allez dire (la réponse au sujet ainsi que les arguments et exemples nécessaires) et comment vous allez le dire (le plan).

1 Analyser le sujet et dégager une problématique

- Analysez et définissez tout d'abord les termes du sujet. Dégagez également les cadres (spatiaux, temporels), le contexte historique, la ou les échelles géographiques.
- Dégagez ensuite une problématique : quel est l'intérêt de ce sujet ? Pourquoi s'y pencher ? Qu'allez-vous démontrer au cours de votre copie ?

L'astuce du prof
Écrire uniquement au recto de votre feuille pour garder une vue sur tout le brouillon. Le verso vous servira pour autre chose.

2 Organiser les idées avant de rédiger

- Listez telles qu'ils vous viennent les connaissances, idées, exemples, dates, acteurs qui vous serviront d'arguments.
- Faites éventuellement une recherche d'idées sous forme de carte mentale ou de tableau : dans les deux cas, cela signifie que vous avez déjà un plan ; cela sera l'occasion de vérifier si celui-ci est équilibré (colonnes ou branches à peu près équitables).
- Faites ensuite des regroupements au sein de cette liste, voire du tri, en éliminant ce qui semble finalement hors sujet.
- Maintenant que tout est clair, préparez au brouillon votre introduction.

L'astuce du prof
Ne jamais rédiger de phrases complètes, mais utiliser au contraire des abréviations.

Corrigé

1. Analyser le sujet et dégager une problématique

• Analyse du sujet

Les termes du sujet sont à la fois thématiques (« Gagner la guerre ») et chronologiques (1914-1919).

Il faut bien évidemment s'intéresser aux aspects plus spécifiquement militaires (« la guerre », « gagner » = vaincre l'ennemi).

Mais gagner la guerre est passé aussi par une mobilisation de toute la société : la « guerre » dont il s'agit de parler n'était pas une guerre comme les autres, c'était aussi une guerre totale.

Enfin, déborder sur 1919 comme le demande le sujet, une fois la guerre finie, « gagnée » par un camp, incite à se pencher sur ce que les vainqueurs font de leur victoire.

L'astuce du prof
En histoire, il faut être très vigilant sur les cadres chronologiques qui sont donnés : ici, on déborde de la guerre (1914-1918) pour s'intéresser aussi à la paix (1919).

• Élaboration d'une problématique

De quelle façon, lors de la Première Guerre mondiale, les belligérants ont-ils cherché à vaincre l'ennemi et, pour les vainqueurs, ont-ils géré leur victoire ?

2. Organiser les idées avant de rédiger

• Liste des idées

– Succession de batailles (citer les cinq vues dans le programme, avec leurs dates). [I]
– Évolution des stratégies (mouvement, position ; tranchées) ; tenter de vaincre sur le champ de bataille puis percer le front. [I]
– Mobilisation aussi des civils : par la propagande, soutenir l'effort de guerre, la victoire doit être celle de toute la Nation. [II]
– Mobilisation des civils par l'économie : soutien financier (emprunts), par le travail (femmes à l'usine, etc.). [II]
– Utilisation de nouvelles armes pour vaincre l'ennemi (mobilisation des sciences, des techniques ; citer des armes : chars, gaz, etc.). [I]
– Mais équilibre des forces, batailles qui tournent au massacre (400 000 morts dans la Somme ; 9 millions durant la guerre). [I]
– Les traités de paix : traité de Versailles (28 juin 1919), « Diktat » qui humilie l'Allemagne ; autres traités (disparition des empires austro-hongrois et ottoman). [III]
– Annexions (Italie, France qui récupèrent des territoires). [III]
– Création de la SDN pour maintenir la paix, mais sous contrôle des vainqueurs, maintenir l'ordre voulu par les vainqueurs. [III]
– Hommages aux combattants victorieux (monuments aux morts, tombeau du soldat inconnu). [III]
– Traumatismes laissés de chaque côté, aussi bien du côté des vaincus que des vainqueurs. [III]

L'astuce du prof
Les indications entre crochets ([I], [II], [III]) correspondent aux trois différentes parties : il s'agit après les avoir listées, de regrouper les connaissances en fixant un plan et de réattribuer chaque idée à une partie.

• Élaboration du plan

I. La Première Guerre mondiale, une guerre industrielle
A. Des stratégies, des batailles pour vaincre l'ennemi : 9 millions de morts
B. Une guerre qui mobilise les sciences et les techniques pour prendre le dessus sur l'ennemi

II. La Première Guerre mondiale, une guerre totale qui implique les civils
A. La mobilisation de toute la Nation, en particulier dans le domaine économique
B. Propagande, censure : le « bourrage de crâne »

III. Gérer la victoire une fois la guerre gagnée
A. Punir les vaincus : les traités de paix
B. La difficile reconstruction d'un ordre fondé sur les libertés démocratiques

• Rédaction de l'introduction

Si son déclenchement est dû à un différend de frontières entre l'Autriche et la Serbie, la Première Guerre mondiale résulte d'une accumulation de tensions politiques, coloniales et économiques entre les États européens. Mais loin d'être un conflit « classique », elle voit les belligérants s'engager dans une escalade de moyens, faisant tendre l'effort de toutes les nations vers la victoire. De quelle façon, lors de la Première Guerre mondiale, les belligérants ont-ils cherché à vaincre l'ennemi et, pour les vainqueurs, ont-ils géré leur victoire ? Les États en guerre utilisent tous les moyens militaires possibles et nouveaux pour vaincre l'ennemi. Mais ils mobilisent aussi la société et les civils dans une véritable guerre totale. Une fois l'ennemi vaincu, les vainqueurs imposent leur nouvel ordre international.

L'astuce du prof
Il s'agit ici d'un plan chrono-thématique : il comprend une progression chronologique (commence par les batailles de 1914, finit sur les traités de paix après 1919), tout en abordant des thèmes différents (les combats, le rôle des civils mobilisés, la question finale de la paix après la victoire).

EXERCICE GUIDÉ 2

Réaliser l'analyse critique d'un document iconographique

Énoncé

Analysez l'image p. 185.

Méthode

- L'image, en histoire comme en géographie, est un objet construit (qu'il s'agisse d'une photographie, d'un dessin, d'une peinture ou d'une affiche) qui peut donner des informations de la même manière qu'un texte.

1 Identifier l'image

- Il faut d'abord identifier l'image : quel est son auteur, sa source, sa date, son époque, son contexte, son thème et, bien sûr, de quel type d'image s'agit-il ?

2 Décomposer les éléments

- Vous pouvez ensuite lister les éléments qui composent l'image : les personnages, les objets, les décors, les lieux…
- Soyez aussi vigilant à la façon dont sont disposés ces éléments : comment est construite l'image ? Y a-t-il un sens particulier à ce que tel élément soit en haut, en bas, à l'avant ou à l'arrière-plan ? Couleurs et lumières sont-elles disposées d'une certaine façon ?

Remarque
Il faut parfois disposer d'une bonne culture générale pour identifier des références, des symboles qui renvoient à une idée précise (par exemple les symboles de la République).

3 Rédiger

- L'objectif est au final de dégager le message véhiculé par l'image, qui n'est jamais neutre.

Corrigé

1. Identifier l'image

Il s'agit d'une photographie prise durant la bataille de la Somme après juillet 1916. Cette bataille a vu pour la première fois l'utilisation des chars d'assaut dans les combats. La source n'est pas claire mais la photographie ne peut avoir été prise que par les Britanniques (dont on reconnaît l'uniforme), principaux acteurs de l'assaut sur la Somme.

2. Décomposer les éléments

On distingue un tank britannique, une tranchée dans un décor de terre, des soldats avec l'uniforme britannique dans et au-dessus de la tranchée, dans un moment semble-t-il de répit (ils ne semblent pas en position de combat).
Le char prend toute la moitié droite de l'image. S'il semble imposant par rapport aux nombreux hommes qui se trouvent quant à eux sur la partie gauche de l'image, il paraît également vacillant, en position périlleuse.

3. Rédiger

Cette image montre l'arrivée d'engins de guerre nouveaux, des « monstres d'acier » (qui ont surpris et inquiété les Allemands), engagés ici pour la première fois dans une bataille par les Britanniques. L'image semble pouvoir dire à la fois que cet engin imposant va se jouer du terrain boueux, terreux, des tranchées et des soldats ennemis. Mais sa position rappelle aussi que l'engin reste expérimental, peu maniable, lent et qu'il a pu se trouver en difficulté sur le champ de bataille dévasté.

Chapitre 5 La métropolisation : un processus mondial différencié

1 La ville à l'échelle mondiale

De quoi s'agit-il ? **L'urbanisation croissante et rapide du monde est le phénomène qui a profondément transformé les territoires depuis 1945.**

1 Urbanisation et métropolisation à l'échelle mondiale

- La population mondiale augmente rapidement, et cette croissance s'accompagne d'un exode rural et d'une concentration des populations dans les villes (**Doc. 1**). En 2022, plus de 4,56 milliards d'habitants sont des citadins.

- La métropolisation est un processus mondial de concentration croissante de populations et d'activités dans les métropoles. Plus que l'étendue ou le poids démographique d'une ville, ce sont les fonctions de commandement qui permettent de caractériser une métropole, ainsi que son attractivité et sa bonne connexion au reste du monde.

Vocabulaire

- **Métropolisation :** processus de concentration des populations, des activités et des fonctions de commandement dans les métropoles.

Doc. 1 **Taux d'urbanisation dans le monde depuis 1800**

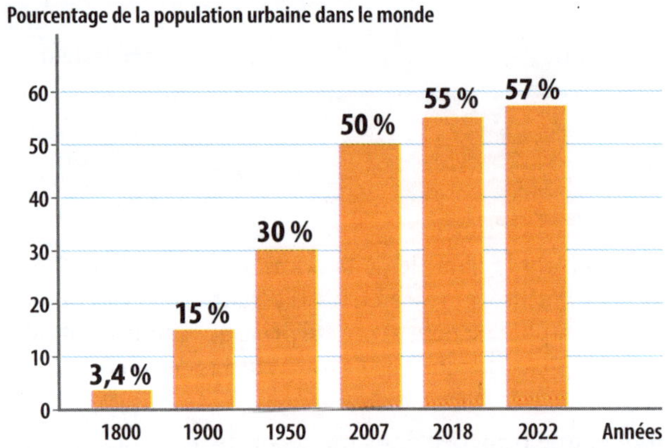

2 Organisation d'une métropole et diversité des paysages urbains

- La métropolisation est entretenue par des mobilités sans cesse plus intenses structurées par des réseaux de transports variés. Les différents espaces d'une métropole s'organisent pour la plupart selon un modèle centre-périphérie. En effet, la ville centre concentre le pouvoir de commandement, dominant ainsi la périphérie.

- D'une manière générale, la croissance urbaine et son étalement se doublent d'une spécialisation des espaces (industriel, résidentiel…). Les centres-villes se distinguent par leur quartier d'affaires, leurs représentations politique, administrative ou culturelle, et par la faible présence d'industries consommatrices d'espace. Le paysage urbain offre alors la vision de quartiers anciens souvent en cours de rénovation côtoyant la verticalité des nouvelles constructions.

• Dans les métropoles du Nord, la ségrégation socio-spatiale est moins marquée que dans les métropoles du Sud, où les gratte-ciel jouxtent des bidonvilles (**Doc. 2**). La périphérie est marquée par des quartiers résidentiels qui se développent au milieu des zones industrielles et commerciales.

Doc. 2 Les contrastes socio spatiaux dans les métropoles du Sud

À São Paulo au Brésil, dans le quartier de Morumbi, les favelas jouxtent les immeubles d'habitation haut de gamme.

2 Des métropoles inégales en mutation

De quoi s'agit-il ? Très diverses, les métropoles sont aussi inégalement attractives. Le processus de métropolisation opère ainsi une recomposition des territoires à toutes les échelles.

1 Le poids des métropoles aux différentes échelles

• À l'échelle mondiale, les très grandes métropoles des pays les plus développés, les villes mondiales, concentrent les activités de commandement, quand certaines restent de simples mégapoles.

• Dans certaines régions de pays développés, la concentration de métropoles interconnectées aboutit à la formation de mégalopoles qui reflètent la hiérarchie des États et leur domination économique.

• À l'échelle nationale, dans les pays du Nord, comme en Europe du Nord-Ouest, les processus d'urbanisation et de métropolisation sont anciens et le tissu des villes-métropoles est dense et structuré.

• En revanche dans les métropoles du Sud, les réseaux urbains sont fortement déséquilibrés souvent en faveur de la métropole capitale : on parle alors de macrocéphalie urbaine. Dans le réseau urbain, les métropoles régionales jouent le rôle de relais entre les métropoles de rang national et les petites villes.

Vocabulaire

- **Ville mondiale :** centre d'impulsion majeur de la mondialisation qui concentre des fonctions décisionnelles commerciales et financières planétaires.
- **Mégapole :** « Super-métropole » correspondant aux *megacities* de la terminologie des Nations unies. Elles concentrent des populations égales ou supérieures à 10 millions d'habitants, qui disposent d'aires d'influence d'ordre international.
- **Mégalopole :** concentration de métropoles interconnectées les unes aux autres.

2 La recomposition des territoires intra-métropolitains

• La tendance est à l'étalement urbain, qui fait qu'entre les centres et les franges les plus externes des villes, des distances considérables s'instaurent. De ce fait, les activités et les espaces résidentiels se desserrent vers la périphérie et certains espaces intra-métropolitains se spécialisent (**Doc. 3**).

• La métropolisation a accentué la spécialisation des centres-villes et on y assiste à des opérations de gentrification. Parallèlement, dans les pays développés, de nouvelles « centralités périphériques » apparaissent, comme les « *edges cities* » et les technopôles.

• La métropolisation accentue aussi la ségrégation au sein des espaces intra-urbains. Alors qu'aux États-Unis les populations défavorisées logent dans le ghetto central en cours de gentrification, en Europe elles sont reléguées dans des quartiers de grands ensembles de banlieue. Dans les pays du Sud, la ségrégation socio-spatiale est plus forte encore.

Vocabulaire

- **Gentrification :** anglicisme (« *gentry* » en anglais : petite noblesse) qui désigne le processus de transformation du profil économique et social d'un quartier urbain ancien au profit d'une classe sociale supérieure.
- ***Edge city*** **:** pôle d'emploi périphérique spécialisé dans l'industrie de l'information, le high tech et les surfaces commerciales. Il regroupe des immeubles récents dans des parcs d'activités.

Doc. 3 **Les centralités périphériques des métropoles américaines**

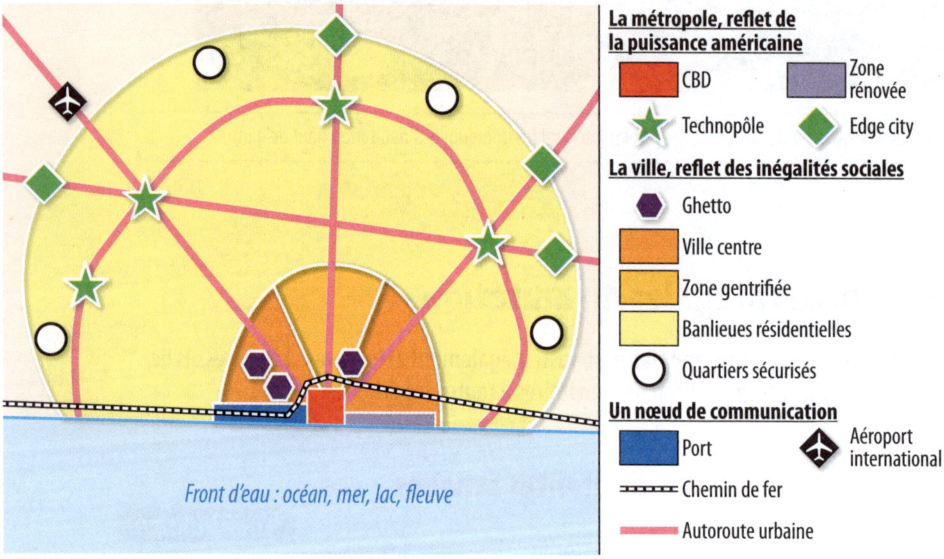

L'organisation actuelle de la métropole étasunienne est désormais plus polynucléaire.

3 La métropolisation du Brésil : dynamiques et contrastes

De quoi s'agit-il ? La métropolisation au Brésil s'est traduite par un dynamisme des métropoles littorales bien insérées dans la mondialisation et par des inégalités socio-spatiales très fortes.

1 Croissance de la population et métropolisation

- Depuis 1960, la population brésilienne a été multipliée par près de trois. C'est en 1964 que la population urbaine égale la population rurale et c'est en 1999 qu'elle atteint 80 % de la population totale. Cette croissance forte s'est ralentie depuis 2000 puisqu'en 2020, un peu plus de 87 % des Brésiliens sont citadins.
- Le processus de métropolisation est très important au Brésil puisqu'en 2018, 40 % des Brésiliens, soit 85 millions de personnes, vivent dans une agglomération de plus d'un million de résidents. La métropolisation est aussi majoritairement littorale puisque le peuplement du Brésil s'est effectué depuis le littoral vers l'intérieur du pays.

2 Dynamiques de métropolisation

- La métropolisation au Brésil est le reflet de la puissance du pays. São Paulo (plus de 12 millions d'habitants) est la capitale économique et financière du pays. Rio de Janeiro (6,5 millions d'habitants), ancienne capitale, et Brasilia, capitale administrative du pays (3 millions d'habitants) mais aussi Porto Alegre (1,4 million d'habitants), capitale de l'altermondialisme, constituent un vrai réseau de métropoles insérées dans la mondialisation.
- Ces métropoles ont des dynamiques différentes (**Doc. 4**). Les mégacités de São Paulo et Rio de Janeiro, dont les régions métropolitaines étendues comptent respectivement près de 30 et 14 millions d'habitants, voient leur croissance ralentir alors que les capitales d'États, dont les agglomérations atteignent entre 2,5 et 4 millions d'habitants, restent très dynamiques.

Vocabulaire

- **Altermondialisme :** mouvement politique aux moyens d'actions variés (pétition, action violente) qui vise à montrer qu'un autre monde est souhaitable, sinon possible, en dénonçant la recherche effrénée du profit et la montée des inégalités.

3 Contrastes socio-spatiaux

- Au sein des métropoles, et selon leur taille, les contrastes sont plus ou moins violents entre les quartiers aisés et les *favelas*. Dans ces quartiers aux habitations construites illégalement à partir de matériaux de récupération, les populations vivent en symbiose avec la ville en dur qui fournit du travail.
- De nouveaux quartiers intermédiaires habités par les classes moyennes et supérieures apparaissent, dans la logique des *gated communities* américaines, c'est-à-dire des quartiers fermés.

Vocabulaire

- ***Favelas* :** nom donné aux bidonvilles au Brésil. Quartier pauvre d'une agglomération où les maisons sont construites avec des matériaux de récupération et illégalement. C'est de l'habitat spontané.
- ***Gated communities* :** quartier homogène socialement (généralement habité par des populations aisées) clos, et accessible par un nombre minimal d'entrées gardées.

Doc. 4 La métropolisation au Brésil

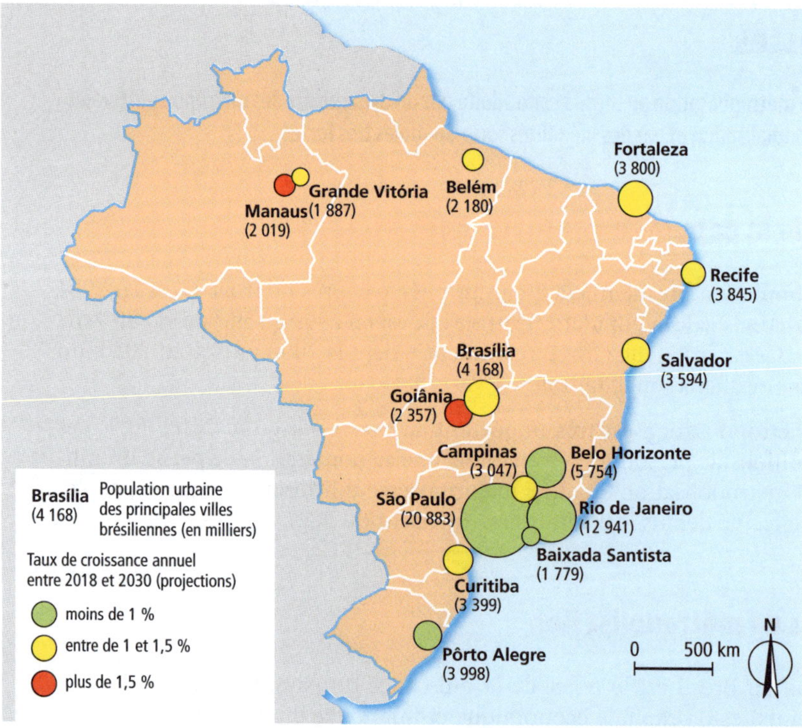

4 Londres, métropole de rang mondial

De quoi s'agit-il ? Londres est une ville-monde dont l'attractivité et le rayonnement sont incontestables. Cependant, une période d'incertitudes s'ouvre du fait des contrastes socio-spatiaux forts et du Brexit.

1 La première ville-monde du continent européen

- Lorsqu'en 1991, S. Sassen théorise le concept de « *global city* » ou ville mondiale, seule Londres en Europe correspond à la définition. En effet, ces vastes agglomérations, grâce à leurs fonctions économiques et financières de premier plan, jouent un rôle pilote dans l'économie mondiale (**Doc. 5**).

Vocabulaire

- **Brexit : sortie de la Grande-Bretagne de l'Union européenne.**
- ***Global City*** **: voir « Ville mondiale » p. 241.**

- Le Grand Londres a compté plus de 9 millions d'habitants en 2019 mais les effets cumulés du Brexit et de la crise sanitaire liée au Covid ont fait perdre 700 000 habitants à la ville globale entre l'été 2019 et l'été 2020. Il en est de même pour l'aire urbaine de Londres qui comptait près de 15 millions d'habitants en 2018 et qui aujourd'hui en compte à peine 14 millions.

- Le GPCI (*global power city index*), indicateur d'intégration des métropoles à la mondialisation, place Londres au premier rang mondial en prenant en compte des critères économiques, financiers, culturels mais aussi environnementaux et de viabilité.

Doc. 5 L'organisation d'une ville mondiale : Londres

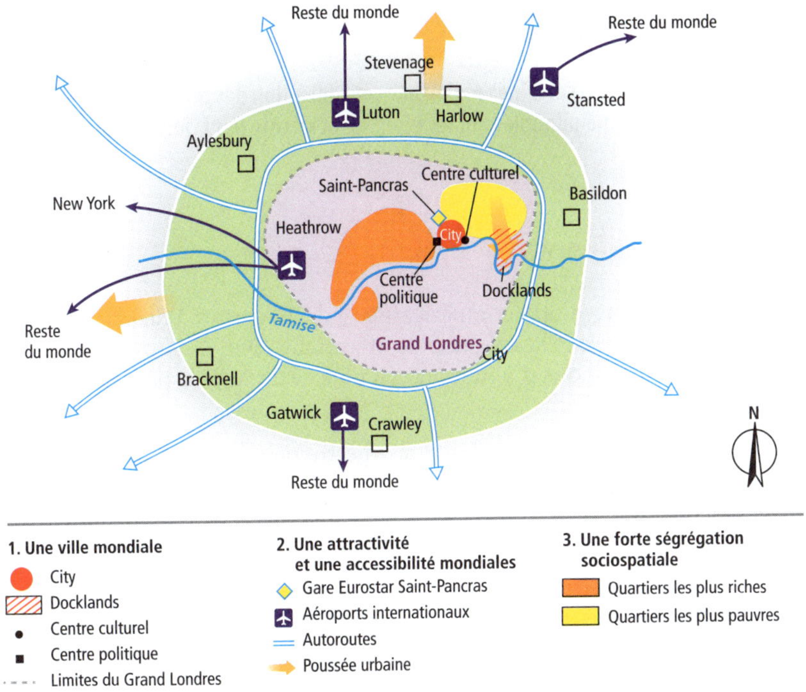

2 Une ville mondiale attractive

- Londres est l'une des principales places financières du monde et la première d'Europe, installée dans le quartier d'affaires de la City. Londres réalise 23 % de la richesse nationale.
- Les récents aménagements (comme le quartier des Docklands ou la construction de la tour Shards, la plus haute d'Europe), les cinq aéroports internationaux ou la ligne à grande vitesse du tunnel sous la Manche rendent cette métropole très attractive. Elle gagne ainsi 100 000 habitants chaque année.
- Au cœur de la mondialisation, Londres participe pleinement à l'« archipel mégalopolitain mondial » (AMM).

Vocabulaire

- **City :** à la fois cœur historique et centre géographique de Londres, c'est le plus grand quartier d'affaires européen.
- **Archipel mégalopolitain mondial (AMM) :** désigne l'ensemble des villes qui contribuent à la direction du monde. Connectés en réseau et concentrant l'essentiel des flux mondiaux, ces pôles urbains fonctionnent en système, d'où l'image d'un archipel constitué d'îles.

3 Une ville mondiale contrastée

- L'attractivité londonienne a son revers : une forte ségrégation socio-spatiale. Londres fait partie des villes les plus chères au monde et les classes moyennes, les familles et même les populations qualifiées la désertent. Seuls les très hauts revenus peuvent se loger, tout comme les populations pauvres qui logent dans les 25 % de logements sociaux que compte la métropole.
- Le vote en faveur du Brexit en 2016 a provoqué un recul de la place financière britannique puisque nombre de firmes et de banques ont déménagé leurs antennes. En 2019, la City avait perdu plus de 1 000 milliards d'actifs bancaires au profit de Paris, Luxembourg, Francfort ou Amsterdam. À cela, se sont ajoutés les effets de la pandémie sur l'économie britannique. Depuis 2020, la place londonienne a reculé sur la scène internationale.

5 La mégalopole du nord-est des États-Unis : des synergies métropolitaines

De quoi s'agit-il ? À l'échelon mondial, dans certaines régions, la concentration des métropoles interconnectées aboutit à la formation de mégalopoles qui reflètent la hiérarchie des États et leur domination économique.

1 La mégalopolis, une mégalopole

• Le nord-est des États Unis – la mégalopolis américaine – de Boston à Washington (BosWash) et son arrière-pays composent la mégalopole atlantique (**Doc. 6**). Sur près de 800 km, elle concentre, en 2020, 70 millions d'habitants soit plus de 20 % de la population des États-Unis sur 2 % du territoire.

• L'ensemble urbain ainsi désigné est composé de vastes métropoles à la gestion autonome, peuplées et aussi très étendues, qui sont reliées entre elles par un puissant réseau de communications. Cependant, l'espace urbain n'est pas continu puisqu'il est entrecoupé par des espaces naturels forestiers nombreux, comme la Wharton State Forest près de Philadelphie.

Doc. 6 La mégalopole nord-américaine

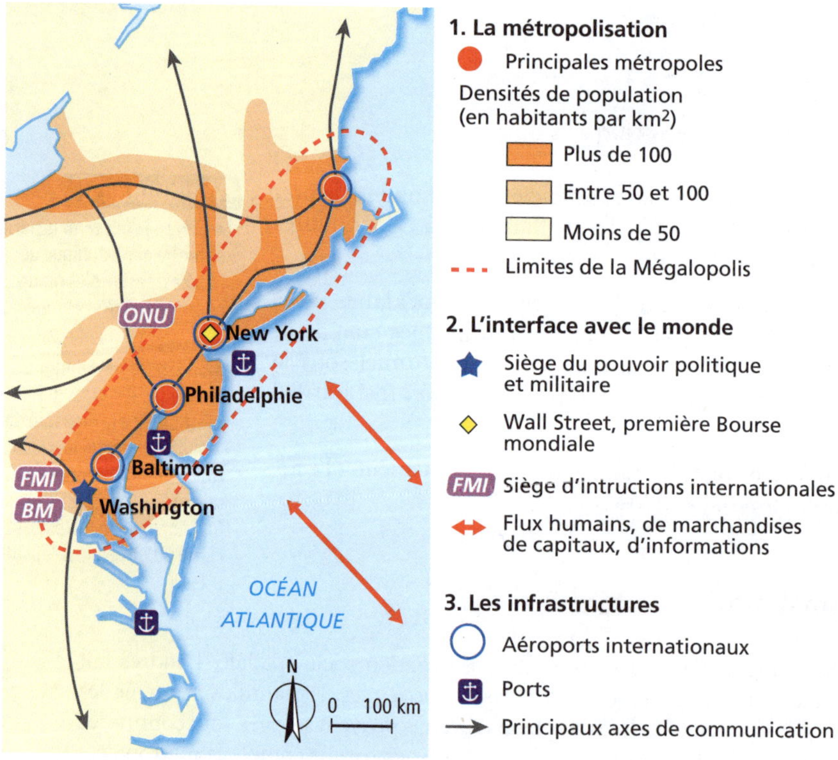

2 La mégalopolis, cœur de la puissance des États-Unis

• La mégalopole américaine contribue pour un cinquième des richesses du pays. Les centres d'affaires de la mégalopolis abritent les sièges d'une firme sur trois des 500 premières firmes américaines et d'une cinquantaine sur les 500 premières firmes mondiales. Ses bourses de valeur réalisent plus des deux tiers des transactions mondiales.

• Elle concentre une bonne part de la puissance économique et culturelle des États-Unis mais aussi son pouvoir politique, ce qui lui assure un rayonnement mondial.

Vocabulaire

■ **Bourse de valeur :** lieu où s'échangent les valeurs mobilières, c'est-à-dire des titres financiers négociables.

3 Des métropoles complémentaires

• New York est le cœur de la mégalopolis. Sa puissance économique et financière en fait une ville globale. La mégapole opère un processus de concentration d'activités prestigieuses et internationalisées. La ville est à la fois siège du pouvoir politique international (l'ONU), point focal de la finance, des flux aériens mais aussi du commerce international (trafic portuaire).

• Les autres métropoles sont complémentaires de New York et les importants réseaux de communications qui les relient renforcent cette synergie. L'Acela Express, ou Acela, est ainsi un train pendulaire à grande vitesse qui relie Boston à Washington.

• Washington est la capitale politique et militaire ; Boston accueille l'université prestigieuse de Harvard et le MIT ; Baltimore, ancienne métropole industrielle en déclin, a su opérer une mutation radicale notamment grâce à une rénovation urbaine et culturelle.

Vocabulaire

■ **MIT (*Massachusetts Institut of Technology*) :** institut de recherche et université mondialement renommés, spécialisés dans les sciences et les technologies.

6 Mumbaï : une métropole fragmentée

De quoi s'agit-il ? Mumbaï est la métropole la plus dynamique de l'Union indienne. Son essor rapide traduit l'émergence économique du pays ainsi que tous ses paradoxes.

1 Mumbaï, une métropole puissante

• Mumbaï, capitale économique de l'Inde, compte 20,4 millions d'habitants en 2020. Autrefois capitale industrielle spécialisée dans le textile et la chimie, elle est aujourd'hui le centre économique de l'Union indienne. Elle est également le premier port du pays, la capitale financière et la capitale des services (avec les studios de production de Bollywood) (**Doc. 7**).

• La métropole connaît une croissance très forte liée à son attractivité économique. Des migrants venus de toute l'Inde viennent y tenter leur chance mais le site de la ville ne permet pas d'absorber cette population toujours plus nombreuse qui s'entasse dans les nombreux *slums*.

Vocabulaire

■ **Union indienne :** nom officiel de l'Inde qui est composée de 29 États et 7 territoires.

■ ***Slums* :** voir « *Favelas* », p. 243.

Doc. 7 Mumbaï, un territoire fragmenté

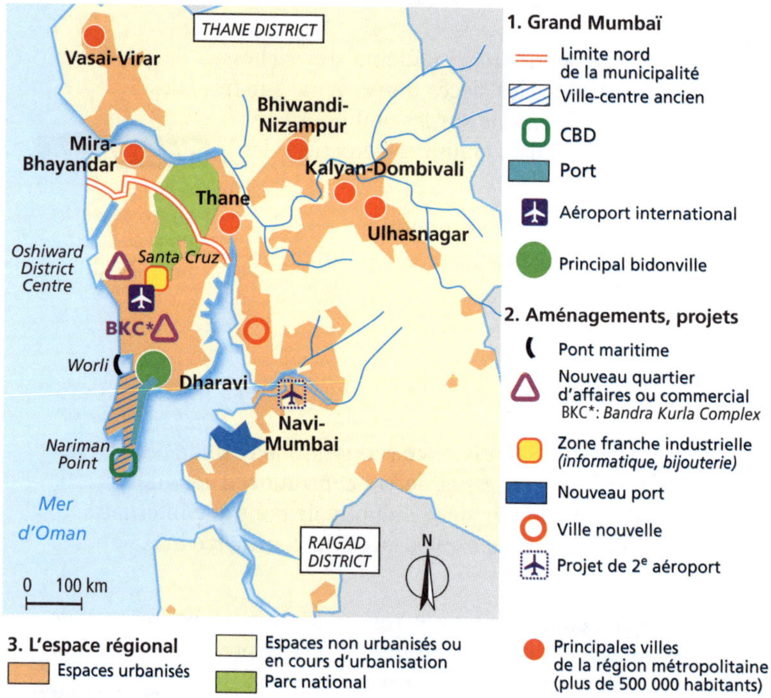

2 Un espace urbain très fragmenté

- Dharavi, deuxième plus grand bidonville du monde, est peuplé de plus d'un million de personnes, issues pour la plupart des catégories les plus pauvres de la population.
- Grâce à cette main-d'œuvre abondante et bon marché, le bidonville a développé son potentiel économique, mais sa localisation empêche également l'extension des quartiers d'affaires vers le nord de la ville. Le gouvernement cherche donc à chasser ces habitations, et plus particulièrement celles situées vers le centre-ville où la valeur des terrains est la plus importante.
- Les pouvoirs publics engagent également l'aménagement de nouvelles infrastructures de transport pour mieux relier les différents espaces entre eux et décongestionner le centre-ville : nouveaux port et aéroport, nouveau pont…

3 Une ségrégation sociale très forte

- Mumbaï est sans doute la métropole aux plus fortes inégalités au monde : les projets de modernisation visent à réduire ces inégalités et construire des logements décents car la question de la surdensité reste un problème.
- Les bidonvilles occupent le moindre interstice d'espace dans le centre-ville, jouxtant littéralement les quartiers riches, d'où les nombreuses tentatives d'expropriation de ces terrains au cœur de la ville.
- Les populations aisées toujours plus riches logent dans des tours toujours plus hautes dans les quartiers préservés comme le CBD (Nariman Point).

Vocabulaire

- **CBD** (*Central business district*) : désigne à l'origine le centre des affaires dans les grandes villes américaines, mais aujourd'hui le quartier d'affaires d'une métropole.

7 La métropolisation de la France

De quoi s'agit-il ? **En France, la métropolisation a contribué à accentuer la primauté de Paris et a restructuré l'armature du réseau urbain.**

1 Le poids de Paris

- Paris, dont l'aire urbaine atteint près de 13 millions d'habitants, est une ville mondiale qui exerce des fonctions de commandement à l'échelle planétaire dans les domaines économique, politique, diplomatique et touristique.
- À l'échelle du pays, le processus de métropolisation a renforcé le poids de la capitale. Aujourd'hui, son aire urbaine regroupe 19 % de la population nationale sur 2,4 % du territoire et réalise 32 % du PIB national. On parle de macrocéphalie du réseau urbain (**Doc. 8**).
- Cependant, la crise sanitaire a quelque peu modifié et un peu atténué cette macrocéphalie puisque, 2 ans après le premier confinement, bon nombre de Parisiens ou Franciliens ont préféré déménager en province où la qualité de vie est meilleure.

Vocabulaire

- **Macrocéphalie urbaine :** hypertrophie d'une ville située à la tête d'un réseau urbain et laissant peu de place aux villes de rang inférieur.

Doc. 8 La métropolisation en France

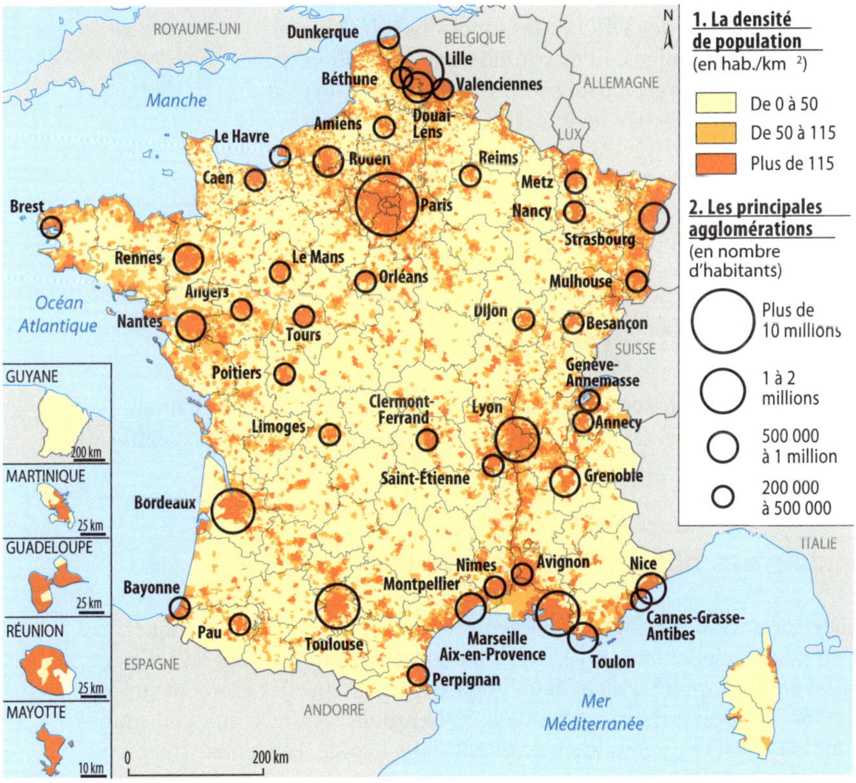

Le territoire français est inégalement peuplé et urbanisé mais la métropolisation est forte et l'aire urbaine de la capitale domine très largement l'armature urbaine du pays.

2 Les grandes métropoles qui profitent de la métropolisation

● Les autres grandes métropoles françaises sont dynamiques et en croissance forte, surtout les métropoles du croissant périphérique au sud et à l'ouest de la France.

● Cependant, si le poids de ces métropoles régionales s'affirme sur le territoire national, il reste encore très limité face aux rivales européennes telles que Milan, Barcelone ou Francfort.

● Forte de leur nouveau statut juridique de métropole, chacune réhabilite, rénove, requalifie une part plus ou moins étendue de son territoire, souvent les quartiers centraux, pour renforcer son attractivité.

Vocabulaire

■ **Croissant périphérique :** large espace à la périphérie du territoire qui se distingue par son dynamisme économique.

■ **Statut juridique de métropole :** depuis les lois de 2010 modifiées en 2014 et 2015, la métropole en France est un EPCI (établissement public de coopération intercommunale) à fiscalité propre qui regroupe plusieurs communes d'un seul tenant et sans enclave.

3 Les spécificités de la métropolisation ultramarine dans les DROM

● Le taux d'urbanisation atteint entre 89 et 98 % dans les DROM. Cette forte urbanisation de la population se double d'une forte métropolisation. À Mayotte, l'aire urbaine de Mamoudzou regroupe 95 % de la population du territoire mahorais.

● Dans ces aires métropolitaines des DROM, les fonctions administratives et tertiaires sont surreprésentées. Elles connaissent des difficultés spécifiques : fort taux de chômage, immigration clandestine forte à Mayotte et en Guyane d'où la présence de quartiers spontanés dans les villes.

Vocabulaire

■ **DROM (Département et région d'outre-mer) :** les cinq territoires qui bénéficient de ce statut administratif sont la Guadeloupe, la Guyane, la Martinique, Mayotte et la Réunion.

● Plus qu'en métropole, l'extension des aires urbaines pose des problèmes d'environnement (destruction des zones humides protégées).

8 Les effets de la métropolisation

De quoi s'agit-il ? La métropolisation a de nombreux effets sur l'évolution du territoire français, puisqu'elle redéfinit le rôle des villes petites et moyennes et qu'elle recompose les territoires entre déclin et renouveau.

1 Les dynamiques des villes petites et moyennes

● En France, l'existence de villes petites et moyennes n'a pas de réalité statistique : ces catégories n'existent pas officiellement. En effet, l'État considère aujourd'hui les villes par rapport au nombre d'emplois qu'elles accueillent et à l'attraction qu'elles exercent sur leur territoire environnant. Un pôle urbain regroupe 5 000 emplois. Associé aux communes alentour dont au moins 40 % des habitants travaillent dans le pôle, l'ensemble forme une aire urbaine.

● Les villes petites et moyennes sont donc rendues assez invisibles à la politique d'aménagement du territoire menée par le CGET. Elles ont peu d'influence, comptent peu d'emplois et se trouvent marginalisées dans la logique ancienne de distinction urbain/rural, n'appartenant vraiment à aucune des deux catégories.

Vocabulaire

■ **CGET (Commissariat général à l'égalité des territoires) :** service public d'aménagement du territoire.

● Pourtant, ces villes souffrent particulièrement et voient leur population diminuer alors que les activités économiques se rapprochent des métropoles. Elles sont nombreuses dans la diagonale des faibles densités.

Vocabulaire

■ **Diagonale des faibles densités :** large bande parcourant le territoire du Nord-Est au Sud-Ouest marquée par des densités de population assez faibles.

2 Entre déclin et renouveau, la recomposition de ces espaces

● Dans ces villes petites et moyennes, les centres-villes se dévitalisent souvent face au développement des espaces périurbains en périphérie. Face à ces difficultés (**Doc. 10**), l'État a lancé en mars 2018 un plan d'« action cœur de ville » de 5 milliards d'euros destiné à 222 villes moyennes (**Doc. 9**).

● Mais pour ces villes petites et moyennes, le cadre de vie est la carte maîtresse pour se maintenir dans l'armature urbaine. La qualité de vie est aussi un argument avancé dans leur promotion : lien social plus fort que dans la métropole anonyme, coût de la vie moins élevé… La crise sanitaire et le recours obligatoire au télétravail ont rendu ces villes petites et moyennes très attractives pour une partie de la population nationale venant des métropoles.

● La thématique culturelle et touristique est aussi essentielle (rôle joué par des festivals comme celui d'Avignon ou de Vienne…), et malgré les contraintes financières liées à la taille de la commune, elle est un élément attractif pour les villes petites et moyennes.

Doc. 9 Extrait du plan d'« action cœur de ville » de Rodez (Aveyron)

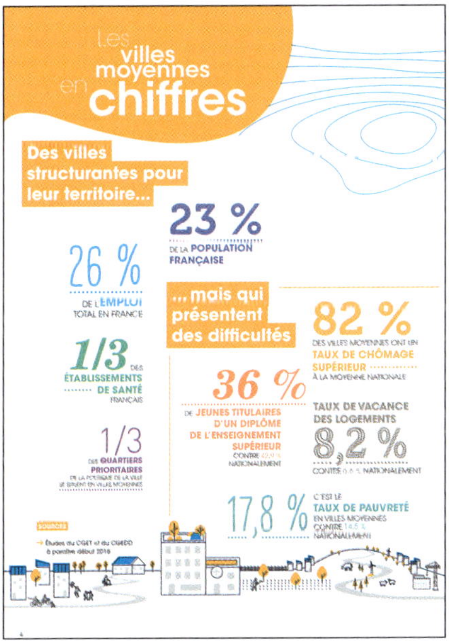

Les villes moyennes structurent le territoire mais certaines connaissent des difficultés contre lesquelles le plan d'« action cœur de ville » lancé par l'État doit lutter. Ce plan s'adresse aux villes de rayonnement régional qui ont un rôle de centralité dans leur bassin de vie.

Doc. 10 Les difficultés des villes moyennes en France

Délaissées au profit des métropoles, les villes moyennes comptent leurs plaies : isolement, faibles ressources, exil des jeunes et des diplômés, chômage, pauvreté. […] Selon une note du Commissariat général à l'égalité des territoires (CGET), une trentaine de villes moyennes en France, dont Montluçon, sont « particulièrement fragiles » parce qu'elles concentrent plusieurs des difficultés observées parmi les 203 villes de taille et rôle semblables répertoriées, principalement des villes de 20 000 à 100 000 habitants. On compte, dans ces « maillons fondamentaux de l'armature urbaine française », selon le CGET : une spécialisation industrielle et administrative, une population plus âgée que dans les métropoles, une plus faible proportion de cadres et de diplômés de l'enseignement supérieur, des jeunes moins bien insérés. Et, bien sûr, un chômage plus sensible à la crise de 2008 et un fort taux de pauvreté.

J.-M. Dumay, « La France abandonne ses villes moyennes », *Le Monde diplomatique*, mai 2018.

Révision express

Demain, tous urbains ?

Le schéma à retenir

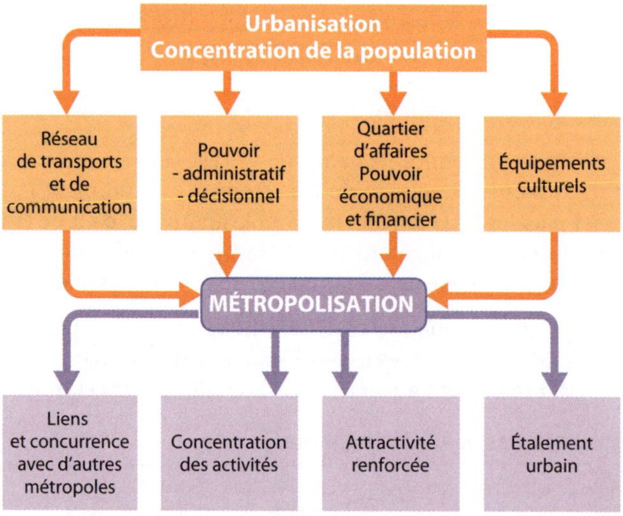

Quiz

Cochez la bonne réponse.

1. La part de la population mondiale qui est urbaine est d'environ 55 %.

a. ☐ Vrai **b.** ☐ Faux

2. Le processus de métropolisation consiste en un étalement urbain.

a. ☐ Vrai **b.** ☐ Faux

3. Une métropole qui concentre des fonctions de commandement à l'échelle mondiale se nomme une ville générale.

a. ☐ Vrai **b.** ☐ Faux

4. Une mégalopole est une ville géante, une « méga city » peuplée de plus de 10 millions d'habitants.

a. ☐ Vrai **b.** ☐ Faux

5. La gentrification désigne le processus de transformation du profil économique et social d'un quartier urbain ancien au profit d'une classe sociale supérieure.

a. ☐ Vrai **b.** ☐ Faux

6. Le terme de *favela* utilisé au Brésil a son équivalent de *slum* dans le monde anglo-saxon.

a. ☐ Vrai **b.** ☐ Faux

→ Réponses p. 531

EXERCICE GUIDÉ 1

Rédiger un paragraphe d'une composition

Énoncé

Rédigez un paragraphe sur le thème suivant : « La ségrégation socio-spatiale. »

Méthode

● Le paragraphe est la plus petite division de la composition. Pour la clarté de l'ensemble, chaque paragraphe ne doit correspondre qu'à une seule idée qu'il faut développer.

1 Rassembler les connaissances

● Au brouillon, rassemblez tout d'abord les connaissances et tous les éléments qui ont pour objet le thème à traiter.

1 Organiser les connaissances

● Toujours au brouillon, organisez ensuite les connaissances en procédant à des regroupements en sous-thèmes destinés à structurer le paragraphe. N'hésitez pas à numéroter l'ordre dans lequel les connaissances seront exposées.

● Cette première étape doit aussi permettre de définir tous les termes et toutes les notions géographiques spécifiques listées.

3 Rédiger le paragraphe

● Dans une composition, l'étape de rédaction se fait directement sur la copie, d'où l'importance de l'étape précédente de classement, car vous n'aurez pas le temps de tout rédiger au brouillon. Il faut bien sûr utiliser des conjonctions de coordination et des connecteurs logiques.

Corrigé

1. Rassembler les connaissances

• Voici une série non exhaustive de mots-clés ou de connaissances qu'il est possible de mobiliser pour traiter le sujet : richesse ; pauvreté ; réseau d'eau potable ; gratte-ciel ; définition de la ségrégation socio-spatiale ; travail clandestin ; quartier d'affaires – CBD ; bidonvilles ; slums ; réseau de transport ; quartier informel ou spontané ; gentrification ; bidonvilisation ; problème des déchets ; *edge cities* ; nouvelles centralités ; quartiers de grands ensembles ; habitat pavillonnaire ; écoquartiers ; ghettoïsation des centres-villes ; périphérie ; couronne périurbaine ; habitat pavillonnaire ; zone résidentielle ; zone industrielle ; friche industrielle ; rénovation ; reconversion urbaine ; *gated community*.

> **L'astuce du prof**
> Il faut aussi noter des exemples précis pouvant illustrer le propos. Ici cela pourrait être Londres, New York, Mumbaï, Rio de Janeiro, Paris, Lyon, etc.

• Une fois listés, les termes géographiques spécifiques doivent être expliqués :
– Le CBD, ou Central Business District, représente le quartier d'affaires.
– Les *gated communities* sont des quartiers résidentiels fermés, homogènes socialement et habités par des populations aisées.
– Les nouvelles centralités ou centralités périphériques : l'expression renvoie aux notions de centre et de périphérie qui ont une signification spatiale (le centre est au milieu et la périphérie autour) mais surtout hiérarchique (le centre domine la périphérie). Presque tous les centres sont aussi des périphéries, et vice versa : tout dépend de l'échelle utilisée (mondiale, nationale, régionale, locale). Lorsqu'on évoque les nouvelles centralités ou des centralités périphériques, cela signifie qu'un territoire situé spatialement à la périphérie est un espace central au plan du commandement. Les *edges cities* sont des exemples de centralités périphériques.

– Un écoquartier est un quartier qui a des objectifs de durabilité. Il sous-entend la mixité sociale, la participation des citoyens à la vie du quartier, des mobilités douces et surtout des normes HQE (Haute Qualité Environnementale) pour la construction des bâtiments (bâtiments à énergie passive, utilisant l'eau de pluie…) et le respect d'une certaine biodiversité.

2. Organiser les connaissances

• Il s'agit tout d'abord à cette étape de définir ce qu'est la ségrégation socio-spatiale puis, à l'aide des mots listés au brouillon, de décrire les quartiers marqués par la richesse ou la pauvreté. Il faut enfin distinguer entre elles les métropoles des différents pays en complétant avec des exemples choisis comme la City, la Défense, Dharavi, Lyon Confluence, Manhattan, etc.

– Thème qui évoque la richesse : richesse ; gratte ciel ; CBD – quartier d'affaires ; gentrification ; *edge cities* ; nouvelles centralités ; habitat pavillonnaire ; zone résidentielle (aisée) ; *gated communities* ; écoquartier, etc.

– Thème qui évoque la pauvreté : pauvreté ; réseau d'eau potable (défaillant) ; problèmes de déchets ; travail clandestin ; bidonville ; *slums* ; réseau de transport (peu dense) ; quartiers de grands ensembles ; zone industrielle ; friche industrielle ; ghettoïsation ; « bidonvilisation » ; quartier informel ou spontané, etc.

• Certains éléments peuvent alimenter les deux groupes en fonction de la phrase (ex. la rénovation ou la reconversion urbaine). Par ailleurs, il faut associer les exemples précis à une notion dont ils seront l'illustration : Dharavi à Mumbaï et *slum* ou bidonville, Manhattan ou encore la City avec CBD ou gratte-ciel, Lyon Confluence et écoquartier.

L'astuce du prof
Ne confondez pas *rénovation* et *réhabilitation* : le premier terme implique une destruction des bâtiments qui sont remplacés par du neuf, alors que dans le second cas, le bâtiment est conservé mais il n'a plus la même fonction.

3. Rédiger le paragraphe

La ségrégation socio-spatiale est un phénomène marquant dans les métropoles d'aujourd'hui. Les groupes sociaux sont séparés dans l'espace urbain et la richesse comme la pauvreté se marquent dans le paysage.

L'astuce du prof
Selon la place du développement dans la composition et pour faciliter l'enchaînement avec la suite, on peut inverser la partie sur la richesse ou la pauvreté.

Les quartiers défavorisés se caractérisent par une architecture de grands ensembles (en périphérie des métropoles européennes) souvent proches des zones industrielles. Dans les métropoles américaines, ces quartiers ghettoïsés sont des quartiers centraux qui ont connu parfois des opérations de rénovation et de reconversion (c'est le cas de Harlem, l'ancien ghetto de Manhattan). Dans les métropoles du Sud, les quartiers pauvres sont des quartiers d'habitat spontané, des bidonvilles ou *slums* comme Dharavi à Mumbaï. Le travail y est souvent clandestin et les infrastructures urbaines défaillantes (problèmes sur le réseau d'eau potable, sur la gestion des déchets, saturation du réseau de transport…).

À l'inverse, les quartiers marqués par la richesse présentent une architecture verticale, faite de gratte-ciel lorsqu'il s'agit de quartiers d'affaires dans le centre des métropoles (comme la City à Londres). Les centres-villes dans les pays du Nord se « gentrifient » et parfois même subissent des transformations (anciennes friches industrielles transformées en écoquartier à Lyon Confluence). Lorsque les quartiers riches ne sont pas les quartiers centraux (comme souvent aux États Unis), la ségrégation prend la forme de *gated communities* et de zones résidentielles pavillonnaires aisées. De nouvelles centralités peuvent même apparaître dans ces périphéries, ce sont les *edges cities.*

EXERCICE GUIDÉ 2

Transposer un texte en croquis (1)

Énoncé

Transposez le texte suivant sur le fond de carte fourni.

Doc. **Les mobilités organisées par l'aire urbaine de Lyon**

L'aire urbaine de Lyon est, avec 2 237 700 habitants, la deuxième aire urbaine française en population. Elle exerce une double influence, économique et résidentielle, sur les territoires qui l'environnent. L'aire urbaine de Lyon enregistre des flux d'échanges annuels très importants avec le reste de la France, notamment avec l'aire urbaine de Paris (9 100 arrivées, 8 800 départs). Les flux au sein du territoire régional sont également importants, principalement avec les aires urbaines de Grenoble, qui compte 700 000 personnes (autour de 3 500 déplacements), et de Saint-Étienne, peuplée de 517 000 habitants (2 500 déplacements), mais aussi avec celles de Vienne, qui compte 115 000 habitants (environ 2 000 départs pour 1 600 arrivées), et celle de Bourg-en-Bresse, qui compte 127 000 habitants. La capitale régionale reste la porte d'entrée privilégiée des personnes venant de l'étranger. Avec 11 890 arrivants sur un an, elle concentre un tiers des arrivées de l'étranger dans la région. [...]

Les données les plus récentes confirment une dynamique de flux quotidiens à une échelle plus large que celle de l'aire urbaine. [...] 14 200 personnes travaillant dans l'aire urbaine de Lyon vivent dans l'aire urbaine de Saint-Étienne, 14 000 dans l'aire urbaine de Vienne, 3 700 dans celle de Bourg-en-Bresse, 2 800 dans celle de Tarare et 800 dans celle de Roanne qui compte 110 000 habitants. La dynamique de flux s'exerce également de l'aire urbaine de Lyon vers ces mêmes territoires. Ainsi, 5 800 habitants de l'aire urbaine de Lyon travaillent dans celle de Vienne, 5 100 dans celle de Saint-Étienne, et 4 300 dans celle de Bourg-en-Bresse, 1 900 dans celle de Tarare et 440 dans celle de Roanne. L'ensemble de ces territoires compose l'aire métropolitaine lyonnaise.

À noter que les échanges domicile/travail avec l'aire urbaine de Grenoble sont équilibrés avec autant d'entrants que de sortants (environ 5 000 dans chaque sens). [...] Lyon rayonne et constitue la seconde place économique en France.

Dossier Insee Auvergne-Rhône-Alpes, *Nouvel espace régional et dynamiques métropolitaines*, tome 3 : « Géographie des déplacements, flux et mobilités », octobre 2018.

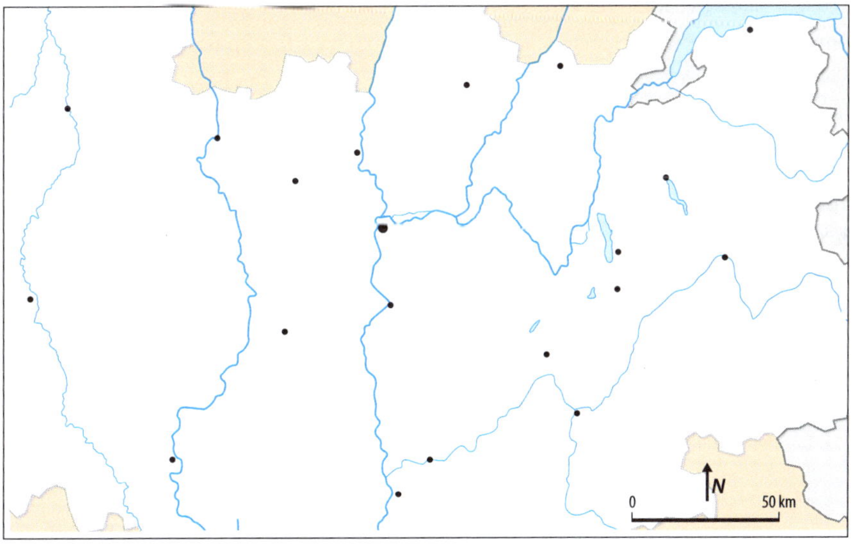

Méthode

- L'exercice consiste à passer d'un document en langage écrit à un document cartographique. Cela nécessite d'analyser le texte pour trouver les éléments clés qui constitueront les points essentiels de la légende.

1 Lire le texte de façon à pouvoir l'analyser

- On attend un **effort d'identification des différents termes du sujet et des notions du cours** à travers le document. Ceux-ci n'apparaissent pas toujours sous une forme claire, ce sont parfois des synonymes.
- Il ne faut pas hésiter à fluorer le texte et à utiliser des couleurs différentes pour faire ressortir les différents axes. Un texte préparé trop rapidement ne pourra pas donner une bonne légende ni un bon croquis.

2 Construire la légende

- La légende doit être **structurée en différentes parties**, éventuellement selon le plan du document. Plus la légende est précise et détaillée avec des parties et des sous-parties, plus elle sera valorisée.
- Relevez tous les éléments/notions importants du texte qu'il faut cartographier. Regroupez-les par thème (par type d'activité, types d'espace, etc.) en hiérarchisant un phénomène par infrastructure. Classez entre eux les différents groupes en respectant les articulations du texte.
- L'étape de **la localisation des éléments** et de **la rédaction de la nomenclature** de ces informations sur le fond de carte doit être effectuée avec soin. Faites donc très attention au **vocabulaire de localisation** mobilisé dans le texte : nord, sud, est, ouest, centre, périphérie, littoral, vallée des fleuves, amont, aval…
- De manière générale, munissez-vous d'un matériel adapté (crayons de couleurs, feutres, etc.) et faites preuve d'un grand soin lors du dessin.
- Commencez par colorier les plages de couleurs aux crayons de couleurs.
- Viennent ensuite les hachures et les figurés linéaires (lignes, fleuves, frontières) et ponctuels (carrés, étoiles, triangles, points…).
- Finissez enfin avec la nomenclature : les noms des villes, régions, pays en noir, et les fleuves, mers, océan en bleu. La taille des caractères varie en fonction de leur importance.
- Associez un thème/élément à cartographier à un type de figuré. En cartographie, trois types de figurés sont utilisés :

– le figuré de surface sur tout l'espace touché par un phénomène (une aire urbaine, une surface agricole, etc.) : on utilise généralement une couleur ou des hachures ;

– le figuré ponctuel qui représente une localisation précise (une ville, une gare, un aéroport) : il peut s'agir d'un point, d'un carré, d'un triangle, etc. auquel on peut ajouter une couleur et/ou dont on peut faire varier la taille, l'épaisseur, etc. ;

– le figuré linéaire pour représenter des informations en continu. On utilise soit des traits (pour figurer des limites, des fleuves, des axes de communication) soit des flèches pour marquer des dynamiques.

3 Réaliser le croquis

Corrigé

1. Lire le texte de façon à pouvoir l'analyser

La notion centrale ici est celle de « mobilité », qui signifie déplacement d'un point vers un autre. Le premier paragraphe évoque les mobilités définitives, autrement dit les déménagements, et le deuxième paragraphe évoque les mobilités quotidiennes, c'est-à-dire les déplacements domicile-travail effectués tous les jours.

L'astuce du prof
Soulignez d'une couleur les chiffres qui concernent les mobilités définitives, puis utilisez une autre couleur pour les mobilités quotidiennes.

Le deuxième élément important, ce sont les « aires urbaines » qui, d'après l'Insee, désignent en France un ensemble de communes, d'un seul tenant et sans enclave, constitué par un pôle urbain de plus de 10 000 emplois, et par des communes rurales ou unités urbaines (couronne périurbaine) dont au moins 40 % de la population résidente ayant un emploi travaille dans le pôle ou dans des communes attirées par celui-ci. Dans le texte, de nombreuses aires urbaines sont évoquées : celles de Lyon bien sûr mais aussi Grenoble, Saint-Étienne, Bourg-en-Bresse, Roanne, Vienne, Paris… Sur le texte, surlignez-les ainsi que les données chiffrées qui sont associées.

Doc. Les mobilités organisées par l'aire urbaine de Lyon

L'aire urbaine de Lyon est, avec 2 237 700 habitants, la deuxième aire urbaine française en population. Elle exerce une double influence, économique et résidentielle, sur les territoires qui l'environnent. L'aire urbaine de Lyon enregistre des flux d'échanges annuels très importants avec le reste de la France, notamment avec l'aire urbaine de Paris (9 100 arrivées, 8 800 départs). Les flux au sein du territoire régional sont également importants, principalement avec les aires urbaines de Grenoble, qui compte 700 000 personnes (autour de 3 500 déplacements), et de Saint-Étienne, peuplée de 517 000 habitants (2 500 déplacements), mais aussi avec celles de Vienne, qui compte 115 000 habitants (environ 2 000 départs pour 1 600 arrivées), et celle de Bourg-en-Bresse, qui compte 127 000 habitants. La capitale régionale reste la porte d'entrée privilégiée des personnes venant de l'étranger. Avec 11 890 arrivants sur un an, elle concentre un tiers des arrivées de l'étranger dans la région. […]

Les données les plus récentes confirment une dynamique de flux quotidiens à une échelle plus large que celle de l'aire urbaine. […] 14 200 personnes travaillant dans l'aire urbaine de Lyon vivent dans l'aire urbaine de Saint-Étienne, 14 000 dans l'aire urbaine de Vienne, 3 700 dans celle de Bourg-en-Bresse, 2 800 dans celle de Tarare et 800 dans celle de Roanne qui compte 110 000 habitants. La dynamique de flux s'exerce également de l'aire urbaine de Lyon vers ces mêmes territoires. Ainsi,5 800 habitants de l'aire urbaine de Lyon travaillent dans celle de Vienne, 5 100 dans celle de Saint-Étienne, et 4 300 dans celle de Bourg-en-Bresse, 1 900 dans celle de Tarare qui compte 19 000 habitants et 440 dans celle de Roanne. L'ensemble de ces territoires compose l'aire métropolitaine lyonnaise.

À noter que les échanges domicile/travail avec l'aire urbaine de Grenoble sont équilibrés avec autant d'entrants que de sortants (environ 5 000 dans chaque sens). […] Lyon rayonne et constitue la seconde place économique en France.

Dossier Insee Auvergne-Rhône-Alpes, *Nouvel espace régional et dynamiques métropolitaines*, tome 3 : « Géographie des déplacements, flux et mobilités », octobre 2018.

2. Construire la légende

Les éléments à cartographier correspondent aux deux thèmes du document : les aires urbaines et les mobilités. Il faut classer les deux types de mobilités et, surtout, hiérarchiser les mobilités et les aires urbaines pour rendre compte des indications chiffrées que nous donne le texte.

L'astuce du prof
Évitez d'indiquer des chiffres sur le croquis, cela le rend illisible. Il vous suffit de les indiquer dans la légende.

Les aires urbaines peuvent être représentées par un figuré ponctuel, le plus souvent un cercle, dont la variation de taille rendra compte de l'importance.
Les mobilités peuvent quant à elles être représentées par un figuré linéaire et, plus précisément, une flèche pour indiquer le sens du déplacement. Comme le texte indique deux types de mobilités, il faut dessiner deux types de flèches (de couleur différente par exemple). Comme les chiffres des déplacements sont indiqués, il faut aussi faire varier la taille de la flèche.

3. Réaliser le croquis

Indiquez le titre du croquis et encadrez-le proprement à la règle. Relisez bien le texte afin de ne pas commettre d'erreur sur le sens des mobilités et donc des flèches. Assurez-vous enfin que les figurés de légende sont bien les mêmes que ceux du croquis.

Doc. Les mobilités organisées par l'aire urbaine de Lyon en 2017

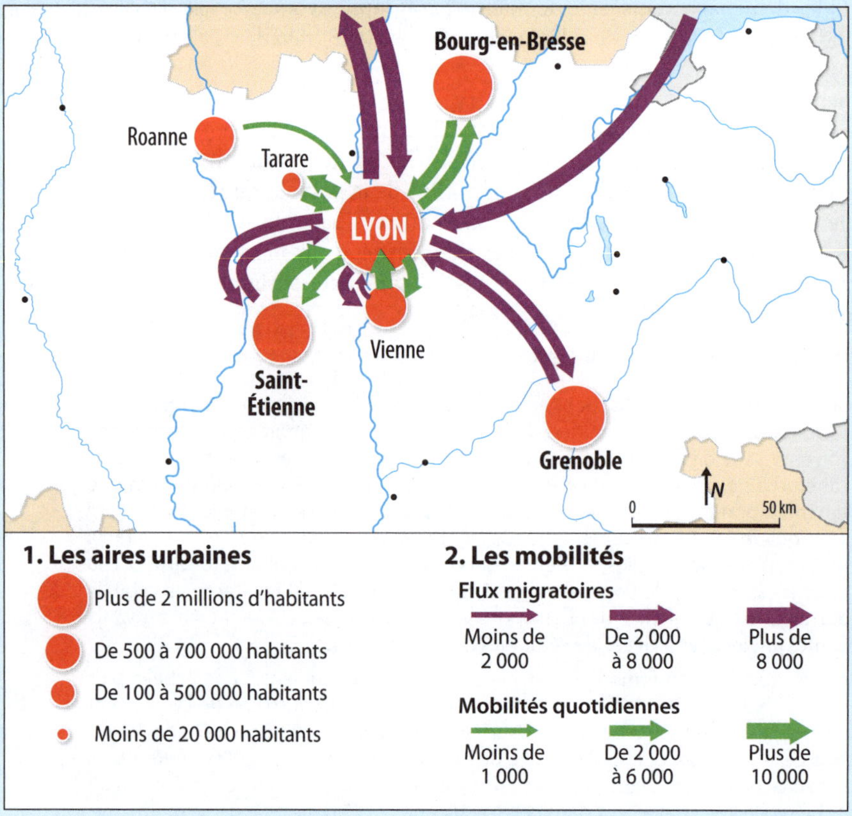

Chapitre 6 Une diversification des espaces et des acteurs de la production

1 Les espaces de production dans le monde

De quoi s'agit-il ? **La mondialisation conduit les acteurs spatiaux à recomposer la localisation de leurs activités.**

1 Des facteurs de localisation variés

- Un facteur de localisation est un phénomène (attractif ou répulsif, contraint ou choisi) qui peut influencer la localisation d'une activité. Aujourd'hui, la production en « juste-à-temps » (JAT) est essentielle. L'approvisionnement se fait sans stock, en flux tendus au plus près des besoins du site d'assemblage final, ce qui valorise l'accessibilité d'un lieu.

- Le processus de production est divisé en étapes formant une chaîne de valeurs (**Doc. 1**). Conception, production, assemblage, distribution appellent leurs propres facteurs de localisation à l'échelle mondiale : c'est la division internationale du travail (DIT).

- Le développement des réseaux numériques et du *cloud* rend quant à lui possible la production ou le traitement de données dans n'importe quel lieu connecté.

Vocabulaire

- **JAT (« juste-à-temps ») :** Modalité de production industrielle reposant sur le flux tendu, et donc la qualité de la chaîne logistique.
- **Chaîne de valeur :** ensemble des étapes, réparties sur des territoires différents, par lesquelles une entreprise conduit son activité.

2 La mise en concurrence des territoires

- Grâce à l'effacement des frontières, les firmes transnationales (FTN) fragmentent les chaînes de valeur et encouragent les délocalisations. Souvent, elles délèguent une partie de leur activité à une entreprise tierce, pour une durée ponctuelle (sous-traitance) ou plus durable (externalisation). Une cascade de sous-traitants dissimule alors la responsabilité depuis la FTN donneuse d'ordre. Les FTN privilégient de plus en plus l'exploitation d'aires à l'échelle régionale pour organiser leur chaîne de valeur.

- La concurrence entre les territoires – États, régions, métropoles – est de plus en plus forte pour attirer ou conserver les activités productives. Les territoires jouent alors sur leurs avantages comparatifs : construction d'infrastructures, d'équipements publics ou réduction de la fiscalité – zones franches ou paradis fiscaux, législation favorable aux entreprises…

Vocabulaire

- **FTN (Firmes transnationales) :** Grandes entreprises qui interviennent sur le marché mondial et utilisent les disparités entre les territoires à leur profit.
- **Avantages comparatifs :** avantages par lesquels un territoire attire une activité.
- **Zones franches :** zones bénéficiant d'avantages fiscaux et/ou réglementaires.

Doc. 1 Airbus, une entreprise européenne

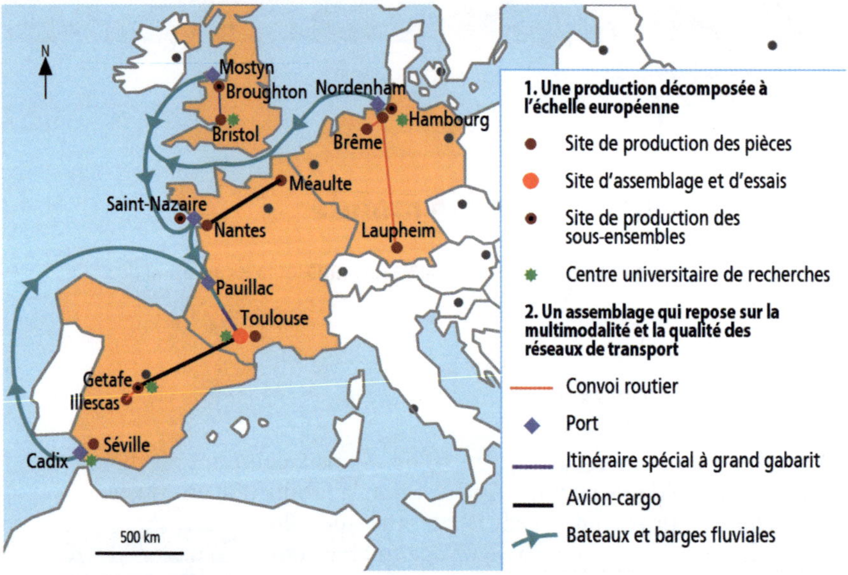

Airbus est né en 1970 d'une alliance entre les branches de différentes firmes allemandes, françaises, britanniques et espagnoles, afin de produire des avions de lignes. Airbus orchestre une production en réseau : les sites européens exploitent leurs complémentarités.

Toulouse demeure la tête de pont d'Airbus. Le site s'étend sur 700 ha à proximité de la plupart des équipementiers. 23 000 salariés y assurent à la fois les fonctions de direction, commercialisation, étude, assemblage et test des avions avant leur livraison aux compagnies aériennes.

2 Métropolisation, littoralisation des espaces productifs et accroissement des flux

De quoi s'agit-il ? **La recomposition des espaces productifs accroît l'importance des métropoles et des littoraux, et augmente les flux.**

1 Le renforcement des métropoles

• La mise en œuvre de la DIT et le principe du JAT favorisent les métropoles qui disposent de hubs, plateformes opérant des correspondances entre toutes les destinations (**Doc. 2**).

• Les métropoles concentrent les fonctions de conception, de direction et d'expertise. Elles profitent aussi de la présence de services culturels spécialisés. Les « créatifs » dynamisent les villes en assurant les fonctions d'innovation.

Vocabulaire

Hub : point central pour la collecte, le tri, le transbordement et la redistribution des marchandises dans une zone géographique donnée.

• L'interaction entre les acteurs favorise la productivité et intensifie les compétences. Universités et laboratoires de recherche y trouvent ainsi les synergies nécessaires à la production et à la diffusion de tous les savoirs.

Doc. 2 Les flux aériens du Brésil

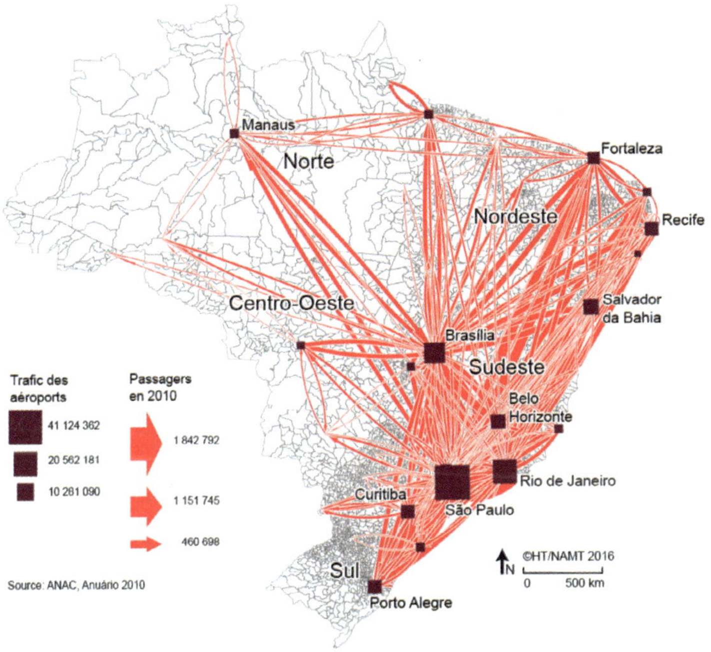

© Hervé Théry, « Portrait de São Paulo : une capitale du Brésil ? », *Géoconfluences*, nov.2016.

Cette carte montre un réseau organisé par le hub de Brasilia mais polarisé par São Paulo.

2 Le rôle croissant des interfaces

- La mondialisation favorise la littoralisation des activités, les acteurs productifs bénéficiant de l'amélioration croissante des transports mondialisés. À l'échelle locale, le JAT et la mise en place des chaînes de valeur avantagent les zones industrialo-portuaires (ZIP). La littoralisation repose en effet sur le développement des espaces portuaires et l'aménagement d'infrastructures dédiées devient un levier majeur d'intégration à la mondialisation. Les ports sont en concurrence.
- Les interfaces transfrontalières naissent de la complémentarité entre les territoires et de l'ouverture des frontières. Lorsque les échanges s'intensifient, on parle d'espace transfrontalier.

Vocabulaire

- **Littoralisation :** processus de concentration des hommes et des activités sur les littoraux.
- **ZIP :** zone industrialo-portuaire combinant infrastructures portuaires et activités de production industrielle.
- **Interface :** zone de contact entre deux territoires.

3 L'augmentation des échanges à toutes les échelles

- Les échanges de marchandise représentent un quart du PIB mondial. Un tiers de la production de biens et de services est échangé, majoritairement entre les trois aires de puissance – Amérique du Nord, Europe de l'Ouest, Asie de l'Est.
- Flux financiers et flux d'informations empruntent un vaste réseau de câbles sous-marins, par lesquels circulent 99 % des communications intercontinentales. Les flux de capitaux licites ou illicites circulent en permanence. Les IDE atteignent 1 800 milliards de dollars par an.

Vocabulaire

- **Flux :** déplacement d'hommes, de biens ou d'informations.
- **Réseau :** ensemble des relations connectant des acteurs et/ou des territoires.

3 Singapour : l'articulation de la finance, de la production et des flux

De quoi s'agit-il ? Singapour fait reposer son efficacité économique sur sa situation géographique, en produisant et redistribuant des flux de toutes natures.

1 Une cité-État entre Asie, Moyen-Orient, Afrique et Europe

- Singapour, cité-État indépendante depuis 1965, est une île de 700 km^2 et 5 millions d'habitants – dont un tiers d'étrangers – située à la pointe sud de la Malaisie. Elle marque l'entrée du détroit de Malacca, l'un des principaux points de passage stratégique des navires mondiaux.
- Les autorités, très encadrantes, font reposer le développement de Singapour sur sa situation géographique et une politique fiscale à l'avantage des entreprises.

2 Un lieu de production industrielle en mutation

- Singapour s'est spécialisée dans le raffinage pétrolier, important du pétrole pour le transformer à destination de l'Asie et de l'Afrique. À Jurong par exemple, des polders accueillent d'énormes capacités de stockage et de production pétrochimique (**Doc. 3**).
- L'activité de construction et de réparation navale répond à la forte présence de navires. Le gouvernement a aussi misé sur l'électronique qui représente encore un cinquième de ses exportations.
- Aujourd'hui, Singapour se tourne vers le secteur biomédical, notamment la pharmacie, grâce au technopôle de Biopolis et à des universités performantes. L'aéronautique s'impose grâce à des entreprises de défense et l'appui de sa plateforme de Changi.

Vocabulaire

- **Polder :** terre-plein artificiel permettant de gagner de la surface sur la mer.

3 Un pivot des échanges mondialisés

- L'autre spécialité de Singapour est le transbordement de conteneurs, que des aménagements successifs permettent de stocker. Le port est ainsi devenu un gigantesque hub maritime, avec 32 millions d'EVP par an. Les armateurs mondiaux y disposent de terminaux dédiés. D'autres polders sont en projet.
- Singapour est également un centre de service et de finance. Troisième place financière d'Asie, elle rassure par sa stabilité politique et sociale. Le gouvernement y gère un fonds souverain, Temasek. Enfin, Singapour s'est lancée dans le tourisme du jeu sur l'île de Sentosa.

Vocabulaire

- **EVP :** Équivalent vingt pieds. Unité de mesure du trafic portuaire. Un EVP correspond à un petit conteneur.

Doc. 3 Singapour : l'articulation de la finance, de la production et des flux

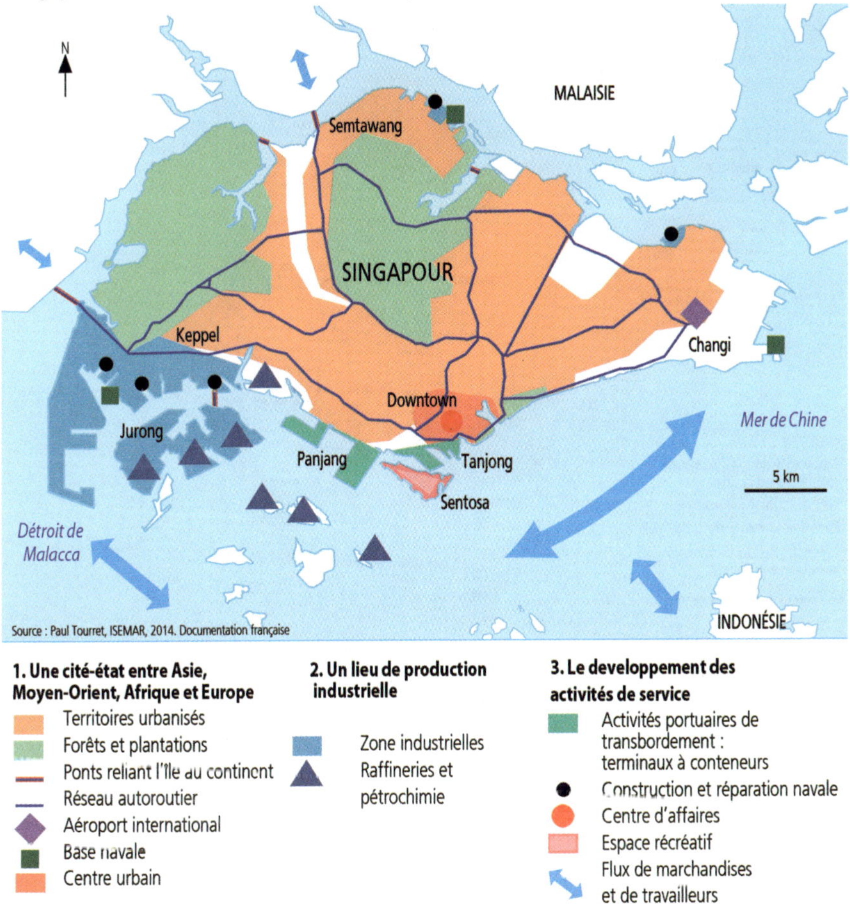

4 Les investissements chinois en Afrique

De quoi s'agit-il ? **La Chine s'appuie sur l'Afrique pour consolider sa puissance, sans garantir le développement africain.**

1 L'Afrique, objet de convoitise pour la Chine

• L'exceptionnel développement économique de la Chine a considérablement accru ses besoins. L'Afrique, riche en ressources – hydrocarbures, minerais, bois, terres agricoles – est donc devenue un enjeu majeur pour l'économie chinoise (**Doc. 4**).

• Les échanges entre les deux espaces ont bondi de 10 à 282 milliards de dollars de 2000 à 2022 ! Ce commerce profite davantage à la Chine, premier partenaire commercial du continent africain. Depuis 2000, un forum annuel de coopération sino-africaine consolide ces partenariats et contrats et donne corps à la « Chinafrique ».

Vocabulaire

■ **Chinafrique :** néologisme inspiré de la « Françafrique » destiné à dénoncer des liens considérés comme néo-coloniaux entre la Chine et le continent africain.

Doc. 4 La Chine en Afrique : une présence multiple

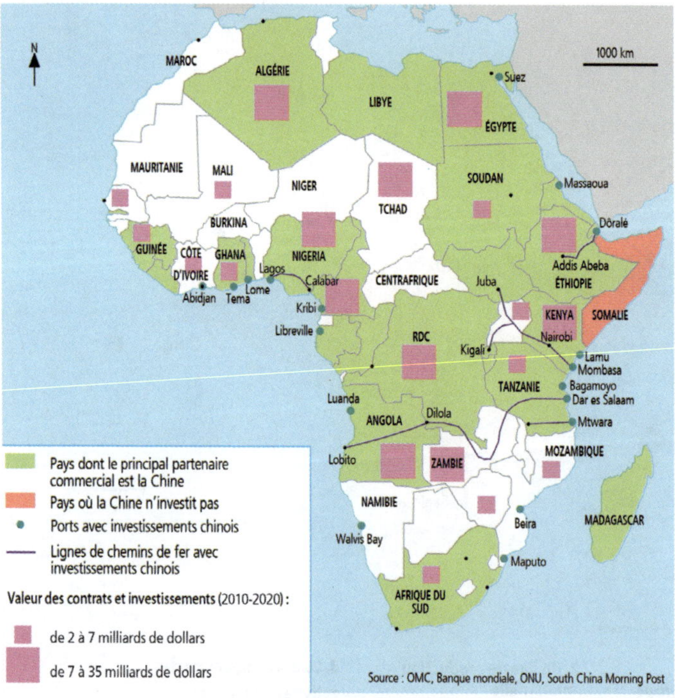

La Chine est le principal partenaire commercial d'une majorité de pays africains. Les investissements y dépassent souvent 12 milliards de dollars. Seuls quelques pays, instables et très pauvres, restent à l'écart de la frénésie de matières premières provoquée par la fulgurante croissance économique chinoise.

2 Une présence chinoise dans tous les secteurs

• 3 000 à 4 000 entreprises chinoises sont présentes en Afrique. Elles agissent surtout comme prestataires dans différents secteurs (manufacture, services, construction, commerce). Des capitaux chinois ont ainsi permis la construction d'infrastructures de transport – autoroutes, chemins de fer, ports et aéroports – indispensables à l'insertion dans l'espace mondialisé.

• Des entreprises chinoises délocalisent également en Afrique l'assemblage de biens manufacturés pour économiser davantage sur les coûts de main-d'œuvre. Un million de Chinois vit désormais en Afrique, dont la moitié en Afrique du Sud.

3 Des effets contrastés et discutés

• Les investissements chinois ont accentué les déséquilibres territoriaux locaux, certains États en crise décrochant davantage (RDC, Centrafrique). À l'échelle des États, les nouveaux réseaux de transport accentuent l'influence des métropoles et des littoraux.

• La maîtrise des procédés et la gestion des projets restent majoritairement entre des mains chinoises : il n'y a pas de transfert de technologie. Par ailleurs, certains États africains ne sont pas en mesure de rembourser les prêts accordés par les banques chinoises pour des projets parfois inutiles. Des autoroutes et des ponts déserts grèvent ainsi les finances d'États fragiles au détriment d'investissements dans la santé ou l'éducation.

5 La Silicon Valley : un espace productif intégré

De quoi s'agit-il ? **La Silicon Valley offre une concentration unique au monde d'entreprises de haute technologie.**

1 Un technopôle spécialisé dans les nouvelles technologies

• Née en 1939 au sud de San Francisco, en Californie, la Silicon Valley est un technopôle qui, sur le modèle du cluster, regroupe plus de 700 entreprises et unités de recherche et développement (R&D) spécialisées dans le high-tech et, depuis dix ans, dans les biotechnologies et les énergies renouvelables (**Doc. 5**). Elle produit à elle seule 40 % des innovations technologiques annuelles mondiales.

• Plus de la moitié de la population y dispose d'un niveau d'étude élevé. Deux prestigieuses universités, Stanford et Berkeley, forment cette main-d'œuvre spécialisée, réalisent une partie des activités de R&D et encouragent leurs étudiants à fonder leurs entreprises.

Vocabulaire

- **Technopôle :** territoire concentrant des activités de haute technologie (industries de pointe, laboratoires de recherche et universités).
- **Cluster :** territoire innovant grâce aux synergies entre entreprises et universités.

HISTOIRE-GÉO

Doc. 5 **La Silicon Valley, territoire de l'innovation**

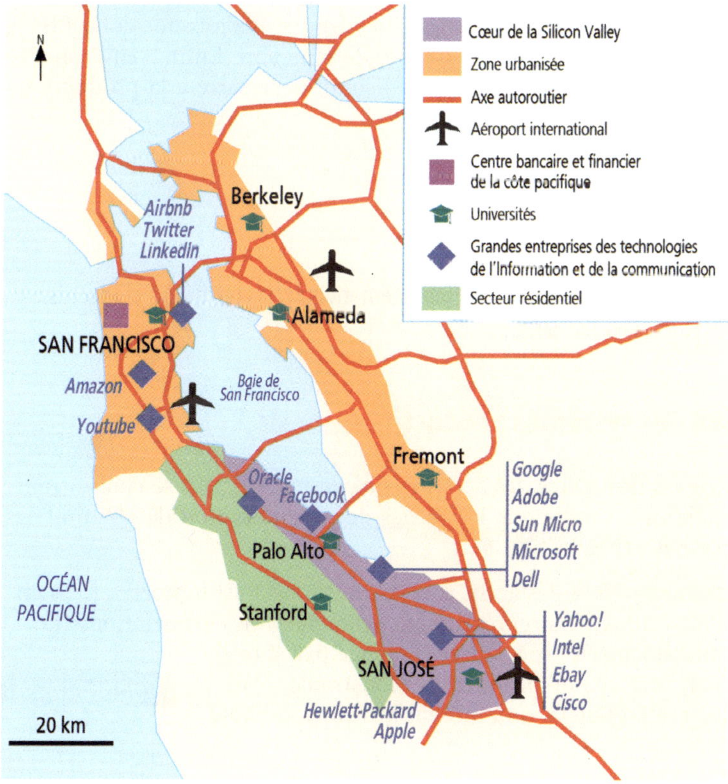

2 Un espace intégré aux échelles nationale et mondiale

• La Silicon Valley regroupe 39 des 100 premières entreprises de la high-tech des États-Unis. Digital Equipment, pionnier de l'informatique né à Boston, ouvre des bureaux à Palo Alto en 1993, puis Facebook, conçu à Harvard, s'installe à côté de Stanford dès 2004.

• Les niveaux de salaire et les effets de synergie font de la Silicon Valley le premier pôle mondial pour les emplois de la high-tech. 55 % de ses ingénieurs sont nés à l'étranger, surtout en Inde et en Chine.

• Certaines entreprises y conçoivent des produits dont la réalisation repose sur une chaîne de valeur mondialisée, comme Tesla ou Hewlett-Packard. D'autres ont inventé des services dont les usages sont mondialisés, comme Facebook ou Google.

3 Un territoire confronté à des défis majeurs

• Toutefois, la crise du Covid a secoué le secteur technologique : 100 000 emplois ont été perdus en 2022 dans la Silicon Valley. Les conflits au travail se multiplient et la présence syndicale se renforce. La Virginie et le Texas attirent les investisseurs, tout comme Tokyo, Singapour ou Bangalore.

• Ce cluster souffre de très fortes inégalités internes. On y trouve à la fois une concentration extrême de très hauts salaires et un nombre record de sans-abri. Enfin, l'environnement est durablement pollué par l'usage massif du silicium, nécessaire à la production informatique.

6 Les systèmes productifs français

De quoi s'agit-il ? Entre valorisation locale et intégration internationale, les territoires productifs français se recomposent avec la mondialisation.

1 La recomposition des systèmes productifs français

• Qu'il s'agisse d'industrie ou de service, les activités de commandement se concentrent dans les espaces métropolitains, tandis que les tâches de production ou d'exécution se déplacent dans les périphéries urbaines (**Doc.6**).

• Alors que l'industrie occupait 40 % des actifs en 1968, cette part est tombée à 13 % en 2022. Pourtant, les produits industriels représentent encore 50 % des exportations françaises : l'industrie s'est transformée et spécialisée. Frappée par la crise dans le Nord et dans l'Est, l'activité de production industrielle a ainsi gagné les régions du Sud et de l'Ouest, notamment à travers la haute technologie.

• Des « pôles de compétitivité » sont nés en 2004 pour soutenir, autour d'un secteur et d'un territoire, la mise en réseau d'entreprises, petites ou grandes, avec des unités d'enseignement supérieur et de R&D. L'État offre des avantages fiscaux et un soutien à l'emploi aux entreprises rejoignant un pôle.

Vocabulaire

■ **Pôles de compétitivité :** regroupement et mise en relation, sur un territoire donné, d'entreprises et d'unités de recherche autour d'un projet commun subventionné par l'État.

Doc. 6 Les systèmes productifs industriels et de service en France

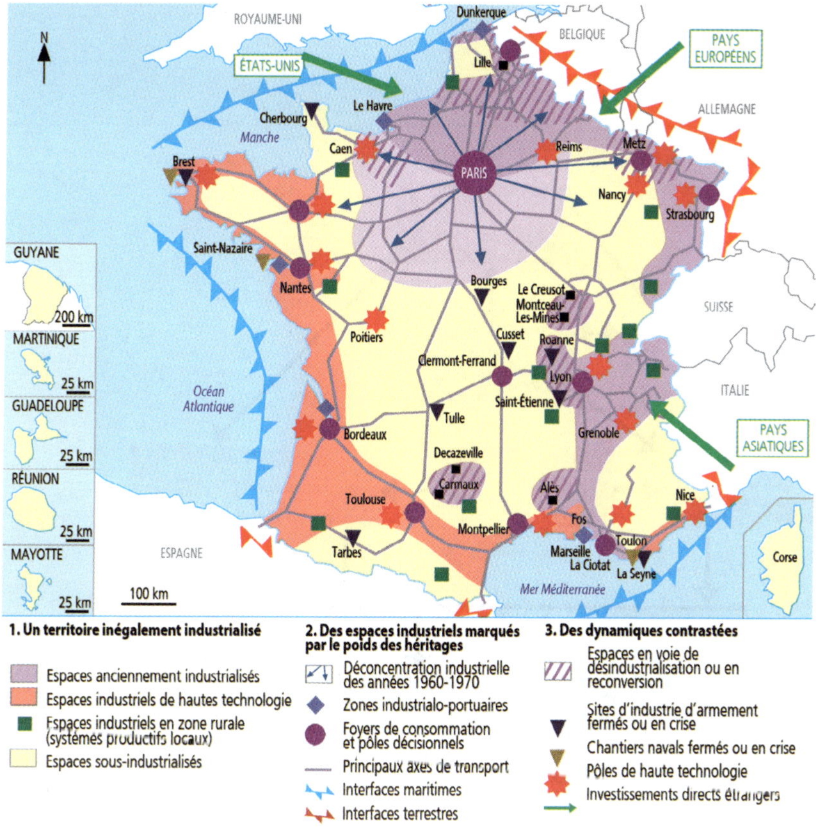

2 Métropolisation et littoralisation

- Les aires urbaines regroupent 43 % de la population et 46 % des emplois en France. Le nombre d'emplois y augmente actuellement de 1,4 % par an, contre 0,8 % sur l'ensemble du territoire. Les métropoles bénéficient en effet des gains de proximité et de connexion à toutes les échelles. 70 % des emplois dans les aires urbaines correspondent à des fonctions métropolitaines.

- Les contraintes naturelles restent déterminantes pour le tourisme littoral et de montagne. Quant au tourisme patrimonial, il est essentiellement urbain. L'activité touristique est en forte croissance.

3 Une connexion à toutes les échelles

- Les clusters reposent sur la complémentarité entre les acteurs. Les liens entre R&D et université favorisent le dynamisme des technopôles. Les interactions entre les cadres métropolitains accélèrent l'innovation.

- La France est l'un des principaux émetteurs et récepteurs d'IDE (2e récepteur mondial), commandés depuis les sièges des FTN : le commerce intra-firmes représente 40 % des échanges français. Le rôle des hubs est ainsi renforcé.

Vocabulaire

- **IDE (investissement direct à l'étranger) :** investissement réalisé par une entreprise dans un autre pays, pour y racheter une entreprise ou développer une filiale.

HISTOIRE-GÉO

Révision express

Le schéma à retenir

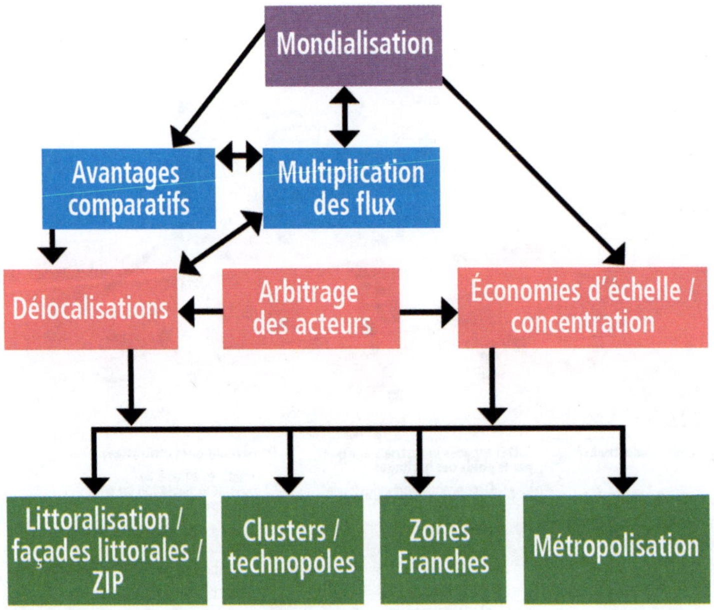

Quiz

Cochez la bonne réponse.

1. Il y a de plus en plus de zones franches dans le monde.
a. ☐ Vrai **b.** ☐ Faux

2. La mondialisation ne favorise pas la littoralisation des activités.
a. ☐ Vrai **b.** ☐ Faux

3. Singapour est le premier port du monde pour les conteneurs.
a. ☐ Vrai **b.** ☐ Faux

4. La France encourage le développement de pôles de compétitivité.
a. ☐ Vrai **b.** ☐ Faux

5. Le principe du JAT favorise essentiellement les ports.
a. ☐ Vrai **b.** ☐ Faux

6. L'Afrique est devenue un enjeu majeur pour l'économie chinoise.
a. ☐ Vrai **b.** ☐ Faux

→ Réponses p. 531

EXERCICE GUIDÉ 1

Insérer un schéma dans une question problématisée

Énoncé

Réalisez un schéma pouvant illustrer le sujet suivant : « En quoi la mondialisation renforce-t-elle le rôle de certains espaces dans le processus de production ? »

• **Plan proposé** :

I. Le rôle majeur des métropoles, centres décisionnels et créatifs

II. Les littoraux, interfaces actives

III. Les régions transfrontalières, qui bénéficient des complémentarités entre les territoires de part et d'autre de la frontière

Méthode

1 Choisir l'information à schématiser

- Partez d'un exemple que vous maîtrisez bien et que vous êtes capable de situer dans l'espace.
- Mettez en valeur le lien entre votre exemple et la problématique générale du sujet.

2 Rassembler et classer les connaissances pour former la légende

- Indiquez au brouillon les connaissances que vous ferez figurer sur votre schéma. Montrez-vous aussi précis que possible. Il n'est pas nécessaire de faire un plan de légende pour un schéma.

3 Choisir les figurés

- Affectez à chaque connaissance un figuré graphique en respectant les règles de la cartographie :

– les phénomènes « en surface » apparaissent par des plages colorées ; les flux, les échanges, les interactions par des flèches ; les axes et les limites par des traits ; les phénomènes localisés par des figurés ponctuels (point, carré…) ;

– la taille des figurés et l'intensité de la couleur sont proportionnelles à l'importance de l'information représentée. L'ordre visuel reflète l'ordre des données.

4 Procéder à la réalisation graphique

- Réalisez votre production graphique avec application. Les figurés de surface doivent être faits au crayon de couleur ; n'utilisez ni votre crayon à papier ni vos surligneurs.
- Indiquez précisément une nomenclature correspondant au sujet (noms de villes, pays, lieux…) en écrivant droit, en noir (ou en bleu pour les fleuves, mers et océans).
- Mettez votre légende immédiatement à côté de votre schéma, sur la copie.
- Donnez un titre à votre schéma, en le reliant à votre problématique générale par l'utilisation de notions clés.

Corrigé

Proposition de schéma : La région transfrontalière entre le Mexique et les États-Unis, une région productive majeure grâce aux complémentarités entre les deux territoires.

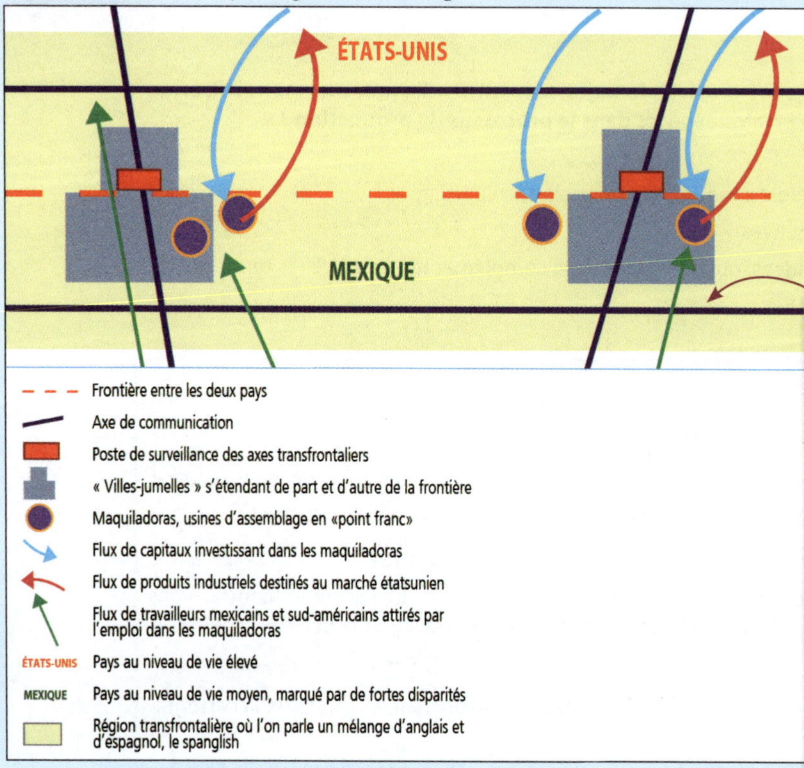

Astuces du prof

- Donnez des exemples précis dans la légende pour montrer que vous êtes capable de passer d'un schéma général à une situation particulière.
- Développez vos connaissances dans les intitulés de la légende pour montrer que vous maîtrisez le sujet.
- Un schéma correctement légendé et réalisé se substitue à un paragraphe de réponse à une question problématisée. Ce n'est donc pas un travail supplémentaire mais « à la place de ». Pour cela, donnez-lui un titre et, si besoin, expliquez-en le sens en quelques lignes.

EXERCICE GUIDÉ 2

Analyser et lire une carte

Montrez que le document suivant rend compte des différentes formes de recomposition des espaces productifs industriels sur le territoire français : métropolisation, littoralisation, essor des pôles de compétitivité et technopôles.

Doc. Les dynamiques des espaces industriels français

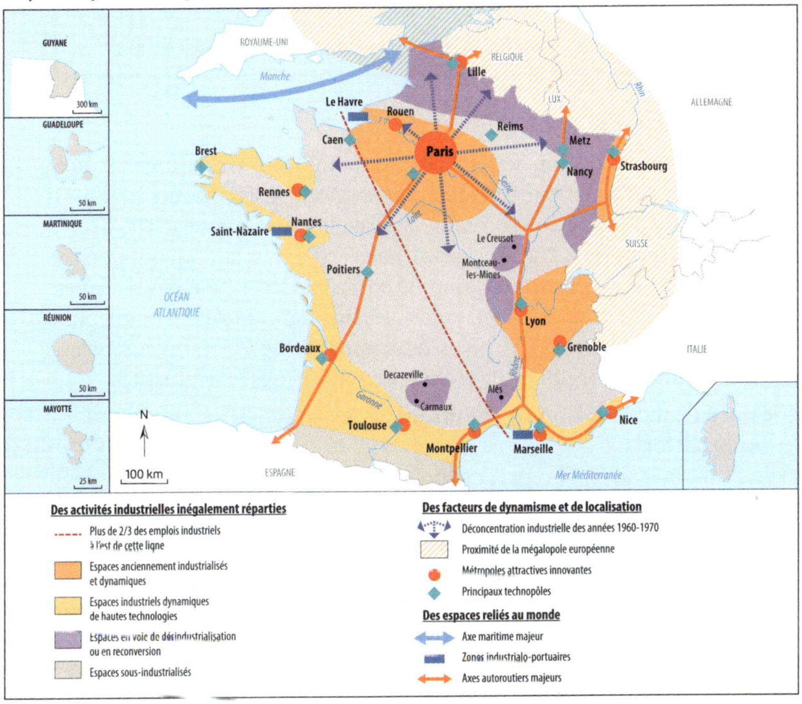

Méthode

1 Analyser la consigne

- Repérez et isolez les mots-clés de la consigne ou de la question.
- Définissez-les ou associez-les à des notions.

2 Lire le titre de la carte et repérer son échelle

- Situez le territoire représenté en vous appuyant sur l'échelle de la carte.
- Reliez le titre de la carte à vos connaissances et résumez-les par des mots-clés.

3 Comprendre la légende de la carte

- Lisez attentivement la légende (plan et figurés) avant d'analyser la carte elle-même.
- Appuyez-vous sur les règles d'utilisation des différents figurés pour repérer la nature et la forme des informations fournies.

4 Analyser la carte

- Simplifiez mentalement les figurés pour faire apparaître les idées principales.
- Repérez les espaces où les figurés sont moins nombreux, qui correspondent à des territoires en marge ou en réserve.
- Expliquez la hiérarchisation rendue par les variations de taille et de couleur des figurés.

- Appuyez-vous sur cette hiérarchisation pour repérer des ordres de grandeur, établir des comparaisons simples. S'il y a des données chiffrées, comparez-les.
- Confrontez les figurés de la carte aux connaissances de votre cours. Vous devez éclairer l'usage de tous les figurés.
- Interrogez-vous sur le choix des couleurs, les découpages, les hiérarchisations opérées par le cartographe. Ils sont porteurs de sens.
- Demandez-vous si la projection et/ou l'échelle de la carte n'orientent pas votre lecture.

Astuces du prof
Faites très attention aux unités portées éventuellement dans la légende, pour un dégradé de couleurs, des cercles ou des flèches. Des pourcentages ne doivent pas être traités comme des valeurs absolues.

Corrigé

La mondialisation provoque une recomposition des espaces productifs : leur localisation change pour mieux répondre aux enjeux provoqués par cette interdépendance croissante des hommes et des territoires. La France n'échappe pas à ce processus, comme le montre cette carte. Comment l'espace productif industriel français se transforme-t-il sous l'effet de la mondialisation ? Nous verrons que le territoire français est désormais marqué par la concentration des hommes et des activités dans les métropoles (métropolisation) ou sur les littoraux (littoralisation), puis nous examinerons la localisation et l'impact des pôles de compétitivité et des technopôles, lieux où se noue la coopération entre laboratoires de recherche, entreprises et universités.

I. Un territoire marqué par la concentration des hommes et des activités dans les métropoles et sur les littoraux

– Les activités industrielles sont inégalement réparties (première partie de la légende et ligne pointillée rouge) : des régions dynamiques (couleurs orangées), plutôt au nord et à l'est, s'opposent à des régions moins productives (couleurs violet et gris), plutôt au sud et à l'ouest.
– Les anciennes régions industrielles (orange foncé) correspondent aux principales métropoles attractives du territoire : Lyon, Strasbourg et surtout Paris (cercles rouges de différentes tailles). Lieux de production mécanique, chimique, textile.
– Les nouvelles régions industrielles (orange clair) correspondent aux littoraux atlantique et méditerranéen, ce qui marque la littoralisation des activités. Mention des zones industrialo-portuaire (rectangle bleu) à Saint-Nazaire (aéronautique et construction navale), au Havre et à Marseille (transport). Importance des nouvelles technologies sur les littoraux (losange vert), comme à Brest, Bordeaux ou Nice (biotechnologies, informatique, aéronautique).
– Des régions industrielles sont en crise (violet). Elles correspondent aux régions frontalières avec la Belgique, le Luxembourg et l'Allemagne (Nord, Lorraine) et aux foyers sidérurgiques et miniers (Alès, Carmaux, le Creusot).
– Le reste du territoire (dont les DROM) est sous-industrialisé malgré la politique de déconcentration industrielle des années 1960-1970 (flèches pointillées bleues).

Astuces du prof
Repérez d'abord les axes de la légende, qui fournissent un ordre de lecture.
Identifiez ensuite les familles de couleur, qui aident à distinguer deux types d'espace.
Enfin, n'oubliez pas les DROM, précisément parce qu'ils sont dépourvus d'espaces industriels.

II. Un territoire où les lieux de l'innovation coïncident avec les métropoles

– Importance des technopôles (18 losanges verts) équitablement répartis sur tout le territoire, de Lille à Metz, de Grenoble à Caen.
– Y compris dans des régions faiblement industrialisées comme l'Ouest (Poitiers) ou en crise (Lille, Metz, Nancy). Redynamisation des territoires passe par l'innovation.
– Coïncidence fréquente entre localisation des technopôles et métropoles : lien avec les avantages comparatifs des métropoles (main-d'œuvre, réseaux de communication, mise en relation des acteurs). Exemple de Toulouse (aéronautique), Montpellier (informatique), Bordeaux (biotechnologies).
– Importance des axes de communication (lignes orange et bleues) le long desquels se trouvent la plupart des technopôles (Poitiers, Lyon, Metz, Nancy, Lille, Caen).

Chapitre 7 Les espaces ruraux : multifonctionnalité ou fragmentation ?

1 La fragmentation des espaces ruraux dans le monde

De quoi s'agit-il ? **La fragmentation des espaces ruraux s'explique par la mutation des activités agricoles, du peuplement et de l'environnement.**

1 Un monde rural, des mondes ruraux

• La population rurale est devenue récemment minoritaire dans le monde. L'exode rural induit en effet une augmentation plus rapide du nombre de citadins. Néanmoins, il n'y a jamais eu autant de ruraux sur la planète (3,4 milliards selon la Banque mondiale).

• Le peuplement des campagnes, très inégal, dépend du type de pratiques agricoles. L'agriculture productiviste très mécanisée des pays industrialisés ne nécessite pas une main-d'œuvre importante. Inversement, les mises en valeur agricoles plus traditionnelles (agriculture vivrière et sur brûlis) s'accompagnent du maintien de fortes densités de population dans les pays en voie de développement.

• La ruralité ne se réduit pas aux seules activités agricoles. La mondialisation amplifie la diversification économique de certains espaces ruraux (essor du tourisme et des loisirs, des industries agroalimentaires…). Les trajectoires d'évolution des campagnes sont donc complexes et variées (**Doc. 1**).

Vocabulaire

- **Agriculture productiviste :** agriculture moderne qui produit en masse pour le commerce et l'exportation.
- **Agriculture vivrière :** système agraire, dominant dans les pays du Sud, où de petites exploitations sont travaillées chacune par une famille consommant tout ou partie de sa production.
- **Agriculture sur brûlis :** système agraire où les terres agricoles sont défrichées par le feu pour les rendre fertiles.

2 Des espaces ruraux au cœur des défis du XXIe siècle

• Les campagnes sont au cœur du défi alimentaire mondial : nourrir dix milliards d'êtres humains en 2050. Mais localement, malnutrition et famine sont déjà une réalité.

• De plus, les inégalités de développement s'accentuent. Dans les pays du Nord comme dans les pays en voie de développement, certaines campagnes sont dynamiques. D'autres, en revanche, s'enfoncent dans les difficultés : pauvreté, isolement, vieillissement, déprise agricole, etc.

• Les enjeux environnementaux accentuent ces clivages. La déforestation, l'artificialisation des sols liée à l'étalement urbain, les conséquences de l'utilisation des engrais chimiques, etc. sont au cœur de vifs débats de société.

• La question de l'accaparement des terres, parfois considérée comme une nouvelle forme de colonisation, est également de plus en plus préoccupante.

Vocabulaire

- **Déprise agricole :** abandon durable des cultures ou de l'élevage qui provoque le recul des surfaces agricoles.
- **Accaparement des terres :** acquisition de grandes surfaces agricoles, principalement en Afrique (50 %), pour le compte d'États dont les ressources agricoles ne sont pas suffisantes, ou pour celui de multinationales qui cherchent à accroître le volume de leurs productions.

Doc. 1 La fragmentation des espaces ruraux dans le monde

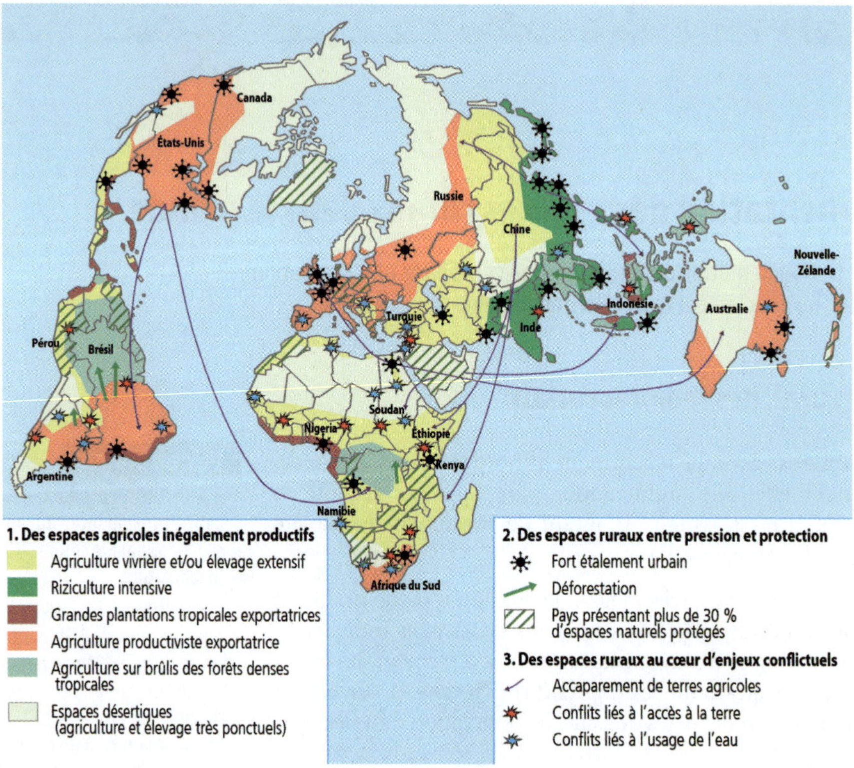

2 Affirmation des fonctions non agricoles et conflits d'usages

De quoi s'agit-il ? La diversification des espaces ruraux s'appuie sur le développement de nouvelles fonctions économiques. La remise en cause de l'exclusivité de l'agriculture et l'affirmation de nouveaux usages du monde rural s'accompagnent d'inertie et de résistance.

1 L'essor des fonctions non agricoles

- Les activités agricoles et leurs empreintes paysagères caractérisent par définition l'espace rural. Mais la multifonctionnalité est de plus en plus répandue dans les campagnes (**Doc. 2** et **3**).
- Celles-ci accueillent parfois des activités industrielles. Il peut s'agir de sites d'exploitation minière, d'usines de montage employant une main-d'œuvre bon marché ou de productions très spécialisées comme dans les districts industriels.
- La massification du tourisme et des loisirs touche de plus en plus les territoires ruraux. Les paysages naturels ou agricoles, le patrimoine, la gastronomie, le folklore, etc. sont autant d'atouts qui favorisent le développement de l'écotourisme.

Vocabulaire

- **District industriel :** groupe d'entreprises à la fois concurrentes et complémentaires spécialisées dans un secteur d'activité et implantées en milieu rural.
- **Écotourisme :** activités touristiques fondées sur les ressources environnementales et les spécificités culturelles des territoires ruraux.

• Certains services (centres commerciaux, entrepôts, sites de traitement des déchets…) ont besoin de vastes surfaces : il n'est donc pas rare qu'ils s'implantent à la campagne pour réduire le coût du foncier.

Doc. 2 Viticulture et tourisme au Chili

Situé au centre du Chili, le vignoble de Colchagua est l'un des plus réputés d'Amérique du Sud. Il suscite une forme de tourisme spécifique : l'« œnotourisme », tourisme du vin et des vignobles. Ici, un téléphérique assure le déplacement des visiteurs d'un site de production et de dégustation à l'autre.

Doc. 3 Centre logistique du groupe « Lidl » à Baziège (Haute-Garonne)

Inauguré en 2018 au cœur de la campagne toulousaine, le siège régional du groupe européen de grande distribution illustre un conflit d'usage de l'espace entre activités agricoles (les champs) et de services (stockage, administrations, transports).

2 Le rural entre multifonctionnalité et conflictualité

• L'arrivée des néoruraux et l'émergence de nouvelles fonctions peuvent être à l'origine de conflits. Les agriculteurs et la population vivant traditionnellement à la campagne ne perçoivent pas toujours positivement la transformation de leur cadre de vie.

• Les ressources locales (la terre, l'eau, la forêt…) sont au cœur de ces « conflits d'usage ». Cette conflictualité oppose des acteurs individuels ou collectifs (chasseurs, touristes, élus, exploitants agricoles…) qui n'ont pas le même rapport à l'espace et à son utilisation.

• La protection de l'environnement est une préoccupation de plus en plus présente dans le monde rural. Entre la nécessité de préserver la qualité des sols, de l'eau, des paysages, etc. et les impératifs de croissance économique, la voie est étroite et également conflictuelle.

• En France, les parcs nationaux tentent de concilier ces deux objectifs. Ils associent un « cœur de parc » où la nature est sanctuarisée et une « aire périphérique » où le développement des activités est réglementé.

Vocabulaire

- **Néoruraux :** habitants récemment installés à la campagne.
- **Conflit d'usage :** opposition entre différents acteurs (agriculteurs, élus, chasseurs, touristes…) au sujet de la manière d'occuper ou d'exploiter un espace.

3 Les mutations des espaces ruraux de Toscane

De quoi s'agit-il ? La Toscane est une région de tradition agricole du centre-ouest de l'Italie. Elle connaît depuis plusieurs années des transformations économiques et sociales de grande ampleur qui y bouleversent l'organisation et les dynamiques spatiales.

1 La Toscane, berceau de la « *dolce vita* »

- La Toscane s'étend sur 23 000 km² entre l'Adriatique et les montagnes du centre de l'Italie. Ses quatre millions d'habitants bénéficient d'un cadre de vie exceptionnel.
- Un climat doux et ventilé, un relief dominé par des courbes harmonieuses, une présence en eau suffisante pour éviter la sécheresse et une luminosité intense dessinent en effet des paysages dont les qualités esthétiques ont inspiré de nombreux artistes depuis la Renaissance (**Doc. 4**).
- L'agriculture toscane s'est développée autour de la trilogie présente traditionnellement dans l'ensemble du bassin méditerranéen : le blé, le vin, les olives. Les caractéristiques du milieu naturel et les savoir-faire locaux ont donné naissance à des terroirs de réputation mondiale.
- Mais une succession de crises agricoles, la croissance urbaine, l'orientation des politiques d'aménagement et de développement ont considérablement transformé les équilibres régionaux traditionnels.

Vocabulaire

- **Terroir :** région définie par des productions agricoles spécifiques (miel, fromages, fruits, vin...).

Doc. 4 Toscane, la « campagne des peintres »

Beaucoup d'amateurs d'art connaissent les collines siennoises sans jamais y avoir mis les pieds. Primitifs italiens et peintres de la Renaissance n'ont cessé de les représenter en fond de leurs tableaux. Leurs lignes arrondies, leurs pentes aux couleurs changeant selon les saisons et les villages fortifiés posés sur leur faîte ont enchanté les artistes. En les intégrant à leur œuvre, ils célébraient le mélange harmonieux d'activités pastorales et agricoles à de puissantes abbayes et d'audacieux édifices militaires.

D'après J.-M. Gonin et L. Haloche, *Le Figaro magazine*, n° 22967, 15 juin 2018.

2 De nouvelles logiques spatiales

- Les transformations à l'œuvre depuis les années 1960-1970 ont accentué les contrastes entre espaces dynamiques et territoires en crise à l'échelle régionale.
- La campagne qui s'étend autour des villes comme Sienne, Florence et Pise bénéficie de l'essor de l'agriculture périurbaine et accueille de plus en plus de fermes biologiques.
- Le tourisme est un levier majeur de développement. En dehors de la frange littorale, son développement profite surtout aux plaines et aux collines intérieures. L'économie résidentielle prospère grâce au succès de l'agritourisme (**Doc. 5**).
- En revanche, les espaces de montagne sont en difficulté. Les pentes et l'instabilité des versants n'ont pas permis la mécanisation de l'agriculture. Un tiers des exploitations a disparu en dix ans. Le vieillissement et la dépopulation accélèrent leur marginalisation. Malgré la modernisation des réseaux de transport, ils restent difficiles d'accès. La faune

Vocabulaire

- **Agriculture périurbaine :** activités agricoles visant à répondre aux besoins alimentaires des villes.
- **Économie résidentielle :** ensemble des activités qui répondent aux besoins de la population permanente d'un territoire et à ceux des touristes.
- **Agritourisme :** forme de tourisme qui regroupe les activités d'hébergement, de découverte des métiers agricoles et la vente directe de produits du terroir.

sauvage y reprend ses droits : plusieurs centaines de loups peuplent les forêts d'altitude et suscitent la colère des derniers éleveurs locaux.

Doc. 5 Paysage de l'agritourisme en Toscane

4 Mutations agricoles et recomposition des espaces ruraux en Inde

De quoi s'agit-il ? **Près de 900 millions d'Indiens, soit deux tiers des habitants, sont des ruraux. La modernisation de l'agriculture permet de répondre à la croissance des besoins alimentaires de la population, mais ses effets sociaux et spatiaux sont inégaux et les contrastes s'accentuent.**

1 L'Inde, un « géant agricole » ?

- 53 % des Indiens occupent un emploi agricole. Un peu plus de 600 millions de personnes dépendent directement ou indirectement de ce secteur ; l'agriculture ne représente cependant que 16 % du produit intérieur brut.
- La révolution verte a permis de multiplier par 5 la production de céréales en soixante ans. Mais les rendements figurent parmi les plus faibles des pays émergents.
- L'Inde est le premier producteur mondial de légumineuses (haricots secs, pois chiches…). L'autosuffisance alimentaire est assurée. Cependant, les difficultés de stockage et de distribution, la variabilité des prix et la fréquence des maladies parasitaires freinent l'expansion du marché.

Vocabulaire

Révolution verte : politique de développement agricole mise en œuvre par l'État à partir des années 1960. La mécanisation et la sélection des espèces cultivées ont permis à l'Inde d'atteindre l'autosuffisance alimentaire mais son impact écologique et sanitaire est négatif : épuisement des nappes phréatiques, augmentation du nombre de cancers…

• La faiblesse de la productivité agricole s'explique également par l'incertitude climatique. Plus de la moitié des fermes n'ont pas de système d'irrigation et sont donc dépendantes de la mousson. Nombreux sont les agriculteurs qui ne savent pas quoi ni quand semer pour améliorer leurs récoltes.

Vocabulaire

- **Mousson :** phénomène climatique saisonnier qui détermine le régime des précipitations dans les régions intertropicales.

2 Des transformations aux effets inégaux

• Les progrès de l'agriculture indienne reposent sur l'endettement, parfois excessif, des familles. Le pays enregistre l'un des taux de suicide d'agriculteurs les plus élevés du monde.

• Les ruraux forment la majorité des dix millions d'Indiens qui, chaque année, tombent sous le seuil d'extrême pauvreté dès lors qu'ils doivent se soigner. La croissance économique du pays ne parvient pas à fournir un emploi au surplus de main-d'œuvre dans les campagnes ; ce déficit est la source principale de l'exode rural.

• Les espaces ruraux situés près des littoraux, dans le sud du pays ou qui sont bien reliés aux métropoles, poursuivent leur modernisation. Inversement, l'intérieur s'enfonce dans les difficultés : le manque d'équipements et d'infrastructures est particulièrement criant (**Doc. 6**).

• Face à la colère des campagnes, l'État promet de construire 50 000 km de routes pour désenclaver les villages isolés, et de raccorder 40 millions de foyers à l'électricité pour éviter le décès prématuré de millions de femmes intoxiquées par la fumée de cuisson au charbon de bois.

Doc. 6 La diversité des campagnes indiennes

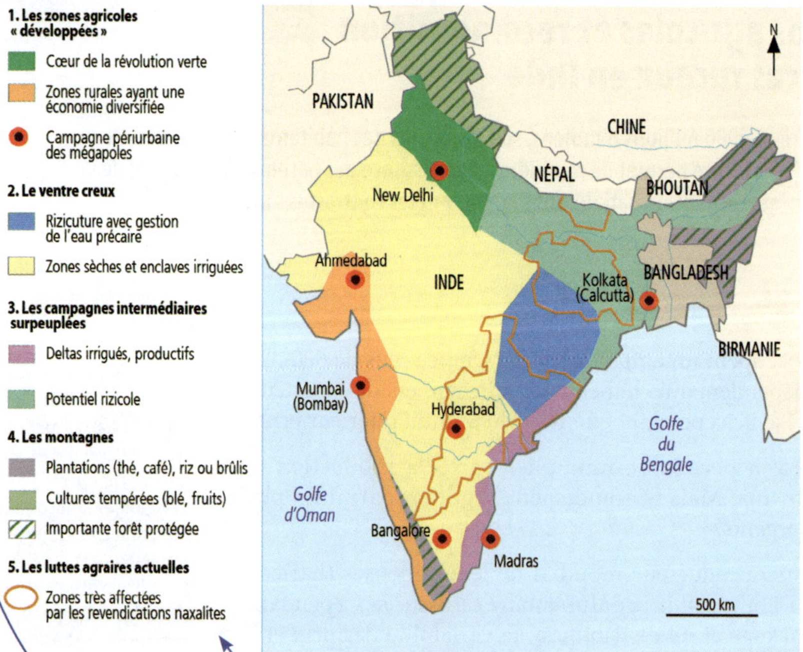

F. Landy (dir.), « *Dictionnaire de l'Inde contemporaine* », A. Colin, 2015.

L'expression « Ventre creux » fait référence aux territoires ruraux parmi les moins productifs du pays.

Les Naxalites sont des groupes révolutionnaires qui revendiquent une redistribution des terres agricoles.

5 Les espaces ruraux canadiens : une multifonctionnalité marquée

De quoi s'agit-il ? Aujourd'hui, la population des territoires ruraux canadiens représente moins d'un habitant sur cinq. À l'échelle de cet immense pays, les campagnes sont de plus en plus polyvalentes : c'est le triomphe de la multifonctionnalité.

1 Une ruralité plurielle

- Le Canada, deuxième pays le plus vaste au monde après la Russie, se caractérise par la très grande diversité de ses territoires ruraux. Les paysages et les modes de mise en valeur dépendent étroitement des conditions naturelles (climat, relief, sols) et de l'histoire du peuplement du pays.
- La ruralité canadienne n'est pas principalement agricole. Les surfaces cultivées ne couvrent que 7 % de la superficie totale ; le poids économique de l'agriculture est faible (1,9 % du PIB, 7 % avec le secteur agroalimentaire).
- La multifonctionnalité des campagnes suit le principe des « 4P » (**Doc. 7**). Ce sont en effet des lieux de résidence, des espaces récréatifs et touristiques, des régions de production (notamment des matières premières et des sources d'énergie) et des territoires de sauvegarde de la nature et du patrimoine.
- La polyvalence du rural s'affirme de plus en plus grâce au développement du télétravail et à une plus grande mobilité des personnes et des biens. La recherche d'une meilleure qualité de vie est un facteur de l'exode urbain qui y contribue également.

Vocabulaire

- **Principe des « 4P » : la multifonctionnalité repose sur quatre pieds (en anglais : *place, play, production, protection*).**

2 Une campagne très convoitée : avantages et inconvénients

- La multifonctionnalité des espaces ruraux canadiens se lit à toutes les échelles, des chambres d'hôtes à la ferme à toute une région où se combinent activités agricoles, industrielles et de services. Cette polyvalence, qui contribue à l'occupation dynamique du territoire, atténue le déclin des espaces agricoles qui ne sont pas parvenus à se moderniser et à s'adapter à la mondialisation.
- Il est aussi une réponse aux attentes des citadins de plus en plus sensibles au charme et aux mystères de la « *wilderness* ». La clientèle des agences de tourisme qui proposent des expériences en pleine nature (safaris arctiques, circuits de canot-camping…) est en plein essor.
- Conflits d'usages et risques de dégradation de l'environnement sont le revers de la médaille. Ils peuvent susciter de vives tensions entre les différentes catégories d'acteurs locaux.

Vocabulaire

- ***Wilderness* : la notion désigne au sens propre du terme la « nature sauvage ». Elle fait aussi référence à une forme d'état d'esprit, voire de spiritualité, de l'individu confronté aux grands espaces. Elle est à l'origine de nombreuses pratiques touristiques et récréatives au Canada.**

Doc. 7 La multifonctionnalité des espaces ruraux canadiens

❶ Périurbanisation
❷ Fleuve Nicomekl
❸ Autoroute vers Vancouver
❹ Exploitation agricole
❺ Cultures céréalières
❻ Golf
❼ Industries et commerces

6 France : des espaces ruraux multifonctionnels entre initiatives locales et politiques européennes

De quoi s'agit-il ? **Les espaces ruraux français occupent 70 % de la surface du pays. Les campagnes de métropole et d'outre-mer offrent des profils socio-économiques très contrastés.**

1 Des espaces ruraux en recomposition

Vocabulaire

■ **Dépopulation :** diminution absolue ou relative du nombre d'habitants.

• Selon le dernier recensement, les ruraux représentent 33 % de la population dans 88 % des communes françaises. La dépopulation des territoires ruraux s'est inversée : leur solde migratoire est redevenu légèrement positif.

• L'arrivée de nouveaux habitants, liée en partie à la pression urbaine et au coût des logements en ville, est loin d'être homogène. Socialement, elle est parfois clivante : la gentrification rurale dans le Luberon ou en Dordogne en est l'illustration. Territorialement, elle fragmente les campagnes : la désertification des territoires de faible densité, enclavés, à population âgée, éloignés des équipements et des services (Ariège, Creuse, Ardennes, Haute-Marne…) a tendance à s'accentuer.

- Le dynamisme des campagnes situées à la périphérie des métropoles, le long du littoral atlantique, en Occitanie, dans la vallée du Rhône renforce leur multifonctionnalité. Les activités non agricoles (tourisme, loisirs, industries high-tech, commerce…) s'y développent.

Vocabulaire

- **Gentrification rurale :** transformations socio-économiques et culturelles liées à l'installation d'une population aisée parmi des ruraux plus modestes.
- **Désertification :** perte de vitalité d'un territoire liée à la dépopulation et au déclin des activités traditionnelles.

2 Le rural au cœur des débats d'aménagement

- L'accentuation des disparités dans et entre les territoires ruraux pousse l'État et les collectivités territoriales à intervenir (**Doc. 8**).
- Les zones de revitalisation rurale (ZRR, 1995) et la loi sur le développement des territoires ruraux (2005) ont été progressivement complétées par d'autres mesures d'aménagement rural : maisons de services au public, centres de santé pluri-professionnels, réduction de la fracture numérique, plan de désenclavement routier, etc.
- L'Union européenne (UE) se mobilise également en faveur des territoires ruraux et de leurs habitants. Les fonds européens structurels et d'investissement y financent, en France comme dans les autres États membres, des projets innovants au service de l'emploi, de la recherche, de la formation ou de l'environnement. Pour l'Outre-mer, ils s'ajoutent aux mesures spécifiques appliquées en faveur des « régions ultrapériphériques ».

Vocabulaire

- **Zone de revitalisation rurale :** territoire de faible densité dont le niveau de revenu est inférieur à la médiane et pour lequel l'État accorde des avantages fiscaux à toute entreprise qui s'installe.
- **Région ultrapériphérique :** territoire de l'UE situé hors du continent européen bénéficiant d'aides particulières pour compenser les conséquences de son éloignement et de son isolement.

HISTOIRE-GÉO

Doc. 8 La recomposition des espaces ruraux français

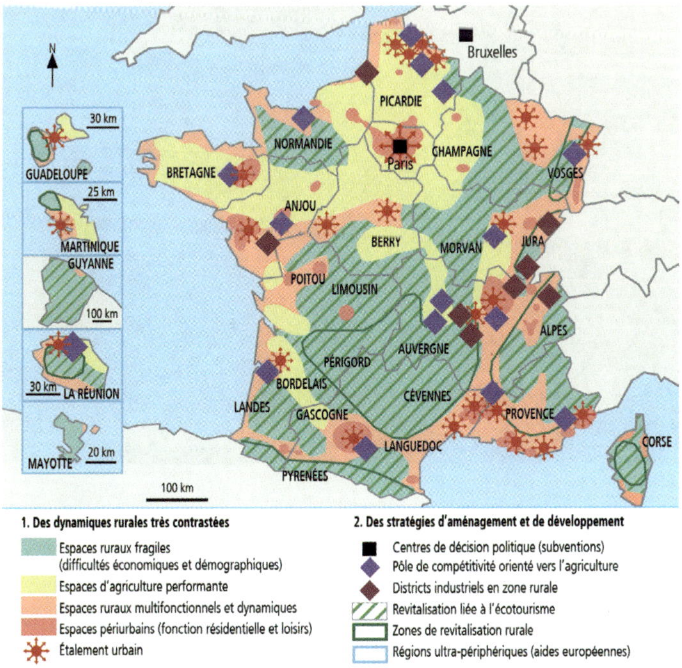

7 Les transformations paysagères des espaces ruraux bretons

De quoi s'agit-il ? Les transformations de grande ampleur qui ont accompagné la modernisation de l'agriculture bretonne ont fait des paysages un véritable enjeu social et politique à l'échelle régionale.

1 La grande mutation des campagnes bretonnes

• 60 % du territoire breton sont consacrés à l'agriculture. Le secteur concentre 4,5 % de l'emploi régional (2,6 % en France). Les exploitations sont principalement tournées vers la production de lait, le climat océanique étant favorable aux prairies.

• Le bocage, paysage traditionnel de l'Ouest français, était mal adapté à la modernisation et à la mécanisation de l'agriculture. Les pouvoirs publics ont mis en œuvre dès les années 1960 une vaste politique de restructuration foncière.

• La mutation des paysages agraires a été radicale. Le remembrement a transformé une partie des campagnes bretonnes en openfield (**Doc. 9**). Des porcheries et des élevages industriels de poulets ont remplacé les petites fermes de polyculture et d'élevage traditionnelles.

• Le succès économique de la réforme est incontestable : la Bretagne est devenue la première région productrice de porcs et d'œufs en France. Mais son impact environnemental est négatif : la pollution des nappes phréatiques, l'érosion des sols, la disparition de la faune qu'abritaient les talus sont un désastre écologique.

Vocabulaire

- **Bocage :** paysage agraire constitué de petites parcelles irrégulières fermées par des haies et des talus, symbole de l'identité paysagère de l'Ouest français.
- **Remembrement :** politique d'aménagement foncier initiée par l'État consistant à regrouper les parcelles des exploitations, à faire disparaître les obstacles à la mécanisation (bosquets, haies, talus) et à repenser le tracé des voies afin d'améliorer les rendements agricoles.
- **Openfield :** paysage agraire formé de vastes champs ouverts et géométriques.

Doc. 9 L'impact du remembrement à Domagné (Ille-et-Vilaine) en 1950 (à gauche) et 2015 (droite)

2 De nouveaux enjeux paysagers

- Depuis une cinquantaine d'années, l'urbanisation est un autre facteur de mutation des paysages ruraux. À la périphérie des villes, l'artificialisation des sols a progressé au rythme de la construction de lotissements, de centres commerciaux et d'infrastructures variées. Les sols artificialisés représentent 12 % de la superficie régionale contre 9 % pour le reste du pays.

- Les Bretons ont peu à peu pris conscience de l'importance des paysages ruraux dans la mémoire et la culture locales. Ils les perçoivent désormais comme un élément de l'identité régionale (Doc. 10). À ce titre, ils les protègent : les collectivités territoriales s'opposent de plus en plus fermement au mitage et deux parcs naturels régionaux ont été créés.

- Les paysages ruraux sont également des supports de développement de l'écotourisme. Les campagnes de promotion de la région les mobilisent systématiquement depuis quelques années.

Vocabulaire

- **Artificialisation :** sols bâtis ou revêtus par des routes, des voies ferrées, des parkings, etc.
- **Mitage :** construction isolée de logements, de zones d'activités, d'équipements qui rompt l'harmonie paysagère des espaces ruraux.

Doc. 10 La promotion touristique des territoires ruraux

Révision express

La multifonctionnalité des espaces ruraux

Le schéma à retenir

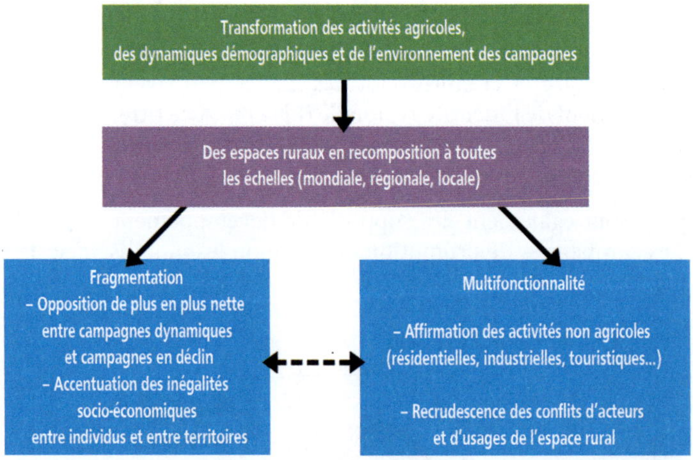

Quiz

Cochez la bonne réponse.

1. Sur quel continent se situent principalement les « terres accaparées » ?
a. ☐ L'Europe **b.** ☐ L'Asie de l'Est **c.** ☐ L'Afrique

2. Quel est, avec le blé et la vigne, le troisième pilier de l'agriculture toscane ?
a. ☐ La tomate **b.** ☐ L'olive **c.** ☐ Le riz

3. Combien d'indiens dépendent du secteur agricole ?
a. ☐ 300 millions **b.** ☐ 600 millions **c.** ☐ 900 millions

4. Quelle est la part du territoire français qu'occupent les espaces ruraux ?
a. ☐ 30 % **b.** ☐ 50 % **c.** ☐ 70 %

5. Quel est le sens du second « R » dans l'acronyme « ZRR ». « Zone de… » ?
a. ☐ restructuration rurale **b.** ☐ réhabilitation rurale
c. ☐ revitalisation rurale

6. Quelle est la part du territoire breton consacrée aux activités agricoles ?
a. ☐ 52 % **b.** ☐ 60 % **c.** ☐ 72 %

→ Réponses p. 531

EXERCICE GUIDÉ 1

Rédiger une analyse structurée et argumentée d'une carte

Énoncé

À partir du document, présentez la diversité des espaces ruraux en France.

Doc. Les zones de revitalisation rurale en France métropolitaine (2020)

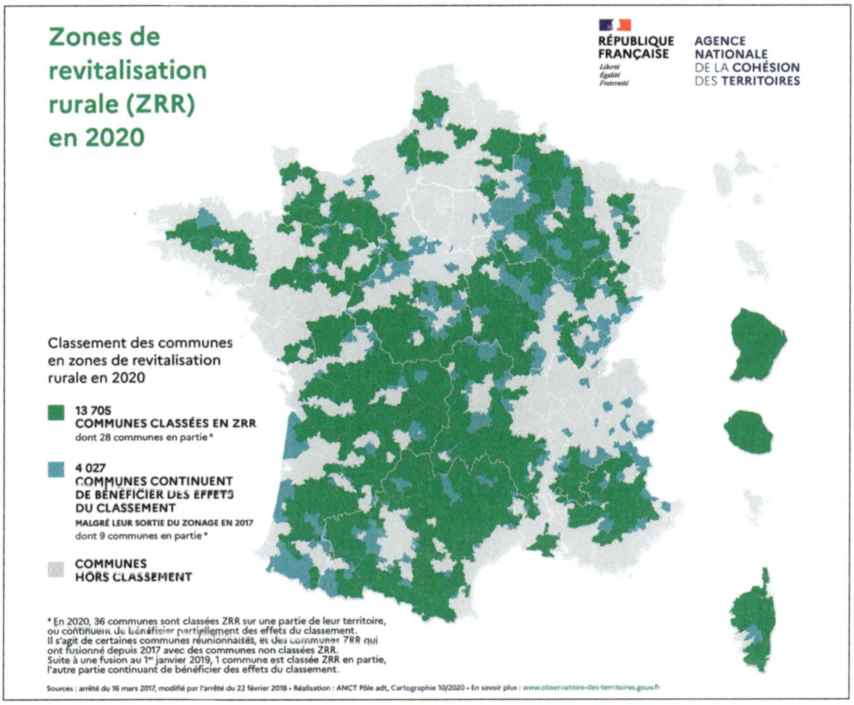

Méthode

Une carte est une représentation qui permet de saisir d'un seul coup d'œil l'organisation et les dynamiques d'un espace. Fondée sur l'utilisation d'un langage spécifique (le langage cartographique), elle doit être interprétée en suivant une méthodologie adaptée.

1 Identifier l'objet et les caractéristiques de la carte

- Analysez le titre du document.
- Identifiez les attributs de la carte (l'orientation, la légende, l'échelle, la projection).
- Relevez les autres informations utiles (auteur, date, source, etc.).

2 Repérer la distribution spatiale des éléments cartographiés

- Localisez et situez les informations représentées en associant chaque figuré de la légende aux lieux ou territoires correspondants sur la carte.
- Caractérisez les phénomènes spatiaux correspondants : nature de l'information, valeur relative, valeur absolue, évolution, concentration, dispersion, éloignement…
- Hiérarchisez ensuite les informations en distinguant les informations capitales des informations secondaires.

3 Interpréter la carte par un texte structuré et argumenté

- Introduisez votre analyse :

– Présentez la carte en précisant sa nature (car on trouve une multitude de types de carte) éventuellement l'auteur et, absolument, l'idée générale ainsi que l'intérêt du document.

– Définissez le ou les termes du sujet.

– Identifiez une problématique.

- Organisez votre développement en deux ou trois parties (selon les informations repérées à l'étape précédente).
- Prévoyez enfin une conclusion, par exemple sur les avantages ou les limites de la carte par rapport à d'autres types de langage.

Corrigé

1. Identifier l'objet et les caractéristiques de la carte

La carte représente la répartition et l'évolution du périmètre des zones de revitalisation rurale à l'échelle du territoire national en 2020. La source du document est fiable. Le Commissariat général à l'égalité des territoires est une institution gouvernementale.

La légende permet de distinguer trois catégories de territoire : ceux qui sont classés en ZRR, ceux qui le sont encore provisoirement, ceux qui ne sont pas classés en ZRR.

2. Repérer la distribution spatiale des éléments cartographiés

Les ZRR sont présentes dans l'ensemble des régions françaises à quelques exceptions près (comme en Île-de-France ou en Alsace), mais leur répartition est très inégale. Elles sont particulièrement développées sur l'axe qui joint la frontière belge aux Pyrénées. Elles n'évoluent qu'à la marge, de manière relativement dispersée. Les espaces situés le long des littoraux sont en revanche peu concernés par ce dispositif.

3. Interpréter la carte par un texte structuré et argumenté

La carte du Commissariat général à l'égalité des territoires porte sur les ZRR, les zones de revitalisation rurale qui désignent les territoires de faible densité dont le niveau de revenu est inférieur à la médiane. Elle montre la disparité des espaces ruraux en France.

La répartition des ZRR coïncide étroitement avec la « diagonale du vide », où la dépopulation et la crise des activités traditionnelles rendent nécessaires le soutien des pouvoirs publics. Les ZRR ont pour objectif d'encourager l'installation des entreprises dans la perspective de relancer l'économie. Elles sont aussi présentes dans les régions montagneuses et/ou isolées telles que la Corse, les Alpes du Sud et les Pyrénées.

Les grandes régions métropolitaines et les littoraux, dont les campagnes sont dynamiques d'un point de vue démographique et socio-économique, sont en revanche peu concernées. Les territoires qui sortent du dispositif sont assez peu nombreux. Ils sont répartis de manière irrégulière sur l'ensemble du territoire national. L'évolution de la situation des territoires ruraux qui se trouvent dans une situation critique est donc indépendante de l'espace régional considéré.

La carte met bien en évidence les enjeux d'aménagement des campagnes françaises soumises à leur fragmentation.

EXERCICE GUIDÉ 2

Rédiger une composition en géographie

Énoncé

Rédigez la première partie de la composition correspondant au sujet suivant : « La Toscane, un espace rural fragmenté. »

Vous pouvez prendre appui sur cette introduction :

Les territoires ruraux de Toscane, région du centre-ouest de l'Italie, connaissent une évolution contrastée. Une agriculture performante et le développement de l'agritourisme dynamisent une partie des campagnes alors que, dans les montagnes de l'intérieur en particulier, la dépopulation et le déclin agricole ont tendance à s'aggraver.

Quelles sont les causes, les modalités et les conséquences de la fragmentation de l'espace rural toscan ?

Examinons successivement le cas des campagnes dynamiques et celui des campagnes en crise.

Méthode

1 Analyser le sujet et formuler la problématique

- Interrogez de manière rigoureuse le sens des termes ou expressions utilisés.
- Identifiez clairement l'échelle (mondiale, régionale ou locale) et les limites spatiales du sujet (exemples : la France, la France métropolitaine, la France ultramarine).
- Dégagez le sens général du sujet : quel est le fil conducteur de la démonstration ?
- Reformulez ensuite le sujet en posant une question si ce n'est pas déjà le cas.

2 Mobiliser et organiser ses connaissances

- Dressez tout d'abord la liste de vos connaissances personnelles sur le sujet : notions ; acteurs géographiques (habitants, élus, entreprises, États…) ; noms de lieux, de territoires, de repères spatiaux à mentionner ; données chiffrées ; etc.
- Vérifiez le caractère complet et rigoureux de votre sélection en éliminant de la liste tout ce qui n'est pas directement en rapport avec la problématique.
- Construisez enfin le plan détaillé de la composition en prévoyant une idée clé par partie, avec les arguments et les exemples correspondants. Il est conseillé de se limiter à trois parties au maximum.

3 Rédiger la composition

- Rédigez d'abord l'introduction : a) présentation du sujet ; b) énoncé de la problématique ; c) annonce du plan.
- Rédigez ensuite le développement : commencez chaque partie par l'idée-clé correspondante, puis formulez les arguments un à un (en n'oubliant pas de donner des exemples localisés ou situés dans l'espace traité). Vous veillerez également à sauter une ligne entre chaque partie.
- Terminez par la rédaction de la conclusion : résumez le développement en deux ou trois phrases, puis ouvrez le sujet vers un autre objet géographique ou sur une autre échelle de raisonnement.

Corrigé

Internationalement connue pour l'harmonie de ses paysages, pour ses plaines et ses collines aux formes arrondies, la Toscane est également une terre de montagne : l'intérieur de la région connaît une spirale de déclin qui tranche avec la vitalité des autres campagnes.
Le relief très accidenté n'a pas empêché les hommes d'y développer de longue date des activités agricoles adaptées aux pentes et à l'altitude et à y élever des chèvres par exemple. Mais aujourd'hui, ces territoires souffrent de leur isolement et de leur inaccessibilité.
La modernisation de l'agriculture n'est pas envisageable : le terroir ne se prête pas à la mécanisation. Touchés par le vieillissement et par l'exode rural, certains villages se meurent.
L'abandon des cultures favorise le retour de la faune et de la flore sauvages. Le triomphe de la forêt n'est pas en soi un facteur permettant de redonner du dynamisme à l'économie et à la société locales.

Chapitre 8 La Chine : des recompositions spatiales multiples

1 Les inégalités en Chine

De quoi s'agit-il ? La Chine a connu une croissance économique rapide : le pays a su faire reculer la pauvreté. La Chine est pourtant le pays des paradoxes et des inégalités. Ces inégalités, sociales et spatiales, sont expliquées par une diversité de facteurs.

1 Croissance économique et creusement des inégalités sociales

• La Chine, qui était encore un pays du tiers-monde dans les années 1960, a connu un processus de développement rapide et récent. Ce pays émergent a aujourd'hui un IDH moyen (0,75) (**Doc. 1**) mais affiche un revenu par habitant faible (8 000 $/an/hab.).

• Ce géant a su freiner sa natalité pour amortir le choc de la transition démographique mais surtout faire reculer la pauvreté (de 84 % de la population en 1981 à 20 % en 2005). Les inégalités sociales se sont pourtant creusées. Le coefficient de Gini s'est nettement dégradé, passant de 0,16 en 1970 à 0,46 de nos jours.

Vocabulaire

- **Coefficient de Gini :** indicateur variant de 0 à 1 qui mesure le niveau d'inégalité d'une variable (par exemple les revenus) au sein d'une population, 0 signifiant l'égalité parfaite et 1 une inégalité parfaite.

Doc. 1 L'IDH de la Chine par province (2011)

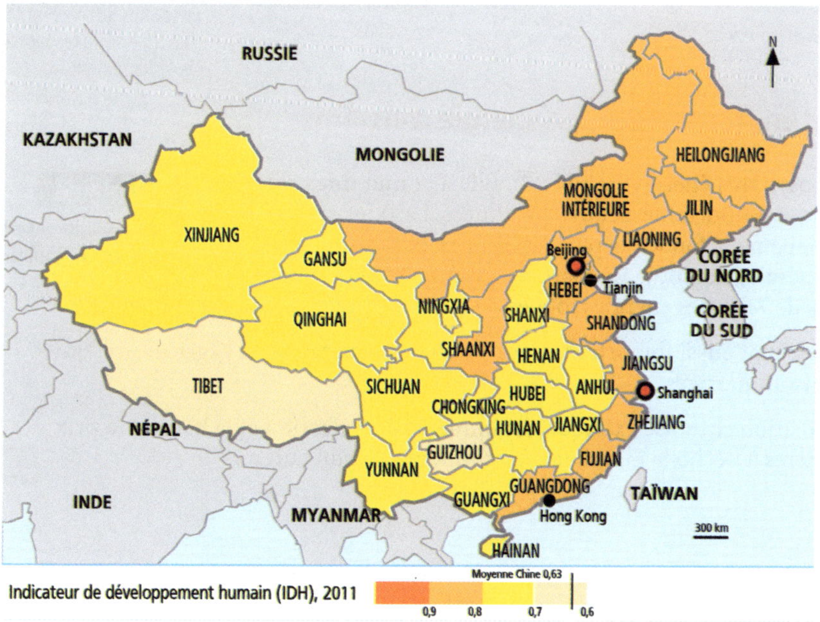

Source : PNUD, 2012.

L'IDH sert à évaluer le niveau de développement, il combine en effet des données économiques et sociales.

On retrouve sur cette carte la logique des « trois Chines ». Les provinces littorales, Shanghai, Pékin (Beijing) et le Guangdong ont un IDH comparable aux pays du Nord (supérieur à 0,8). Le Tibet est la lanterne rouge avec un indicateur comparable aux pays les moins avancés (0,5).

2 Les disparités spatiales en Chine

• La Chine présente de fortes disparités spatiales à l'échelle nationale : le littoral est plus densément peuplé, urbanisé et industrialisé. L'intérieur présente une situation intermédiaire, l'Ouest est faiblement peuplé et présente des indicateurs économiques et de développement très faibles.

• On retrouve ces inégalités à l'échelle locale, entre la ville et la campagne. Le revenu des urbains est trois fois supérieur à celui des ruraux, l'espérance de vie est respectivement de 75 et 70 ans.

• Ces inégalités sont le produit d'une combinaison de facteurs : ils sont naturels, humains et surtout liés à la mondialisation. La Chine de l'Ouest a des milieux plus contraignants moins propices aux activités humaines. Peu aménagé et moins relié à la mondialisation, ce territoire est également celui de minorités en position d'infériorité sociale.

• La Chine du littoral et de l'Est, aux fortes densités de population, a bénéficié de l'ouverture économique amorcée à la fin des années 1970, des investissements étrangers et de meilleurs aménagements (ports, autoroutes, aéroports).

Vocabulaire

- **Disparités spatiales :** très forts écarts entre les espaces.
- **Minorités :** en Chine, peuples de culture différente de l'ethnie majoritaire, les Hans.

2 Des ressources et des environnements sous pression

De quoi s'agit-il ? La Chine est un pays qui a vu sa consommation d'énergie et de matières premières exploser avec le processus de développement. Le pays est aujourd'hui victime d'un nombre croissant de catastrophes sanitaires et industrielles qui posent des problèmes sociaux. La transition écologique n'en est qu'à ses débuts.

Vocabulaire

- **Transition écologique :** évolution d'une société vers de meilleurs comportements en termes de consommation d'énergie et de respect de l'environnement.

1 Des besoins en ressources et en énergie croissants

• La Chine est un pays très énergivore (**Doc. 2**). Elle a connu une croissance démographique importante depuis les années 1950, et suit une stratégie de développement fondée depuis les années 1970 sur l'industrialisation. Les énergies fossiles, le charbon essentiellement, représentent encore près de 71 % des énergies totales du pays en 2017 (**Doc. 3**).

Vocabulaire

- **Énergie fossile :** énergie produite par la combustion du gaz, du pétrole ou du charbon.

• Les besoins en eau sont aussi importants pour l'industrie chimique et l'agriculture, qui sont de grosses consommatrices.

• La forte consommation chinoise explique notamment la raréfaction et la hausse du prix des matières premières à l'échelle mondiale, notamment celui du cuivre.

Doc. 2 Consommation et production d'énergie en Chine

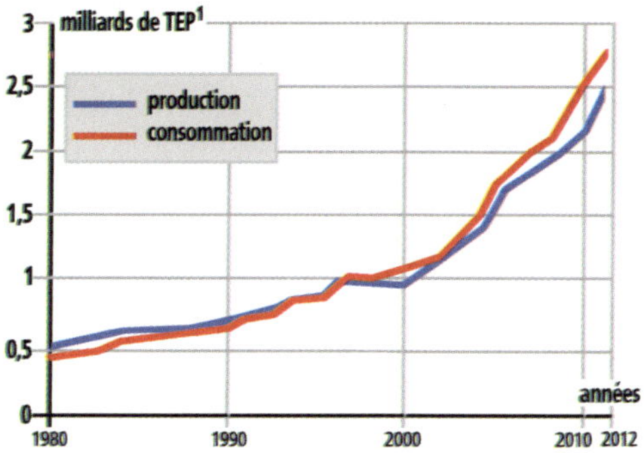

1. Tonne équivalent pétrole : unité de mesure permettant de comparer le pouvoir énergétique des sources d'énergie.

Source : AIE, 2014.

La consommation augmente plus vite que la consommation d'énergie à partir de 2005. Le pays n'arrive plus à couvrir les besoins énergétiques de sa population (à cause de la diffusion de l'automobile) et de ses industries.

Doc. 3 Évolution du mix énergétique chinois

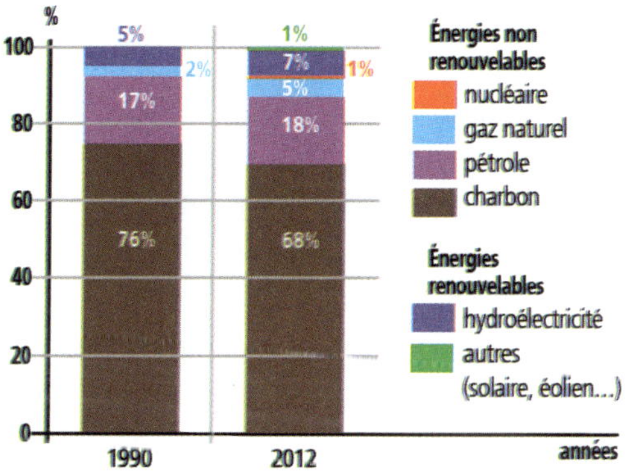

Source : BP, 2013.

Les énergies fossiles, surtout le charbon, ont un poids écrasant dans le mix énergétique chinois. L'éolien et le solaire représentent encore une part infime : la transition écologique n'est qu'amorcée.

Vocabulaire

- **Mix énergétique :** répartition des sources d'énergies primaires qui permettent de créer essentiellement de l'électricité. Il est aussi appelé bouquet énergétique.

2 Un environnement sous pression

- L'augmentation des surfaces cultivées conduit à une pression sur l'espace. Celle-ci se manifeste par de la déforestation et une désertification au nord du pays qui, par ailleurs, souffre d'un problème de pollution importante des eaux.

Vocabulaire

- **Désertification :** avancée du désert dû en réalité au recul de la végétation.

- La Chine est le champion mondial de la pollution de l'air avec un quart des rejets de CO_2 de la planète. Les grandes métropoles sont très touchées par la pollution à l'ozone, le CO_2 et les particules fines. L'est du pays concentre les catastrophes industrielles qui se multiplient depuis les années 2000.

3 La société et les territoires face aux défis environnementaux

- La prise de conscience des problèmes d'environnement est tardive : le ministère de l'Environnement n'est créé qu'en 2008. L'opinion publique se mobilise souvent pour les questions environnementales après une catastrophe ou lors de l'installation d'une usine.

- L'enjeu essentiel est de réduire dans la consommation totale la part du charbon, principal responsable des épisodes d'airpocalypse.

Vocabulaire

- **Airpocalypse :** niveau de pollution extrême observé en Chine à cause du recours massif au charbon pendant l'hiver.

3 Les recompositions spatiales en Chine

De quoi s'agit-il ? La Chine, pays le plus peuplé au monde, combine villes géantes mais aussi campagnes encore très peuplées. La nécessaire transition entraîne des mutations spatiales importantes.

1 Les recompositions urbaines de la Chine

• La Chine a connu une transition urbaine brutale et récente. On peut parler d'une véritable explosion urbaine, la population des villes ayant été multipliée par huit depuis les années 1950. On y trouve un très grand nombre de villes millionnaires dont surtout Shanghai et Pékin, qui avoisinent les 20 millions d'habitants.

• Le pays subit, à l'image des autres pays du monde, un processus de métropolisation : les grandes villes concentrent les habitants et les fonctions économiques notamment tertiaires. Le territoire chinois est ainsi aujourd'hui polarisé par ses villes à l'échelle nationale et à celle des provinces. On voit même naître de vastes aires urbaines autour de Shanghai, Pékin, Chongqing ou Canton.

• Les villes sont marquées par un processus d'étalement urbain mais aussi de densification. Depuis les années 1990, le visage des centres villes change de manière brutale. En se modernisant, ils concentrent de plus en plus les classes les plus aisées : c'est la gentrification.

Vocabulaire

- **Transition urbaine :** passage d'une population majoritairement rurale à une population majoritairement urbaine.
- **Étalement urbain :** extension de la ville appelée aussi périurbanisation.

2 Les recompositions du monde rural

• Les campagnes chinoises (**Doc. 4**) demeurent des espaces dynamiques et encore relativement peuplés : elles hébergent 43 % de la population. La « Chine rurale » de l'intérieur est encore un espace aux densités importantes, elle compte plus de 200 habitants au km^2.

• Les inégalités spatiales y sont fortes. Les régions de l'Ouest (Xinjiang et Tibet) sont très pauvres. Les campagnes du centre et de l'est de la Chine sont le véritable grenier à céréales du pays et des régions plus prospères.

• Ces espaces sont souvent un lieu de tensions sociales avec des conflits d'usage. Les populations rurales se voient souvent expropriées au profit d'acteurs industriels ou de vastes équipements car les limites entre le rural et l'urbain deviennent floues.

Vocabulaire

- **Conflits d'usage :** conflit entre acteurs géographiques pour un même espace ou une même ressource.

Doc. 4 L'éclatement du monde rural

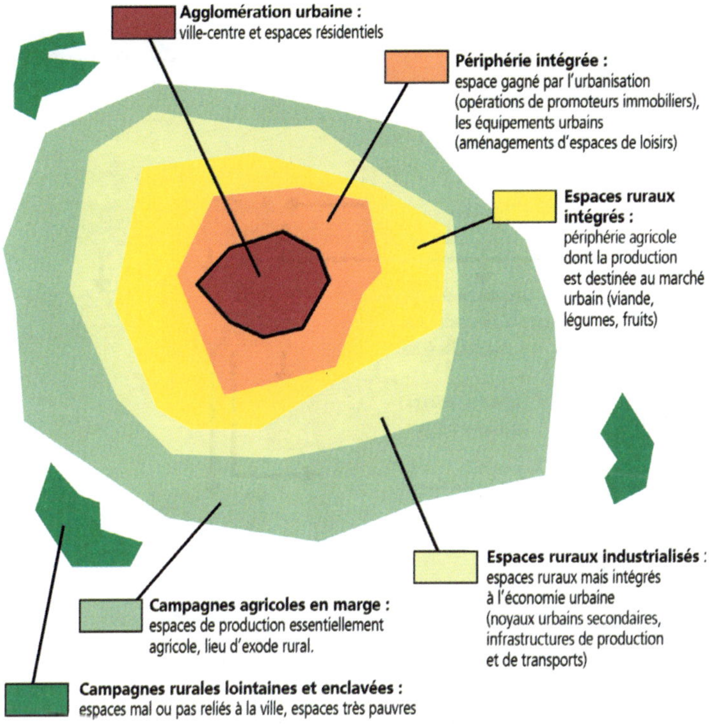

Source : Thierry Sanjuan, *Atlas de la Chine*, 2018.

➔ Révision express

Chine, le nouveau maître du monde ?

Le schéma à retenir

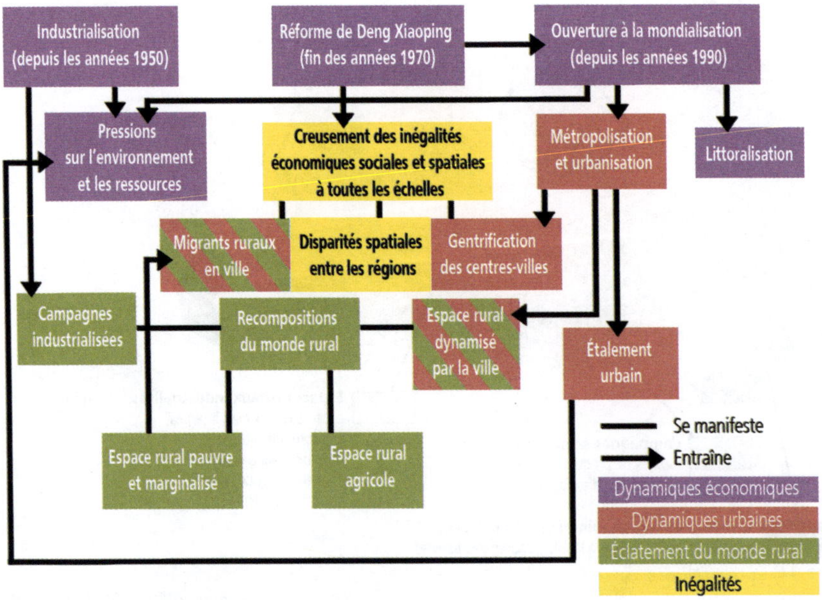

Quiz

Cochez la bonne réponse.

1. Shanghai est la capitale économique de la Chine.

a. ☐ Vrai **b.** ☐ Faux

2. Qui a ouvert la Chine à la mondialisation pour la première fois ?

a. ☐ Mao Zedong en 1949

b. ☐ Deng Xiaoping en 1978

3. Quel est le rapport entre le revenu des ruraux et celui des urbains en Chine ?

a. ☐ de 1 à 2 **b.** ☐ de 1 à 3 **c.** ☐ de 1 à 5

4. Le ministère de l'Environnement chinois a été créé en :

a. ☐ 1978 **b.** ☐ 2001 **c.** ☐ 2008

5. En 2017, quelle est la part des énergies fossiles dans le mix énergétique chinois ?

a. ☐ 51 % **b.** ☐ 71 % **c.** ☐ 91 %

→ Réponses p. 532

EXERCICE GUIDÉ 1

Transposer un texte en croquis (2)

Énoncé

Réalisez un croquis de synthèse à partir du texte suivant :

Doc. **L'inquiétude environnementale en Chine**

La déforestation est un premier défi que les politiques chinoises de reboisement ont du mal à juguler. Les forêts méridionales sont toujours plus exploitées. Celles du nord-est restent étendues mais elles peuvent être soumises à des catastrophes de grande ampleur, comme l'incendie de 1987. En aval, cette déforestation entraîne un appauvrissement significatif de la faune et de la flore. Les autorités chinoises répondent par des actions de reboisement, qui veulent atteindre à court terme une couverture forestière de 23 % du pays. Elles entendent ainsi lutter contre la désertification des terres septentrionales, les risques de tempêtes de sable et d'érosion des sols, avec des inondations de plus en plus graves. […] La capitale chinoise subit plusieurs fois par an des tempêtes de sable dont les particules atteignent jusqu'à Séoul et à Tokyo. […]

Les ressources hydriques représentent le problème le plus inquiétant. Trop abondamment sollicitées, par pompage des nappes phréatiques et destinées à une industrialisation, une urbanisation et des superficies irriguées croissantes, elles risquent à terme de manquer, notamment pour des grandes villes comme Pékin ou Tianjin. […] Plus d'une dizaine de milliers d'usines chimiques implantées le long des rivières ou des fleuves restent sans étude environnementale et déversent leurs déchets non traités dans les cours d'eau. La qualité de l'air est mauvaise, notamment dans les grandes villes […]. Les villes chinoises les plus polluées étant Baoding (Hebei), Kashgar (Xinjiang), Zhengzhou (Henan) et Yichang (Hubei).

Thierry Sanjuan, « L'inquiétude environnementale », *Atlas de la Chine*, 2018, p. 54-55.

Méthode

● Cet exercice demande de passer d'un langage (un texte) à une analyse organisée composée d'une légende et d'un croquis de synthèse (langage cartographique). Il faut veiller à lire plusieurs fois le texte ; l'analyse (la capacité à comprendre et décomposer le texte) va en être facilitée.

1 Identifier les notions et organiser la légende

● Pour cette étape du travail, voir la méthode proposée p. 256.

2 Réaliser le croquis

● Pour ne rien oublier, avant de commencer votre croquis, vérifiez votre TOLÉ :
T = titre du croquis (celui du texte le plus souvent) ;
O = orientation du croquis (mettez une petite flèche indiquant le Nord à l'endroit nécessaire) ;
L = légende ;
É = échelle (en général elle est déjà indiquée sur le fond de carte).

● Cartographiez ensuite vos éléments de légende sur votre carte en utilisant notamment toutes les données du texte : indications de ville, de directions, de pays ou régions voisines, etc.

● L'étape de **la localisation des éléments** et de **la rédaction de la nomenclature** de ces informations sur le fond de carte doit être effectuée avec soin. Faites donc très attention au **vocabulaire de localisation** mobilisé dans le texte : nord, sud, est, ouest, centre, périphérie, littoral, vallée des fleuves, amont, aval…

● De manière générale, munissez-vous d'un matériel adapté (crayons de couleurs, feutres, etc.) et faites preuve d'un grand soin lors du dessin.

● Veillez à toujours commencer par les figurés de surface aux crayons de couleur. Si vous n'en avez pas, utilisez des dégradés de gris avec votre crayon à papier ou utilisez des hachures. Mais attention à bien les tracer proprement à la règle. Évitez de multiplier le sens et les couleurs des hachures, qui peuvent troubler la lecture.

- Représentez ensuite les figurés linéaires et les figurés ponctuels. Pour une meilleure netteté du croquis, tracez les d'abord au crayon de couleur avant de repasser définitivement au feutre.
- Terminez par la nomenclature, c'est-à-dire les noms nécessaires à la compréhension du croquis. Il faut les hiérarchiser ou utiliser une nomenclature commune pour un type identique de figuré : par exemple, les noms de fleuves peuvent s'écrire en minuscules attachées, alors que les noms de mers ou océans peuvent être en majuscules. La nomenclature doit elle aussi être inscrite proprement au stylo ou au feutre fin. Enfin, les noms doivent toujours s'écrire horizontalement (sauf pour ceux des fleuves ou des chaînes de montagnes, que l'on peut écrire en suivant leur tracé).

Corrigé

1. Identifier les notions

Le document est construit en deux paragraphes organisés autour des thèmes de la déforestation et de la pression sur les ressources hydriques. Ces thèmes constitueront deux parties de la légende.

Le premier paragraphe présente la déforestation et toutes ses conséquences, même si le lien logique n'est pas clairement précisé par l'auteur. On attend ce raisonnement dans la légende.

Le deuxième paragraphe présente la pression sur les ressources hydriques (en eau) ainsi que ses facteurs (besoins en eau) et le type d'espaces touchés.

Une troisième dimension est présente et commune dans ces deux paragraphes, les grandes villes semblent particulièrement menacées. Ce thème constituera la troisième et dernière partie de la légende.

Enfin, le texte fourmille d'indications de localisation : noms de régions, de villes, d'espaces naturels…

2. Organiser la légende

Les notions tirées du texte sont en rouge, celles tirées du cours en orange et les indications de localisation en bleu.

I. La déforestation et ses effets

A. Les forêts sont toujours plus exploitées

– Forêts primaires (ressource) ⇒ forêts méridionales (au sud)
– Et sa pression : le déboisement ⇒ terres septentrionales (au nord)

B. Les effets du déboisement

– Une catastrophe : l'incendie de 1987
– La désertification et érosion des sols
– Risque de tempête de sable ⇒ capitale chinoise (Beijing) ; effets sur le Japon et la Corée du Sud

C. La lutte contre la désertification : le reboisement

⇒ « terres septentrionales » ; se fait logiquement aux limites de la déforestation pour la stopper

> **Bien comprendre**
> Il faut expliciter le titre de la partie, le rendre plus complet, plus précis.

II. Les ressources hydriques, un environnement sous pression

A. La ressource : les grands fleuves ⇒ les trois grands fleuves

B. Les besoins croissants, facteurs de la pression sur l'eau

– L'urbanisation ⇒ les grandes villes
– L'industrialisation (usines chimiques) ⇒ vallée des grands fleuves ; concentrée dans les villes
– L'agriculture irriguée : « superficies irriguées croissantes »

C. La pollution des fleuves

« déversent leurs déchets non traités dans les cours d'eau » ⇒ c'est plutôt l'aval des fleuves qui est pollué

> **L'astuce du prof**
> Il ne faut pas confondre ressources et besoins. Pensez à les distinguer dans deux sous-parties.

EXERCICE GUIDÉ 2

Bâtir une conclusion

Énoncé

Rédigez la conclusion du sujet de composition suivant :

« **La métropolisation en Chine : facteurs, aspects, conséquences.** »

Problématique : En quoi la métropolisation représente-t-elle la dynamique majeure du territoire chinois dont les effets se font ressentir sur le plan spatial, social économique et environnemental ?

Méthode

- La conclusion est un texte synthétique. Elle doit représenter une dizaine de lignes.
- Il y a deux écueils à éviter : qu'elle soit une deuxième introduction : cela voudrait dire que la démonstration n'a pas abouti. Elle n'est pas non plus un résumé du devoir : il faut trouver des formules différentes. C'est un exercice difficile qui demande de l'entraînement.

1 Répondre à la problématique

- La conclusion représente l'aboutissement de la réflexion et de la démonstration annoncée par la problématique.
- Il faut répondre à cette problématique de manière concise et en insistant sur le lien logique entre les différentes dimensions, les différentes parties du sujet. Il ne faut plus donner d'exemples ou de chiffres !

2 Faire une ouverture pertinente

- La seconde partie de la conclusion est l'ouverture. Comme son nom l'indique, l'ouverture permet d'ouvrir le sujet sur une autre dimension. Il ne faut cependant pas trop s'éloigner du sujet ni donner une ouverture artificielle qui prend souvent la forme d'une question grandiloquente ou trop naïve. L'ouverture doit déboucher sur un problème très proche du sujet.
- En histoire, on peut ouvrir plus naturellement sur une période plus récente.
- En géographie, on peut ouvrir sur une autre aire géographique (par exemple en changeant d'échelle) ou insister sur un enjeu actuel posé par le sujet.

3 Rédiger

- Aboutissement de la réflexion, la conclusion doit être particulièrement soignée.
- Il est fortement conseiller de la rédiger intégralement au brouillon, elle ne peut s'improviser.

L'astuce du prof
La conclusion peut être rédigée sur une feuille simple juste après avoir rédigé l'introduction : cela permet de voir très clairement son point de départ (l'introduction) et l'aboutissement de la réflexion (la conclusion). Cela permet également, si on manque de temps, de finaliser le devoir et de ne pas la rédiger dans le stress.

Corrigé

1. Répondre à la problématique

Ainsi la métropolisation représente la dynamique essentielle du territoire chinois. Elle représente toutes les contradictions d'une transition urbaine récente et brutale qui a accompagné un processus de développement tout aussi rapide. À l'échelle du pays, les métropoles polarisent le territoire en tant que capitales de province et sont plus nombreuses à

L'astuce du prof
Afin d'éviter de répéter les trois parties du sujet, on peut aboutir à une réflexion par échelle, qui est au cœur du raisonnement géographique.

l'Est. À l'échelle locale, elles ont connu un processus d'étalement urbain pour devenir de vastes aires urbaines polycentriques très inégalitaires sur le plan social avec la coexistence de populations aisées et de migrants ruraux mis à l'écart. La concentration des habitants et des activités dans ces grandes villes a surtout conduit à une accélération de la dégradation de l'environnement.

2. Faire une ouverture pertinente

Cette dégradation du cadre de vie dans les grandes villes suscite d'ailleurs aujourd'hui de réelles inquiétudes dans la population et menace déjà leur attractivité. Leur bonne gestion et la préservation de la santé de leurs habitants sont, au-delà de simples considérations sanitaires, un véritable défi économique et même de stabilité politique pour le pays.

L'astuce du prof

On peut utiliser la question environnementale pour réaliser l'ouverture. Les grandes métropoles, qui sont en fait la vitrine de la réussite économique de la Chine, pourraient paradoxalement maintenant devenir son point faible.

Enseignement scientifique

ENSEIGNEMENT SCIENTIFIQUE

Chapitre 1 Un niveau d'organisation : les éléments chimiques

1 Diversité des éléments chimiques

De quoi s'agit-il ? La fusion nucléaire permet, à partir du seul élément hydrogène, d'expliquer la création d'autres éléments chimiques et la diversité de ces derniers dans l'Univers, sur Terre et dans les êtres vivants.

1 Particules élémentaires et noyaux

- Un atome est constitué d'un noyau composé de nucléons, que sont les protons p et les neutrons n, et d'électrons e^-.
- Le nombre de masse, noté A, représente le nombre de nucléons d'un noyau, soit la somme du nombre de protons et de neutrons.
- Le nombre de charge ou numéro atomique, noté Z, représente le nombre de protons contenus dans le noyau.
- La charge d'un proton est positive et opposée à celle de l'électron qui elle, est négative. Le neutron, quant à lui, est neutre, donc doté d'une charge nulle.
- Un proton est un nucléon : $A = 1$ et $Z = 1$.
- Un neutron est un nucléon de charge nulle : $A = 1$ et $Z = 0$.
- Un électron n'est pas un nucléon et a une charge opposée à celle du proton : $A = 0$ et $Z = -1$.

Vocabulaire

- **Nucléons : particules du noyau d'un atome que sont les protons et les neutrons.**
- **Nombre de masse : nombre de nucléons d'un noyau, noté *A*.**
- **Nombre de charge : nombre de protons d'un noyau, noté *Z*.**

2 Représentation symbolique

- Un noyau de symbole chimique X, caractérisé par le nombre de masse A et le nombre de charge Z, est représenté symboliquement par ${}^{A}_{Z}X$.

Exemples : le noyau d'hydrogène est composé d'un seul proton. Son nombre de neutrons est nul. Son nombre de charge est donc $Z = 1$ et son nombre de masse $A = 1$. La représentation symbolique du noyau d'hydrogène est : ${}^{1}_{1}H$.
De même, le noyau de carbone 14, constitué de 6 protons et 8 neutrons, est représenté par ${}^{14}_{6}C$.

- Cette représentation symbolique peut aussi être utilisée pour les protons, neutrons et électrons : un proton est alors noté ${}^{1}_{1}p$, un neutron ${}^{1}_{0}n$ et un électron ${}^{0}_{-1}e$.

3 Abondance des éléments

- L'Univers est essentiellement constitué d'hydrogène et d'hélium. Le pourcentage en masse est de l'ordre de 74 % en hydrogène et 24 % en hélium. En troisième position arrive l'élément oxygène, avec environ 1 %. Les autres éléments sont à l'état de traces.

- Une analyse de la croûte terrestre montre en revanche une plus grande diversité des éléments chimiques qui la composent. L'oxygène est l'élément le plus présent, puis on trouve, par ordre décroissant, le silicium, l'aluminium, le fer, le calcium, le sodium, le magnésium… À l'exception du soufre, plus abondant, on retrouve les mêmes éléments prépondérants dans l'ensemble du globe terrestre.

- Les êtres humains sont, quant à eux, constitués en majorité de carbone (C), d'hydrogène (H), d'oxygène (O) et d'azote (N).

4 Fusion nucléaire

- Les noyaux des atomes de la centaine d'éléments chimiques stables de l'Univers résultent de réactions nucléaires stellaires, c'est-à-dire se produisant au sein des étoiles.

- La fusion de l'hydrogène est le premier maillon de la chaîne de création des éléments chimiques. Cette réaction correspond à deux noyaux dits « légers » fusionnant pour produire un noyau « lourd », contrairement à la fission, qui est le processus de création de deux noyaux légers par bombardement d'un noyau lourd.

- La réaction de fusion produisant de l'hélium 4 – ainsi qu'un neutron – est celle d'un noyau de deutérium, isotope à un neutron de l'hydrogène, et d'un noyau de tritium, isotope à deux neutrons de l'hydrogène. La réaction de fusion peut alors s'écrire :

$$^{2}_{1}H + ^{3}_{1}H \rightarrow ^{4}_{2}He + ^{1}_{0}n$$

Vocabulaire

- **Fusion :** réaction entre deux noyaux dits « légers » produisant un noyau plus lourd.
- **Fission :** réaction nucléaire, qui à partir d'un noyau père « lourd », produit deux noyaux fils légers.
- **Isotopes :** se dit de deux noyaux appartenant au même élément chimique donc ayant même nombre de charge Z.

- Toute réaction nucléaire conserve le nombre de masse A et le nombre de charge Z.

2 Instabilité des noyaux et désintégration

De quoi s'agit-il ? Certains noyaux sont instables et se désintègrent. La demi-vie associée à cette désintégration est caractéristique du noyau radioactif.

1 Radioactivité

- La radioactivité est un phénomène physique par lequel un noyau instable se désintègre pour constituer un nouveau noyau plus stable. Cette désintégration s'accompagne, dans certains cas, d'une émission de particules supplémentaires.

- La désintégration d'un noyau instable est un phénomène imprévisible. On parle souvent de « probabilité de désintégration » : l'instant de la désintégration d'un noyau radioactif individuel est en effet aléatoire.

- L'uranium 235 et l'uranium 238 sont les éléments radioactifs les plus importants de la croûte terrestre. Le corps humain contient aussi des éléments radioactifs comme le carbone 14 ou le potassium 40.

- Comme dans toute réaction nucléaire, il y a conservation du nombre de charge et du nombre de masse. La désintégration « alpha » d'un noyau $^{A}_{Z}X$, appelé noyau « père », produit un nouveau noyau Y, le noyau « fils », et une particule α, c'est-à-dire un noyau d'hélium 4. La réaction de désintégration s'écrit ainsi :

$$^{A}_{Z}X \rightarrow ^{4}_{2}He + ^{A-4}_{Z-2}Y$$

2 Décroissance radioactive et demi-vie

• Considérons un échantillon macroscopique contenant à l'instant initial, pris comme origine des temps, un nombre N_0 de noyaux radioactifs. Ces noyaux étant instables, ils vont se désintégrer. La quantité N de noyaux présents dans l'échantillon et donc non encore désintégrés à l'instant t quelconque suit une loi d'évolution dite de décroissance radioactive que l'on peut modéliser dans le **document** (courbe en rouge).

• La demi-vie d'un noyau radioactif, notée $t_{1/2}$, est la durée nécessaire pour que la moitié des noyaux initialement présents dans un échantillon se soit désintégrée. Pour un temps t correspondant à la demi-vie, il reste donc $N_0 - \frac{N_0}{2} = \frac{N_0}{2}$, soit la moitié des noyaux radioactifs initiaux.

• La demi-vie caractérise le noyau radioactif étudié. Cela signifie que chaque noyau radioactif a sa propre valeur de demi-vie et qu'il est identifiable grâce à celle-ci.

Vocabulaire

- **Désintégration :** processus permettant à un noyau instable, appelé « noyau père », de se stabiliser. La désintégration produit un nouveau noyau appelé « noyau fils ».
- **Décroissance radioactive :** évolution du nombre de noyaux radioactifs d'un échantillon macroscopique.
- **Demi-vie :** durée au bout de laquelle un échantillon a réduit de moitié sa population de noyaux radioactifs. Notée $t_{1/2}$, elle caractérise l'élément radioactif étudié.

Exemple : la demi-vie du carbone 14 est de $5{,}7 \times 10^2$ années.

• La courbe de la décroissance radioactive du **document** permet de constater que chaque fois qu'il s'écoule une demi-vie, l'échantillon a perdu la moitié de ses noyaux radioactifs. Ainsi, au bout de $t_{1/2}$, il ne reste que $\frac{N_0}{2}$ noyaux ; au bout de $2t_{1/2}$, il n'en reste que la moitié de $\frac{N_0}{2}$, soit $\frac{N_0}{4}$, etc. Le tableau ci-après récapitule le nombre de noyaux radioactifs restants au bout d'un nombre n de demi-vies. Au bout de n demi-vies, le nombre de noyaux radioactifs restants est de $\frac{N_0}{2^n}$. Cela permet de dater des échantillons.

t	0	$t_{1/2}$	$2t_{1/2}$	$3t_{1/2}$	$4t_{1/2}$	$5t_{1/2}$	$nt_{1/2}$
N	N_0	$\frac{N_0}{2}$	$\frac{N_0}{4}$	$\frac{N_0}{8}$	$\frac{N_0}{16}$	$\frac{N_0}{32}$	$\frac{N_0}{2^n}$

Doc. Loi de décroissance radioactive

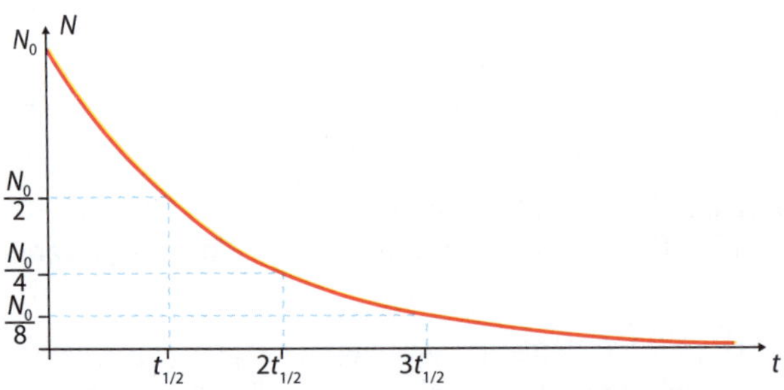

• Les noyaux radioactifs peuvent également être utilisés pour le diagnostic médical ainsi que pour traiter des cancers, ou encore dans le cadre de recherches en biologie.

• Les transformations nucléaires, impliquant des noyaux radioactifs, libèrent de l'énergie. Il est donc important de se protéger lorsque des substances radioactives sont utilisées.

Révision express

Les éléments chimiques

Le schéma important à retenir

Décroissance radioactive

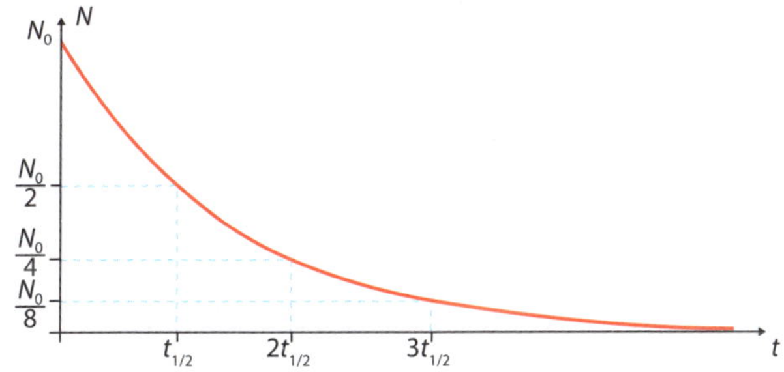

N : nombre de noyaux radioactifs présents dans un échantillon macroscopique à la date t.

Tableau récapitulatif du nombre N en fonction de la durée t, multiple entier de la demi-vie $t_{1/2}$

t	0	$t_{1/2}$	$2t_{1/2}$	$3t_{1/2}$	$4t_{1/2}$	$5t_{1/2}$	$nt_{1/2}$
N	N_0	$\frac{N_0}{2}$	$\frac{N_0}{4}$	$\frac{N_0}{8}$	$\frac{N_0}{16}$	$\frac{N_0}{16}$	$\frac{N_0}{2^n}$

Quiz

Cochez la bonne réponse :

1. Le nombre de charge correspond au nombre de particules chargées du noyau. ☐ Vrai ☐ Faux
2. Le symbole du carbone 14 est $^{14}_{6}C$. Son noyau possède 6 protons et 14 neutrons. ☐ Vrai ☐ Faux
3. L'hydrogène est un élément présent dans l'Univers, sur Terre et dans les êtres humains. ☐ Vrai ☐ Faux
4. La demi-vie correspond à la moitié du temps de vie d'un échantillon radioactif. ☐ Vrai ☐ Faux
5. La fission est toujours amorcée par un bombardement de neutrons. ☐ Vrai ☐ Faux
6. L'utilisation de noyaux radioactifs est toujours dangereuse pour la santé. ☐ Vrai ☐ Faux

→ Réponses p. 532

EXERCICE GUIDÉ 1

Déterminer graphiquement le nombre de noyaux restants au bout de *n* demi-vies

Énoncé

À partir de la courbe de décroissance radioactive du césium 137, déterminez le nombre de noyaux radioactifs restant dans cet échantillon au bout de 150 ans.

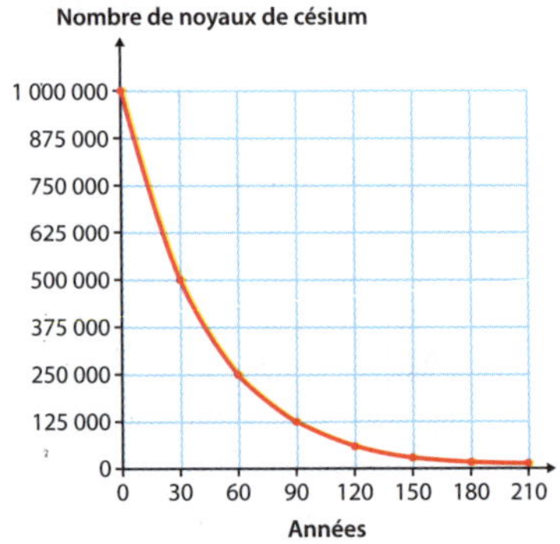

Méthode

- Déterminer la demi-vie $t_{1/2}$ de l'élément radioactif.
- Le nombre de noyaux N étant réduit de moitié à chaque durée égale à $t_{1/2}$ supplémentaire, en déduire le tableau des valeurs de N en fonction de $t = nt_{1/2}$.
- Identifier dans le tableau précédent le temps donné dans l'énoncé et en déduire le nombre de noyaux restants.
- Une vérification peut être faite en calculant $N_0/2^n$ avec $n = t/t_{1/2}$.

Corrigé

La population de noyaux initiaux est de N_0 = 1 000 000. Pour $N_0/2$ = 500 000 noyaux, la courbe indique une abscisse correspondant à la demi-vie $t_{1/2}$ = 30 ans.

Le tableau suivant récapitule le nombre de noyaux restants en fonction du temps d'observation de l'échantillon :

***t* (ans)**	0	$t_{1/2} = 30$	$2t_{1/2} = 60$	$3t_{1/2} = 90$	$4t_{1/2} = 120$	$5t_{1/2} = 150$	$6t_{1/2} = 180$
N	N_0 = 1 000 000	$N_0/2$ = 500 000	$N_0/4$ = 250 000	$N_0/8$ = 125 000	$N_0/16$ = 62 500	$N_0/32$ = 31 250	$N_0/64$ = 15 625

Par lecture directe du tableau ci-avant, au bout de 150 ans, soit 5 demi-vies, le nombre de noyaux restants est de 31 250.

On vérifie que $n = t/t_{1/2} = 150/30 = 5$ demi-vies et $N = N_0/2^n = 1\ 000\ 000/2^5$, soit N = 31 250 noyaux restants.

EXERCICE GUIDÉ 2

Estimer la durée nécessaire pour obtenir une certaine proportion de noyaux restants

Énoncé

À partir de la courbe de décroissance radioactive du césium 137 de la page précédente, déterminez la durée nécessaire pour obtenir 45 % de noyaux radioactifs restants dans cet échantillon.

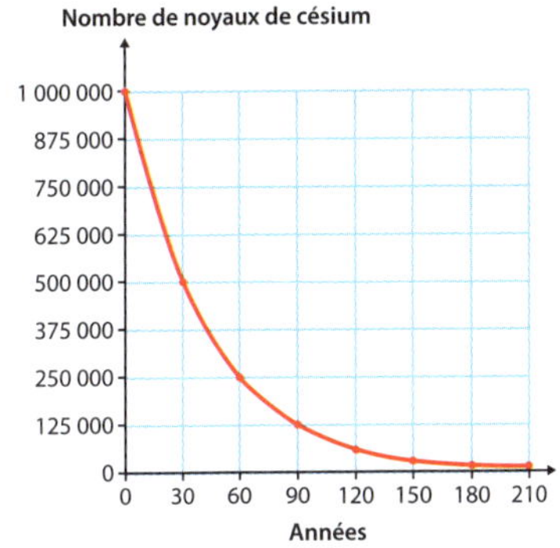

Méthode

- Déterminer le nombre N de noyaux radioactifs de l'échantillon correspondant à la proportion donnée dans l'énoncé.
- Par lecture directe sur la courbe de décroissance radioactive, en déduire l'abscisse t de N. Elle correspond à la réponse recherchée.

Corrigé

La population de noyaux initiaux est de $N_0 = 1\,000\,000$.
La proportion de 45 % correspond alors à $N = 0{,}45 \times N_0$,
soit $N = 0{,}45 \times 1\,000\,000 = 450\,000$ noyaux restants.

Par lecture directe sur la courbe, en positionnant le point d'ordonnée N, on peut lire son abscisse t. Soit pour $N = 450\,000$ noyaux, $t = 35$ ans environ.

Réflexe à avoir
Cette valeur est une valeur statistique obtenue grâce au modèle de décroissance radioactive. La valeur réellement obtenue a un caractère aléatoire.

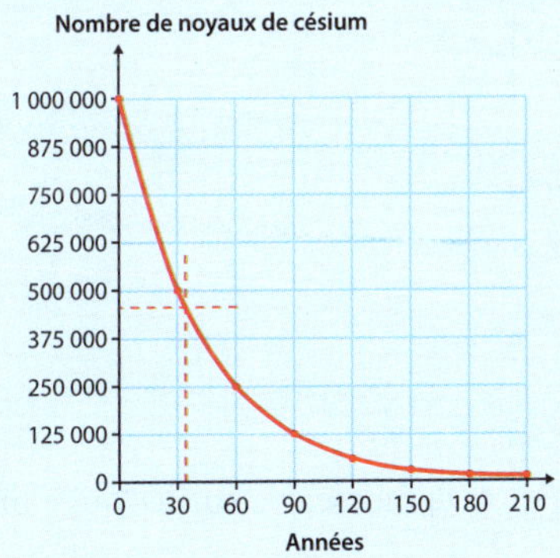

ENS. SCIENTIFIQUE

Chapitre 2 Des édifices ordonnés : les cristaux

1 Structure cristalline

De quoi s'agit-il ? Un cristal est constitué d'un empilement régulier d'ions, d'atomes ou de molécules.

1 Exemple du chlorure de sodium

• Le chlorure de sodium solide, communément appelé sel, est un cristal présent dans les roches ou issu de l'évaporation de l'eau salée. Il est composé d'ions chlorure Cl^- et d'ions sodium Na^+ en quantités égales.

• Le solide cristallin est constitué d'un empilement régulier d'ions sodium et d'ions chlorure, dont le plus petit motif en trois dimensions est appelé maille élémentaire.

• En répétant périodiquement suivant les trois dimensions de l'espace la maille élémentaire d'un cristal, on reconstitue la structure cristalline.

Vocabulaire

- **Cristal :** arrangement périodique d'atomes, d'ions ou de molécules selon les trois dimensions de l'espace.
- **Maille élémentaire :** motif 3D d'un cristal qui permet de reconstituer le cristal par répétition suivant les trois dimensions de l'espace.

• Dans la maille élémentaire du cristal de chlorure de sodium, les ions chlorure sont représentés par des sphères rouges, et les ions sodium par des sphères bleues (**Doc. 1**).

Doc. 1 Maille élémentaire du cristal de chlorure de sodium

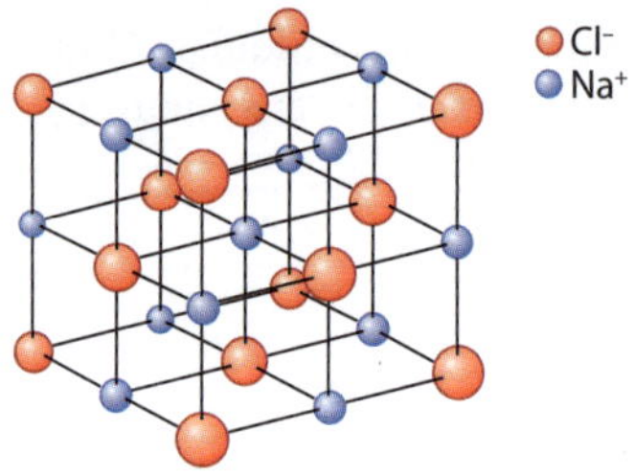

2 Masse volumique

• La masse volumique ρ d'un solide est le rapport entre la masse des entités qui composent la maille et le volume de la maille :

$$\rho = \frac{\text{Masse des entités dans la maille}}{\text{Volume de la maille}}$$

Elle s'exprime en $g{\cdot}L^{-1}$ si la masse est en g et le volume en L.

• Suivant le type cristallin, la masse volumique d'un cristal varie.

Vocabulaire

- **Type cristallin :** structuration d'une maille qui dépend de sa géométrie, de la nature et de la position des entités.

Doc. 2 **Exemples de types cristallins**

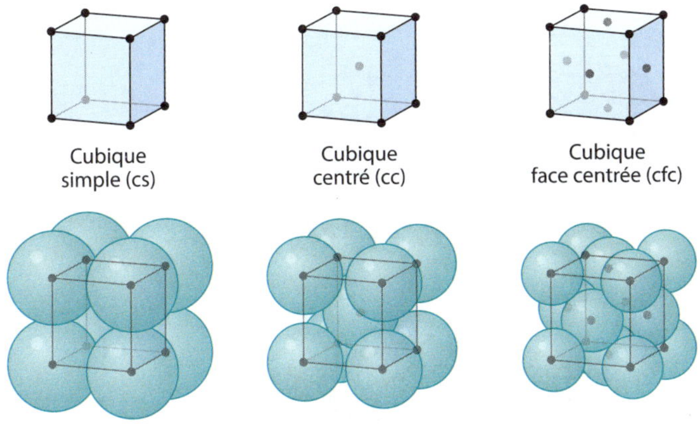

2 Organisation cristalline et propriétés

De quoi s'agit-il ? **Une roche est formée d'une association de minéraux qui se caractérisent par leur éventuelle structure cristalline. L'exemple du carbone est riche de structures aux multiples propriétés.**

1 Roches, minéraux et cristaux

- Une roche est formée de l'association de cristaux d'un même minéral ou de plusieurs minéraux.
- Un minéral est une substance inorganique dans la plus grande majorité des cas, définie par sa composition chimique et l'agencement de ses atomes ou autres entités selon une périodicité et une symétrie particulières. Les dimensions d'un minéral varient de quelques nanomètres à quelques mètres.
- La plupart des minéraux sont cristallisés, mais d'autres sont sans structure cristalline : on parle dans ce cas de solides ou de minéraux amorphes.

Vocabulaire

- **Amorphe :** se dit d'un solide ou d'un composé dont les entités constituantes ne respectent aucun ordre.

2 Structures cristallines des minéraux

- Un composé de formule chimique donnée peut cristalliser sous différents types de structures qui ont des propriétés macroscopiques différentes.
- Le carbone, à l'état de corps pur, peut se trouver sous des formes différentes : on parle de formes allotropiques. Il existe sous la forme de fullerène (**Doc. 3a**), de nanotube de carbone (**b**), de diamant (**c**), de graphite (**d**) ou de graphène (**e**). Chacune de ces formes a des propriétés macroscopiques spécifiques.
- Un minéral se caractérise par sa composition chimique et sa structure ou son organisation cristalline.
- Des structures cristallines existent aussi dans les organismes biologiques : coquille, squelette, calcul rénal, etc.

Vocabulaire

- **Formes allotropiques :** formes différentes que peut prendre un corps pur, comme le diamant ou le graphite pour le carbone.

Doc. 3 Structures cristallines du carbone

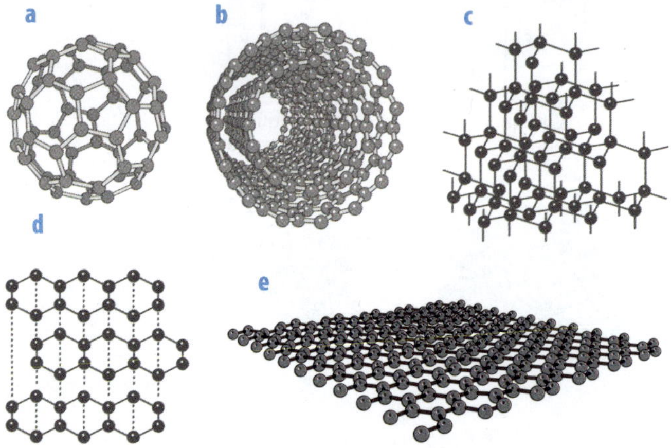

3 Solides amorphes

- Dans le cas d'un solide amorphe, l'empilement des entités qui le composent se fait sans ordre géométrique.
- Le charbon est l'allotrope amorphe du carbone (**Doc. 4**).

Exemples : le verre est un exemple de solide amorphe. Les minéraux métamictes comme certains quartz ou zircons sont également des solides amorphes.

- Certaines roches volcaniques comme l'obsidienne contiennent du verre appelé verre volcanique. Ce verre est issu de la solidification très rapide d'une lave.
- Un solide amorphe est composé d'entités qui ne respectent aucun ordre : il est souvent obtenu par refroidissement d'un liquide très visqueux qui n'a pas pu se cristalliser.

Doc. 4 Charbon ou allotrope amorphe du carbone

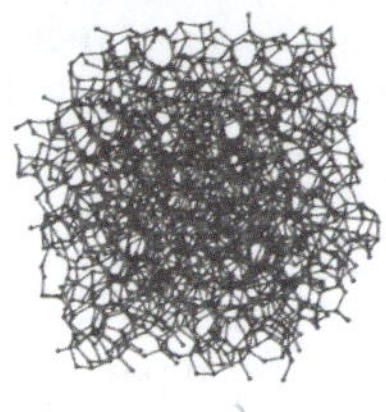

Révision express

Les cristaux : des édifices ordonnés

Le schéma important à retenir

Masses volumiques et structures cristallines

	Graphite	Diamant
Échantillon macroscopique d'un cristal		
Formule chimique	C	C
Disposition des atomes (structure cristalline)	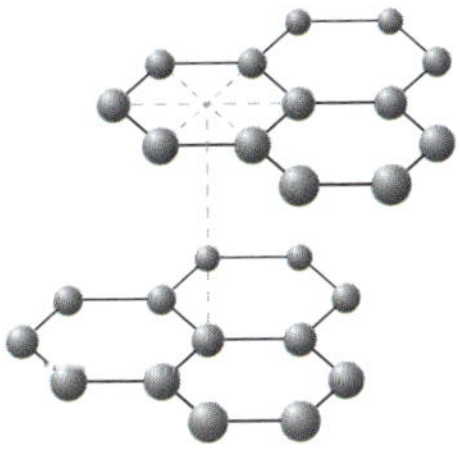	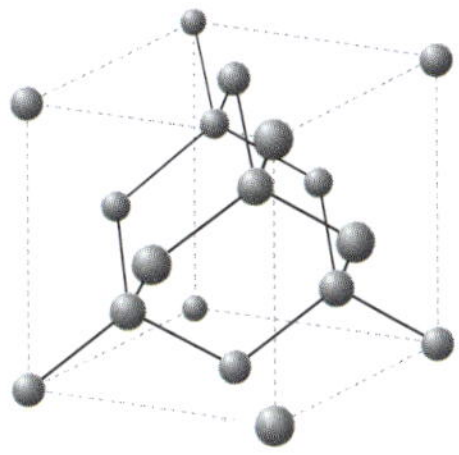
Masse volumique	2,1 kg·L^{-1}	3,5 kg·L^{-1}

Quiz

Cochez la bonne réponse :

1. Le chlorure de sodium est constitué d'ions sodium et d'ions chlorure bien ordonnés. ☐ Vrai ☐ Faux
2. Le cristal est la répétition d'un motif 3D appelé maille élémentaire. ☐ Vrai ☐ Faux
3. La masse volumique d'un cristal est une propriété microscopique. ☐ Vrai ☐ Faux
4. Seuls les composés inorganiques ont des structures cristallines. ☐ Vrai ☐ Faux
5. Un solide amorphe n'a pas de structure cristalline. ☐ Vrai ☐ Faux
6. Les verres sont des solides amorphes. ☐ Vrai ☐ Faux

→ Réponses p. 532

EXERCICE GUIDÉ

Distinguer des édifices ordonnés et des édifices désordonnés

Énoncé

Le schéma ci-dessous présente deux assemblages d'atomes de silicium (Si) et d'oxygène (O) dans des roches magmatiques.

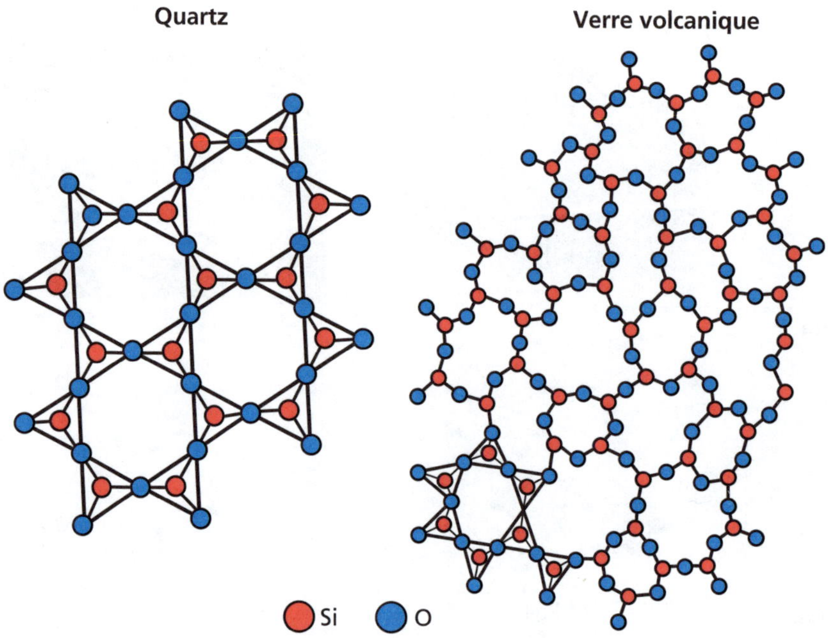

1. Décrivez l'organisation des assemblages d'atomes dans le quartz et dans le verre volcanique en utilisant les termes « cristal » et « amorphe ».

2. D'après vos connaissances, expliquez comment des atomes identiques présents dans le magma ont pu s'assembler de manière différente au moment de sa solidification en roche.

3. Définissez les termes « maille », « cristal » et « roche ».

4. Recherchez sur Internet les informations nécessaires pour placer sur une échelle de taille : maille, cristal et roche.

Méthode

- Indiquer quelle forme géométrique se répète dans le quartz.
- Comparer la structure microscopique du quartz et celle du verre volcanique.
- Relire le cours pour se rappeler les définitions demandées.
- Rechercher les ordres de grandeur de taille d'une maille, d'un cristal et d'une roche.

Corrigé

1. Dans le quartz, les atomes d'oxygène et de silicium sont assemblés de manière ordonnée sous forme de tétraèdres dans lesquels les atomes d'oxygène sont au sommet et l'atome de silicium au centre. Les tétraèdres sont attachés entre eux de manière régulière. Ces motifs atomiques répétitifs forment un réseau cristallin caractéristique : il s'agit d'un cristal de quartz. Dans le verre, on observe quelques tétraèdres mais la plupart des atomes d'oxygène et de silicium sont attachés entre eux de manière désordonnée sans donner de forme particulière : c'est une structure amorphe.

2. Le magma est un mélange de roche en fusion et de gaz. Les ions sont donc présents dans une phase liquide. Lors d'un refroidissement rapide, quand le magma arrive en surface, il passe brutalement à l'état solide et les ions sont assemblés de manière désordonnée en formant du verre volcanique.

Lors d'un refroidissement plus lent, dans les profondeurs de la Terre, le magma se solidifie lentement. On dit qu'il cristallise, car les ions en solution s'assemblent de manière ordonnée et régulière sous forme de cristaux.

3. Une maille est un motif élémentaire de forme géométrique dans laquelle les ions, les atomes ou les molécules occupent des positions précises.

Un cristal est une structure dans laquelle des mailles élémentaires se répètent de manière régulière.

Une roche est un assemblage de minéraux dont tout ou partie est sous forme de cristaux.

4. L'échelle de taille peut être schématisée de la manière suivante.

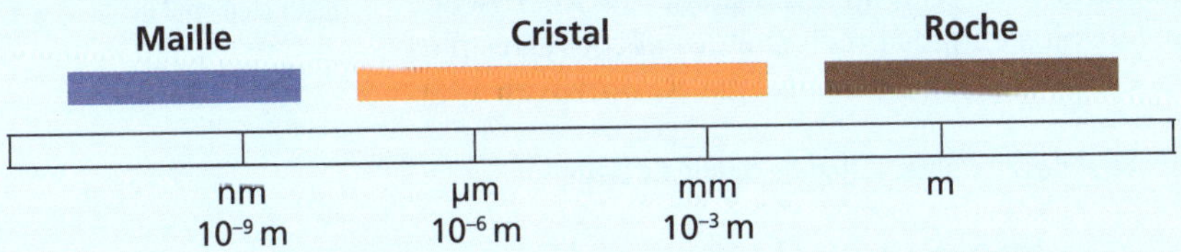

Chapitre 3 Une structure complexe : la cellule vivante

1 De l'observation à la théorie cellulaire

De quoi s'agit-il ? Dès le XVIIe siècle, les cellules sont observées, mais il faut attendre plus de deux siècles pour qu'on considère une cellule comme la structure élémentaire commune à tous les êtres vivants.

1 Premières observations

- Les premières observations de cellules au microscope sont réalisées entre 1660 et 1665 par A. van Leeuwenhoek (1632-1723), drapier à Delft (Hollande), et R. Hooke (1635-1702), physicien, astronome et naturaliste anglais (**Doc. 1**).

- Tous deux traduisent leurs observations par des dessins d'une grande précision. Néanmoins, personne à l'époque ne comprend que les cellules représentées constituent l'unité élémentaire du monde vivant.

- Peu à peu, l'amélioration du pouvoir séparateur du microscope rend les observations de plus en plus précises et les découvertes plus nombreuses, comme celle du noyau cellulaire, par R. Brown en 1831.

Vocabulaire

- **Pouvoir séparateur (ou de résolution) :** distance minimale qui doit exister entre deux points pour qu'ils puissent être observés distinctement l'un de l'autre.

Doc. 1 Microscope de Hooke et dessin d'observation de cellule de Liège

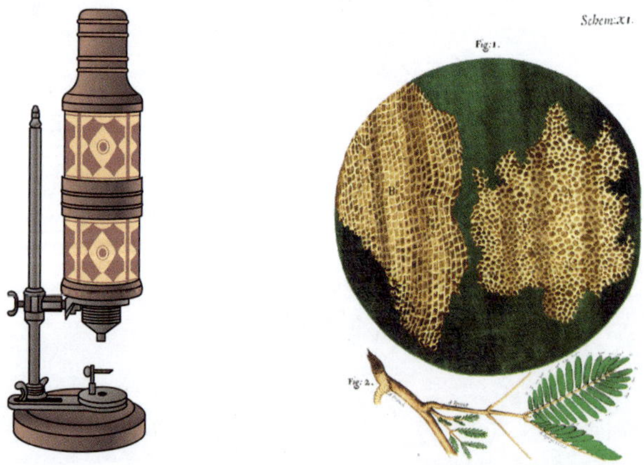

En 1665, R. Hooke observe au microscope un fragment de liège dans lequel il voit de petites cavités qu'il nomme cellules (*cellula* en latin désigne la petite chambre des moines).

2 Émergence de la théorie cellulaire

• Dès la fin du XVIIIe siècle, différentes théories tentent d'unifier le monde vivant. Les unes prétendent que toute matière vivante est faite de fibres (théorie fibrillaire), d'autres que les organismes sont constitués par l'assemblage de micro-organismes. Aucune ne fait néanmoins l'unanimité.

• En 1839, le botaniste M. J. Schleiden et le zoologiste T. Schwann, après observation de nombreux êtres vivants, simples ou complexes, affirment que « la cellule est l'unité structurale et fonctionnelle des plantes et des animaux » et que « tous les organismes sont faits de petites unités : les cellules ». On conçoit alors la cellule comme une entité séparée du milieu extérieur par une membrane (**Doc. 2**).

• En 1855, le médecin allemand R. Virchow déclare que toute cellule provient d'une autre cellule. Ce dernier principe de la théorie cellulaire sera confirmé en 1862 par L. Pasteur qui démontre que la génération spontanée n'existe pas.

Vocabulaire

- **Unité structurale :** élément de base dont la structure est commune à tous les êtres vivants. Ainsi, toutes les cellules sont composées d'une membrane limitant un cytoplasme.
- **Unité fonctionnelle :** élément de base capable d'assurer de façon autonome certaines fonctions.
- **Génération spontanée :** théorie selon laquelle la matière inerte peut donner spontanément naissance à des êtres vivants.

Doc. 2 Cellules d'épiderme d'oignon (a) et d'épiderme de grenouille (b) (Mo × 100)

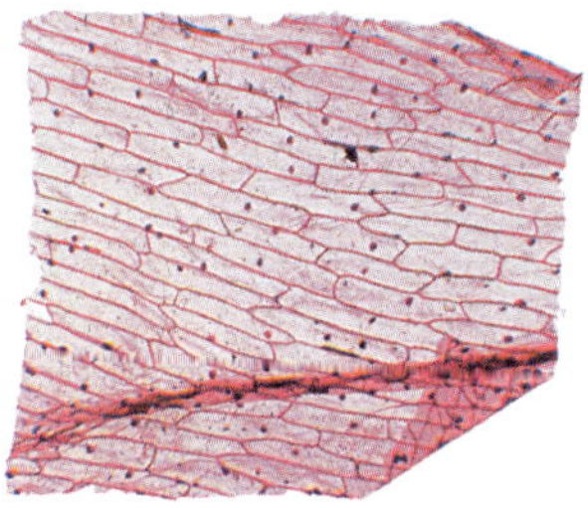
(a)

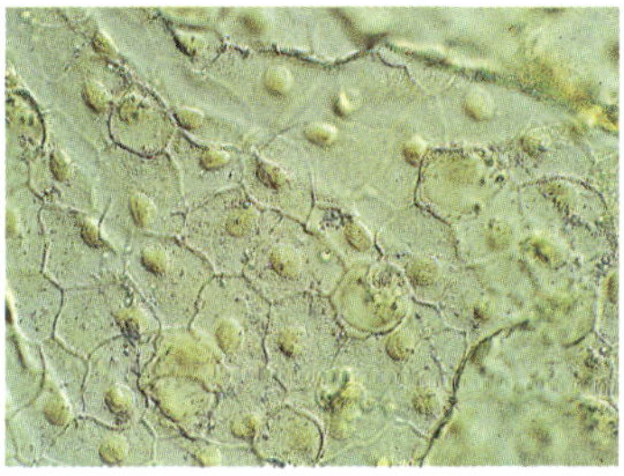
(b)

ENS. SCIENTIFIQUE

2 Techniques d'observation

De quoi s'agit-il ? **Progressivement, l'étude des cellules est facilitée par l'emploi de techniques et d'instruments de plus en plus perfectionnés.**

1 Des méthodes d'étude diversifiées

• Au cours du XIXe siècle, le pouvoir séparateur du microscope passe de 10 à 0,25 micromètre, soit une amélioration de 40 fois, ce qui permet des observations plus précises de la cellule.

• Avec la fabrication des micromètres, des lames de verre finement graduées, il devient possible de mesurer la taille des objets observés et ainsi d'établir des comparaisons et des échelles. Une bactérie par exemple (procaryote) mesure environ 5 µm contre quelques dizaines de micromètres pour les cellules eucaryotes.

• L'invention du microtome, vers 1860, facilite la réalisation de coupes fines des tissus animaux ou végétaux, rendues ainsi transparentes et mieux observables. L'étude des cellules en place dans leur tissu s'en trouve améliorée.

Vocabulaire

- **Micromètre :** appareil utilisé pour mesurer des dimensions microscopiques. C'est aussi une unité de longueur qui correspond à 10^{-6} mètre, soit un millionième de mètre (symbole µm).

• Le développement de la chimie dans la deuxième moitié du XIXe siècle permet la mise au point de colorants spécifiques aux structures cellulaires : noyau, cytoplasme, paroi… Les détails sont révélés et, d'un type de cellule à l'autre, on peut établir des parallèles.

• L'utilisation de colorants spécifiques d'un constituant cellulaire, comme l'eau iodée pour l'amidon, permet pour la première fois de faire le lien entre organites et composition moléculaire : les chloroplastes sont colorés en brun par l'eau iodée, ils contiennent donc de l'amidon (**Doc. 3**).

Vocabulaire

- **Microtome :** lame montée sur un support et dont la position peut être réglée avec une grande précision pour réaliser des coupes très fines.
- **Organite :** compartiment cellulaire limité par une membrane et assurant un rôle spécifique (chloroplaste, mitochondrie, appareil de Golgi…).

Doc. 3 Cellules végétales (élodée) après coloration à l'eau iodée (microscope optique × 400)

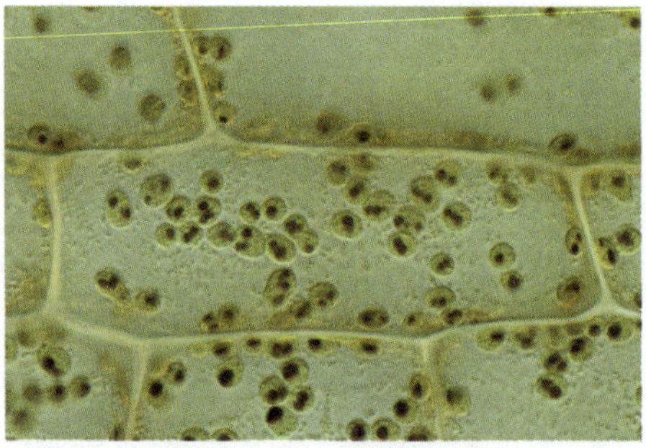

2 Invention du microscope électronique

• Mais l'utilisation du microscope photonique limite le pouvoir de résolution, car celui-ci dépend de la longueur d'onde du faisceau utilisé. L'invention du microscope électronique, dans lequel les électrons bombardent la préparation à la place des photons, offre de nouvelles images (**Doc. 4**) jusqu'alors inimaginables. Le détail de la structure des chloroplastes devient visible. D'autres organites comme les mitochondries sont observables. En effet, alors qu'avec un microscope optique, on atteint difficilement un grossissement de 1 500, le microscope électronique peut dépasser la centaine de milliers de fois.

Vocabulaire

- **Microscope photonique (ou optique) :** instrument d'optique qui, grâce à deux lentilles (un objectif et un oculaire) donne une image agrandie d'un objet sur lequel la lumière est concentrée par un condensateur.

• Cette invention annonce les progrès spectaculaires qui seront réalisés à partir de la deuxième moitié du XXe siècle.

Doc. 4 Cellule végétale (microscope électronique × 7 000)

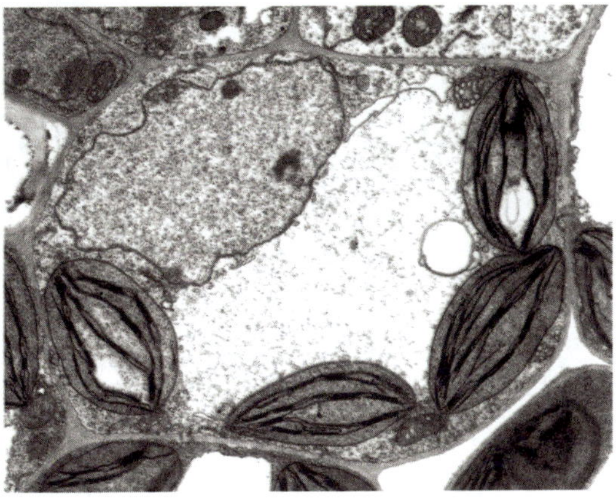

3 Ultrastructure cellulaire

De quoi s'agit-il ? Le microscope électronique a permis l'exploration de l'intérieur de la cellule et la compréhension du lien entre les échelles moléculaire et cellulaire.

1 Étude des organites cellulaires

• La découverte des organites cellulaires remonte au XIXe siècle (noyau en 1831) mais le développement de la microscopie électronique dans la deuxième moitié du XXe siècle permet de comprendre leur structure et leur fonctionnement, notamment pour ceux intervenant dans la synthèse et le stockage de constituants.

• Ainsi sont mises en évidence dans le cytoplasme des inclusions, c'est-à-dire des concentrations de molécules, signes d'un trafic cellulaire entre le réticulum endoplasmique, l'appareil de Golgi, le cytoplasme et la membrane plasmique (**Doc. 5**).

• On comprend mieux aussi à cette époque les différences entre cellules animales et végétales, grâce aux caractéristiques spécifiques de ces dernières : une paroi cellulosique servant de squelette externe, des chloroplastes, lieu de photosynthèse, une vacuole de grande taille, lieu de stockage d'eau et de substances dissoutes.

• Mais, au-delà de ces différences, le microscope électronique montre la profonde unité cellulaire, avec la mise en évidence de constituants semblables d'une cellule à l'autre. Il confirme ainsi la cellule comme unité de structure et de fonction des êtres vivants et valide la théorie cellulaire.

Vocabulaire

- **Réticulum endoplasmique :** ensemble de canaux membranaires assurant le transit de molécules au sein de la cellule.
- **Appareil de Golgi :** ensemble de sacs membranaires aplatis permettant le transfert, le tri et la transformation de molécules.
- **Paroi cellulosique :** enveloppe rigide et perméable qui double extérieurement la membrane plasmique des cellules végétales.

Doc. 5 **Organisation d'une cellule végétale (vue au microscope électronique)**

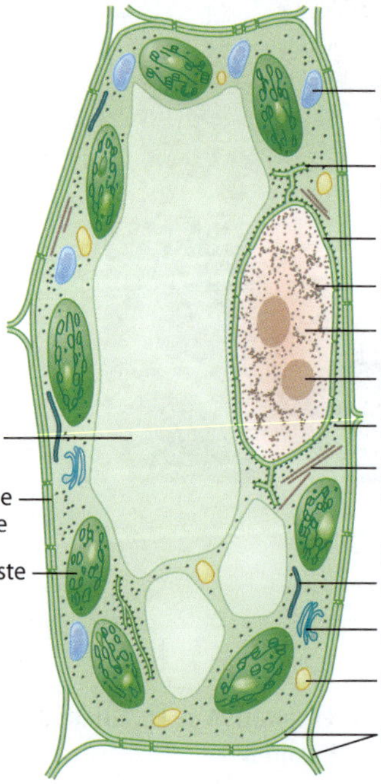

2 De l'échelle cellulaire à l'échelle moléculaire

- Le développement du microscope électronique permet de faire le lien entre l'échelle moléculaire et l'échelle subcellulaire, celle des organites.

- Dans le noyau, une partie de l'ADN est condensée (hétérochromatine) et ne s'exprime pas, contrairement à l'autre partie, décondensée (euchromatine).

- Les pores de l'enveloppe nucléaire permettent le transfert d'information génétique dans le cytoplasme sous la forme d'un messager (ARN messager). Celui-ci se retrouve associé aux ribosomes, eux-mêmes fixés sur le réticulum endoplasmique, où il sera traduit en protéines. Ces dernières pourront alors transiter dans un système de canaux membranaires (réticulum, appareil de Golgi, vésicules).

Vocabulaire

- **Enveloppe nucléaire :** double membrane percée de pores limitant le noyau cellulaire.
- **Ribosome :** particule qui, en assurant le décodage de l'information génétique, participe à la synthèse des protéines.

4 Les échanges cellulaires

De quoi s'agit-il ? La cellule vivante est un milieu réactionnel qui établit des relations avec le milieu extérieur par l'intermédiaire de la membrane plasmique.

1 Une structure stable entre milieux intra et extra cellulaire

- La membrane plasmique est constituée d'une double couche de phospholipides dans laquelle sont enchâssées des protéines. Chaque phospholipide comprend une partie hydrophile (la tête) tournée vers l'extérieur ou l'intérieur de la cellule (les zones aqueuses) ainsi qu'une partie hydrophobe (la queue). Ces dernières se font face, à l'abri de l'eau.
- Les protéines sont superficielles (internes ou externes) ou intégrées dans la membrane.
- En 1972, Singer et Nicolson développent le modèle de la mosaïque fluide (**Doc. 6**), selon lequel la membrane peut se déformer. En effet, les phospholipides sont capables d'effectuer différents mouvements en son sein : rotation, diffusion latérale et flip flop (passage d'un feuillet à l'autre) tandis que les protéines membranaires peuvent s'y déplacer latéralement.
- Ces déformations rendent possible l'exocytose (**Doc. 7**) comme l'endocytose.

Vocabulaire

- **Phospholipides :** lipides formés d'un groupement phosphate relié par un glycérol à deux chaînes d'acides gras.
- **Hydrophile :** qui manifeste une affinité pour l'eau, notamment par l'établissement de liaisons hydrogène.
- **Hydrophobe :** qui n'établit pas de liaison avec l'eau, c'est-à-dire qui est repoussé par l'eau ou qui repousse l'eau.
- **Exo(endo)cytose :** sortie (ou entrée) de substances hors de la cellule grâce aux déformations de la membrane.

2 Un contrôle des échanges et de la communication

- La membrane plasmique permet le passage de certaines substances chimiques tout en assurant la stabilité de la composition du milieu intracellulaire.
- Certaines substances (l'O_2, le CO_2, des ions) peuvent entrer ou sortir de la cellule par diffusion passive : elles se déplacent du milieu où leur concentration est élevée vers celui où la concentration est faible de façon à établir un équilibre des concentrations dans les deux milieux. Selon le phénomène d'osmose, l'eau entre ou sort de la cellule de la même façon.

Vocabulaire

- **Osmose :** passage d'un solvant au travers d'une membrane, du milieu le moins concentré en soluté vers le milieu le plus concentré.

- Ces échanges peuvent se faire à travers la bicouche lipidique (pour les gaz) ou par l'intermédiaire de pores protéiques et de protéines « canal » transmembranaires. Des molécules comme le glucose pénètrent dans la cellule par l'intermédiaire de protéines spécifiques appelées transporteurs. Ces transporteurs les font passer rapidement d'une face à l'autre de la membrane : il s'agit alors de diffusion facilitée.
- Des transports actifs nécessitant de l'énergie sont également assurés par des protéines qui jouent le rôle de pompes. Ceux-ci permettent le maintien de concentrations de solutés différentes de part et d'autre de la membrane.
- Enfin, exocytose et endocytose permettent l'entrée ou la sortie d'éléments emballés dans des vésicules membranaires (produits de sécrétion, toxines…). Ce processus est utilisé par les virus pour injecter leur contenu dans la cellule et pour en sortir une fois multipliés à l'intérieur de celle-ci. En effet ceux-ci, bien que pourvus d'une membrane semblable à la membrane plasmique, n'établissent pas d'échanges avec l'environnement et n'ont pas la capacité de se reproduire indépendamment d'une cellule hôte.

• Par ailleurs, la membrane plasmique assure un rôle dans la communication entre cellules, les signaux échangés entre cellules étant indispensables au fonctionnement coordonné de l'organisme. Des récepteurs moléculaires (protéiques), présents à la surface de la membrane sont spécifiques à des molécules porteuses d'information (hormones ou neurotransmetteurs). La fixation de ces messagers chimiques sur leur récepteur déclenche une série de réactions qui entraînent une réponse de la cellule.

Doc. 6 Structure de la membrane plasmique selon le modèle de Singer et Nicholson (mosaïque fluide)

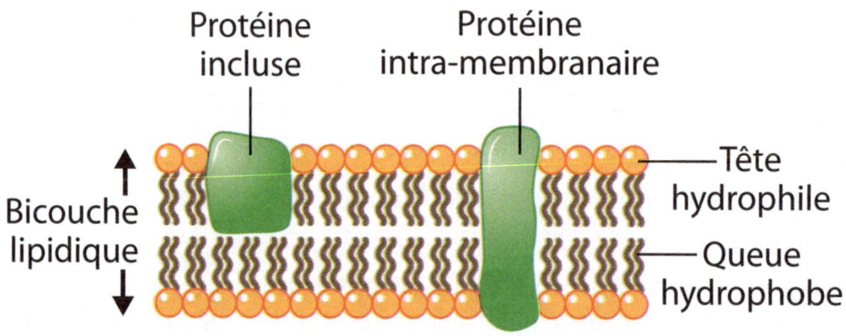

Doc. 7 Exocytose

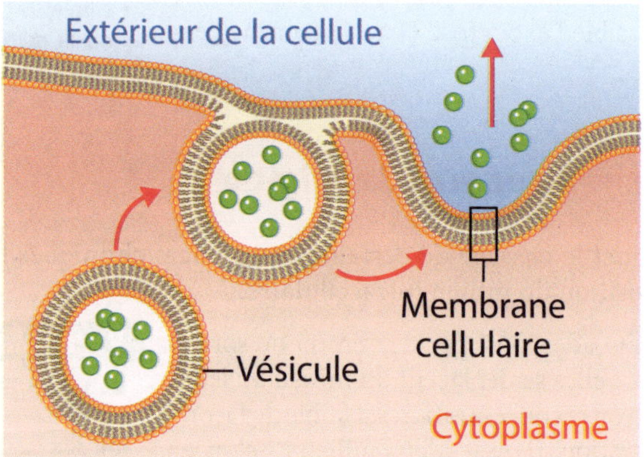

La membrane des vésicules intracytoplasmiques et la membrane plasmique sont de même nature. Elles peuvent fusionner pour permettre l'exportation de substances hors de la cellule.

Révision express

La cellule vivante : une structure complexe

Les schémas importants à retenir

La cellule, unité du monde vivant

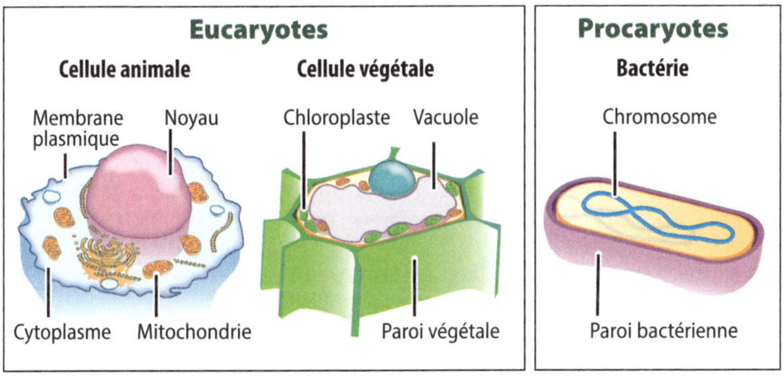

La membrane plasmique

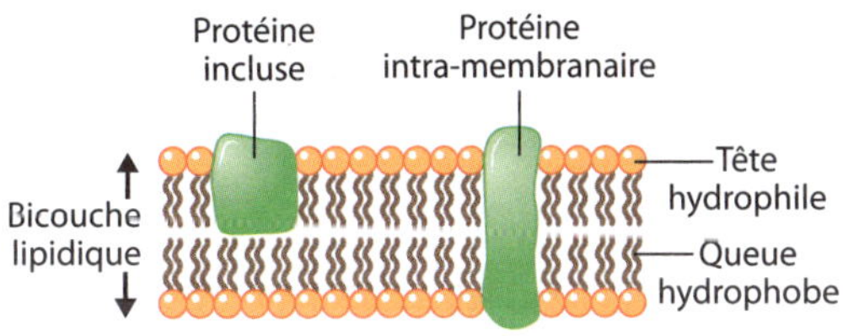

Quiz

Cochez la bonne réponse :

1. La découverte de l'unité cellulaire est liée à l'invention du microscope. ☐ Vrai ☐ Faux

2. Énoncez les trois principes de la théorie cellulaire.

3. La membrane plasmique est constituée d'une couche de phospholipides et de protéines. ☐ Vrai ☐ Faux

4. Le microscope électronique permet d'observer certaines molécules. ☐ Vrai ☐ Faux

5. Les ribosomes sont visibles au microscope optique. ☐ Vrai ☐ Faux

→ Réponses p. 532

EXERCICE GUIDÉ

Étudier le transport intracellulaire des protéines

Énoncé

La cellule réalise la synthèse de ses protéines par l'assemblage d'acides aminés sous le contrôle de son information génétique. On cherche à suivre les protéines dans la cellule depuis leur synthèse jusqu'à leur exportation.

Des cellules sont mises en présence d'un acide aminé radioactif, la leucine tritiée, pendant 3 minutes, puis transférées dans un milieu normal. Elles sont ensuite prélevées à différents intervalles de temps et préparées pour subir une autoradiographie : celle-ci met en évidence la présence de protéines radioactives sous forme de taches noires.

Le document ci-dessous traduit, en fonction de l'instant du prélèvement, les variations de radioactivité de certaines structures cellulaires (« lumière » : extérieur de la cellule).

Doc. **Variations de radioactivité de certaines structures cellulaires**

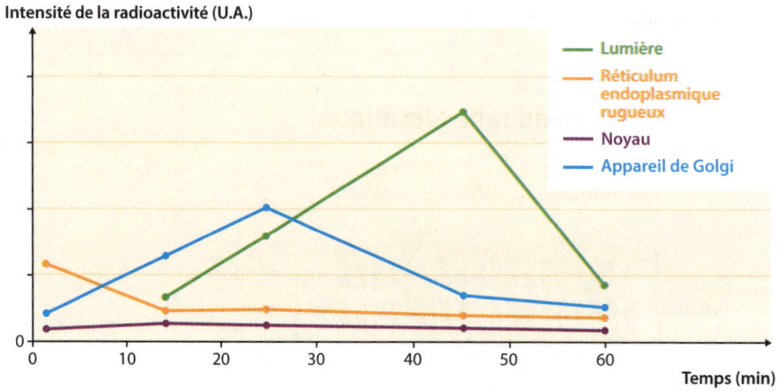

1. Construisez un tableau pour récapituler les variations de la radioactivité au cours du temps (toutes les 10 minutes) dans les différents compartiments. (Vous utiliserez des flèches ascendantes, descendantes, ou des tirets selon que l'intensité de la radioactivité augmente, diminue, ou reste constante).

2. Expliquez les résultats observés pour le noyau.

3. Utilisez les résultats réunis dans le tableau pour retracer le parcours des protéines dans la cellule après leur synthèse.

Méthode

- Il faut savoir que l'autoradiographie est précédée d'un lavage qui élimine les petites molécules (comme les acides aminés). Seuls les acides aminés intégrés dans de grosses molécules (les protéines) sont conservés et peuvent être visibles à l'autoradiographie.
- Ainsi, l'intensité de la radioactivité mesurée dans chaque compartiment cellulaire correspond à une quantité de protéines présente dans ce compartiment à un moment donné.

Corrigé

1.

t (min) / Localisation	0-10	10-20	20-30	30-40	40-50	50-60
Réticulum	↘	↘	–	–	–	–
Golgi	↗	↗	↗ puis ↘	↘	↘	↘
Noyau	–	–	–	–	–	–
Extérieur de la cellule	–	↗	↗	↗	↗ puis ↘	↘

2. La radioactivité est nulle dans le noyau et le reste. Il n'y a donc pas d'assemblage des acides aminés dans le noyau pour former des protéines. La synthèse des protéines a lieu dans le cytoplasme seulement.

Réflexe à avoir
Identifiez le compartiment où la radioactivité est la plus importante au début de l'expérience.

3. La radioactivité est dans un premier temps présente dans le réticulum endoplasmique rugueux : c'est donc à ce niveau que sont synthétisées les protéines. Puis l'intensité de la radioactivité diminue dans le réticulum, tandis qu'elle augmente dans l'appareil de Golgi : les protéines synthétisées au niveau du réticulum sont donc transférées dans l'appareil de Golgi.

Enfin, l'intensité de la radioactivité augmente dans la lumière, tandis qu'elle diminue progressivement dans le Golgi : les protéines sont donc ensuite exportées hors de la cellule.

Chapitre 4 Le rayonnement solaire

1 Énergie produite par le Soleil

De quoi s'agit-il ? Le Soleil produit de l'énergie à partir des réactions de fusion de l'hydrogène. L'énergie rayonnée par unité de temps, ou puissance solaire rayonnée, permet de déterminer la perte de masse de l'étoile.

1 Énergie et rayonnement solaires

- Le rayonnement solaire est le mode de transfert de l'énergie solaire, c'est-à-dire de l'énergie produite par le Soleil. Il correspond à l'ensemble des ondes électromagnétiques produites par le Soleil : on dit que ce dernier perd donc de l'énergie par rayonnement.
- L'énergie d'une onde électromagnétique est une quantité proportionnelle à la fréquence de l'onde : une onde électromagnétique est d'autant plus énergétique que sa fréquence est élevée.
- La longueur d'onde λ étant inversement proportionnelle à la fréquence de l'onde, une onde électromagnétique est d'autant plus énergétique que sa longueur d'onde est petite (**Doc. 1**).
- L'énergie solaire à la surface de la Terre est environ dix mille fois plus grande que l'énergie actuellement consommée par toute l'humanité.

Vocabulaire

- **Rayonnement :** mode de transfert énergétique. Il en existe d'autres, comme la conduction ou la convection.
- **Fréquence :** grandeur caractéristique d'une onde correspondant à l'inverse de la période temporelle de l'onde. Elle se mesure en hertz : 1 Hz = 1 s^{-1}.
- **Fusion :** réaction entre deux noyaux dits « légers » produisant un noyau plus lourd.

- Le rayonnement solaire est généré à partir des réactions nucléaires de fusion de l'hydrogène qui se produisent au sein du Soleil ou des étoiles en général (voir chapitre 1).

Doc. 1 Ondes électromagnétiques produites par le Soleil

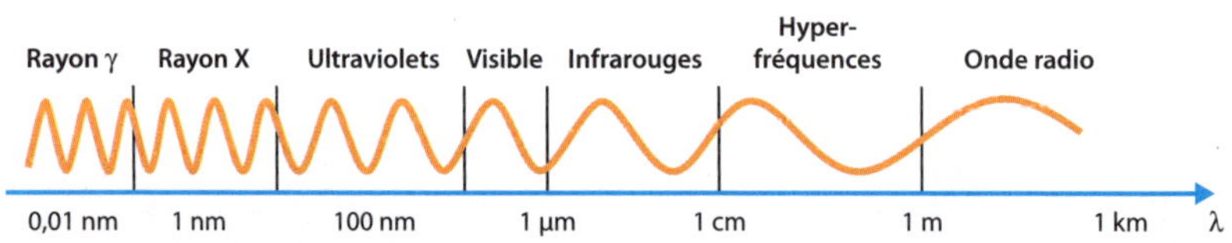

2 Puissance, énergie et constante solaire

- La puissance P est définie comme l'énergie E par unité de temps :

$$P = \frac{E}{\Delta t}$$

avec P la puissance en watts (W), E l'énergie en joules (J) et Δt la durée de production ou de réception d'énergie en secondes (s).

Vocabulaire

- **Puissance :** grandeur physique correspondant à une énergie par unité de temps. Elle se mesure en watts (W) : 1 W = 1 J·s^{-1}.

- n appelle constante solaire la puissance d'un rayonnement solaire par unité de surface, mesurée à l'extérieur de l'atmosphère terrestre, dans un plan perpendiculaire au plan des rayons du Soleil. Sa valeur est en moyenne de l'ordre de 1,4 kW·m^{-2}.

Vocabulaire

- **Constante solaire :** puissance d'un rayonnement solaire par unité de surface, mesurée à l'extérieur de l'atmosphère terrestre, dans un plan perpendiculaire au plan des rayons du Soleil.

3 Équivalence masse-énergie

- Les réactions nucléaires au sein du Soleil s'accompagnent d'une diminution de la masse solaire au cours du temps.
- L'énergie libérée par une réaction nucléaire au sein d'une étoile est :

$$\Delta E = [(\text{Masse totale des réactifs}) - (\text{Masse totale des produits})] \times c^2 = \Delta m \times c^2$$

avec ΔE l'énergie (en J), Δm la perte de masse de l'étoile (en kg) et c la vitesse de la lumière ($c = 3{,}0 \times 10^8$ m·s^{-1}).

- Cette relation est appelée relation d'équivalence masse-énergie ou relation d'Einstein. En 1905, lorsqu'A. Einstein élabore la théorie de la relativité restreinte, il postule que la masse est une des formes que peut prendre une énergie.
- La relation d'Einstein permet de quantifier la masse solaire transformée chaque seconde en énergie à partir de la puissance rayonnée par le Soleil et donc son énergie.

Vocabulaire

- **Équivalence masse-énergie :** autre nom donné à la relation d'Einstein permettant de faire correspondre quantitativement la variation de masse d'une entité et la quantité d'énergie produite.

2 Spectre solaire, lois de Wien et de Stefan

De quoi s'agit-il ? **Le Soleil émet un rayonnement électromagnétique qui ne dépend que de sa température et dont la longueur d'onde maximale est inversement proportionnelle à sa température absolue.**

1 Températures d'un corps matériel

- L'énergie dégagée par les réactions nucléaires au sein des étoiles les maintient à une température très élevée. La température du Soleil est d'environ 5 500 °C.
- Tout corps matériel émet des ondes électromagnétiques et perd de l'énergie par rayonnement du simple fait de sa température.
- La température absolue s'exprime en kelvins (K). Elle correspond à un décalage de l'échelle des températures « courantes » exprimées en degrés Celsius (°C) :

$$T(\text{K}) = \theta(°\text{C}) + 273$$

avec T la température en kelvins et θ celle en degrés Celsius.

Exemple : une température de 20 °C correspond à $T = 273 + 20 = 293$ K.

Vocabulaire

- **Température absolue :** température exprimée en kelvins (K) dont le minimum correspond à la valeur nulle. Il n'existe donc pas de température absolue négative.

2 Spectre solaire ou spectre du corps noir

● Tout corps matériel, en particulier les étoiles et donc le Soleil, émet un rayonnement. Le spectre du rayonnement émis par sa surface dépend uniquement de la température de sa surface et est appelé spectre du corps noir.

● Un corps noir est un corps qui absorbe tout le rayonnement qu'il reçoit. Il correspond à une enceinte aux parois absorbantes percée d'une ouverture étroite.

● En toute rigueur, un corps noir est un modèle et n'existe donc pas.

Vocabulaire

■ **Corps noir :** corps qui absorbe tout le rayonnement qu'il reçoit. Il correspond à une enceinte aux parois absorbantes percée d'une ouverture étroite.

3 Loi de Wien

● Wilhem Wien (1864-1928), physicien allemand, reçut le prix Nobel en 1911 pour ses travaux sur le rayonnement thermique, et en particulier la loi suivante :

Tout corps noir en équilibre thermique émet un rayonnement de spectre continu présentant un maximum d'intensité pour une longueur d'onde λ_m telle que :

$$\lambda_m \times T = 2\,898\ \mu\text{m}\cdot\text{K} \approx 3 \times 10^3\ \mu\text{m}\cdot\text{K}$$

avec λ_m s'exprimant en μm et la température T en kelvins.

● Un corps matériel peut se comporter comme un corps noir : sa longueur d'onde d'émission maximale est inversement proportionnelle à la température absolue à la surface d'une étoile et donc du Soleil (loi de Wien).

Vocabulaire

■ **Loi de Wien :** loi explicitant le fait que la longueur d'onde d'émission maximale d'un rayonnement est inversement proportionnelle à la température absolue du corps émetteur du rayonnement.

Doc. 2 **Spectre du corps noir et loi de déplacement de Wien**

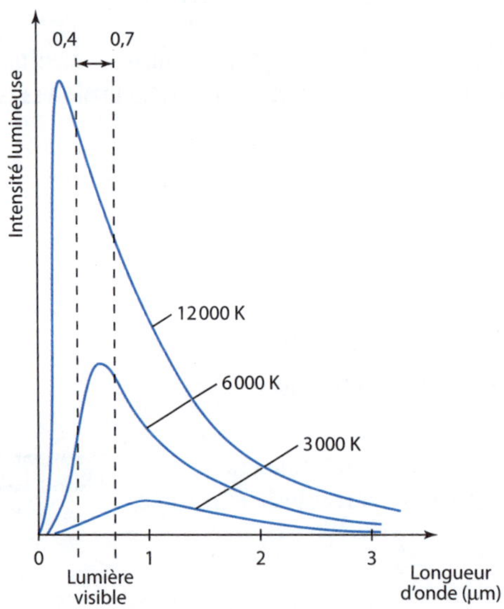

4 Loi de Stefan

• Du fait de sa température T, tout corps émet un rayonnement électromagnétique, de puissance émise par unité de surface φ_E.

• La **loi de Stefan** ou de **Stefan-Boltzmann**, du nom des physiciens Jožef Stefan (1835-1893) et Ludwig Boltzmann (1844-1906), définit la relation entre cette puissance émise par unité de surface φ_E et la température T du corps :

$$\varphi_E = k \times T^4$$

avec φ_E s'exprimant en watts par mètre carré ($W.m^{-2}$), k une constante qui dépend du corps considéré (en $W.m^{-2}.K^{-4}$) et T en kelvins (K).

Remarque
Si le corps est un corps noir, la constante k est égale à la constante de Stefan-Boltzmann σ :
$k = \sigma = 5{,}67 \times 10^{-8}\ W.m^{-2}.K^{-4}$.

3 Puissance solaire

De quoi s'agit-il ? La puissance radiative reçue du Soleil sur une surface terrestre dépend de multiples paramètres.

1 Puissance solaire reçue par une surface plane

• La proportion de la puissance totale émise par le Soleil et atteignant la Terre est déterminée par le rayon de celle-ci et sa distance au Soleil.

• La puissance radiative reçue du Soleil par une surface plane :

– est proportionnelle à l'aire S de cette surface : la puissance reçue est d'autant plus grande que la surface est grande ;

– dépend de l'angle α entre la normale N à la surface et la direction D du Soleil : la puissance reçue est d'autant plus importante que l'angle α est faible (**Doc. 3**).

Vocabulaire
▪ **Normale à une surface :** droite perpendiculaire à une surface en un point de celle-ci.

• La puissance reçue par une surface terrestre unitaire est maximale à l'équateur, car l'angle α est nul. En revanche, aux pôles, l'angle entre D et N – correspondant alors à l'axe des pôles – est maximal et de 90° : la puissance reçue par unité de surface est la plus faible.

• Un faisceau de même diamètre a un impact surfacique d'aire S plus important aux pôles qu'à l'équateur. En considérant alors une surface terrestre unitaire, la puissance sera moins importante aux pôles qu'à l'équateur.

Doc. 3 **Rayonnement solaire reçu par la Terre**

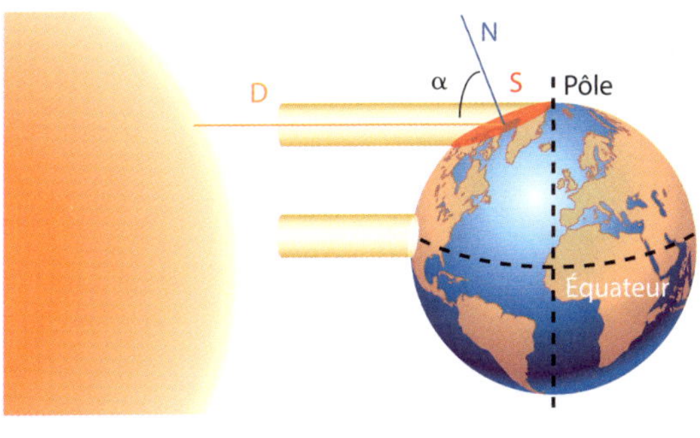

ENS. SCIENTIFIQUE

2 Facteurs de dépendance

• En plus de la latitude (zonation climatique), la puissance solaire reçue par unité de surface terrestre dépend de l'heure (variation diurne) : l'éclairement de la surface terrestre n'est pas le même si l'on considère une période de 24 heures. La nuit, le rayonnement solaire est nul, et la journée, il augmente pour diminuer à nouveau.

• La puissance solaire reçue par unité de surface terrestre dépend aussi du moment de l'année (variation saisonnière) : l'inclinaison de la Terre sur sa trajectoire influe sur l'angle α entre la direction du rayonnement solaire et la normale à la surface.

3 Albédo terrestre

• Une partie de la puissance solaire est absorbée par l'atmosphère, les continents et les océans. Le reste de ce rayonnement est réfléchi par la Terre vers l'espace.

• L'albédo est le rapport entre l'énergie (ou puissance) solaire réfléchie et l'énergie (ou puissance) solaire incidente. C'est un nombre sans dimension dont la valeur se situe entre 0 et 1.

Exemples : L'albédo du désert est d'environ 0,3 alors que celui de la neige est de 0,8 (**Doc. 4**) : le désert réfléchit 30 % du rayonnement total reçu, alors que la neige en réfléchit 80 %.

Vocabulaire

▪ **Albédo : rapport entre l'énergie ou la puissance réfléchie et l'énergie ou la puissance incidente totale de valeur comprise entre 0 et 1 et sans unité. Un miroir parfait a un albédo de 1.**

Doc. 4 Albédo : exemples de la neige et du sable

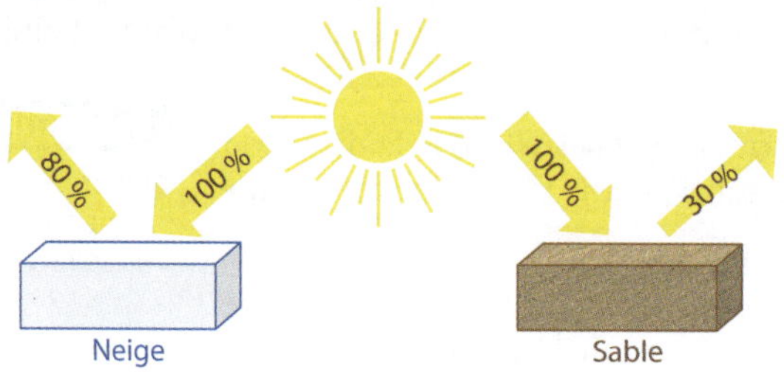

Révision express

Le rayonnement solaire

Le schéma important à retenir

Bilan radiatif terrestre

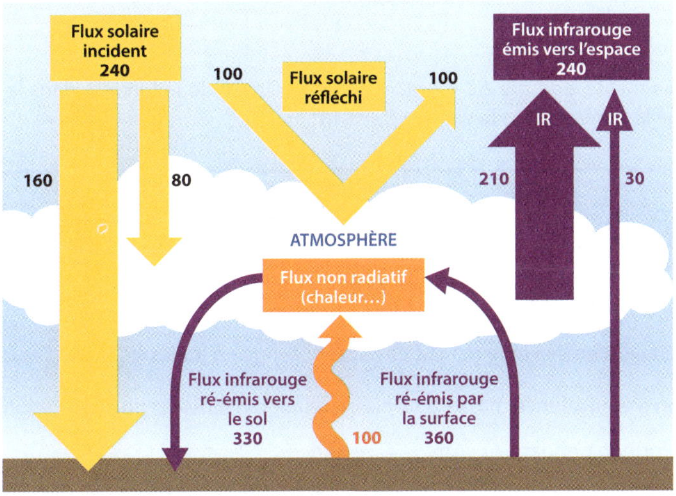

La température de la surface de la Terre est constante lorsque le bilan radiatif est équilibré (les valeurs des flux sont exprimées en $W.m^{-2}$).

Quiz

Cochez la bonne réponse :

1. Les réactions nucléaires dans le Soleil s'accompagnent d'une perte de sa masse. ☐ Vrai ☐ Faux
2. Le spectre du rayonnement solaire dépend de la distance Terre-Soleil. ☐ Vrai ☐ Faux
3. La loi de Wien permet de déterminer la température de surface d'une étoile. ☐ Vrai ☐ Faux
4. La puissance reçue par la surface terrestre dépend du lieu. ☐ Vrai ☐ Faux
5. L'albédo est égal à la puissance reçue par la Terre divisée par la puissance qu'elle réfléchit. ☐ Vrai ☐ Faux
6. Le sol émet un rayonnement infrarouge. ☐ Vrai ☐ Faux

→ Réponses p. 532

EXERCICE GUIDÉ 1

Déterminer la masse solaire transformée chaque seconde en énergie

Énoncé

La puissance rayonnée par le Soleil est $P = 4 \times 10^6$ W. En utilisant la relation d'Einstein ou équivalence masse-énergie, déterminez la masse solaire Δm transformée chaque seconde en énergie ΔE.

Données :

Relation d'équivalence masse-énergie $\Delta E = \Delta mc^2$ avec c la célérité de la lumière dans le vide ; valeur de la célérité de la lumière dans le vide $c = 3{,}0 \times 10^8$ m·s⁻¹.

Méthode

- Identifier la durée Δt d'observation.
- Utiliser la relation $\Delta E = P\Delta t$ entre la puissance P rayonnée par l'étoile et l'énergie ΔE produite pour déterminer ΔE.

P doit être en watts (W) et Δt en secondes (s) : ΔE est alors obtenue en joules (J).

- Appliquer la relation d'équivalence masse-énergie ou relation d'Einstein pour en déduire Δm, la masse solaire transformée pendant Δt : $\Delta m = \dfrac{\Delta E}{c^2}$, en kg.

Corrigé

Il s'agit de déterminer ici la masse solaire transformée chaque seconde : on en déduit que la durée d'observation est d'une seconde, soit $\Delta t = 1$ s.

En utilisant la relation entre la puissance P (en W) et l'énergie ΔE (en J), on peut calculer l'énergie transformée par l'étoile pendant $\Delta t = 1$ s :

$$\Delta E = P\Delta t = 4 \times 10^6 \times 1 = 4 \times 10^6 \text{ J.}$$

En utilisant la relation d'Einstein ou relation d'équivalence masse-énergie, on en déduit finalement la masse solaire transformée en énergie pendant la durée $\Delta t = 1$ s.

$$\Delta m = \frac{\Delta E}{c^2} = \frac{4 \times 10^6}{(3{,}0 \times 10^8)^2} = 4 \times 10^{-11} \text{ kg en 1 s.}$$

Remarque
Les réactions nucléaires au niveau du Soleil s'accompagnent d'une perte de masse pour l'étoile.

EXERCICE GUIDÉ 2

Estimer la température absolue de la surface d'une étoile

Énoncé

L'étoile de Rigel est une étoile de la constellation d'Orion.

En exploitant la figure ci-contre représentant le spectre d'émission de la surface de l'étoile, donnez l'ordre de grandeur de la température de surface de l'étoile de Rigel.

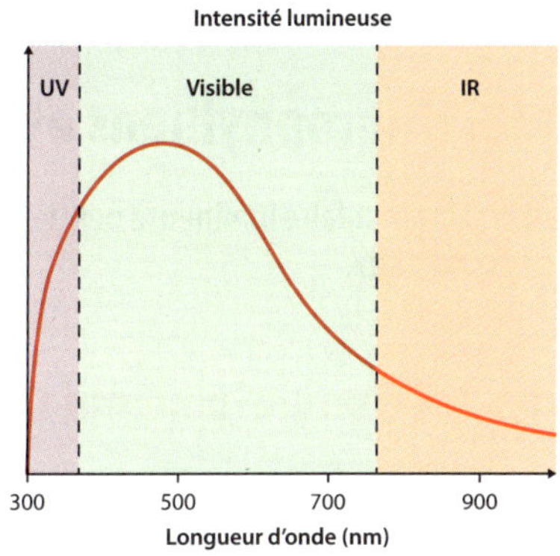

Méthode

- À partir de la représentation graphique du spectre d'émission de la surface de l'étoile, déterminer la longueur d'onde d'émission maximale λ_m. C'est la valeur de l'abscisse du maximum de la courbe.
- Convertir cette longueur d'onde en micromètres (µm).
- Appliquer la loi de Wien ou $\lambda_m \times T \approx 3 \times 10^3$ µm·K afin d'en déduire la température absolue de la surface d'émission en kelvins (K) : $T = \frac{3 \times 10^3}{\Delta_m}$.

Corrigé

Par lecture graphique, on a λ_m = 480 nm, soit de l'ordre de 500 nm.

En convertissant en micromètres, on obtient λ_m = 0,5 µm.

Appliquons la loi de Wien :

$T = \frac{3 \times 10^3}{\lambda_m} = \frac{3 \times 10^3}{0,5}$, soit une température de surface d'environ 6×10^3 K.

Réflexe à avoir
Une trop grande précision est ici illusoire : un seul chiffre significatif suffit.

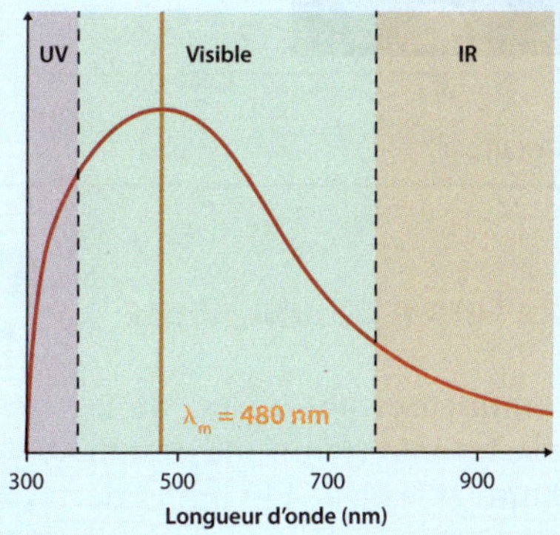

ENSEIGNEMENT SCIENTIFIQUE

Chapitre 5 La photosynthèse

1 Végétaux chlorophylliens et photosynthèse

De quoi s'agit-il ? L'énergie solaire lumineuse permet la photosynthèse dans les parties chlorophylliennes des végétaux.

1 Conversion de l'énergie lumineuse en énergie chimique

- Grâce à la lumière, les végétaux chlorophylliens synthétisent leur propre matière organique (du glucose notamment) à partir de matière minérale (eau, ions et dioxyde de carbone) : c'est la photosynthèse.

- L'énergie lumineuse est ainsi convertie en énergie chimique contenue dans les molécules organiques (**Doc. 1**).

- La photosynthèse s'accompagne par ailleurs d'un dégagement de dioxygène ; son bilan peut s'écrire :

$$6\,CO_2 + 6\,H_2O \xrightarrow{\text{lumière}} C_6H_{12}O_6 + 6\,O_2$$

- Elle se réalise en plusieurs étapes au sein d'organites spécialisés, les chloroplastes, présents dans les cellules chlorophylliennes des feuilles.

Vocabulaire

- **Molécules organiques :** molécules produites par les êtres vivants. Composées de C, H, O (glucides et lipides) et N (protides et acides nucléiques), elles sont caractérisées par un squelette carboné.

Doc. 1 Une molécule organique : le glucose (glucide)

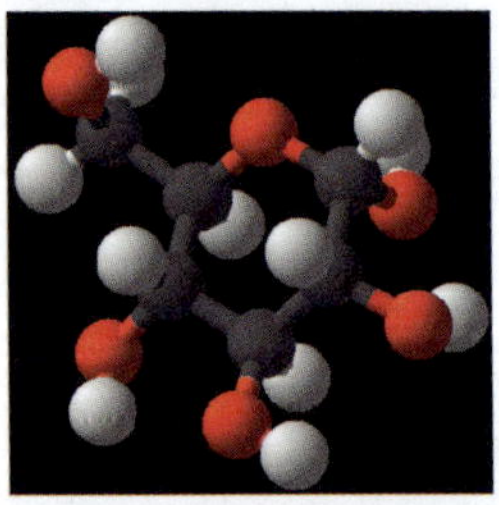

O est en rouge, H en blanc et C en noir.
Les atomes de carbone associés constituent un squelette carboné.

2 Chlorophylle et absorption de l'énergie lumineuse

- Le spectre d'absorption (radiations lumineuses absorbées) de la chlorophylle contenue dans les chloroplastes montre un maximum d'absorption (**Doc. 2**) dans le rouge (680 nm) et le bleu (440 nm). Elle n'absorbe pas le vert, d'où sa couleur.

Vocabulaire

- **Chlorophylle :** pigment vert contenu dans les chloroplastes, capable de capter l'énergie lumineuse et de déclencher les réactions de la photosynthèse.
- **Spectre d'absorption :** absorption de la lumière en fonction de la longueur d'onde.

● L'intensité de la photosynthèse peut être mesurée par la quantité d'O_2 dégagée au cours du temps (ou la quantité de CO_2 absorbée). Sa variation selon la longueur d'onde correspond au spectre d'action de la photosynthèse (**Doc. 2**).

● Le spectre d'action de la photosynthèse se superpose au spectre d'absorption de la chlorophylle. L'énergie lumineuse absorbée par la chlorophylle est donc bien utilisée pour réaliser la photosynthèse.

Vocabulaire

■ **Spectre d'action :** variation de l'activité en fonction de la longueur d'onde.

Doc. 2 Spectre d'absorption des différents pigments foliaires et spectre d'action de la photosynthèse

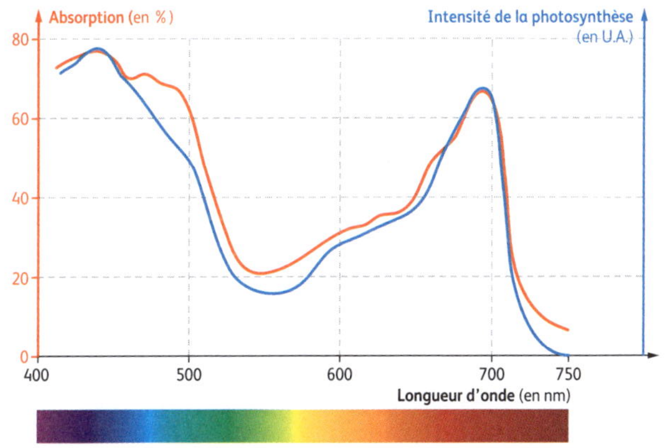

La chlorophylle brute extraite des feuilles est constituée d'un mélange de pigments (chlorophylles a et b, xantophylles et caroténoïdes).

2 Des rendements énergétiques faibles

De quoi s'agit-il ? La photosynthèse n'utilise qu'une infime partie de l'énergie solaire, et son rendement est très faible.

1 À l'échelle de la planète

● On estime à environ 350 $W{\cdot}m^{-2}$ la puissance radiative du Soleil reçue par la Terre, soit $5{,}5 \times 10^{24}$ J d'énergie solaire en une année. Cette énergie sert en partie à la production de biomasse végétale, dont l'accroissement annuel est appelé productivité primaire nette.

● Ainsi, on peut évaluer le rendement de la photosynthèse : c'est le rapport de la quantité d'énergie contenue dans la biomasse produite par l'énergie reçue provenant du rayonnement solaire (**Doc. 3**).

● Les résultats varient selon la nature du rayonnement pris en compte, rayonnement total ou seulement celui utilisé par la photosynthèse, ainsi que la période, totalité de l'année ou durée pendant laquelle la végétation est présente.

● Toutefois, si on mesure ce rapport sur l'ensemble de la planète, en tenant compte des zones non recouvertes de végétation (glaciers, déserts…) ou à faible productivité végétale, l'efficacité de la photosynthèse tombe à moins de 0,1 %.

Vocabulaire

■ **Productivité primaire nette (PPN) :** augmentation de la biomasse végétale par unité de surface et par année. La biomasse réellement produite (la productivité primaire brute) est plus importante, mais environ 80 % est consommé par la respiration.

■ **Rendement de la photosynthèse :** rapport entre l'énergie stockée sous forme de matière organique et l'énergie reçue.

Doc. 3 Rendement de la photosynthèse à l'échelle de la planète

Productivité primaire nette mondiale	Environ 180 Gt par an, soit* : $3{,}25 \times 10^{21}$ J
Énergie solaire reçue par le globe en un an	$5{,}5 \times 10^{24}$ J
Rendement	0,06 %

* 1 kg de biomasse sèche contient environ 18×10^{6} J.

2 À l'échelle de la feuille

- Seule une partie du rayonnement solaire qui arrive sur la feuille est absorbée. Le reste est réfléchi, diffusé à sa surface, ou encore transmis (**Doc. 4**).
- Toute l'énergie absorbée n'est pas convertie en matière organique : elle peut être libérée sous forme de chaleur, ou par vaporisation de l'eau qui s'échappe à travers de petits orifices à la surface des feuilles, les stomates, lors de la transpiration foliaire.
- Les proportions de ces différentes pertes varient d'une part selon la composition chimique et physique des feuilles, c'est-à-dire selon l'espèce végétale, et d'autre part, selon l'intensité lumineuse absorbée. Sous faible intensité lumineuse, une plus grande partie de l'énergie absorbée est utilisée pour la synthèse de matière organique.
- Enfin, près de 80 % de la matière organique produite est dégradée au cours de la respiration pour libérer l'énergie dont la plante a besoin.
- Ces différentes pertes d'énergie expliquent le faible rendement de la photosynthèse.

Vocabulaire

- **Réfléchi :** renvoyé dans une direction.
- **Diffusé :** renvoyé dans toutes les directions.
- **Vaporisation :** passage de l'état liquide à l'état gazeux.

Doc. 4 Bilan énergétique de la photosynthèse au niveau d'une feuille

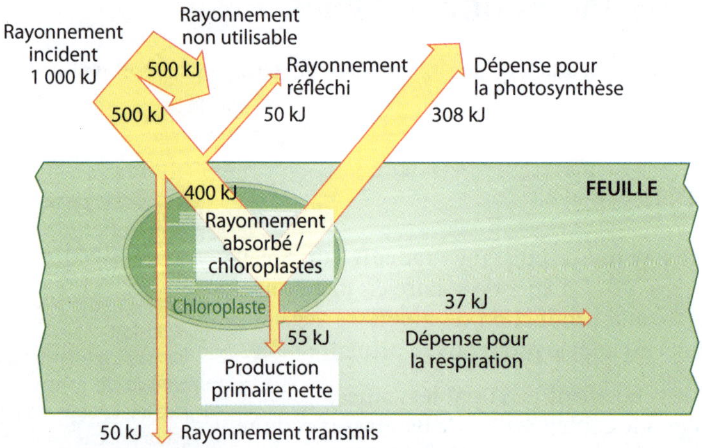

Pour 1 000 kJ d'énergie reçue, la production nette de matière organique est ici de 55 kJ, soit un rendement de 5,5 %.
Biomasse : masse de matière vivante.

3 Importance de la photosynthèse pour toute la biosphère

De quoi s'agit-il ? L'énergie, stockée sous forme chimique par la photosynthèse, est ensuite utilisée par tous les êtres vivants, grâce à la respiration et la fermentation.

1 Entrée de matière minérale et d'énergie dans la biosphère

- À l'inverse des végétaux chlorophylliens autotrophes, les animaux sont hétérotrophes. Les végétaux sont donc des producteurs primaires à la base de toutes les chaînes trophiques.
- Par conséquent, la matière organique produite grâce à la photosynthèse est nécessaire à l'ensemble des êtres vivants : végétaux, mais aussi consommateurs (animaux herbivores et carnivores) et décomposeurs (**Doc. 5**).
- Consommateurs et décomposeurs, qui ont besoin de matière organique pour produire leur propre matière, sont des producteurs secondaires.

Vocabulaire

- **Autotrophe :** être vivant capable de produire sa matière organique sans utiliser celle d'autres êtres vivants.
- **Hétérotrophe :** être vivant qui produit sa matière organique à partir de celle d'autres êtres vivants.
- **Chaîne trophique :** succession d'êtres vivants dans laquelle chacun se nourrit de celui qui le précède.

Doc. 5 Flux de matière dans la biosphère

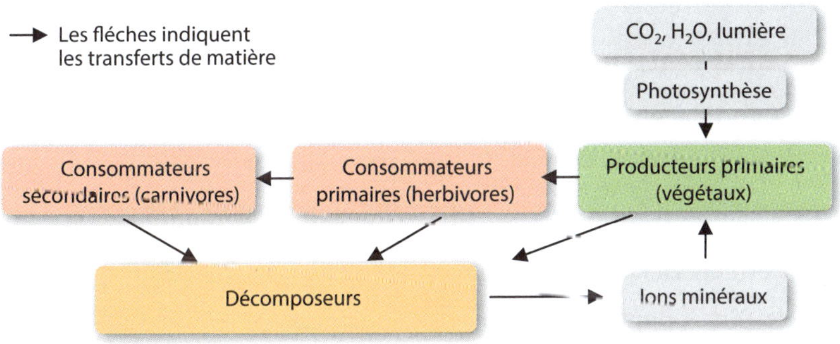

2 Utilisation de la matière organique et libération d'énergie

- Pour leur fonctionnement (synthèse de leurs constituants, multiplication…), tous les êtres vivants ont besoin d'énergie. Elle leur est fournie par la dégradation de molécules organiques (comme le glucose).
- Au cours de la respiration cellulaire (**Doc. 6**), le glucose est entièrement dégradé en présence de dioxygène (milieu aérobie). Cette dégradation se déroule en plusieurs étapes, dans le cytoplasme puis dans la mitochondrie, et aboutit à la formation de molécules minérales : de l'eau (H_2O) et du dioxyde de carbone (CO_2).
- Durant ces réactions, l'énergie libérée est stockée sous forme de molécules d'ATP, facilement utilisables pour les besoins cellulaires en énergie.

Vocabulaire

- **Aérobie :** en présence de dioxygène.
- **ATP (adénosine triphosphate) :** molécule phosphatée utilisée par les cellules comme source d'énergie pour leurs différentes réactions. Sa conversion en ADP (adénosine diphosphate) libère environ 30 kJ par mole.

ENS. SCIENTIFIQUE

- En absence de dioxygène (milieu anaérobie), les cellules peuvent dégrader partiellement la matière organique par la fermentation (**Doc. 6**). Dans ce cas, la dégradation incomplète du glucose aboutit à la formation de molécules organiques comme l'éthanol (alcool) ou l'acide lactique. La fermentation libère ainsi moins d'énergie que la respiration.

Doc. 6 Respiration et fermentation, deux modes de libération d'énergie

	Respiration	**Fermentation (alcoolique)**
Réactif	Glucose $C_6H_{12}O_6$	Glucose $C_6H_{12}O_6$
Produits	$6\,H_2O + 6\,CO_2$	$2\,CO_2 + 2\,CH_5OH$ (éthanol)
Milieu	Aérobie	Anaérobie
Localisation	Cytoplasme et mitochondrie	Cytoplasme
Nombre de molécules d'ATP formées par molécule de glucose	36 à 38	2

4 Fossilisation de l'énergie solaire

De quoi s'agit-il ? À l'échelle des temps géologique, une partie de la matière organique s'accumule dans les sédiments, puis se transforme en combustible fossile.

1 Transformation de la matière organique

- Dans les conditions habituelles, après la mort des êtres vivants, leur matière organique est minéralisée par les décomposeurs, au cours de la respiration.

- Dans certains milieux pauvres en dioxygène, la matière organique échappe à la respiration. Des bactéries anaérobies la dégradent incomplètement et la transforment en kérogène.

- Au fur et à mesure de son accumulation, la matière organique s'enfonce en profondeur et subit une élévation de température (et de pression).

- Soumis à des températures élevées, le kérogène se transforme alors en roches carbonées : charbon, pétrole ou gaz. Pétrole et gaz sont des hydrocarbures fluides, composés essentiellement de carbonc et d'hydrogène.

- Il subsiste des traces de végétaux fossiles dans le charbon, et des molécules proches de la chlorophylle possédant un squelette carboné (**Doc. 7**) dans le pétrole.

- Ainsi, charbons, gaz et pétrole sont des combustibles fossiles, riches en énergie issue de la conversion photosynthétique. On parle d'« énergie fossile ».

Vocabulaire

- **Kérogène :** matière organique partiellement dégradée contenue dans les sédiments, à l'origine des combustibles fossiles.
- **Roche carbonée :** roche sédimentaire riche en carbone, comme le pétrole ou le charbon.
- **Hydrocarbure :** molécule organique principalement composée de carbone et d'hydrogène.

Doc. 7 Molécules trouvées dans le pétrole

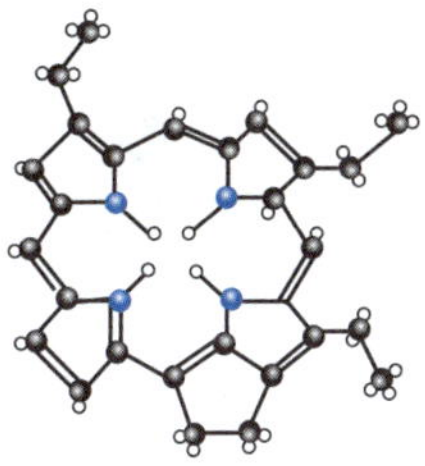

Porphyrine de vanadium
(très fréquente dans les pétroles)

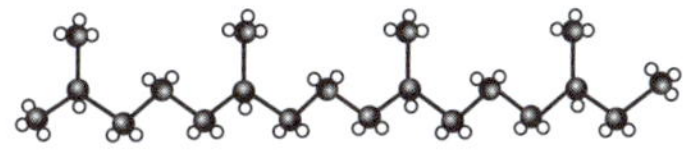

Phytane

- Carbone ○ Hydrogène • Azote
— Liaison chimique

2 Gisements de roches carbonées

- Les gisements de roches carbonées sont localisés dans des roches sédimentaires. Leur formation nécessite une haute productivité biologique et l'enfouissement rapide de la biomasse à l'abri de l'air.

- Ces conditions sont réunies dans des circonstances géologiques particulières : des bassins sédimentaires caractérisés par une forte subsidence qui favorise l'accumulation des sédiments (en milieu continental pour le charbon, marin pour le pétrole).

- Les hydrocarbures fluides, pétrole et gaz, ont tendance à quitter la roche mère dans laquelle ils se sont formés (**Doc. 8**). Ils s'accumulent dans des pièges à hydrocarbures constitués d'une roche-réservoir poreuse et perméable (grès, calcaire) recouverte d'une couche imperméable (argile).

Vocabulaire

- **Bassin sédimentaire :** zone dans laquelle s'accumule une importante quantité de sédiments.
- **Subsidence :** enfoncement progressif du fond d'un bassin sédimentaire.

Doc. 8 Conditions de formation d'un gisement d'hydrocarbures

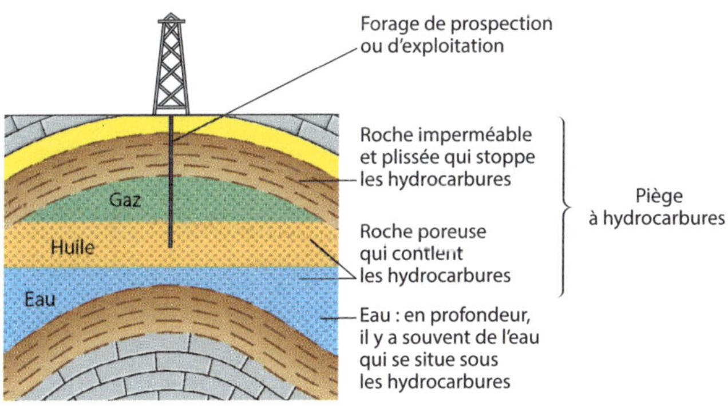

Révision express

La photosynthèse

Le schéma important à retenir

La photosynthèse et l'entrée de l'énergie solaire dans la biosphère

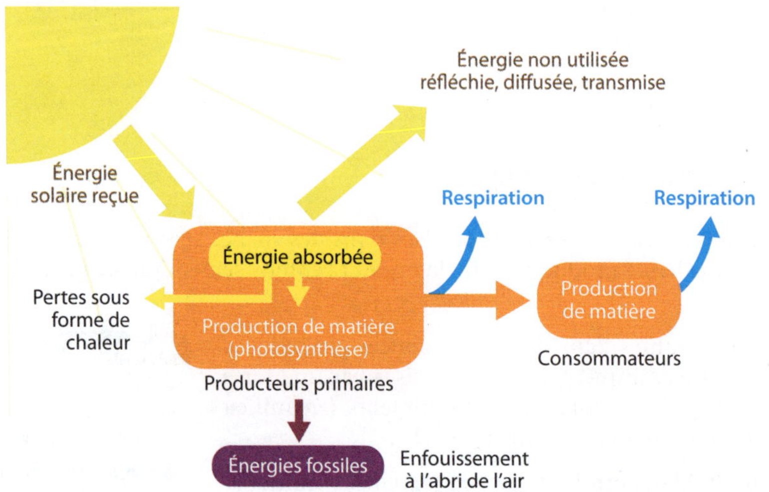

Quiz

Cochez la bonne réponse :

1. Les combustibles fossiles se forment assez rapidement. ☐ Vrai ☐ Faux
2. Tout le rayonnement solaire absorbé par une feuille est transformé en énergie chimique. ☐ Vrai ☐ Faux
3. La chlorophylle absorbe essentiellement les radiations vertes. ☐ Vrai ☐ Faux
4. L'ensemble des êtres vivants utilise indirectement l'énergie solaire. ☐ Vrai ☐ Faux
5. Les molécules organiques renferment de l'énergie chimique. ☐ Vrai ☐ Faux

→ Réponses p. 533

EXERCICE GUIDÉ

Analyser les résultats d'une expérience

Énoncé

On cherche à mettre en évidence les conditions nécessaires à la synthèse de matière organique chez les végétaux. Pour cela, une plante verte (*Pélargonium*) est éclairée pendant plusieurs heures, tandis que certaines feuilles sont partiellement recouvertes d'un cache de papier noir. Les feuilles sont ensuite prélevées puis plongées dans l'alcool bouillant pour les décolorer. Enfin, elles sont mises en présence d'eau iodée (un réactif qui colore en brun bleuté l'amidon).

On utilise également une autre variété dont les feuilles panachées (en partie blanches) sont soumises au même traitement.

Les résultats obtenus figurent dans le **document** suivant.

AVANT **APRÈS**

1. Exploitez les résultats de cette expérience pour déterminer les conditions nécessaires à la synthèse de matière organique par la feuille.

2. Indiquez le phénomène biologique mis en jeu et récapitulez ses caractéristiques.

Méthode

- La molécule d'amidon colorée en brun bleuté par l'eau iodée est une molécule organique (elle est formée d'un assemblage de molécules de glucose). Sa présence dans la feuille témoigne donc de la synthèse de matière organique par celle-ci.
- Pour déterminer les conditions de production de matière organique, on doit procéder facteur par facteur, en comparant deux situations, l'une en présence de ce facteur, l'autre en l'absence de ce facteur :
  - dans un premier temps, il faut comparer les résultats obtenus en présence et en absence de lumière, les interpréter, puis conclure à partir de la différence constatée ;
  - dans un second temps, on reprend la même démarche en comparant les résultats obtenus dans les parties de la feuille contenant ou non de la chlorophylle.

Corrigé

> **Remarque**
> Sans la décoloration préalable des feuilles, la réaction à l'eau iodée serait masquée par la couleur de la chlorophylle.

1. Les feuilles exposées à la lumière se colorent en brun bleuté après traitement à l'eau iodée. Elles contiennent donc de l'amidon. En revanche, dans les parties placées à l'obscurité, le traitement à l'eau iodée ne révèle pas la présence d'amidon.

On peut en déduire que la synthèse d'amidon nécessite de la lumière.

Si l'on compare, à présent, les résultats d'un traitement à l'eau iodée dans les parties vertes (chlorophylliennes) et blanches (non chlorophylliennes) de la feuille, on observe une coloration brun bleuté (et donc la présence d'amidon) uniquement dans la partie chlorophyllienne.

On peut donc en conclure que la chlorophylle est indispensable à la synthèse d'amidon.

2. La synthèse de matière organique réalisée dans les feuilles nécessite la présence de lumière et de chlorophylle. C'est la photosynthèse. La chlorophylle permet de capter l'énergie lumineuse nécessaire à la synthèse de matière organique (glucose) à partir de matière minérale (eau + CO_2).

Chapitre 6

Alimentation et santé

1 Des besoins alimentaires qualitatifs

De quoi s'agit-il ? L'alimentation doit fournir les matériaux nécessaires à la croissance, l'entretien et le fonctionnement de l'organisme.

1 Des aliments source de nutriments

- La digestion réduit les constituants des aliments en nutriments. Ainsi, les protéines sont découpées en acides aminés, les glucides en sucres simples (comme le glucose), et les graisses en acides gras et glycérol.
- Les aliments fournissent également des micronutriments : vitamines, minéraux et autres éléments chimiques (fer, zinc…).
- Tous les constituants des aliments ne sont pas entièrement digérés. C'est le cas des fibres des végétaux mais celles-ci jouent néanmoins un rôle important en facilitant le transit intestinal.

Vocabulaire

- **Nutriments :** molécules de taille réduite provenant de la digestion des aliments.
- **Micronutriments :** nutriments indispensables à l'organisme mais en quantité infime.
- **Vitamine :** substances organiques sans valeur énergétique mais essentielles à l'organisme, à faible dose.

2 Des besoins en eau et micronutriments

- L'organisme humain est constitué d'environ 70 % d'eau. Un apport moyen de 2,5 L d'eau par jour est nécessaire pour compenser les pertes (transpiration et évaporation (1,1 L), excrétion urinaire (0,5 L), respiration (0,5 L), excréments (0,1 L).
- Différents minéraux et éléments chimiques sont essentiels au fonctionnement et à l'entretien de l'organisme (calcium et phosphore présents dans les os, fer dans l'hémoglobine…).
- Enfin, les vitamines (**Doc. 1**) doivent être fournies par l'alimentation (notamment dans les produits frais) car l'organisme ne peut généralement pas les fabriquer. La plupart sont détruites par la chaleur, les UV et l'air.

3 Des besoins en molécules organiques

- Les protéines sont des aliments « bâtisseurs » nécessaires aux synthèses (croissance et renouvellement). Elles participent aussi au fonctionnement de l'organisme (anticorps, enzymes, hormones, transport du dioxygène). Parmi les 20 acides aminés constitutifs de celles-ci, 9 sont indispensables et doivent être obligatoirement apportés par l'alimentation.
- Seules les protéines animales apportent tous les acides aminés indispensables (**Doc. 2**).
- Il faut combiner plusieurs protéines végétales (céréales et légumineuses) pour apporter tous les acides aminés indispensables en quantité suffisante.
- Certains acides gras sont aussi indispensables et jouent un rôle bâtisseur (dans les membranes cellulaires par exemple).

Vocabulaire

- **Acides aminés indispensables :** acides aminés que l'organisme est incapable de synthétiser et pourtant essentiels à son fonctionnement.

ENS. SCIENTIFIQUE

Doc. 1 Les principales vitamines et leur rôle

Vitamine	Rôle dans l'organisme
Vitamines hydrosolubles	
B1	Métabolisme des glucides
B12	Fonctionnement du cerveau
C	Antioxydant, synthèse du collagène
Vitamines liposolubles	
A	Synthèse des pigments visuels, construction des os
D	Absorption et fixation du calcium sur l'os
E	Antioxydant
K	Intervient dans la coagulation sanguine et la construction osseuse

Doc. 2 Teneur en quelques acides aminés essentiels de deux protéines

	Valine	Leucine	Iso-leucine	Phényl-alanine	Trypto-phane	Thréonine	Lysine	Méthionine
Caséine	7.2	9.2	6.1	5.0	1.2	4.9	8.2	3.4
Zéine	3.0	24.0	7.2	6.4	0.1	3.0	0	0

La caséine est une protéine animale (protéine du lait) et la zéine une protéine végétale (protéine du maïs).

2 Alimentation et besoins énergétiques

De quoi s'agit-il ? Les aliments satisfont des besoins énergétiques qui sont variables selon les individus et leur activité.

1 Les aliments, source d'énergie

- Les aliments renferment de la matière organique, riche en énergie. On peut évaluer la valeur énergétique d'un aliment en réalisant sa combustion à l'intérieur d'une bombe calorimétrique et en mesurant l'élévation de température produite.

- La valeur énergétique d'un aliment est en réalité supérieure à la quantité d'énergie libérée dans l'organisme par cet aliment. En effet, la digestion d'un aliment est consommatrice d'énergie, notamment par le travail musculaire du tube digestif et la production d'enzymes. De plus, l'énergie contenue dans les aliments est libérée, non pas par une combustion comme dans une bombe calorimétrique, mais au cours de la respiration (ou encore de la fermentation en absence de dioxygène).

Vocabulaire

- **Combustion :** transformation chimique au cours de laquelle un combustible brûle en présence d'un comburant (le dioxygène).
- **Bombe calorimétrique :** dispositif permettant d'évaluer la valeur énergétique d'un corps en mesurant l'élévation de température produite par sa combustion.

- Tous les nutriments ne contiennent pas la même quantité d'énergie (**Doc. 3**). Les aliments utilisés comme source d'énergie par l'organisme sont les glucides et les lipides. Les protéines peuvent être utilisées comme carburant énergétique uniquement en cas de jeûne prolongé.

2 Des besoins variables

- Le métabolisme de base correspond à la dépense énergétique minimale nécessaire au fonctionnement des organes d'un sujet assis au repos et à température de neutralité thermique. Chez un homme de 70 kg, sa valeur est d'environ 300 kJ/h.
- Le métabolisme augmente avec l'activité physique, et ce d'autant plus que celle-ci est intense (Doc. 4). L'activité physique s'accompagne donc d'une augmentation des besoins énergétiques.
- Enfin, lorsque la température extérieure varie de part et d'autre de la température de neutralité thermique, l'organisme augmente sa dépense d'énergie pour maintenir constante sa température, soit pour favoriser la dissipation de chaleur, soit au contraire pour augmenter la production de chaleur (Doc. 5).
- La dépense énergétique varie par ailleurs selon le sexe et l'âge. Elle est plus élevée durant la croissance. Elle augmente chez une femme enceinte et lors de l'allaitement.

Vocabulaire

- **Métabolisme de base :** dépense énergétique minimale.
- **Température de neutralité thermique :** température extérieure pour laquelle les dépenses énergétiques sont minimales (autour de 20 °C chez un adulte).

Doc. 3 Valeur énergétique des aliments

Aliments simples	Valeur énergétique (kJ/g)	Énergie libérée dans l'organisme (kJ/g)
Glucides	17,1	16,7
Protides	23,5	16,7
Lipides	39,5	37,7

Remarque : la valeur énergétique des aliments aussi exprimée en kilocalories ou Cal (1 kcal = 4,184 kJ).

Doc. 4 Activité physique et dépense énergétique

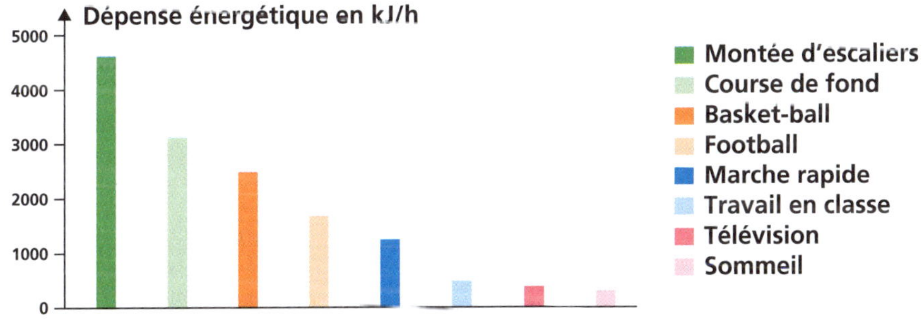

Doc. 5 Variation de la dépense énergétique en fonction de la température pour un homme normalement vêtu

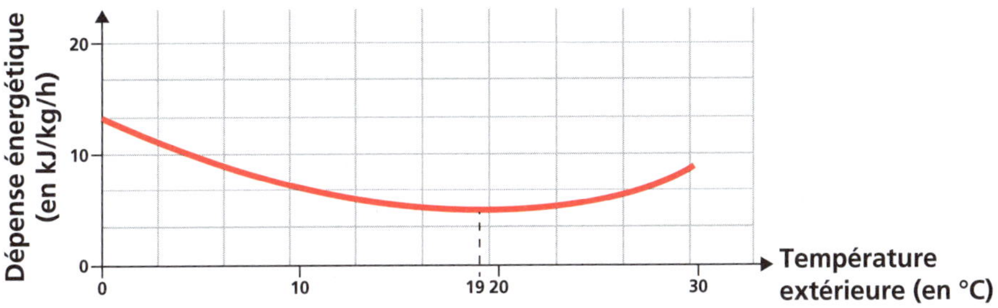

3 Une alimentation équilibrée

De quoi s'agit-il ? **La ration alimentaire doit compenser les dépenses énergétiques et satisfaire les besoins en matériaux faute de quoi s'installent des maladies.**

1 Critères d'une ration alimentaire équilibrée

- La ration énergétique doit compenser les dépenses, variables selon l'âge, le sexe et l'activité. (**Doc. 6**) Celles-ci sont estimées en moyenne à 10 000 kJ par jour (2 400 kcal).

- L'alimentation doit par ailleurs apporter tous les matériaux nécessaires : minéraux et éléments chimiques (calcium, fer...) vitamines, des fibres végétales et 1,5 L d'eau, acides aminés essentiels et acides gras. Au cours de chacun des trois repas, il est recommandé de consommer 4 portions de glucides, 2 de protides et 1 de lipides.

- L'équilibre de la ration alimentaire peut être facilement atteint par des menus variés, comprenant les différents groupes d'aliments (viandes et poissons, produits laitiers, matières grasses, céréales et féculents, fruits et légumes), avec une modération des sucres à index glycémique (IG) élevé et des aliments riches en graisses.

Vocabulaire

- **Index glycémique :** mesure de la capacité d'un aliment glucidique à élever la glycémie (taux de glucose dans le sang) après un repas.

2 Déséquilibres alimentaires et malnutrition

- Lorsque la consommation alimentaire habituelle d'un individu est insuffisante pour fournir l'apport énergétique alimentaire nécessaire à une vie normale, on parle de sous-nutrition. En 2021, selon un rapport de l'ONU, 828 millions de personnes dans le monde souffraient de la faim. Par ailleurs, les carences alimentaires, notamment en vitamines, en fer, en calcium ou en acides aminés essentiels, provoquent aussi une dénutrition. Celle-ci joue un rôle dans environ 45 % des décès d'enfants âgés de moins de 5 ans.

- La malnutrition peut aussi résulter d'une suralimentation. Ainsi, un abus de graisses et de sucres à index glycémique élevé (sodas, sucreries), une absence de fruits et légumes, associée à un manque d'exercice physique, favorise l'apparition du surpoids. Si les réserves de graisse deviennent trop importantes, c'est l'obésité (**Doc. 7**). C'est une véritable maladie qui diminue l'espérance de vie des individus qui en sont atteints. En effet, elle augmente le risque de diabète, de maladies cardiovasculaires et de certains cancers. 42 millions d'enfants et 1,9 milliard d'adultes dans le monde sont en surpoids ou obèses.

- Par ailleurs, une alimentation trop riche en lipides augmente le taux de cholestérol. En trop grande quantité dans le sang, ce dernier se dépose sur la paroi interne des artères : c'est l'athérosclérose. En réduisant leur diamètre interne, celle-ci provoque de l'hypertension, voire une obstruction partielle de la circulation sanguine. Elle peut être alors à l'origine d'un infarctus du myocarde (lorsqu'elle affecte les artères coronaires qui irriguent le cœur) ou encore d'un accident vasculaire cérébral.

Vocabulaire

- **Carence :** insuffisance de certains éléments dans l'organisme, indispensables à son fonctionnement.
- **Dénutrition :** ensemble des troubles causés par une alimentation déficitaire (retard de croissance, amaigrissement extrême...).
- **Malnutrition :** troubles physiologiques provoqués par une consommation insuffisante, déséquilibrée ou excessive de certains nutriments.
- **Athérosclérose :** dépôt d'une plaque composée principalement de lipides (appelée athérome) sur la paroi des artères, réduisant leur diamètre interne.

Doc. 6 Ration énergétique conseillée

Âge, état et activité	Besoins énergétiques quotidiens	
	Homme	Femme
Enfants de 1 à 3 ans	5 700 kJ	
Adolescents de 13 à 15 ans	12 100 kJ	10 400 kJ
Adultes		
• activité faible	8 800 kJ	7 500 kJ
• activité moyenne	11 300 kJ	8 400 kJ
• activité intense	12 500 kJ	9 200 kJ
• grossesse		8 300 à 9 000 kJ

Doc. 7 Prévalence de l'obésité dans le monde (en 2021)

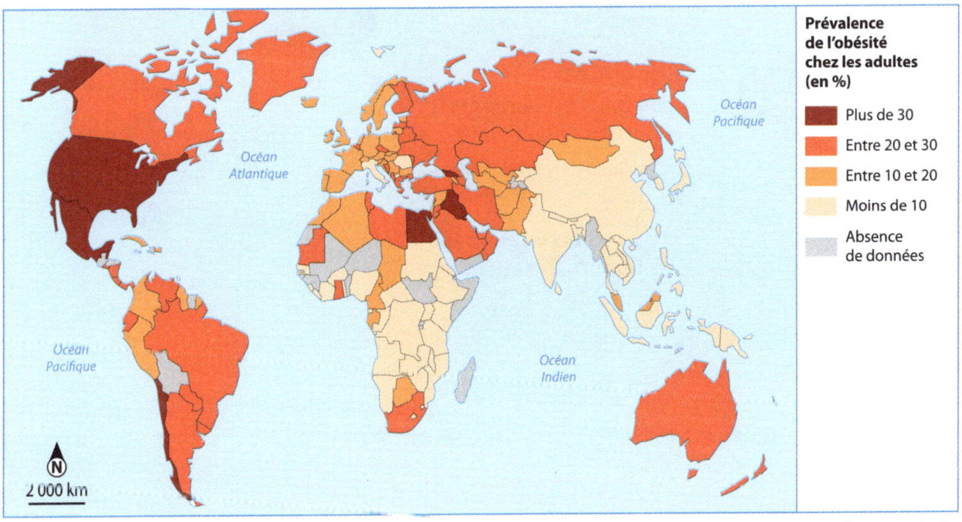

D'après Géoconfluences, 2021.

ENS. SCIENTIFIQUE

Révision express

Le schéma important à retenir

Les principes d'une alimentation équilibrée

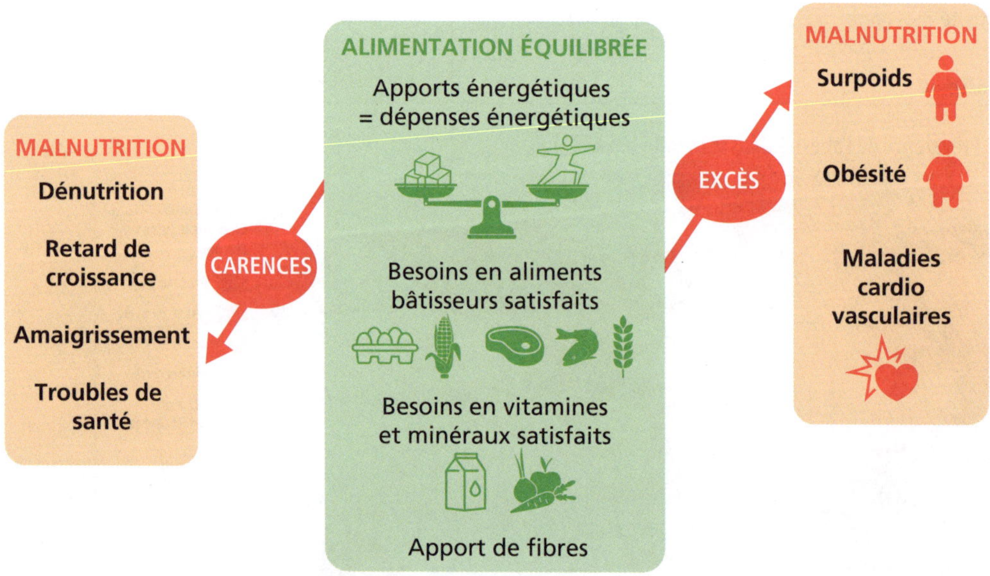

Quiz

Cochez la bonne réponse :

1. Les besoins énergétiques sont satisfaits par des éléments minéraux ☐ Vrai ☐ Faux
2. La valeur énergétique des glucides est identique à celle des lipides. ☐ Vrai ☐ Faux
3. Le métabolisme dépend de l'activité physique. ☐ Vrai ☐ Faux
4. Les lipides jouent un rôle bâtisseur. ☐ Vrai ☐ Faux
5. En cas d'élévation de la température extérieure au-delà de 19°C, l'organisme réduit sa dépense d'énergie. ☐ Vrai ☐ Faux

→ Réponses p. 533

EXERCICE GUIDÉ

Expliquer un retard de croissance

Énoncé

Le Kwashiorkor est une maladie nutritionnelle du tiers-monde qui survient après le sevrage, très généralement au moment où l'alimentation lactée est remplacée par des bouillies à base de farines comme le manioc, la banane ou le maïs. Les principaux symptômes sont un retard de croissance, une altération des cheveux, un comportement apathique, un appétit diminué, un foie très volumineux.

L'expérience suivante permet de comprendre l'origine de cette maladie.

Doc. Expérience d'Osborne et Mendel

4 lots de jeunes rats reçoivent une alimentation en quantité suffisante mais ne contenant, dans un premier temps, que certains protides.

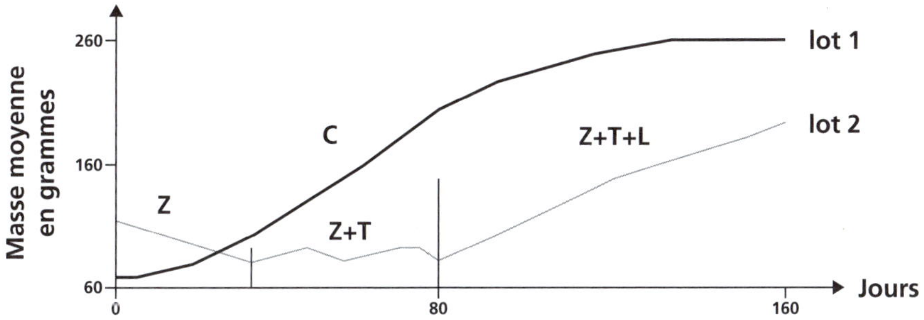

Le lot 1 reçoit de la caséine, protéine présente dans le lait (C). Sa croissance est alors normale.

Le lot 2 reçoit de la zéine, protéine présente dans le maïs (Z), puis on rajoute successivement du tryptophane (T) et de la lysine (L). On pèse les rats régulièrement afin d'établir leur courbe de croissance.

Montrez que les résultats de l'expérience d'Osborne et Mendel permettent de comprendre l'origine des troubles de croissance du Kwashiorkor et indiquez comment on pourrait y remédier.

Méthode

- L'expérience présentée doit être mise en relation avec l'alimentation des enfants après le sevrage : ils passent d'une alimentation lactée (à base de protéines animales comme la caséine) à une alimentation ne contenant que des protéines végétales (comme celles présentes dans le maïs, la zéine).
- L'étude de la courbe permet de comparer les effets sur le rat d'une telle différence d'alimentation.
- Les conséquences des apports successifs en différents acides aminés permettent d'en déterminer l'importance dans l'alimentation.
- La cause des troubles observés chez les enfants peut alors être expliquée.

Corrigé

Le Kwashiorkor semble être une maladie liée à l'alimentation puisqu'elle survient à la suite d'un changement de régime alimentaire, le lait maternel étant remplacé par une alimentation exclusivement d'origine végétale.

Dans l'expérience présentée, le lot de jeunes rats recevant de la caséine a une croissance normale. C'est le lot témoin qui servira de référence pour la comparaison avec les autres lots. Le lot 2 reçoit de la zéine dans un premier temps, sa masse diminue. Comme on précise que l'alimentation est donnée en quantité suffisante, on peut supposer que la zéine n'est pas une protéine suffisante pour une croissance normale.

Avec l'ajout de tryptophane, la masse des rats ne diminue plus. On peut en déduire que cet acide aminé est indispensable à la croissance des rats et qu'il fait défaut dans la zéine. Toutefois, il faut ajouter aussi de la lysine pour que la croissance des rats redevienne normale. La vitesse de croissance est la même qu'avec une alimentation à base de caséine (même pente des courbes).

On peut donc penser que la maladie est due à l'absence de tryptophane et de lysine dans la zéine. Ces deux acides aminés sont des acides aminés essentiels que l'organisme est incapable de synthétiser. Ils doivent être fournis par l'alimentation.

L'astuce du prof

Il ne faut pas oublier de dégager la notion d'acides aminés essentiels.

Pour résoudre ce problème, il faudrait ajouter dans l'alimentation des enfants, soit des protéines animales, soit des protéines végétales riches en lysine et tryptophane.

Chapitre 7

Une diversité de sources d'énergie utilisables par l'Humanité

1 Sources d'énergie issues du Soleil

De quoi s'agit-il ? Une partie des sources d'énergie disponibles sur Terre ont pour origine le rayonnement solaire. Elles sont disponibles sous la forme de stocks et de flux, comme par exemple les combustibles fossiles ou la biomasse.

1 Sources d'énergie directement ou indirectement issues du Soleil

- L'énergie radiative des rayons du Soleil est une source d'énergie directement transférée par le Soleil.
- D'autres sources d'énergie sont quant à elles indirectement issues de l'énergie radiative transférée par le Soleil :
  - les combustibles fossiles (pétrole, charbon, gaz naturel) se sont formés il y a plusieurs dizaines à plusieurs centaines de millions d'années à partir de la matière organique produite par photosynthèse, grâce à l'énergie radiative transférée par le Soleil ;
  - la biomasse, c'est-à-dire les végétaux et les déchets organiques, est constituée de matière organique, elle aussi produite par photosynthèse, grâce à l'énergie radiative transférée par le Soleil.

Vocabulaire

Ne confondez pas conversion et transfert d'énergie. Lors d'une conversion d'énergie, l'énergie change de forme (de l'énergie radiative se transforme en énergie électrique par exemple) alors que lors d'un transfert d'énergie, l'énergie ne change pas de forme.

2 Transformations utilisées pour obtenir de l'énergie

- L'énergie résultant de l'utilisation des combustibles fossiles comme source d'énergie est obtenue, comme le nom « combustibles » l'indique, par combustion, c'est-à-dire grâce à une transformation chimique entre les combustibles et le dioxygène.

- L'énergie résultant de l'utilisation de la biomasse comme source d'énergie est obtenue par combustion ou par fermentation, c'est-à-dire grâce à une transformation chimique entre la biomasse et des enzymes sécrétées par des micro-organismes.

2 Sources d'énergie renouvelables ou non renouvelables

De quoi s'agit-il ? Certaines sources d'énergie ayant pour origine le rayonnement solaire sont des sources d'énergie renouvelables tandis que d'autres sources d'énergie issues du Soleil sont des sources d'énergie non renouvelables.

- Certaines sources d'énergie issues du Soleil sont renouvelables : elles peuvent être exploitées de façon illimitée à l'échelle humaine car leur durée prévisible d'épuisement est inférieure à leur durée de reconstitution.

- D'autres sources d'énergie sont non renouvelables : leurs stocks, limités, ne peuvent pas se renouveler à l'échelle des temps de l'humanité car leur durée prévisible d'épuisement est supérieure à leur durée de reconstitution.

Doc. Sources d'énergie issues du Soleil

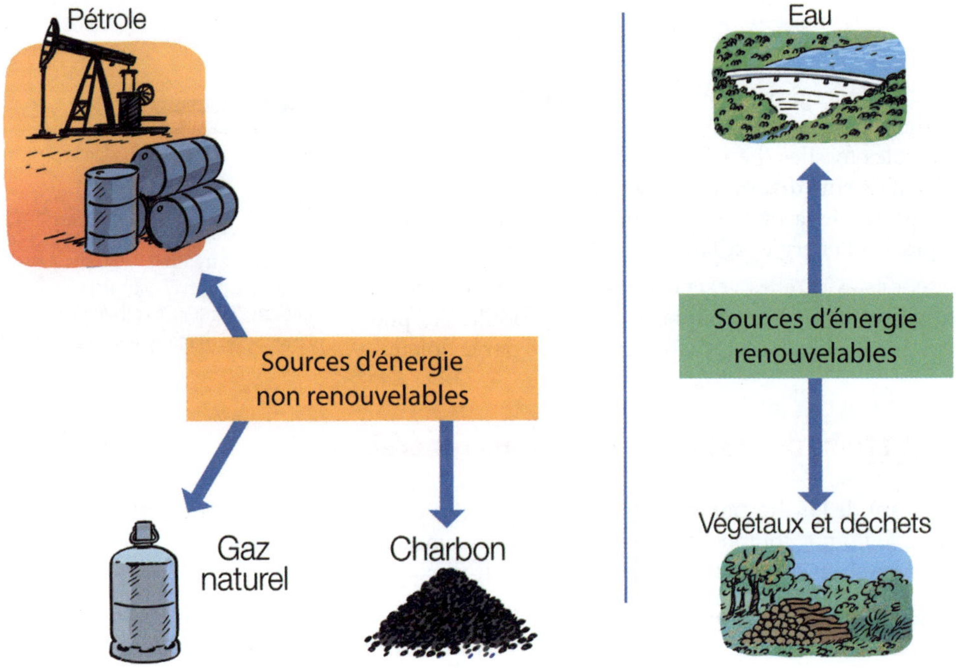

- L'utilisation de chaque source d'énergie, renouvelable ou non renouvelable, a des avantages et des inconvénients. Il n'y a malheureusement aucune utilisation de source d'énergie, même renouvelable, qui permette d'obtenir de l'énergie électrique (ou de l'énergie sous une autre forme) sans inconvénient. Par exemple, l'utilisation de la biomasse comme source d'énergie a pour avantage d'utiliser une source d'énergie renouvelable mais elle a pour inconvénients d'occuper des surfaces agricoles et de produire des gaz à effet de serre lors de sa combustion.

Remarque

Il existe d'autres sources d'énergie non renouvelables, comme l'uranium, ou d'autres sources d'énergie renouvelables, comme l'énergie thermique de la Terre, le mouvement de l'eau ou du vent.

Révision express

Le schéma important à retenir

Une diversité de sources d'énergie utilisables par l'Humanité

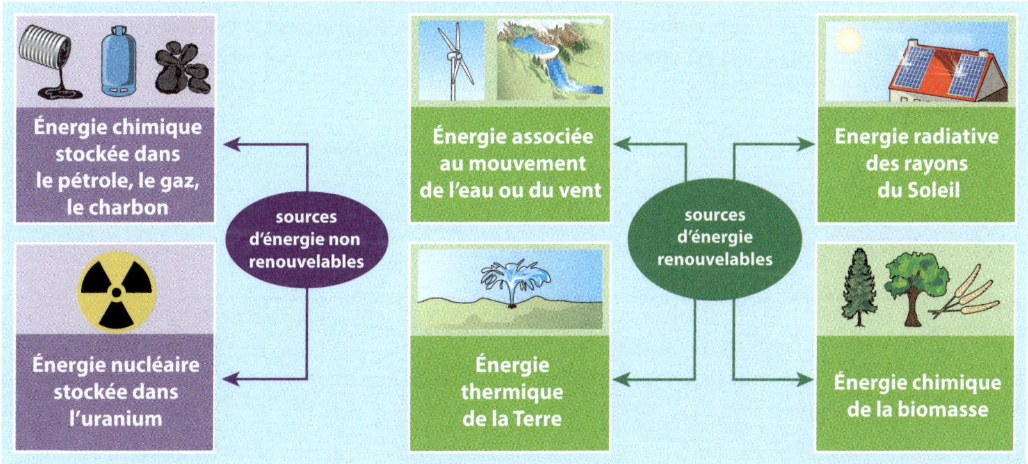

Quiz

Cochez la bonne réponse :

1. L'énergie directement transférée par le Soleil est de l'énergie électrique. ☐ Vrai ☐ Faux

2. Les combustibles fossiles (pétrole, charbon, gaz naturel) se sont formés il y a plusieurs dizaines à plusieurs centaines de millions d'années. ☐ Vrai ☐ Faux

3. L'énergie résultant de l'utilisation de la biomasse comme source d'énergie est obtenue uniquement par fermentation. ☐ Vrai ☐ Faux

4. Toutes les sources d'énergie issues du Soleil sont renouvelables. ☐ Vrai ☐ Faux

5. Il existe des sources d'énergie pour lesquels leur utilisation comme source d'énergie n'a aucun inconvénient. ☐ Vrai ☐ Faux

→ Réponses p. 533

EXERCICE GUIDÉ

Décrire les atouts et les limites liés à l'utilisation d'une source d'énergie

Énoncé

L'énergie radiative des rayons du Soleil est une source d'énergie renouvelable mais, sur Terre, c'est également une source d'énergie intermittente. Pour pallier cet inconvénient, il faut stocker l'énergie grâce notamment à des accumulateurs électrochimiques, qui nécessitent des terres rares. Or l'extraction des terres rares est polluante et le recyclage des terres rares est encore à ce jour très peu développé.

1. Donnez le nom du dispositif permettant de convertir l'énergie radiative des rayons du Soleil en énergie électrique.

2. Indiquez dans un tableau au moins deux atouts et au moins deux limites liés à l'utilisation de l'énergie radiative des rayons du Soleil comme source d'énergie.

Méthode

- Nommer le dispositif de conversion sans expliquer son fonctionnement car cela n'est pas demandé dans la consigne.
- Grâce à des connaissances ou à des recherches sur Internet, lister les atouts et les limites au brouillon avant de tracer un tableau.
- Ne pas oublier d'évoquer, dans les atouts ou les limites, l'émission, ou non, de gaz à effet de serre, car la lutte contre le réchauffement climatique est un enjeu actuel majeur.

Corrigé

1. Le dispositif qui permet de convertir l'énergie radiative des rayons du Soleil en énergie électrique est un panneau photovoltaïque.

2. Quelques atouts et limites liés à l'utilisation de l'énergie radiative des rayons du Soleil comme source d'énergie peuvent être énumérés dans le tableau suivant.

Atouts	Limites
• Utilisation d'une source d'énergie renouvelable. • Pas de gaz à effet de serre émis lors de l'utilisation. …	• Source d'énergie intermittente, nécessitant un stockage de l'énergie dont les dispositifs peuvent être polluants durant leur cycle de vie. • Rendement encore assez faible à ce jour. …

Chapitre 8

La forme de la Terre

1 Mesure de la longueur d'un méridien terrestre

De quoi s'agit-il ? **Dès l'Antiquité, des mesures géométriques d'angles ou de longueurs permettent de conclure que la Terre est sphérique, et ainsi de mesurer sa circonférence ou la longueur d'un méridien.**

1 Méthode d'Ératosthène

- Dès l'Antiquité, des observations permettent de conclure que la Terre est sphérique, alors qu'elle apparaît localement plane.
- En 230 av. J.-C., Ératosthène, un savant grec directeur de la grande Bibliothèque d'Alexandrie, réussit à calculer la circonférence de la Terre par une mesure d'angles. Ces mesures avaient été réalisées à Syène (actuelle ville d'Assouan) et à Alexandrie.
- On peut reprendre cette méthode afin de calculer la distance entre deux points A et B d'un même méridien, en supposant que la Terre est sphérique, non aplatie au pôle.
- La méthode consiste à repérer au même moment l'ombre portée d'un bâton vertical de même hauteur au point A et au point B (**Doc. 1**). On mesure les angles $\widehat{A}$ et $\widehat{B}$ entre la verticale du bâton et le rayon lumineux : l'angle $\widehat{AOB}$ vaut alors la différence entre les angles $\widehat{A}$ et $\widehat{B}$ avec O le centre de la Terre.

Vocabulaire

- **Méridien :** cercle imaginaire « dessiné » sur la surface de la Terre et passant par ses pôles.
- **Ombre portée :** zone non éclairée par les rayons lumineux éclairant un objet du fait de leur inclinaison.

- Si l'on connaît la distance entre les points A et B correspondant à l'angle $\widehat{AOB}$, on peut alors déterminer la longueur du méridien correspondant à un angle de 180°.
- Par cette méthode, entre Syène et Alexandrie le jour du solstice d'été, Ératosthène obtient une longueur de méridien qui diffère seulement de 1,7 % de la valeur actuellement admise de 40 070 km.
- Dans l'hypothèse d'une planète sphérique, la mesure d'un méridien terrestre correspond à la circonférence de la Terre, soit $p = 2\pi R_T$ avec R_T le rayon terrestre, d'où $R_T = \dfrac{p}{2\pi}$.

2 Méthode de triangulation plane de Delambre et Méchain

- En 1791, l'Assemblée constituante charge Delambre et Méchain de déterminer la longueur d'arc de méridien Dunkerque-Barcelone. L'objectif est d'obtenir la mesure du mètre, défini comme le « dix millionième du quart » du méridien terrestre.
- La méthode de triangulation plane utilisée est fondée sur le fait que la connaissance de deux angles et de la longueur d'un côté d'un triangle quelconque permet de connaître le troisième angle et les deux autres côtés (**Doc. 2**). En effet, la loi des sinus met en évidence

Vocabulaire

- **Triangulation :** méthode utilisée en géométrie ou en trigonométrie pour mesurer des distances.

ENS. SCIENTIFIQUE

une relation entre les angles $\widehat{A}$, $\widehat{B}$ et $\widehat{C}$ et les longueurs a, b et c des côtés BC, AC et AB :

$$\frac{a}{\sin \widehat{A}} = \frac{b}{\sin \widehat{B}} = \frac{c}{\sin \widehat{C}}.$$

- Delambre et Méchain ont l'idée de découper l'arc de méridien Dunkerque-Barcelone en une série de morceaux de méridien s'inscrivant dans plusieurs triangles adjacents formés par des points de repère géographiques comme des clochers, des tours, des sommets, etc. (**Doc. 3**).

- Cette mesure historique a nécessité 90 triangles et près de 500 000 mesures d'angles et le résultat final ne diffère que de 10 m avec la mesure par satellite actuelle !

Doc. 1 Méthode d'Eratosthène

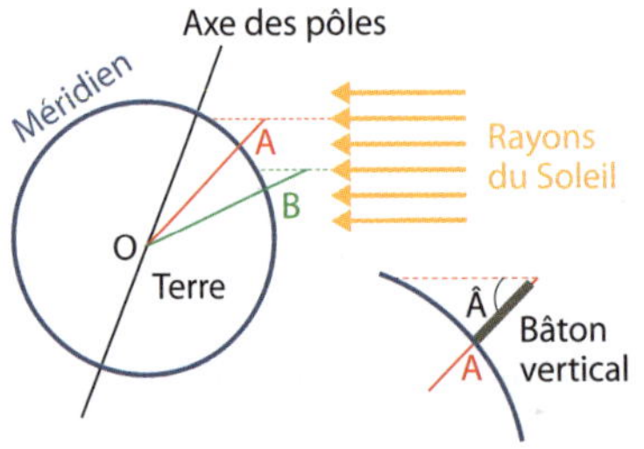

Doc. 2 Angles, sommets et côtés d'un triangle

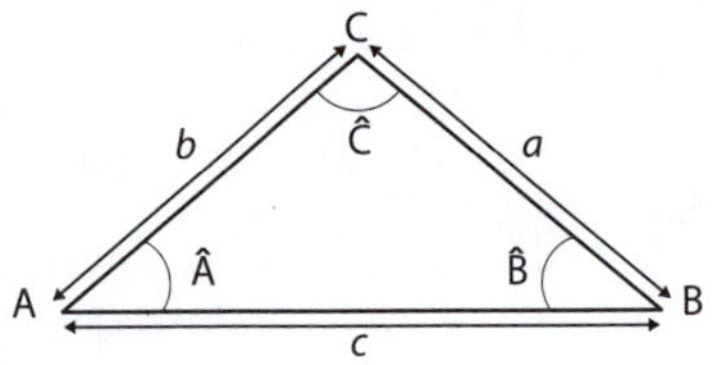

Doc. 3 Méthode de Delambre et Méchain

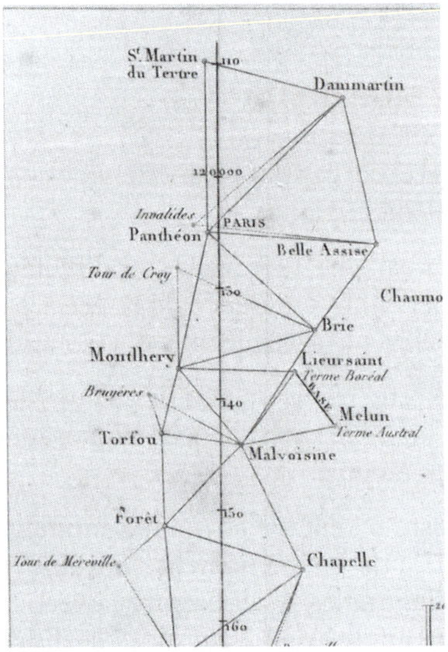

2 Chemins entre deux points de la surface terrestre

De quoi s'agit-il ? On repère un point sur la surface de la Terre par son altitude ainsi que par deux coordonnées angulaires : sa longitude et sa latitude. Ces dernières permettent de calculer la longueur entre deux points de la surface terrestre.

1 Longitude

- La longitude est l'angle entre le plan méridien d'un lieu et un plan méridien de référence (**Doc. 4**). Elle s'exprime en degrés (°).

- Le plan méridien de référence est celui du plan de Greenwich en Angleterre.

- Tous les points d'un même plan méridien ont la même longitude. En particulier, les points du plan de Greenwich ont une longitude de 0°.

Vocabulaire

- **Longitude :** angle entre le plan méridien d'un lieu et un plan méridien de Greenwich. La longitude s'exprime en degrés (°).
- **Plan de Greenwich :** plan méridien de référence de longitude 0°.

- Le globe terrestre est divisé verticalement en quartiers dont les plans qui les délimitent sont les plans méridiens. Ils sont au nombre de 24, et l'angle entre deux plans méridiens est de 360°/24 = 15°.

- Tout point d'un plan méridien « à gauche » du plan de Greenwich a une longitude Ouest (W) comptée négativement, et tout point d'un plan méridien « à droite » du plan de Greenwich a une longitude Est (E) comptée positivement.

- Les longitudes sont ainsi comptées de 180° W ou (– 180°) à 180° E (ou +180°).

Exemples : la longitude de Paris est 2°20′55″ E ou + 2°20′55″, celle de New York 74°00′21″ W ou – 74°00′21″.

2 Latitude

- La latitude d'un point P du globe est l'angle entre l'équateur et le point P (Doc. 4). Elle s'exprime en degrés (°), tout comme la longitude.

- Tout point dans l'hémisphère sud possède une latitude sud (S) comptée négativement ; tout point dans l'hémisphère nord possède une latitude nord (N) comptée positivement.

- Tout point de l'équateur a donc une latitude de 0°.

- Le globe terrestre est divisé horizontalement en plusieurs plans parallèles à l'équateur. Les parallèles sont les lignes circulaires imaginaires de points ayant la même latitude. Le diamètre d'un parallèle est d'autant plus petit qu'il est proche des pôles.

- Les parallèles sont perpendiculaires aux méridiens : les méridiens sont de longueur fixe correspondant au périmètre terrestre alors que chaque parallèle a sa propre longueur.

- Certains parallèles de latitude remarquable, portent, tout comme l'équateur, un nom particulier :
– le tropique du cancer (latitude 23° 27′ N ou + 23° 27′) ;
– le tropique du capricorne (latitude 23° 27′ S ou – 23° 27′) ;
– le cercle polaire arctique (latitude 66° 33′ N ou + 66° 33′) ;
– le cercle polaire antarctique (latitude 66° 33′ S ou – 66° 33′).

Vocabulaire

- **Latitude d'un point P :** angle entre l'équateur et le point P. La latitude s'exprime en degrés (°).
- **Parallèle :** ligne circulaire imaginaire sur le globe terrestre parallèle à l'équateur, lieu des points ayant la même latitude.

Doc. 4 Latitudes et longitudes terrestres

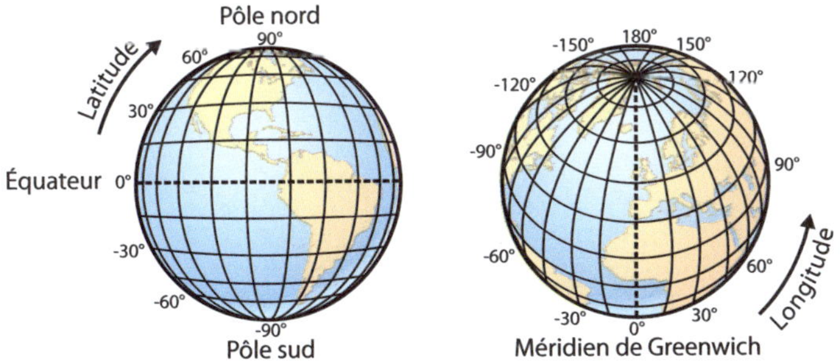

3 Altitude

L'altitude d'un point, en mètres (m), est mesurée par rapport à un niveau de référence, souvent le niveau de la mer.

4 Chemin entre deux points

- Le plus court chemin entre deux points à la surface de la Terre est l'arc de cercle qui les relie.
- En assimilant la Terre à une sphère, la longueur d'un arc de méridien entre deux points A et B de ce méridien, noté $\widehat{AB}$ (en m), se calcule à partir des latitudes φ_A et φ_B de A et B : $\widehat{AB} = |\varphi_A - \varphi_B| \times R_T$ avec $|\varphi_A - \varphi_B|$ la valeur absolue de la différence des latitudes de A et B (en rad) et R_T le rayon terrestre (en m).
- En assimilant la Terre à une sphère, la longueur d'un arc de parallèle entre deux points A et B de ce parallèle, noté $\widehat{AB}$ (en m), se calcule à partir des longitudes λ_A et λ_B de A et B : $\widehat{AB} = |\lambda_A - \lambda_B| \times R_\beta$ avec $|\lambda_A - \lambda_B|$ la valeur absolue de la différence des longitudes de A et B (en rad) et R_β le rayon du parallèle (en m).

Révision express

La forme de la Terre

Le schéma important à retenir

Méridiens et parallèles

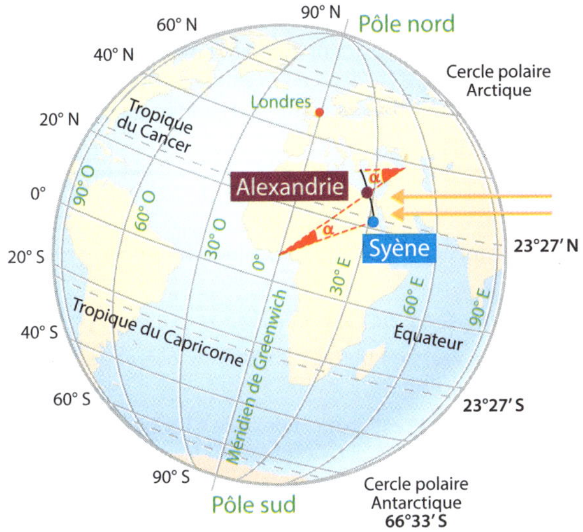

Quiz

Cochez la bonne réponse :

1. La méthode d'Ératosthène a permis de mesurer la longueur d'un méridien. ☐ Vrai ☐ Faux
2. Deux points sur un même méridien ont même latitude. ☐ Vrai ☐ Faux
3. Le méridien de référence est celui de Greenwich en Angleterre. ☐ Vrai ☐ Faux
4. Les parallèles correspondent à des quartiers de globe terrestre. ☐ Vrai ☐ Faux
5. Deux points du même parallèle appartiennent à des méridiens différents. ☐ Vrai ☐ Faux
6. L'équateur est à 0° de longitude. ☐ Vrai ☐ Faux

→ Réponses p. 533

EXERCICE GUIDÉ

Calculer le rayon terrestre par la méthode d'Ératosthène

Énoncé

La mesure historique d'Ératosthène des ombres portées de bâtons verticaux est faite à Syène et à Alexandrie le jour du solstice d'été. Ératosthène constate que ce jour-là, il n'y a aucune ombre portée à Syène, alors qu'à Alexandrie, l'ombre portée correspond à un angle de 1/50e de cercle.

En supposant que Syène et Alexandrie appartiennent au même méridien, que la Terre est parfaitement sphérique et que la distance entre les deux villes est de 5 000 stades (1 stade mesure 157,5 m), déterminez la longueur p d'un méridien terrestre et déduisez-en le rayon de la Terre R_T.

Méthode

- Déterminer les angles correspondant aux deux ombres portées des points choisis sur le même méridien.
- En déduire la différence (positive), notée α, de ces angles.
- Exprimer la distance entre les deux villes en unités du système international, c'est-à-dire en mètres.
- Sachant que la longueur d'un arc de cercle est proportionnelle à l'angle qui l'intercepte, déterminer la longueur d'un méridien terrestre.
- Cette longueur étant le périmètre d'un cercle de rayon terrestre, en déduire R_T.

Corrigé

• À Syène, il n'y a pas d'ombre portée, donc l'angle entre le morceau de bois vertical et les rayons du Soleil est nul.

À Alexandrie, l'ombre portée correspond à un angle de

$$1/50^e \text{ de cercle} = \frac{1}{50} \times 360° \text{ ou } 7{,}2°.$$

• L'angle α correspond à la différence entre les angles mesurés à Syène et à Alexandrie : α = 7,2 – 0 = 7,2°.

À retenir

Si l'ombre portée est nulle, cela signifie que le Soleil est au zénith, c'est-à-dire à la verticale du lieu.

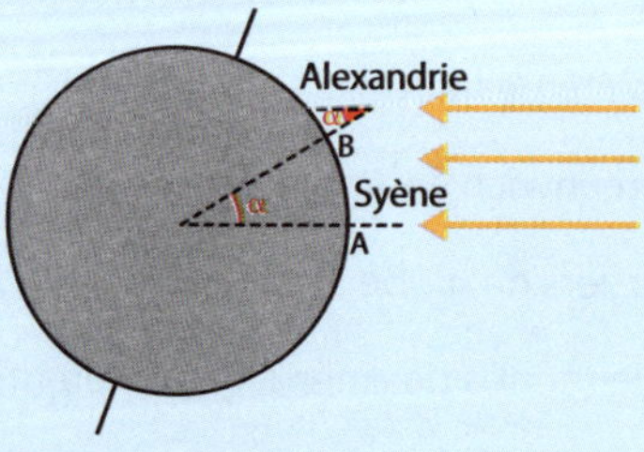

• La distance entre les deux villes (mesurée à l'époque à dos de chameau !) est de 5 000 stades. Or chaque stade est estimé à 157,5 m, soit un total de :

$$d_{\text{Syène-Alexandrie}} = 5\,000 \times 157{,}5 = 787\,500 \text{ m} = 787{,}5 \text{ km}.$$

En ne gardant qu'un nombre raisonnable de chiffres significatifs, on obtient : $d_{\text{Syène-Alexandrie}} = 8 \times 10^5$ m.

On suppose ici que la distance de 5 000 stades n'est connue qu'à une précision correspondant à 1 chiffre significatif.

• On a donc obtenu qu'un angle entre les deux villes $\alpha = 7{,}2°$ correspond à un arc de méridien ou une distance sur la croûte terrestre

$d_{\text{Syène-Alexandrie}} = 8 \times 10^5$ m.

Le périmètre p de la Terre ou mesure de la longueur d'un méridien correspond à un angle $\alpha_{\text{total}} = 360°$. On peut alors écrire, par un simple rapport de proportionnalité :

$$p = \frac{d_{\text{Syène - Alexandrie}} \times \alpha_{\text{total}}}{\alpha} = \frac{8 \times 10^5 \times 360°}{7{,}2°} = 4 \times 10^7 \text{ m}.$$

• L'expression du périmètre d'un cercle permet d'en déterminer son rayon.

On a donc, dans le cas de la longueur d'un méridien terrestre :

$$p = 2\pi R_T \text{, soit } R_T = \frac{p}{2\pi}.$$

$$R_T = \frac{4 \times 10^7}{2\pi} = 6 \times 10^6 \text{ m ou } 6 \times 10^3 \text{ km avec un chiffre significatif.}$$

Piège à éviter

Attention au nombre de chiffres significatifs du résultat obtenu : le résultat d'un calcul ne peut pas être plus précis que les mesures dont il dépend.

À retenir

La mesure d'un méridien terrestre est de l'ordre de 40 000 km. Elle correspond bien au résultat trouvé.

À retenir

La valeur du rayon terrestre est en moyenne $R_T = 6{,}4 \times 10^3$ km, avec 2 chiffres significatifs.

Chapitre 9 L'histoire de l'âge de la Terre

1 Émergence d'une idée

De quoi s'agit-il ? Les Hommes ont commencé à s'interroger sur l'âge de la Terre à partir du moment où ils ont pensé que l'Univers avait un commencement. Les premières estimations de l'âge de la Terre reposent sur différentes observations.

1 Une idée ancienne

- Portée par Aristote, la conception qui domine durant l'Antiquité est celle d'une Terre (et d'un Univers) ayant toujours existé. Sans commencement, la Terre n'avait donc pas d'âge.

- L'idée d'une naissance de la Terre est apportée par les religions monothéistes et le dogme de la Création, mais aucun texte religieux ne la date. Toutefois, au Moyen Âge, à partir des informations contenues dans la Bible, des érudits tentèrent de calculer l'âge de la Terre pour arriver à une valeur d'environ 6000 ans.

Vocabulaire

- **Dogme de la Création :** idée d'un commencement du monde, présente dans le Livre de la Genèse.

2 Apport des naturalistes

- Avec les Temps modernes, la découverte de lois physiques universelles, applicables partout et à toute époque, remet en cause l'âge biblique de la Terre.

- Au XVIIe siècle, l'étude des strates de roches sédimentaires, plus tard dénommée stratigraphie, relie l'épaisseur d'une couche au temps nécessaire à son dépôt (Doc. 1). Le caractère très lent de la sédimentation, un millimètre par siècle – voire moins –, permet à G.-L. Buffon (1707-1788), naturaliste français, d'aboutir à un âge de quelques millions d'années pour les énormes couches sédimentaires des Alpes.

- Si B. Palissy (1510-1590) fut un des premiers Européens à interpréter les fossiles comme des restes d'êtres vivants, il faut attendre la fin du XVIIIe siècle pour voir se développer la paléontologie, avec notamment G. Cuvier (1769-1832). On admet que les fossiles ont l'âge des roches qui les contiennent et, selon le principe de l'actualisme, qu'ils témoignent des conditions du passé.

- Ainsi, les dents de requin retrouvées dans les Alpes, interprétées au Moyen Âge comme les preuves du déluge, attestent plus vraisemblablement de l'existence d'un océan aujourd'hui disparu.

- De telles transformations étant inconnues dans l'histoire humaine, l'âge de la Terre doit être envisagé à une autre échelle.

Vocabulaire

- **Temps modernes :** époque historique allant de la fin du Moyen Âge à la Révolution française.
- **Roches sédimentaires :** roches formées par l'accumulation de sédiments et déposées en strates superposées.
- **Stratigraphie :** science qui étudie la succession des différentes couches géologiques ou strates au cours du temps.
- **Paléontologie :** science qui étudie les fossiles.
- **Actualisme :** principe selon lequel les phénomènes du passé se produisent de la même manière que ceux du présent. Par extension, les espèces du passé ont le même mode de vie que les espèces actuelles qui leur ressemblent.

Doc. 1 Succession des couches de roches sédimentaires dans le massif de Fiz (Alpes)

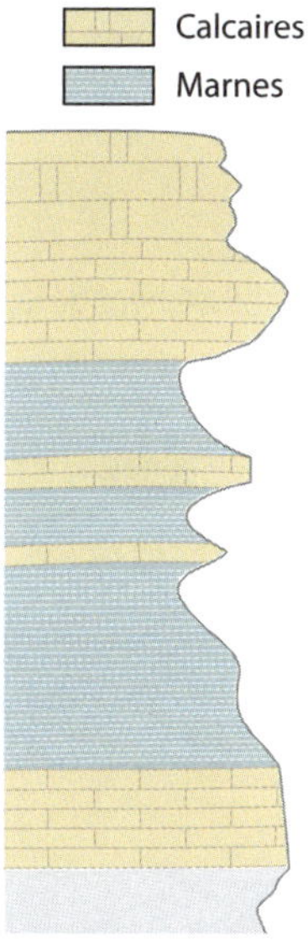

L'observation de la distribution des strates a conduit les géologues à établir le principe de superposition : une couche est plus récente que celle qu'elle recouvre. On observe ici une succession de couches calcaires et de marnes sur une épaisseur de 200 m, l'ensemble représentant une épaisseur de dépôt aujourd'hui évaluée à 70×10^6 ans.

2 Des controverses scientifiques

De quoi s'agit-il ? Du XVIIIe au XIXe siècle, plusieurs scientifiques s'affrontent sur la question de l'âge de la Terre. Ils proposent des estimations contradictoires obtenues par différentes méthodes.

1 Du modèle théorique à l'expérimentation

• G.-L. Buffon imagine la Terre à ses débuts comme une sphère en fusion, se refroidissant au cours des temps. Il a alors l'idée de modéliser le phénomène à partir de boulets de tailles différentes qu'il porte à haute température. Après avoir mesuré leur temps de refroidissement, il extrapole les résultats à l'échelle de la Terre. Mais la méthode a ses limites, faute par exemple d'informations sur la température initiale de notre planète. Il arrive néanmoins à un âge de 10 millions d'années, si étonnant à l'époque, qu'il n'ose le publier.

• Lord Kelvin (1824-1907), physicien, modélise lui aussi une Terre en fusion, mais il définit sa température d'origine à 3 900 °C (celle de la roche en fusion) et tient compte du gradient géothermique (calculé dans les mines) de 3 °C par 100 m. En s'appuyant sur « l'équation de la chaleur », il calcule le temps mis par la Terre pour qu'elle atteigne son gradient géothermique actuel (**Doc. 2**). Il obtient ainsi un âge de 20 à 400 millions d'années (MA), qu'il réduira à 24 MA après avoir estimé l'âge du Soleil à 100 MA.

Vocabulaire

- **Gradient géothermique :** variation de la température en fonction de la profondeur.
- **Équation de la chaleur :** due à J. Fourier (1768-1830), équation qui donne l'évolution de la température d'un corps en fonction du temps.

- Mais il suppose que la Terre dissipe sa chaleur par conduction seulement et qu'elle n'en produit plus. Or elle en dissipe une partie par convection, et de plus, elle continue à produire de la chaleur avec la désintégration d'éléments radioactifs (voir p. 318).

Vocabulaire

- **Conduction :** transfert de chaleur de proche en proche.
- **Convection :** transfert de chaleur par le biais de matière en mouvement.

Doc. 2 Profils de température pour différentes durées de refroidissement de la Terre

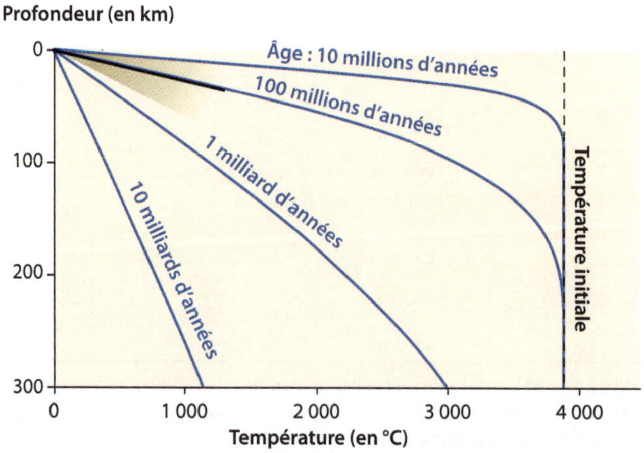

La planète se refroidit d'abord par sa surface, puis en profondeur. Le gradient géothermique qui en résulte dépend de l'âge de la Terre : il est d'autant plus élevé qu'elle est jeune. Ainsi, Kelvin avait estimé l'âge de la Terre à 100 MA (en noir sur le graphique).

2 Autres méthodes pour dater la Terre

- Avec la théorie de l'évolution, C. Darwin (1809-1882) conteste les résultats de Lord Kelvin. En effet, dans des couches géologiques correspondant à plusieurs millions d'années, les fossiles montrent très peu de variations. Le passage des premiers unicellulaires aux mammifères devrait alors s'étendre sur quelques milliards d'années.
- J. Joly (1857-1933) reprend l'idée de E. Halley (1656-1742), selon laquelle le sel marin provient de l'eau des rivières. En se basant sur la masse de sodium contenue dans les océans et l'apport annuel des rivières, il arrive à un âge d'une centaine de millions d'années. Toutefois, son calcul ne tient pas compte du sel déposé sous forme de sédiments (évaporites) ou échangé lors de l'altération du plancher océanique.

Vocabulaire

- **Théorie de l'évolution :** théorie selon laquelle, au cours du temps, de nouvelles espèces apparaissent à partir de la transformation d'espèces préexistantes. Pour C. Darwin, l'évolution se fait par sélection naturelle.
- **Évaporite :** roche formée lors de l'évaporation d'eaux riches en sels.

3 Radioactivité et âge de la Terre

De quoi s'agit-il ? L'âge de la Terre, fixé aujourd'hui à 4,57 milliards d'années, est connu grâce à l'utilisation de la radioactivité présente dans les roches.

1 Principe de la radiochronologie

- La découverte de la radioactivité en 1896 relance le débat sur l'âge de la Terre et remet en cause les résultats de Lord Kelvin. En effet, les éléments radioactifs des roches terrestres libèrent de la chaleur en se désintégrant, ce qui ralentit évidemment le refroidissement de la planète.

- Mais surtout, la radiochronologie permet de dater les roches. La méthode s'appuie sur la décroissance naturelle des éléments radioactifs instables (éléments-père). Ceux-ci se désintègrent régulièrement en éléments stables radiogéniques (éléments-fils). Ainsi, plus la roche est ancienne, plus la proportion d'éléments radiogéniques augmente par rapport à celle des éléments radioactifs.

- Il est alors possible de dater une roche, une fois le rapport « père-fils » mesuré, en tenant compte de la vitesse de désintégration de l'élément radioactif considéré. Celle-ci est déterminée à partir de la période ou demi-vie de l'élément, c'est-à-dire du temps nécessaire pour que sa quantité diminue de moitié (Doc. 3). Pour dater des roches anciennes, il faut choisir des isotopes radioactifs dont la période est suffisamment grande, de façon à ce qu'ils n'aient pas tous disparu. De plus, la roche doit être considérée comme un système clos depuis sa formation, sans apport extérieur d'éléments radioactifs ou radiogéniques.

- L'Anglais E. Rutherford (1871-1937) fit le premier ce calcul pour un minéral et obtint, à partir de la désintégration de l'uranium en thorium, un âge de 140 MA… supérieur à celui supposé à l'époque de la Terre.

Vocabulaire

- **Éléments radioactifs :** éléments instables qui se désintègrent au cours du temps et se transforment en éléments stables.
- **Radiochronologie :** méthode de datation fondée sur la décroissance d'éléments radioactifs au cours du temps.
- **Éléments radiogéniques :** éléments stables provenant de la désintégration d'éléments radioactifs.
- **Période (demi-vie) :** temps nécessaire pour qu'une quantité d'éléments radioactifs donnés diminue de moitié.

Doc. 3 Décroissance des éléments radioactifs

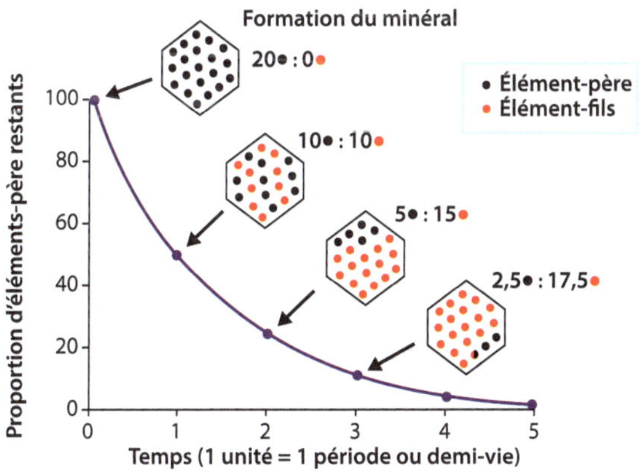

2 Datation des météorites

• Néanmoins, pour déterminer l'âge de la Terre, il fallait disposer des roches les plus anciennes. L'application de la mesure sur des météorites, les chondrites, permit de contourner la difficulté. En effet, celles-ci sont des restes du système solaire, non agrégés en planète, et datent donc de sa formation.

• En 1953, C. Patterson utilise la spectrométrie de masse pour mesurer les proportions en différents isotopes du plomb dans des chondrites. Ses mesures, effectuées sur plusieurs échantillons, lui permettent de construire une droite isochrone (**Doc. 4**). La pente de cette droite (voir méthode p. 130) lui permet de déterminer l'âge des chondrites : 4,55 milliards d'années (Ga).

Vocabulaire

- **Chondrites : types de météorites formées en même temps que la Terre à partir du même matériau primitif.**
- **Droite isochrone : droite construite à partir des rapports isotopiques mesurés sur des échantillons de même âge.**

Doc. 4 Résultats de C. Patterson

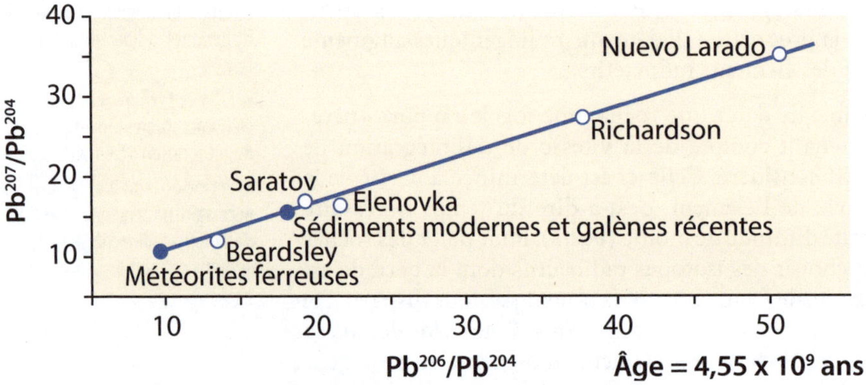

Il existe une relation mathématique entre la pente de la droite (le coefficient directeur) et l'âge des échantillons. Plus la valeur de la pente est grande et plus les échantillons sont âgés.

Révision express

L'histoire de l'âge de la Terre

Le schéma important à retenir

Découvertes scientifiques et évolution de l'âge de la Terre

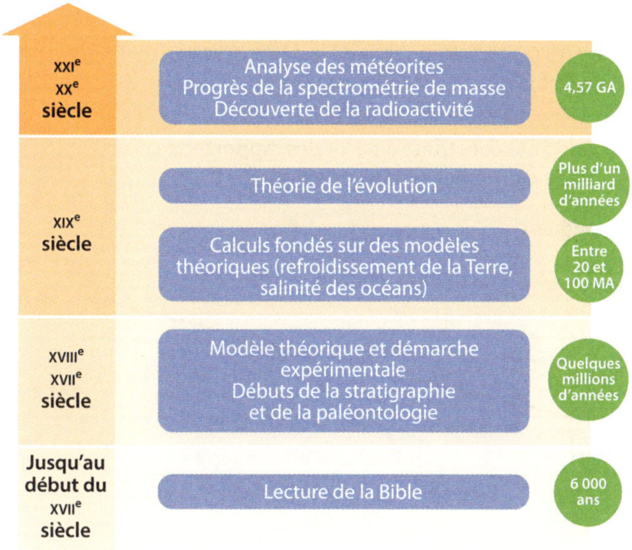

MA = million d'années ; GA = milliard d'années.

Quiz

Cochez la bonne réponse :

1. L'âge de la Terre est connu de façon précise grâce à la stratigraphie. ☐ Vrai ☐ Faux
2. La paléontologie est la science qui étudie les fossiles. ☐ Vrai ☐ Faux
3. Pour construire une droite isochrone à partir de différents échantillons, il faut d'abord déterminer leur âge. ☐ Vrai ☐ Faux
4. Pour dater la Terre, J. Joly s'était basé sur la salinité des océans. ☐ Vrai ☐ Faux
5. Le principe de l'actualisme suppose que les phénomènes du passé se produisent selon les mêmes causes que les phénomènes actuels. ☐ Vrai ☐ Faux

→ Réponses p. 533

EXERCICE GUIDÉ

Utiliser la radiochronologie pour dater la Terre

Énoncé

La datation de chondrites a été effectuée en utilisant la méthode rubidium/strontium. Le rubidium 87 (^{87}Rb), élément radioactif, se désintègre en strontium 87 stable (^{87}Sr) avec une constante de désintégration radioactive $\lambda = 1{,}42 \times 10^{-11}$ an^{-1}. On peut écrire : ^{87}Rb actuel $= {}^{87}Rb$ initial $\times e^{-\lambda t}$.

Tout le ^{87}Sr contenu dans une roche ne provient pas de la désintégration du ^{87}Rb, mais il existe un autre isotope stable, le ^{86}Sr, dont la quantité ne varie pas. Ainsi, le rapport $^{87}Sr/^{86}Sr$ augmente au cours du temps, au fur et à mesure que le ^{87}Rb se transforme en ^{87}Sr.

La courbe du **document** suivant a été construite à partir des rapports de composition isotopique de 8 chondrites mesurés à l'aide d'un spectrographe de masse.

Doc. Courbe isochrone des chondrites

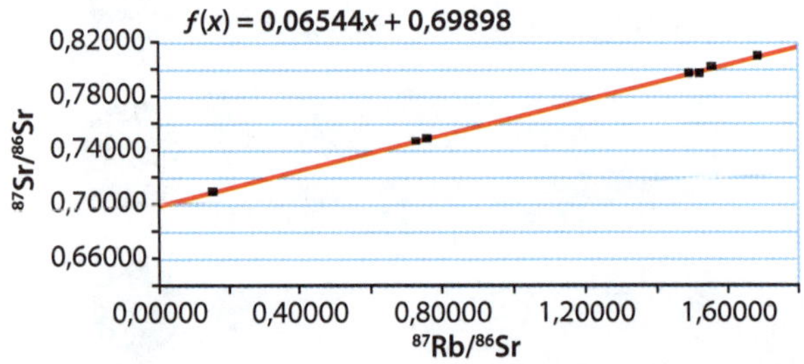

1. Exprimez la relation entre le $^{87}Sr(t)$ provenant de la désintégration du ^{87}Rb, le $^{87}Rb(t)$ actuel et le $^{87}Rb(0)$ initial. Exprimez ensuite ce $^{87}Sr(t)$ à partir de $^{87}Rb(t)$ seulement.

2. Exprimez la relation entre le ^{87}Sr(Tot) total actuel, le $^{87}Sr(0)$ initial et le $^{87}Sr(t)$. Écrivez alors l'équation reliant le ^{87}Sr(Tot) au $^{87}Rb(t)$.

3. Justifiez alors que la pente de la droite ci-dessus permet de déterminer l'âge des météorites, ainsi que l'expression « droite isochrone ».

4. Déterminez cet âge et comparez-le avec l'âge de la Terre actuellement admis. On précise que si $x = e^{\lambda t} - 1 \rightarrow t = \dfrac{\ln(x+1)}{\lambda}$.

Méthode

- La radiochronologie repose sur le fait qu'on peut déterminer un temps t, à partir des quantités d'éléments radioactifs et radiogéniques mesurées à t connaissant la constante de désintégration λ.
- La méthode Rb/Sr présente néanmoins une difficulté, car parmi les ^{87}Sr mesurés au temps t, tous ne proviennent pas du ^{87}Rb.
- Pour contourner cette difficulté, on mesure des rapports isotopiques en utilisant un élément stable ^{86}Sr. Pour des roches de même âge (t étant alors constant), le rapport $^{87}Sr/^{86}Sr$ varie proportionnellement au rapport $^{87}Rb/^{86}Sr$; il dépend des quantités de ^{87}Rb et de ^{87}Sr initialement présentes.
- À partir de ces rapports, établis pour plusieurs roches de même âge, on peut construire une droite dite isochrone, d'équation $y = ax + b$; a permettant de déterminer l'âge des roches.

Corrigé

1. ^{87}Sr radiogénique actuel $= {}^{87}Rb(0) - {}^{87}Rb(t)$

$$= {}^{87}Rb(t)\, e^{\lambda t} - {}^{87}Rb(t)$$
$$= {}^{87}Rb(t) \times (e^{\lambda t} - 1)$$

2. La quantité de $^{87}Sr(Tot)$ est la somme du ^{87}Sr radiogénique et du $^{87}Sr(0)$:

$$^{87}Sr(Tot) = {}^{87}Rb(t) \times (e^{\lambda t} - 1) + {}^{87}Sr(0)$$

3. En divisant chaque membre de l'équation par la quantité de ^{86}Sr (constante), on peut écrire :

$$(^{87}Sr/^{86}Sr) \text{ actuel} = (^{87}Rb/^{86}Sr) \text{ actuel} \times (e^{\lambda t} - 1) + (^{87}Sr/^{86}Sr) \text{ initial}$$

Cette équation est celle d'une droite dont le coefficient directeur a est égal à $e^{\lambda t} - 1$.

Cela suppose que, pour tous les échantillons ayant permis la construction de cette droite, a étant constant, t est le même. Elle relie donc des échantillons de même âge : on peut parler de courbe isochrone.

4. $a = e^{\lambda t} - 1$ donc $t = \dfrac{\ln(a+1)}{\lambda}$.

$$t = \frac{\ln(0{,}06544 + 1)}{1{,}42 \times 10^{-11}}$$

$$t = 4{,}463 \times 10^{9} \text{ années } (4{,}46 \text{ Ga})$$

L'astuce du prof
On peut écrire : $\ln(e^{\lambda t}) = \lambda t$ avec ln le logarithme népérien.

Chapitre 10 La Terre dans l'Univers

1 Mouvement de la Terre et théorie héliocentrique

De quoi s'agit-il ? La Terre suit une trajectoire quasi-circulaire autour du Soleil lorsqu'elle est observée dans un référentiel fixe. Le passage d'une conception géocentrique à une conception héliocentrique constitue l'une des controverses majeures de l'histoire des sciences.

1 Mouvement de la Terre autour du Soleil

- Un référentiel est un repère d'espace (une origine et trois axes orthonormés) et un repère temporel (une horloge). Tout mouvement est décrit dans un référentiel d'étude.
- Le référentiel géocentrique est un référentiel dont l'origine du repère est le centre de la Terre et dont les axes pointent vers des étoiles lointaines qui paraissent fixes. Le référentiel héliocentrique a pour origine le centre du Soleil, et les axes de son repère pointent aussi vers des étoiles lointaines qui paraissent fixes.
- Observée depuis un référentiel fixe par rapport aux étoiles, la Terre parcourt une trajectoire quasi-circulaire autour du Soleil (**Doc. 1**). Son orbite est une ellipse de faible excentricité que l'on peut approximer par un cercle.
- La Terre parcourt son orbite en une année sidérale, soit 365,256363004 jours.

Vocabulaire

- **Excentricité :** paramètre réel d'une ellipse compris entre 0 et 1. Une ellipse d'excentricité nulle est un cercle.
- **Année sidérale :** temps mis par la Terre pour parcourir sa trajectoire autour du Soleil.
- **Aphélie :** dans le référentiel héliocentrique, point de la trajectoire d'une planète le plus éloigné du Soleil.
- **Périhélie :** dans le référentiel héliocentrique, point de la trajectoire d'une planète le plus proche du Soleil.

- Sa vitesse est d'autant plus importante que la Terre est proche du Soleil : elle varie entre 29,29 km/s à l'aphélie et 30,29 km/s au périhélie, avec une vitesse moyenne de 29,78 km/s. L'aphélie et le périhélie sont les points extrêmes du grand axe, ou apsides.

Doc. 1 Trajectoire de la Terre autour du Soleil

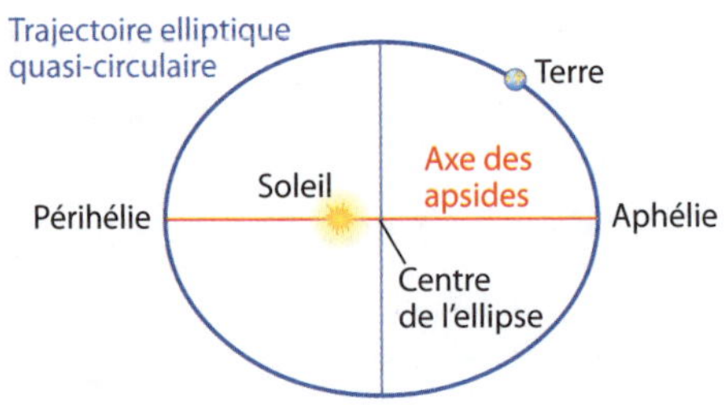

2 D'une conception géocentrique à héliocentrique

• L'étude du mouvement de la Terre dans l'Univers et l'organisation du système solaire ont fait l'objet de nombreux modèles au cours des siècles. Le passage de la conception géocentrique, mettant la Terre au centre, à la conception héliocentrique actuelle est l'une des controverses majeures de l'histoire des sciences.

• Dans l'Antiquité, Aristote met la Terre, immobile, au centre du système solaire et de l'Univers. Les mouvements des planètes sont alors représentés par une succession de mouvements circulaires emboîtés.

• Le modèle aristotélicien est ensuite affiné au IIe siècle après J.-C. par Ptolémée dont les travaux sont regroupés dans *La Grande Syntaxe mathématique*.

• À la Renaissance, N. Copernic, pensant que le modèle de Ptolémée est beaucoup trop complexe, élabore une nouvelle représentation « plus simple, plus logique et plus harmonieuse » dans laquelle il fixe le Soleil au centre du système solaire. La Terre est animée d'un double mouvement : un mouvement autour du Soleil en un an et un mouvement sur elle-même en 24 heures.

• Il faut attendre Galilée, pour qu'à partir des observations de ce dernier, cette représentation puisse s'imposer quelque 150 ans plus tard.

• En 1600, J. Kepler, mathématicien et astronome allemand, se voit confier par T. Brahe, grand astronome de l'époque, l'étude de l'orbite de Mars. Face à un certain nombre de difficultés observées, J. Kepler abandonne l'idée de la trajectoire circulaire pour une trajectoire elliptique dans un référentiel héliocentrique.

2 Mouvement de la Lune

De quoi s'agit-il ? Dans le référentiel géocentrique, la Lune a une trajectoire quasi-circulaire. Elle possède aussi un mouvement de rotation propre.

1 Trajectoire lunaire et rotation synchrone

• La Lune est le seul satellite naturel de la Terre situé à $3{,}8 \times 10^8$ m de cette dernière.

• Elle est animée d'un double mouvement :

– un mouvement de rotation autour de la Terre en 29,5 jours ou période synodique ;

– un mouvement de rotation sur elle-même (rotation propre) en 27,3 jours ou période sidérale.

• Les périodes synodique et sidérale sont sensiblement les mêmes : il existe une différence d'environ 2 jours, mais durant ce laps de temps, la Terre s'est aussi déplacée autour du Soleil. On parle alors de rotation synchrone. De ce fait, la Lune nous présente le même hémisphère ou « face visible de la Lune ».

• La Lune parcourt sa trajectoire avec une vitesse moyenne de l'ordre de 1 $km \cdot s^{-1}$. Sa vitesse est maximale au point de sa trajectoire le plus proche de la Terre ou périgée et minimale au point le plus loin ou apogée.

Vocabulaire

- **Satellite :** objet qui tourne autour d'un astre massif sous l'effet de la gravitation.
- **Période synodique :** durée de parcours de la trajectoire de la Lune autour de la Terre.
- **Période sidérale :** période de rotation propre de la Lune.
- **Rotation synchrone :** se dit lorsque deux périodes de rotation sont identiques (rotation propre et rotation autour d'un astre par exemple).
- **Périgée :** dans le référentiel géocentrique, point de la trajectoire d'un astre le plus proche de la Terre.
- **Apogée :** dans le référentiel géocentrique, point de la trajectoire d'un astre le plus loin de la Terre.

2 Phases de la Lune

● La phase lunaire est la portion éclairée de la Lune vue de la Terre. Comme la Lune est en rotation autour de la Terre, les phases lunaires varient au cours du temps et de manière périodique : un cycle lunaire ou lunaison correspond à la période temporelle de ce phénomène. La lunaison est donc égale à la période synodique de la Lune, soit 29,5 jours.

Vocabulaire

- **Phase lunaire : portion de la Lune éclairée par le Soleil vue de la Terre.**
- **Lunaison : durée entre deux phases lunaires identiques.**

● Le cycle lunaire est ainsi toujours le même et les phases se déroulent toujours dans le même ordre (**Doc. 2**) :

– la nouvelle Lune : sa face visible n'est pas éclairée ;

– le premier croissant : la surface de la Lune éclairée par le Soleil augmente de jour en jour ;

– le premier quartier : la Lune est à moitié éclairée ;

– la Lune gibbeuse croissante : la surface éclairée croît de jour en jour ;

– la pleine Lune : la face de la Lune est totalement éclairée ;

– la Lune gibbeuse décroissante : la surface éclairée décroît de jour en jour ;

– le dernier quartier : la Lune est à moitié éclairée ;

– le dernier croissant : la partie éclairée ressemble à une parenthèse ouvrante « (».

Doc. 2 Cycle des phases de la Lune

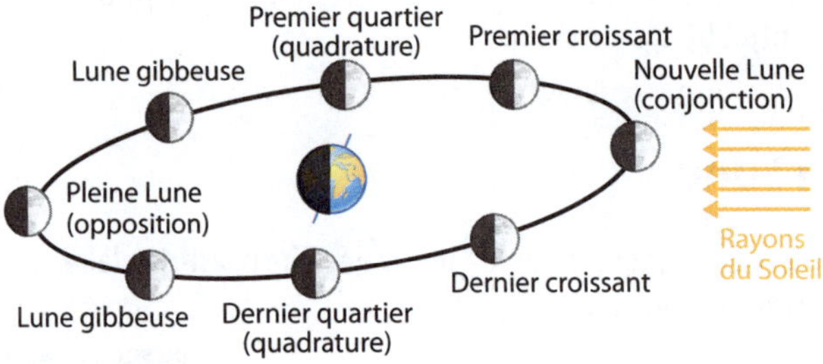

3 L'eau sur Terre

De quoi s'agit-il ? Très peu de planètes ou d'exoplanètes ont des ressources d'eau liquide, et encore moins d'eau douce. La Terre en est pourvue, ce qui explique en partie le fait qu'elle héberge de la vie.

● La puissance lumineuse émise par le Soleil et la distance au Soleil associée à la gravité de la Terre permettent à la Terre de conserver de l'eau liquide à sa surface.

● L'eau sur Terre est inégalement répartie dans l'espace, mais aussi dans le temps. Seule une faible partie des réserves hydriques est directement potable. La gestion des ressources hydriques et leur protection sont un enjeu pour l'Humanité.

Révision express

La Terre dans l'univers

Les schémas importants à retenir

Référentiels géocentrique et héliocentrique

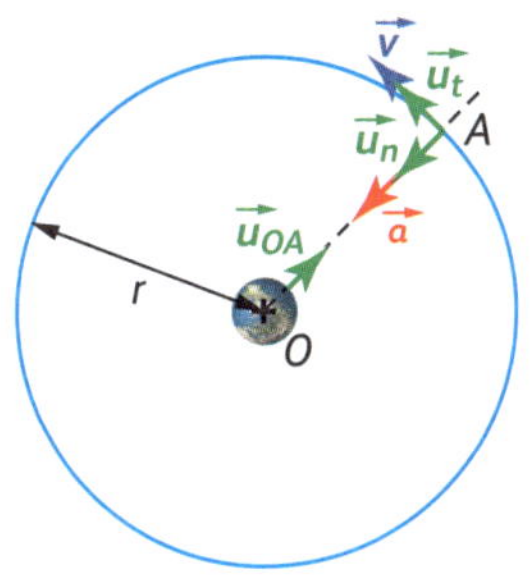

Trajectoire quasi-circulaire ou elliptique à excentricité quasi-nulle

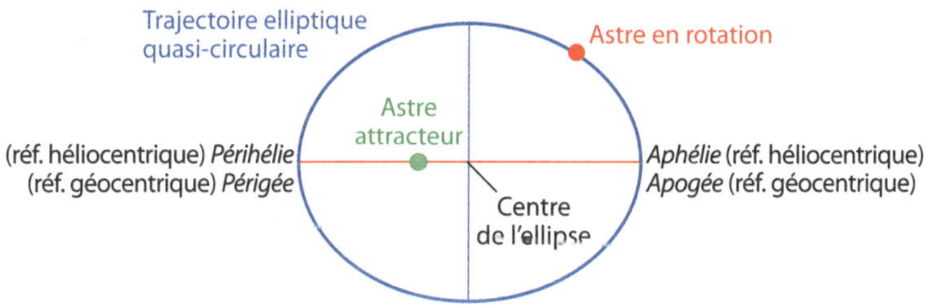

Quiz

Cochez la bonne réponse :

1. Un repère est un référentiel avec une horloge. ☐ Vrai ☐ Faux
2. Le référentiel héliocentrique a son origine au centre du Soleil. ☐ Vrai ☐ Faux
3. Un cercle est une ellipse particulière d'excentricité nulle. ☐ Vrai ☐ Faux
4. La représentation actuelle du système solaire est géocentrique. ☐ Vrai ☐ Faux
5. La Lune tourne autour de la Terre en un temps appelé période sidérale. ☐ Vrai ☐ Faux
6. Toutes les ressources d'eau sur Terre sont potables. ☐ Vrai ☐ Faux

→ Réponses p. 533

EXERCICE GUIDÉ

Déterminer les caractéristiques du mouvement de la Lune autour de la Terre

Énoncé

La Lune est le satellite naturel de la Terre. En assimilant sa trajectoire à un cercle de diamètre égal à son grand axe et dont le centre est celui de la Terre, déterminez le périmètre de ce cercle et la vitesse moyenne de la Lune lors d'une lunaison. Comparez cette vitesse à la vitesse orbitale moyenne de la Lune : $v = 1{,}022\ \text{km·s}^{-1}$.

Doc. Trajectoire de la Lune dans le référentiel géocentrique

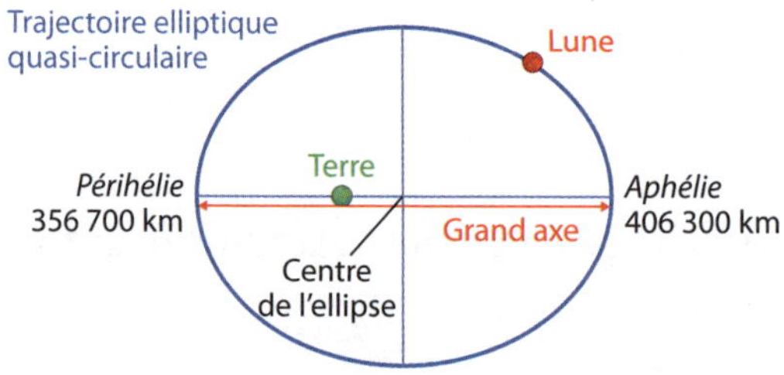

Données : apogée = 406 300 km ; périgée = 356 700 km ; période synodique $T_{\text{synodique}} = 29{,}53$ jours ; période sidérale $T_{\text{sidérale}} = 27{,}32$ jours ; excentricité $e = 0{,}0549$.

Méthode

- Déterminer le rayon R du cercle correspondant à la trajectoire de la Lune dans le référentiel géocentrique en calculant la demi-somme du périgée et de l'apogée.
- En déduire le périmètre $p = 2\pi R$ en fonction du rayon calculé ci-avant.
- Calculer la vitesse moyenne $v_{\text{synodique}} = \dfrac{p}{T_{\text{synodique}}}$.
- Pour comparer deux valeurs de même dimension, déterminer la différence relative en calculant le taux d'erreur $\tau = \dfrac{|v_{\text{synodique}} - v|}{v}$. Multiplier par 100 pour obtenir un pourcentage et conclure quant à la valeur obtenue.

Corrigé

• Au vu de l'excentricité $e = 0{,}0549$ très faible, on peut considérer que la trajectoire de la Lune autour de la Terre est une trajectoire circulaire.

Le diamètre du cercle correspondant à la trajectoire de la Lune autour de la Terre est la somme du périgée et de l'apogée. Son rayon R est égal à la moitié du diamètre.

$$R = \frac{406\,300 + 356\,700}{2} = 381\,500\ \text{km}$$

• Le périmètre ou circonférence du cercle est :

$$p = 2\pi R = 2\pi \times 381\,500 \times 10^3 = 2{,}497 \times 10^9\ \text{m}$$

en ayant pris soin d'exprimer la valeur numérique de R en mètres.

L'astuce du prof
Les distances peuvent être conservées en km, le résultat final s'exprimant alors dans cette unité.

• La vitesse moyenne est égale au rapport de la distance parcourue sur la durée de parcours.

S'agissant de la rotation de la Lune autour de la Terre, on parle ici de vitesse synodique utilisant la période synodique qu'il est nécessaire de convertir en secondes avant toute application numérique (1 jour = 24 heures et 1 heure = 3 600 secondes).

L'astuce du prof
On retrouve bien la valeur d'une vitesse de l'ordre de 1 km·s⁻¹.

$$v_{\text{synodique}} = \frac{p}{T_{\text{synodique}}} = \frac{2{,}497 \times 10^9}{29{,}53 \times 24 \times 3600} = 978{,}7 \text{ m·s}^{-1}.$$

• Pour comparer deux valeurs de même dimension, soit ici deux vitesses, on calcule un taux d'erreur en ayant bien pris soin d'exprimer les deux vitesses dans la même unité (ici en m·s^{-1}) :

$$\tau = \frac{|v_{\text{synodique}} - v|}{v} = \frac{|978{,}7 - 1022|}{1{,}022} = 0{,}04237.$$

On multiplie par 100 pour obtenir un pourcentage d'erreur : τ = 4,237 %.

Un taux de 4 % est plus qu'acceptable pour l'hypothèse de trajectoire circulaire effectuée ci-avant de rayon égal au demi-grand axe de l'ellipse.

Chapitre 11 Son et musique

1 Intensité d'un son

De quoi s'agit-il ? **Un son musical est une onde sonore périodique. Son intensité est la puissance sonore surfacique, elle est liée au niveau d'intensité sonore en décibels.**

1 Onde acoustique, onde sonore et son musical

- Une onde acoustique est une onde mécanique qui se propage par compression/dilatation de l'air. Notre récepteur, l'oreille, est sensible aux ondes acoustiques de fréquence comprise entre 20 Hz et 20 kHz : les ondes sonores (**Doc. 1**).
- Une onde sonore est telle que plus la fréquence est grande, plus le son est aigu.
- Un son musical correspond à une onde sonore périodique.
- Le diapason est l'instrument de musique permettant de produire le son le plus simple : c'est un son pur. Les autres instruments génèrent des sons composés.

Vocabulaire

- **Périodique :** signal représenté par un motif qui se répète dans le temps.

Doc. 1 **Spectre des fréquences acoustiques**

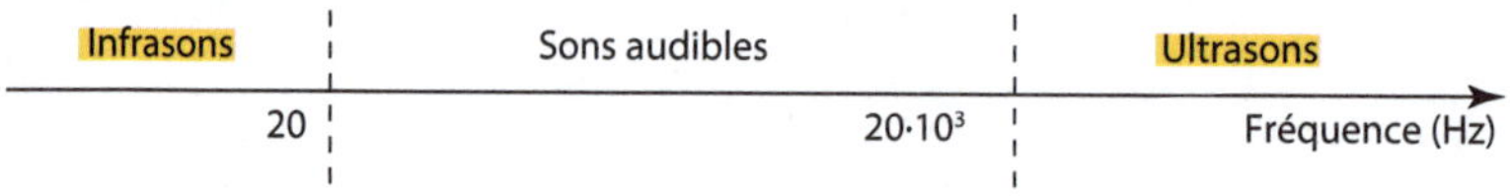

2 Intensité sonore

- On définit l'intensité sonore I s'exprimant en $W \cdot m^{-2}$ comme la puissance sonore P reçue par un récepteur, par unité de surface S :

$$I = \frac{P}{S}$$

avec P la puissance (en W) et S la surface (en m^2).

Vocabulaire

- **Intensité sonore :** puissance sonore par unité de surface s'exprimant en $W \cdot m^{-2}$.

- Cette intensité sonore est liée à la sensation de notre récepteur. Pour l'oreille humaine, l'intensité acoustique minimale perçue est $I_0 = 10^{-12}$ $W \cdot m^{-2}$, et le seuil de douleur se situe à $I = 25$ $W \cdot m^{-2}$.

Exemples : L'intensité sonore d'une conversation normale se situe autour de 10^{-6} $W \cdot m^{-2}$; le bruit d'un marteau-piqueur, qualifié de dangereux, autour de 10^{-2} $W \cdot m^{-2}$, et le bruit d'une fusée au décollage, qualifié de douloureux, autour de 10^{2} $W \cdot m^{-2}$.

3 Niveau d'intensité sonore

- Le physiologiste allemand G. Fechner (1801-1887) a remarqué que les sensations variaient de manière logarithmique.
- Le niveau d'intensité sonore L (Doc. 2), exprimé en décibels (dB), est défini par :

$$L = 10\log\left(\frac{I}{I_0}\right)$$

avec log la fonction logarithme décimal, I l'intensité acoustique (en $W \cdot m^{-2}$) et I_0 l'intensité de référence ($I_0 = 10^{-12}\ W \cdot m^{-2}$).

- L'intensité sonore I peut être calculée à partir du niveau d'intensité sonore L :

$$I = I_0 \times 10^{\frac{L}{10}}$$

Vocabulaire

- **Niveau d'intensité sonore :** grandeur physique L exprimée en décibels proportionnelle au logarithme du rapport de l'intensité sonore à une intensité sonore de référence.

Doc. 2 Échelle de niveaux d'intensité sonore

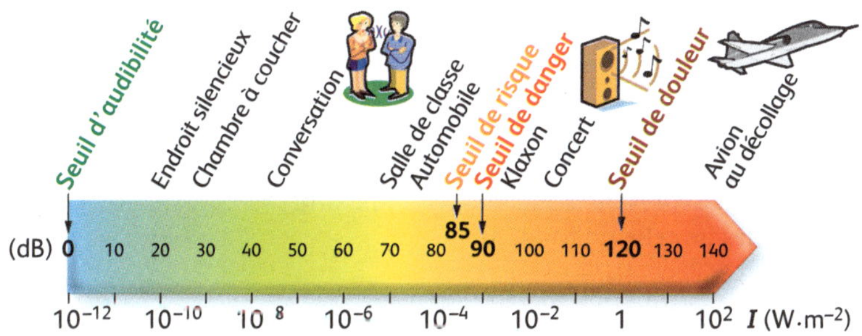

2 Fréquence d'un son

De quoi s'agit-il ? Un son musical produit par un instrument à cordes ou à vent est un son complexe. Son spectre nous renseigne sur la fréquence fondamentale et les harmoniques. Dans le cas d'un instrument à cordes, la fréquence fondamentale ne dépend que des caractéristiques de l'instrument.

1 Trois familles d'instruments

- Un son musical est créé par un instrument de musique par vibration :
  – d'une corde tendue (instruments à cordes : violon, guitare, etc.) ;
  – d'une colonne d'air dans un tuyau (instruments à vent : flûte, clarinette, etc.) ;
  – ou d'un milieu matériel (percussions : tambour, xylophone, etc.).
- Un son musical nécessite un système mécanique vibrant, mais aussi un résonateur pour amplifier l'onde sonore, afin qu'elle soit suffisamment audible par toute oreille. Dans le cas de la guitare, le système mécanique vibrant est la corde, et le résonateur est la caisse de résonance.
- Un son musical est un signal périodique : seul le signal d'un diapason ou son pur est sinusoïdal (Doc. 3).

Doc. 3 **Signal sinusoïdal du diapason**

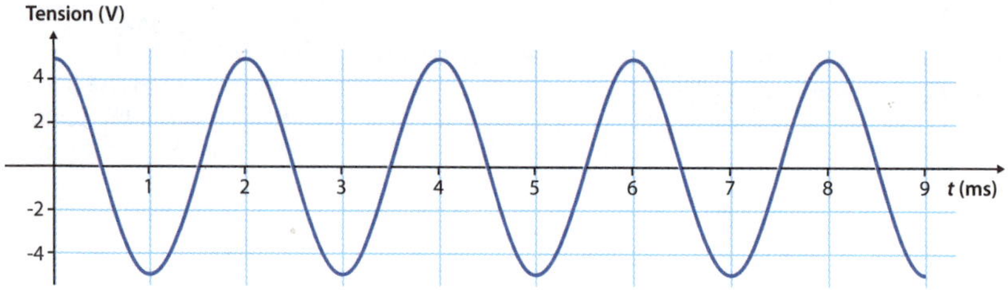

2 Fréquences d'un son : fondamental et harmoniques

• Soit T la période d'un son musical. Le mathématicien français Joseph Fourier (1768-1830) a montré que tout signal périodique correspondant à un son musical composé de fréquence $f = 1/T$ pouvait se décomposer en une somme de signaux sinusoïdaux de fréquence multiple de f, soit f, $2f$, $3f$…

• Le spectre d'un son représente l'ensemble des fréquences multiples de f.

• Le fondamental est le son pur de fréquence égale à celle du son musical.

• Les harmoniques sont les sons représentés par des signaux sinusoïdaux de fréquences multiples de celle du fondamental.

Vocabulaire

- **Spectre d'un son :** représentation de l'ensemble des fréquences d'un son.
- **Fondamental :** fréquence de la note jouée par l'instrument.
- **Harmonique :** fréquence multiple de la fréquence fondamentale.

3 Fréquence fondamentale d'un son produit par une corde

• Une corde tendue émet en vibrant un son composé (**Doc. 4**). Sa fréquence fondamentale est d'autant plus importante que :

– la corde est tendue, soit que sa tension T est importante ;

– sa longueur L est faible ;

– sa masse linéique μ est faible.

• La fréquence fondamentale **ne dépend que des caractéristiques** de la corde, c'est-à-dire uniquement des trois grandeurs que sont la tension T (en N), la longueur L (en m) et la masse linéique μ (en kg/m) :

$$f = \frac{1}{2L} \times \sqrt{\frac{T}{\mu}}$$

Vocabulaire

- **Tension :** force exercée sur une corde s'exprimant en newtons (N).
- **Masse linéique :** masse par unité de longueur s'exprimant en $kg \cdot m^{-1}$.

Doc. 4 **Spectre d'un son composé**

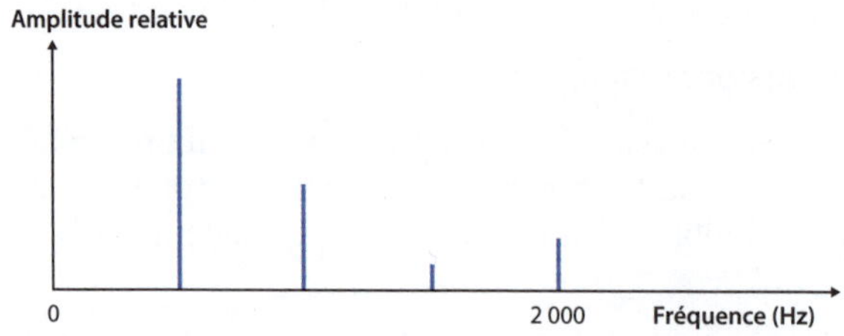

3 Notes, octave et gamme

De quoi s'agit-il ? La hauteur d'un son correspond à sa fréquence fondamentale. Deux notes jouées simultanément sont consonantes si l'intervalle entre elles, ou rapport entre leur fréquence fondamentale, est simple. Dans le cas d'un rapport 2/1, l'intervalle est appelé octave.

1 Caractéristique d'un son musical

- Pour un son musical, on peut définir les caractéristiques suivantes :

– l'intensité du son, qui correspond à l'amplitude de l'onde ;

– la hauteur du son, qui correspond à sa fréquence ou fréquence fondamentale ;

– le timbre de l'instrument qui l'a produit, qui correspond à la forme du signal.

Vocabulaire

- **Hauteur :** la hauteur d'un son correspond à la fréquence du son, c'est-à-dire à sa fréquence fondamentale.
- **Timbre :** le timbre d'un instrument correspond à la forme du motif de l'enregistrement d'une note. Cette forme est spécifique de l'instrument.

- Les deux enregistrements du **document 5** correspondent à la même note, car ils ont la même période T et donc la même fréquence $f = \frac{1}{T}$.

En revanche, le second enregistrement correspond à un son légèrement plus fort et donc d'intensité plus élevée. La forme des deux signaux obtenus pour la même note est différente : le timbre de l'instrument n'est pas le même. On peut imaginer qu'il s'agit de deux instruments différents.

- Une note de même intensité et de même hauteur peut être jouée par deux instruments différents et ne pas donner le même son.

Doc. 5 Enregistrements de deux signaux musicaux

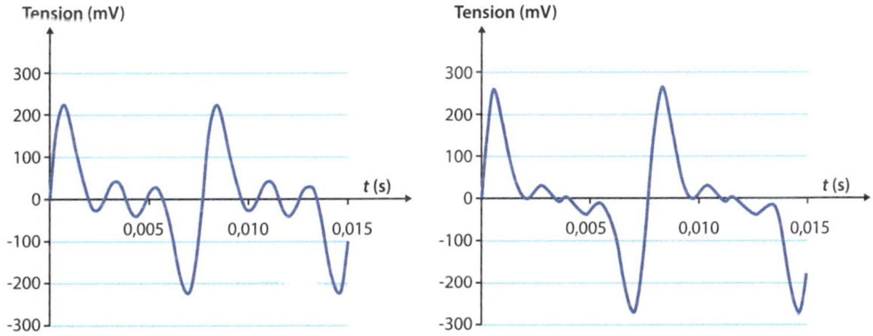

2 Intervalle entre deux notes et octave

- Deux notes jouées simultanément peuvent provoquer une sensation auditive agréable ou désagréable. Dans le premier cas, les notes semblent « sonner ensemble », on parle alors de notes consonantes ; dans le second cas, les notes ne « sonnent pas ensemble » et sont dissonantes.

- Ces sensations agréables sont liées au fait que l'oreille humaine est sensible au rapport des fréquences entre deux notes.

- Ainsi, on appelle intervalle entre deux sons ou deux notes, le rapport de leur fréquence fondamentale.

Vocabulaire

- **Notes consonantes :** notes qui, lorsqu'on les joue simultanément, provoquent une sensation auditive agréable.
- **Intervalle entre deux notes :** rapport de leur fréquence fondamentale.

- Dès l'Antiquité, les Grecs considéraient que les sons dont les fréquences étaient dans des rapports simples (2/1, 3/2, 4/3, etc.) étaient les seuls à être consonants.

- Deux sons dont les fréquences f_1 et f_2 sont dans le rapport 2/1 correspondent à une même note, à deux hauteurs différentes. Cela signifie que les fréquences sont telles que $\frac{f_2}{f_1} = \frac{2}{1}$ soit $f_2 = 2 f_1$. L'intervalle qui les sépare alors s'appelle une octave (**Doc. 6**).

Vocabulaire

- **Octave :** intervalle dont le rapport entre deux notes de même hauteur est de 2/1, c'est-à-dire que la fréquence de la note de l'octave supérieure est le double de la fréquence de référence.

Doc. 6 Étapes de calculs de fréquences normalisées

	Do	*Do#*	*Ré*	*Ré#*	*Mi*	*Fa*	*Fa#*	*Sol*	*Sol#*	*La*	*La#*	*Si*
f_1	65,4	69,3	73,4	77,8	82,4	87,3	92,5	98,0	103,8	110,0	116,5	123,5
$f_2 = 2f_1$	130,8	138,6	146,8	155,6	164,8	174,6	185,0	196,0	207,6	220,0	233,0	247,0
$f_3 = 2f_2 = 4f_1$	261,6	277,2	293,6	311,2	329,6	349,2	370,0	392,0	415,3	440,0	466,0	494,0

3 Gamme

- Une gamme est une suite de notes réparties sur une octave.

- Dans l'Antiquité, Pythagore, mathématicien et scientifique grec, était convaincu que tous les phénomènes pouvaient s'expliquer par les nombres. Il propose donc quatre consonances fondamentales que sont : l'unisson (intervalle de rapport 1/1), l'octave (intervalle de rapport 2/1), la quinte (intervalle de rapport 3/2) et la quarte (intervalle de rapport 4/3).

Vocabulaire

- **Gamme :** suite de notes réparties sur une octave.
- **Quinte :** intervalle entre deux notes dont les fréquences fondamentales sont dans le rapport 3/2.

Révision express

Son et musique

Le schéma important à retenir

Enregistrement temporel et spectre d'un son

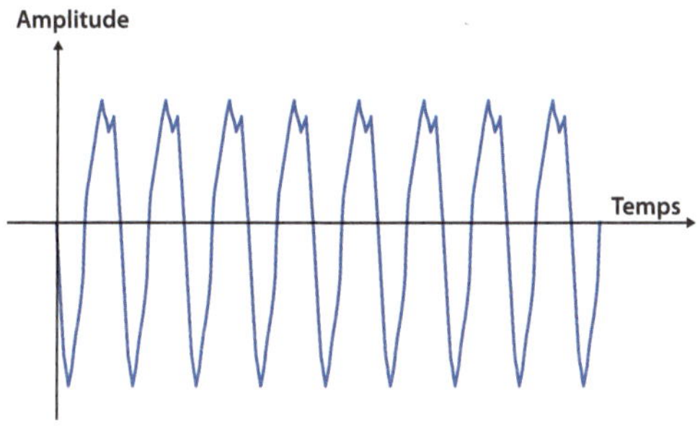

Intensité sonore ou puissance surfacique :

$$I = \frac{P}{S}$$

Niveau d'intensité sonore :

$$L = 10 \log\left(\frac{I}{I_0}\right)$$

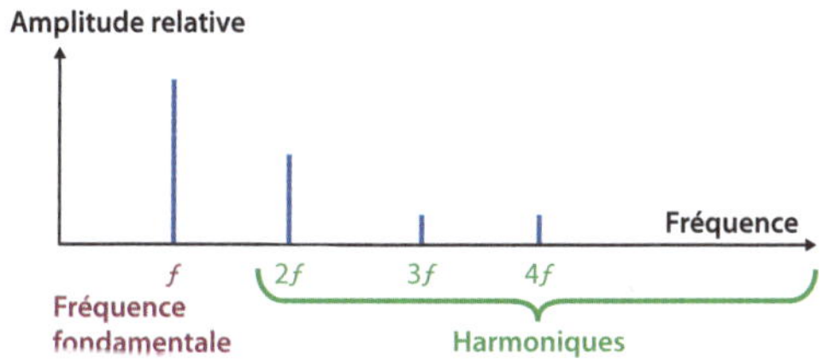

Instruments à cordes :

$f \nearrow$ { si la tension $T \nearrow$; si la longueur $L \searrow$; si la masse linéaire $\mu \searrow$

Quiz

Cochez la bonne réponse :

1. La guitare produit un son pur représenté par un signal sinusoïdal. ☐ Vrai ☐ Faux

2. Un son musical correspond à un signal périodique. ☐ Vrai ☐ Faux

3. La puissance sonore par unité de surface est le niveau d'intensité sonore. ☐ Vrai ☐ Faux

4. La fréquence d'une harmonique est un nombre entier de fois celle du fondamental. ☐ Vrai ☐ Faux

5. Le son produit par un instrument à cordes dépend de sa longueur. ☐ Vrai ☐ Faux

6. Le son émis par le diapason a une seule fréquence d'harmonique. ☐ Vrai ☐ Faux

7. Une octave correspond à un intervalle dont les fréquences sont en rapport 2/1. ☐ Vrai ☐ Faux

8. Une gamme est une suite finie de notes réparties sur une octave. ☐ Vrai ☐ Faux

→ Réponses p. 533

EXERCICE GUIDÉ 1

Comparer deux sons grâce à leur enregistrement

Énoncé

À l'aide d'un même micro relié à un oscilloscope numérique, on enregistre les deux sons A et B suivants. Comparez ces deux sons.

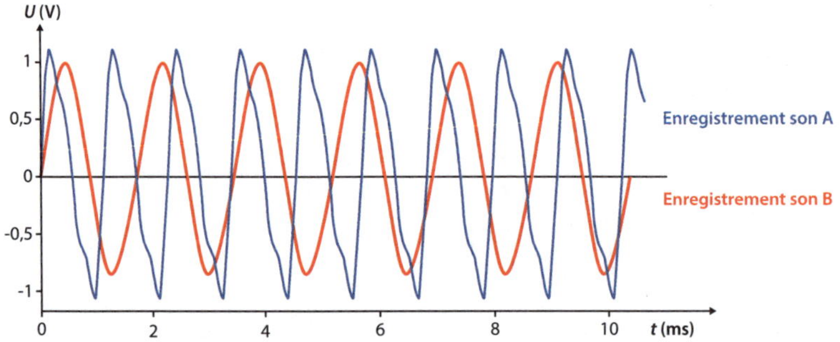

Méthode

Pour comparer deux sons, il faut comparer leur hauteur, leur fréquence et leur timbre.

- Le son le plus fort est celui qui possède l'amplitude du signal la plus importante.
- Le son le plus aigu est celui qui a la fréquence la plus élevée, c'est-à-dire la période la plus petite. Cette fréquence est celle de son fondamental.
- Le son est complexe et possède donc une richesse en harmoniques, si la forme de l'enregistrement ne ressemble pas à une sinusoïde. On compare alors les timbres des instruments.

Corrigé

L'amplitude de l'enregistrement A est légèrement supérieure à celle de l'enregistrement B : on en déduit que A est un son légèrement plus fort que B.

La période T_A du signal A est inférieure à la période T_B du signal B : on en déduit que les fréquences sont telles que $f_A > f_B$.

Le son A est donc plus aigu que B.

Le signal B est sinusoïdal, c'est donc un son pur de fréquence f_B. En revanche, A est un son complexe possédant un fondamental à f_A et des harmoniques de fréquences multiples de f_A.

Remarque
L'enregistrement A est celui d'une flûte à bec, et B est celui d'un diapason.

EXERCICE GUIDÉ 2

Déterminer la valeur du niveau d'intensité sonore

Énoncé

Dans un concert, lorsque l'ensemble de l'orchestre joue, le niveau d'intensité sonore global enregistré à proximité est de 70 dB. Par la suite, l'ensemble des violons alto s'arrêtant, le niveau enregistré est abaissé à 65 dB.

Déterminez le niveau d'intensité sonore des violons alto s'ils jouaient seuls.

Méthode

- Traduire le niveau d'intensité sonore maximal en intensité : exprimer l'intensité sonore I en fonction du niveau d'intensité sonore L et de l'intensité sonore de référence I_0. En déduire l'intensité sonore maximale I_{max} correspondant à 70 dB.
- Faire de même et calculer I_{min} correspondant à un niveau de 65 dB.
- L'intensité sonore des violons correspond à la différence entre I_{max} et I_{min} :

$$I_{violons} = I_{max} - I_{min}$$

- En déduire le niveau d'intensité sonore $L_{violons}$ connaissant $I_{violons}$.

Corrigé

Le niveau d'intensité sonore est tel que $L = 10\log\left(\frac{I}{I_0}\right)$. On en déduit que $\frac{I}{I_0} = 10^{L/10}$ soit :

$$I = I_0 \times 10^{L/10}.$$

$$I(70 \text{ dB}) = I_{max} = 10^{-12} \times 10^{70/10} = 1{,}0 \times 10^{-5} \text{ W} \cdot \text{m}^{-2}.$$

De la même manière, on a $I(65 \text{ dB}) = I_{min} = 10^{-12} \times 10^{65/10} = 10^{-5,5} \text{ W} \cdot \text{m}^{-2}$, soit :

$$I_{min} = 3{,}2 \times 10^{-6} \text{ W} \cdot \text{m}^{-2}.$$

L'intensité sonore des violons seuls correspond à la différence des intensités, donc on en déduit que : $I_{violons} = I_{max} - I_{min}$.

$$I_{violons} = 1{,}0 \times 10^{-5} - 3{,}2 \times 10^{-6} = 6{,}8 \times 10^{-6} \text{ W} \cdot \text{m}^{-2}.$$

Comme le niveau d'intensité sonore est défini par $L = 10\log\left(\frac{I}{I_0}\right)$, on a finalement :

$$L_{violons} = 10\log\left(\frac{6{,}8 \times 10^{-6}}{1{,}0 \times 10^{-12}}\right)$$

soit $L_{violons} = 68$ dB en ne gardant que 2 chiffres significatifs.

Chapitre 12 Le son, une information à coder

1 Échantillonnage

De quoi s'agit-il ? **Pour numériser un son, on procède à la discrétisation du signal analogique sonore. Une phase d'échantillonnage précède celle de quantification et de compression.**

1 Enregistrement d'un son sur un support numérique

- L'enregistrement d'un son est celui du signal acoustique effectué par un capteur acoustique qui transforme le son en signal électrique. La tension électrique générée doit alors être numérisée ou digitalisée, et un convertisseur analogique/numérique (CAN) est nécessaire.
- La qualité de l'information recueillie dépend de celles de l'échantillonnage, de la quantification et de la compression du fichier audio.

Vocabulaire

- **CAN :** convertisseur analogique-numérique ayant pour fonction de transformer un signal analogique tel qu'une tension ou un courant (grandeur physique continue $x(t)$) en un signal numérique (mot binaire du type 1001101).
- **Échantillonnage :** discrétisation d'un signal analogique.

2 Échantillonnage d'un signal analogique

- L'échantillonnage d'un signal analogique consiste à le remplacer par une série de valeurs $x(t_n)$ correspondant à la valeur de $x(t)$ au temps t_n (**Doc. 1**).
- Le signal est alors converti en un tableau de données du type :

Temps t_n	t_0	t_1	t_2	t_3	t_4	t_5	...
Valeurs échantillonnées $x(t_n)$	$x(t_0)$	$x(t_1)$	$x(t_2)$	$x(t_3)$	$x(t_4)$	$x(t_5)$	...

Doc. 1 Signal analogique $x(t)$ et signal échantillonné

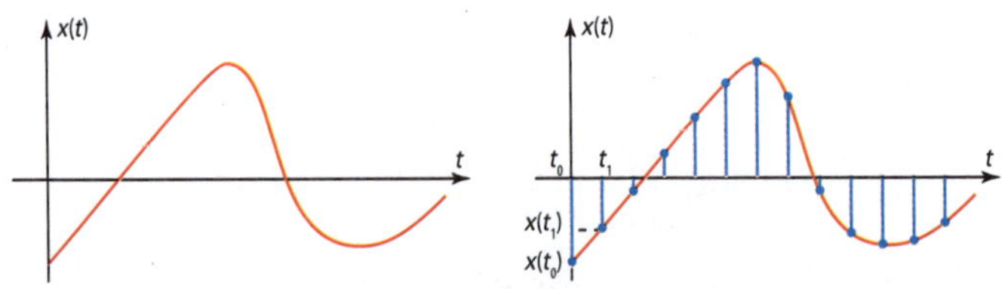

- Pour qu'un échantillonnage soit représentatif du signal analogique, il faut que ce dernier ne varie pas trop durant le temps nécessaire à l'échantillonnage. Ainsi, plus la fréquence d'échantillonnage est élevée, plus la numérisation est fidèle.
- Dans le cas d'un convertisseur analogique-numérique (CAN), si le signal est suréchantillonné (c'est-à-dire avec une très grande fréquence d'échantillonnage), l'échantillonnage prend beaucoup de temps, et le stockage des valeurs échantillonnées demande beaucoup d'espace mémoire.

- En revanche, dans le cas d'un sous-échantillonnage, le signal reconstruit est erroné (**Doc. 2**).

Doc. 2 Signal analogique $x(t)$ (en rouge) et signal reconstitué d'après l'échantillonnage (en bleu)

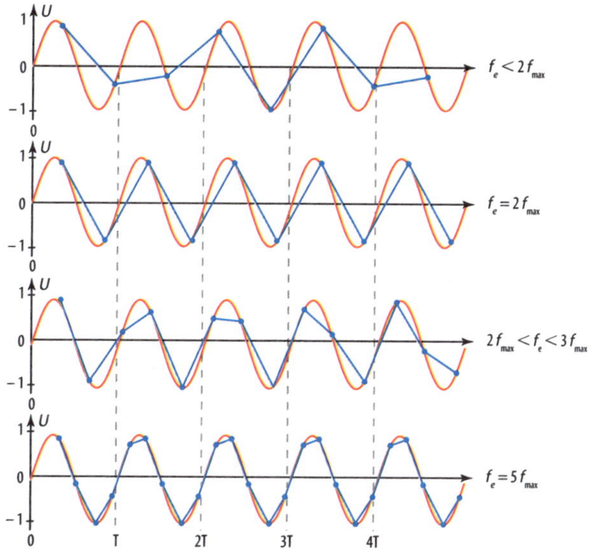

2 Quantification et numérisation

De quoi s'agit-il ? La quantification est une phase qui succède à l'échantillonnage. Elle permet de stocker un nombre limité de valeurs discrètes possibles pour le signal numérisé dont la taille du fichier obtenu dépend du débit binaire et de la durée du son.

1 Quantification

- La quantification correspond au remplacement des valeurs exactes $x(t_n)$ du signal échantillonné par des valeurs approximatives x_n choisies parmi un ensemble de valeurs discrètes.
- La valeur approximative x_n de la valeur exacte $x(t_n)$ peut être la valeur discrète la plus proche ou celle directement inférieure à la valeur exacte.

Temps t_n	t_0	t_1	t_2	t_3	t_4	t_5	...
Valeurs x_n	x_0	x_1	x_2	x_3	x_4	x_5	...

Vocabulaire

- **Quantification : dans la conversion analogique/numérique, phase de discrétisation du signal utilisant un nombre fini et limité de valeurs possibles.**
- **Gamme dynamique : ensemble des valeurs possibles de quantification.**

- Chaque valeur discrète x_n est un nombre de même dimension que les valeurs $x(t)$ du signal. Celui-ci est compris entre deux nombres extrêmes, fixant ainsi la plage de conversion ou gamme dynamique.
- Chaque valeur discrète x_n représente, à l'inverse, un nombre infini de valeurs $x(t)$ du signal analogique comprises dans un intervalle de valeurs de largeur Δ appelé pas de quantification. On a alors, entre deux valeurs quantifiées consécutives :

$$x_{n+1} - x_n = \Delta$$

Vocabulaire

- **Pas de quantification : différence entre deux valeurs successives de quantification.**

2 Numérisation

- Chaque valeur discrète x_n doit être convertie en mot binaire, séquence de 0 et 1.
- Le codage dépend des valeurs quantifiées minimale et maximale, ainsi que du pas de quantification. Pour un codage sur 8 niveaux, les valeurs vont de 000 à 111.

Vocabulaire
- **Mot binaire :** ensemble de valeurs 0 ou 1 formant un nombre en base 2, comme 01001.

- Plus la fréquence d'échantillonnage est élevée et la quantification fine, plus la numérisation du fichier audio est grande.

3 Taille d'un fichier audio non compressé

- Le codage de l'information se fait de manière binaire. Les états du système sont alors codés en « état 0 » ou « état 1 ». Ce sont les états d'une unité de codage binaire appelée bit.
- Le codage sur n bits donne 2^n possibilités. En effet, le codage sur 1 bit donne 2 possibilités (0 ou 1) ; sur 2 bits, il donne 4 possibilités (00, 01, 10 ou 11) ; sur 8 bits constituant 1 octet, il donne 256 possibilités.
- 1 kilo-octet (Ko) correspond à 10^3 octets et 1 kibioctet (Kio) à 2^{10} octets = 1 024 octets. Le **document 4** récapitule les concordances des multiples de l'octet.

Vocabulaire
- **Bit :** unité la plus petite du système de numération, soit 2 valeurs (0 ou 1).
- **Octet :** huit bits.
- **Débit binaire ou bitrate :** fréquence ou nombre de bits par seconde.

- Le débit binaire, appelé aussi bitrate D, correspond au nombre de bits transmis par seconde (bit/s). Il dépend de la fréquence d'échantillonnage f_e (Hz), du type de codage (bit) et du nombre de canaux sonores (2 pour la stéréo par exemple) :

$$D \text{ (bit/s)} = f_e \text{ (Hz)} \times \text{Codage (bit)} \times \text{Nombre de canaux}$$

- La taille ou poids d'un fichier audio correspond au débit binaire multiplié par sa durée. Elle est souvent donnée en octets ou multiples de l'octet (1 octet = 8 bits).

Doc. 3 **Signal échantillonné et quantifié**

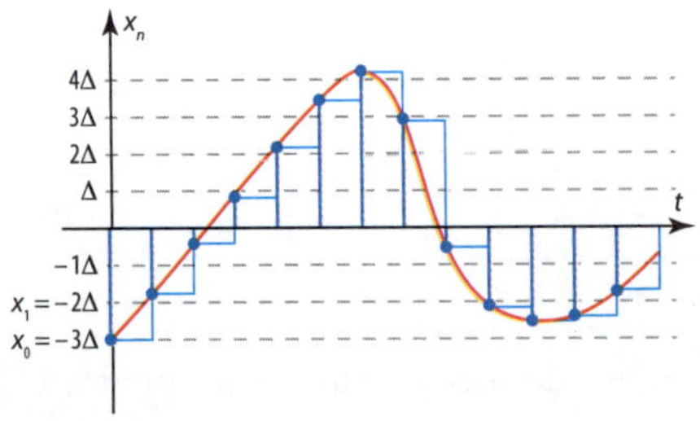

Doc. 4 **Concordance des multiples de l'octet**

1 Ko	1 Kio	1 Mo	1 Mio	1 Go	1 Gio	1 To	1 Tio
10^3 octets	2^{10} octets	10^6 octets	2^{20} octets	10^9 octets	2^{30} octets	10^{12} octets	2^{40} octets

3 Compression

De quoi s'agit-il ? **Après numérisation, les fichiers audio obtenus sont souvent lourds. La compression permet de diminuer leur taille, et le taux de compression renseigne sur la performance de la compression.**

1 Compression avec ou sans perte d'information

- Une quantité énorme d'informations audio (et vidéo) est échangée chaque seconde dans le monde. Cela entraine un développement très important des capacités de stockage de ces informations et cela nécessite beaucoup d'énergie.
- La compression consiste à diminuer la taille d'un fichier, afin de transmettre plus facilement des données audio ou de les stocker en limitant l'espace alloué.
- On distingue :
  - la compression sans perte, pour laquelle les données après décompression du fichier compressé sont identiques à celles du fichier originel ;
  - la compression avec perte, ou compression destructive, pour laquelle le fichier obtenu après décompression contient moins de données.

Vocabulaire

- **Compression :** processus permettant la diminution de la taille d'un fichier afin de faciliter sa transmission et/ou son stockage.
- **Compression destructive :** compression avec pertes d'information. Le fichier compressé-décompressé possède moins de données que le fichier de départ.

- Les techniques de compression spécifiques au son, c'est-à-dire avec le plus souvent une compression destructive avec perte d'information, éliminent les informations sonores auxquelles l'oreille est peu sensible.

2 Formats audio

- Les trois grands formats audio sont le MP3, la Qualité CD et le Hi-Res.
- Le MP3 correspond à un fichier audio compressé avec pertes : le processus de compression correspond souvent à la perte des harmoniques de hautes fréquences – sons aigus. En effet, lorsque l'oreille enregistre simultanément un son aigu et un son grave, il existe un effet dit « effet de masque », qui fait que le son aigu est masqué par le son grave. La résolution de ce format est 16 bits, et son débit binaire ou bitrate est entre 128 et 320 kbps ou Kbits par seconde.

Vocabulaire

- **Bitrate :** débit binaire.
- **kbps :** kilobits par seconde ou unité du débit binaire.

- La Qualité CD correspond à un ensemble de formats compressés sans pertes ou non compressés (exemples : FLAC, ALAC, WMA Lossless...). La résolution est 16 bits, et la fréquence d'échantillonnage est fixée à 44,1 kHz : elles sont ainsi identiques à celles du CD. Le débit binaire est au moins 4 fois supérieur à celui du MP3, jusqu'à 1 411 kbps.
- L'audio Hi-Res ou High-Resolution (Haute Résolution) est un format de compression sans pertes ou sans compression. Ces fichiers audio correspondent à ceux utilisés dans les studios d'enregistrement : résolution 24 bits et fréquence d'échantillonnage jusqu'à 192 kHz. Le débit binaire peut aller jusqu'à 9 216 kbps.

- Le **document 5** récapitule les caractéristiques des trois principaux formats audio.
- Afin de coder et décoder un fichier audio, on utilise un codec (codeur-décodeur).

Vocabulaire

- **Codec : codeur-décodeur.**

Doc. 5 Caractéristiques de quelques formats audio

Format	Compression	Pertes	Résolution	Fréquence d'échantillonnage	Débit binaire/Bitrate
MP3	Oui	Oui	16 bits	44,1 kHz	128 kbps 320 kbps
CD	Souvent	Non	16 bits	44,1 kHz	1 411 kbps
Hi-Res	Non	Non	32 bits	192 kHz	9 216 kbps

3 Taux de compression

- Le taux de compression τ est une mesure de la compression d'un fichier, souvent exprimée en pourcentage.
- Un fichier non compressé a un taux de compression nul.
- De manière générale, plus le taux de compression est élevé et plus la taille du fichier compressé est faible.

Vocabulaire

- **Taux de compression : mesure de la performance d'une compression, souvent exprimée en pourcentage.**

- Le taux de compression est défini à partir des tailles du fichier originel non compressé et du fichier compressé :

$$\tau = \frac{\text{Taille fichier non compressé} - \text{Taille fichier compressé}}{\text{Taille fichier non compressé}}$$

avec ces tailles de fichiers exprimées dans la même unité (bits, octets, Ko, Mo, Go, etc.). Ce taux peut être multiplié par 100 pour avoir τ en pourcentage.

- On peut aussi écrire :

$$\tau = 1 - \frac{\text{Taille fichier compressé}}{\text{Taille fichier non compressé}}$$

Révision express

Le son, une information à coder

Le schéma important à retenir

Signal échantillonné et quantifié

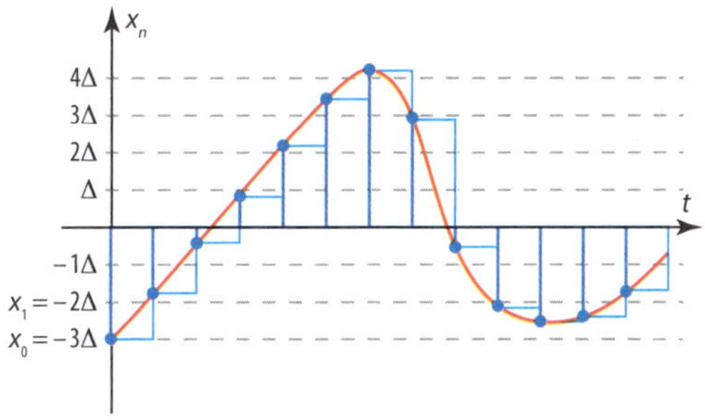

Plus la fréquence d'échantillonnage est élevée et plus la quantification est fine, plus la numérisation est fidèle mais plus la taille du fichier est grande.

Quiz

Cochez la bonne réponse :

1. On appelle discrétisation du signal l'ensemble des phases d'échantillonnage et de quantification. ☐ Vrai ☐ Faux
2. La numérisation est d'autant plus fidèle que la fréquence d'échantillonnage est faible. ☐ Vrai ☐ Faux
3. Une petite quantité d'informations audio et vidéo est échangée chaque jour dans le monde. ☐ Vrai ☐ Faux
4. Les échanges de fichiers ne nécessitent pas d'énergie. ☐ Vrai ☐ Faux
5. Un fichier comprimé est un fichier de taille plus petite que l'original. ☐ Vrai ☐ Faux
6. Il existe deux types de compression : avec ou sans pertes d'information. ☐ Vrai ☐ Faux

→ Réponses p. 534

EXERCICE GUIDÉ 1

Estimer la taille d'un fichier audio

Énoncé

Un enregistrement sonore du *Boléro* de Maurice Ravel de 18 minutes et 47 secondes est numérisé et stocké sur un CD en 16 bits et en stéréo. La fréquence d'échantillonnage est de $f_e = 44{,}1$ kHz.

Calculez la taille du fichier non compressé.

Méthode

- À partir de l'énoncé, identifier la fréquence d'échantillonnage en hertz, la résolution ou codage de l'enregistrement en bits, le nombre de canaux et la durée de l'enregistrement en secondes.
- Calculer, en bits, la taille ou poids du fichier audio en multipliant les 4 données précédentes entre elles, dans les unités explicitées ci-avant.
- Sachant qu'un octet est égal à 8 bits, convertir le résultat obtenu en octets, puis en multiples de l'octet : Ko, Mo, Go ou To.

Corrigé

Dans l'énoncé, on identifie les données nécessaires à l'estimation de la taille du fichier audio non compressé :

– la fréquence d'échantillonnage $f_e = 44{,}1 \text{ kHz} = 44{,}1 \times 10^3 \text{ Hz}$;

– la résolution ou le codage $r = 16$ bits ;

– le nombre de canaux $N = 2$ car l'enregistrement est en stéréo ;

– la durée de l'enregistrement $\Delta t = 18$ min 47 s soit :

$$\Delta t = 18 \times 60 + 47 = 1\,127 \text{ s.}$$

Rappel
Le signal diffusé en stéréo nécessite deux canaux différents.

La taille de l'enregistrement est égale à :

Taille $= f_e \times r \times N \times \Delta t = 44{,}1 \times 10^3 \times 16 \times 2 \times 1\,127 = 1{,}59 \times 10^9$ bits.

La taille peut être exprimée en octets, sachant qu'un octet vaut 8 bits :

Taille $= 1{,}59 \times 10^9/8 = 1{,}99 \times 10^8$ octets, soit en gigaoctets $1{,}99 \times 10^8/10^6 = 199$ Go.

Le *Boléro* de Ravel, enregistré en stéréo sur un CD 16 bits avec une fréquence d'échantillonnage de 44,1 kHz, a une taille d'environ 200 Go.

EXERCICE GUIDÉ 2

Calculer et comparer les taux de compression

Énoncé

Un fichier audio de 8,88 Mo est enregistré en stéréo pendant 35 s. Il est compressé avec pertes en format m4a, avec un encodage en CBR 320 kbits/s qui réduit sa taille à 1,35 Mo ou avec un encodage en VBR 224 kbits/s. Dans ce dernier cas, sa taille est réduite à 625 Ko.

Calculez et comparez les taux de compression.

Méthode

- Relever dans l'énoncé la taille du fichier natif.
- Pour chaque compression destructive, calculer le taux de compression.
- Comparer les deux taux obtenus et estimer leur rapport.

Corrigé

Le fichier natif a une taille de 8,88 Mo.

Dans le premier cas, avec une compression destructive avec encodage CBR 320 kbits/s, la taille du fichier compressé est de 1,35 Mo.

On en déduit un taux de compression :

$$\tau_1 = 1 - \frac{\text{Taille fichier compressé}}{\text{Taille fichier non compressé}} = 1 - \frac{1,35}{8,88} = 0,85.$$

En multipliant ce résultat par 100, on obtient un taux de compression de 85 %.

Dans le second cas, la taille du fichier compressé est de 625 Ko, le taux de compression est alors de :

$$\tau_2 = 1 - \frac{625 \times 10^3}{8,88 \times 10^6} = 0,93 \text{ ou } 93\ \%.$$

Dans le second cas, la compression est plus importante que dans le premier cas, car $\tau_1 = 85\ \% < \tau_2 = 93\ \%$.

On peut calculer le rapport des taux de compression destructive :

$$\frac{\tau_2}{\tau_1} = \frac{93}{85} = 1,1.$$

Piège à éviter
Les tailles des fichiers doivent être dans les mêmes unités : dans le premier cas, elles sont en Mo, alors que dans le second cas, elles sont en octets.

ENSEIGNEMENT SCIENTIFIQUE

Chapitre 13 Entendre la musique

1 Réception et transmission des ondes sonores

De quoi s'agit-il ? L'oreille externe canalise les sons du milieu extérieur vers le tympan. Ce dernier les transmet jusqu'à l'oreille interne par l'intermédiaire de l'oreille moyenne.

1 De l'oreille externe à l'oreille interne

- Les sons sont captés par l'oreille externe, constituée du pavillon et du conduit auditif. Ils font vibrer le tympan, une membrane tendue, séparant le conduit auditif externe de l'oreille moyenne (**Doc. 1**).
- Les vibrations du tympan sont alors transmises à une chaîne d'osselets : le marteau, puis l'enclume, et enfin l'étrier. Le rapport des surfaces entre le tympan et l'étrier permet une amplification de la pression sonore d'un facteur supérieur à 20. De plus, les articulations entre osselets forment un système de levier qui joue aussi le rôle d'amplificateur.
- Les vibrations des osselets se transmettent dans l'oreille interne et mettent en mouvement un liquide contenu dans un organe enroulé : la cochlée.
- Les cellules ciliées de la cochlée sont des cellules sensorielles, capables de traduire le signal sonore en message nerveux.

Vocabulaire

- **Tympan :** membrane qui sépare l'oreille externe de l'oreille moyenne et transmet les vibrations sonores aux osselets.
- **Osselets :** os de petite taille (appelés marteau, enclume et étrier), articulés les uns avec les autres et situés dans l'oreille moyenne.
- **Cochlée :** organe creux en forme d'escargot situé dans l'oreille interne. Le canal cochléaire rempli d'un liquide appelé endolymphe renferme des cellules sensorielles, les cellules ciliées.

Doc. 1 Organisation de l'oreille

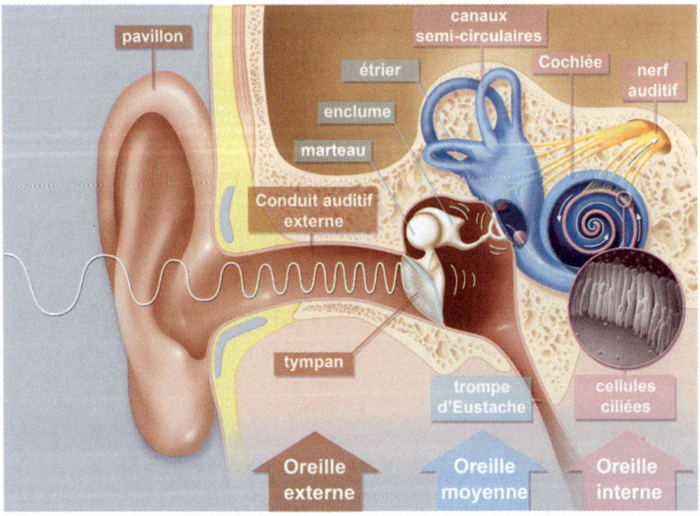

2 Caractéristiques de l'audition humaine

- L'oreille externe se comporte comme une antenne acoustique : elle capte les sons, les concentre et les conduit vers l'oreille moyenne.
- D'une oreille à l'autre, un son arrive avec un angle d'incidence différent et un décalage dans le temps, ce qui permet d'en localiser la source.
- L'oreille humaine perçoit des fréquences comprises entre 20 Hz (son grave) et 20 000 Hz (son aigu). Les sons les mieux perçus correspondent à des fréquences comprises entre 1 et 3 kHz, c'est-à-dire par exemple ceux émis au cours d'une conversation (**Doc. 2**).
- Enfin, les niveaux d'intensité acoustique pouvant être perçus par l'oreille humaine sont compris entre 0 et 120 décibels (dB).

Doc. 2 Capacités de perception de l'oreille humaine

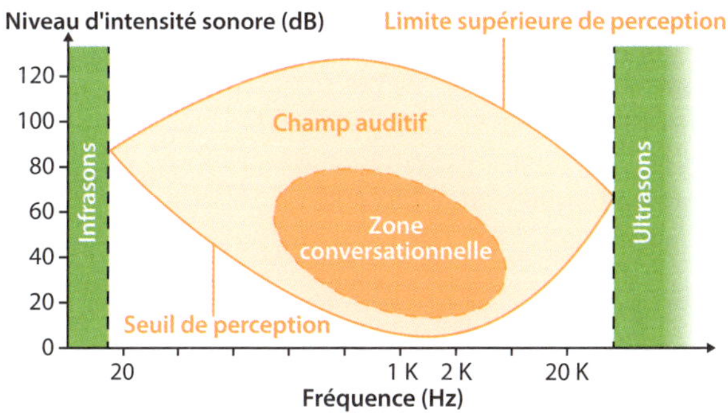

2 Conversion des vibrations sonores en message nerveux

De quoi s'agit-il ? Dans la cochlée, les cellules ciliées réagissent au signal sonore et le convertissent en message nerveux destiné au cerveau.

1 Naissance d'un message nerveux

- Dans la cochlée, on compte environ 15 000 cellules ciliées (30 000 pour les deux oreilles) connectées aux fibres du nerf auditif (**Doc. 3**).
- Ces cellules sont munies de cils vibratiles qui entrent en résonance avec les vibrations transmises à l'oreille interne.
- Le déplacement des cils provoque une modification de l'état électrique de la membrane de la cellule ciliée, appelée potentiel de récepteur.
- Une plus grande intensité sonore se traduit par un déplacement plus important des cils, ce qui génère des potentiels de récepteur de plus grande amplitude.

Vocabulaire

- **Potentiel de récepteur :** modification de l'état électrique de la membrane d'une cellule sensorielle.
- **Amplitude :** grandeur mesurée en millivolts qui caractérise la variation de l'état électrique de la membrane.

• Sous l'effet des potentiels de récepteur, les cellules ciliées libèrent des molécules appelées neurotransmetteurs, qui à leur tour vont stimuler les neurones du nerf auditif auxquels elles sont connectées. Ceux-ci donnent alors naissance à un message nerveux capable de se propager.

2 Codage des informations sonores

• Le message nerveux est constitué d'une succession de signaux électriques élémentaires appelés potentiels d'action.

• Ces signaux sont d'amplitude constante, mais leur fréquence augmente avec l'intensité du signal sonore. L'intensité du son est donc codée en fréquence de potentiels d'action (**Doc. 4**).

• Par ailleurs, les cellules ciliées sont disposées dans la cochlée en fonction de leur seuil de sensibilité, variable selon la fréquence du son : les plus proches de la base captent les sons aigus, celles proches de l'extrémité (apex) sont plus sensibles aux sons graves (**Doc. 3**). Cette distribution particulière des cellules ciliées (appelée tonotopie) permet une discrimination des fréquences. L'oreille peut ainsi entendre un son composé de plusieurs fréquences différentes.

Vocabulaire

- **Potentiels d'action (PA) :** signaux élémentaires du message nerveux. Ce sont de brèves variations du potentiel de membrane, capables de se propager le long d'une fibre nerveuse.
- **Fréquence :** nombre par unité de temps.
- **Tonotopie :** distribution des cellules en fonction de leur sensibilité à une fréquence donnée.

Doc. 3 Cellules ciliées de la cochlée

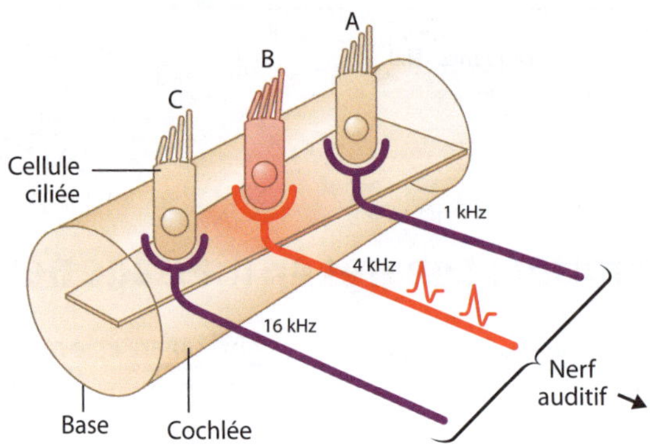

Doc. 4 Codage des informations sonores

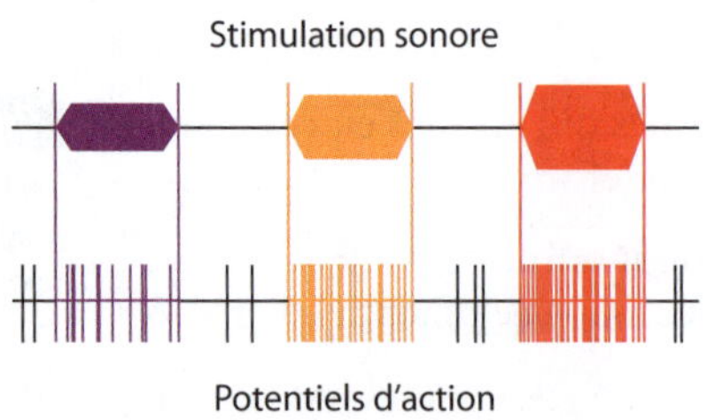

3 La fragilité des cellules ciliées

• Des sons trop intenses, ou encore une exposition prolongée à des sons de niveau sonore supérieur à 80 dB peuvent endommager les cils vibratiles des cellules de la cochlée. Les dégâts, alors irréversibles, peuvent être à l'origine d'une surdité, car les cils, une fois détruits, ne se régénèrent pas.

Doc. 5 Effet d'un traumatisme sonore sur les cellules ciliées d'un animal

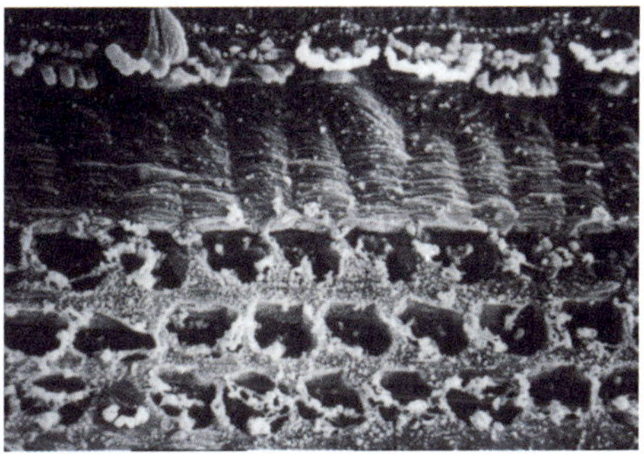

3 Cortex auditif et perception des sons

De quoi s'agit-il ? Des aires cérébrales spécialisées reçoivent les messages nerveux transmis par le nerf auditif. Le traitement de ces messages permet la perception et l'interprétation des informations sonores.

1 Aires auditives primaire et secondaire

• Les messages nerveux transmis par les fibres du nerf auditif aboutissent dans une région du cortex temporal : l'aire auditive primaire. Les fibres en provenance de la cochlée s'y projettent point par point, aussi les messages reçus sont-ils répartis sur l'aire primaire en fonction de la fréquence des signaux captés (Doc. 6).

• L'aire auditive primaire permet ainsi de distinguer et de mémoriser les différentes fréquences sonores, de reconnaître l'intensité du son, sa durée et son timbre. Elle est sensible à des stimuli de courte durée comme un bruit bref, une variation d'intensité ou de fréquence.

• Les sons plus longs et plus complexes sont traités par l'aire auditive secondaire qui entoure l'aire primaire. L'aire auditive secondaire est chargée du traitement de la musique, de la compréhension des mots, de la catégorisation de ces mots (concrets, abstraits…) et de la mémorisation de leur sens.

• Les connexions des neurones des aires auditives entre eux et avec ceux d'autres régions cérébrales permettent la perception globale des informations sonores.

Vocabulaire

- **Perception :** interprétation mentale d'une sensation physique.
- **Cortex :** couche superficielle du cerveau, constituée de plusieurs couches de neurones.
- **Aire auditive primaire :** région du cortex spécialisée dans le traitement des messages émis par les cellules de la cochlée.

Doc. 6 **Cortex auditif**

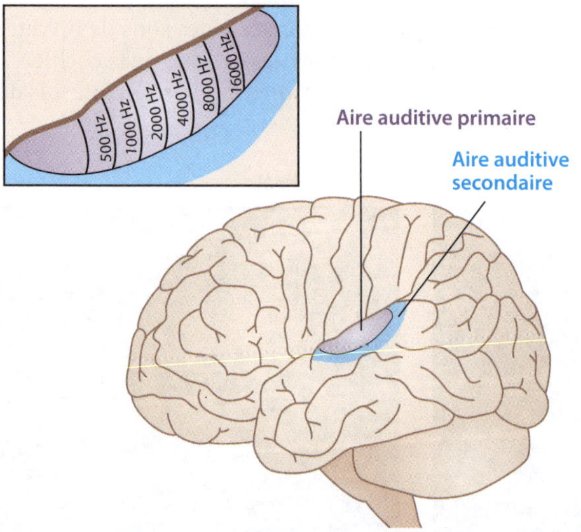

Dans le cortex auditif primaire, les neurones sont disposés spécifiquement selon une carte tonotopique.

2 Plasticité corticale

● Les cellules ciliées de l'oreille interne se mettent en place et deviennent fonctionnelles au cours de la vie embryonnaire. Le cortex auditif primaire débute son développement, alors que la cochlée commence déjà à fonctionner. Les neurones corticaux se multiplient, leurs fibres nerveuses grandissent et établissent des connexions ou synapses. Jusqu'à 6-8 ans, l'organisation du cortex auditif s'établit en fonction des informations transmises par les cellules de la cochlée. Cette organisation dépend ainsi de l'expérience individuelle (on parle de plasticité corticale), et une surdité de naissance la perturbe.

Vocabulaire

- **Synapse :** connexion entre neurones permettant la transmission d'informations.
- **Plasticité corticale :** capacité de réorganisation du cortex, liée à l'établissement de nouvelles synapses.

● La plasticité corticale auditive persiste après la fin du développement du cortex. L'apprentissage de la musique par exemple favorise l'établissement de synapses avec les neurones de l'aire sensorielle.

● De même, dans les cas de presbyacousie, une perte d'audition dans les hautes fréquences liée à des lésions cochléaires, les neurones corticaux inutilisés pour les sons aigus sont recrutés pour traiter les basses fréquences, ce qui compense partiellement le déficit.

Révision express

Entendre la musique

Le schéma important à retenir

Du son à sa perception

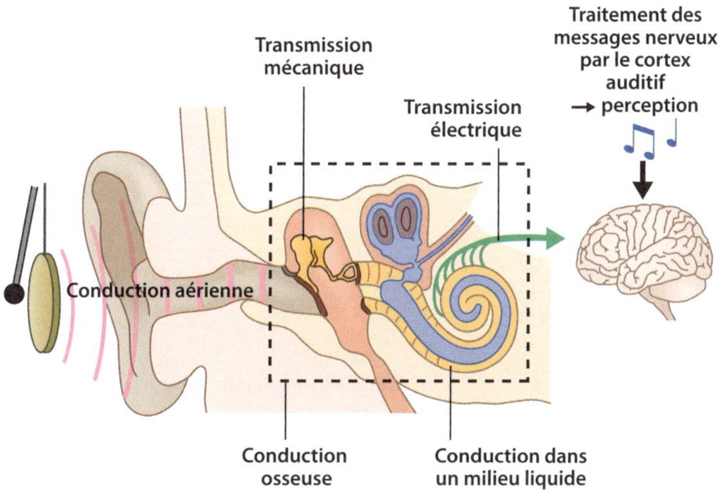

Quiz

Cochez la bonne réponse :

1. Le tympan sépare l'oreille moyenne de l'oreille interne. ☐ Vrai ☐ Faux
2. Les cellules ciliées de la cochlée sont des récepteurs sensoriels. ☐ Vrai ☐ Faux
3. L'organisation du cortex auditif est acquise définitivement entre 6 et 8 ans. ☐ Vrai ☐ Faux
4. L'aire auditive est située à l'arrière du cerveau. ☐ Vrai ☐ Faux
5. Les fibres provenant de la cochlée se projettent point par point au niveau de l'aire auditive secondaire. ☐ Vrai ☐ Faux

→ Réponses p. 534

EXERCICE GUIDÉ

Exploiter des images cérébrales

Énoncé

Une expérience a consisté à faire entendre une bande sonore à des individus en même temps qu'une IRM (imagerie par résonance magnétique) de leur cerveau était réalisée. On a procédé ainsi avec deux groupes d'individus, les uns aveugles de naissance, les autres voyants (sujets contrôles).

Le **document** ci-dessous montre les résultats de l'IRM fonctionnelle réalisée.

Doc. IRM fonctionnelle chez deux individus

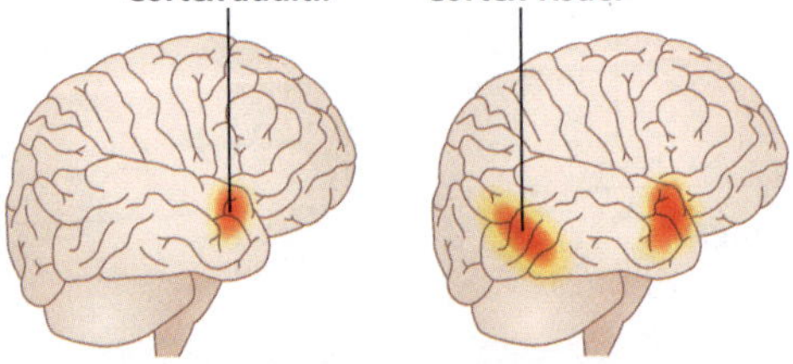

1. Comparez les zones cérébrales activées entre les deux groupes.

2. Expliquez la différence constatée et nommez la propriété du cortex mise en évidence par l'expérience.

3. Comparez la surface de l'aire auditive chez les aveugles et chez les voyants.

4. Expliquez à l'échelle cellulaire les différences observées entre les deux groupes d'individus.

Méthode

- Une IRM fonctionnelle permet de mettre en évidence des zones actives dans le cerveau. En effet, l'activation des neurones se traduit par une augmentation de la dépense d'oxygène. Celle-ci peut être mesurée et mise en évidence sur les images obtenues. Ainsi, une couleur rouge témoigne d'une activation des neurones dans une zone précise.
- Par cette technique, il est possible de relier une région du cerveau à une fonction et d'évaluer la surface concernée.
- Les différences observées entre individus s'expliquent au niveau cellulaire : en effet, le cortex est constitué de différents neurones connectés entre eux par des synapses.

Corrigé

1. Chez les voyants, l'aire auditive est activée durant le passage de la bande sonore. Les informations sonores captées par les cellules de la cochlée sont traduites en messages nerveux. Leur traitement par le cortex auditif permet la perception des sons.

Chez les aveugles, on observe que non seulement l'aire auditive est activée, mais l'aire visuelle est aussi stimulée.

Remarque
L'aire visuelle est spécialisée dans le traitement des informations en provenance des yeux. Elle permet la perception des images.

2. Chez les aveugles, l'aire visuelle n'a plus de rôle dans la perception visuelle. Les neurones qui la constituent ne reçoivent pas de stimulations périphériques provenant des organes récepteurs impliqués dans la vision.

Si l'aire visuelle s'active lors d'une stimulation auditive, cela indique que des neurones de l'aire auditive ont colonisé son emplacement. Le cortex cérébral est remodelé en fonction de l'activité des organes sensoriels. C'est la plasticité cérébrale.

3. La surface de l'aire auditive chez les aveugles est supérieure à celle des voyants. Cette différence illustre à nouveau la notion de plasticité cérébrale : l'aire auditive étant particulièrement stimulée chez les aveugles, elle s'accroît au détriment des aires voisines.

4. Les cellules nerveuses comportent des fibres qui peuvent grandir, se ramifier et établir de nouvelles connexions ou synapses avec d'autres. Ces transformations ont lieu pour les cellules nerveuses particulièrement sollicitées, ce qui provoque l'accroissement de l'aire cérébrale qu'elles constituent.

Mathématiques

Mathématiques

Chapitre 1 Croissance linéaire

1 Suite numérique

1 L'essentiel du cours

- Une **suite numérique** est une application qui, à un entier naturel n, associe un nombre réel, noté $\boldsymbol{u(n)}$ ou $\boldsymbol{u_n}$.
- n est appelé **indice** et $\boldsymbol{u(n)}$ ou $\boldsymbol{u_n}$ est appelé **terme d'indice** n, on le lit « u indice n ».
- Une **suite** u est **définie explicitement** lorsque $u(n)$ est donné en fonction de n.
- Une **suite** u est **définie par une relation de récurrence** lorsqu'elle est donnée par son premier terme $u(0)$ et par une relation entre un terme $u(n)$ et le terme suivant $u(n+1)$.

2 Applications

Exo 1

u est la suite définie explicitement par la formule : pour tout n de $\mathbb{N}$, $u(n) = \dfrac{n+2}{2n+1}$.

a) Calculer les quatre premiers termes de la suite u.

b) Calculer $u(10)$.

Solution

a) $u(0) = \dfrac{0+2}{2\times 0+1} = 2$; $u(1) = \dfrac{1+2}{2\times 1+1} = 1$;

$u(2) = \dfrac{2+2}{2\times 2+1} = \dfrac{4}{5}$; $u(3) = \dfrac{3+2}{2\times 3+1} = \dfrac{5}{7}$.

b) $u(10) = \dfrac{10+2}{2\times 10+1} = \dfrac{12}{21}$.

> Attention, les quatre premiers termes vont de $u(0)$ à $u(3)$ (et non pas à $u(4)$).
> Il suffit de remplacer n par l'indice voulu.

Exo 2

v est la suite définie par la relation de récurrence :
$v(0) = -4$ et, pour tout n de $\mathbb{N}$, $v(n+1) = 1 - 3\,v(n)$.
Calculer les quatre premiers termes de la suite v.

Solution

$v(0) = -4$; $v(1) = 1 - 3\,v(0) = 1 - 3 \times (-4) = 13$;
$v(2) = 1 - 3\,v(1) = 1 - 3 \times 13 = -38$;
$v(3) = 1 - 3\,v(2) = 1 - 3 \times (-38) = 115$.

> Lorsqu'une suite est définie par une relation de récurrence, pour connaître $v(3)$, il faut connaître $v(2)$; et pour connaître $v(2)$, il faut connaître $v(1)$; …

2 Suite arithmétique : formules

1 L'essentiel du cours

- Une **suite** u est dite **arithmétique** de **raison** r lorsque, pour passer d'un terme $u(n)$ au terme suivant $u(n+1)$, on ajoute toujours le même nombre r.

Cela se traduit par la **formule de récurrence** :

$$u(n+1) = u(n) + r$$

$u(n) \xrightarrow{+r} u(n+1)$

- **Propriété : formule explicite :**

$$u(n) = u(0) + n \times r$$

Exemple :

u est la suite arithmétique telle que $u(0) = 5$ et de raison $r = 2$.

D'après la formule de récurrence : pour tout n de $\mathbb{N}$, $u(n+1) = u(n) + 2$.

D'après la formule explicite : pour tout n de $\mathbb{N}$, $u(n) = 5 + 2n$.

2 Applications

Exo 1

u est la suite arithmétique de premier terme $u(0) = -3$ et de raison $r = 0{,}1$.

a) Calculer les quatre premiers termes de la suite u.

b) Calculer $u(50)$.

Solution

a) $u(0) = -3$; $u(1) = u(0) + 0{,}1 = -3 + 0{,}1 = -2{,}9$;

$u(2) = u(1) + 0{,}1 = -2{,}9 + 0{,}1 = -2{,}8$;

$u(3) = u(2) + 0{,}1 = -2{,}8 + 0{,}1 = -2{,}7$.

$u(0) \xrightarrow{+0{,}1} u(1) \xrightarrow{+0{,}1} u(2) \xrightarrow{+0{,}1} u(3)$

On utilise ici la formule de récurrence.

b) $u(50) = u(0) + 50 \times 0{,}1 = -3 + 5 = 2$.

On utilise ici la formule explicite.

Exo 2

Anna dispose de 120 € d'économies. Chaque mois, elle y ajoute 15 €.
Elle aimerait s'offrir une trottinette électrique qui coûte 375 €.
Au bout de combien de mois pourra-t-elle se l'offrir ?

Solution

Au départ, ses économies sont de 120 €, donc $u(0) = 120$.

Chaque mois, elle ajoute 15 €, donc la suite u est arithmétique de raison $r = 15$.

Il faut modéliser cet énoncé à l'aide d'une suite arithmétique : identifier $u(0)$ et la raison r.

On cherche le nombre n de mois pour lequel $u(n) \geqslant 375$.

Or $u(n) = u(0) + n \times r$ donc $120 + n \times 15 \geqslant 375$ c'est à dire $n \times 15 \geqslant 255$ soit $n \geqslant 17$.

Anna pourra s'offrir cette trottinette électrique au bout de 17 mois.

MATHÉMATIQUES

3 Suite arithmétique : représentation graphique

1 L'essentiel du cours

- Dans un repère, une **suite** u est **représentée** par un **nuage de points** dans lequel les points ont pour **coordonnées** $(n ; u(n))$.
- Une **suite** est dite **croissante** lorsque chacun de ses termes est inférieur au terme suivant.

Une **suite** est dite **constante** lorsque chacun de ses termes est égal au terme suivant.

Une **suite** est dite **décroissante** lorsque chacun de ses termes est inférieur au terme suivant.

- **Propriété :**

u désigne une suite arithmétique de raison r.

- lorsque $r > 0$, u est croissante
- lorsque $r = 0$, u est constante
- lorsque $r < 0$, u est décroissante

2 Application

Exo

u est la suite arithmétique de raison $r = -1{,}5$ et de premier terme 4.

v est la suite arithmétique de raison $r' = 0{,}5$ et de premier terme 1.

a) Déterminer le sens de variation de chacune des suites u et v.

b) Dans un repère, représenter la suite u en rouge et la suite v en vert.

Solution

a) Puisque $r = -1{,}5 < 0$, on en déduit que la suite u est décroissante.

Puisque $r' = 0{,}5 > 0$, on en déduit que la suite v est croissante.

b) • Pour la suite u :

$u(0) = 4$; $u(1) = 2{,}5$; $u(2) = 1$; $u(3) = -0{,}5$; $u(4) = -2$; …

• Pour la suite v :

$v(0) = 1$; $v(1) = 1{,}5$; $v(2) = 2$; $v(3) = 2{,}5$; $v(4) = 3$; …

• Pour la suite u, placer les points M_n de coordonnées $(n ; u(n))$.

• Pour la suite v, placer les points N_n de coordonnées $(n ; v(n))$.

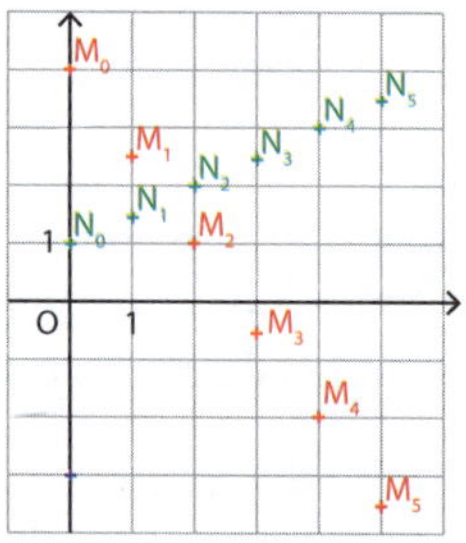

4 Fonction affine

1 L'essentiel du cours

- Une **fonction affine** est une fonction définie sur $\mathbb{R}$ par l'expression $\boldsymbol{f(x) = ax + b}$. a est le **coefficient directeur** et b est l'**ordonnée à l'origine**.
- Dans un repère, une fonction affine est représentée par une **droite** d'équation $\boldsymbol{y = ax + b}$. On peut lire sur le graphique les coefficients a et b.
- **Propriété :**

Lorsque $A(x_A\,;y_A)$ et $B(x_B\,;y_B)$ sont deux points d'une droite d'équation $y = ax + b$, on a :

$$a = \frac{y_B - y_A}{x_B - x_A}$$

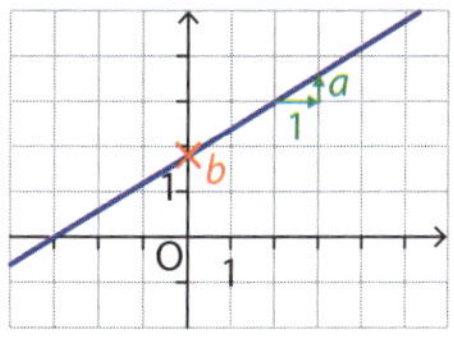

2 Application

Exo

a) Dans le repère ci-contre, $\mathscr{D}$ est la droite qui représente la fonction affine f d'expression $f(x) = ax + b$.
Lire les valeurs de a et b.
En déduire l'expression de f.

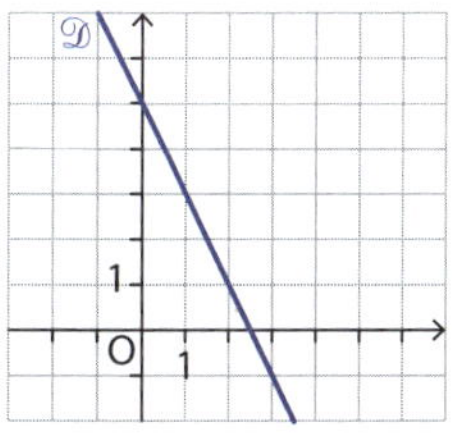

b) Tracer dans un repère, les droites d_1 et d_2 qui représentent les fonctions affines f_1 et f_2 d'expression :
- $f_1(x) = 2x - 3$
- $f_2(x) = -0{,}5x + 1$

c) Δ est la droite passant par les points A(–1 ; 5) et B(3 ; –3).
Calculer le coefficient directeur de Δ.

Solution

a) On lit que $a = -2$ et $b = 5$.
Ainsi, la fonction affine f a pour expression $f(x) = -2x + 5$.

b) Pour f_1 : $a_1 = 2$ et $b_1 = -3$
Pour f_2 : $a_2 = -0{,}5$ et $b_2 = 1$

c) $a = \dfrac{y_B - y_A}{x_B - x_A} = \dfrac{-3 - 5}{3 - (-1)} = \dfrac{-8}{4} = -2.$

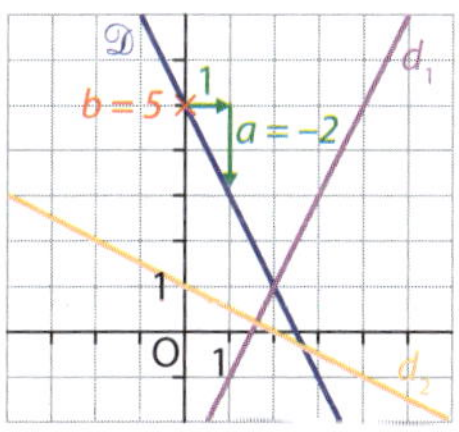

a) On utilise la représentation graphique du cours.

b) On commence par placer l'ordonnée à l'origine b ; puis on se décale de 1 vers la droite pour marquer a.

c) On utilise la propriété du cours.

5 Taux d'accroissement

1 L'essentiel du cours

f est une fonction affine d'expression $f(x) = ax + b$.

- Le **taux d'accroissement** de f entre deux nombres distincts x_1 et x_2 est le nombre : $\dfrac{f(x_2) - f(x_1)}{x_2 - x_1}$
- **Propriété :**

Pour tous nombres réels distincts x_1 et x_2, on a :
$\dfrac{f(x_2) - f(x_1)}{x_2 - x_1} = \text{a}$.

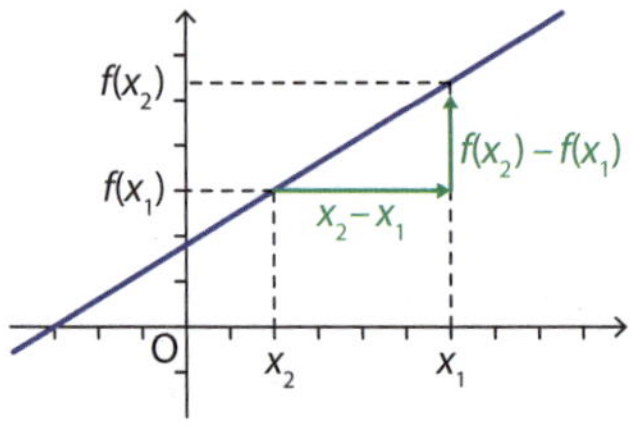

2 Application

Exo

a) f est la fonction affine telle que $f(2) = 5$ et $f(-1) = 17$.
Calculer le taux d'accroissement de f.

b) g est la fonction affine telle que :
- l'image de -3 par g est 4
- l'antécédent de 2 par g est -4.

Calculer le taux d'accroissement de g.

c) h est la fonction affine représentée par la droite (AB) avec A(-1 ; 3) et B(4 ; -12).
Calculer le taux d'accroissement de h.

Solution

a) $a = \dfrac{f(-1) - f(2)}{-1 - 2} = \dfrac{17 - 5}{-1 - 2} = \dfrac{12}{-3} = -4$.
Le taux d'accroissement de f est -4.

On identifie x_1 et $f(x_1)$; puis x_2 et $f(x_2)$. Ensuite, on applique le cours.

b) • L'image de -3 par g est 4 donc $g(-3) = 4$.
• L'antécédent de 2 par g est -4 donc $g(-4) = 2$.
Ainsi, $a = \dfrac{g(-4) - g(-3)}{-4 - (-3)} - \dfrac{2 - 4}{-4 + 3} - \dfrac{-2}{-1} = 2$.
Le taux d'accroissement de g est 2.

c) $a = \dfrac{h(x_B) - h(x_A)}{x_B - x_A} = \dfrac{-12 - 3}{4 - (-1)} = \dfrac{-15}{5} = -3$.
Le taux d'accroissement de h est -3.

Révision express

Quiz

Choisir la ou les réponses exactes.

1. u est la suite définie sur $\mathbb{N}$ par $u(n) = \dfrac{n^2+3}{n+1}$.

a) $u(0) = 3$ **b)** $u(5) = \dfrac{19}{5}$ **c)** $u(10) = \dfrac{103}{11}$

2. v est la suite définie sur $\mathbb{N}$ par $v(0) = 2$ et $v(n+1) = 2v(n) - 3$

a) $v(1) = 1$ **b)** $v(2) = 5$ **c)** $v(4) = -13$

3. w est la suite arithmétique de raison 5 telle que $w(7) = 3$.

a) $w(8) = 8$ **b)** $w(10) = 18$ **c)** $w(15) = 33$

4. t est la suite arithmétique de premier terme $t(0) = -1$ et de raison $r = 0{,}2$.

a) $t(10) = 9$ **b)** $t(100) = 19$ **c)** $t(1\ 000) = 199$

5. On reprend les situations des questions **3.** et **4.**.

a) La suite w est croissante
b) La suite t est décroissante
c) La suite t est croissante

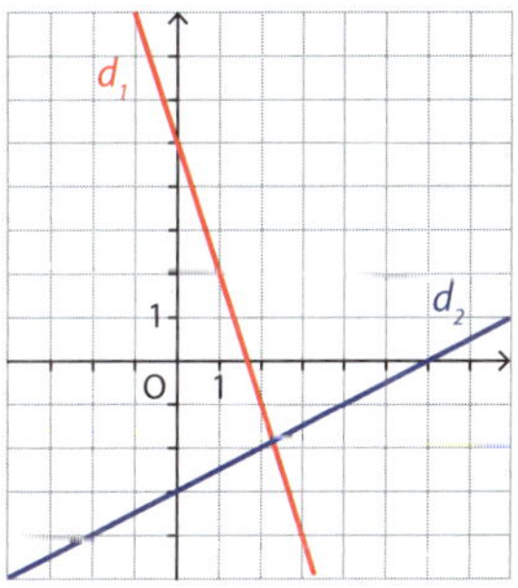

6. Dans le repère ci-contre, on a représenté deux fonctions affines f_1 et f_2 par les droites d_1 et d_2 d'équations respectives $y = a_1x + b_1$ et $y = a_2x + b_2$.

a) $a_1 = -3$ **b)** $a_1 = 5$ **c)** $a_2 = 0{,}5$

7. On reprend la situation de la question **6.**.

a) $b_1 = -3$ **b)** $b_2 = 0{,}5$ **c)** $b_2 = -3$

8. Dans un repère, on donne A(–1 ; 7) et B(–4 ; –3).
Le coefficient directeur de la droite (AB) est égal à :

a) $-\dfrac{10}{3}$ **b)** $\dfrac{4}{5}$ **c)** $\dfrac{10}{3}$

9. f est la fonction affine telle que $f(-3) = 4$ et $f(5) = 2$.
Le taux d'accroissement de f est égal à :

a) $-\dfrac{1}{4}$ **b)** $\dfrac{2}{3}$ **c)** $-\dfrac{3}{4}$

→ Réponses p. 534

Chapitre 2 Croissance exponentielle

1 Suite géométrique : formules

1 L'essentiel du cours

• Une **suite** est dite **géométrique** de **raison** q lorsque, pour passer d'un terme $u(n)$ au terme suivant $u(n+1)$, on multiplie toujours par le même nombre q.

Cela se traduit par la **formule de récurrence** : $u(n+1) = u(n) \times q$

$$u(n) \xrightarrow{\times q} u(n+1)$$

• **Propriété** :

Une suite u, à termes non nuls, est géométrique de raison q si, et seulement si, le taux d'évolution entre deux termes consécutifs est constant et égal à $q - 1$.

Propriété (**formule explicite**) : $u(n) = u(0) \times q^n$

Attention à ne pas confondre taux d'accroissement : $\frac{f(x_2) - f(x_1)}{x_2 - x_1}$ et taux d'évolution : $\frac{V_f - V_i}{V_i}$.

2 Applications

Exo 1

u est la suite géométrique de premier terme $u(0) = 20$ et de raison $q = 0{,}9$

Calculer $u(18)$. Arrondir à l'unité.

Solution

$u(18) = u(0) \times 0{,}9^{18} = 20 \times 0{,}9^{18} \approx 3$.

On applique ici la formule explicite.

Exo 2

Louis place un capital de 10 000 € sur un livret qui lui rapporte 2 % du capital de l'année précédente. On note $C(n)$ le capital au bout de n années. Ainsi, $C(0) = 10\,000$.

a) Calculer le capital disponible au bout d'un an.

b) Exprimer $C(n+1)$ en fonction de $C(n)$.

c) Calculer le capital disponible au bout de 15 ans. Arrondir à l'unité.

Solution

a) $C(1) = 10\,000 \times \left(1 + \frac{2}{100}\right) = 10\,000 \times 1{,}02 = 10\,200$.

Au bout d'un an, le capital disponible est de 10 200 €.

b) $C(n+1) = C(n) \times 1{,}02$.

c) $C(15) = C(0) \times 1{,}02^{15} \approx 13\,459$.

Au bout de 15 ans, le capital disponible sera environ de 13 459 €.

Dans les deux premières questions, on reconnaît une suite géométrique. Cela permet d'utiliser la formule explicite à la dernière question.

2 Suite géométrique : représentation graphique

1 L'essentiel du cours

• **Propriété :**

u désigne une suite géométrique à termes strictement positifs de raison q.

– lorsque $q > 1$, u est croissante

– lorsque $q = 1$, u est constante

–lorsque $0 < q < 1$, u est décroissante

Rappel : dans un repère, une suite u est représentée par un **nuage de points** dans lequel les points ont pour coordonnées $(n\ ;\ u(n))$.

2 Applications

Exo 1

u est la suite géométrique de premier terme 10 et de raison 0,5.

a) Déterminer le sens de variation de la suite u.

b) Dans un repère, représenter le nuage de points de cette suite pour n compris entre 0 et 4.

Solution

a) La suite u est décroissante puisque $q = 0{,}5$ et que $0 < 0{,}5 < 1$.

b) $u(0) = 10$; $u(1) = 5$; $u(2) = 2{,}5$; $u(3) = 1{,}25$; $u(4) = 0{,}625$.

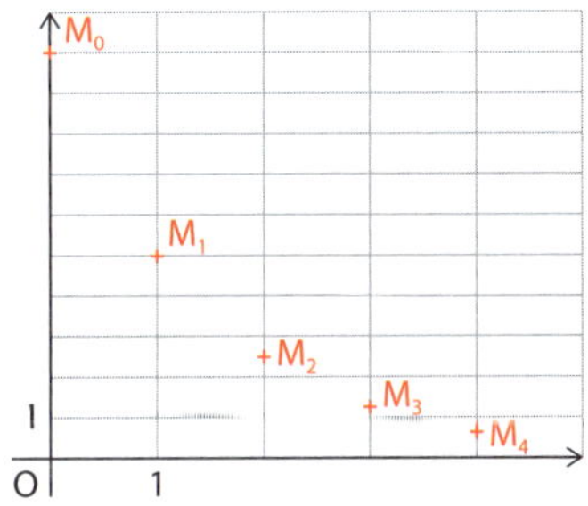

Exo 2

Les quatre premiers termes d'une suite u sont représentés dans le repère ci-contre.
Cette suite peut-elle être géométrique ? Justifier.

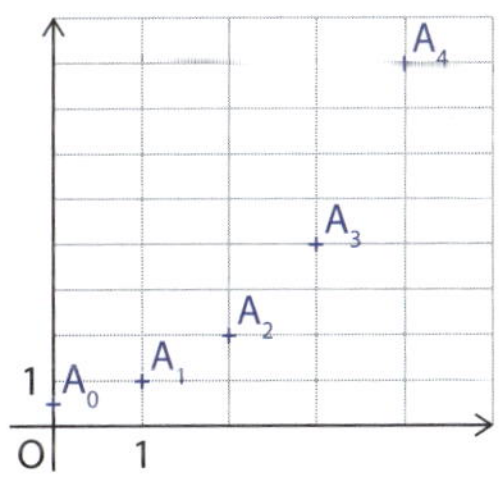

Solution

Par lecture graphique : $u(0) = 0{,}5$; $u(1) = 1$; $u(2) = 2$; $u(3) = 4$; $u(4) = 8$.

Or $\dfrac{u(1)}{u(0)} = \dfrac{1}{0{,}5} = 2$; $\dfrac{u(2)}{u(1)} = \dfrac{2}{1} = 2$; $\dfrac{u(3)}{u(2)} = \dfrac{4}{2} = 2$; $\dfrac{u(4)}{u(2)} = \dfrac{8}{4} = 2$.

Ces quotients sont tous égaux à 2, donc cette suite u semble être géométrique de raison $q = 2$.

u est une suite géométrique lorsque, pour tout entier naturel n, on a : $\dfrac{u(n+1)}{u(n)} = q$.

MATHÉMATIQUES

3 Fonctions exponentielles : propriétés

1 L'essentiel du cours

Dans toute la suite, a désigne un nombre réel avec $a > 0$.

On a toujours : $a^0 = 1$ et $a^1 = a$.

- La **fonction exponentielle de base** a est la fonction $f : x \mapsto a^x$.
- **Propriétés :**

a, b, x, y désignent des nombres réels avec $a > 0$, $b > 0$, $x \geqslant 0$ et $y \geqslant 0$.

- $a^x \times a^y = a^{x+y}$ • $\dfrac{a^x}{a^y} = a^{x-y}$ • $(a^x)^y = a^{x \times y}$
- $a^x \times b^x = (a \times b)^x$ • $\dfrac{a^x}{b^x} = \left(\dfrac{a}{b}\right)^x$

2 Applications

Exo 1

Cet exercice est à traiter à la calculatrice.

a) f est la fonction exponentielle de base 1,3. Calculer :
- $f(0)$ • $f(4)$ • $f(1{,}5)$.

b) g est la fonction définie par $g : x \mapsto 120 \times 0{,}4^x$. Calculer :
- $g(0)$ • $g(2{,}3)$ • $g(0{,}8)$.

Solution

a) 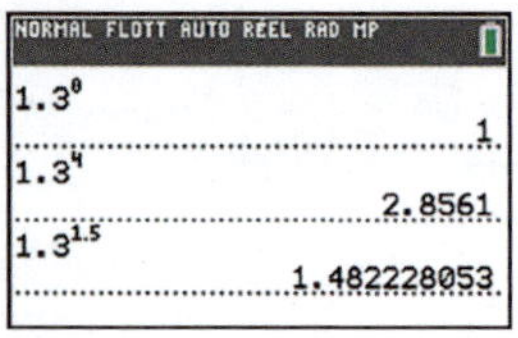

b) 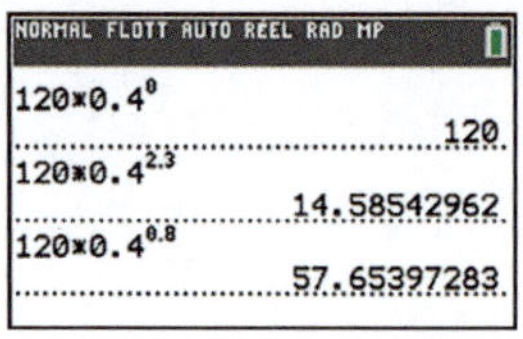

Pour obtenir une puissance à la calculatrice, on utilise le bouton ∧

Exo 2

Dans chaque cas, écrire l'expression sous la forme a^x.

- $A = (4{,}3^2)^{1{,}4} \times 4{,}3^{0{,}8}$ • $B = \dfrac{2{,}5^{7{,}1} \times 2^{7{,}1}}{5^4}$

Solution

- $A = 4{,}3^{2 \times 1{,}4} \times 4{,}3^{0{,}8} = 4{,}3^{2{,}8} \times 4{,}3^{0{,}8} = 4{,}3^{2{,}8+0{,}8} = 4{,}3^{3{,}6}$.
- $B = \dfrac{2{,}5^{7{,}1} \times 2^{7{,}1}}{5^4} = \dfrac{(2{,}5 \times 2)^{7{,}1}}{5^4} = \dfrac{5^{7{,}1}}{5^4} = 5^{7{,}1-4} = 5^{3{,}1}$.

Appliquer pas à pas les propriétés.

4 Fonctions exponentielles : représentations graphiques

1 L'essentiel du cours

Dans toute la suite, a désigne un nombre réel avec $a > 0$.

- **Propriétés** : La fonction exponentielle de base a, $f : x \mapsto a^x$ est :

croissante lorsque $a > 1$ **constante** lorsque $a = 0$ **décroissante** lorsque $0 < a < 1$

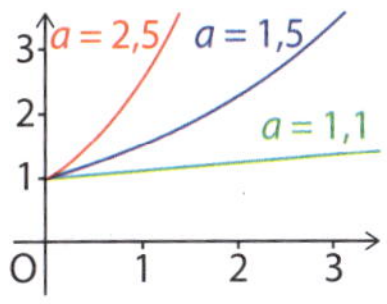

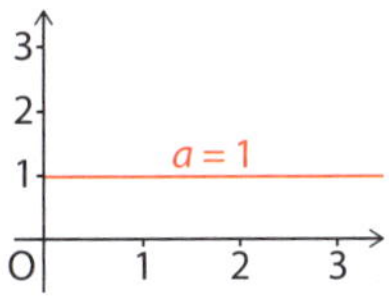

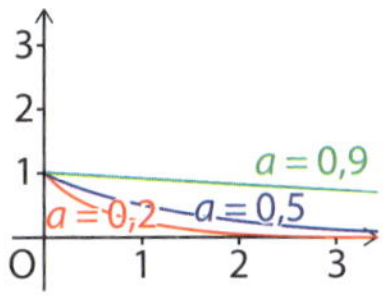

- **Propriétés :**

f et g sont les fonctions définies sur $[0 ; +\infty[$ par $f : x \mapsto a^x$ et $g : x \mapsto k \times a^x$, avec k un réel non nul

- f et g ont le même sens de variation lorsque $k > 0$.
- f et g ont des sens de variation contraires lorsque $k < 0$.

2 Application

Exo

1. Déterminer, en justifiant, le sens de variation des fonctions suivantes :

a) $f : x \mapsto 0{,}7^x$ b) $g : x \mapsto -3{,}2 \times 1{,}45^x$

2. Représenter les fonctions f et g à la calculatrice.

Solution

1. a) f est une fonction exponentielle de la forme $x \mapsto a^x$ avec $a = 0{,}7$ et $0 < 0{,}7 < 1$, donc f est décroissante sur $[0 ; +\infty[$.

b) g est une fonction de la forme $x \mapsto k \times a^x$ avec $k = -3{,}2$ et $a = 1{,}45$. Or $a > 1$ et $k < 0$ donc g est décroissante sur $[0 ; +\infty[$.

Il suffit d'appliquer les propriétés du cours en identifiant a et k.

2.

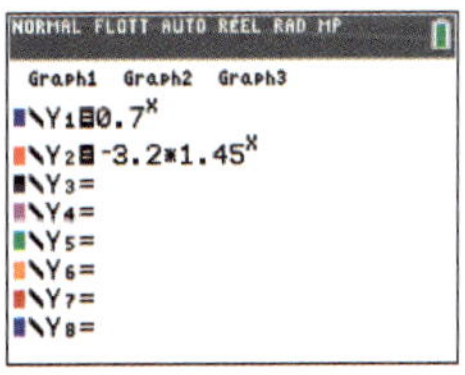

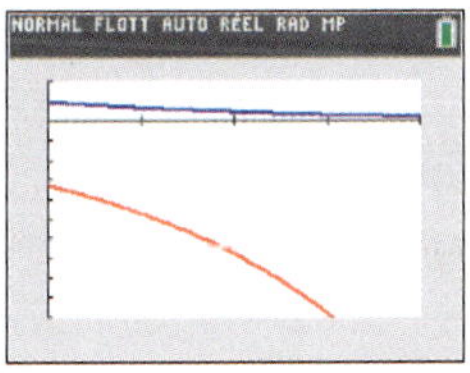

À la calculatrice, penser à choisir une fenêtre adaptée.

MATHÉMATIQUES

5 Taux d'évolution moyen

1 L'essentiel du cours

• **Définition** : Une valeur initiale V_i subit n évolutions successives jusqu'à sa valeur finale V_f. Ces n évolutions successives correspondent à un taux d'évolution global t_g.
Le **taux d'évolution moyen** t_m correspond au taux à appliquer à chacune des n évolutions pour obtenir t_g.

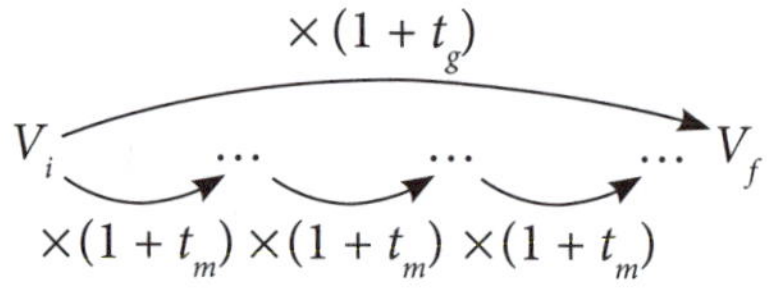

• **Propriété** : $(1 + t_m)^n = 1 + t_g$

• Conséquence : $t_m = (1 + t_g)^{\frac{1}{n}} - 1$

2 Applications

Exo 1

Les ventes d'un magasin ont augmenté de 63 % en quatre ans.
Calculer un arrondi du taux d'évolution annuel moyen de ces ventes.

Solution

Le taux d'évolution global est $t_g = \frac{63}{100} = 0{,}63$. Il y a 4 évolutions.
Donc le taux d'évolution annuel moyen t_m est donné par $(1 + t_m)^4 = 1 + 0{,}63 = 1{,}63$.
Ainsi, $t_m = 1{,}63^{\frac{1}{4}} - 1 \simeq 0{,}1299$.
$0{,}1299 \times 100 \approx 13$. Ces ventes ont donc subi un taux d'évolution moyen d'environ 13 %.

À la calculatrice, on utilise la touche (^) pour la puissance.

Exo 2

Une espèce animale menacée a perdu 40 % de sa population en dix ans.
Calculer un arrondi de la baisse annuelle moyenne de cette espèce.

Solution

Le taux d'évolution global est $t_g = \frac{-40}{100} = -0{,}4$. Il y a dix évolutions.
Donc la baisse annuelle moyenne t_m est donnée par $(1 + t_m)^{10} = 1 - 0{,}4 = 0{,}6$
Ainsi, $t_m = 0{,}6^{\frac{1}{10}} - 1 \approx -0{,}0498$.
$-0{,}0498 \times 100 \approx -5$. La population de cette espèce animale a subi une baisse annuelle moyenne de 5 % environ.

Révision express

Quiz

Choisir la ou les bonnes réponses.

1. u est la suite géométrique de premier terme $u(0) = 3$ et de raison $q = 1{,}5$.

a) $u(1) = 1{,}5$ **b)** $u(2) = 6{,}75$ **c)** $u(3) = 13{,}5$

2. On reprend la situation de la question **1.**.

a) $u(6) = 34{,}171875$ **b)** $\dfrac{u(17)}{u(16)} = 1{,}5$ **c)** $u(10) = 2{,}25 \times u(8)$

3. Il y a quelques années, la superficie d'une forêt était de 40 000 ha.
Depuis, en raison de la déforestation, elle perd chaque année 5 % de la superficie de l'année précédente. On note $S(n)$ sa superficie au bout de n année(s).

a) $S(0) = 40\,000$ ha **b)** $S(1) = 38\,000$ ha **c)** $S(5) \approx 30\,951$ ha

4. On reprend la situation de la question **3.**.

a) S est une suite géométrique de raison $q = 1{,}05$
b) S est une suite géométrique de raison $q = 0{,}95$
c) S est une suite décroissante

5. f est la fonction exponentielle de base 2,45.

a) $f(0) = 0$ **b)** $f(1) = 2{,}45$ **c)** $f(2) = 6{,}0025$

6. On donne $A = 2{,}5^{0,7} \times (2{,}5^{2})^{3,1}$.

a) $A = 2{,}5^{0,7} \times 2{,}5^{6,2}$ **b)** $A = 2{,}5^{6,9}$ **c)** $A = 2{,}5^{0,7-6,2}$

7. Dans le repère ci-contre, sont représentées trois fonctions
- $f : x \mapsto 1{,}5^{x}$
- $g : x \mapsto 0{,}5^{x}$
- $h : x \mapsto -1{,}5^{x}$

a) La fonction f est croissante
b) La fonction g est croissante
c) La fonction h est croissante

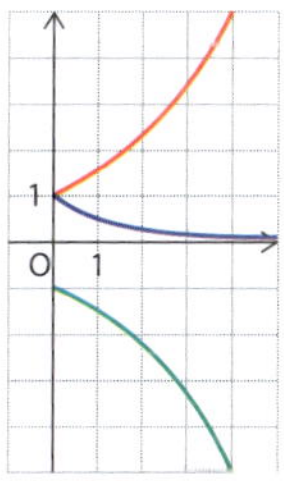

8. On reprend la situation de la question **7.**.

a) f est représentée par la courbe bleue
b) g est représentée par la courbe rouge
c) h est représentée par la courbe verte

9. Le nombre d'habitants d'une commune a augmenté de 20 % en cinq ans.
Le nombre d'habitants a donc augmenté, en moyenne, de

a) 4 % par an **b)** 3,7 % par an environ **c)** 2 % par an

→ Réponses p. 534

Chapitre 3 Variation instantanée – Variation globale

1 Tangente et nombre dérivé

1 L'essentiel du cours

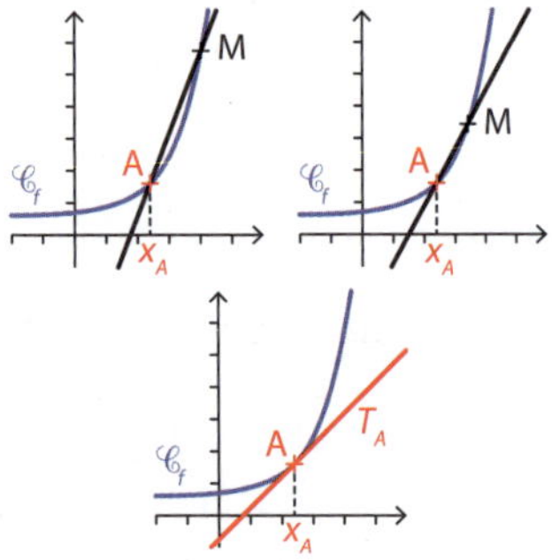

$\mathscr{C}_f$ est la représentation graphique d'une fonction f.
A est le point de $\mathscr{C}_f$ d'abscisse x_A. M est un point mobile sur la courbe $\mathscr{C}_f$.

- **Principe :**
Lorsqu'on rapproche le point M de plus en plus près de A (graphiques 1 et 2), la droite (AM) se rapproche de la droite T_A, appelée **tangente** à la courbe $\mathscr{C}_f$ en A ou au point d'abscisse x_A (graphique 3).
- Le coefficient directeur de la droite T_A est appelé **nombre dérivé de f en x_A** et on le note $f'(x_A)$.

2 Application

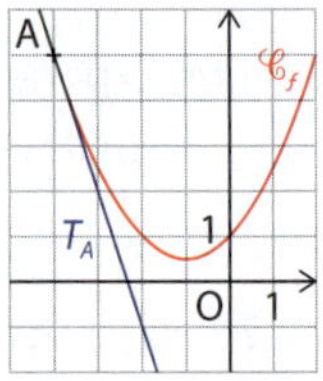

Exo

Sur le graphique ci-contre, $\mathscr{C}_f$ est la courbe représentative d'une fonction f.
T_A est la tangente à la courbe $\mathscr{C}_f$ en A.
Calculer le coefficient directeur de la droite T_A.
En déduire le nombre dérivé de f en –4.

Choisir un autre point de T_A : le point B.
Appliquer la formule vue en p. 401.

Solution

A(–4 ; 5) ∈ T_A et B(–2 ; –1) ∈ T_A donc le coefficient directeur de T_A est :

$$a = \frac{y_B - y_A}{x_B - x_A} = \frac{-1-5}{-2-(-4)} = \frac{-6}{2} = -3.$$

Ainsi, $f'(-4) = -3$.
Le nombre dérivé de f en –4 est donc –3.

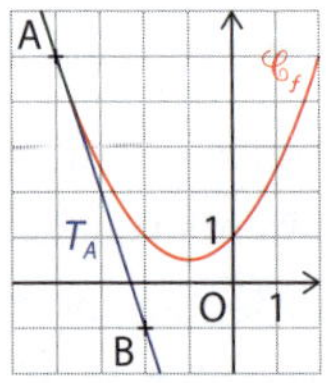

2 Équation de la tangente à une courbe

1 L'essentiel du cours

$\mathscr{C}_f$ est la représentation graphique d'une fonction f. A est le point de $\mathscr{C}_f$ d'abscisse x_A.

- **Propriété :**

La tangente T_A à la courbe de $\mathscr{C}_f$ au point A a pour équation :
$\boldsymbol{y = f'(x_A) \times (x - x_A) + f(x_A)}$.

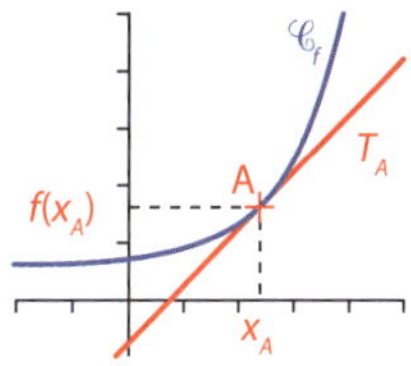

2 Applications

Exo 1

$\mathscr{C}_f$ est la représentation graphique de la fonction f définie par l'expression $f(x) = 2x^2 - 3x + 1$.
T_A est la tangente à $\mathscr{C}_f$ au point A d'abscisse 3. On donne $f'(3) = 9$.
Déterminer l'équation de la tangente T_A.

Solution

$f(x_A) = f(3) = 2 \times 3^2 - 3 \times 3 + 1 = 18 - 9 + 1 = 10$.
Ainsi, la tangente T_A a pour équation :
$y = f'(3) \times (x - 3) + f(3)$ c'est à dire $y = 9(x - 3) + 10$ soit $y = 9x - 17$.

Calculer $f(x_A)$.
Utiliser la propriété.

Exo 2

Sur le graphique ci-contre, $\mathscr{C}_f$ est la courbe représentative d'une fonction f. A est le point de $\mathscr{C}_f$ d'abscisse x_A. T_A est la tangente à $\mathscr{C}_f$ en A.

a) Lire $f(x_A)$.

b) Calculer le nombre dérivé de f en x_A, noté $f'(x_A)$.

c) En déduire l'équation de la tangente T_A.

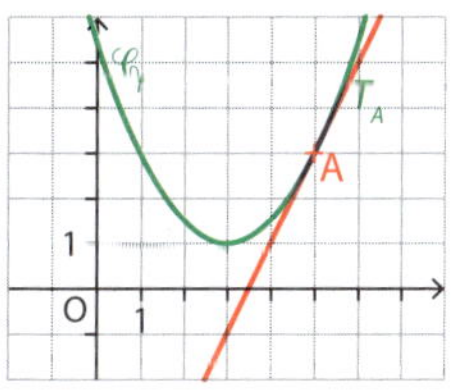

Solution

a) $x_A = 5$ et on lit sur le graphique que l'image de 5 par f est 3, donc $f(5) = 3$.

b) On choisit un autre point de T_A, par exemple B(3 ; –1).
Le coefficient directeur de la tangente T_A est donc :
$\frac{y_B - y_A}{x_B - x_A} = \frac{-1 - 3}{3 - 5} = \frac{-4}{-2} = 2$. Ainsi, $f'(5) = 2$.

c) La tangente T_A a pour équation :
$y = f'(5) \times (x - 5) + f(5)$ c'est-à-dire
$y = 2(x - 5) + 3$ soit $y = 2x - 7$.

Pour la question b), se reporter à la fiche précédente et utiliser $a = \frac{y_B - y_A}{x_B - x_A}$.

3 Sens de variation d'une fonction

1 L'essentiel du cours

f est une fonction définie sur un intervalle I.

• La **fonction** f est dite **croissante** sur I lorsque, pour tous nombres réels a et b de I, si $a \leqslant b$ alors $f(a) \leqslant f(b)$

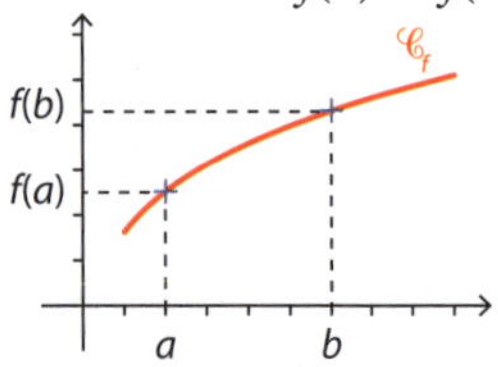

Lorsque f est **croissante**, les abscisses a et b et leurs images $f(a)$ et $f(b)$ sont **rangées dans le même sens.**

• La **fonction** f est dite **décroissante** sur I lorsque, pour tous nombres réels a et b de I, si $a \leqslant b$ alors $f(a) \geqslant f(b)$

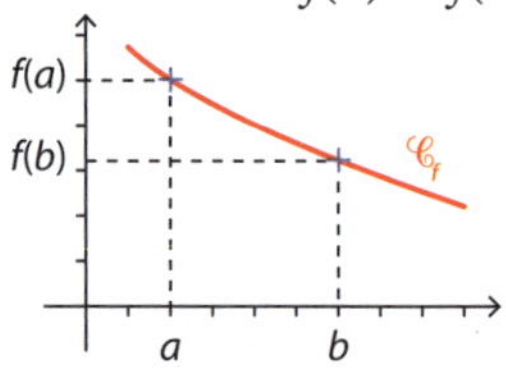

Lorsque f est **décroissante**, les abscisses a et b et leurs images $f(a)$ et $f(b)$ sont **rangées dans le sens contraire.**

2 Application

Exo

$\mathscr{C}_f$ est la courbe représentative d'une fonction f définie sur l'intervalle $[-3 ; 4]$.

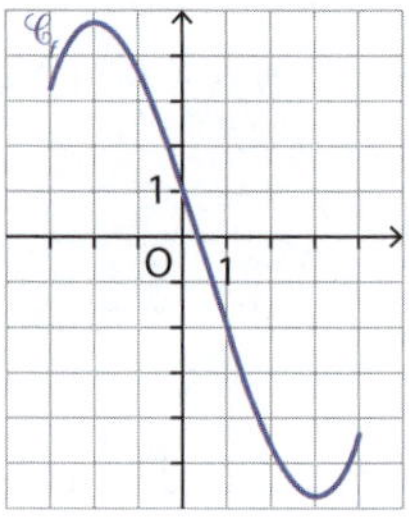

a) Préciser sur quel(s) intervalle(s) f est :

• croissante ; • décroissante.

b) Ranger les nombres suivants :

• $f(-1)$ et $f(2)$; • $f(-3)$ et $f(-2,8)$.

Solution

a) • f est croissante sur l'intervalle $[-3 ; -2]$ et sur l'intervalle $[3 ; 4]$.

• f est décroissante sur l'intervalle $[-2 ; 3]$.

b) • $-1 \in [-2 ; 3]$; $2 \in [-2 ; 3]$, $-1 \leqslant 2$ donc, puisque f est décroissante sur $[-2 ; 3]$, $f(-1) \geqslant f(2)$.

• $-3 \in [-3 ; -2]$; $-2,8 \in [-3 ; -2]$, $-3 \leqslant -2,8$ donc, puisque f est croissante sur $[-3 ; -2]$, $f(-3) \leqslant f(-2,8)$.

4 Dérivées usuelles

1 L'essentiel du cours

• f est une fonction définie sur un intervalle I.
Lorsque, pour tout x de I, le nombre dérivé $f'(x)$ existe, on dit que f est **dérivable** sur I.
La fonction **dérivée de** f est la fonction f' définie sur I par $f: x \mapsto f'(x)$.

• Dérivées des fonctions usuelles

Fonction : f	Dérivée : f'
k	0
x	1
x^2	$2x$
x^3	$3x^2$

• Dérivées des formes usuelles

Fonction	Dérivée
$u(x) + v(x)$	$u'(x) + v'(x)$
$k \times u(x)$	$k \times u'(x)$

Dans chacun des tableaux, k désigne une constante.

2 Applications

Exo 1

a) f est la fonction définie sur $\mathbb{R}$ par $f(x) = x^2$. Déterminer $f'(x)$.
b) g est la fonction définie sur $\mathbb{R}$ par $g(x) = x^3$. Déterminer $g'(x)$.

Solution

a) D'après le cours, $f'(x) = 2x$.
b) D'après le cours, $g'(x) = 3x^2$.

Utiliser le tableau des dérivées des fonctions usuelles.

Exo 2

Dans chaque cas, déterminer l'expression de $f'(x)$.

a) $f(x) = x^2 + x^3$ b) $f(x) = 4x^3$ c) $f(x) = 5x - 5$

Solution

a) $f(x)$ est de la forme $u(x) + v(x)$ avec $u(x) = x^2$ et donc $u'(x) = 2x$ et $v(x) = x^3$ et donc $v'(x) = 3x^2$.
Ainsi, $f'(x) = u'(x) + v'(x) = 2x + 3x^2$.

b) $f(x)$ est de la forme $k \times u(x)$ avec $k = 4$ et $u(x) = x^3$ donc $u'(x) = 3x^2$.
Ainsi, $f'(x) = k \times u'(x) = 4 \times 3x^2 = 12x^2$.

c) $f(x)$ est de la forme $u(x) + v(x)$ avec $u(x) = 5x$ et donc $u'(x) = 5$ et $v(x) = -5$ et donc $v'(x) = 0$.
Ainsi, $f'(x) = u'(x) + v'(x) = 5$.

Utiliser à la fois le tableau des dérivées des fonctions usuelles et celui des dérivées des formes usuelles.

5 Sens de variation de f et signe de f'

1 L'essentiel du cours

f est une fonction définie et dérivable sur un intervalle I et f' est sa fonction dérivée.

• **Propriété** :

f est **croissante** sur I si, et seulement si, pour tout x de I, $\boldsymbol{f'(x) \geqslant 0}$

f est **constante** sur I si, et seulement si, pour tout x de I, $\boldsymbol{f'(x) = 0}$

f est **décroissante** sur I si, et seulement si, pour tout x de I, $\boldsymbol{f'(x) \leqslant 0}$

Remarque :
Les variations de f sont donc données par le signe de $f'(x)$, et réciproquement.

2 Applications

Exo 1

f est la fonction définie sur [0 ; 4] par $f(x) = x^2 + 3x - 7$.

a) Déterminer $f'(x)$.

b) Étudier le signe de $f'(x)$ sur [0 ; 4].

c) En déduire le sens de variation de f sur [0 ; 4].

Solution

a) $f'(x) = 2x + 3$.

b) Puisque $x \in [0 ; 4]$, $x \geqslant 0$ donc $2x \geqslant 0$ et $2x + 3 \geqslant 3 \geqslant 0$. Ainsi, $f'(x) \geqslant 0$.

c) Puisque pour tout x de [0 ; 3], $f'(x) \geqslant 0$, on en déduit que la fonction f est croissante sur l'intervalle [2 ; 3].

Ne pas hésiter à vérifier que f est croissante en représentant f à la calculatrice.

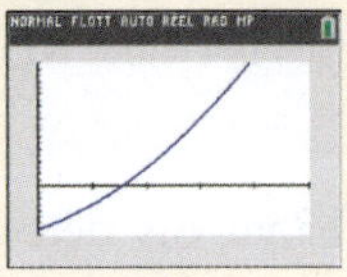

Exo 2

Sur l'écran de calculatrice ci-contre, on a représenté une fonction f sur l'intervalle [–3 ; 2]. Déterminer le signe de $f'(x)$ selon les valeurs de x.

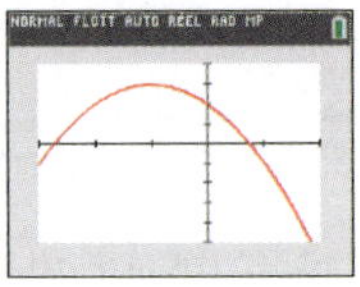

Solution

f est croissante sur [–3 ; –1], donc $f'(x) \geqslant 0$ pour $x \in [-3 ; -1]$.

f est décroissante sur [–1 ; 2], donc $f'(x) \leqslant 0$ pour $x \in [-1 ; 2]$.

Révision express

Quiz

Choisir la ou les réponses exactes.

1. Dans le repère ci-contre, $\mathscr{C}_f$ est la courbe représentative d'une fonction f définie sur [0 ; 5].
T_A et T_B sont les tangentes à $\mathscr{C}_f$ aux points A et B.
Le coefficient directeur de la tangente T_A est égal à :

a) –2 **b)** 1 **c)** 4

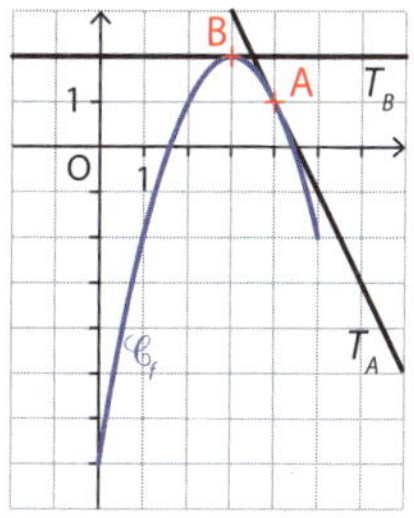

2. On reprend la situation de la question **1.**.

a) $f(4) = 1$ **b)** $f'(4) = -2$ **c)** $f'(3) = 0$

3. On reprend la situation de la question **1.**.
La tangente T_A a pour équation :

a) $y = -2x + 1$ **b)** $y = x - 2$ **c)** $y = -2x + 9$

4. On reprend la situation de la question **1.**.
La fonction f est :

a) croissante sur [1,5 ; 4,5]

b) croissante sur [0 ; 3]

c) décroissante sur [3 ; 5]

5. On reprend la situation de la question **1.**.

a) $f(1) \leqslant f(2)$ **b)** $f(3) \leqslant f(4)$ **c)** $f(3,83) \geqslant f(4,12)$

6. g est la fonction définie et dérivable sur $\mathbb{R}$ d'expression $g(x) = x^2 - x + 1$.

a) $g'(x) = 2x - 1$ **b)** $g'(x) = 2x$ **c)** $g'(x) = 2x + 1$

7. h est la fonction définie et dérivable sur $\mathbb{R}$ d'expression $h(x) = 7x^3 - 21x$

a) $h'(x) = 21x^2 - 21x$ **b)** $h'(x) = 21x^2 - 21$ **c)** $h'(x) = 7x^2$

8. f est la fonction définie et dérivable sur $\mathbb{R}$ d'expression $f(x) = 5x^3$.
T_A est la tangente à la courbe représentative de f au point d'abscisse 1.

a) $f(1) = 5$ **b)** $f'(1) = 15$ **c)** T_A a pour équation $y = 15x - 10$

9. La température, en °C, de l'eau dans une casserole est donnée par la fonction t d'expression :
$t(x) = 0,1x^2 + 10$ où x est le temps de chauffage, en min, et $x \in [0 ; 3]$.

a) $t'(x) \geqslant 0$ **b)** $t'(x) \leqslant 0$ **c)** t est croissante sur [0 ; 3]

→ Réponses p. 534

MATHÉMATIQUES

Chapitre 4 Analyse de l'information chiffrée

1 Tableau croisé d'effectifs

1 L'essentiel du cours

- Un **tableau croisé d'effectifs** résume la répartition des individus d'une population étudiée selon deux caractères.

Exemple : 500 individus sont répartis selon le sexe et la tranche d'âge.
Les résultats sont résumés dans le tableau croisé ci-dessous.

	18 ans et moins	Plus de 18 ans	Total
Femme	140	130	270
Homme	120	110	230
Total	260	240	500

120 est l'effectif des hommes de 18 ans et moins

270 est l'effectif total des femmes

500 est l'effectif total de la population

- Les **marges** d'un tableau croisé d'effectifs sont la ligne « Total » et la colonne « Total ».

2 Application

Exo

Le tableau croisé incomplet ci-contre donne la répartition des salariés d'une entreprise selon le type de contrat et leur ancienneté.

	Depuis moins d'un an	Depuis un an et plus	Total
en CDD	30		51
en CDI			
Total	35		150

a. Compléter le tableau croisé.

b. Indiquer le nombre d'employés :
- embauchés depuis un an et plus
- en CDI depuis moins d'un an

Solution

a.

	Depuis moins d'un an	Depuis un an et plus	Total
en CDD	30	21	51
en CDI	5	94	99
Total	35	115	150

Remarque
Le tableau se complète à l'aide d'additions et de soustractions.

b. • 115 employés sont embauchés depuis un an et plus.
• 5 employés sont en CDI depuis moins d'un an.

2 Nuage de points

1 L'essentiel du cours

- Dans une série statistique, un caractère étudié est dit quantitatif lorsqu'il s'agit d'un nombre (par exemple : la taille, le poids, les années…).
- Lorsque, dans une population, on étudie deux caractères quantitatifs X et Y, on peut représenter cette série statistique sous la forme d'un **nuage de points**.
- Quand le nuage de points présente un aspect « régulier », cela illustre un lien entre les deux caractères X et Y.

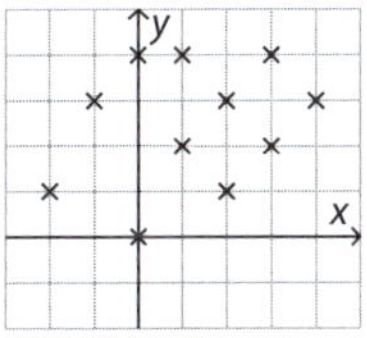

Nuage dispersé : pas de lien entre X et Y

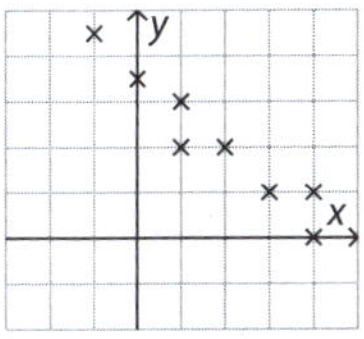

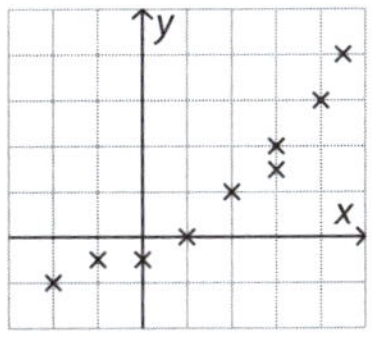

Nuages réguliers : existence d'un lien entre X et Y

2 Application

Exo

Le tableau ci-dessous indique le prix moyen d'une baguette de pain (250 g) selon les années (source : france-inflation.com).

Année	1980	1985	1990	1995	2000	2005	2010	2015	2020
Prix (en €)	0,25	0,4	0,48	0,58	0,64	0,75	0,84	0,86	0,88

a. Représenter ce tableau par un nuage de points.

b. Les années et les prix d'une baguette semblent-ils liés ?

Solution

a.

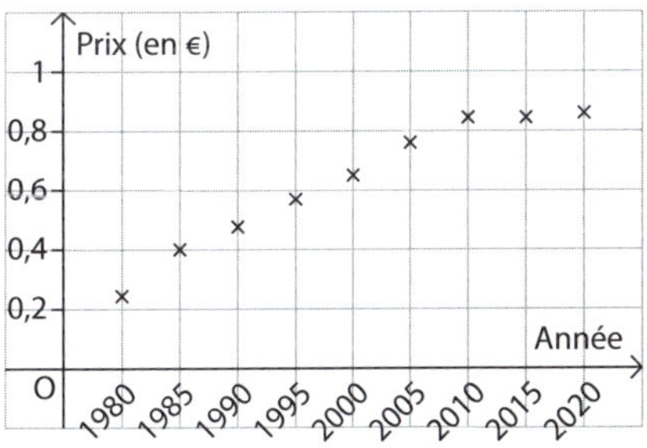

Réflexe à avoir
Pour graduer les axes, on n'est pas obligé de démarrer à zéro.

b. Les points sont presque alignés, il semble exister un lien entre les années et les prix d'une baguette.

3 Diagrammes

1 L'essentiel du cours

Les séries statistiques à deux caractères peuvent être représentées à l'aide de différents diagrammes : les **diagrammes en barres** (comme ci-dessous) et les **diagrammes circulaires** (comme dans l'exercice corrigé).

Exemple : Un cabinet vétérinaire vend des croquettes et des boîtes alimentaires de trois marques concurrentes, notées A, B et C.
Le tableau croisé ci-dessous et le diagramme en barres illustrent la répartition des ventes, en %.

	A	B	C
Croquettes	20 %	35 %	5 %
Boîtes	5 %	30 %	5 %
Total	25 %	65 %	10 %

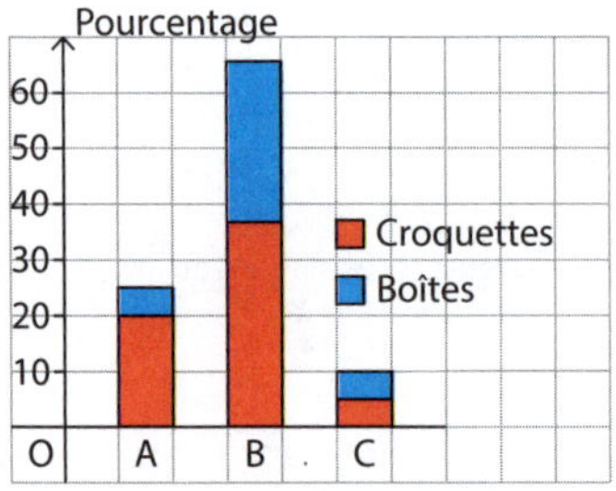

2 Application

Exo

Voici la répartition des néo-bacheliers d'un lycée selon leur sexe et leur âge.

a. Parmi les filles, quel pourcentage ont 17 ans ?

b. Construire un diagramme semi-circulaire illustrant la répartition des filles de ce tableau.

	17 ans	18 ans	19 ans
Fille	4	28	18
Garçon	2	35	3

Solution

a. $4 + 28 + 18 = 50$ et $\frac{4}{50} \times 100 = 8$ %. Parmi les filles, 8 % ont 17 ans.

b. On reprend les calculs du a. afin de remplir les tableaux ci-dessous :

	17 ans	18 ans	19 ans	Total
Fille	8 %	56 %	36 %	100 %
Mesure	14,4°	100,8°	64,8°	180°

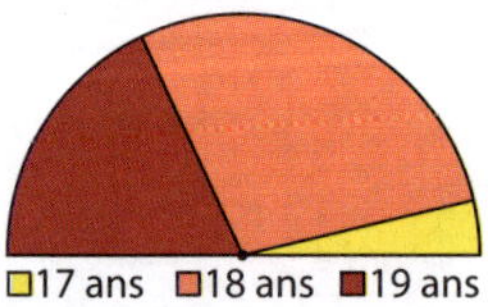

Remarque

On peut construire un diagramme analogue pour les garçons.

4 Fréquence marginale

1 L'essentiel du cours

Exemple : Une entreprise a dressé l'inventaire des ordinateurs mis à disposition de ses salariés selon qu'ils soient fixe ou portable et selon leur système d'exploitation : Linux, OSX ou Windows.

- La ligne et la colonne en orange sont appelées **marges du tableau**. Pour calculer une **fréquence marginale**, on utilise uniquement les marges du tableau.

	Linux	OSX	Windows	Total
Portable	7	12	24	**43**
Fixe	2	15	20	**37**
Total	**9**	**27**	**44**	**80**

- La fréquence marginale des ordinateurs portables est $\frac{43}{80}$ soit 0,5375.
- La fréquence marginale, en pourcentage, des ordinateurs sous Linux est $\frac{9}{80} \times 100$, soit 11,25 %.

2 Application

Exo

Le tableau ci-contre indique la répartition des véhicules d'une concession automobile selon leur motorisation.

	Diesel	Essence	Hybride	Total
Neuve	5	4	11	**20**
Occasion	14	10	6	**30**
Total	19	14	17	**50**

a. Calculer la fréquence marginale en pourcentage des voitures neuves.
En déduire la fréquence marginale en pourcentage des voitures d'occasion.

b. Calculer la fréquence marginale en pourcentage des voitures hybrides.

Solution

a. • La fréquence marginale en pourcentage des voitures neuves est :
$f_n = \frac{20}{50} \times 100 = 40\ \%$.

• On en déduit que la fréquence marginale en pourcentage des voitures d'occasion est :
$f_0 = 100\ \% - f_n = 100\ \% - 40\ \% = 60\ \%$.

b. La fréquence marginale en pourcentage des voitures hybrides est :
$f_n = \frac{17}{50} \times 100 = 34\ \%$.

5 Fréquence conditionnelle

1 L'essentiel du cours

Exemple : Le tableau ci-contre donne la répartition des 200 étudiants de première année d'une faculté de droit.

	Mineur	Majeur	Total
Fille	30	90	120
Garçon	10	70	80
Total	40	160	200

- Dans le groupe des filles, la fréquence en pourcentage de mineurs est : $\frac{30}{120} \times 100 = 25\ \%$.

On dit que 25 % est la **fréquence conditionnelle** des mineurs parmi les filles.

	Mineur	Majeur	Total
Fille	30	90	120

On s'intéresse uniquement à la ligne des filles (et on oublie le reste du tableau).

- Dans le groupe des majeurs, la fréquence en pourcentage des garçons est :

$\frac{70}{160} \times 100 = 43{,}75\ \%$.

On dit que 43,75 % est la **fréquence conditionnelle** des garçons parmi les majeurs.

	Majeur
Fille	90
Garçon	70
Total	160

On s'intéresse uniquement à la colonne des majeurs (et on oublie le reste du tableau).

2 Application

Exo

Le tableau ci-contre indique la répartition des licenciés d'un club de volley-ball.

	Femme	Homme	Total
Loisir	18	42	60
Compétition	33	27	60
Total	50	70	120

a) Calculer la fréquence conditionnelle des femmes parmi les licenciés inscrits en compétition.

b) Calculer la fréquence conditionnelle des licenciés inscrits en loisir parmi les hommes.

Solution

a) La fréquence conditionnelle des femmes parmi les licenciés inscrits en compétition est : $\frac{33}{60} = 0{,}55$.

b) La fréquence conditionnelle des licenciés inscrits en loisir parmi les hommes est : $\frac{42}{70} = 0{,}6$.

Révision express

Quiz

Choisir la ou les réponses exactes.

1. Le tableau d'effectifs ci-contre est incomplet.
Il indique la répartition des enfants d'une garderie.

a. Le nombre de filles est 10.

b. Le nombre total d'enfants est 18.

c. Le nombre de garçons de moins de 4 ans est 4.

	Fille	Garçon	Total
Moins de 4 ans	2		6
4 ans et plus	8		12
Total			

2. On reprend la situation de la question **1.**.

a. La fréquence de filles de moins de 4 ans est environ 0,11.

b. La fréquence de garçons de 4 ans et plus est environ 0,33.

c. La fréquence en pourcentage de filles de 4 ans et plus est environ 44,4 %.

3. Le diagramme ci-contre indique les résultats d'un concours d'entrée dans une école de commerce.
180 filles et 220 garçons ont passé ce concours.

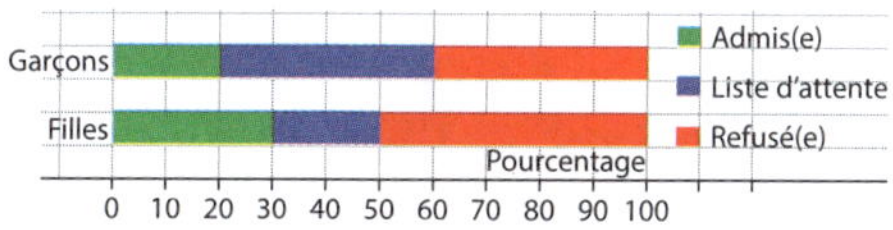

a) 40 % des garçons et 20 % des filles sont sur liste d'attente.

b) 88 garçons ont été refusés.

c) 98 candidats ont été directement admis.

4. Ce tableau donne les moyennes générales de 32 élèves d'une classe de Première.
La fréquence marginale en pourcentage :

a. des élèves ayant moins de 10 est 25 %.

b. des garçons est 62,5 %.

c. des filles est 46,875 %.

	Fille	Garçon	Total
Moins de 10	3	5	8
10 et plus	12	12	24
Total	15	17	32

5. On reprend la situation de la question **4.**.
La fréquence conditionnelle en pourcentage :

a. des filles parmi les élèves ayant moins de 10 est 37,5 %

b. des garçons parmi les élèves ayant 10 et plus est 29,4 % environ

c. des élèves ayant 10 et plus parmi les filles est 50 %

→ Réponses p. 534

Chapitre 5 Phénomènes aléatoires

1 Probabilités conditionnelles : formules

1 L'essentiel du cours

A et B désignent deux événements d'une expérience aléatoire, avec $P(A) \neq 0$ et $P(B) \neq 0$.

- La **probabilité de** B **sachant** A, notée $P_A(B)$, est définie par :

$$P_A(B) = \frac{P(A \cap B)}{P(A)}$$

Interprétation :

Dans cette situation, on sait que A s'est réalisé et on se demande quelle est alors la probabilité que B se réalise.

Rappel

$A \cap B$ se lit « A inter B » et signifie que A et B sont réalisés tous les deux.

- **Propriété :**

$P(A \cap B) = P_A(B) \times P(A) = P_B(A) \times P(B)$.

2 Applications

Exo 1

A et B sont deux événements tels que $P(A \cap B) = 0{,}1$; $P(A) = 0{,}4$ et $P(B) = 0{,}25$.

Calculer les probabilités : $P_A(B)$ et $P_B(A)$.

Solution

- $P_A(B) = \frac{P(A \cap B)}{P(A)} = \frac{0{,}1}{0{,}4} = 0{,}25$.
- $P_B(A) = \frac{P(A \cap B)}{P(B)} = \frac{0{,}1}{0{,}25} = 0{,}4$.

Remarque

$P_A(B)$ est aussi appelée probabilité **conditionnelle** de B sachant A.

La condition est A.

Exo 2

Dans un club de tennis, 25 % des joueurs sont des femmes. Parmi les femmes, 15 % sont gauchères.

On choisit au hasard l'un des membres de ce club de tennis.

Calculer la probabilité que le membre choisi soit une femme gauchère.

Solution

On note F (resp. G) l'événement « le membre choisi est une femme (resp. est gaucher) ».

D'après l'énoncé, $P(F) = 0{,}25$ et $P_F(G) = 0{,}15$.

La probabilité que le membre choisi soit une femme gauchère est :

$P(F \cap G) = P_F(G) \times P(F) = 0{,}15 \times 0{,}25 = 0{,}0375$.

Piège à éviter

Ne pas confondre $P(F \cap G)$; $P_F(G)$ et $P_G(F)$.

2 Probabilités conditionnelles : tableaux croisés

1 L'essentiel du cours

	Chat (C)	Chien (D)	Total
Femelle (F)	20	30	50
Mâle (M)	12	18	30
Total	32	48	80

Exemple : Le tableau croisé ci-contre donne la répartition d'animaux dans un refuge selon le sexe.
On choisit au hasard la fiche de l'un des animaux.

On peut déterminer différentes probabilités grâce à ce tableau.

- Des probabilités sans condition :

$P(F) = \frac{50}{80}$ $P(C) = \frac{32}{80}$ $P(F \cap C) = \frac{20}{80}$

On divise alors par le total, ici 80.

- Des probabilités conditionnelles :

$P_C(F) = \frac{20}{32}$ $P_D(M) = \frac{18}{48}$ $P_F(C) = \frac{20}{50}$

On divise alors par le total (en vert) associé à la condition.

2 Application

Exo

Le tableau croisé ci-dessous donne la répartition des membres d'une ONG (Organisation Non Gouvernementale) selon le statut et la tranche d'âge.

	Moins de 25 ans (J)	De 25 à 65 ans (A)	Plus de 65 ans (R)	Total
Salarié (S)	12	49	30	91
Bénévole (B)	48	171	90	309
Total	60	220	120	400

On choisit au hasard la fiche de l'un des membres de cette ONG.

a) Déterminer les probabilités : • $P(J)$ • $P(B \cap A)$ • $P_J(S)$ • $P_B(A)$

b) La fiche choisie est celle d'un bénévole, déterminer la probabilité qu'il ait moins de 25 ans.

Solution

a) • $P(J) = \frac{60}{400} = 0{,}15$

• $P(B \cap A) = \frac{171}{400} = 0{,}4275$

• $P_J(S) = \frac{12}{60} = 0{,}2$

• $P_B(A) = \frac{171}{309} \approx 0{,}553$

b) La probabilité cherchée est : $P_B(J) = \frac{48}{309} \approx 0{,}155$.

3 Probabilités conditionnelles : arbres pondérés

1 L'essentiel du cours

Exemple : On prélève, au hasard et **sans remise**, deux boules de l'urne ci-contre et on note les couleurs obtenues.

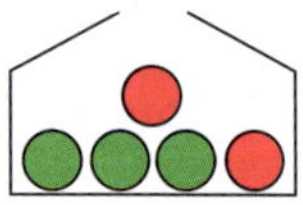

On note V_1 (resp. V_2) l'événement : « la boule choisie au 1er tirage (resp. au 2e tirage) est verte ».

On peut illustrer cette expérience aléatoire à l'aide d'un arbre pondéré en respectant trois règles.

Sur les branches du 1er niveau, on inscrit les probabilités des événements.

Sur les branches du 2e niveau, on inscrit les probabilités conditionnelles.

La somme des probabilités issues d'un même nœud est égale à 1.

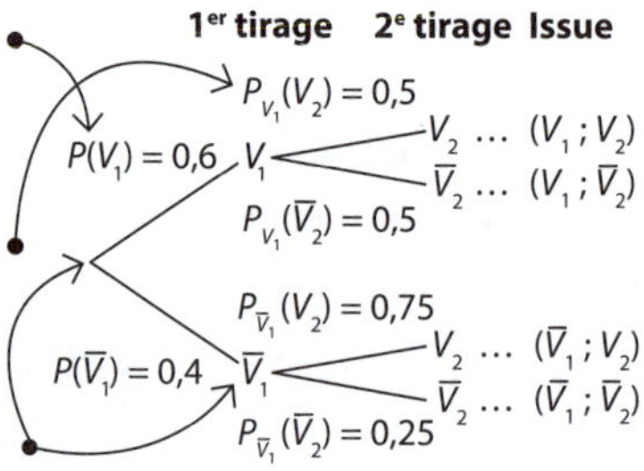

- **Propriété :**

La probabilité d'une issue est égale au produit des probabilités situées sur les branches qui mènent à cette issue.

2 Application

Exo

Un musée réalise 60 % de ses entrées le week-end (W). Parmi les visiteurs du week-end, 50 % bénéficient d'un tarif réduit (R) ; parmi les visiteurs hors week-end, 80 % bénéficient d'un tarif réduit. On choisit au hasard le billet d'un visiteur.

a) Illustrer cette situation par un arbre pondéré.

b) Déterminer la probabilité que le billet choisi soit celui d'un visiteur du week-end et bénéficiant d'un tarif réduit.

Solution

a)

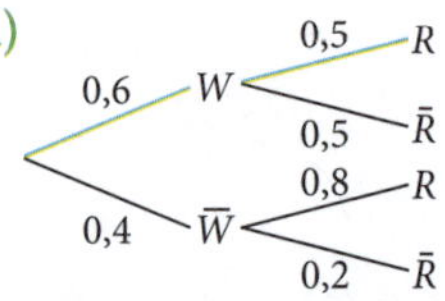

b) La probabilité cherchée correspond au chemin vert sur l'arbre pondéré.

$P(W \cap R) = P(W) \times P_W(R)$

$P(W \cap R) = 0,6 \times 0,5$

$P(W \cap R) = 0,3$

4 Événements indépendants

1 L'essentiel du cours

- Deux **événements** A et B sont dits **indépendants** lorsque $P_B(A) = P(A)$.

Intuitivement, cela signifie que la réalisation ou non de l'événement B, n'a pas d'influence sur la réalisation ou non de l'événement A.

- **Propriété :**

A et B sont indépendants si, et seulement si, $P(A \cap B) = P(A) \times P(B)$.

2 Applications

Exo 1

Dans chacun des cas, dire si les événements A et B sont ou non indépendants.

a) On donne $P(A) = 0{,}2$; $P(B) = 0{,}3$; $P(A \cap B) = 0{,}6$.

b) On donne $P(A) = \frac{5}{12}$; $P(B) = \frac{6}{7}$; $P(A \cap B) = \frac{5}{14}$.

Solution

a) $P(A) \times P(B) = 0{,}2 \times 0{,}3 = 0{,}06$

Ainsi $P(A) \times P(B) \neq P(A \cap B)$

Donc A et B ne sont pas indépendants.

b) $P(A) \times P(B) = \frac{5}{12} \times \frac{6}{7} = \frac{5 \times 6}{2 \times 6 \times 7} = \frac{5}{2 \times 7} = \frac{5}{14}$.

Ainsi $P(A) \times P(B) = P(A \cap B)$.

Donc A et B sont indépendants.

Réflexe à avoir

Pour savoir si deux événements A et B sont indépendants :
- on compare $P(A \cap B)$ à $P(A) \times P(B)$
- ou on compare $P_B(A)$ à $P(A)$ (ou $P_A(B)$ à $P(B)$).

Exo 2

Voici la répartition des logements d'un village.

On choisit au hasard la fiche de l'un de ces logements.

Les événements M et S sont-ils indépendants ?

	Moins de 60 m² (*P*)	60 m² et plus (*S*)	Total
Appartement (*A*)	112	238	350
Maison (*M*)	48	102	150
Total	160	340	500

Solution

On compare, par exemple, $P(M)$ et $P_S(M)$.

$P(M) = \frac{150}{500} = 0{,}3$ et $P_S(M) = \frac{102}{340} = 0{,}3$.

Ainsi, $P_S(M) = P(M)$, on en déduit que les événements M et S sont indépendants.

5 Succession d'épreuves indépendantes

1 L'essentiel du cours

- Des **épreuves successives** sont dites **indépendantes** lorsque le résultat d'une épreuve n'influence pas le résultat d'une autre épreuve.

Exemple :
On tire un jeton dans l'urne ci-contre puis on lance une pièce équilibrée.
Ces deux épreuves sont indépendantes et cette expérience aléatoire est illustrée par l'arbre pondéré ci-contre (où J pour jaune, P pour Pile…).

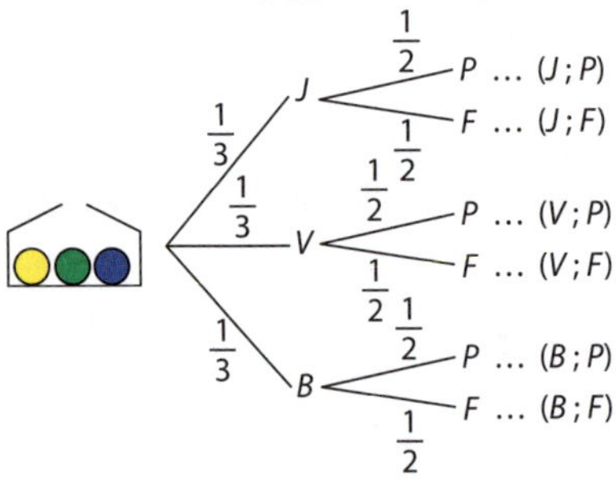

- **Propriété :**
La probabilité d'une issue est égale au produit des probabilités situées sur les branches de l'arbre pondéré qui mènent à cette issue.

2 Application

Exo

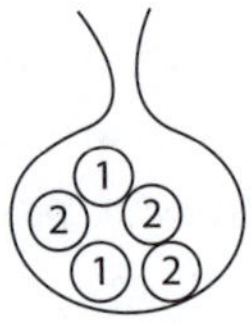

On tire successivement et avec remise deux billes du sac opaque ci-contre.
On note les numéros obtenus.
a) Illustrer cette situation par un arbre pondéré.
b) Calculer la probabilité qu'au moins un des deux numéros obtenus soit pair.

Solution

a)

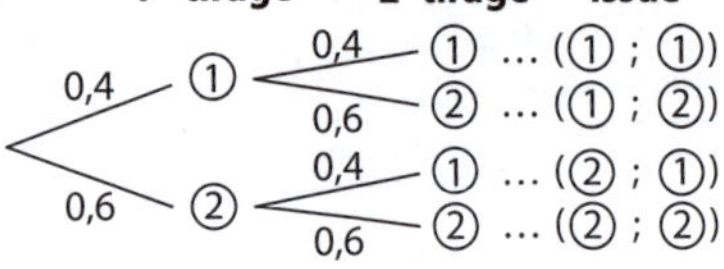

b) La probabilité cherchée est :
$p = P(①\,;②) + P(②\,;①) + P(②\,;②)$
$p = 0{,}4 \times 0{,}6 + 0{,}6 \times 0{,}4 + 0{,}6 \times 0{,}6$
$p = 0{,}84$.

Réflexe à avoir
Penser à lister les issues obtenues à droite de l'arbre.

Piège à éviter
« au moins un » signifie « un ou plus ».

Révision express

Quiz

Choisir la ou les réponses exactes.

1. A et B sont deux événements de probabilité non nulle.

a) $P_B(A) = \dfrac{P(A \cap B)}{P(A)}$ **b)** $P_B(A) = \dfrac{P(A \cap B)}{P(B)}$ **c)** $P(A \cap B) = P_A(B) \times P(A)$

2. Le tableau croisé ci-contre donne la répartition des élèves d'un lycée. On choisit au hasard la fiche d'un de ces élèves.

	Première (P)	**Terminale (T)**	**Total**
Fille (F)	110	105	215
Garçon (G)	95	90	185
Total	205	195	400

a) $P(F) = \dfrac{110}{205}$

b) $P(G \cap P) = \dfrac{95}{400}$

c) $P_F(T) = \dfrac{105}{215}$

3. On reprend la situation de la question **2.**.
La probabilité que l'élève choisi soit une fille sachant qu'elle est en Première s'écrit :

a) $P(F \cap P)$ **b)** $P_F(P)$ **c)** $P_P(F)$

4. On reprend la situation de la question **2.**.
Les événements G et T sont indépendants.

a) Vrai **b)** Faux

5. On choisit, au hasard deux billes de l'urne ci-contre.
L'arbre pondéré associé à cette expérience aléatoire est :

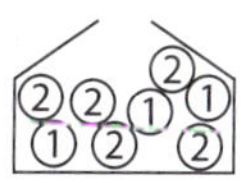

a)

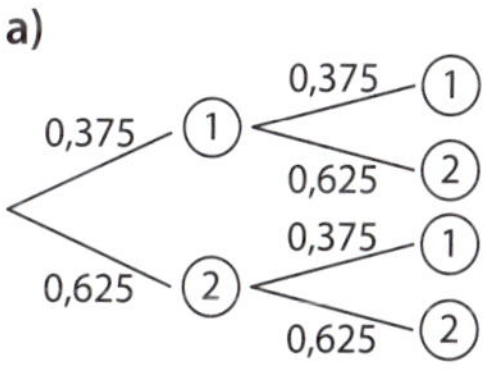

Si les tirages s'effectuent avec remise

b)

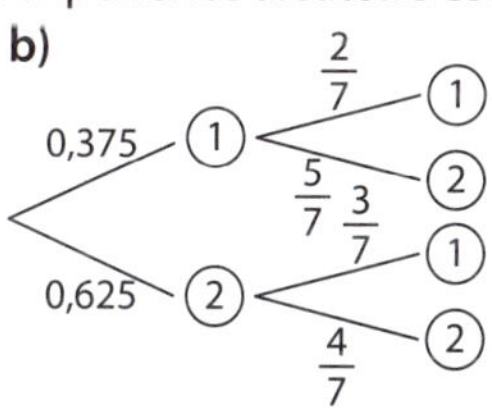

Si les tirages s'effectuent sans remise

6. On reprend la situation de la question **5.**.
Les tirages s'effectuent avec remise. La probabilité que les deux billes tirées n'aient pas le même numéro est égale à :

a) 0,46875 **b)** 0,234375 **c)** 0,107 environ

→ Réponses p. 534

MATHÉMATIQUES

Anglais

Chapitre 1 Comprendre à l'écrit

1 Des stratégies pour comprendre le texte

De quoi s'agit-il ? Vous devez acquérir des réflexes pour aborder tous les types de textes, afin de pouvoir les comprendre rapidement de manière globale.

1 Anticiper / identifier la nature du texte

- Le **paratexte** (titre, sous-titre, nom de l'auteur, date de publication, source) permet d'anticiper le contenu du texte.
- Les documents peuvent être de différentes natures : **extrait de roman, article de journal, autobiographie, essai, extrait de pièce de théâtre**… On distingue différents genres : science fiction, humour, policier… Chaque catégorie de texte et chaque genre a ses spécificités. Identifier la nature et le genre du texte vous donne ainsi des clés pour le comprendre.

2 Les clés de lecture

- S'il s'agit d'un **texte de fiction**, identifiez le sujet du récit (intrigue policière, roman historique, biographique…), le **narrateur** , les **personnages** et les liens qui les unissent. Repérez également **où et quand** le récit se déroule, et quelle est l'**atmosphère** qui se dégage.

INTO THE UNKNOWN

England, in the 1930s. The Archdeacon, a missionary working for the Hudson's Bay Company – the company of the Gentleman Adventurer – has agreed to see Edward.

Edward Beauclerk MAURICE[1], *The Last Gentlemen Adventurer*, © Houghton Mifflin, 2005.

1. Edward Beauclerk MAURICE was born in England. At sixteen, he signed up with the Hudson's Bay Company.

Le paratexte permet ici de déterminer qu'il s'agit d'une autobiographie. Les personnages principaux sont identifiés (Edward et l'archidiacre), ainsi que le lieu et l'époque (Angleterre des années 1930).

Le conseil du prof

Le texte est-il américain, britannique ou autre ? Est-il contemporain ou non ? Ces éléments peuvent vous éviter des contresens.

- S'il s'agit d'un **article de presse**, repérez le **thème** (*topic*), l'**idée principale** (*main idea*) et le **ton** (*tone*) de l'article.

3 Saisir le sens global du texte

- Pour un article de journal : après avoir analysé le paratexte, vous pouvez **lire la première et la dernière phrase du texte** (qui dessinent le contour du document à étudier), mais aussi **la première phrase de chaque paragraphe** (qui aborde souvent une nouvelle idée, une nouvelle étape de l'argumentation, ou introduit un nouveau personnage…).
- Vous devez ensuite **effectuer une seconde lecture rapide** pour bien garder en tête le sens global, puis entrer dans le détail par une lecture plus approfondie.

Astuce

Dans un article de journal, la première et la dernière phrase constituent souvent une introduction et une conclusion, vous indiquant l'orientation du document.

2 Effectuer des repérages

De quoi s'agit-il ? Les pronoms, le sujet et le verbe principal d'une phrase complexe ainsi que les mots de liaison constituent de précieux outils pour bien comprendre un texte.

1 Les référents

- Relisez bien tout le texte pour bien savoir qui parle, et de quoi.
- Les référents sont les **pronoms personnels ou possessifs**, les **adjectifs possessifs**. Il est indispensable de repérer à qui ou à quoi ils renvoient pour ne pas faire de contresens.
- Les pronoms personnels peuvent être **sujet** ou **complément** :

I hate it.

pronom personnel sujet → *I* ; pronom personnel complément → *it*

Pronoms personnels sujets	*I*	*you*	*he / she / it*	*we*	*you*	*they*
Pronoms personnels compléments	*me*	*you*	*him / her / it*	*us*	*you*	*them*

- Ne confondez pas les pronoms personnels et les **adjectifs et pronoms possessifs**.

Adjectifs possessifs	*my*	*your*	*his / her / its*	*our*	*your*	*their*
Pronoms possessifs	*mine*	*yours*	*his / hers / its*	*ours*	*yours*	*theirs*

Attention

À la différence du français, les possessifs en anglais s'accordent avec le possesseur.
le livre **de Jenny** : **son** livre
→ ***her*** *book*
her **s'accorde avec** ***Jenny*** **alors qu'en français, « son » s'accorde avec « livre ».**

2 Repérer, hiérarchiser et lier les informations

- Repérez les **informations essentielles** : dans une phrase complexe, ce sont le sujet et le verbe principal qui les contiennent. Les compléments, appositions ou propositions apportent des précisions ou des nuances.

Engineers have demonstrated that *with smart software and an array of sensors,* ***a machine can perform*** *sophisticated,* ***complex tasks*** *most of us assume would require human capabilities.* **Des ingénieurs ont démontré qu'une machine** équipée d'un logiciel intelligent et d'une série de capteurs **peut mener à bien des tâches complexes** et sophistiquées dont la plupart d'entre nous supposions qu'elles nécessitaient des capacités humaines.

Les passages en gras constituent l'information essentielle. C'est la phrase minimale, en gras ici.

- Les **mots de liaison,** ou **connecteurs**, sont les liens logiques qui structurent un raisonnement ou le déroulement d'un récit. N'hésitez pas à les souligner dans le texte pour mettre en évidence la structure de celui-ci. Ils peuvent entre autres exprimer :

– le contraste : *nevertheless* cependant ; *whereas* tandis que ; *and yet* et pourtant ; *in spite of / despite* en dépit de ; *even though / although* bien que, quoique ; *unlike* contrairement à ;

– l'ajout : *moreover, what's more, besides, furthermore* de plus ;

– la cause : *since* puisque ; *due to* à cause de ; *thanks to* grâce à ; *out of* à cause de ;

– la conséquence : *so that* afin que ; *as a result / as a consequence* en conséquence ; *thus* ainsi ; *therefore / so* donc ; *that is why* c'est pourquoi ;

– la condition : *if* si ; *supposing* en supposant que ; *providing* pourvu que ; *as long as* pourvu que ; *unless* à moins que ; *or else* sinon ; *if not* sinon ;

– un repère temporel : *meanwhile* pendant que ; *as soon as* dès que ; *while* pendant que.

ANGLAIS

3 Déduire le sens des mots inconnus

De quoi s'agit-il ? Identifier la nature grammaticale d'un mot ou les affixes qui le composent permet d'en déduire le sens.

1 Nature grammaticale

• Pour trouver le sens d'un mot inconnu, on identifie d'abord sa **nature grammaticale** : s'agit-il d'un verbe, d'un nom, d'un adjectif ?

• Décomposer le mot en repérant un **préfixe** ou un **suffixe** peut également aider à en comprendre le sens :

Unthinkable est un adjectif.

un-	*think*	*-able*	→ impensable
↑	↑	↑	
Préfixe négatif	racine	suffixe (que l'on peut)	

• Les **préfixes** interviennent sur **le sens des mots** en apportant par exemple une nuance négative, spatiale ou temporelle :

– préfixes négatifs (*un-, in-, ir-, il-, dis-*) : ***in**conplete* incomplet – ***ir**responsible* irresponsable – ***il**literate* analphabète – ***dis**respectful* irrespectueux.

– préfixes à sens temporels (*post-, pre-*) ou spatial (*sub-*) : ***post**war* après-guerre – ***sub**urb* banlieue.

• Les **suffixes** peuvent **changer la catégorie grammaticale** des mots :

– pour former des **noms** (*-ee, -er, -or, -ment, -ship, -hood, -ness*) :
*interview**ee*** la personne interrogée – *interview**er*** celui qui interroge – *child**hood*** l'enfance – *empti**ness*** le vide ;

– pour former des **adjectifs** (*-al, -y, -ish, -ful, -less, -able, -ing, -ed*) :
*child**ish*** puéril – *skeptic**al*** sceptique – *job**less*** sans emploi – *fear**ful*** craintif ;

– pour former des **adverbes** (adj. + *-ly*) : *quiet**ly*** silencieusement ; *thoughtful**ly*** pensivement ;

– pour former des **verbes** (*-en, -ize*) : *strength**en*** consolider – *critic**ize*** critiquer.

• Dans un **nom composé**, le dernier élément constitue le nom principal. Le nom qui précède fonctionne comme un adjectif qualificatif : il est invariable et se place devant le nom qu'il qualifie : *a car park* un parking ; *a childminder* une assistante maternelle.

> **Attention**
> **Ne confondez pas les adjectifs en *-ed* et les adjectifs en *-ing* :**
> *interest**ing*** : intéressant **(sens actif)**
> *interest**ed*** : intéréssé **(sens passif)**

2 Transparence et faux-amis

• Les mots d'origine latine sont identiques ou proches des mots français qu'ils traduisent.
• Méfiez-vous des « faux-amis », ces mots dont la graphie ressemble au français mais dont la traduction diffère.

mot anglais	traduction	faux-ami en français	traduction
abuse	insulter	abuser	*take advantage*
achieve	réaliser	achever	*complete*
contemplate	envisager	contempler	*gaze at*
dispose	se débarrasser	disposer	*arrange*
prevent	empêcher	prévenir	*warn*
recover	se rétablir	recouvrir	*cover*
relieve	soulager	relever	*raise*
supply	fournir	supplier	*implore*
survey	examiner	surveiller	*supervise*

mot anglais	traduction	faux-ami en français	traduction
comprehensive	complet	compréhensif	*understanding*
engaged	occupé (ou fiancé)	engagé	*committed (artist)*
fortunate	chanceux	fortuné	*wealthy, well-off*
inconvenient	inopportun	inconvenant	*improper*
positive	catégorique	positif	*definite, positive*
rude	grossier	rude	*rough, hard*
sensible	raisonnable	sensible	*sensitive*
affluence	richesse	affluence	*rush*
caution	prudence	caution	*guarantee*
client	commanditaire	client	*customer*
lecture	conférence	lecture	*reading*
location	emplacement	location	*renting, lease*
mercy	miséricorde	merci	*thanks*
petrol	essence	pétrole	*oil, petroleum*
photograph	photographie	photographe	*photographer*
phrase	expression	phrase	*sentence*
store	grand magasin	store	*blind, shade*
tour	voyage, circuit	tour	*stroll, drive, turn*

4 Comprendre les consignes

De quoi s'agit-il ? Bien comprendre la consigne vous permet d'éviter le hors-sujet, d'organiser votre travail et de cerner les points auxquels vous devez être attentifs dans le document.

1 Questions de repérage

List all the characters and say how they ***relate*** *to one another.*
Dressez la liste de tous les personnages et dites quel lien ils entretiennent les uns avec les autres.

Draw the main character's portrait: age, native country, marital status, occupation.
Dressez le portrait du personnage principal : âge, pays d'origine, statut marital, métier.

What do the underlined pronouns or adjectives refer to?
À quoi les pronoms et les adjectifs soulignés renvoient-ils ?

2 Questions d'analyse et de réflexion

Account for *the main character's reaction. (20 words max.)*
Rendez compte de la réaction du personnage principal en 20 mots maximum.

Focus on the first paragraph. Concentrez-vous sur le premier paragraphe.

Analyze the tone of the last paragraph. (40 words)
Analysez le ton du dernier paragraphe en 40 mots.

Which adjectives best describe the main character? Justify your choice: hesitant, confident, shy, extrovert.
Quels adjectifs décrivent le mieux le personnage principal ? Justifiez votre choix : hésitant, confiant, timide, extraverti.

Idée à retenir

- **Indiquez toujours le nombre de mots utilisés lorsqu'on vous le demande.**
- **Une citation doit être précise, entre guillemets et accompagnée du numéro de la ligne.**

3 Expressions fréquemment rencontrées dans les consignes

Are the following statements right or wrong? Les affirmations suivantes sont-elles vraies ou fausses ?
Copy out the text and fill in the blanks (one blank = one word) Recopiez le texte et ajoutez les mots manquants (un blanc = un mot)
Where are the characters? **Où** sont les personnages ?
When does the scene take place? **Quand** la scène se déroule-t-elle ?
« Right or Wrong? » Justify with a quote from the text. Vrai ou faux ? Justifiez en citant le texte.

Révision express

Les points importants à retenir

- Pour bien comprendre un texte, vous devez **adapter votre approche à la nature du document.** Celle-ci crée des attentes sur son contenu : l'identifier vous permet d'anticiper.
- **Rassemblez le maximum de clés de lecture :** repérez avant tout le titre du document, la source, le type de texte, puis lisez la première et la dernière phrase, ainsi que les premières phrases de chaque paragraphe.
- Après une ou deux lectures attentives, vous devez être capable de répondre aux questions : ***who? where? when? what? how?***
- Lisez plusieurs fois le texte pour entrer dans le détail et **repérez les pronoms** (personnels, possessifs, réfléchis), **les adjectifs possessifs** : ils vous montrent comment sont liés les personnages, et vous permettent d'associer les verbes et les sentiments aux bons personnages. Repérez aussi **les mots de liaison** qui vous aident à dégager les informations essentielles et la structure du texte.
- **Ne vous laissez pas impressionner par les mots inconnus** : vous pouvez déduire leur sens en procédant avec méthode (en identifiant la nature du mot ou en déduisant son sens à partir de sa composition, ses préfixes et ses suffixes).
- Pour bien répondre aux questions qui permettent de vérifier votre compréhension du texte, vous devez **connaître le vocabulaire des consignes.**

Quiz

Only one possible answer.

1. Le paratexte permet d'anticiper sur le contenu du texte.

☐ **Vrai** ☐ **Faux**

2. La première et la dernière phrase d'un article de presse en donnent souvent une vue d'ensemble.

☐ **Vrai** ☐ **Faux**

3. Parmi les suffixes suivants, lequel ne permet pas de former un nom ?

☐ ***-dom*** ☐ ***-ly*** ☐ ***-ness***

4. Parmi les suffixes suivants, lequel ne permet pas de former un verbe ?

☐ ***-ize*** ☐ ***-al*** ☐ ***-en***

5. Parmi les mots suivants, lequel ne signifie pas « bien que » ?

☐ ***As though*** ☐ ***Although*** ☐ ***Even though***

6. Parmi les mots suivants, lequel n'exprime pas une notion temporelle ?

☐ ***Meanwhile*** ☐ ***As long as*** ☐ ***As soon as***

7. Que signifie la consigne suivante ? « *How are the characters related to each other?* »

☐ **Comment les personnages se sont-ils connus ?**
☐ **Sur quel ton les personnages s'expriment-ils entre eux ?**
☐ **Quels sont les liens qui unissent les personnages ?**

→ Réponses p. 534

EXERCICE GUIDÉ

Comprendre un texte

Énoncé

Lisez attentivement le texte suivant, puis répondez aux questions de compréhension.

Kit Oxenford woke early, feeling eager and anxious at the same time. It was a strange sensation.

Today he was going to rob Oxenford Medical.

The idea filled him with excitement. It would be the greatest prank[1] ever. It would be written up in books with titles like *The Perfect Crime*. Even better, it would be revenge on his father. The company would be destroyed, and Stanley Oxenford would be ruined financially. The fact that the old man would never know who had done this to him somehow made it better. It would be a secret gratification that Kit could hug to himself for the rest of his life. [...]

At around midnight tonight, he would walk into the holy of holies, the BSL4 laboratory, the most secure location in Scotland. With him would be his client, a quietly menacing Londoner called Nigel Buchanan, and two collaborators. Once there, Kit would open the refrigerated vault with a simple four-digit code. Then Nigel would steal samples[2] of Stanley Oxenford's precious new antiviral drug.

They would not keep the samples long. Nigel had a strict deadline. He had to hand over the samples by ten o'clock tomorrow morning, Christmas Day. Kit did not know the reason for the deadline. He did not know who the customer was, either, but he could guess. It had to be one of the pharmaceutical multinationals. Having a sample to analyze would save years of research. The company would be able to make its own version of the drug, instead of paying Oxenford millions in licensing fees. [...]

The best part of Kit's plan, he felt, was that the intrusion would go unnoticed until long after he and Nigel had left the Kremlin. Today, Tuesday, was Christmas Eve. Tomorrow and the next day were holidays. At the earliest, the alarm might be sounded on Friday, when one or two eager-beaver scientists would show up for work; but there was a good chance the theft would not be spotted then or over the weekend, giving Kit and the gang until Monday of next week to cover their tracks. It was more time than they needed.

So why was he frightened? The face of Toni Gallo, his father's security chief, came into his mind.

Abridged and adapted from Ken FOLLET, *Whiteout*, © Macmillan, 2004.

1. *a prank* : une farce
2. *a sample* : un échantillon

1. *The characters are Kit Oxenford, Stanley Oxenford, Nigel Buchanan and Toni Gallo.*
 a. *Say if they are present or mentioned.*
 b. *How are they related to each other?*

2. *Whose company is Kit planning to rob? What does he want to take?*

3. *Where is Oxenford Medical actually situated? How is this place also referred to in the text? Explain this metaphor. (30 words)*

4. *What sort of relationship does Kit have with his father and how does it motivate Kit's robbery? (40 words)*

5. *How much does Kit know or guess about the people he is working for and their motivations? (50 words)*

6. *Why is the choice of date particularly important? Explain in your own words. (40 words)*

7. *Give a definition or explain the meaning of the following words:*
a quietly menacing Londoner (l. 10) – one of the pharmaceutical multinationals (l. 17) – the intrusion would go unnoticed (l. 20) – the theft (l. 23).

Méthode

- Lisez attentivement le texte plusieurs fois.
- Résumez-le en deux ou trois lignes en répondant aux questions *who? where? when? what?*
- Les questions 1 et 2 sont factuelles, elles demandent une réponse brève. Vous pouvez citer le texte.
- Dans les questions 3 à 6, on vous demande de développer vos réponses en un certain nombre de mots. Ne vous contentez pas de citer le texte, mais veillez à bien reformuler et expliciter ce que vous avez compris du passage dont il est question.
- Repérez les indicateurs temporels pour établir la chronologie des évènements.
- Repérez les personnages principaux.

Remarque
C'est ce que l'on vous demande souvent en cours : une bonne participation est donc un excellent entraînement !

Remarque
"His father", "Stanley Oxendorf" et "the old man" sont le même personnage.

Vocabulaire utile
Ces mots sont en violet dans le corrigé.
to plan : prévoir
located : situé
beforehand : auparavant
industrial hacking : piratage industriel
burglars : voleurs
bank holidays : jours fériés

Corrigé

1. a. *Of all the characters mentioned, only Kit Oxenford is present.*

b. *Kit Oxenford is Stanley Oxenford's son. Nigel Buchanan is Kit's client and the person who ordered the robbery. Toni Gallo is Stanley Oxenford's security chief in charge of the BSL4 laboratory.*

2. *Kit is **planning** to rob his father's company. He will take samples of a new antiviral drug.*

3. *Oxenford Medical is **located** in Scotland. It is referred to as the Kremlin, which is a metaphor for both a highly-secured place and a symbol of the power of Kit's father. (28 words)*

4. *Kit seeks to take revenge on his father and aims at his financial ruin (lines 5-6) **therefore** we can deduce the profound hostility there is between the two men and we may imagine that the father seriously offended his son **beforehand**. (39 words)*

5. *Kit knows very little about the people behind the robbery apart from the name of his client (Nigel Buchanan), his city of origin (London) and that he has two collaborators. **Although** he was not openly informed of their motivations, he guesses that it is **industrial hacking** from a pharmaceutical multinational rival to Oxenford Medical. (53 words)*

6. *The robbery is to be performed on Christmas day to allow the **burglars** to "cover their tracks" (line 25). **Indeed**, they hope the theft will not be discovered immediately but only a few days later, **due to** the **bank holidays** and the weekend. (43 words)*

7. *– **A Londoner** is an inhabitant of London, or somebody who lives in London (London-er).*
*– **A pharmaceutical multinational** is a company that is located in many contries (multi-national) an which is specialized in creating and producing medicines or drugs (pharma-ceutic-al).*
*– **Unnoticed** means* « not noticed », « not seen », « not *known* ».
*– **Theft** is a synonym for « robbery » (a thief =* un voleur*).*

Chapitre

2 Écrire

1 Les différents types de production écrite

De quoi s'agit-il ? **Chaque type d'écrit répond à des exigences particulières de forme et de contenu.**

1 Écrire une lettre

- Adaptez le niveau de langue et les formules de début et de fin de lettre au destinataire (ami, parent, employeur, organisation…).

- **Lettre informelle :**

– saluer : *Dear Elisabeth, / My dear Elisabeth, / Dear all* ;
– commencer la lettre : *It's been a long time since I haven't written to you / Sorry for answering so late / I know I haven't written for ages ;*
– terminer la lettre : *That's all for now / Please send my regards to your parents / I'm looking forward to hearing from you ;*
– formule finale *Take care, / Lots of love, / Best wishes, / Kindest regards,* suivis de la signature.

- **Lettre formelle :**

– saluer : *Dear Sir/Madam, / Dear Mrs Muller ;*
– formule finale: *Sincerely yours, / Yours faithfully, / Yours truly,* suivis de la signature.

2 Écrire un dialogue

- Déterminez le niveau de langue requis, n'utilisez jamais de formules argotiques, seulement des tournures familières si la situation s'y prête.

- Rédigez une courte introduction de deux ou trois phrases maximum pour présenter les personnages et la situation (qui, où, quand, pourquoi).

- Soyez attentifs à la présentation : en anglais, on n'utilise pas de tiret pour signifier les changements de locuteurs, on change de ligne et on utilise des guillemets au début et à la fin de chaque prise de parole.

- Variez les verbes introducteurs (ne vous contentez pas de *say* ou *tell* !) : *admit* admettre, *agree* être d'accord, *add* ajouter, *insist* insister, *reply* répliquer, *ask* demander, *answer* répondre, *offer* proposer…

- Utilisez des adverbes ou compléments de manière pour commenter les propos : *impatiently* avec impatience, *loudly* d'une voix forte, *with relief* avec soulagement, *with a smile* en souriant…

- Utilisez des *tags* interrogatifs et des réponses courtes :

  "Paula slept at Nancy's house last night, didn't she?" Nigel asked.
  "Yes, she did." Laura answered. "But I didn't, although she had invited both of us to stay overnight." « Paula a dormi chez Nancy la nuit dernière, n'est-ce pas ? », demanda Nigel. « Oui,» répondit Laura. « Mais moi pas, bien qu'elle nous ait invitées toutes les deux à passer la nuit chez elle. »

ANGLAIS

3 Écrire un essai argumentatif

- Analysez le sujet, repérez les mots clés, mobilisez le lexique et les structures utiles. Si l'on vous demande de donner votre opinion, ne commencez pas votre production par *I agree / I disagree*, développez d'abord votre argumentation et énoncez clairement votre point de vue personnel à la fin du devoir.

- Rédigez une introduction, un développement et une conclusion, sautez des lignes pour aérer, donnez des exemples pour chaque argument que vous développerez paragraphe par paragraphe.

- Structurez votre argumentation à l'aide de mots de liaison ; ils peuvent exprimer :

la chronologie :
to begin with pour commencer
then ensuite
lastly / eventually finalement
all in all tout bien considéré
to sum up en résumé

le but :
so that afin que
in order to pour (but)

la cause / la conséquence :
indeed en effet
therefore donc
that is why c'est pourquoi

le contraste :
and yet / nevertheless / however cependant

l'addition :
besides / what's more / moreover de plus

- Quelques verbes utiles pour analyser un document :

describe décrire
show montrer
denounce dénoncer
criticize critique
accuse sb of sth accuser qqn de qqch
point out montrer
draw the reader's/ the viewer's attention to attirer l'attention du lecteur/ du spectateur sur
argue in favour of / against argumenter en faveur de / contre
blame / reproach somebody for something / for doing something reprocher quelque chose à quelqu'un / reprocher à quelqu'un de faire quelque chose
make somebody aware of faire prendre conscience de quelque chose à quelqu'un
suggest suggérer
give / convey the impression that... donner l'impression que...
what strikes me is that... ce qui me frappe c'est que...

2 Enrichir son lexique

De quoi s'agit-il ? Pour écrire dans une langue précise et nuancée, il est nécessaire d'acquérir et d'utiliser un lexique varié. Utilisez un dictionnaire pour vérifier le sens des mots que vous employez ou pour trouver des synonymes.

- Évitez les mots peu signifiants comme *good, bad, interesting, important, big, nice.*

Voici une liste de synonymes, vérifiez les emplois de chacun dans un dictionnaire et choisissez le terme le plus approprié pour votre production.

Good	*excellent* parfait, *hard-working* travailleur, *thrilling* palpitant, *first-rate* de premier choix, *proper* correct, *appropriate* adapté, *convenient* pratique, *desirable* séduisant, *efficient* efficace, *attractive* tentant.
Bad	*unacceptable* inadmissible, *unsuitable* inapproprié, *evil* mal, *false* faux, *foolish* stupide, *harmful* nocif, *second-rate* de qualité inférieure, *unfortunate* malencontreux, *useless* inutile, *hopeless* désespéré.

Interesting	*captivating* captivant, *curious* curieux, *exciting* palpitant, *fascinating* fascinant, *provocative* provocant, *stimulating* stimulant, *thought-provoking* qui invite à réfléchir.
Important	*major* considérable, *significant* significatif, *decisive* décisif, *consequential* fondamental, *crucial* déterminant, *essential* essentiel, *of substance* de fond, *paramount* d'une importance capitale, *impressive* impressionnant.
Big	*huge* immense, *tall* grand, *large* grand ou large, *enormous* énorme, *high* haut, *gigantic* gigantesque, *great* immense, *immense* considérable, *vast* vaste, *sizeable* d'une certaine ampleur.
Nice	*friendly* amical, *lovely* charmant, *beautiful* beau, *kind* aimable, *attractive* attirant, *charming* charmant, *delightful* délicieux, *likeable* agréable, *pleasant* plaisant.

• Pour exprimer les sentiments, variez les adjectifs.

La colère	*infuriated / wild* furieux / déchaîné, *uncontrollable* incontrôlable, *enraged* fou furieux
La tristesse	*sorrowful / sad / miserable* triste / malheureux, *devastated* dévasté
Le courage	*fearless / brave / courageous* courageux / intrépide, *tenacious* tenace
La peur	*scared / frightened / afraid / terrified* effrayé,
L'enthousiasme	*enthusiastic* enthousiaste, *excited* surexcité, *impressed* impressionné, *thrilled* ravi
La confiance	*trusting / trustful* confiant
la méfiance	*doubtful / skeptical* incertain / sceptique
L'admiration	*fascinated* fasciné, *admiring* admiratif
La surprise, l'étonnement	*the situation can be unexpected* inattendu(e), *odd / weird / strange* bizarre / étrange *the character feels: amazed / surprised /astonished* étonné / stupéfait, *bewildered / puzzled* perplexe
L'appréhension	*worried* inquiet, *uncomfortable / ill-at-ease* inconfortable, *uneasy* gêné
Autres sentiments négatifs	*bitter* amer, *hurt* blessé, *upset* contrarié, *appalled* consterné
Autres sentiments positifs	*delighted* enchanté, *pleased* ravi, *confident* assuré, *hopeful* plein d'espoir

3 Éviter les erreurs fréquentes

De quoi s'agit-il ? Vous pouvez améliorer sensiblement la qualité de votre expression en éradiquant certaines erreurs fréquemment commises.

• **Les accords**

– N'oubliez pas le *–s* à la 3e personne du singulier du présent simple. *He mostly listen<u>s</u> to rap music.* Il écoute principalement du rap.

– Les adjectifs en anglais sont invariables, ils ne prennent pas de *–s*. *Narro<u>w</u> streets* : des rues étroites

– *Every* et *each* sont suivis d'un verbe au singulier. *Everybody <u>knows</u> he is a liar.* Tout le monde sait que c'est un menteur.

– *People* est suivi d'un verbe au pluriel. *People <u>were</u> surprised by his success.* Les gens étaient surpris de son succès.

- **Les articles**

– En français les articles « le », « la », « les » peuvent désigner une généralité. En anglais, pour exprimer une généralité, on utilise l'article zéro ou absence d'article (Ø).

I like Ø thrillers. J'aime les thrillers.

– En anglais, on utilise l'article indéfini *a* devant les noms de métiers ou de fontions : *He is a gardener.* Il est jardinier.

- **Traduction de « on »**

– Les tournures passives (auxiliaire BE + participe passé du verbe) sont beaucoup plus fréquentes en anglais qu'en français. On utilise le passif pour traduire la tournure impersonnelle avec « on » en français.

She was helped onto the train. On l'aida à monter dans le train. *He is said to be rich.* On le dit riche. *Wild geese were seen flying yesterday*. On a vu voler des oies sauvages hier.

– Il est également possible d'utiliser un « you » générique. *She is not the sort of person you would want to be like.* Elle n'est pas le genre de personne à qui on aimerait ressembler.

- **« Comme » : *as* ou *like* ?**

– ***Like*** sert à comparer deux éléments différents. On l'emploie après les verbes de perception sensorielle : *look* (pour la vue), *feel* (pour le toucher), *smell* (pour l'odorat), *taste* (pour le goût), *sound* (pour l'ouïe). *He looks like his sister.* Il ressemble à sa sœur.

– ***As*** sert à comparer deux éléments identiques. On l'emploie pour dire la fonction (*as* suivi de *a*).

She works as a nurse at the hospital. Elle est infirmière à l'hôpital.

- **« Pour » : *to* ou *for* ? *For*** précède un nom : *This is for you.* C'est pour toi.

For* + *V-ing exprime la cause. *Thank you for not smoking.* Merci de ne pas fumer.

To introduit une proposition infinitive et exprime le but.

Here is a towel to dry your hands. Voilà une serviette pour t'essuyer les mains.

- ***To* + V ou proposition en *that* ?**

– Sont suivis d'une **proposition infinitive** (*to* +*V*) les verbes exprimant la **volonté, le désir, l'intention** (*decide, plan, refuse, want, hope, intend*) et les verbes décrivant la pression exercée sur autrui (*advise, allow, ask, tell, expect, force, order, prefer*).

*I want you **to** finish your homework now.* Je veux que vous finissiez vos devoirs maintenant.

– Sont suivis d'une **proposition introduite par *that*** les verbes exprimant un **savoir** ou une **opinion** (*believe, know, suppose, think*) ou les verbes introducteurs du discours (*tell, say, answer, reply, explain*). *That* est souvent omis.

*He explained **that** he had been delayed by the traffic.* Il expliqua qu'il avait été retardé par le trafic.

- **Les auxiliaires de modalité** (*can, could, will, would, shall, should, may, might, must*) sont invariables, sont suivis de la base verbale sans *to*, ne sont jamais suivis de *to* ni *V-ing*.

She should try again and not give up. Elle devrait essayer à nouveau et ne pas abandonner.

- **Dans un récit,** utilisez à bon escient les temps du passé et insérez des repères temporels :

– Utilisez les temps du passé : prétérit simple (*V-ed* pour les verbes réguliers) pour une succession d'événements ponctuels, prétérit *be* + *V-ing* pour les événements vus en cours de déroulement, *pluperfect* (*had* + participe passé) pour désigner une antériorité dans le passé.

A few days ago, I was cooking when the electrician rang : he had come the day before and had forgotten some of his tools. Il y a quelques jours, je faisais la cuisine quand l'électricien a téléphoné : il était venu la veille et avait oublié des outils.

– Le passé composé français est souvent traduit par le prétérit et non par le *present perfect*.

*What did you do at the weekend? I **went** to the cinema.* Qu'as-tu fait le week-end dernier ? Je suis allé au cinéma.

- Insérez des repères temporels :

***At** the weekend* le week-end
***on** Saturday* samedi
***in** winter* en hiver
last week la semaine dernière
the day before la veille
a few moments ago il y a quelques instants
in the nineteen nineties dans les années 1990
over the past decade au cours de la dernière décennie

Révision express

Les points importants à retenir

- Tenez compte de la personne à qui vous vous adressez : adaptez votre niveau de langue et structurez vos propos pour être bien compris. Utilisez des mots de liaison.
- Quelle que soit la question que vous devez traiter, analysez le sujet et mobilisez le lexique et les structures dont vous aurez besoin.
- Complexifiez vos énoncés. Pour cela, utilisez des propositions relatives et mémorisez différentes expressions pour chaque notion. Variez le lexique, utilisez un dictionnaire pour trouver des synonymes et des mots plus précis.
- Vérifiez les formes verbales : avez-vous utilisé le temps approprié ? Révisez l'emploi de chaque temps dans un précis grammatical en cas de doute (par exemple à la fin de votre manuel).
- Relisez-vous pour corriger les erreurs que vous faites fréquemment. Pour cela listez préalablement ces erreurs à partir des copies corrigées que vous a rendues votre professeur.

Quiz

Only one possible answer.

1. *She … a book in the living room when someone knocked at the door.*
☐ ***read*** ☐ ***was reading*** ☐ ***had read***

2. *I enjoy going to the cinema … the weekend.*
☐ ***on*** ☐ ***in*** ☐ ***at***

3. *She stopped at my house … me some flowers.*
☐ ***to give*** ☐ ***for give*** ☐ ***for giving***

4. Lequel de ces mots ne désigne pas quelqu'un qui est en colère ?
☐ ***infuriated*** ☐ ***enraged*** ☐ ***devastated***

5. Lequel de ces mots est le plus approprié pour désigner un « bon » film ?
☐ ***first-rate*** ☐ ***appropriate*** ☐ ***desirable***

6. *It is extremely complex … he explains it very simply.*
☐ ***indeed*** ☐ ***besides*** ☐ ***and yet***

→ Réponses p. 534

EXERCICE GUIDÉ

S'entraîner à l'expression écrite

Énoncé

Explain the positive and negative influence songs can have on young people.

Méthode

- **Mobilisez le lexique et les structures utiles** : demandez-vous quels sont les thèmes à aborder dans l'essai et listez les mots ou expressions que vous connaissez et qui s'y rapportent (ici : la musique, les jeunes, les modèles).
- **Organisez votre essai :**
– celui-ci doit être structuré : il doit contenir une introduction, un développement et une conclusion ;
– pensez à des exemples, puis regroupez-les par thème pour construire votre argumentation.
- **Relisez-vous :**
– vérifiez que vous avez respecté la consigne : votre argumentation développe-t-elle tous les aspects de la question posée ? Avez-vous respecté le nombre de mots ? L'avez-vous indiqué en bas de votre essai ?
– faites une relecture uniquement sur la forme et vérifiez que vous n'avez fait aucune des erreurs fréquentes.

Vocabulaire utile

Celebrities, teenager, the youth, attitude = behaviour, to identify oneself with, to look up to, the right / wrong way, to educate, to follow, role models, protest, defend, struggle, aspire, promote, positive values.

Corrigé

- Dans l'exemple de réponse suivant, l'argumentation est composée ainsi : introduction générale, **problématique**, 1re partie, 2e partie, puis, dans la conclusion, la réponse à la question posée. Les mots de liaison structurent l'ensemble.
- **Exemple de réponse :**

Introduction

*In today's world, young people listen to music everywhere they are, anytime of the day. But what are they listening to? **To what extent does it influence their way of living?** Let's focus on dark lyrics and then on protest songs.*

1re partie

It is true to say that some songs have violent or dark lyrics. Some of them are explicitly sexist while others advocate selfishness and promote personal success with contempt for others in general. If teenagers identify with these lyrics, then they might be corrupted.

2e partie

However many songs are a great means to protest against discrimination or racism, to rebel against inequalities or to defend causes. Indeed, protest songs have always been associated with social and political struggles. These songs can be a means to educate the youth, to make them aware of important issues concerning society.

Conclusion

Whatever they listen to, I have no doubt that teenagers need positive role models to look up to, such as stars or celebrities who are involved in charities or social struggles, for instance. As a matter of fact, we all need to aspire to a better life and music among other forms of art can give us the energy to make things change.

(211 words)

Chapitre 3

Parler

1 Les différents types de prise de parole

De quoi s'agit-il ? Vous devez être capable de prendre la parole seul(e) en continu pendant plusieurs minutes sur un sujet préparé à l'avance ; ou bien de dialoguer avec une ou plusieurs personnes en interaction.

1 Participer en classe *(Classroom English)*

• Usez et abusez du *classroom English* ! Il est indispensable pour participer activement quel que soit le sujet abordé en classe. Adressez-vous au professeur mais aussi et surtout à vos camarades. Prenez l'habitude de vous **autocorriger**, mais aussi de corriger leurs erreurs. Pour cela, soyez à l'écoute, suivez le fil de la discussion et n'hésitez pas à :

– **demander que l'on répète :**
I didn't catch / get / hear what you said. Could you repeat, please? Je n'ai pas compris / entendu ce que tu as dit. Pourrais-tu répéter, s'il te plaît ?
What exactly are you trying to say? Que veux-tu dire exactement ?
Could you speak up? Could you speak more slowly? Pourrais-tu parler plus fort ? Pourrais-tu parler plus lentement ?
What was your last word? Quel était votre dernier mot ?

– **demander des explications, des précisions :**
I'm sorry I don't understand what you mean. Excusez-moi, je ne comprends pas ce que vous voulez dire.
Could you explain again ? Could you give an example ? Pourriez-vous ré-expliquer cela ? Pourrais-tu donner un exemple ?
I'm not sure I understand. Je ne suis pas certain(e) de comprendre.
Can you spell the word please? Pouvez-vous épeler ce mot ?
Excuse-me, you mentioned… but I didn't quite understand, could you explain again? Excusez-moi, vous avez mentionné… mais je n'ai pas vraiment bien compris, pouvez-vous expliquer à nouveau ?
I think I heard you speak about… but I'm not sure, could you say it again? Je pense t'avoir entendu parler de… mais je ne suis pas sûr(e), pourrais-tu répéter ?

– **ajoutez des informations si vous connaissez le sujet** :
You said that… Indeed I remember that… Vous avez dit que… En effet, je me souviens que…

– **soyez prêts à commenter ou donner votre opinion** :
What you said made me think about/that… Ce que tu as dis m'a fait pensé à / que…

– **signalez les erreurs de prononciation ou de grammaire de vos camarades** :
Excuse-me I heard a mistake, you should have said… / It would be better if you said… Excuse-moi, j'ai entendu une erreur, tu aurais dû dire… / Tu devrais plutôt dire…

2 Débattre

• Lors d'un débat, vous devez soutenir votre propos à l'aide d'arguments. Il faut trouver le bon équilibre entre le développement de vos arguments, appuyés d'exemples, et la contradiction des arguments de vos « adversaires ». Pour cela, restez à l'écoute et soyez toujours courtois !

• Voici quelques expressions utiles pour :
- **donner son opinion :**
Personally En ce qui me concerne
I have the impression that… J'ai l'impression que…
It goes without saying that… Il va sans dire que…
Sorry to interrupt you but… Désolé de vous interrompre mais…
It would be wrong to say… Il serait faux de dire…
This may be true but… C'est peut être vrai mais…

- **dire que l'on est d'accord :**
I couldn't agree more. Je suis totalement d'accord.
That's exactly how I see things. C'est exactement comme cela que je vois les choses.
Of course! Quite right! Bien sûr ! Tout à fait juste !

- **exprimer son désaccord :**
I don't see things that way. Je ne partage pas votre point de vue.
I totally disagree with you. Ce n'est pas du tout mon avis.
You must be joking! Vous plaisantez !

- **avoir un avis partagé :**
I have mixed feelings about that. J'ai un avis partagé sur la question.

Attention
I Ø agree / I Ø disagree (ne pas ajouter "am")

• En situation réelle de communication, lorsque vous voyagez ou échangez en anglais avec des personnes qui ne parlent pas français, dire : *What's the English for…*, suivi d'un mot français ne permet pas de communiquer. N'ayez donc pas recours à cette phrase en classe non plus. Apprenez à **contourner les obstacles** en utilisant des périphrases, des synonymes ou en reformulant. Exemples :
- vous ne connaissez pas le mot « bûche », vous pouvez dire : *it is is a long and brown piece of wood, it's made from a part of a tree, it can burn, it is used to make fire.*
- vous ne connaissez pas le mot « entretien », vous pouvez dire : *it is a kind of meeting for example with an employer, before getting the job.*
- vous ne connaissez pas le mot « faire du saut à l'élastique », vous pouvez dire : *it is an extreme or adventure sport… you jump from a very high place… with something like an elastic around your feet.*

3 Prendre la parole en continu

Astuce
Utilisez la fonction dictaphone de votre téléphone portable pour vous entraîner et vous réécouter. Vous pourrez aussi chronométrer votre temps de parole.

• Il s'agit de parler pendant plusieurs minutes sur un sujet que vous avez préalablement préparé. Selon la consigne, on peut vous demander de vous exprimer pendant 3 à 5 minutes.

• Exemples de sujets et conseils :
- *Present your favourite work of art to the class.* Présentez votre œuvre favorite à la classe. *Speak for 3 minutes.*

Enregistrez l'œuvre d'art sur une clé usb et projetez-la en classe pendant votre présentation.
- *Present your favourite artist and song to the class.* Présentez votre artiste et chanson préférés à la classe. *Speak for 4 minutes.*

Faites écouter un extrait court à la classe et montrez une photo de l'artiste.
- *Present the biography of a famous leader of the English-speaking world.* Présentez la biographie d'un leader célèbre de langue anglaise. *Speak for 5 minutes.*

Choisissez un personnage qui vous inspire, que vous admirez, ou bien quelqu'un qui ne vous laisse pas indifférent.

- Dans tous les cas, ce qui rendra votre présentation intéressante c'est l'implication personnelle que vous y mettrez. Justifiez vos choix, impliquez l'auditoire : *Do you like modern art? Have you ever heard of this artist? I'm sure you know her, but did you know that…* Aimez-vous l'art moderne ? Avez-vous déjà entendu parler de cette artiste ? Je suis sûr que vous la connaissez, mais savez-vous que…

Attention

Ne recopiez pas d'extrait de sites internet aveuglément. Respectez les règles de la propriété intellectuelle : copier et coller des commentaires d'œuvres ou autres productions sans citer les sources s'appelle du plagiat.

2 S'exprimer avec aisance

De quoi s'agit-il ? On attend d'un élève de première qu'il s'exprime de manière de plus en plus fluide, en reproduisant le plus fidèlement possible les sons et intonations de l'anglais.

L'oral et l'écrit répondent à des codes différents : à l'écrit, les phrases sont longues et complexes, alors que la langue orale se caractérise par des phrases courtes, ponctuées d'hésitations, des répétitions, des reformulations.

1 S'exprimer à partir de notes

- Surtout, ne vous contentez pas d'oraliser un texte écrit. Dans un premier temps, faites vos recherches sur des supports en anglais, multipliez les sources, comparez, sélectionnez les informations pertinentes. Assurez-vous que vous avez bien compris. Cherchez les mots difficiles dans un dictionnaire, listez le lexique utile pour parler de votre sujet.

- Dans un deuxième temps, synthétisez l'information et préparez des notes qui serviront de support à votre prise de parole. Notez-y les idées principales, les enchaînements logiques, les mots difficiles, avec quelques mots pour les définir. Travaillez la mise en page de vos notes : aérée, avec un code couleur, des symboles et des abréviations.

Astuce

Ménager une pause (arrêter de parler un instant), insister sur un aspect particulièrement important en le reformulant sont des stratégies pour transmettre un message de manière efficace.

2 Prononcer les phrases correctement

- L'anglais est une langue rythmique, musicale, où l'intonation des phrases et l'accentuation des mots sont des éléments essentiels pour véhiculer du sens.

– L'intonation des phrases affirmatives et négatives est descendante (↘).
He was born in Jamaica. Il est né en Jamaïque.

– L'intonation des questions en *Wh-* est descendante (↘). L'intonation des *Yes/No* questions est montante (↗).
What is your favourite work of art? ↘ Quelle est votre œuvre préférée ?
How often do you go to museums? ↘ À quelle fréquence allez-vous au musée ?
Do you like modern art? ↗ Est-ce que vous aimez l'art moderne ?
Have you ever heard of this artist? ↗ Avez-vous déjà entendu parler de cet artiste ?

- Dans une énumération l'intonation est montante (↗) sauf pour le dernier élément où l'intonation est descendante (↘).
Their recent tour included concerts in New York ↗, Las Vegas ↗, Los Angeles ↗, San Francisco ↗ and Seattle ↘. Lors de leur dernière tournée, ils ont donné des concerts à New York, Las Vegas, Los Angeles, San Francisco et Seattle.

3 Prononcer –*s* et –*ed*.

• La terminaison –*s* à la fin des mots est fréquente en anglais : notamment pour les noms dont le pluriel est régulier et pour tous les verbes à la troisième personne du singulier au présent simple. La terminaison –*s* se prononce de trois manières différentes :
– **/s/** après les sons consonnes sourds (qui ne font pas vibrer les cordes vocales) : **/t/** *experts*, **/p/** *tops*, **/k/** *talks*
– **/z/** après les sons consonnes sonores (qui font vibrer les cordes vocales) : **/d/** *reads*, **/g/** *bags*, **/l/** *tables*, **/m/** *mums*, **/n/** *runs*, **/v/** *lives*, **/b/** *tabs*, **/r/** *errors* et après tous les sons voyelle : *applies, toes, sees, boys…*
– **/iz/** après : **/s/** *buses*, **/z/** freezes et **/ʃ/** *teaches.*

• La terminaison –*ed* apparaît au prétérit et au participe passé de tous les verbes réguliers. Il se prononce de trois manières différentes :
– **/d/** après les sons consonnes sonores (qui font vibrer les cordes vocales) : **/g/** *ragged*, **/l/** *traveled*, **/m/** *maimed*, **/n/** *banned*, **/ð/** *soothed*, **/v/** *arrived*, **/z/** *closed*, **/b/** *described*, **/r/** *buttered* et après tous les sons voyelle, ex : *married, fortified…*
– **/t/** après les sons consonnes sourds (qui ne font pas vibrer les cordes vocales) : **/ʃ/** *pushed*, **/p/** *popped*, **/k/** *looked*, **/f/** *photographed*, **/s/** *expressed*
– **/id/** après les sons **/t/** *arrested* et **/d/** *intended.*

Révision express

Les points importants à retenir

- En classe, participez activement afin de développer vos compétences en interaction. Écoutez les productions de vos camarades et corrigez, ajoutez, commentez.
- Pour une prise de parole en continu, utilisez vos notes sans les lire et ne craignez pas les hésitations et les reprises : elles sont caractéristiques de la langue orale.
- Entraînez-vous avant de faire votre prise de parole devant la classe : adaptez votre temps de parole, vérifiez la prononciation des mots dans un dictionnaire en ligne (cliquez sur l'icône son), pratiquez plusieurs fois jusqu'à ce que ce soit fluide.
- Pour mieux maîtriser les sons et l'intonation de l'anglais, regardez régulièrement les émissions de télévision anglophones et les films en version originale.

Quiz

Only one possible answer.

1. *Could you… the word please?*
   - ☐ **catch** ☐ **spell** ☐ **speak up**
2. *What I… is that this is a complex issue.*
   - ☐ **add** ☐ **say** ☐ **mean**
3. *I have… about that.*
   - ☐ **shared opinions** ☐ **mixed feelings** ☐ **negative behaviors**
4. En anglais, dans une énumération l'intonation est :
   - ☐ **descendante pendant toute l'énumération**
   - ☐ **montante seulement à la fin**
   - ☐ **montante à chaque mot de la liste**
5. La terminaison -*s* dans *replies* se prononce :
   - ☐ **/s/** ☐ **/z/** ☐ **/iz/**
6. La terminaison -*ed* dans *intended* se prononce :
   - ☐ **/d/** ☐ **/t/** ☐ **/id/**

→ Réponses p. 534

ANGLAIS

EXERCICE GUIDÉ

Parler pour convaincre

Énoncé

Choose an action to improve life in your school (respect the environment, have more clubs, better sports facilities, more school trips…). You want other students to join your cause: prepare a three-minute speech to address them.

Méthode

- Lisez la consigne attentivement et assurez-vous de bien la comprendre : il s'agit de défendre une cause, de promouvoir une idée auprès des autres lycéens et de les convaincre.
- Choisissez la cause que vous souhaitez défendre. Ici nous choisirons le respect de l'environnement. Choisissez une tribune : par exemple vous décidez de proposer un projet au Conseil de la vie lycéenne.
- Listez vos idées et identifiez l'auditoire (les autres élèves de votre lycée) afin de proposer des arguments qui les touchent. Mobilisez le lexique de l'environnement.
- Structurez et rédigez votre discours en utilisant des outils rhétoriques (répétitions, questionnement, phrases d'accroche…). Utilisez des modaux, la suggestion, le conseil…
- Entraînez-vous à prononcer le discours en vous chronométrant. Vérifiez les accents des mots dans un dictionnaire, modulez votre voix (variez le ton et l'intonation) pour accrocher l'auditoire et pour être convaincant. Faites-le plusieurs fois jusqu'à ce que ce soit très fluide. Enregistrez-vous et réécoutez votre production : avez-vous prononcé les terminaisons –s, -ed, etc… ?

Astuce

Dans la transcription phonétique des mots du dictionnaire, la syllabe accentuée est précédée d'une apostrophe.

Corrigé

Dear students,

Here are some headlines I read recently:
"Climate change is here now, it could lead to global conflicts"
"A world turned upside down"
"Cyclone victims sleep among ruined homes"
"World must avert devastating flood of climate refugees"
"Two-fifths of Britons 'unwilling to make any changes to tackle global warming'"

Are you sick of these alarming headlines?
Are you tired of being told the earth is in danger?

And yet, global warming is a reality and we should not turn a blind eye to it.

Do you feel like it's too late?
Do you feel powerless in front of this massive challenge for humanity?

Let's face it, we are the future, the future is in our hand, and we have the power to make a difference!
I'm telling you this today: little gestures matter! What you will do will matter!
So let's take action now! Join me to make a difference!

What if we started to make a difference in our school?
I feel concerned about some problems in our school:
– Many students don't eat at the canteen but prefer to buy junk food.
– The school premises are littered with papers and plastic.
– It's so hot in the classrooms in winter that we must open the windows.

Here are some suggestions for a greener, more sustainable school:
- What if we sorted garbage?
- What if we installed bins to recycle batteries, glass, paper and plastic?
- What if we bought more local products and organic food for the school meals?
- What if we grew some fruit and vegetables on the school premises?
- What if we lowered the room temperature below 19°C?
- What if we closed the windows in winter when the heating is on?

By doing all this we could recycle most of our wastes, we could promote healthy food, we could reduce energy loss.

To do so, we must convince the school board, we must convince the parents, we must convince the teachers and the students. I have a plan for setting up an awareness campaign:
- How about writing letters to express our concern?
- How about producing leaflets with key information?
- How about organizing a flash mob to make people aware of our campaign?

If you are willing to participate, join me and let's take action right now!

I'm telling you this today: little gestures matter! What you will do will matter!
So let's take action now! Join me to make a difference!

Thank you.

Chapitre 4 Enrichir son vocabulaire

1 *Spaces and exchanges.* Espaces et échanges

1 *Business and trade:* le commerce et les échanges

spend money on	dépenser de l'argent en	*the affluent society* la société d'abondance
sell / selling techniques	vendre / techniques de vente	
sales	les soldes	
management	gestion	*efficient / inefficient* efficace / inefficace
free trade	libre échange	*free market economy* économie de marché
workforce	main d'œuvre	
make profits	faire des bénéfices	
skilled labour	main d'œuvre qualifiée	*shortage* pénurie
wares / goods	marchandises	*manufactured goods* produits manufacturés
flood the market with	inonder le marché avec	*to dispose of the stock* écouler le stock
be made redundant	être licencié	
global / globalization	mondial / mondialisation	*worldwide* mondial
north / south relationship	relations nord / sud	*interdependent* interdépendant
fair trade	commerce équitable	

2 *The media:* les médias

social media / social networks	réseaux sociaux
share / communicate	partager / communiquer
keep in touch with old friends	garder contact avec des amis de longue date
get informed / get entertained	s'informer / se divertir
meet people / be connected	rencontrer des gens / être connecté ← ***The Internet*** *: n'oubliez pas l'article défini*
virtual world	monde virtuel
be dependent on connected devices	être dépendant des appareils connectés
faster, easier, wider access to information	accès plus rapide, plus facile et plus large à l'information
low communication cost	coût de communication réduit
slogan / catchword	slogan, phrase d'accroche
ad / advert	pub / publicité
advertise	faire de la publicité
censorship / censored	censure / censuré
broadsheet	journal de qualité
tabloid	journal à sensation
piece of information	information
press clipping	coupure de presse
headline	manchette, un gros titre
on the front page	en première page, à la une

3 *International organisations:* les organisations internationales

solidarity / brotherhood — solidarité / fraternité
make somebody aware that / of — faire prendre conscience de
subsidize — subventionner
World Bank — la Banque mondiale
give access to education — donner accès à l'éducation
unalienable rights — des droits inaliénables
awareness campaign — campagne de sensibilisation
defend human rights — défendre les droits humains
illiterate / illiteracy — illétré / illétrisme

Acronymes à retenir
BBC *British Broadcasting Corporation*
IFM *International Monetary Fund* FMI
NATO *North Atlantic Treaty Organisation* OTAN
WHO *World Health Organisation* OMS
UN *United Nations* ONU
EU *European Union* UE
IT *Information Technology* TIC (Technologies de l'Information et de la Communication)
WWI *World War One* / ***WWII*** *World War Two* Première / Seconde Guerre mondiale
NGO *(non governmental organisation* ONG (organisation non gouvernementale)

2 *Idea of progress.* L'idée de progrès

1 *Scientific and technological progress:* progrès scientifique et technologique

industrialisation / technology — industrialisation / technologie
the astounding progress of science — les progrès stupéfiants de la science
invention / inventor — invention / inventeur
to put an end to — mettre fin à
solve a problem — résoudre un problème
self-driving car / an automated car / a driverless car — voiture sans conducteur
make everyday life easier — faciliter la vie quotidienne
cure a disease — guérir une maladie

2 *Fighting for a better world:* se battre pour un monde meilleur *(Idea of progress + Locations and forms of power)*

demonstrate / demonstration / demonstrator — manifester / manifestation / manifestant
a protest march — marche de protestation
launch a protest — lancer un mouvement de protestation
on strike / hunger strike / right to strike — en grève / grève de la faim / droit de grève
rebel / rebel /rebellion — se rebeller / rebelle / rebellion
fight against discrimination / prejudices — se battre contre la discrimination / les préjugés
sex discrimination / discriminatory attitude — discrimination sexiste / attitude discriminante
women's rights / feminist — les droits des femmes / féministe
activist / activism — militant / militantisme
slave / slavery / be enslaved — esclave / l'esclavage / être asservi
emancipation — émancipation
abolish / abolition / abolitionist — abolir / abolition / abolitionniste
wave banners / distribute leaflets — brandir des bannières / distribuer des tracts
sex equality — égalité des sexes
biased / prejudiced — partial / qui a des préjugés
fight for one's rights / a cause — se battre pour ses droits / cause
struggle against inequalities / unfair treatment — lutter contre les inégalités / injustice
resist / resistance — résister / résistance

allow / enable sb to do sth	permettre à qqn de faire qqch
set free	libérer
a runaway	un fugitif

3 *Useful expressions:* expressions utiles

aspire to / dream of happiness	aspirer à / rêver au bonheur
achieve one's goal	atteindre son but
improve one's living conditions	améliorer ses conditions de vie
have better prospects	avoir un meilleur avenir
move forward	aller de l'avant
improve / improvement	améliorer / amélioration
positive change / change positively	un changement positif / changer positivement
evolve / evolution	évoluer / évolution

3 *Locations and forms of power.* Lieux et formes de pouvoir

1 *Wars, conquests, empires:* guerres, conquêtes, empires

war hero(es)	héro(s) de guerre
trenches	tranchées
shell shocked	commotionné cérébral (à cause de l'éclatement d'obus)
post-traumatic stress disorder	syndrome de stress post-traumatique
conflict	conflit
battle / a battlefield	bataille / champ de bataille
dictatorship	dictature
empire / imperialism	empire / impérialisme
economic and social domination	domination économique et sociale
exploited / oppressed	exploité / opprimé
provocative / submissive / obedient	provocant / soumis / obéissant
rule over	contrôler, diriger (un territoire)
yield to	céder à
defy / challenge somebody	défier quelqu'un
triumph over	triompher sur
conquer a vast empire	conquérir un vaste empire
defeat an opponent	vaincre un adversaire

2 *At the workplace:* sur le lieu de travail

employer / staff	employeur / personnel
hire	engager
run a company	diriger une société
fire / dismiss	renvoyer
bossy / authoritarian	autoritaire
be under pressure	être sous pression
workaholic	accro au travail
obey somebody's order	obéir aux ordres de quelqu'un
trade union / trade unionist	syndicat / syndicaliste
stick together	être solidaires

unendurable / demeaning / badly-paid	insupportable / avilissant / mal payé
relocate / relocation	délocaliser / délocalisation
downsize	réduire les effectifs

3 *Be under the influence of:* être sous l'influence de

cult	secte
confused / alienated	désorienté / aliéné
manipulate / manipulated / manipulation	manipuler / manipulé / la manipulation
guru / follower	gourou / adepte
fanatic / fanaticism	fanatique / le fanatisme
fundamentalist	intégriste
indoctrinate	endoctriner
easy prey	proie facile
lure	persuader par la ruse
be subordinate to somebody	être sous la dépendance de quelqu'un

4 *Useful expressions:* expressions utiles

have equal opportunities	avoir les mêmes chances
fair / unfair	juste / injuste
the haves and the have-nots	les riches et les pauvres
rich / wealthy / affluent / well-off	riche
start from scratch	partir de rien
be destitute / in need / in dire straits	être dans la misère / dans le besoin / dans une situation désespérée
deprived of	privé de
dilapidated	délabré
housing shortage	pénurie de logements
live below the poverty line	vivre en-dessous du seuil de pauvreté
soft power	soft power (influence culturelle, politique, scientifique…)
urge somebody to	presser quelqu'un à
persuade / persuasion	persuader / la persuasion
advocate / support something	prôner / soutenir quelque chose

Différents sens de *fair*
- raisonnable et acceptable : *a **fair** cause*
- équitable : *a **fair** master*
- plaisant, attirant : *a **fair** woman*
- grand, important : *a **fair** amount of work*
- fait selon les règles : *a **fair** game*

4 *Myths and heroes.* Mythes et héros

1 *Myths and legends:* mythes et légendes

role model / icon	modèle, exemple / icône
quest / a tale / saga	quête / légende, conte / saga
character / plot	personnage / intrigue
moral qualities	des qualités morales
strength / strong	force / fort
might / mighty	puissance / puissant
bravery / brave	courage / courageux
honour / honourable act	honneur / acte honorable
adventure / adventurous	aventure / aventurier
legend / legendary	légende / légendaire
supernatural / inhuman	surnaturel / inhumain

unyielding	inflexible
epic	épique
popular	populaire
cowardly / chicken-hearted	lâche
deed, brave deed	un exploit
achievement	la réussite
universal	universel
selfless	altruiste
reckless	téméraire, imprudent
astounding	stupéfiant
inspire / inspirational	inspirer / qui est source d'inspiration
impressive / be impressed (with)	impressionnant / être impressionné (par)
skillful / talented	talentueux
visionary	visionnaire

2 *Everyday heroes:* les héros du quotidien

soldier	soldat
nurse	infirmier(mière)
firefighter	pompier
medic = military nurse or doctor	médecin ou infirmier(mière) dans l'armée
daring	qui ose
dedicated	dévoué
strong-willed / determined	déterminé
tough	dur, tenace
join the army, the navy	s'engager dans l'armée, dans la marine
do one's duty	faire son devoir
sacrifice one's life	sacrifier sa vie
look up to / admire	admirer
praise somebody	louer quelqu'un
fearless / courageous	sans crainte / courageux
show the right way	montrer le bon chemin
unique / exceptional	unique / exceptionnel
follow somebody's advice / example	suivre les conseils / l'exemple de qqn
stand up for a principle	défendre un principe

3 *Useful expressions:* expressions utiles

passion / be passionate about	passion / être passionné par
fascinated by	fasciné par
fascinating	fascinant
be a total fan of	être un fan complet de
committed	engagé
involved in	impliqué dans
pay homage / pay tribute to	rendre hommage à
play a part in	jouer un rôle dans
have faith in	avoir foi en
rescue	secourir
endeavour to	s'efforcer de
risk one's life	risquer sa vie
overcome	triompher de
embody	incarner

Révision express

Quelques expressions à retenir

The job seeker reads the small ads and applies for a job.
Le demandeur d'emploi lit les petites annonces et pose sa candidature.

The prices are skyrocketing these days.
Les prix grimpent en flèche ces derniers temps.

Robots replace men for repetitive or dangerous tasks.
Les robots remplacent les hommes pour les tâches répétitives ou dangereuses.

Most of us are riveted to the screen.
La plupart d'entre nous sommes rivés à nos écrans.

Commercial channels benefit from a bigger audience rate than educational TV.
Les chaînes commerciales font davantage d'audimat que la télé éducative.

He was lured into a trap.
On l'a attiré dans un piège.

Relocations are not on the front pages anymore.
Les délocalisations ne font plus la une des journaux.

Addicts crave for the drug they take.
Les toxicomanes ne peuvent pas se passer de leur drogue.

Quiz

Chassez l'intrus :

1. ☐ *To subsidize* ☐ *To finance* ☐ *To deprive of*
2. ☐ *Destitute* ☐ *In need* ☐ *Well-off*
3. ☐ *To manipulate* ☐ *To lure* ☐ *To influence*
4. ☐ *Unemployed* ☐ *Jobless* ☐ *Homeless*
5. ☐ *Goods* ☐ *Union* ☐ *Wares*
6. ☐ *Fanatic* ☐ *Follower* ☐ *Role model*

→ Réponses p. 534

ANGLAIS

EXERCICE GUIDÉ

Savoir s'expliquer

Énoncé

You and your friends have decided to stand up for a cause.
Explain your choice and plans of action. (250 words)

Méthode

- Réfléchissez aux différents domaines de lutte possible : lutte contre les inégalités dans le monde, respect des droits humains, engagement social ou politique. Arrêtez votre choix sur une lutte précise et listez les raisons de votre choix.
- Réfléchissez aux différents modes d'action envisageables : communication, rassemblements, diffusion de tract, actions spectaculaires ou plus discrètes.
- Mobilisez le lexique et les structures appropriés.
- Organisez votre présentation en deux parties : les raisons de votre choix puis votre plan d'action.

Bien comprendre

Le sujet vous invite à utiliser le lexique de l'expression de son opinion, de la lutte contre les discriminations, du monde du travail, de l'action.

Corrigé

I can't stand seeing people suffer. I can't bear inequalities. What I hate most is discrimination at work. I strongly believe that everybody should be treated equally whatever their sex, origin, capacities.

*I am ready to stand up against discrimination concerning women, dark-skinned people, disabled[1] people, **especially** at work. It's **really** unfair **because** it's harder for them to get a well-paid job. **Indeed**, some employers care more for appearances than skills[2], **as a result** when there is a choice between two people with equal qualifications they are not chosen.*

Le conseil du prof

N'oubliez pas d'utiliser les **mots de liaison** : ils structurent votre raisonnement et rendent la lecture plus fluide et agréable.

*So, what to do? We must tackle the problem by addressing young people today **so that** they will not reproduce discriminatory attitudes when they are at work themselves. **That is why** we will take action at school and set up an awareness campaign.*

Here are the different types of action we are planning:
– create and distribute leaflets denouncing discrimination at work.
– make posters with illustrations and catchphrases like: "Stand up for their rights" "Would you like to be treated like that?" "What if it were you?"…
– create a short play with the help of the drama club. Where? On the workplace. Who with? A disabled person at a job interview. About what? The discriminatory attitude of the employer.
– create a poster for the play. Film the play and put the video on the school blog.
– invite a member of a charity working against discrimination and organize a debate after the play.

(247 words)

1. *disabled* : handicapé
2. *skill* : compétence

Espagnol

Chapitre 1 Compréhension écrite

1 Aborder les documents proposés

De quoi s'agit-il ? Tout au long de l'année, vous aurez étudié ces quatre thématiques : Mythes et héros, Espaces et échanges, Lieux et formes du pouvoir, L'idée de progrès. Lors de l'épreuve écrite, vous serez confronté(e) à des documents (de un à trois) : à vous de savoir relier le ou les documents à une de ces quatre notions.

1 Une stratégie de lecture efficace

Vocabulaire
- **Un extrait de roman :** *el fragmento de una novela*
- **Un article de presse :** *un artículo de prensa*

● S'il s'agit d'un extrait de roman, identifiez le nom de l'auteur, le titre de l'ouvrage d'où est extrait le morceau proposé, sa date de publication, et son origine : Espagne ou Amérique Latine ?

● S'il s'agit d'un article de presse, repérez le nom du journal d'où est extrait l'article ainsi que sa date de parution.

● Observez avec soin le document iconographique éventuellement associé, ainsi que sa source.

● Pensez toujours à associer votre lecture aux quatre notions, de façon à comprendre l'unité de la thématique proposée. Recherchez les points communs et les différences, n'isolez pas chaque document. Classez-les en colonnes pour vous aider éventuellement. Dégagez toujours une conclusion.

2 L'extrait d'œuvre littéraire : roman ou nouvelle

Vocabulaire
- **Un roman :** *una novela*
- **Une nouvelle :** *una novela corta*
- **Les personnages :** *los protagonistas*
- **Un récit :** *un relato*
- **Un écrivain :** *un escritor*
- **Le narrateur :** *el narrador*

● Pour bien comprendre un extrait de roman ou une nouvelle, posez-vous les questions suivantes :
- **Où** se déroule l'action ? Repérez les indicateurs de lieu (continent, pays, ville ou campagne…).
- **Quand** se déroule l'action ? Repérez les indicateurs de temps (époque contemporaine, siècle passé, période historique connue...). Notez bien le temps de la narration.
- **Qui** sont les personnages et existe-t-il des liens entre eux (parenté, situation, métier, âge) ? Sont-ils historiques, imaginaires ou s'agit-il d'une autobiographie ? À quelle personne est-ce écrit ?
- **Quel** est le thème du récit ? Essayez de résumer le thème abordé en une phrase simple et claire.

● Distinguez bien l'écrivain du narrateur.

3 L'article de presse

● **Analysez le titre** ; repérez le thème et l'idée principale.

● Relevez le nom du journal et son pays d'origine : journal espagnol ou latino-américain ?

● **Ne vous limitez pas à l'explicite** (ce qui est dit) mais, grâce à une relecture soignée, **dégagez l'implicite** (ce que veut prouver ou démontrer l'auteur).

● La première et la dernière phrase sont souvent une introduction et une conclusion qui indiquent l'orientation de l'article.

4 Le document iconographique

● Prenez le temps d'**observer avec soin** le document :
– tout d'abord, analysez la légende, pour vous permettre de situer le document dans son époque et d'en connaître l'auteur. S'agit-il d'une peinture, d'une affiche, d'une caricature, d'une photo ?
– Lisez le texte inclus dans le document si c'est le cas (affiches, caricatures).
– Observez la scène dans son ensemble et l'attitude des personnages ; observez les différents plans de l'œuvre, les couleurs, les jeux d'ombres et de lumière, afin de voir sur quoi l'artiste attire notre attention, comment il nous touche…

● Ne vous limitez pas à l'explicite, **déduisez** de ce que vous voyez : c'est en observant attentivement que vous franchirez les barrières de la compréhension.

● Pensez à mettre ce document iconographique **en lien avec l'une des notions**, cela vous éclairera si vous avez du mal à dégager l'implicite.

Vocabulaire
- **Une BD :** *una tira, un cómic*
- **Une publicité :** *un anuncio*
- **Le parrainage :** *el patrocinio*
- **Le slogan :** *el lema*

2 Répondre à des questions sur le texte

De quoi s'agit-il ? **Montrez que vous avez bien compris le texte en répondant brièvement et clairement aux questions. Il est nécessaire de lire attentivement la ou les consigne(s) et de procéder à une troisième lecture avec un surligneur à la main.**

1 Bien analyser la consigne

– *Apunta tres elementos que indican que…* Relève trois éléments qui indiquent que…
– *Entresaca dos elementos que indican que...* Choisis deux éléments qui indiquent que…
– *Cita dos...* Cite deux...
– *Apunta cuatro elementos que lo justifican.* Relève quatre éléments qui le justifient.
– *Di si las afirmaciones siguientes son verdaderas o falsas y justifica cada respuesta citando el texto.* Dis si les affirmations suivantes sont vraies ou fausses et justifie chaque réponse en citant le texte.

Vocabulaire
- **Apuntar :** noter, relever
- **Elegir, entresacar :** choisir
- **Citar :** citer
- **Justificar :** justifier
- **Decir :** dire
- **Verdadero :** vrai
- **Falso :** faux

2 Donner des réponses claires, précises et courtes

● Dans vos réponses, respectez le temps de la question.

– *¿Qué tiempo **hace** y dónde **nos encontramos**?* Quel temps fait-il et où nous trouvons-nous?

***Está lloviendo**, estamos en Madrid, en la calle Mayor y parece que hace mucho frío.* Il pleut, nous sommes à Madrid, dans la calle Mayor et il semble faire très froid.

– *Di cuántas personas **había** en la lancha y quiénes **eran**.* Dis combien il y avait de personnes dans le canot et qui c'était.

*En la lancha **eran** veintitrés, casi todos pescadores, pero no **había** ninguna mujer. Eran inmigrantes africanos que salían de Senegal.* Ils étaient vingt-trois dans le canot, presque tous des pêcheurs, mais il n'y avait pas de femmes. C'étaient des immigrants africains qui quittaient le Sénégal .

Attention
N'oubliez pas d'indiquer le nombre de mots utilisés lorsqu'on vous le demande.

- Pensez à introduire votre réponse : des points assurés !

  Cita la frase que indica cuál era el arma más eficaz de Hernán Cortés. Cite la phrase qui indique quelle était l'arme la plus efficace de Hernán Cortés.

  Según el texto, Hernán Cortés « comprobaba que no había mejor arma que un buen discurso ». D'après le texte, Hernán Cortés "remarquait qu'il n'y avait pas d'arme plus efficace qu'un bon discours".

- Lorsque vous faites une citation du texte, elle doit toujours être précise et présentée entre guillemets. N'oubliez pas de spécifier le numéro de la ligne de texte où se trouve la citation.

Expressions utiles

Puedo apuntar dos elementos. → Je peux noter deux éléments.
Puedo citar la frase siguiente. → Je peux citer la phrase suivante.
Varias palabras y expresiones me permiten situar la historia. → Différents mots et expressions me permettent de situer l'histoire.
Los elementos siguientes me permiten decir... → Les éléments suivants me permettent de dire...
Como lo vemos en la línea 12... → Comme nous le voyons à la ligne 12...

3 Déduire le sens des mots inconnus

De quoi s'agit-il ? Une lecture soignée et attentive vous permettra de déduire sans difficulté le sens des mots que vous ne connaissez pas.

1 Déduisez d'après la lecture

- Placez-vous dans le contexte pour franchir la barrière de la langue.

  Y la profesora le soltó un grito. Et le professeur lâcha un cri. → Vous connaissez le verbe *gritar,* (crier), il vous suffit de déduire : *soltar,* c'est « lâcher ».

- Évitez de vous bloquer sur un terme qui vous gêne, la vision d'ensemble va vous aider à comprendre.

2 Recherchez l'origine des mots

- Décomposer le mot inconnu pour repérer son préfixe ou son suffixe peut aider à comprendre le sens d'une phrase. Par exemple, pour traduire *disculpar :*

dis-	*culpar*	→ ne pas être de la faute de, excuser
↑	↑	
Le préfixe *dis-* exprime le contraire	racine (être la faute)	

- Aidez-vous en cherchant la racine du mot, son axe central.
alejarse vient de *lejos* (loin) : s'éloigner

- Recherchez le diminutif ou l'augmentatif, très présents dans la langue espagnole : *pobrecito : pobre +cito* → pauvre petit

Révision express

Les questions à se poser pour bien comprendre un texte

- *¿Quiénes son los protagonistas ?* Qui sont les personnages ?
- *¿Es un tema de actualidad ?* Est-ce un thème d'actualité ?
- *¿Es un relato relacionado con un tema que estudiamos ?* Est-ce un récit en lien avec un thème que nous étudions ?
- *¿Cuál es la idea « clave »que deduzco de mis lecturas ?* Quelle est l'idée-clé que je retire de mes lectures ?
- *Para concluir, ¿con qué noción estudiada se relacionan estos documentos ?* À quelle notion étudiée ces documents se rapportent-ils ?

Quiz

Cochez la bonne réponse :

1. *El poder del dinero es* :
- ☐ **una de las nociones.**
- ☐ **el aspecto de una de las nociones.**
- ☐ **no forma parte de nuestro programma.**

2. *El estudio del Nuevo Mundo se relaciona con :*
☐ **Espacios e intercambios.** ☐ **Idea de progreso.** ☐ **Mitos y héroes.**

3. *Elige la respuesta correcta* signifie :
- ☐ **Soulignez la réponse correcte.**
- ☐ **Choisissez la réponse correcte.**
- ☐ **Ajoutez la réponse correcte.**

4. Choisissez la bonne expression :
- ☐ **Lo veo a la segunda línea.**
- ☐ **Lo veo en la segunda línea.**
- ☐ **Lo veo en la segunda ligna.**

5. La question *¿Para qué le mandó una carta?* porte sur :
☐ **la cause.** ☐ **le temps.** ☐ **le but.**

6. Dans les questions de compréhension, le mot qui vous indique ce que vous devez faire est :
☐ **le sujet.** ☐ **le verbe.** ☐ **le complément d'objet direct.**

→ Réponses p. 535

EXERCICE GUIDÉ

Comprendre un texte

Énoncé

1. Di si es verdad o falso y justifica citando el texto:

a. El narrador es cubano.

b. En Galicia, el narrador no tenía hambre.

c. El narrador imaginaba que en Cuba había muchas riquezas.

d. El narrador tenía 16 años cuando emigró.

2. Después de muchos años lejos de su tierra, el narrador sigue considerándose como gallego. Justifica esta frase utilizando el texto.

El relato se sitúa a principios del siglo XX.

Yo me crié oyendo hablar de Cuba. Me decía para mí: " No me muero sin conocerla." Y no me morí. La idea de Cuba era como ir al paraíso. En Cuba había dinero hasta en los racimos de uvas, eso decían allá. Luego me di cuenta de que aquí casi no conocían la uva. Pero era un decir de allá por el hambre que pasábamos y las ganas que teníamos todos de salir de la guerra de Marruecos y de la pobreza. La pobreza es la peor calamidad que hay. Un pobre hace cualquier cosa, hasta deja su tierra aunque la lleve siempre adentro. Ningún gallego, que sepa yo, ha olvidado Galicia, aunque no la haya vuelto a ver más nunca. Ningún gallego ha olvidado su lengua completamente. Yo que vine a los dieciséis anos, puedo hablar en gallego como el primer día que llegué al puerto. La lengua está pegada al cerebro desde que la oye uno de los abuelos y los padres..

Miguel Barnet (cubano), *Gallego*, 1981

Méthode

1 Commencez par faire une première **lecture découverte** ; puis faites la deuxième lecture et arrêtez-vous sur les personnes des verbes pour éviter les confusions. Imprégnez-vous de la structure du texte (1re partie : los sueños del narrador ; 2e partie : la vida del narrador).

2 Recherchez **les mots-clés** qui apparaissent plusieurs fois : Cuba/gallego/Galicia.

3 Cherchez à **déduire** : si « gallego » vous pose un problème, associez le mot au mot le plus proche : ici Galicia, et déduisez.

4 **Relisez** chaque proposition du 1. et passez au surligneur le passage qui l'illustre.

Corrigé

1. a. El narrador es cubano. Falso. Es gallego. *me crié oyendo hablar de Cuba.* (l. 1)

b. En Galicia, el narrador no tenía hambre. Falso, *el hambre que pasábamos.* (l. 4)

c. El narrador imaginaba que en Cuba había muchas riquezas. Verdad, decían que *en Cuba había dinero.* (l. 2)

d. El narrador tenía 16 años cuando emigró. Verdad, *vine a los dieciséis.* (l. 8)

2. El narrador sigue considerándose gallego porque sigue hablando gallego « como el primer día » (l. 8) cuando llegó a Cuba. Afirma que un gallego no puede olvidar su tierra, la lleva adentro (l. 6), es decir piensa siempre en ella aunque vive lejos. No puede olvidar su lengua porque es lo primero que aprendió de los abuelos y los padres (l. 10), forma parte de su identidad porque la lengua se queda « pegada al cerebro » (l. 9). El narrador sigue apegado a su tierra de origen.

Chapitre 2

Expression écrite

1 Maîtriser les sujets d'expression écrite

De quoi s'agit-il ? **Pour traiter les sujets d'expression, il faut commencer par analyser le type de sujet : sujet d'analyse ou sujet d'invention ?**

1 Le sujet d'analyse

• On peut vous demander de commenter une phrase extraite du texte. **Organisez au brouillon** votre expression sans oublier introduction et conclusion. **Argumentez** logiquement et donnez votre avis. Dans votre développement, chaque paragraphe doit correspondre à une idée que vous devez justifier et illustrer.

Méthode

Pensez toujours à mettre en relation les documents proposés avec les quatre thèmes étudiés au cours de l'année : Mythes et héros, Espaces et échanges, L'idée de progrès, Lieux et formes de pouvoir.

• Vous pouvez avoir à commenter l'attitude d'un personnage ou un aspect de sa personnalité : appuyez-vous sur le texte mais évitez les citations trop longues et déduisez de ce que vous lisez. N'oubliez pas de donner votre avis.

• Dans votre expression, soyez cohérent dans l'emploi des temps et des modes et utilisez les connecteurs logiques : *primero, luego, después* d'abord, après, ensuite ; *en primer lugar, en segundo lugar* premièrement, deuxièmement.

2 Le sujet d'invention

• **Pour rédiger une suite de récit**, le texte doit être votre point de départ. Partez de la dernière ligne du texte et demandez-vous : quel est le point de vue adopté dans le passage ? S'agit-il d'un narrateur extérieur à l'histoire ? Qui sont les personnages et quels sont les indicateurs de lieu et de temps ?

Méthode

Dans votre récit, les temps doivent être en cohérence avec le début du texte et le niveau de langue respecté.

• **Pour rédiger un dialogue**, analysez le sujet pour établir la situation et respectez les personnages, leur personnalité et les liens entre eux. N'oubliez pas d'aller à la ligne, de mettre un tiret pour chaque personnage et pensez à la ponctuation. Pensez aux brèves indications scéniques qui précisent et illustrent les réactions des personnages. Utilisez des mots ou expressions du langage oral dans vos dialogues : *bueno, claro, desde luego, mire* (ou *mira*, attention à la personne : *tú* ou *usted?*), *vale*…

• **Pour rédiger une lettre**, commencez par indiquer le lieu d'où vous écrivez et la date : *Santiago, 20 de enero de 2016* Santiago, 20 janvier 2016

Puis, déterminez à quelle personne vous allez parler au destinataire :

– Si c'est une personne proche, vous utiliserez la deuxième personne du singulier :

Querido Carlos : Cher Charles,
un fuerte abrazo ou *besos* je t'embrasse.

Attention

N'oubliez pas les deux points après *Querido, a* + prénom.

ESPAGNOL

– Si c'est une lettre plus conventionnelle ou professionnelle, n'oubliez pas d'employer la troisième personne du singulier (vouvoiement avec *usted*) :

estimado, a señor/ señora Madame, Monsieur,

en espera de sus noticias, le saluda atentamente dans l'attente de nouvelles de votre part, veuillez agréer mes sincères salutations

reciba un cordial saludo, cordialement

Enfin, pensez à signer et à rajouter éventuellement un post-scriptum (*post data* en espagnol) dans lequel vous intégrerez éventuellement un impératif.

P.D. : ¡Escríbeme pronto ! Écris-moi vite !

2 Les confusions à éviter

Les confusions, les erreurs de mode ou de prépositions peuvent vous faire perdre des points, n'oubliez pas de vous relire.

- *Por* et *para*

– *Por* pour exprimer la cause → ***por** eso* c'est pour quoi, pour cela.
– *Para* pour exprimer le point de vue ou le but → ***para** mí* pour moi.

- *Ser* et *estar*

– *Ser* : nature → ***Es** periodista.* Il est journaliste.
– *Estar* : circonstance → ***Está** en Buenos Aires.* Il est à Buenos Aires.
– La notion « état passager, état définitif » concerne *ser* ou *estar* + adjectif. Dans les autres cas, analysez bien la nature du mot associé.

- *Haber* et *tener*

– *Haber* ne s'emploie qu'en auxiliaire → *Lo **ha** comprado.* Il l'a acheté.
– *Tener* exprime la possession → ***Tiene** un coche nuevo.* Il a une nouvelle voiture.

- *Pedir* et *preguntar*

– *Preguntar*, c'est « poser une question » → *Me **pregunto** si es una buena cosa.* Je me demande si c'est une bonne chose.
– *Pedir*, c'est demander de faire quelques chose → *Se **pide** a los alcaldes que respeten las normas de urbanismo.* On demande aux maires de respecter les normes d'urbanisme.
– Attention : *pedir que* + subjonctif donc concordance des temps → *Se **pedía** a los alcaldes que **respetaran** las normas de urbanismo.* On demandait aux maires de respecter les normes d'urbanisme.

- *Que* et *quien*

– *Que* s'emploie indifféremment pour les personnes et les choses, sujet ou COD → Don Quijote de la Mancha *es la famosa obra **que** escribió Miguel de Cervantes.* Don Quichotte de la Mancha est la célèbre œuvre qu'écrivit Miguel de Cervantés.
– *Quien* ne s'emploie que pour les personnes (précédé d'une préposition), à l'interrogation, en incise ou explicative. Évitez les répétitions de *quien*. → *Don Juan, **quien** fue creado por Tirso de Molina, no quería respetar ninguna ley.* Don Juan, qui fut créé par Tirso de Molina, ne voulait respecter aucune loi.

- *Mientras* et *mientras que*

– *Mientras* permet de situer dans le temps : pendant que → *Esperaba **mientras** él sacaba su documentación.* Elle attendait pendant qu'il sortait ses papiers.
– *Mientras que* permet d'opposer : tandis que → *Él es español **mientras que** ella es chilena.* Lui est espagnol alors qu'elle est chilienne.

- *Pero* et *sino*

– Pour une phrase négative articulée avec mais, on n'emploie pas *pero* mais *sino* : *No es un famoso **sino** un mito.* Ce n'est pas un personnage célèbre mais un mythe.

Révision express

Les points importants à retenir

- Ne vous bloquez pas sur les mots inconnus, cherchez la racine, puis faites une lecture déductive.
- Vous aurez généralement plusieurs documents à étudier, ne les isolez jamais et recherchez les points communs.
- Pensez à rapporter vos documents aux quatre notions étudiées.
- Les erreurs fréquentes en expression écrite : les erreurs de conjugaison, les oublis de prépositions et les confusions.
- Pensez toujours à introduire et conclure avec une mini phrase et à respecter le nombre de mots ou de lignes requis.
- Soignez les mots de liaison de façon à être clair et convaincant.
- Privilégiez la simplicité, appuyez-vous sur les documents, ne cherchez pas la complication dans l'expression, demandez-vous toujours ce que vous voulez dire ou prouver.

Quiz

Choisissez l'expression correcte :

1. a. ☐ Me extraña que el niño no tenga bastante dinero para comprarle un regalo a su madre.
b. ☐ Me extraña que el niño no tiene bastante dinero para comprarle un regalo a su madre.

2. a. ☐ No pienso que sea posible vivir así.
b. ☐ No pienso que es posible vivir así.

3. a. ☐ Hace como si no lo sabía.
b. ☐ Hace como si no lo supiera.

4. a. ☐ En primero lugar analizaremos la situación de la familia en este texto y en segundo lugar la actitud del joven en esta situación.
b. ☐ En primer lugar analizaremos la situación de la familia en este texto y en segundo lugar la actitud del joven en esta situación.

5. a. ☐ Así, aprendemos que al niño no le gusta la lectura.
b. ☐ Así, nos enteramos de que al niño no le gusta la lectura.

→ Réponses p. 535

EXERCICE GUIDÉ

S'entraîner à l'expression écrite

Énoncé

1. Estudia la personalidad de Flora Tristán.

2. ¿En qué medida este documento ilustra la noción de progreso?

El combate de Flora

Flora Tristán en 1844 viajó por toda Francia para defender sus ideas de justicia social.

La mejor reunión fue la de los tejedores, una docena de hombres apiñados en un taller de las afueras, con quienes pasó varias horas, desde la caída de la tarde hasta la plena noche. Desvalidos, vestidos con simples blusas de jerga, zapatones desgastados y algunos descalzos, la escucharon con interés, asintiendo a menudo, inmóviles. Flora vio que esas caras cansadas se ilusionaban oyéndola decir que, una vez formada en toda Francia, y más tarde en toda Europa, la Unión Obrera tendría tanta fuerza que gobiernos y parlamentos convertirían en ley el derecho al trabajo. Una ley que les defendería contra el desempleo para siempre.

–Pero, en este derecho usted quiere incluir también a las mujeres –le reprochó uno de ellos, cuando abrió el turno de las preguntas.

–¿No comen las mujeres? ¿No se visten? ¿No necesitan también trabajar para vivir? –silabeó Flora, como recitando un poema.

No era fácil convencerlos. (…) Flora entendía sus miedos y dominaba su impaciencia. Trabajaban quince o más horas sobre veinticuatro, siete días por semana, y se los veía desnutridos, macilentos, enfermizos, envejecidos por esa vida animal.

Mario Vargas Llosa, *El paraíso en la otra esquina*, 2003.

Méthode

1 Préciser sur quoi portent les questions

- Dans **la première question**, on vous demande de cerner une personnalité qu'il faudra replacer dans son contexte historique.
- La **seconde question** consiste à replacer le document dans le cadre du dossier sur le progrès. Flora combat pour un progrès social, et le document évoque les deux points suivants : la condition ouvrière et la condition féminine.

2 Appuyez-vous sur le texte pour rechercher des idées. Tout en notant des idées, n'hésitez pas à noter du vocabulaire.

3 Organisez vos idées.

- Sur un brouillon, élaborez le plan des réponses aux **deux** questions avant de les rédiger, surtout lorsque, comme c'est le cas dans l'exemple, elles se recoupent. Il faut éviter la répétition d'une question à l'autre. Vos réponses doivent se compléter.
- Prévoyez toujours une introduction et une conclusion. Vous pouvez choisir de faire un ou plusieurs paragraphes.

4 Rédiger

- Il est préférable de faire une première rédaction au brouillon afin de pouvoir relire et corriger facilement.
- Relisez d'abord pour enrichir votre texte : changer ou ajouter des adjectifs et des adverbes, remplacer le verbe *decir* par des verbes plus précis comme *exclamarse, contestar…*, introduire des structures en remplaçant, par exemple, la phrase *los obreros están sorprendidos* par *a los obreros les sorprende.*
- Relisez une seconde fois pour vérifier la correction orthographique et grammaticale (accords, temps des verbes…) de votre texte.
- Vous pouvez recopier votre réponse en soignant votre écriture pour en faciliter la lecture.

Corrigé

● **Question 1**

Flora Tristán, en medio del siglo XIX, en plena revolución industrial, defiende ideas de fraternidad y justicia. La reunión evocada en el documento evidencia dos aspectos esenciales de su personalidad: la generosidad y la voluntad.

Es una mujer generosa y sensible, por eso le da pena ver que los obreros viven y trabajan en condiciones tan inhumanas. Sueña con una sociedad más justa en la que todos puedan tener lo necesario. Le indigna que los obreros tengan hambre y que no posean ropa ni zapatos a pesar de pasarse la vida trabajando. Se da cuenta de lo que sufren y quiere mostrarles respeto y apoyo. Por eso controla su impaciencia cuando los obreros no comprenden o no aceptan sus ideas, por ejemplo sobre las mujeres. Flora entiende que la falta de educación y las condiciones inhumanas de vida les impiden a veces comprenderla y que asistir a una reunión es ya mucho esfuerzo. Flora se conmueve al verlos.

Frente a las injusticias sociales, Flora decide luchar y mediante la Unión Obrera milita para mejorar la condición de los más humildes. No vacila en recorrer el país y a hablar en reuniones públicas. Seguro que se encontró también con gente que la criticó, quizás la insultó. Pero no se dejó impresionar y siguió defendiendo sus ideas. Es una mujer de armas tomar ya que se necesitan mucha fuerza y determinación para actuar así. Cuando Flora ve a obreros que la escuchan, que se ilusionan con sus palabras, le da alegría y la anima a seguir. Su entusiasmo y su voluntad siguen intactos. Por eso es capaz de convencer a los otros de que se unan para mejorar sus vidas.

Flora Tristán es una personalidad excepcional. Forma parte de esas mujeres que, pese los prejuicios de la sociedad de aquel entonces, supieron defender ideas nuevas, modernas y que no quisieron encerrarse en casa y aceptar las injusticias.

● **Question 2**

Flora Tristán, como otros pensadores de su época, se da cuenta de las consecuencias negativas de la revolución industrial en el siglo XIX. Sueña con una sociedad más justa, una utopía, y combate para mejorar las condiciones de vida de los más humildes y también por la libertad, así que podemos decir que lucha por el progreso social.

El documento evoca la miseria en que viven los obreros y sus familias, y las condiciones de trabajo tan terribles que soportan estos hombres, por las que están "envejecidos". Sin embargo, para ellos lo peor es el desempleo. Perder el trabajo, aunque durísimo y mal pagado, es perderlo todo, perder dignidad y encontrarse mendigando en la calle. Es una de las injusticias con las que quiere terminar la Unión Obrera. Como lo indica el nombre, se trata de unirse, de ser solidarios, de apoyarse para que a ninguno, enfermo, herido o viejo, lo echen a la calle. Esas ideas de solidaridad y de justicia se harán realidad más tarde en forma de leyes, como en el código del trabajo, o de organismos como los seguros. Flora, al defender esas ideas, defiende el progreso social y se adelanta a su tiempo.

Igualmente se adelanta a su época en cuanto a la situación de las mujeres. Quiere que la mujer obrera tenga los mismos derechos que el hombre obrero. Y eso, a los obreros, les sorprende, incluso les desagrada porque tienen prejuicios, pero Flora se niega a cambiar sus ideas para complacerles. Milita, organiza reuniones públicas por todo el país. Forma parte de esas mujeres que como Georges Sand no aceptaron someterse a la norma de aquellos tiempos. Pese a las dificultades, lucharon por vivir libres y, gracias a ellas, la situación de las mujeres cambió lentamente. Hasta el siglo XX no se empezó a dar derechos a las mujeres como el derecho a votar. En este terreno también Flora se adelanta a su tiempo.

Lo que defiende Flora puede considerarse como un progreso social: quiere leyes que protejan a los obreros, quiere fraternidad y solidaridad, quiere libertad e igualdad entre todos los miembros de la sociedad. Quiere una sociedad perfecta. Es un sueño, pero que existe.

Chapitre 3 Expression orale

1 L'expression en continu

De quoi s'agit-il ? Il s'agit d'apprendre à présenter l'une des notions étudiées en l'illustrant avec des documents vus en cours. Vous vous entraînerez tout au long du dernier cycle (Première, Terminale).

1 Connaître en amont les documents qui illustrent la notion

- Lorsque vous étudiez un document, commencez par repérer sa nature.
- Au cours de votre travail personnel de préparation, dégagez toujours la problématique et mettez le document en lien avec l'une des quatre notions : c'est en prenant le réflexe de relier chaque document à un ou à des notions que vous vous parviendrez à vous exprimer avec aisance au cours de l'oral de Terminale : vous aurez balayé suffisamment de documents pour pouvoir illustrer la notion tirée au sort.

Este documento es un fragmento de novela. Ce document est un extrait de roman.

Este fragmento presenta una escena cotidiana. Cet extrait présente une scène quotidienne.

Se trata de un famoso cuento que narra la historia de una chica.
Il s'agit d'un célèbre conte qui raconte l'histoire d'une jeune fille.

Este artículo de prensa nos adentra en el mundo de los negocios.
Cet article nous plonge dans le monde des affaires.

Tenemos ante los ojos un cuadro de Goya. Nous avons sous les yeux un tableau de Goya.

Esta publicidad denuncia la contaminación. Cette publicité dénonce la pollution.

Esta foto representa el Canal de Panamá. Cette photo représente le canal de Panama.

Se trata de un fragmento de la obra de Isabel Allende "Eva Luna" publicada en 1987.
Il s'agit d'un extrait de l'œuvre d'Isabel Allende *"Eva Luna"* publiée en 1987.

Es un dibujo humorístico sacado de El País Semanal.
C'est un dessin humoristique extrait du journal El País Semanal.

Es un cuadro de un pintor del siglo XX. C'est un tableau d'un peintre du XXe siècle.

Se trata de un artículo publicado en El País el 2 de enero de 2015.
Il s'agit d'un article publié dans El País le 2 janvier 2015.

Vocabulaire
- **Une affiche :** *un cartel*
- **Une publicité :** *una publicidad*
- **Une photo :** *una foto*

2 Mettre en relation ces documents

- N'isolez pas les documents, mettez-les en lien, pour cela une révision des prépositions et des mots charnières est indispensable.
- Pensez à revoir avec précision le lexique des différents types de documents (*artículo de prensa, la prensa digital…*)

Por una parte, el relato ilustra bien el nacimiento de un héroe, y por otra, este cómic es una perfecta ilustración de la visión del héroe en la sociedad contemporánea.

D'une part ce récit illustre bien la naissance d'un héros et d'autre part, cette BD est une parfaite illustration de la vision du héros dans la société contemporaine.

3 Conclure avec pertinence et en donnant son avis

- C'est votre aptitude à avoir une vision d'ensemble et à conclure en donnant votre avis personnel qui sera votre atout à l'oral.
- Mais pour cela, une bonne révision des points de langue (nuancer, relier, argumenter, donner son avis…) est indispensable.

Me parece que este cartel, este fragmento de novela y esta poesía dan una visión interesante de la noción de Espacios e intercambios . Cada documento tiene su interés porque su objetivo es finalemente enseñar los vínculos entre España y Latinoamérica constuidos entre otros a partir de una lengua común, el español.

Il me semble que cette affiche, cet extrait de roman et cette poésie donnent une vision intéressante de la notion Espaces et échanges. Chaque document présente un intérêt car pour chacun, le but est finalement de montrer les liens entre l'Espagne et l'Amérique Latine, construits entre autres à partir d'une langue commune, l'espagnol.

2 Interaction orale

- Observer son interlocuteur pour mieux le comprendre

– Repérez les mots récurrents, et veillez l'intonation de sa voix.
– Montrez que vous comprenez en étant réactif, en participant : n'attendez pas que les minutes passent pour dire deux mots à la fin…
– N'interrompez pas votre interlocuteur.
– N'hésitez pas à demander une reformulation en expagnol de la question lorsque vous ne comprenez pas. À ce moment-là, l'examinateur vérifiera si vous savez vouvoyer ou poser une question, par exemple.

Gagnez des points

Quelques expressions :
– *¿Puede repetir la pregunta?*
– *No entiendo la palabra.*

- Convaincre son interlocuteur

– Une bonne maîtrise des notions du programme vous permettra d'établir un dialogue avec votre interlocuteur et d'illustrer vos propos.
– Quand vous intervenez, que vous répondez à une question par exemple, exprimez-vous fort et clairement et n'hésitez pas à vous corriger en cas de faute.
– Si vous voulez insister et dire « moi, je pense », attention à l'emploi du bon pronom personnel : *yo pienso / opino.*
– Si vous n'êtes pas d'accord avec votre interlocuteur, n'oubliez pas de justifier et d'expliquer pourquoi, ne dites pas sèchement : *no estoy de acuerdo.*
– À la fin de votre entretien, n'oubliez pas de saluer l'examinateur : *adios, muchas gracias señor/ señora.*

Astuce

Évitez le ton monocorde. Soyez dynamique et parlez suffisamment fort. Soyez expressif…

- L'écrit, l'oral, la maîtrise de la grammaire sont indissociables ! Une bonne maîtrise de la grammaire permet de s'exprimer simplement avec aisance. L'oral ne s'improvise pas ! Une bonne révision des expressions et du lexique est nécessaire.

Révision express

S'exprimer avec précision à l'oral

- Impossible de préparer l'oral sans connaître parfaitement au préalable l'intitulé des quatre notions étudiées (Espaces et échanges, L'idée de progrès, Lieux et formes du pouvoir, Mythes et héros).
- Pensez à faire attention à la personne que vous allez employer : 1re personne → pienso.
- N'isolez pas les documents que vous présentez et associez-les à la notion.
- *Este fragmento de novela de Isabel Allende ilustra perfectamente la noción Espacios e intercambios.*
- *Cet extrait de roman d'Isabel Allende illustre parfaitement la notion Espaces et échanges.*
- Pensez à donner votre vision personnelle, ne restez pas dans le vague.
- Ne négligez pas prononciation et accent tonique, anticipez, écoutez des documents authentiques et entraînez-vous.
- Lors de la conversation avec votre examinateur, n'hésitez pas à faire répéter correctement plutôt que de laisser un blanc.

Quiz

Choisissez l'expression correcte.

1. **a.** ☐ Pienso que tiene razón.
b. ☐ Piense que tiene razón.

2. **a.** ☐ Me parece esencial.
b. ☐ Parece me esencial.

3. **a.** ☐ No soy de acuerdo.
b. ☐ No estoy de acuerdo.

4. **a.** ☐ Hace parte de los mitos fundadores.
b. ☐ Forma parte de los mitos fundadores.

→ Réponses p. 535

EXERCICE GUIDÉ

Présenter une notion à l'oral

Énoncé

Présentez la notion « Mythes et héros ».

Méthode

1 Il ne s'agit pas de réciter par cœur ce que vous savez sur la notion mais de la présenter de manière structurée en vous appuyant sur les documents étudiés.

2 Entraînez-vous à associer les documents étudiés aux notions : reliez vos connaissances culturelles liées au programme, travaillez votre capacité de synthèse et revoyez vos bases en expression.

Corrigé

Pour faciliter votre lecture nous avons gardé les différentes étapes du développement. À l'oral, vous ne devrez pas les annoncer.

Introduction

Este año, hemos podido descubrir la noción « mitos y héroes » y me parece que se puede presentar desde varios enfoques *point de vue* : un estudio cronológico no me parece adecuado en absoluto así que me limitaré más bien a explicar en qué medida la lengua española, que se habla tanto en España como en Latinoamérica, vio nacer a unos mitos y héroes que cruzaron siglos y fronteras.

Des héros éternels

A lo largo del año, en nuestros estudios de la lengua española, descubrimos a varios héroes que forman parte ahora del patrimonio mundial : don Juan o el Cid, por ejemplo, existen en la memoria colectiva : a partir de hechos verídicos, aquellos héroes literarios han pasado a la historia por haber sido inmortalizados en obras literarias españolas, como la de Tirso de Molina, o francesas, como la de Molière. El Cid del « Cantar de mío Cid » » ha pasado también a Francia en la obra de Corneille. Son expresiones de la memoria colectiva, que representan la condición humana en varios aspectos : si los textos relatan las hazañas *les prouesses* o las desgracias *malheurs* de un héroe, a modo de epopeya como en el Cid, encarnan al hombre en su medida eterna y por eso cruzan los siglos sin dificultad y permiten que los hombres se reconozcan y los consideren como referencias : ya en aquellas épocas, representaban el valor *le courage* y la valentía entre otras cualidades. Son héroes de la memoria colectiva.

Des personnages influents qui sont devenus des mythes

Por otra parte, no me limitaré a aludir a personajes históricos o ficticios : podría mentar *mentionner* por ejemplo a los madrileños que combatieron el dos de mayo de 1808 por la libertad de su ciudad , también a Eva Perón en Argentina, o al Che (Cuba) que intentaron luchar por la justicia. Las diferentes injusticias generaron *ont fait naitre* el nacimiento de diferentes héroes que quisieron encabezar *prendre la tête de* una reacción frente a abusos y se volvieron mitos.

Des figures mythiques dans la société contemporaine

Hoy en día, el marketing y los anuncios se valen *utilisent* a veces de estas figuras míticas en sus diferentes propuestas : así notamos el impacto que siguen teniendo en la sociedad,hasta en la economía : pienso por ejemplo en el nombre del coche Picasso que remite *renvoie* al gran pintor célebre en todo el mundo ; o a las camisetas que se venden con la figura del Che, que ya no encarna al héroe luchando por los pobres.

Los héroes suelen ser individuos o grupos, pero pueden también ser encarnados por grupos o temas como el flamenco que de mito a pasado casi a ser un tópico *un cliché* :¿ que sería Andalucía sin el mundo gitano y su música ? Este mito del flamenco es tan evidente que ha pasado a ser emblemático: la gitana con su vestido de volante ha pasado de mito (Carmen) a tópico (la visión que tiene el extranjero de turno de Andalucía).

Les héros du monde quotidien

Si el mundo de los mitos y de los héroes remite a la historia de un país, a sus anhelos *ses désirs*, a sus esperanzas, a sus logros *ses réussites* y sus fracasos *échecs*, en el mundo de cada día, coexisten los héroes de la sombra *l'ombre*, héroes que no son famosos, de los que nadie habla y que sin embargo son la referencia de muchos : los jóvenes que se van a ayudar a pueblos necesitados en las diferentes ONG por ejemplo o los bomberos que salvan la vida en total discreción…

Y esos héroes de la vida verdadera van acompañados de los héroes del mundo literario, son como su reflejo en la verdadera vida : pienso por ejemplo en don Quijote, de Miguel de Cervantes, que soñaba con ser héroe y luchar contra las injusticias, o en el capitán Alatriste, otro defensor de la justicia en la España del siglo XVII, que es el héroe de una serie de novelas de aventuras de Pérez Reverte ; en ambas obras domina el sentido de honor , el valor principal en el mundo heróico.

Conclusion

Para concluir, diría que el estudio a lo largo del año de este tema « mitos y héroes », me ha permitido descubrir mejor la lengua que llevamos cuatro años estudiando, también ha sido una oportunidad para interesarme por el pasado tanto de España como de América Latina y por fin , me ha permitido descubrir a muchos héroes, sea reales, sea ficticios pero que siguen vivos en el mundo contemporáneo. En mi opinión, los mitos son la esencia de la memoria colectiva de un país y el héroe no vive en un lugar cerrado sino que cruza las fronteras.

Chapitre 4

Grammaire

1 Maîtriser les prépositions

De quoi s'agit-il ? **L'emploi des prépositions en langue espagnole exige une grande précision afin d'éviter les oublis (par exemple, *a* devant le complément de personne) ou encore les confusions (*por* et *para*).**

1 Les prépositions *a* et *en*

- **La préposition *a*** est obligatoire devant un complément d'objet quand celui-ci est un être animé.

  ¿Conoces a su hermano ? Connais-tu son frère ?

Elle indique le lieu où l'on va.

  Este verano, la familia va a Andalucía. Cet été, la famille va en Andalousie.

ir a + infinitif exprime un futur immédiat.

  Va a descubrir otro país Il va découvrir un autre pays.

Attention

On dit *llegar a* pour traduire arriver à **ou** arriver en.

Llegaron a España. Ils arrivèrent en Espagne.

- **La préposition *en* :**

– traduit le lieu où l'on est.

  Están en Barcelona. Ils sont à Barcelone.

– traduit aussi « sur ».

  Siéntate en una silla. Assieds-toi sur une chaise.

2 Les prépositions *por* et *para*

- **La préposition *por* :**

– s'emploie pour exprimer la cause.

  Gracias por tu visita. Merci de ta visite.

– introduit un complément de temps.

  por la mañana, por la tarde le matin, l'après-midi

– introduit un complément d'agent.

  Un monumento construido por Gaudí. Un monument construit par Gaudí.

Attention

¿por qué ? **interrogatif en deux mots, signifie** pourquoi ?

Porque, **affirmatif en un mot, signifie** parce que.

- **La préposition *para* :**

– s'emploie pour exprimer le but.

  Es útil para los estudiantes. C'est utile pour les étudiants.

– indique devant un complément de lieu, l'endroit vers lequel on se dirige.

  Me voy para Buenos Aires. Je pars pour Buenos Aires.

Remarque

N'oubliez pas les pronoms après les prépositions !

para… mí, ti, él, ella, usted, nosostros, as, vosotros, as ellos, ellas, ustedes.

2 Les emplois de *ser* et *estar*

De quoi s'agit-il ? **Les deux auxiliaires ne sont pas interchangeables : *ser* = définition, qualités physiques et morales, caractéristiques ; *estar* = situation dans l'espace et le temps.**

1 Emploi de *ser*

- Avec un nom attribut (nature, profession, désignation sociale, signalement, nom propre…).
  Su primo es Rodrigo, es médico. Son cousin, c'est Rodrigue, il est médecin.
- Avec un pronom (personnel sujet, possessif, démonstratif).
  Mi casa es esta. Ma maison c'est celle-ci.
  Soy yo. C'est moi.
  Este documento es suyo. Ce document est à lui.
- N'oubliez pas *ser* + pronom sujet.
  Soy yo. C'est moi. *Es él.* C'est lui.
- Avec un nombre.
  Serán veinte. Ils seront vingt.
- Avec un infinitif.
  Lo que puedes hacer es marcharte. Ce que tu peux faire, c'est t'en aller.

Astuce

Pour rendre la tournure « c'est », on emploie toujours *ser* dans les tournures impersonnelles :
Es evidente, fácil, frecuente, imposible, interesante, necesario, probable…

2 Emploi de *estar*

- Pour se situer dans l'espace ou dans le temps.
  Estamos en España en 1936, es la Guerra Civil. Nous sommes en Espagne en 1936, c'est la Guerre Civile.
- *Estar* + gérondif : être en train de.
  Están leyendo el periódico. Ils sont en train de lire le journal.

Remarque

- *Estar por* : rester à faire.
  La habitación está por limpiar.
  La chambre reste à nettoyer.
- *Estar sin* : n'est pas encore fait.
  El misterio está sin resolver.
  Le mystère reste à résoudre.

3 *Ser* et *estar* + adjectif

- ***Ser* + adjectif** : traduit les qualités essentielles, la nationalité, la nature, la couleur, la forme, la définition…
  Es catalán, es moreno, es tímido. Il est Catalan, il est brun, il est timide.
- ***Estar* + adjectif** : traduit un état passager, momentané, une situation exceptionnelle.
  Estoy contento, el cielo está azul. Je suis content, le ciel est bleu (aujourd'hui).

Remarque

- ***Ser* + participe passé + *por* : tournure passive.**
  La puerta fue abierta por una señora. La porte fut ouverte par une dame.
- ***Estar* + participe passé : résultat d'une action.**
  La puerta está abierta.
  La porte est ouverte.

3 Le mode dans la proposition complétive

De quoi s'agit-il ? En observant bien si le fait annoncé est un fait réel (mode indicatif) ou un fait éventuel et non réalisé (mode subjonctif, en espagnol mode de l'hypothèse), vous éviterez les erreurs de mode.

1 L'indicatif

- Quand le verbe de la principale est déclaratif et rapporte un fait réel, la subordonnée est à l'indicatif : j'affirme, je ne laisse pas de place à l'hypothèse ou à l'éventualité.
  Pienso que el periodista tiene razón. Je pense que le journaliste a raison.

2 Le subjonctif

La proposition complétive est au subjonctif dans les cas suivants :

- Après un verbe de volonté, d'ordre, de conseil, de demande ou de prière :
  Quiere que le diga la verdad. Il veut qu'il lui dise la vérité.
  Exige que callen. Il exige qu'ils se taisent.
  Le pide que venga temprano. Il lui demande de venir tôt.
  Ruega que le enseñe su país. Il lui demande de lui montrer son pays.

- Après un verbe de sentiment.
  No me gusta que me digas eso. Je n'aime pas que tu me dises cela.

- Après un verbe d'opinion à la forme négative.
  No pienso que sea frecuente. Je ne pense pas que ce soit fréquent.

- Après *quizás, tal vez* (peut-être), pour exprimer le doute.
  Quizás no lo sepan. Peut-être ne le savent-ils pas.

Remarque

N'oubliez pas non plus d'employer le subjonctif après *ojalá* pourvu que → *Ojalá llegue a tiempo.* Pourvu qu'il arrive à temps.

3 La concordance des temps

- Si la principale est au présent, au futur ou au passé composé, la subordonnée sera au subjonctif présent.

- Si la principale est à l'imparfait, au plus-que-parfait, au passé simple ou au conditionnel, la subordonnée sera au subjonctif imparfait ou au plus-que-parfait.

- Le temps de la subordonnée dépend du temps de la principale, n'oubliez pas de rétablir l'équilibre en cas de changement de temps de la principale !
  Quiero que venga. Je veux qu'il vienne.
  Quería que viniera. Je voulais qu'il vienne.

4 Les subordonnées circonstancielles

De quoi s'agit-il ? Vous pourrez enrichir facilement votre expression et la nuancer grâce à une bonne maîtrise des conjonctions et du mode.

1 La subordonnée de temps

- Les mots introducteurs tels que : *cuando*, quand, *en cuanto* dès que, *mientras*, pendant que, *hasta que*, jusqu'à ce que sont suivis de l'indicatif ou du subjonctif, mais *antes de que* avant que est toujours suivi du subjonctif.

- Le changement de mode se fait de la manière suivante : si la principale est au futur ou à l'impératif, le verbe de la subordonnée sera au subjonctif.

  Ven cuando puedas. Viens quand tu pourras.

- *Al* + infinitif traduit la simultanéité.

  Al verlo, lo reconoció. En le voyant, il le reconnut.

Remarque

Ne mélangez pas : *mientras* pendant que **(temps) et** *mientras que* tandis que **(opposition)**

2 La subordonnée de cause

- Les mots introducteurs tels que : *porque*, parce que, *ya que*, *puesto que*, puisque sont suivis de l'indicatif.

- *Por* est suivi de l'infinitif et exprime aussi la cause.

  Por tener un acento diferente, no lo entendían. Ils ne le comprenaient pas parce qu'il avait un accent différent.

3 La subordonnée de but

- Les conjonctions *para que* pour que et *a fin de que* afin de sont suivies du subjonctif, comme en français.

  Repite para que entiendan. Répète pour qu'ils comprennent.

4 La subordonnée de concession

- Ne confondez pas *aunque* suivi de l'indicatif, qui veut dire bien que et *aunque* suivi du subjonctif, qui signifie même si.

  No te lo diré aunque lo sé. Je ne le dirai pas bien que je le sache.

  No te lo diré aunque lo sepa. Je ne te le dirai pas même si je le sais.

5 La subordonnée conditionnelle

- *Si*, suivi de l'indicatif évoque une condition possible.

  Si puedo vendré. Si je peux je viendrai.

- *Si*, suivi de l'imparfait du subjonctif ou du plus que parfait du subjonctif traduit une condition hypothétique ou irréalisable.

  Si pudiera, vendría (pero no lo puedo). Si je pouvais je viendrais.

Révision express

Les pièges à éviter

Les particularités de la langue

– L'enclise (pronom complément ou réfléchi soudé au verbe) apparaît à l'impératif, à l'infinitif et au gérondif. Ordre des pronoms : 1) COI 2) COD

Cuéntame tu historia,¡ cuéntamela ! Raconte-moi ton histoire, raconte-la moi !

– L'apocope devant un nom masculin singulier :

uno, primero, bueno, malo, alguno, ninguno, primero, tercero → *un, primer, buen, mal, algún, ningún, primer, tercer*

El primer capítulo y la primera línea. Le premier chapitre et la première ligne.

– L'apocope de *grande* → *gran* devant un nom masculin ou féminin.

Un gran señor. Un grand monsieur. (moral et non taille)

– L'auxiliaire et le participe passé sont inséparables.

Nunca me lo ha dicho. Il ne me l'a jamais dit.

Les erreurs fréquentes

– Ne doublez que les consonnes C, R, L, N (pensez au nom propre *Carolina*)

– Ne mettez pas d'accents sur les passés forts (*dije, quise, hice, tuve, anduve…*)

– Les accords nom/adjectif, sujet/verbe doivent être soigneusement effectués

La gente saludó al presidente Les gens saluèrent le président.

– Les répétitions : le pronom COI est là pour remplacer le nom, n'hésitez pas à l' employer !

Mira a Elena y le explica por qué ha venido Il regarde Elena et lui explique pourquoi il est venu.

– La confusion des pronoms réfléchis (*me, te, se, nos, os, se*) et des adjectifs possessifs (*mi, tu, su, nuestro, a, os, as, vuestro, a, os, as, su, sus*)

– Le *que* n'est pas systématiquement suivi du subjonctif.

Quiz

Complétez avec le mot manquant :

1. Lo hace …… él.	☐ por	☐ para
2. Escucha …… poeta.	☐ el	☐ al
3. Es un problema difícil …… entender.	☐ a	☐ de
4. Llegaron …… aquella región sin nada.	☐ a	☐ en
5. La contaminación …… un problema candente.	☐ es	☐ está
6. No pienso que el periodista …… razón.	☐ tiene	☐ tenga

→ Réponses p. 535

EXERCICE GUIDÉ

Utiliser les constructions verbales particulières

Énoncé

1. Repérez toutes les constructions de verbes utilisant le subjonctif.

2. Réutilisez ces constructions en les imitant dans des phrases de votre invention.

3. Complétez les phrases suivantes dans la logique du texte :

Tita se pondrá muy triste cuando. . . .

Si Tita lo pudiera . . . .

Cuando yo sea muy vieja, le dice Mamá Elena a su hija, tú. . .

Tita estaba triste mientras Mamá Elena. . .

El peso de la tradición

Antes de que Mamá Elena dijera que ya se podía levantar la mesa, Tita que entonces contaba con quince años, le anunció con voz temblorosa que Pedro Muzquiz quería venir a hablar con ella…

– ¿Y de qué me tiene que venir a hablar este señor?

Dijo Mamá Elena luego de un silencio interminable que encogió el alma de Tita. Con voz apenas perceptible Tita respondió:

– Yo no sé.

Mamá Elena le lanzó una mirada que para Tita encerraba todos los años de represión que habían flotado sobre la familia y dijo:

– Pues más vale que le informes que si es para pedir tu mano, no lo haga. Perdería su tiempo y me haría perder el mío. Sabes muy bien que por ser la más chica de las mujeres a ti te corresponde cuidarme hasta el día de mi muerte.

Dicho esto, Mamá Elena se puso lentamente de pie, guardó sus lentes dentro del delantal y a manera de orden final repitió:

– Por hoy, ¡hemos terminado con esto!

Laura Esquivel (escritora mexicana), *Como agua para chocolate*,1990.

Méthode

1 Soulignez les verbes et repérez les expressions qui justifient l'emploi du subjonctif.

2 Trouvez des tournures équivalentes à celles qui apparaissent le long du texte, et réutilisez-les dans des exemples de votre invention, en respectant le mode et le temps.

Corrigé

1.

El peso de la tradición

Antes de que Mamá Elena dijera que ya se podía levantar la mesa, Tita que entonces contaba con quince años, le anunció con voz temblorosa que Pedro Muzquiz quería venir a hablar con ella…

– ¿Y de qué me tiene que venir a hablar este señor?

Dijo Mamá Elena luego de un silencio interminable que encogió el alma de Tita. Con voz apenas perceptible Tita respondió:

– Yo no sé.

Mamá Elena le lanzó una mirada que para Tita encerraba todos los años de represión que habían flotado sobre la familia y dijo:

– Pues más vale que le informes que si es para pedir tu mano, no lo haga. Perdería su tiempo y me haría perder el mío. Sabes muy bien que por ser la más chica de las mujeres a ti te corresponde cuidarme hasta el día de mi muerte.

Dicho esto, Mamá Elena se puso lentamente de pie, guardó sus lentes dentro del delantal y a manera de orden final repitió:

– Por hoy, ¡hemos terminado con esto!

Laura Esquivel (escritora mexicana), *Como agua para chocolate*,1990.

2. Exemples de nouvelles phrases utilisant ces constructions verbales :

No quería que su hija se casara antes de que muriera.
Elle ne voulait pas que sa fille se marie avant sa mort.

Su madre le dijo a Tita que más valía que no insistiera.
Sa mère dit à Tita qu'il valait mieux qu'elle n'insiste pas.

No me hables de este señor, le dijo su madre.
Ne me parle pas de ce Monsieur, lui dit sa mère.

3. Exemples de suites de phrases :

- *Tita se pondrá muy triste cuando* ***vea*** *que Mamá Elena no quiere recibir a Pedro Muzquiz.*
Tita sera très triste quand elle verra que Mama Elena ne veut pas recevoir Pedro Muzquiz.

Principale au **futur** → subordonnée introduite par *cuando* au **subjonctif présent.**

- *Si Tita lo* ***pudiera****, se casaría con él.*
Si Tita pouvait, elle l'épouserait.

Subordonnée introduite par *si* au **subjonctif** → principale au **conditionnel.**

- *Cuando yo* ***sea*** *muy vieja, le dice Mamá Elena a su hija, tú me cuidarás.*
Quand je serai très vieille, dit Mama Elena à sa fille, c'est toi qui t'occupera de moi.

Temporelle au **subjonctif présent** → proposition principale au **futur.**

- *Tita estaba triste mientras Mamá Elena le explicaba que no quería recibir a Pedro.*
Tita était très triste, pendant que Mama Elena lui expliquait qu'elle ne voulait pas recevoir Pedro.

Mientras = pendant que → imparfait, c'est une narration dans le passé.

Chapitre 5 Lexique

1 *El hombre y su entorno* : l'homme et son environnement

1 Les mots essentiels

el medio ambiente	l'environnement	
el equilibrio	l'équilibre	
los cambios climáticos	les changements climatiques	
la contaminación, la polución	la pollution	
sufrir daños	subir des dégâts	
padecer de	souffrir de	
agotar	épuiser	
la sequía	la sécheresse	*de seco,a* sec, sèche
desértico	désert	*el desierto* le désert
el agua	l'eau	
el riego	l'irrigation	*regar* irriguer
generar	entraîner	
perjudicar	nuire	
destruir	détruire	
salvar el planeta	sauver la planète	*Tenemos que proteger el planeta.* Nous devons protéger la planète.
tomar medidas	prendre des mesures	

Remarque

Medio ambiente est aussi le nom donné au ministère de l'Environnement.

Attention

Nombreux sont les mots masculins en *a* en espagnol ! ***el planeta, el turista, el poeta, el periodista…***

2 Pour aller plus loin

los gases de efecto invernadero	les gaz à effet de serre	
un desastre ecológico	un désastre écologique	
desperdiciar	gâcher	
escasear	se raréfier	
la prevención	la prévention	
la explotación sostenible	le développement durable	
las energías sostenibles	les énergies durables	
el ahorro	l'économie	*ahorrar* économiser
la falta de respeto	le manque de respect	
la despreocupación	l'insouciance	
peligroso,a	dangereux	*el peligro* le danger
convencerse de	se convaincre de	
dar la voz de alerta	sonner le signal d'alarme	
participar en	participer à	
una campaña de concienciación	une campagne de sensibilisation	

responsabilizar	reponsabiliser
el desafío, el reto	le défi
una cumbre, un foro	un sommet
eficaz, eficiente	efficace
reducir, mermar	réduire
llevar a cabo	mener à bien

2 *Poder y movimientos de población* : pouvoir et mouvements de population

1 Les mots essentiels

el derecho	le droit	*los derechos electorales* les droits électoraux
el voto	le vote	
la igualdad	l'égalité	
la discriminación	la discrimination	
la inestabilidad política	l'instabilité politique	
el clandestino, el ilegal	le clandestin	
los sin papeles	les sans-papiers	
los sin techos	les sans-abris	
repatriar	rapatrier	
las chabolas	les bidonvilles	
los desfavorecidos	les défavorisés	
los chicanos	les mexicains immigrés aux États-Unis	
las raíces	les racines	*no olvidar sus raíces* ne pas oublier ses racines
transmitir una cultura	transmettre une culture	
preservar su identidad	préserver son identité	

Remarque

- *Los alambristas* **(México)** : les clandestins
- *Los balseros* **(Cuba)** : les clandestins fuyant la dictature
- *Los espaldas mojadas* : les clandestins passant le Río Grande

2 Pour aller plus loin

apoderarse de	s'emparer de	
el derecho al asilo político	le droit à l'asile politique	
empadronar	recenser	
fronterizo	frontalier	
tomar conciencia de	prendre conscience	
comprometido	engagé	
los coyotes	les passeurs	
arriesgado	risqué	
cumplir un sueño	réaliser un rêve	
llegar en patera, en cayuco	arriver en radeau, en barque	*Le preguntó si sabía de dónde venía el barco.* Il lui demanda s'il savait d'où venait le bateau.
la ley de extranjería	loi de régularisation	
los trámites	les démarches	
el crisol	le melting-pot	

Attention

Ne mélangez pas :
el riesgo le risque
el riego l'irrigation, l'arrosage

los peones	les ouvriers agricoles
los jornaleros	les journaliers
la migra	la police des frontières
perpetuar las tradiciones	perpétuer les traditions
la interculturalidad	l'interculturalité
una llamada a la solidaridad	un appel à la solidarité

3 *El mundo del trabajo* : le monde du travail

1 Les mots essentiels

los intercambios	les échanges	
la globalización	la globalisation	
una fuente de ingreso	une source de profits	
promover	promouvoir	
adinerado, rico	riche	
sacar provecho de	tirer profit de	
precario	précaire	
el sueldo	le salaire	
fomentar	encourager	
incrementar	augmenter	
realizarse	s'épanouir	
el hogar	le foyer	
ejercer un oficio	exercer un métier	*Le gustería cambiar de trabajo.* Il aimerait changer de travail.
impulsar, desarrollar	développer	
investigar	faire de la recherche	
el desempleo	le chômage	*Llevo dos meses sin trabajar.* Je n'ai pas travaillé depuis deux mois.
el mercado laboral	le marché du travail	

2 Pour aller plus loin

hincar los codos	bosser
medrar, ascender de nivel social	s'élever socialement
mantener a	subvenir aux besoins de
gastar	dépenser, gaspiller
los ocios	les loisirs
los gastos	les frais
valorar	apprécier
soler (ue)	avoir l'habitude de
la minoría	la minorité
la mayoría	la majorité
poderoso	puissant
un trabajo fijo	un travail fixe

Remarque

- *Las pymes (pequeña y mediana empresa) :* les PME (Petites et Moyennes Entreprises)
- *La sociedad limitada :* la SARL (Société à Responsabilité Limitée)

4 *Comunicación y educación* : communication et éducation

1 Les mots essentiels

el periodismo	le journalisme	
un periódico	un journal	
un diario	un quotidien	
un semanal	un hebdomadaire	
una revista	un magazine	
un artículo de prensa	un article de presse	
la primera plana	la une, la première page	
un recorte de prensa	une coupure de journal	
aducir un argumento	avancer un argument	
la libertad de opinión	la liberté de pensée	
la televisión	la télévision	
el telespectador	le téléspectateur	
un canal	une chaîne	
el satélite	le satellite	
zapear	zapper	
un teleadicto	un accro à la télé	
el telediario	le journal télévisé	
el ordenador	l'ordinateur	
los estudios	les études	
enseñar	enseigner	*Le enseñó el quechua.* Elle lui apprit le quechua.
aprender	étudier	*Aprendieron el idioma al llegar a América.* Ils apprirent la langue en arrivant en Amérique.
ser dotado para	être doué pour	
la apertura de curso	la rentrée des cours	
el horario	l'emploi du temps	
el aula	la salle de classe	
el colegio	le collège	
el instituto	le lycée	
la universidad	l'université	
examinarse	passer un examen	
repetir el año	redoubler	
la formación profesional	la formation professionnelle	
la práctica	le stage	
una pantalla interactiva	un tableau interactif	
innovar	innover	

2 Pour aller plus loin

un buscador	un moteur de recherche
las redes sociales	les réseaux sociaux
chatear	chatter
conectarse	se connecter
descargar	télécharger
el móvil	le téléphone portable
enviar mensajes	envoyer des messages
navegar por la red	surfer sur le net

EXERCICE GUIDÉ

Maîtriser le lexique de l'environnement

Énoncé

Traduisez les expressions en gras.

Hoy mi mujer me ha echado la bronca porque mientras me enjuagaba la cara llena de espuma de afeitar **dejaba correr el agua**. Me enfadé, lo reconozco, [...] **no por mí**, sino porque veo cómo mis vecinos riegan a las cinco de la tarde, cómo los aspersores de muchos jardines riegan todo además del césped, cómo los sistemas **de goteo** no se mantienen y **corre el agua sin control**,[...] cómo mis compañeros de trabajo dejan correr el agua a chorro para beber un vaso de agua fresquita[...]. Yo, que me esfuerzo en que **mi ducha diaria** no dure más de cinco minutos; que cierro el grifo mientras me cepillo los dientes; que instalo sistemas de ahorro en grifos, cisternas y duchas; que riego mis plantas con el agua que me sobra, y que, sobre todo, inculco a mis hijos la importancia del ahorro del agua y lo afortunados que son al tenerla cuando abren un grifo.

Me rebelé [...]. Mi mujer, con calma y serenidad, me respondió: "Te entiendo, pero si haces lo mismo que los demás te pones a su mismo nivel y así **nunca se solucionará el problema**". A regañadientes, comprendí que tenía razón.

El País Semanal, *Cartas & colaboradores* 16/07/2006

Vocabulaire

echar la bronca : réprimander, gronder
enjuagar : rincer
espuma de afeitar : mousse à raser
regar : arroser

Méthode

1 Faites une lecture attentive en soulignant les mots que vous ne comprenez pas et essayez de déduire leur sens d'après le lexique de base que vous maîtrisez.

2 Pensez à regarder l'expression dans son ensemble, et ne séparez pas les sujets des verbes, ni les compléments du verbe.

Astuce du prof

Lisez le texte à voix haute pour vous aider à comprendre plus rapidement.

Corrigé

- *dejaba correr el agua* : je laissais couler l'eau
- *no por mí* : pas à cause de moi
- *de goteo* : le goutte à goutte
- *corre el agua sin control* : l'eau coule sans arrêt
- *mi ducha diaria* : ma douche quotidienne
- *nunca se solucionará el problema* : le problème ne sera jamais résolu

Ne séparez pas le verbe du mot qui le suit. Il pourra vous être utile pour la compréhension. Ainsi, l'eau ne « court » pas, mais « coule ».

diario, a possède la racine *día*, qui signifie « jour ».

CAHIER SPÉCIAL BAC

Les sujets

Corrigés

FRANÇAIS

L'épreuve de français sera constituée de ***quatre sujets au choix*** *:* ***un sujet de commentaire sur un texte littéraire*** *en lien avec un des objets d'étude du programme (le texte proposé ne sera pas extrait d'une des œuvres au programme) et* ***trois sujets de dissertation*** *sous forme de question littéraire portant sur l'une des œuvres au programme et sur le parcours associé.*

SUJET 1 Sujet inédit

Objet d'étude : La littérature d'idées du XVIe au XVIIIe siècle

Vous traiterez, au choix, l'un des deux sujets suivants.

Commentaire

1 Vous ferez le commentaire de l'extrait ci-dessous des *Essais* de Montaigne.

Montaigne a rencontré Étienne de La Boétie, écrivain et poète, en 1558. Il avait alors 25 ans et son ami 28. Leur amitié sans faille fut brutalement interrompue par la mort prématurée de La Boétie 5 ans plus tard.

Au demeurant, ce que nous appelons ordinairement amis et amitiés, ce ne sont qu'accointances et familiarités nouées par quelque occasion ou commodité, par le moyen de laquelle nos âmes s'entretiennent. En l'amitié de quoi je parle, elles se mêlent et confondent l'une en l'autre d'un mélange si universel qu'elles effacent et ne retrouvent plus la couture qui les a jointes. Si on me presse de dire pourquoi je l'aimais, je sens que cela ne se peut exprimer qu'en répondant : « Parce que c'était lui ; parce que c'était moi. »

Il y a, au-delà de tout mon discours et de ce que j'en puis dire particulièrement, ne sais quelle force inexplicable et fatale, médiatrice de cette union. Nous nous cherchions avant que de nous être vus, et par des rapports que nous entendions l'un de l'autre, qui faisaient en notre affection plus d'effort que ne porte la raison des rapports, je crois par quelque ordonnance du ciel : nous nous embrassions par nos noms. Et à notre première rencontre, qui fut par hasard en une grande fête et réunion de ville, nous nous trouvâmes si pris, si connus, si liés entre nous, que rien dès lors ne nous fut si proche que l'un à l'autre. Il écrivit une satire latine excellente, qui est publiée, par laquelle il excuse et explique la précipitation de notre intelligence, si promptement parvenue à sa perfection. Ayant si peu à durer, et ayant si tard commencé, car nous étions tous deux hommes faits, et lui plus de quelques années, elle n'avait point à perdre temps, et à se régler au patron des amitiés molles et régulières, auxquelles il faut tant de précautions de longue et préalable conversation. Celle-ci n'a point d'autre idée que d'elle-même, et ne se peut rapporter qu'à soi ; ce n'est pas une spéciale considération, ni deux, ni trois, ni quatre, ni mille : c'est je ne sais quelle quintessence de tout ce mélange, qui, ayant saisi toute ma volonté, l'amena se plonger et se perdre dans la sienne qui, ayant saisi toute sa volonté, l'amena se plonger et se perdre en la mienne, d'une faim, d'une concurrence pareille. Je dis perdre, à la vérité, ne nous réservant rien qui nous fût propre, ni qui fût ou sien ou mien.

Montaigne, « De l'amitié », *Essais* (1580-1595), I, XXVII

Dissertation

Parcours : La comédie sociale

2 « Il ne cherche ni à étonner ni à plaire ; mais à exprimer raisonnablement ce dont il est sûr. » (André Gide). Ce jugement vous semble-t-il convenir aux *Caractères* de La Bruyère ? Vous répondrez à cette question dans un développement organisé. Votre réflexion prendra appui sur l'œuvre de La Bruyère au programme, sur le travail mené dans le cadre du parcours associé et sur votre culture littéraire.

SUJET 2 Sujet inédit

Objet d'étude : Le roman et le récit du Moyen Âge au XXIe siècle

Vous traiterez, au choix, l'un des deux sujets suivants.

Commentaire

1 Vous ferez le commentaire de l'extrait ci-dessous de *L'Assommoir*, d'Émile Zola.

Gervaise, l'héroïne de l'Assommoir, vient d'ouvrir une boutique de blanchisserie à Paris.

Le quartier trouvait Gervaise bien gentille. Sans doute, on clabaudait sur son compte, mais il n'y avait qu'une voix pour lui reconnaître de grands yeux, une bouche pas plus longue que ça, avec des dents très blanches. Enfin, c'était une jolie blonde, et elle aurait pu se mettre parmi les plus belles, sans le malheur de sa jambe. Elle était dans ses vingt-huit ans, elle avait engraissé. Ses traits fins s'empâtaient, ses gestes prenaient une lenteur heureuse. Maintenant, elle s'oubliait parfois sur le bord d'une chaise, le temps d'attendre son fer, avec un sourire vague, la face noyée d'une joie gourmande. Elle devenait gourmande ; ça, tout le monde le disait ; mais ce n'était pas un vilain défaut, au contraire. Quand on gagne de quoi se payer de fins morceaux, n'est-ce pas ? on serait bien bête de manger des pelures de pommes de terre. D'autant plus qu'elle travaillait toujours dur, se mettant en quatre pour ses pratiques, passant elle-même les nuits, les volets fermés, lorsque la besogne était pressée. Comme on disait dans le quartier, elle avait la veine ; tout lui prospérait [...]. Quand on lui parlait de sa bonté, elle riait. Il n'aurait plus manqué qu'elle fût méchante ! Elle se défendait, elle disait n'avoir aucun mérite à être bonne. Est-ce que tous ses rêves n'étaient pas réalisés ? est-ce qu'il lui restait à ambitionner quelque chose dans l'existence ? Elle rappelait son idéal d'autrefois, lorsqu'elle se trouvait sur le pavé : travailler, manger du pain, avoir un trou à soi, élever ses enfants, ne pas être battue, mourir dans son lit. Et maintenant son idéal était dépassé ; elle avait tout, et en plus beau. Quant à mourir dans son lit, ajoutait-elle en plaisantant, elle y comptait mais le plus tard possible, bien entendu.

Émile ZOLA, *L'Assommoir* (1877), chapitre V

Dissertation

Parcours : Personnages en marge, plaisirs du romanesque

2 Les personnages en marge dans *Manon Lescaut* sont-ils la source principale des charmes du récit ? Vous répondrez à cette question dans un développement organisé. Votre réflexion prendra appui sur l'œuvre de l'abbé Prévost au programme, sur le travail mené dans le cadre du parcours associé et sur votre culture littéraire.

HISTOIRE-GÉOGRAPHIE (contrôle continu)

SUJET 1

GÉOGRAPHIE

Partie 1 : Question problématisée

La littoralisation des espaces productifs favorise-t-elle l'explosion des flux d'échanges matériels et immatériels ? Vous pourrez aborder l'importance des espaces productifs littoraux et le rôle que jouent les flux maritimes dans leur organisation pour déterminer le rôle joué par la littoralisation des espaces productifs dans l'explosion des flux.

HISTOIRE

Partie 2 : Étude de document

En analysant le document, vous montrerez que le peintre Eugène Delacroix propose une lecture des Trois Glorieuses qui met certains aspects de la révolution de 1830 en avant et en laisse d'autres de côté. Vous expliquerez ces choix.

L'analyse du document constitue le cœur de votre travail mais nécessite, pour être menée, la mobilisation de vos connaissances.

Document ***La Liberté guidant le peuple*****, Eugène Delacroix**

Eugène Delacroix, *Le 28 juillet 1830 : la Liberté guidant le peuple,* 1830. Huile sur toile, 3,25 × 2,6 m. Musée du Louvre.

SUJET 2

HISTOIRE

Partie 1 : Question problématisée

À partir de 1804, Bonaparte établit un régime politique autoritaire qui conserve néanmoins certains principes de la période révolutionnaire. Napoléon 1er est-il l'héritier ou le fossoyeur de la Révolution française ?

Pour répondre à la question, vous pourrez définir le contexte dans lequel Napoléon devient empereur, puis caractériser les mesures du régime impérial qui renforcent les acquis révolutionnaires et celles qui les remettent en cause.

GÉOGRAPHIE

Partie 2 : Étude de document

En analysant les documents, vous montrerez que la métropolisation est un facteur d'aggravation d'une pauvreté urbaine aux multiples effets. Vous expliquerez pourquoi.

L'analyse des documents constitue le cœur de votre travail, mais nécessite la mobilisation de vos connaissances pour être menée à bien.

Document 1 Un bidonville à Manille (Philippines)

Romi Santiago, « Urban Areas », *Manila Bulletin*, octobre 2017.

Document 2 **Le couple « urbanisation et pauvreté »**

L'urbanisation, lorsqu'elle est bien gérée, améliore sensiblement la qualité de la vie des territoires et de leurs populations. Lorsqu'elle ne l'est pas, elle entrave le développement, favorise la pauvreté, les épidémies et la criminalité. L'urbanisation effrénée qui a caractérisé le XXe siècle a fait augmenter en volume le nombre d'humains vivant dans des bidonvilles et l'insalubrité qui caractérise ces derniers : problèmes d'accès à l'eau, à l'assainissement, à l'énergie, aux transports, aux soins [...].

Les populations des bidonvilles dans les pays pauvres ne sont pas forcément, comme dans les pays riches, les populations les plus pauvres. On y trouve des gens qui ont accès à la ville et qui cherchent à bénéficier de ses réseaux, dans des territoires où la plus grande pauvreté se situe dans les campagnes. Des centaines de milliers de personnes vivant dans des bidonvilles font en fait partie de la classe moyenne émergente de leur pays et non des plus pauvres.

J. Damon et R. Jeanticou, « Les bidonvilles, réservoirs urbains de problèmes et de solutions », *Télérama.fr*, 8 janvier 2018.

ENSEIGNEMENT SCIENTIFIQUE (contrôle continu)

SUJET 1

L'usage de la calculatrice est autorisé.

Exercice 1 : La sphéricité de la Terre

Les Grecs de l'Antiquité attribuaient déjà à la Terre une forme sphérique, et Ératosthène (276-194 av. J-C.) fut le premier à en calculer la circonférence. Dans tout ce qui suit, la Terre est assimilée à une sphère de rayon 6 371 km.

Partie 1 : Repérage sur la sphère terrestre

Afin de se repérer à la surface de la sphère terrestre, on utilise l'altitude ainsi que des coordonnées géographiques (longitude, latitude).

Ville	Pays	Longitude	Latitude
Libreville	Gabon	9° Est	0°
Quito	Équateur	79° Ouest	0°
Toronto	Canada	79° Ouest	44° Nord
Toulouse	France	1° Est	44° Nord

1 Calculer la longueur d'un méridien terrestre.

2 À partir des informations du tableau ci-dessus :
a. indiquer les villes qui sont situées sur un même méridien ;
b. indiquer les villes qui sont situées sur un même parallèle.

3 On note O le centre de la Terre et T, Q et T′ les villes Toronto, Quito et Toulouse. On note I le centre du parallèle passant par Toronto et Toulouse. Sur le schéma ci-dessous représentant la sphère terrestre (**fig. 1a**), on a placé les points O, I, Q, T et T′.

Document 1 Représentations graphiques permettant un repérage spatial sur la sphère

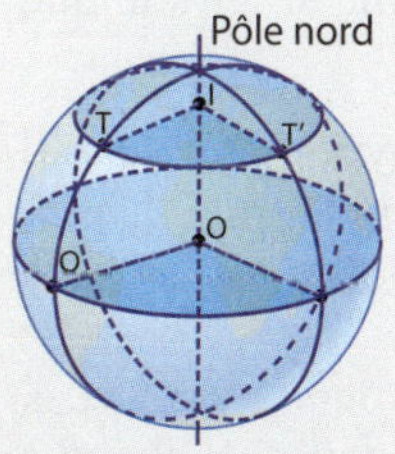

Fig. 1a. Sphère terrestre

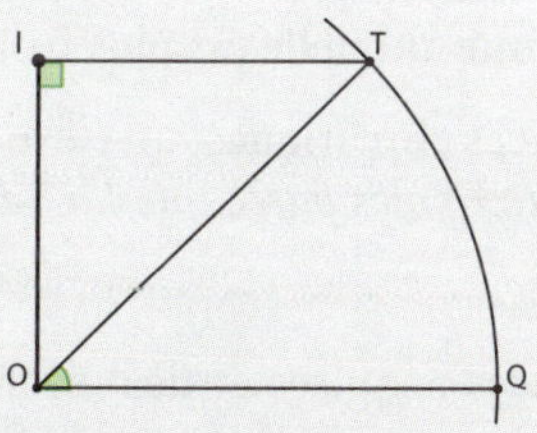

Fig. 1b. Plan contenant l'axe des pôles et le point T

a. Donner la mesure, en degrés, des angles $\widehat{QOT}$ et $\widehat{TIT'}$.
b. Calculer la longueur de la portion de méridien reliant Quito à Toronto.

4 À l'aide de la **figure 1b** :
a. préciser la longueur OT, puis calculer la longueur IT ;
b. en déduire la longueur du parallèle passant par Toulouse et Toronto ;
c. justifier, par un calcul, que la longueur de la portion de parallèle reliant Toulouse à Toronto est environ égale à 6 399 km.

5 Un système d'information géographique (SIG) donne les informations suivantes :
- Distance Quito-Toronto : 4 891 km.
- Distance Toulouse-Toronto : 6 230 km.
- Pour un système d'information géographique, la distance entre deux points du globe est le plus court chemin qui les relie à la surface de la Terre.

Expliquer pourquoi les longueurs données par le SIG et celles calculées dans les questions **3.** et **4.** sont, dans un cas, très proches alors que, dans l'autre, elles ne le sont pas.

Partie 2 : Les différents climats de la Terre

Document 2 **Les zones climatiques à la surface de la Terre**

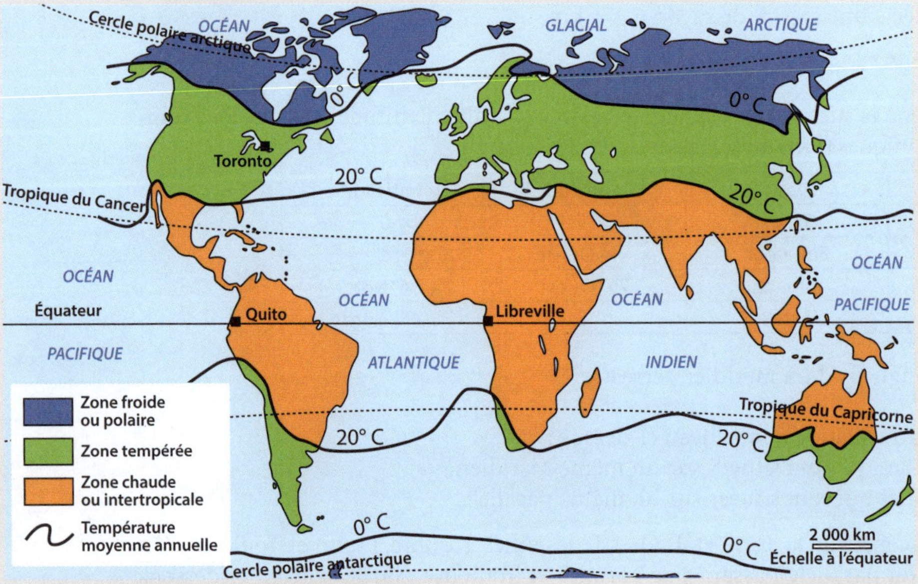

Source : http://planete-terre.tripod.com/zontherm.htm

Sur la carte du **document 2**, on constate que Quito et Libreville, qui sont à la même latitude, sont dans une zone chaude intertropicale. Pour Toronto, situé à la même longitude que Quito, la température moyenne annuelle est plus froide.

Afin d'expliquer ces différences climatiques, un élève a proposé comme hypothèse : « *Il fait plus chaud à l'équateur qu'aux pôles parce que La Terre est plus proche du Soleil à l'équateur qu'aux pôles.* »

6 À partir des connaissances acquises et des informations issues des **documents 3** et **4**, rédiger un paragraphe argumenté permettant à la fois d'expliquer qu'il fait plus chaud à l'équateur qu'aux pôles et d'invalider l'hypothèse émise par cet élève.

La justification des arguments pourra s'appuyer sur des schémas explicatifs.

Document 3 **Puissance solaire reçue en fonction de la distance au Soleil en unités astronomiques (u. a.) avec 1 u. a. = $1{,}5 \times 10^8$ km**

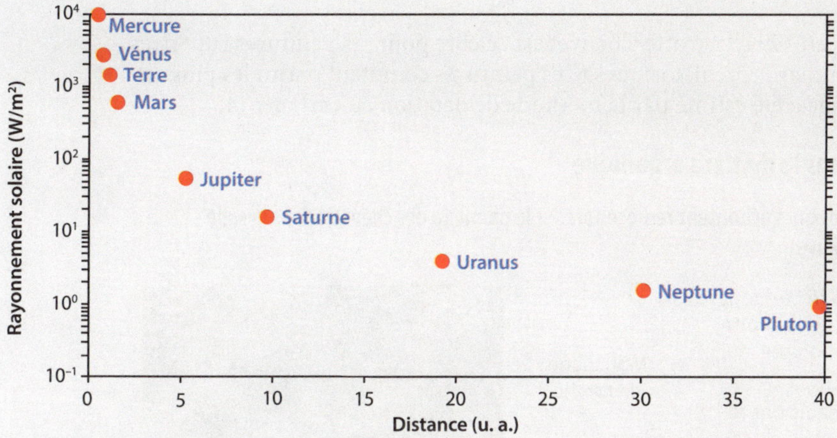

Source : http://planet-terre.ens-lyon.fr/article/explication-temperature.xml

Document 4 **Puissance solaire reçue par unité de surface en fonction de la latitude**

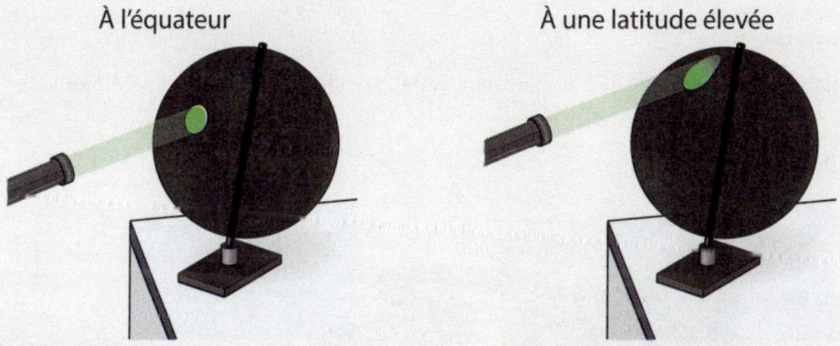

Résultat observé pour un même éclairage de l'équateur (à gauche) et des pôles (à droite)

Tableau de correspondance entre la latitude et l'énergie solaire reçue par unité de surface

Latitude	0°	45° nord	60° nord	89° nord
Pays, régions, villes correspondant à la latitude	Équateur, Brésil, Kenya	Bordeaux	Oslo, St Pétersbourg	Pôle nord
Surface recevant une même quantité d'énergie (m^2)	1	1,4	2	57
Puissance solaire reçue en moyenne par unité de surface (W/m^2)	420	$420 \times 1/1{,}4$ = 300	$420 \times 1/2$ = 210	$420 \times 1/57$ = 7,36

Source : D'après http://www.ac-grenoble.fr/armorin.crest/

Exercice 2 : La datation des peintures rupestres de la grotte Chauvet

Découverte en Ardèche, en 1994, la grotte Chauvet est célèbre pour ses peintures rupestres réalisées par des êtres humains préhistoriques. Ces peintures comptent parmi les plus anciennes connues. Leur âge a été estimé par la méthode de datation au carbone 14.

Partie 1 : Du carbone dans la matière organique

Document 1 Deux rhinocéros qui s'affrontent représentés sur le panneau des chevaux dans la salle Saint-Hilaire de la grotte Chauvet

Un mouchage est un frottement de la torche sur la paroi de la grotte pour retirer la partie carbonisée qui asphyxie la flamme.

Les analyses des pigments ont révélé que les peintures ont été réalisées avec des fragments de charbon de bois (traits noirs) et des minéraux :

- le rouge est constitué d'oxydes de fer (Fe_2O_3) ;
- le noir de dioxyde de manganèse (MnO_2).

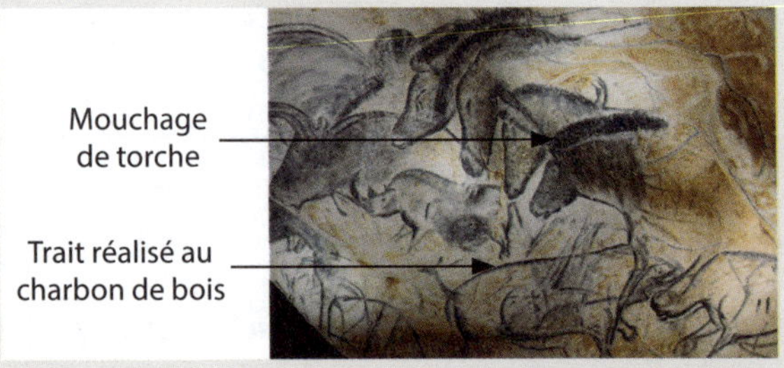

Sources : *Dossier Pour La Science* n° 42, janvier-mars 2004, H. Valladas, J. Cottes et J.-M. Geneste

Document 2 Les constituants du bois

Les parois cellulaires très épaisses donnent au bois ses propriétés. Ces parois sont formées de deux constituants principaux, la cellulose et la lignine.

La cellulose est une macromolécule composée d'un enchaînement de plusieurs glucoses de formule $C_6H_{12}O_6$, comme le montre le schéma ci-contre.

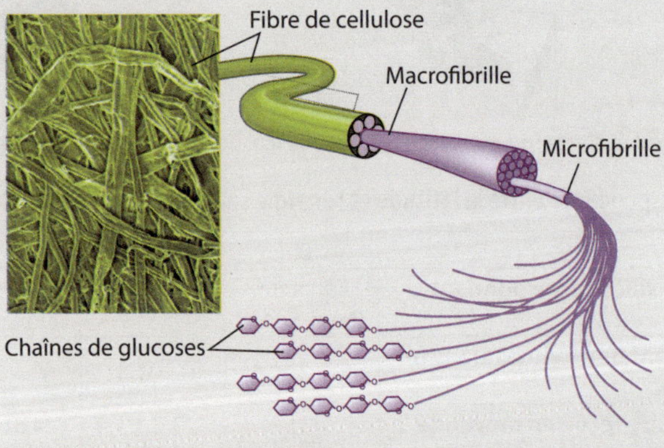

Source : http://p7.storage.canalblog.com/70/91/309207/14102700_p.jpg

À partir de vos connaissances et des informations apportées par les **documents 1** et **2**, répondre aux questions suivantes.

1 Justifier que les oxydes minéraux ne peuvent pas être datés par la méthode du carbone 14, alors que la datation est possible pour le charbon de bois.

2 Nommer le mécanisme biologique à l'origine de la synthèse du glucose par les plantes terrestres et donner l'équation de réaction de cette synthèse de matière végétale (on veillera à ajuster les nombres stœchiométriques de l'équation).

Préciser les organes impliqués dans les échanges entre la plante et son milieu.

Partie 2 : Radioactivité et datation par le carbone 14 (^{14}C)

Document 3 Datation par le carbone 14

L'isotope ^{14}C de l'élément carbone se désintègre en azote ^{14}N et se régénère régulièrement en haute atmosphère à partir de l'azote de l'air : il se retrouve donc en proportion constante dans tous les milieux et tous les êtres vivants. Lorsqu'un être vivant meurt, son métabolisme s'interrompt et son carbone n'est plus renouvelé. En raison de la désintégration radioactive, pour un échantillon donné, le rapport P/P_0 du nombre d'atomes ^{14}C résiduel (P) sur le nombre d'atomes présents au moment de la mort (P_0) décroît au cours du temps.

Deux ensembles de mesures ont été réalisés pour la grotte Chauvet :

- le premier, réalisé sur des fragments de charbon de bois prélevés sur les peintures, fournit des valeurs P/P_0 comprises entre 1,5 % et 2,5 % ;
- le second ensemble de mesures, réalisé à partir des prélèvements sur les mouchages de torche, fournit des valeurs comprises entre 3,5 % et 4,5 %.

Les réponses aux questions suivantes s'appuieront sur vos connaissances et sur les informations apportées par le **document 3**.

3 Cocher la proposition exacte pour chaque question du questionnaire à choix multiple ci-dessous.

a. La date de désintégration d'un noyau individuel de ^{14}C dont on connaît la date de création (prise comme origine) est :

- ☐ aléatoire.
- ☐ prévisible.
- ☐ égale à 5 730 ans.
- ☐ comprise avec certitude entre 100 et 10 000 ans.

b. La durée nécessaire à la désintégration radioactive de la moitié des noyaux radioactifs d'un échantillon dépend :

- ☐ du nombre initial de noyaux.
- ☐ du volume de l'échantillon.
- ☐ de la nature chimique des noyaux.
- ☐ de la température.

Un graphique représentant le rapport P/P_0 du nombre d'atomes ^{14}C résiduels sur le nombre d'atomes ^{14}C présents au moment de la mort en fonction du nombre d'années écoulées depuis la mort est donné sur la **figure 1** ci-après.

4 En exploitant le graphique de la **figure 1** (et le zoom inséré), estimer, après l'avoir définie, la demi-vie du carbone 14.

5 Estimer par un encadrement l'ancienneté des traces de l'habitation de la grotte Chauvet par les êtres humains préhistoriques en datant les mouchages de torche et les traits réalisés à l'aide de charbons de bois.

6 Expliquer en quelques phrases comment la méthode de datation par le carbone 14 utilisée en archéologie illustre l'intérêt de la coopération entre plusieurs champs disciplinaires scientifiques.

Figure 1 Rapport P/P_0 du nombre d'atomes ^{14}C résiduels sur le nombre d'atomes ^{14}C présents au moment de la mort en fonction du temps

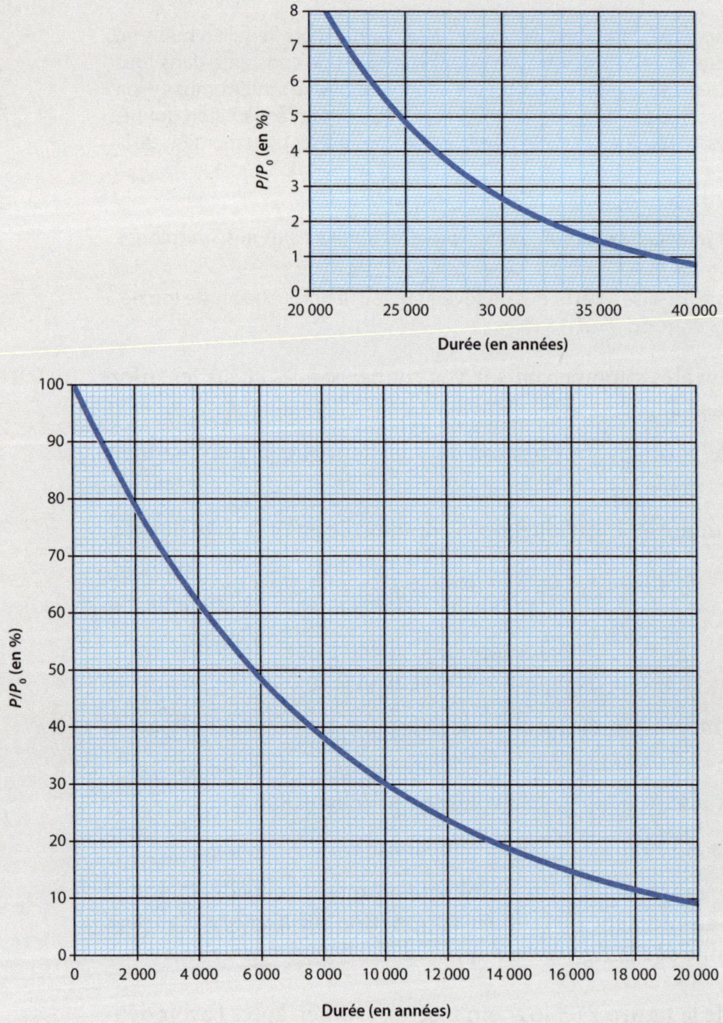

L'encart permet de mieux visualiser la période entre 20 000 et 40 000 ans.

SUJET 2

L'usage de la calculatrice est autorisé.

Au concert

L'histoire de la contrebasse remonte à la création de la famille des violons au XVIe siècle en Italie. La recherche d'instruments à cordes avec ce timbre particulier mais capables de jouer des notes plus graves a conduit à l'élaboration de la contrebasse, puis de l'octobasse.

Document 1 Corde vibrante

Une corde de longueur L vibrant dans son mode fondamental vérifie la relation $L = \frac{\lambda}{2}$ avec λ la longueur d'onde de la vibration de la corde.

La célérité v de l'onde sur la corde est liée à la tension T imposée à la corde et à sa masse linéique μ par la relation : $v = \sqrt{\frac{T}{\mu}}$ avec T en N et μ en $kg \cdot m^{-1}$.

La masse linéique μ d'une corde est sa masse par unité de longueur, soit la masse d'un mètre de corde. Elle s'exprime en kg/m ou en g/m.

Document 2 Fréquences de quelques notes dans la gamme tempérée

	Fréquences des notes (Hz)		
Numéro d'octave	**–1**	**0**	**1**
Do (ut)	16,3	32,6	65,4
Ré	18,3	36,7	73,4
Mi	20,6	41,2	82,4
Fa	21,8	43,6	87,3
Sol	24,5	49,0	98,0
La	27,5	55,0	110
Si	30,9	61,7	123

Les cordes d'un instrument sont nommées d'après la note qu'elles émettent dans le mode fondamental, quand elles sont pincées à vide.

1 En vous aidant du **document 1**, donner la relation liant la fréquence f du mode de vibration fondamental, la longueur de la corde L et la célérité v de l'onde sur la corde.

Montrer que cette relation peut s'écrire : $f = \frac{1}{2L}\sqrt{\frac{T}{\mu}}$.

Le son le plus grave de la contrebasse jouant à vide est un mi_0. La longueur de la corde émettant cette note vaut $L_0 = 1{,}05$ m. On souhaite construire une octobasse qui puisse émettre la note do_{-1}.

2 En faisant l'hypothèse que l'octobasse possède une corde de même masse linéique μ et de même tension que la corde mi_0 de la contrebasse, montrer que la fréquence f de la note est inversement proportionnelle à la longueur L de la corde.

3 Exprimer alors la longueur de la corde L_{-1} de l'octobasse nécessaire pour émettre la note do_{-1} en fonction de la longueur de la corde L_0 nécessaire pour émettre la note mi_0 et des fréquences de ces notes.

4 Sachant que la longueur des cordes de l'octobasse est de 2,18 m, expliquer pourquoi le luthier doit changer de corde pour la corde L_{-1} et prendre une corde de masse linéique plus importante.

5 Dans un concert, l'octobasse émet la note do_{-1}. En déduire la fréquence fondamentale et celle du premier harmonique. À quelle note correspond cette dernière ? Justifier.

Document 3 Capacités de perception de l'oreille humaine

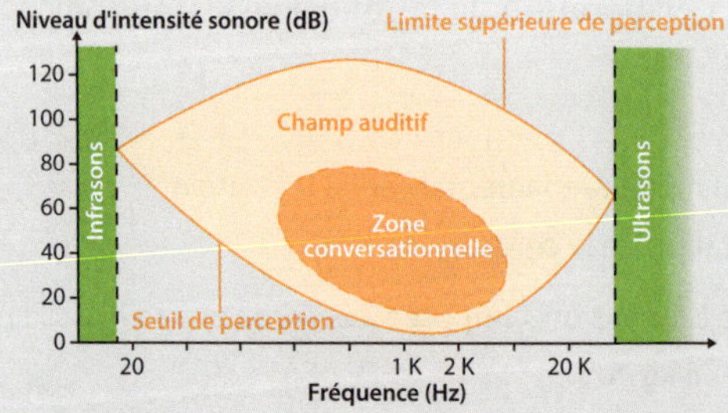

6 En se basant sur le **document 3**, peut-on conclure que la note do_{-1} est audible ? En déduire l'ordre de grandeur du niveau d'intensité sonore pour lequel cette note pourrait être entendue.

7 Un des spectateurs souhaite faire un commentaire à sa voisine sans gêner son environnement. Dans quelle gamme de fréquences doit-il chuchoter ? Justifier.

Dans l'oreille interne, les cellules ciliées, cellules sensorielles de la cochlée, convertissent les vibrations sonores en messages nerveux. On a représenté sur le **document 4** la distribution de ces cellules sensorielles le long de la cochlée selon la fréquence sonore qu'elles captent.

Document 4 Distribution des fréquences captées par les cellules sensorielles le long de la membrane

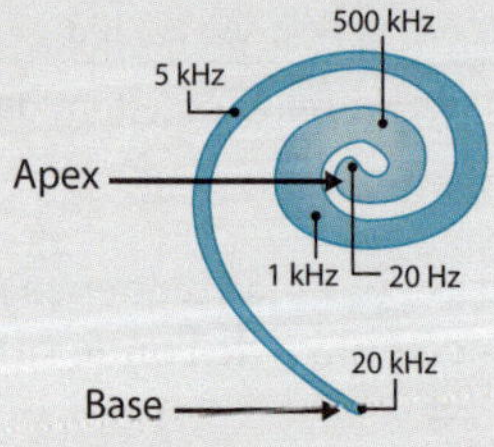

Ces cellules ciliées sont portées par une membrane, la membrane basilaire, qui elle-même se déforme sous l'action de l'onde sonore. La déformation se propage avec une amplitude variable depuis la base de la cochlée jusqu'à son extrémité (apex). Le **document 5** montre la façon dont varie l'amplitude de cette déformation, le long de la membrane basilaire, pour des sons de différentes fréquences.

Document 5 **Amplitude des déplacements de la membrane basilaire en fonction de la distance à la base**

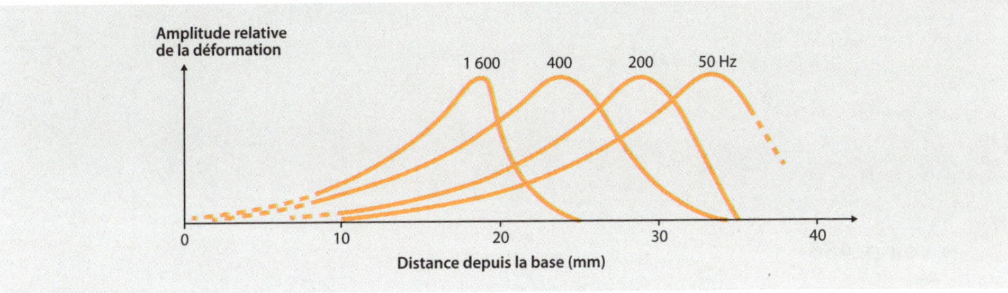

Remarque : la membrane basilaire se déforme plus ou moins selon sa position dans la cochlée car ses propriétés physiques, notamment son épaisseur et son élasticité, ne sont pas les mêmes d'une extrémité à l'autre de la cochlée.

8 À partir du **document 4**, décrire comment sont captées les fréquences sonores de la base à l'apex de la cochlée.

9 Indiquer comment varie la déformation de la membrane basilaire, depuis la base vers l'apex de la cochlée, pour un son de fréquence 1 600 Hz (**Doc. 5**).

10 Comparer les déformations de la membrane pour les différentes fréquences sonores.

11 En mettant en relation les **documents 4** et **5**, expliquer comment l'oreille humaine permet de distinguer les sons selon la fréquence sonore.

L'octobasse joue maintenant un la_1 avec un niveau d'intensité sonore de 40 dB, et un autre instrument l'accompagne avec la même note dont le niveau d'intensité sonore est de 45 dB.

12 Quelles différences pourrait-on observer au niveau des enregistrements temporels de ces deux notes ?

13 Calculer le niveau d'intensité sonore total.

FRANÇAIS

SUJET 1

→ voir p. 486

Commentaire

1 Au XVIe siècle, Montaigne a créé avec les *Essais* un genre nouveau. Parce qu'il pense que chaque être humain porte en lui « la forme entière de l'humaine condition », il puise dans sa propre expérience la matière de sa réflexion. Dans « De l'Amitié », il analyse les liens profonds, exceptionnels, qui l'ont uni à Étienne de La Boétie, depuis leur rencontre en 1558, jusqu'à la mort de son ami, cinq ans plus tard. Mêlant le récit autobiographique à l'argumentation, Montaigne cherche à définir les caractéristiques de l'amitié idéale. Mais comment exprimer l'indicible d'une telle communion des âmes ? D'une part, Montaigne oppose ce sentiment exceptionnel aux amitiés ordinaires ; d'autre part, il rend compte de l'intensité de cette relation ; enfin, il insiste sur le mystère de cette complicité unique.

> **Conseil**
> Exprimez votre problématique sous forme de question.

La dépréciation des amitiés ordinaires permet à Montaigne de valoriser, par contraste, la véritable amitié qu'il a éprouvée pour La Boétie.

Au début du texte, l'auteur oppose la multiplicité des relations courantes au caractère unique de l'amitié véritable : « *accointances* », « *familiarités* », « *amitiés* », « *amis* » sont tous au pluriel, et ils s'opposent à « *l'amitié de quoi je parle* » dont la singularité est ainsi renforcée. De même, on observe un changement dans l'utilisation des pronoms, car Montaigne passe du « *nous* » (dans la première phrase) au « *je* », dans la deuxième phrase. Il s'agit d'une expérience singulière, exceptionnelle.

De plus, le lexique s'appliquant aux amitiés courantes est parfois péjoratif (« *amitiés molles et régulières* »). La formule restrictive : « *ce ne sont qu'accointances* », ou l'expression « *quelque occasion* » contribuent à dévaloriser ces relations. De même, la connotation de « *tant de précautions de longue et préalable conversation* » est péjorative : « *tant de* » sous-entend un excès, et cette formule volontairement lourde, est à l'image de la lenteur des relations ordinaires. Cela valorise d'autant plus a contrario la fulgurance de son amitié véritable pour La Boétie et le vocabulaire mélioratif qui s'y rattache (« *perfection* », « *quintessence* »...).

Enfin, ces amitiés ordinaires sont explicables, alors que l'amitié véritable est irrationnelle. Les relations courantes se créent par intérêt : « *nouées par quelque occasion ou commodité* ». En revanche, la cause de son amitié pour La Boétie tient de la fatalité. Il parle de « *force inexplicable et fatale* ».

Cette opposition entre les deux conceptions de l'amitié prouve la rigueur intellectuelle de Montaigne : il veut distinguer les amitiés communes et la véritable amitié, sentiment exceptionnel. On perçoit au passage qu'il méprise plutôt les relations superficielles et mondaines. Mais cette opposition lui permet surtout de mieux définir par contraste un sentiment extrêmement intense.

> **Gagnez des points !**
> Pensez à analyser le rythme des phrases !

Pour traduire l'aspect extraordinaire de cette amitié, Montaigne insiste aussi sur son intensité par divers moyens.

Tout d'abord, il utilise de nombreux adverbes d'intensité qui accentuent les mots qui leur sont liés : « *si universel* », « *si promptement* », « *si proche* ». L'expression « *Si pris, si connus, si liés* », grâce au rythme ternaire, se trouve mise en valeur. De même, on trouve en parallèle « *si peu* » et « *si tard* ». Montaigne fait le lien entre la courte durée de leur relation et son intensité, inversement proportionnelle. La gradation ascendante : « *ce n'est pas un, ni deux, ni trois, ni quatre, ni mille* » culmine ensuite avec le terme mélioratif « *quintessence* ». On remarque aussi la récurrence du vocabulaire à valeur d'absolu : « *rien* » et « *tout* » sont employés de nombreuses fois.

De plus, l'intensité de leur relation est traduite par la mise en valeur de sa réciprocité. Montaigne joue avec les structures de phrases pour donner une image parfaite de cette relation. Il utilise des parallélismes de construction. « *Parce que c'était lui ; parce que c'était moi* » est une formule brève restée célèbre car c'est une des meilleures définitions de l'amitié. On peut observer la virtuosité du jeu sur les pronoms et les adjectifs possessifs à la fin de l'extrait : « *ma* » / « *sa* », « *mienne* » / « *sienne* ». « *ce* mélange qui, ayant saisi toute ma volonté, l'amena se plonger et se perdre dans la sienne qui, ayant saisi toute sa volonté, l'amena se plonger et se perdre en la mienne ». À la fin de l'extrait, le « *nous* » fusionne les deux personnalités : « *ne nous réservant rien qui nous fût propre, ni qui fût ou sien ou mien* ».

Cette relation ne s'apparente-t-elle pas à de l'amour, tout simplement ? C'est ce que tend à prouver le lexique : « *je l'aimais* », « *nous nous embrassions* » et surtout « *union* », qui est un terme très fort pour une amitié. De même, le thème de la première rencontre est largement développé, comme dans tout bon récit romanesque d'une histoire d'amour, et la fulgurance de cette rencontre a tout d'un coup de foudre.

Conseil
Pensez à rappeler clairement le thème de votre partie, au début de celle-ci.

Cependant, l'intensité de leur amitié semble dépasser toute détermination courante. Et Montaigne montre bien la difficulté à expliquer la nature de ce lien inédit.

Cette amitié véritable semble irrationnelle, voilà pourquoi Montaigne utilise des détours pour la qualifier, et la place sous le signe de la fatalité « *inexplicable* ».

Les difficultés de Montaigne à traduire ce lien si fort sont perceptibles à travers ses approximations : « *ne sais quelle force* », « *je ne sais quelle quintessence* ». L'expression « *au-delà de tout mon discours* » révèle aussi que leur relation se situe par-delà les mots. Quand Montaigne affirme : « *nous nous cherchions avant que de nous être vus* », le paradoxe montre le caractère peu conforme de leur rencontre. L'écrivain a aussi recours à bon nombre de métaphores pour évoquer son amitié : « *la couture* », « *la faim* », « *le mélange* », « *se plonger* », « *se perdre* ». Alors que le champ lexical ordinaire de l'amitié resterait impuissant à rappeler la force de ses sentiments, les métaphores en sont une image plus fidèle.

Enfin, Montaigne, faute d'explication rationnelle, attribue leur rencontre à « *quelque ordonnance du ciel* » ou à une « *force inexplicable et fatale* ». Leur histoire commune deviendrait une sorte de mystère, au sens religieux du terme. Elle semble être née d'une volonté divine. Mais l'écrivain n'est pas mystique, et il n'insiste pas sur cette interprétation religieuse des faits. Montaigne évoque aussi le « *hasard* » de la fête. La formule lapidaire : « *parce que c'était lui ; parce que c'était moi* » reste d'ailleurs la meilleure définition de ce lien. « *Lui* », « *moi* » : les causes de l'amitié, réduites à de simples pronoms personnels, sont bien humaines avant tout…

C'est en opposant son amitié pour La Boétie aux amitiés ordinaires, c'est en insistant sur son intensité, que Montaigne parvient à donner une idée du caractère exceptionnel de leur relation. Cette expérience personnelle a acquis une valeur universelle, puisqu'elle est devenue le symbole de l'amitié parfaite. Depuis, chacun ne cherche-t-il pas à connaître pareil sentiment de complicité avec son meilleur ami ? Cet extrait est d'ailleurs resté l'un des plus célèbres des *Essais*. Il serait intéressant de connaître la satire latine écrite par la Boétie sur le thème de leur rencontre pour savoir combien leurs textes se répondent.

Dissertation

Parcours : La comédie sociale

2 *Le corrigé proposé pour cette dissertation est entièrement rédigé. Pour faciliter votre lecture, nous avons gardé les titres des différentes étapes du développement. Dans votre copie, vous ne devrez pas les conserver.*

Les auteurs classiques du XVIIe siècle ont en commun une esthétique destinée à plaire à un public d'honnêtes gens. Parmi les critères variés de cette esthétique, c'est la valeur accordée à l'imitation de l'Antiquité qui anime les Anciens. La Bruyère s'inscrit dans cette démarche en réécrivant *Les Caractères* de Théophraste. Mais, s'il l'imite, son but est de proposer une peinture des mœurs de son siècle dans le but d'inviter ses contemporains à corriger leurs défauts. Selon Gide, La Bruyère « ne cherche ni à étonner ni à plaire ; mais à exprimer raisonnablement ce dont il est sûr ». Il suggère ainsi que l'auteur privilégie le fond au détriment de la forme. Il se présenterait alors comme un observateur fidèle et honnête qui ne déformerait pas le propos au profit de la séduction du lecteur. On peut ainsi se demander dans quelle mesure l'écriture de La Bruyère dans *Les Caractères* privilégie un énoncé sûr et modéré au détriment du plaisir de la forme. Tout d'abord, La Bruyère attache une importance particulière à proposer une peinture vraie à son lecteur. Néanmoins, le plaisir de la forme n'est pas oublié par l'auteur. Finalement, l'esthétique étonnante de La Bruyère semble nécessaire pour proposer une peinture plus juste de la société.

I. La Bruyère est un écrivain qui privilégie le bon sens et la raison

A. Il se présente comme un observateur honnête

La Bruyère a eu l'occasion de découvrir le fonctionnement de la cour de Louis XIV en accompagnant le duc de Bourbon. En parlant de la cour, il décrit donc un monde qu'il connaît bien et qu'il a eu l'occasion de côtoyer. Les titres des chapitres témoignent de sa connaissance du siècle de Louis XIV. En effet, « De la société et de la conversation » illustre les phénomènes de mode issus des salons parisiens et de la volonté de paraître honnête homme sans pour autant le devenir. De plus, les chapitres « De la ville » et « De la cour » sont une description de Paris où a vécu La Bruyère. Celui-ci a aussi fréquenté les plus grands comme en témoigne « Des grands ». C'est donc bien parce qu'il a connu ce milieu qu'il peut se présenter comme témoin de ce qu'il dit. En effet, la première personne le présente comme observateur des mœurs. Dans « De la société et de la conversation », le « je » est associé aux verbes de perception : « je la découvre », « je la vois ». La Bruyère est bien celui qui dit ce qu'il voit et donc qui évoque ce dont « il est sûr ». Dans *Tartuffe*, Orgon insiste à son tour sur sa position de témoin pour démasquer le personnage éponyme auprès de Madame Pernelle. De fait, la position de témoin accrédite le discours.

B. Il dit ce qu'il constate sans se laisser aller à la flagornerie

Son discours apparaît d'autant plus sincère que La Bruyère n'hésite pas à faire tomber les masques de la comédie sociale qui se joue à la cour. En effet, c'est bien parce qu'il prend le risque d'aller à l'encontre de la société que sa parole est vraie. Alors même qu'il juge le peuple négativement, il n'hésite pas à prendre son parti face aux puissants. La Bruyère dénonce avec virulence leurs comportements. Dans « Des grands », alors qu'il juge que « le peuple n'a guère d'esprit, et les grands n'ont point d'âme », il n'hésite pas à prendre parti en affirmant : « je veux être peuple ». La Bruyère n'est pas homme à se laisser aller à des « torrents de louanges » (« De la cour », 62). Toutefois, son discours demeure « raisonnable » car dans « Du souverain ou de la République », il ne s'en prend pas au roi mais passe par la formulation de conseils afin de souligner ce qui ne va pas. Il fait ainsi preuve de bon sens en soulignant les qualités que doit revêtir le prince. Par la négation « Rien ne fait plus d'honneur au prince que la modestie de son favori », il invite indirectement le roi à se méfier des flagorneurs et à encourager une politique qui ne repose pas sur le paraître. Son discours, parce qu'il est juste et raisonnable, peut être sincère. ***Transition :*** Ainsi, La Bruyère apparaît comme un observateur honnête de la vie qui règne à la cour. Son propos demeure raisonnable en ce qu'il décrit ce qu'il voit. De plus, les risques qu'il prend en allant à l'encontre des puissants accréditent la sincérité de son discours. Il prend le risque de le dire car il est « sûr » de ce qu'il avance.

II. Néanmoins, s'il ne cherche pas à plaire aux puissants, il a le souci de proposer une œuvre plaisante à son lecteur

A. L'esthétique de la conversation

Certes il ne se laisse pas aller à la flatterie des puissants, mais cela ne l'empêche pas pour autant de chercher à plaire à son lecteur. La Bruyère, en écrivant *Les Caractères*, répond aux goûts de son lecteur qui aime la conversation comme en témoignent les nombreux salons qui existent au XVIIe siècle. Les formes brèves sont alors des formes à la mode en ce qu'elles s'inscrivent dans l'esthétique de la conversation. Pour cela, il n'hésite pas à mettre en place un véritable dialogue avec son lecteur qu'il interpelle par de nombreuses questions tout au long du recueil, que ce soit dans « De la ville » lorsqu'il dit « vous moquez-vous de rêver en carrosse, ou peut-être de vous y reposer ? » ou encore dans « Du souverain et de la république » avec « comment résister à une si forte et si générale conjuration ? » Les remarques instaurent alors un échange et le lecteur peut très bien prendre la conversation en route selon son bon vouloir. Cette esthétique si particulière traduit bien le souci de « plaire ».

B. Son écriture joue avec la caricature

Ainsi, La Bruyère n'hésite pas à recourir à plusieurs reprises à une écriture excessive afin de mettre en lumière ce qu'il souhaite dénoncer. Il ne cherche pas toujours à « exprimer raisonnablement » ses idées. Cela apparaît dans les nombreuses accumulations comme c'est le cas dans « Des grands » lorsqu'il précise : « ils pirouettent, ils gesticulent, ils crient, ils s'agitent » (32). La multiplication des verbes d'action insiste avec force sur les mouvements incessants et vains. De plus, les hyperboles « torrents de louange » (VIII, 62) et « débordement de louanges » (VIII, 32) mettent en lumière l'attitude ridicule des courtisans et fait ainsi rire le lecteur. L'esthétique de l'excès permet donc au moraliste de dépeindre de façon plaisante la société de son temps. ***Transition :*** Ainsi, La Bruyère, s'il se présente comme un observateur juste et honnête, n'ôte pas à son lecteur le plaisir de la lecture. En effet, il se soucie de lui proposer une forme plaisante par l'esthétique de la conversation et ne peut que le faire sourire par ses descriptions excessives. Finalement, le moraliste associe fond et forme pour mieux dépeindre les mœurs de son siècle.

III. La Bruyère joue avec la forme pour proposer une peinture plus juste de la société du XVIIe siècle

A. L'écriture de l'excès est une représentation juste d'un comportement lui-même excessif

L'écriture de La Bruyère se doit finalement d'être excessive afin de proposer une description fidèle de ce qu'il voit. La société du XVIIe siècle est excessive en ce qu'elle joue en permanence un rôle. Paris est un nouveau « théâtre » et les courtisans sont des « acteurs » (VIII, 99). La caricature rappelle alors les types comiques que l'on peut retrouver sur scène au théâtre : le comique de caractère, de geste, de mot ou de situation. On retrouve alors le pédant ou l'orgueilleux qui agissent de façon excessive au quotidien dans le but de se faire remarquer. La caricature ne grossit pas les traits, elle représente fidèlement les traits grossis par le jeu ridicule des courtisans pour se faire une place auprès du Roi Soleil. En outre, La Bruyère dit lui-même, dans la préface, qu'il a peint « d'après nature ». La forme sert ainsi la justesse du fond.

B. L'écriture de La Bruyère « étonne » et invite ainsi à réfléchir

Si l'écriture de l'auteur est fidèle à ce qu'il constate, elle ménage des variations et surprend le lecteur qui est alors invité à condamner les comportements qu'il observe à la cour. En effet, l'ironie est particulièrement virulente dans *Les Caractères* et survient sans qu'on s'y attende. Dans « De la cour », lorsqu'il écrit qu'« il n'y a rien à la cour de si méprisable et de si indigne qu'un homme qui ne peut contribuer à notre fortune », la voix du moraliste se superpose à celle des courtisans. On comprend alors que ce qui est jugé méprisable à la cour est jugé de façon méliorative par le moraliste. De plus, il n'hésite pas à recourir aux effets de chute afin de surprendre son lecteur et marquer ainsi les esprits.

Aussi le discours direct de Sethon dans « De la société et de la conversation » (9) fait-il rire par l'effet de surprise qui clôt le portrait ridicule du pédant Arrias. La chute amplifie alors la dénonciation.

Conclusion

Ainsi, La Bruyère s'est donné pour objectif de peindre la société de son temps, afin de la montrer à son lecteur pour l'inviter à se corriger. De fait, il se présente comme un observateur honnête, loin de la figure du flagorneur qui serait prêt à rabaisser son écriture pour obtenir les faveurs des puissants. Néanmoins, le moraliste ne néglige pas pour autant la forme. Son esthétique révèle sa volonté de plaire à son lecteur en recréant le ton de la conversation et en lui proposant des scènes comiques. Finalement, pour La Bruyère, il apparaît nécessaire que l'écriture représente l'excès de la société du XVIIe siècle. En outre, proposer une représentation fidèle de ses contemporains nécessite de recourir à la caricature, seule apte à dépeindre le grand théâtre qu'est devenue la cour de Louis XIV. Au XIXe siècle, Balzac proposera à son tour une grande peinture de la société dans son œuvre *La Comédie humaine*. Il s'inscrira alors dans une démarche réaliste afin de dénoncer les travers de son époque.

SUJET 2 → voir p. 487

Commentaire

1 *L'Assommoir* est le premier vrai grand succès littéraire populaire d'Émile Zola, en 1877. Il fit scandale car il présentait de façon très crue la déchéance de ses personnages due à l'alcoolisme. Mais dans ce texte, l'auteur fait un portrait élogieux de Gervaise, alors que tout lui réussit : elle vient d'ouvrir sa boutiquc de blanchisserie, elle est populaire et heureuse. Elle est à l'apogée de sa vie. Comment Zola décrit-il Gervaise en adoptant le point de vue collectif de tout un quartier ? Pour répondre à cette question, nous étudierons dans un premier temps le rôle de la focalisation dans cet extrait, avant d'envisager la caractérisation du personnage.

> **Remarque**
> Après la présentation de l'extrait, il convient de dégager sa problématique : ici, elle se présente sous paradoxe.

Zola utilise un point de vue interne pour faire le portrait de Gervaise, mais il n'est pas commun : au lieu de transcrire les pensées d'un seul personnage, c'est l'opinion de tout un quartier qu'il exprime.

Plusieurs indices montrent que Zola adopte ce point de vue collectif. Le mot « *quartier* » apparaît explicitement. L'expression « *le quartier trouvait* » tend à le personnifier puisqu'il est sujet d'un verbe d'opinion. Le pronom indéfini « *on* » est récurrent : on le trouve quatre fois. Il montre l'anonymat de ce point de vue diffus. D'autres expressions insistent sur l'unanimité de l'opinion : « *il n'y avait qu'une voix* », « *tout le monde* ». Nous pouvons remarquer que jamais Zola n'utilise le pluriel pour caractériser l'opinion de la rue, ce qui tend à en faire un personnage à part entière, qui joue un rôle dans le destin du personnage au succès duquel il participe. Les verbes d'énonciation ou d'opinion sont nombreux : « *trouvait* », « *clabaudait* », « *reconnaître* », « *disait* » (qui est cité deux fois).

L'insertion du discours rapporté est discrète puisque Zola utilise le discours indirect libre qui intègre à la description des paroles. Le rythme et les structures de phrases « naturelles » semblent sortir d'une conversation : « *n'est-ce pas ?* », « *Enfin, c'était une jolie blonde* », « *Elle devenait gourmande ; ça, tout le monde le disait* » (on imagine presque le hochement de tête de la commère anonyme qui prononce cette phrase, au moment où elle dit « ça »). Ce sont surtout les tournures familières, parfois pittoresques, qui apparentent la description à un discours : « *clabaudait* », « *une bouche pas plus longue que ça* », « *elle avait la veine* », « *elle travaillait toujours dur, se mettant en quatre* ». Le portrait, grâce à ce vocabulaire populaire, semble plus réaliste, et y gagne en originalité.

> **Conseil**
> On prend soin de citer les extraits du texte : une grande partie du devoir peut être élaborée d'après l'extrait proposé.

L'utilisation d'un tel point de vue a aussi un sens romanesque. L'importance de l'opinion du quartier est ainsi mise en valeur et souligne la popularité de Gervaise à cette période de sa vie. Cette focalisation collective fait de Gervaise un personnage public d'importance : c'est une commerçante qui a une place de choix dans la vie sociale du quartier. Mais ce point de vue souligne aussi le rôle de juge qu'a le quartier. On constate par exemple l'indulgence du peuple à l'égard de certains défauts de Gervaise : la gourmandise et l'embonpoint du personnage sont perçus comme un signe de réussite sociale. Ce jugement deviendra plus sévère au fil du roman, puisque cette icône populaire finira exclue.

Le point de vue de l'opinion publique consacre donc Gervaise à cette période de sa vie en l'élevant au rang d'héroïne du quartier. Il permet aussi à Zola d'établir un portrait original de son personnage.

Gervaise est décrite à la fois de façon directe et de manière indirecte, à travers ses gestes et ses attitudes. On peut se demander en quoi les traits de Gervaise tels qu'ils sont évoqués annoncent l'évolution ultérieure du personnage.

Zola utilise un vocabulaire mélioratif qui met directement en valeur Gervaise aussi bien sur un plan moral (elle est « *gentille* » et courageuse) que sur un plan physique, qui est plus développé : avec ses « *grands yeux* », sa « *bouche pas plus grande que ça* », ses « *dents très blanches* ». Le procédé d'accumulation renforce la valorisation du personnage. Elle n'est pas loin des héroïnes de roman les plus conventionnelles, car c'est une « *jolie blonde* » et même « *parmi les plus belles* », ce superlatif confinant à l'hyperbole. Mais le réalisme de Zola est perceptible car l'éloge admet une concession : « *sans le malheur de sa jambe* ». D'ailleurs, il y a une progression dans la description, car le portrait s'attarde ensuite sur les faiblesses de Gervaise. Les expressions mélioratives s'allient à des mots péjoratifs : « *ses traits fins* (+) *s'empâtaient* (-) », « *une lenteur* (-) *heureuse* (+) ». Ces alliances de mots nuancent le tableau trop idéal. La description se fait ensuite indirectement.

Zola caractérise en effet son personnage à travers des gestes et des habitudes. Il présente une sorte de cliché figé de son héroïne dans une posture rêveuse : « *Maintenant, elle s'oubliait parfois sur le bord d'une chaise, le temps d'attendre son fer* ». La caractérisation indirecte est moins élogieuse car, ambiguë, elle peut être interprétée comme exprimant une sorte de mollesse. On retrouve le procédé des alliances de mots : dans « *sourire vague* », l'adjectif annule la bonne impression du sourire, de même « *face noyée* » a une connotation

> **Gagnez des points !**
> Un bon devoir s'appuiera souvent sur des éléments précis du texte et tirera parti de ses nuances.

morbide alors que l'expression « *joie gourmande* » est très positive. Son courage est enfin évoqué avec insistance à travers ses pratiques professionnelles : « *elle travaillait toujours dur* », jusqu'à passer « *elle-même les nuits, les volets fermés* ». On remarquera la modalité itérative de ce récit, qui met en valeur la récurrence de ses activités nocturnes.

Ce qui apparaît au quartier comme un signe de réussite sociale, l'embonpoint de Gervaise, peut sembler *a posteriori* annonciateur de sa déchéance ultérieure : on perçoit déjà une dégradation de la beauté de Gervaise (« *ses traits fins s'empâtaient* »), et sa passivité béate semble menaçante, parce qu'elle est présentée comme quelque chose de nouveau ; que c'est une évolution du personnage : « *maintenant, elle s'oubliait parfois* ». Cette mollesse latente s'oppose à son hyperactivité nocturne. Derrière le point de vue du quartier, très indulgent envers Gervaise, se profile celui du romancier, qui a plus de recul : il surplombe l'histoire de son héroïne, et il introduit dans son portrait, alors même qu'elle est à son apogée, les germes de la dégradation à venir.

La caractérisation du personnage, à la fois directe et indirecte, est donc nuancée : derrière l'éloge, on perçoit les failles de l'héroïne.

Après avoir étudié la focalisation originale de cet extrait, qui adopte le point de vue collectif de tout un quartier, nous avons relevé l'ambiguïté du portrait de Gervaise : il est certes globalement élogieux, mais il révèle aussi des faiblesses qui peuvent préfigurer la chute ultérieure du personnage. En effet, le dénouement montre que Gervaise meurt alcoolique, marginalisée. La société qui fait son éloge au moment de son petit succès commercial est la même qui va l'exclure impitoyablement.

Dissertation

Parcours : Personnages en marge, plaisirs du romanesque

2 Selon Roland Virolle dans le *Dictionnaire des littératures de langue française*, « Des Grieux/Prévost est parvenu à faire croire à des générations successives – et à s'en persuader lui-même en premier – que son aventure pitoyable de fils de famille dévoyé avec une charmante et inconsciente catin fut un des grands mythes d'amour de l'Occident. Chef-d'œuvre romanesque ! » Il interroge ainsi la marginalité des héros et la capacité de l'auteur à en faire des personnages propres à plaire au lecteur. Or, le plaisir de lecture ne semble pouvoir reposer seulement sur le choix des personnages mais dépendrait davantage des choix narratifs qui sont faits par l'auteur. On peut ainsi se demander dans quelle mesure les personnages en marge dans *Manon Lescaut* sont la source principale des charmes du récit. Tout d'abord, nous constaterons que les personnages en marge y contribuent fortement mais que d'autres éléments participent au plaisir de lecture. Finalement, nous nous demanderons si les charmes du récit ne proviennent pas plutôt d'une nouvelle façon de mettre en scène la société.

I. Les personnages en marge contribuent fortement aux charmes du récit

A. Ils attisent la curiosité du lecteur

Les personnages en marge suscitent un intérêt particulier par leur singularité et cela apparaît dès leur portrait. En effet, l'adverbe d'intensité dans « si charmante » présente Manon comme une femme à part et cela est confirmé par la réaction de Des Grieux qui vit un véritable coup de foudre (« je me trouvai enflammé tout d'un coup jusqu'au transport »). De même, lors de l'arrivée du frère de Manon, le narrateur souligne qu'il «se trouva malheureusement logé, à Paris, dans la même rue que nous ». L'adverbe « malheureusement » attise alors la curiosité du lecteur puisqu'il annonce les malheurs à venir suite à l'arrivée de ce personnage. Ainsi, les personnages en marge sont présentés comme des êtres à part, propres à susciter la curiosité, et participent alors du plaisir de lecture.

B. Ce sont des personnages propres à multiplier les péripéties

À ce titre, ces personnages sont à l'origine de la plupart des péripéties de l'œuvre. Parce qu'ils dérogent aux codes sociaux, ils sont confrontés à de multiples problèmes qui sont autant de rebondissements au sein du récit. En effet, Manon et Des Grieux se retrouvent à deux reprises enfermés car ils ont été dénoncés par les hommes que Manon a essayé de tromper. Cela les conduit à être traités « moins comme des criminels que comme de fieffés libertins ». C'est bien la marginalité de Manon qui est alors en cause. En outre, c'est pour libérer Manon que Des Grieux organise sa fuite de prison et est amené à tuer un domestique, et c'est aussi pour elle qu'il se tourne vers les jeux d'argent et qu'il fréquente alors des gens peu recommandables tels que Lescaut. Les personnages en marge sont donc bien à l'origine de nombreux rebondissements. ***Transition :*** Ainsi, les personnages en marge contribuent véritablement aux charmes du récit en ce qu'ils suscitent l'intérêt du lecteur et qu'ils permettent la multiplication de péripéties. Toutefois, le plaisir du lecteur peut provenir d'autres caractéristiques de l'œuvre.

II. Mais il y a d'autres éléments qui suscitent le plaisir de lecture

A. Un récit à la première personne

En effet, la particularité principale de *Manon Lescaut* est d'être raconté à la première personne. Le lecteur suit ainsi les aventures de Des Grieux qui partage avec lui ses différentes émotions. Cette écriture permet alors de créer du pathos et ainsi de susciter des émotions chez le lecteur. De ce fait, le lecteur ne peut être qu'attendri par la souffrance de Des Grieux lors de la mort de Manon, lorsqu'il affirme de manière hyperbolique que « [sa] haine pour la vie ne diminuait point ». De même, c'est bien l'intérêt que Des Grieux porte à Manon au début du récit qui fait naître l'intérêt chez le lecteur. En effet, Des Grieux est complètement transformé par cette rencontre. Il reconnaît être « timide » et « facile à déconcerter » mais face à Manon il est « loin d'être arrêté par cette faiblesse ». En outre, l'hyperbole « je me suis étonné mille fois, en y réfléchissant, d'où me venait alors tant de hardiesse et de facilité à m'exprimer » confirme les transformations opérées chez Des Grieux lors de cette rencontre. Par le récit à la première personne, le lecteur devient alors le confident du jeune homme et est invité à partager ses émotions.

B. Une histoire d'amour extraordinaire

D'autre part, *Manon Lescaut* est avant tout le récit d'une histoire d'amour extraordinaire qui ne peut que susciter l'intérêt du lecteur. En effet, l'amour des deux jeunes gens traverse les épreuves. Des Grieux revient toujours vers Manon alors même qu'il lui reproche à de nombreuses reprises son infidélité, mais « l'amour suffisait seul pour [lui] fermer les yeux sur toutes ses fautes ». De même, Manon, alors même qu'elle ne cesse de se détourner de Des Grieux, revient constamment vers lui et justifie cela par l'hyperbole « je prétends mourir [...] si vous ne me rendez votre cœur sans lequel il est impossible que je vive ». Alors que Des Grieux bascule dans la marginalité par amour, Manon est elle aussi prête à adopter une vie plus vertueuse en acceptant d'épouser le jeune homme à la fin de l'œuvre lorsqu'ils sont en Nouvelle-Orléans. L'amour qui les unit est alors présenté comme l'enjeu même du récit et fait d'ailleurs des deux protagonistes un couple mythique. En effet, la fin tragique avec la mort inéluctable de Manon n'est pas sans rappeler la passion de Roméo et Juliette ou celle de Tristan et Yseult. ***Transition :*** Ainsi, la singularité du roman, par son écriture à la première personne et la trame extraordinaire de cette histoire d'amour, ne peut que renforcer le plaisir de lecture. Finalement, les charmes du récit ne résident pas dans la mise en scène des personnages en marge ou dans l'organisation du récit mais dans leur association afin de proposer une nouvelle façon de représenter la société.

III. Les charmes du récit proviennent finalement d'une nouvelle façon de mettre en scène la société

A. On dévoile ce qui est voilé

En effet, les personnages en marge sont certes attrayants, mais ils permettent surtout de s'intéresser à une partie du monde qui a tendance à être cachée. De ce fait, le lecteur découvre la vie d'une courtisane mais visite aussi les lieux de dépravation ou la prison. En effet, Des Grieux est envoyé une première fois à Saint-Lazare puis au Châtelet tandis que Manon sera d'abord envoyée à l'hôpital de la Salpêtrière. On apprend alors qu'elle fut « condamnée à remplir tous les jours une certaine tâche de travail, comme une condition nécessaire pour obtenir quelque dégoûtante nourriture ». Au même titre que la prison, le lecteur découvre l'organisation d'une maison de jeux au sein de l'hôtel de Transylvanie lorsque Des Grieux est introduit par Lescaut. Le caractère réaliste de la description avec la mention de la « table de pharaon » et le vocabulaire spécifique (« filer la carte ») permet de se représenter la scène et ainsi de découvrir un lieu présent au sein de la société mais habituellement caché aux yeux de tous.

B. Le genre du roman-mémoires permet d'accréditer le récit et renforce les émotions du lecteur

Enfin, le genre du roman-mémoires permet d'accréditer la fiction en la présentant comme vraie. Cette apparente authenticité permet au lecteur d'y croire et ainsi de se plonger davantage dans l'action. En effet, le marquis de Renoncour reçoit d'emblée la confiance du lecteur puisqu'il est qualifié d' « homme de qualité ». De plus, il présente son récit comme étant fidèle à l'histoire entendue en déclarant : « Je dois avertir ici le lecteur que j'écrivis son histoire presque aussitôt après l'avoir entendue, et qu'on peut s'assurer par conséquent, que rien n'est plus exact et plus fidèle que cette narration. » D'autre part, lorsqu'il retranscrit l'histoire de Des Grieux au sein du récit enchâssé, celle-ci a déjà eu lieu, ce qui conduit le narrateur à faire de nombreuses prolepses propres à créer du suspense. En effet, il évoque « l'ascendant de [sa] destinée qui [l']entraînait à sa perte » et précise sa difficulté à « achever le récit du plus funeste événement qui fût jamais ». Toutes ces interventions du narrateur attisent alors la curiosité du lecteur qui ne peut que se demander comment va évoluer l'intrigue qui est présentée comme vraie.

Conclusion

Ainsi, les personnages en marge contribuent fortement aux charmes du récit puisque, par la nature singulière, ils attisent la curiosité du lecteur et permettent la multiplication des péripéties au sein de l'œuvre. Toutefois, le plaisir de lecture ne se réduit pas à eux. En effet, le choix d'un récit à la première personne et la mise en scène d'une histoire d'amour extraordinaire permettent de susciter de véritables émotions chez le lecteur et ainsi de participer au plaisir de lecture. Finalement, c'est plutôt l'association des personnages singuliers à l'organisation particulière du récit qui fait de *Manon Lescaut* une œuvre propre à charmer le lecteur. D'une part, par le choix des personnages, l'auteur parvient à dévoiler ce qui est habituellement caché aux yeux de tous. D'autre part, le choix du genre du roman-mémoires permet d'accréditer le récit et ainsi d'impliquer davantage émotionnellement le lecteur. Cela sera d'ailleurs souligné par Sade dans *Idée sur les romans* lorsqu'il écrit : « Quelles larmes que celles que l'on verse à la lecture de ce délicieux ouvrage ! Comme la nature y est peinte, comme l'intérêt s'y soutient, comme il augmente par degrés, que de difficultés vaincues ! »

HISTOIRE-GÉOGRAPHIE

SUJET 1

→ voir p. 488

GÉOGRAPHIE

Partie 1 : Question problématisée

La mutation des espaces productifs est le fruit de l'intégration croissante des territoires à un système mondial de production, la mondialisation. Ce processus repose sur la division internationale du travail (DIT), qui se traduit par une décomposition de la production en plusieurs lieux spécialisés. Dans ce contexte, il s'agit de comprendre le rôle joué par la littoralisation des espaces productifs dans l'explosion des flux.

Pour cela, nous verrons d'abord en quoi les espaces maritimes captent une activité de production croissante. Nous nous pencherons ensuite sur la manière dont les littoraux se transforment pour organiser des flux de toutes natures entre les territoires mondiaux.

> **Astuce**
> Mettez en valeur votre réponse problématisée en sautant des lignes, de manière à montrer au correcteur que vous organisez et classez vos connaissances.

La mondialisation se traduit par un processus de littoralisation : les hommes et les activités se concentrent sur les littoraux, qui offrent une accessibilité renforcée, aussi bien pour les personnes que pour les marchandises ou les informations. Or l'accessibilité est devenue l'un des facteurs de localisation majeurs des activités productives.

En effet, dans le contexte de la division internationale du travail (DIT), le processus de production matérielle s'est déplacé dans des lieux offrant des conditions économiques, fiscales et réglementaires plus favorables aux entreprises. Ainsi, les éléments nécessaires à la fabrication d'un bien, comme le smartphone, circulent par la mer entre plusieurs territoires : les matières premières, puis les différentes pièces constituant le téléphone sont assemblées en plusieurs étapes, le plus souvent en Chine. Le littoral chinois est devenu l'une des principales interfaces mondiales.

Ce processus favorise le développement de zones industrialo-portuaires (ZIP), comme celle de Singapour. Des usines de production ou d'assemblage de biens manufacturés (électronique, pétrochimie, biotechnologie) sont installées à proximité immédiate des zones portuaires, comme à Jurong, de manière à faire circuler le plus facilement et le plus rapidement possible les pièces d'une usine à l'autre, d'un territoire à l'autre. Les littoraux sont des territoires parfaitement adaptés à la production en « juste-à-temps ».

> **Astuce**
> Citez des activités et des lieux précis pour montrer que vous maîtrisez un exemple.

On assiste ainsi à l'échelle mondiale à la maritimisation de l'économie : les flux maritimes deviennent dominants, ce qui pousse les acteurs spatiaux des littoraux à s'adapter à ces besoins croissants. Les littoraux se transforment pour organiser des flux de toutes natures entre les territoires mondiaux.

L'accroissement des flux maritimes est très net depuis 30 ans. Aujourd'hui, 90 % des échanges de la Chine avec le reste du monde se font par la mer. Le processus s'est accéléré avec le développement du conteneur et la conteneurisation. L'usage de ces boîtes de métal sécurisées et standardisées a considérablement réduit le temps de chargement et de déchargement des navires. Il nécessite cependant l'installation d'équipements spécifiques (grues/portiques, voies d'accès) et d'espaces de stockage. Le port en eau profonde de

Yangshan, à Shanghai, inauguré en 2005, est devenu en quelques années le 2e port du monde grâce à la qualité de ses infrastructures. De même, Singapour bénéficie de l'étendue et de la sécurité dans ses espaces de stockage situés en zone franche.

Ainsi, les grands ports maritimes mondiaux sont devenus les nœuds principaux du réseau d'échange mondialisé, et jouent le rôle de hubs dans le réseau des échanges, les marchandises opérant des correspondances via des navires plus petits pour gagner des destinations moins desservies.

Astuce

Entraînez-vous à reproduire schématiquement les contours des grands espaces continentaux pour produire des schémas simples, en conservant les territoires utiles à votre démonstration (ici l'ensemble Asie-Afrique-Europe).

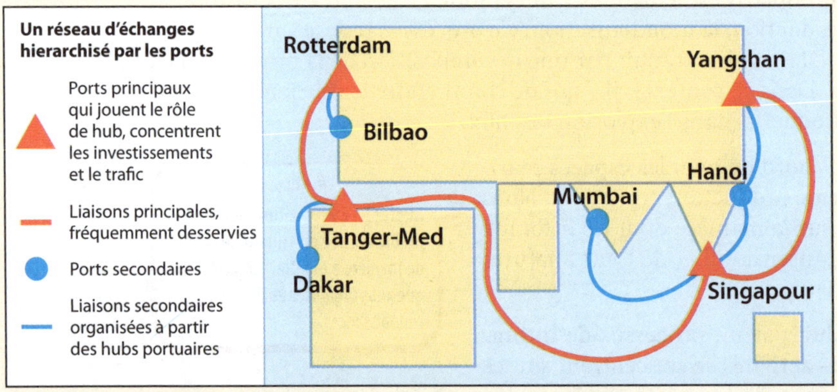

Les littoraux organisent enfin les échanges d'information à travers le développement des réseaux de câbles sous-marins. En France, le littoral de la Manche et de la Bretagne connecte l'ensemble du territoire au reste du monde, Europe, Afrique et surtout États-Unis, où se trouvent les serveurs racines des grands opérateurs du réseau. Le trafic des données internet a été multiplié par 30 entre 2008 et 2018, et au moins 90 % de ce trafic emprunte ces câbles.

Ainsi, la littoralisation des espaces productifs joue un rôle essentiel dans l'explosion des flux. La maritimisation de l'économie, conséquence du développement de la DIT, a encouragé les acteurs spatiaux à investir les littoraux pour bénéficier de bonnes conditions d'accessibilité. Les industriels ont ainsi développé des ZIP.

Les littoraux, interfaces de la mondialisation, mettent également en relation les territoires mondiaux, ce qui se traduit par des flux, par bateaux ou par câbles sous-marins. Ce rôle a favorisé le développement du conteneur, transformant et hiérarchisant les espaces portuaires à toutes les échelles.

HISTOIRE

Partie 2 : Étude de document

La Liberté guidant le peuple est incontestablement devenue l'une des peintures les plus célèbres de l'histoire de la France contemporaine. Exposée au musée du Louvre, cette huile sur toile, qui fait 2,60 m de hauteur sur 3,25 m de largeur, a été réalisée peu de temps après l'évènement qu'elle représente, à savoir les Trois Glorieuses des 27, 28 et 29 juillet 1830.

Astuce

Utilisez les informations figurant en dessous du document pour montrer que vous les exploitez et que vous en tirez du sens.

Peinte par Eugène Delacroix, artiste romantique reconnu de ses contemporains, cette œuvre incarne à la fois le peuple, la nation et la liberté. Pourtant, il serait excessif de réduire les Trois Glorieuses à une révolution populaire. Partie de députés du Parlement, alimentée par des journalistes ou hommes politiques, elle permet finalement à un nouveau roi de prendre le pouvoir. En quoi le peintre Eugène Delacroix propose-t-il une lecture des Trois Glorieuses qui insiste sur certains aspects de la révolution de 1830 et en minore d'autres ?

La Liberté guidant le peuple rend hommage aux anonymes qui ont pris les armes au nom de la liberté. La scène d'ensemble représente une barricade érigée lors des Trois Glorieuses à Paris (on reconnaît la cathédrale Notre-Dame de Paris à l'arrière-plan), qu'une foule en arme emmenée par une allégorie de la liberté est en train de franchir.

Cette femme-symbole, placée quasiment au centre du tableau, est isolée par la composition du peintre et attire instantanément le regard. Debout, pieds nus sur les barricades qu'on devine à la présence de pavés et de poutres en bois, l'allégorie de la liberté, reconnaissable à son bonnet phrygien, brandit de la main droite un drapeau tricolore flottant au vent. Dans sa main gauche, elle tient un fusil. Le corsage ouvert dénudant sa poitrine, elle tourne son visage vers la foule qui la suit.

Astuce
Prenez le temps de décrire le personnage principal pour en justifier l'importance.

Formant par ce geste un triangle au sommet duquel se trouve le drapeau tricolore, cette allégorie de la liberté est ici glorifiée. C'est en effet au nom des libertés fondamentales (liberté de la presse) que se déclenche la révolution de juillet 1830. Le roi Charles X, frère de Louis XVI, fait alors face à une contestation grandissante. Mais plutôt que d'assouplir sa manière de gouverner, il choisit de faire adopter des ordonnances restreignant les libertés fondamentales, ce qui déclenche une insurrection, puis une révolution.

En construisant son tableau autour d'une femme jaillissant de la foule, Eugène Delacroix manifeste ainsi son attachement à la Révolution et à son acteur principal, le peuple. Le drapeau tricolore, isolé, vient appuyer le message révolutionnaire du tableau.

Astuce
Profitez d'une description d'un des aspects du tableau, ici la liberté, pour présenter en quelques lignes le contexte de sa production et son sujet.

De part et d'autre de cette figure de la liberté, le peintre a placé des personnages dont les vêtements et les postures montrent la variété sociale, et incarnent la nation. Un enfant, à droite, porte deux pistolets et semble s'élancer vers l'avant. À gauche, un homme, haut-de-forme sur la tête, tient à deux mains un fusil et semble lui-aussi s'avancer et franchir la barricade, vers les spectateurs du tableau. Derrière lui, on distingue quelques visages dans une foule compacte. Tous représentent la nation, ensemble de personnes partageant un destin commun.

Au premier plan, au pied des insurgés, le peintre a représenté des corps de soldats de Charles X, reconnaissables à leurs tenues. Immobiles et, pour l'un d'entre eux, en partie dénudés, salis, ils incarnent le régime vaincu. Peut-être faut-il aussi y voir la dénonciation d'un régime envoyant des soldats à la mort au nom d'une pratique autoritaire du pouvoir. L'engagement romantique du peintre exacerbe le contraste entre la partie haute du tableau, toute en mouvement, et les postures figées du premier plan.

Ainsi, Delacroix manifeste avec ce tableau un soutien lyrique au mouvement révolutionnaire de juillet 1830 et entend rendre hommage aux inconnus qui se sont sacrifiés pour la liberté.

Pourtant, la révolution de 1830 ne s'est pas jouée uniquement sur les barricades. Les bourgeois, les journalistes, les proches du duc d'Orléans ont réussi à neutraliser la révolution en maintenant un régime monarchique, ce que le tableau passe sous silence. C'est en effet à l'initiative de ces acteurs politiques que Louis-Philippe se présente, enveloppé d'un drapeau tricolore, à l'Hôtel de ville de Paris et reçoit les acclamations de la foule.

En outre, la construction comme les thématiques du tableau ignorent les divergences de stratégie entre les députés et les représentants du peuple de Paris : de nombreux libéraux ont proposé au Premier ministre Polignac d'assouplir sa politique sans tenir compte des aspirations populaires. Et cette révolution s'achève sous les critiques des républicains qui estiment qu'elle leur a été « confisquée », et qui tentent au moins jusqu'en 1832 d'en récupérer les fruits.

Ainsi, le peintre Delacroix propose avec cette peinture une vision romantique des Trois Glorieuses et rend hommage au peuple, acteur principal de cette révolution en faveur de la liberté. Il choisit en revanche d'ignorer les autres aspects de 1830, et notamment le rôle des royalistes modérés, effrayés par la détermination du peuple de Paris, qui parviennent à récupérer le pouvoir.

Louis-Philippe, devenu roi des Français le 30 juillet 1830, achète le tableau mais fait en sorte qu'il échappe aux yeux du public, ne l'exposant que quelques mois avant de le confier au peintre lui-même. *La Liberté guidant le peuple* ne faisait que confirmer son pouvoir subversif.

> **Astuce**
> Reliez votre ouverture à votre conclusion par une anecdote, en vous appuyant sur l'enjeu du chapitre.

SUJET 2 → Voir p. 489

HISTOIRE

Partie 1 : Question problématisée

Le 2 décembre 1804, Napoléon est sacré Empereur des Français à Notre-Dame de Paris. Les mesures qu'il met en œuvre jusqu'à son exil sur l'île de Sainte-Hélène en août 1815 prolongent-elles le bilan de la Révolution française ou constituent-elles un retour en arrière ?

> **Remarque**
> Il est impératif, dans un devoir en histoire, d'établir les bornes chronologiques du sujet de manière aussi rigoureuse que possible.

Entre 1789 et 1799, la France connaît une série de bouleversements politiques, économiques et sociaux d'une ampleur exceptionnelle. Après la fin de la monarchie absolue en juin 1789, l'abolition des privilèges (4 août 1789), l'échec de la monarchie constitutionnelle liée à la fuite du roi et aux guerres, l'impasse de l'expérience républicaine…, l'armée apparaît comme un recours. Auréolé par ses victoires (en Italie et en Égypte notamment), le général Napoléon Bonaparte bénéficie d'une popularité croissante. En octobre 1799, un coup d'État est soigneusement organisé par l'armée avec la complicité de certains hommes politiques. Le 18 brumaire (9 novembre 1799), Bonaparte accède au pouvoir et met fin au Directoire. Le Consulat lui offre l'opportunité de poser les bases de l'Empire officiellement proclamé le 18 mai 1804.

La modernisation économique et sociale engagée sous le Consulat (création de la Banque de France, du Franc germinal, des lycées…) se poursuit. Le Code civil, adopté en mars 1804, garantit l'égalité des citoyens devant la loi. Napoléon s'engage par le serment du sacre à la maintenir et à défendre les libertés, entérinant ainsi les principes fondateurs de 1789. Invoquant la nécessité de diffuser les valeurs de la Révolution française à l'échelle continentale, Napoléon reprend l'offensive sur les champs de batailles extérieurs. Une succession de campagnes militaires victorieuses (Austerlitz, 1805 ; Iéna, 1807 ; Wagram, 1809…) lui permet de redessiner la carte de l'Europe et d'assurer l'hégémonie de la France à l'échelle continentale.

> **Astuce**
> Montrez que vous avez bien conscience que certaines des « masses de granit » établies par Napoléon sont antérieures à son sacre impérial.

Au-delà du discours affiché, les acquis de la période révolutionnaire sont remis en cause. Napoléon instaure une dynastie héréditaire. Entouré des fastes de la vie de cour, il prend appui sur une élite sociale (Murat, Ney, Talleyrand…) qu'il distingue par de nouveaux titres de noblesse. L'administration centralisée qu'il déploie dans chaque département permet une surveillance très serrée de la population, d'autant que les moyens et les pouvoirs de la police sont considérablement renforcés. La censure fait taire les voix dissidentes : proscrivant tout débat politique, Napoléon affirme tout au long de son règne un pouvoir personnel fort et autoritaire très éloigné des idéaux de la Révolution…

Napoléon laisse donc derrière lui un bilan nuancé. Il n'est ni le fossoyeur ni l'héritier de la Révolution française. En 1815, la France ouvre une nouvelle page de son histoire dans un contexte inédit…

> **Astuce**
> La réponse à la problématique est explicite mais nuancée, ce qui est souvent le cas en histoire…

GÉOGRAPHIE

Partie 2 : Analyse de documents

La métropolisation désigne le mouvement de concentration de populations, d'activités et des pouvoirs de commandement au sein d'ensembles urbains de grande taille.

Pourquoi et comment ce processus, d'une ampleur inégale à l'échelle de la planète, est-il souvent lié à l'affirmation de la pauvreté pour une part importante de la population urbaine concernée ?

> **Astuce**
> L'annonce du plan ne doit pas être trop « abrupte » : elle peut être associée à la présentation des documents proposés.

Les deux documents proposés (une caricature de 2017, un article de presse publié en ligne en 2018) permettent d'analyser l'importance de la pauvreté urbaine, en particulier dans les villes des pays en voie de développement, et de mettre en évidence les contraintes et les risques qu'elle fait peser sur leurs habitants.

Dans les pays du Sud, la métropolisation repose sur un exode rural massif. Nombreux sont en effet ceux qui quittent les campagnes dans l'espoir de trouver une vie meilleure en ville. Ce sont principalement de jeunes adultes et des ménages avec enfants en bas âge qui s'entassent alors dans des quartiers d'habitat informel : les bidonvilles. Celui d'Orangi Town à Karachi (Pakistan) compte plus de 1,5 million d'habitants, celui de Dharavi à Mumbai (Inde) concentre environ 700 000 personnes : les « pauvres » vivent à l'écart des populations aisées. Cette ségrégation sociale est l'un des principaux facteurs de la fragmentation qui accompagne le développement des grandes métropoles du Sud.

> **Conseil**
> L'objet de ces documents vous invite à centrer le propos sur les pays du Sud, même si la pauvreté se manifeste aussi dans les métropoles du Nord. Donnez des exemples précis.

Au total, on estime qu'un tiers au moins des urbains des pays du Sud vit dans ces conditions précaires : cela représente un total d'environ un milliard de personnes et sans doute le double en 2030 compte tenu du rythme et de l'intensité de l'accroissement naturel et de l'urbanisation dans les pays concernés. Les conditions de vie y sont marquées par une grande promiscuité, une insécurité chronique, un manque d'hygiène… qui, faute d'infrastructures sanitaires, favorisent le développement de certaines maladies.

> **Conseil**
> Évitez au maximum la paraphrase : le terme d'insalubrité, qu'on pourrait employer ici, est employé dans le **doc. 2**. Il est préférable d'en choisir d'autres.

Pour autant, il convient d'éviter toute généralisation excessive. En effet, ce ne sont pas systématiquement les plus pauvres qui s'installent en ville. Certains sont issus de la classe moyenne : ils disposent d'un réseau de relations et d'un niveau de qualification qui peuvent leur permettre à terme d'intégrer des quartiers moins précaires. La métropolisation offre en effet aussi des opportunités dans le domaine de l'emploi : la plupart des activités informelles urbaines sont connectées à l'économie globalisée et les citadins pauvres jouent un rôle actif dans la production de services adaptés aux modes de vie urbains (transports, emplois domestiques, confection…).

Au total, on peut affirmer qu'il y a un lien de cause à effet entre la métropolisation et la pauvreté mais qu'il s'agit d'une relation qui ne se réduit pas toujours à une fatalité.

ENSEIGNEMENT SCIENTIFIQUE

SUJET 1 Voir p. 491

Exercice 1 : La sphéricité de la Terre

Partie 1 : Repérage sur la sphère terrestre

1 La longueur d'un méridien terrestre correspond au périmètre terrestre p :

$p = 2\pi R$ avec R le rayon terrestre.

$R = 6\,371$ km $= 6\,371 \times 10^3$ m, donc :

$p = 2\pi \times 6\,371 \times 10^3 = 4{,}003 \times 10^7$ m avec 4 chiffres significatifs.

> **Gagnez des points !**
> Retenez que la longueur d'un méridien terrestre est de l'ordre de 40 000 km.

2 **a.** Les villes situées sur un même méridien ont la même longitude. D'après le tableau des coordonnées géographiques des villes, seules Quito en Équateur et Toronto au Canada ont une longitude commune de $\lambda = 79°$ Ouest. Quito et Toronto sont donc situées sur le même méridien.

b. Les villes situées sur un même parallèle ont la même latitude. D'après le tableau des coordonnées géographiques, il existe deux couples de villes qui vérifient cette propriété :

- Libreville au Gabon et Quito en Équateur sont situées sur le même parallèle de latitude $\varphi = 0°$. Il s'agit d'un parallèle particulier : l'équateur ;
- Toronto au Canada et Toulouse en France ont une latitude de $\varphi = 44°$ Nord : ces deux villes appartiennent donc au même parallèle.

3 **a.** La mesure d'un angle entre deux villes situées sur le même méridien correspond à la différence $\Delta\varphi$ entre leurs latitudes. Or Quito (Q) et Toronto (T) appartiennent au même méridien (voir **2. a.**), donc l'angle $\widehat{QOT}$ vaut $\widehat{QOT} = \Delta\varphi = |\varphi_O - \varphi_T| = |0° - 44°| = 44°$.

La mesure d'un angle entre deux villes situées sur le même parallèle correspond à la différence $\Delta\lambda$ entre leurs longitudes. Or Toronto (T) et Toulouse (T′) sont situées sur le même parallèle (voir **2. b.**), donc l'angle $\widehat{TIT'}$ vaut :

$$\widehat{TIT'} = \Delta\lambda = |\lambda_T - \lambda_{T'}| = |-79° - 1°| = 80°.$$

> **Réflexe à avoir**
> Notez bien que la longitude de Toronto est une longitude Ouest $\lambda_T = -79°$, alors que celle de Toulouse est une longitude Est $\lambda_{T'} = +1°$.

b. La longueur L de la portion de méridien reliant Quito à Toronto est proportionnelle à l'angle entre les deux villes :

$L_{QT} = R \times \widehat{QOT}$ avec R le rayon terrestre et l'angle $\widehat{QOT}$ en radians.

Pour calculer l'angle en radians, on utilise la correspondance :

$$360° = 2\pi \text{ rad.}$$

$\widehat{QOT} = 44° = 44 \times 2\pi/360$ rad $= 0{,}77$ rad avec 2 chiffres significatifs.

On a alors $L_{QT} = R \times \widehat{QOT} = 6\,371 \times 10^3 \times 0{,}77 = 4{,}9 \times 10^6$ m avec 2 chiffres significatifs.

4 **a.** La longueur OT est celle d'un rayon terrestre, donc OT $= R$.

L'angle $\widehat{OIT}$ est un angle droit, donc $\widehat{OIT} = 90°$.

Les angles $\widehat{OIT}$ et $\widehat{QOT}$ sont des angles alterne-interne, donc de même mesure : $\widehat{OTI} = \widehat{QOT} = 44°$.

Les angles $\widehat{IOT}$ et $\widehat{QOT}$ sont des angles complémentaires, donc :

$\widehat{IOT} = 90° - \widehat{QOT} = 90° - 44° = 46°$.

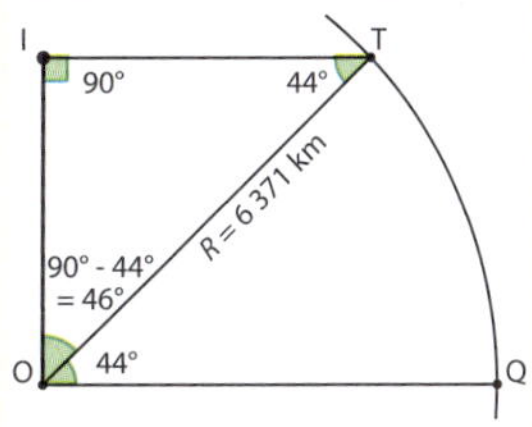

La loi des sinus s'écrit alors : $\frac{R}{\sin\widehat{OIT}} = \frac{IT}{\sin\widehat{IOT}}$.

On en déduit que $IT = \frac{R}{\sin\widehat{OIT}} \sin\widehat{IOT}$.

$IT = \frac{6\,371 \times 10^3}{\sin 90°} \times \sin 46° = 4{,}6 \times 10^6$ m avec 2 chiffres significatifs.

b. La longueur du parallèle passant par Toulouse et Toronto correspond au périmètre p' du cercle de rayon IT :

$p' = 2\pi IT = 2\pi \times 4{,}6 \times 10^6 = 2{,}9 \times 10^7$ m avec 2 chiffres significatifs.

c. La question peut être traitée de deux façons.

• *Méthode 1* :

La longueur de la portion de parallèle $L_{TT'}$ reliant Toulouse à Toronto est une fraction de 80/360 du périmètre p', soit :

$L_{TT'} = \frac{80}{360} \times 2{,}9 \times 10^7 = 6{,}4 \times 10^6$ m avec 2 chiffres significatifs.

• *Méthode 2 :*

En utilisant la méthode de calcul de la réponse **3. b.** en remplaçant R par IT, on en déduit la longueur de la portion de parallèle $L_{TT'}$ reliant Toulouse à Toronto : $L_{TT'} = IT \times \widehat{TIT'}$ avec $\widehat{TIT'}$ en radians.

$\widehat{TIT'} = 80° = 80 \times 2\pi/360$ rad $= 1{,}4$ rad avec 2 chiffres significatifs.

On a alors $L_{TT'} = IT \times \widehat{TIT'} = 4{,}6 \times 10^6 \times 1{,}4 = 6{,}4 \times 10^6$ m avec 2 chiffres significatifs.

La longueur de la portion de parallèle reliant Toulouse à Toronto est environ égale à 6 399 km = $6{,}399 \times 10^6$ m. En ne retenant que 2 chiffres significatifs, cette longueur est alors de $6{,}4 \times 10^6$ m. C'est bien ce que l'on a obtenu ci-avant par l'une ou l'autre méthode.

L'astuce du prof

Pensez à comparer des longueurs avec la même précision de mesure.

5 En ne retenant finalement que deux chiffres significatifs, les distances Quito-Toronto de 4 891 km et Toulouse-Toronto de 6 230 km correspondent à $4{,}9 \times 10^6$ m $= L_{QT}$ et $6{,}2 \times 10^6$ m $\neq L_{TT'}$. La première mesure est donc très proche de la réponse **3. b.**, alors que la seconde mesure l'est moins de la réponse **4. b.** Cette différence est due, entre autres, au modèle sphérique de la Terre que l'on a pris dans cette partie pour établir toutes les distances.

Partie 2 : Les différents climats de la Terre

6 Le paragraphe argumenté met en jeu les différentes compétences du programme que sont l'appropriation des données (APP), l'analyse et le raisonnement (ANA), la validation du raisonnement (VAL) et la communication (COM).

Appropriation (APP) : *cette phase permet de lister les différents éléments de l'énoncé dont il faut tenir compte, ainsi que les connaissances de cours à mobiliser.*

La lecture du **document 3** permet de chiffrer la puissance solaire reçue sur Terre (de l'ordre de 10^3 W/m^2) et de constater qu'elle décroît avec l'éloignement des planètes, mais que Vénus et Mars reçoivent des puissances comparables à celle de la Terre, bien qu'elles soient très éloignées d'elle.

Le **document 4** montre que plus la latitude Nord est importante, et plus cette puissance solaire reçue par unité de surface est faible. On peut retenir que pour une latitude de 45° Nord, la puissance est divisée par un facteur 1,4 et qu'au pôle Nord, le facteur est de 57 ! Les photographies proposées permettent de faire le lien avec l'inclinaison des rayons lumineux.

L'équateur est à une latitude nulle et on sait que les pôles sont à des latitudes de valeur absolue maximale (90° Nord et 90° Sud).

Analyser et raisonner (ANA) : *cette phase est celle du raisonnement, c'est-à-dire des liens à faire entre les éléments listés ci-avant pour arriver à répondre à la question posée.*

Pour montrer qu'il fait plus chaud à l'équateur qu'aux pôles, il faut faire le lien entre la puissance surfacique solaire reçue et la température : plus la puissance surfacique reçue est importante, et plus la température est élevée, donc plus il fait chaud.

Par ailleurs, un lien est aussi à faire entre cette puissance surfacique et la latitude du lieu : plus la latitude est faible, et plus la puissance surfacique reçue est importante. L'équateur est à une latitude nulle, alors que les pôles sont à une latitude de valeur maximale.

Finalement, à l'équateur de latitude nulle, la puissance surfacique reçue est maximale, et la température est plus élevée qu'aux pôles de latitude de 90° Nord ou Sud, lieux pour lesquels la puissance surfacique reçue est 57 fois plus faible.

Enfin, pour invalider l'hypothèse faite par l'élève, les photographies du **document 4** permettent de montrer que tout est affaire d'inclinaison des rayons solaires. Le **document 3** permet d'affirmer que le facteur 57 ne peut pas être expliqué par la distance au Soleil, la distance entre l'équateur et le Soleil étant très peu différente de celle d'un pôle au Soleil comparativement à celle entre Mars ou Vénus et le Soleil.

Validation (VAL) : *cette phase permet de vérifier que le raisonnement arrive à la réponse attendue.*

Le raisonnement effectué ci-avant permet bien de mettre en évidence qu'il fait plus chaud à l'équateur qu'aux pôles, pour des raisons de puissance solaire reçue par unité de surface, et de montrer que l'hypothèse de l'élève « Il fait plus chaud à l'équateur qu'aux pôles parce que la Terre est plus proche du Soleil à l'équateur qu'aux pôles » est invalidée, car il ne s'agit pas tellement de distance au Soleil ici, mais d'inclinaison des rayons.

Communiquer (COM) : *cette phase est celle de la rédaction, c'est-à-dire ce qu'il faut noter sur la copie comme réponse à la question posée.*

À l'équateur, de latitude nulle, la puissance surfacique reçue est maximale (420 W/m^2 d'après le **document 4**) du fait de l'inclinaison des rayons lumineux (photographie 1 du **document 4**). En revanche, aux pôles de latitude de 90° Nord ou Sud, la puissance surfacique reçue est 57 fois plus faible qu'à l'équateur (**doc. 4**). Sachant que plus la puissance surfacique reçue est grande et plus la température moyenne est importante, on peut en déduire qu'il fait effectivement « plus chaud à l'équateur qu'aux pôles ».

La puissance surfacique reçue dépend de l'inclinaison des rayons lumineux reçus du Soleil (photographies du **document 4**). Or le facteur 57 ne peut pas être expliqué par la distance au Soleil, la distance entre l'équateur et le Soleil étant très peu différente de celle d'un pôle au Soleil comparativement à celle entre Mars ou Vénus et le Soleil (**doc. 3**).

Exercice 2 : La datation des peintures rupestres de la grotte Chauvet

Partie 1 : Du carbone dans la matière organique

1 Les oxydes minéraux ne peuvent être datés par la méthode du carbone 14, car ils ne contiennent pas d'atome de carbone (le rouge est constitué d'oxydes de fer Fe_2O_3, le noir de dioxyde de manganèse MnO_2). En revanche, le bois est constitué notamment de cellulose, une molécule formée d'un enchaînement de molécules de glucose ($C_6H_{12}O_6$). Le charbon de bois contient donc du carbone.

2 Le mécanisme biologique à l'origine de la synthèse du glucose par les plantes terrestres est la photosynthèse. Au cours de celle-ci, l'énergie lumineuse est utilisée par les végétaux pour réaliser la synthèse de molécules organiques (comme le glucose) à partir de molécules minérales (CO_2 et H_2O).

Le bilan de la photosynthèse peut s'écrire par la réaction suivante :

$$6\,CO_2 + 6\,H_2O \xrightarrow{\text{Lumière}} C_6H_{12}O_6 + 6\,H_2O$$

Les végétaux absorbent l'eau dans le sol grâce à leurs racines. Ils prélèvent le dioxyde de carbone dans l'air par les feuilles au niveau des stomates.

Partie 2 : Radioactivité et datation par le carbone 14 (^{14}C)

3 **a.** La date de désintégration d'un noyau individuel de ^{14}C dont on connaît la date de création (prise comme origine) est : aléatoire.

b. La durée nécessaire à la désintégration radioactive de la moitié des noyaux radioactifs d'un échantillon dépend : de la nature chimique des noyaux.

4 La demi-vie d'un élément radioactif est le temps nécessaire pour qu'une quantité donnée de cet élément diminue de moitié.

Le temps écoulé pour que le rapport P/P_0 passe de 100 à 50 se situe entre 5 700 et 5 800 ans.

La demi-vie du carbone 14 est donc comprise entre 5 700 et 5 800 ans.

L'astuce du prof
Quant $P/P_0 = 50$, il ne reste plus que 50 %, soit la moitié du carbone 14 initial.

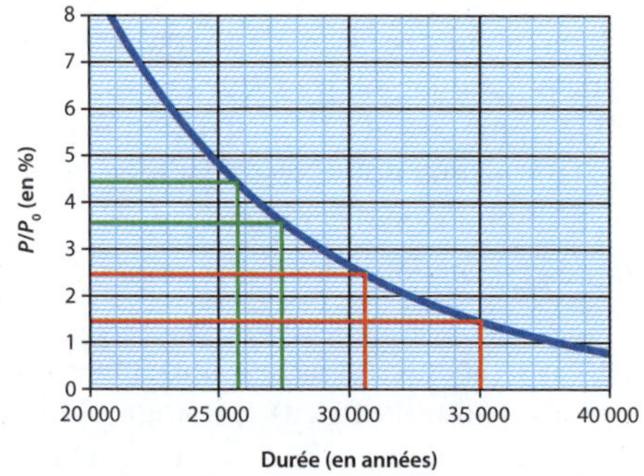

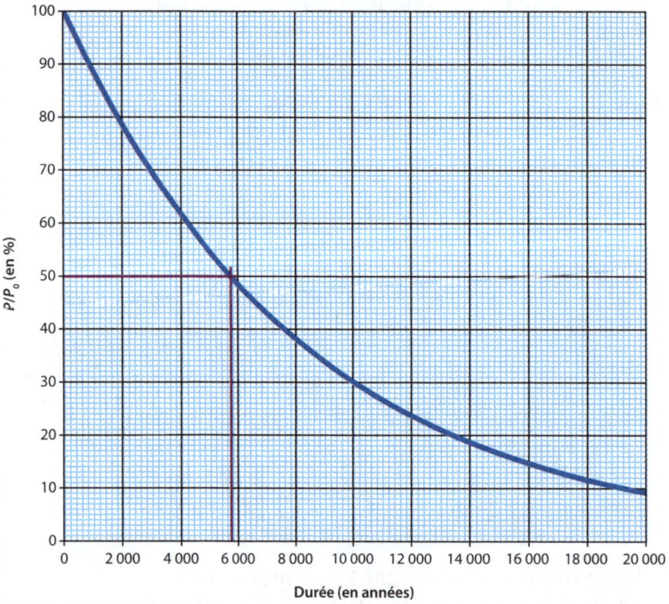

5 Des valeurs P/P_0 comprises entre 1,5 % et 2,5 % pour le charbon de bois correspondent à un âge compris entre 35 000 et 30 600 ans.

Des valeurs P/P_0 comprises entre 3,5 % et 4,5 % pour les mouchages de torches correspondent à un âge compris entre 27 400 et 25 800 ans.

Les traces de l'habitation de la grotte Chauvet peuvent donc être datées entre 35 000 et 25 800 ans.

6 La méthode de datation au carbone 14, basée sur la décroissance d'éléments radioactifs, a été mise au point par des physiciens. Ces derniers interviennent également pour le comptage des éléments radioactifs et la détermination des rapports isotopiques. Toutefois, ce sont des paléontologues ou des archéologues qui recherchent et identifient les vestiges à étudier. Par ailleurs, l'analyse des échantillons par les chimistes permet de déterminer ceux sur lesquels la méthode de datation au carbone 14 peut être employée. Enfin, le devenir du carbone chez les êtres vivants est connu grâce aux biologistes. Ainsi, après la découverte d'un site ancien, grâce au concours de différentes disciplines scientifiques, l'identification et l'analyse (chimique et isotopique) des échantillons qu'il renferme permet de le dater et de le situer dans une période de l'Histoire ou de la Préhistoire.

SUJET 2 Voir p. 497

Au concert

1 La relation entre la fréquence et la longueur d'onde est : $f = \frac{v}{\lambda}$.

Selon le document 1, $L = \frac{\lambda}{2}$ donc $\lambda = 2L$ et $v = \sqrt{\frac{T}{\mu}}$.

Au final, on obtient : $f = \frac{\sqrt{\frac{T}{\mu}}}{2L}$, ce que l'on cherchait à démontrer.

2 Si μ et T sont constantes, alors $\frac{\sqrt{\frac{T}{\mu}}}{2}$ est un facteur constant dans la formule précédente que l'on peut noter k. On a alors $f = \frac{k}{L}$: la fréquence est donc inversement proportionnelle à la longueur de la corde.

3 Soit alors $k = fL = f(do_{-1})L_{-1} = f(mi_0)L_0$ que l'on peut réécrire $L_{-1} = \frac{f(mi_0)L_0}{f(\text{do}_{-1})}$.

Effectuons l'application numérique en utilisant le **document 2** :

$L_{-1} = \frac{41{,}2 \times 1{,}05}{16{,}3} = 2{,}65$ m avec 3 chiffres significatifs.

Or les cordes de l'octobasse mesurent 2,18 m d'après le **document 3**, ce qui pose problème au luthier.

4 Pour pouvoir faire un do_{-1}, le luthier ne peut pas ne pas changer μ ou T, sinon la corde est trop grande. Il va donc falloir d'abord modifier l'un des paramètres ou les deux.

Pour garder la fréquence de 16,3 Hz constante et raccourcir la corde, il faut que le facteur $\sqrt{\frac{T}{\mu}}$ diminue aussi, d'après la relation $f = \frac{\sqrt{\frac{T}{\mu}}}{2L}$. Cela signifie que le luthier peut diminuer la tension T de la corde et/ou augmenter la masse linéique (en changeant de corde !).

La valeur de la longueur de la corde pour le do_{-1} est alors de $L(do_{-1}) = 2{,}18$ m, longueur maximale d'une corde de l'octobasse.

5 La fréquence fondamentale est celle de la note jouée, soit d'après le **document 2** : $f(do_{-1}) = 16,3$ Hz. La fréquence des harmoniques est une fréquence multiple de la fréquence fondamentale. La fréquence du premier harmonique est le double de la fréquence fondamentale, soit $2f(do_{-1}) = 2 \times 16,3 = 32,6$ Hz. D'après le **document 2**, cela correspond aussi à un *do*, car dans la gamme tempérée, les fréquences des notes de deux octaves successives sont en rapport 2/1.

6 Le **document 3** montre que les fréquences audibles sont globalement situées dans une gamme d'environ 20 Hz à un peu plus de 20 kHz. La fréquence de la note do_{-1} étant de 16,3 Hz, elle peut être audible dans la mesure où son niveau sonore est de l'ordre de 90 dB.

7 Le **document 3** permet de conclure que les sons les mieux perçus correspondent à des fréquences comprises entre 1 et 3 kHz, soit ceux émis au cours d'une conversation. Par ailleurs, à cette fréquence, il est possible de chuchoter tout en étant entendu de sa voisine : le niveau d'intensité sonore peut atteindre quelques décibels, ce qui n'est pas le cas pour d'autres fréquences.

8 Les sons de haute fréquence (sons aigus) sont captés vers la base de la cochlée, tandis que les sons de basse fréquence (sons graves) le sont vers l'apex. De la base vers l'apex, la fréquence des sons captés diminue progressivement.

9 Pour un son de fréquence 1 600 Hz, l'amplitude de la déformation de la membrane basilaire augmente progressivement, puis atteint sa valeur maximale à environ 19 mm de la base. Elle diminue ensuite, et à 24 mm de la base, la déformation est nulle.

10 Pour chaque fréquence sonore, la déformation se propage le long de la membrane. Elle augmente, atteint un maximum et enfin disparaît. Mais l'amplitude maximale est atteinte à une distance de plus en plus éloignée de la base pour des sons de fréquence de plus en plus basse (sons graves).

11 Selon leur fréquence, les sons sont captés par les cellules ciliées de la cochlée au niveau où la membrane basilaire se déforme le plus. La déformation de la membrane basilaire provoquera indirectement le mouvement des cils et la formation d'un message nerveux. Une information concernant la fréquence du son est donc contenue dans ce message, selon la position dans la cochlée des cellules émettrices.

12 Les deux instruments jouent la même note : la fréquence des notes est donc la même, et l'enregistrement montrera une même période temporelle T (la hauteur du son joué est la même). En revanche, la forme du signal (timbre de l'instrument) et son amplitude (intensité sonore) seront différentes d'un enregistrement à l'autre.

> **Gagnez des points !**
> La période de l'enregistrement est $T = \frac{1}{f} = \frac{1}{110} = 9,09 \times 10^{-3}$ s, soit de l'ordre de 10 ms.

13 Seules les intensités sonores s'additionnent. Il faut donc calculer chaque intensité, les additionner et calculer le niveau d'intensité sonore correspondant à cette somme.

Soit $L_1 = 40$ dB le niveau d'intensité sonore de la note jouée par l'octobasse et $L_2 = 45$ dB le niveau d'intensité sonore de la note jouée par l'autre instrument.

$I_1 = I_0 \times 10^{\frac{L_1}{10}}$ et $I_2 = I_0 \times 10^{\frac{L_2}{10}}$.

On a alors $I = I_1 + I_2 = I_0 \times 10^{\frac{L_1}{10}} + I_0 \times 10^{\frac{L_2}{10}} = I_0 \times (10^{\frac{L_1}{10}} + 10^{\frac{L_2}{10}})$.

$$L = 10 \log\left(\frac{I}{I_0}\right) = 10 \log(10^{\frac{L_1}{10}} + 10^{\frac{L_2}{10}})$$

$$L = 10 \log(10^{\frac{40}{10}} + 10^{\frac{45}{10}}) = 10 \log(10^{4,0} + 10^{4,5}) = 46 \text{ dB}$$

Le niveau d'intensité sonore total est de 46 dB.

Corrigés

Corrigés

FRANÇAIS

p.13

Exercice 1

1. « Fatiguée » : participe passé apposé.
2. « Sous prétexte qu'il avait une extinction de voix » : subordonnée conjonctive.
3. « En sautant les marches quatre à quatre » : gérondif.
4. « À force de travail » : GN prépositionnel.
5. « Grâce à la gentillesse du personnel soignant » : GN prépositionnel.

Exercice 2

1. Tu seras puni parce que tu n'as pas travaillé. Étant donné ton manque de travail, tu seras puni.
2. Comme la tempête a été violente, de nombreux arbres ont été déracinés. En raison de la violence de la tempête, de nombreux arbres ont été déracinés.
3. Comme la précédente manifestation a été marquée par des violences, le gouvernement a interdit de nouveaux rassemblements. À cause des violences de la précédente manifestation, le gouvernement a interdit de nouveaux rassemblements.
4. Puisque vous refusez de m'aider, j'abandonne le projet. À cause de votre refus de m'aider, j'abandonne mon projet.
5. Je ne vais pas faire de ski, non pas qu'il neige mais parce que je suis enrhumé. Je ne vais pas faire du ski, non à cause de la neige, qui ne tombe pas, mais à cause de mon rhume.
6. Ils ne sont pas venus, soit qu'ils n'ont pas reçu notre lettre, soit qu'ils ont eu un contretemps. N'ayant pas reçu notre lettre ou ayant eu un contretemps, ils ne sont pas venus.
7. Il n'a pas rendu son devoir sous prétexte qu'il était malade. Prétendant être malade, il n'a pas rendu son devoir.
8. Le coureur a remporté la course parce qu'il était dopé. Étant dopé, le coureur a remporté la course.
9. Comme la fillette était à bout de souffle, elle arrêta de courir. La fillette, qui était à bout de souffle, s'arrêta de courir.

p.14

Exercice 3

a. On peut remplacer « parce que » par « sous prétexte que ». Pour insister sur la fausseté de cette assertion.
b. Oui, on pourrait remplacer par « puisque ». Cela met en valeur le côté irréfutable de l'assertion.
c. La formulation de Montesquieu reste préférable car elle joue sur le parallélisme de construction avec la répétition du « parce que ».

p.15

Exercice 1

1. « Jusqu'à être à bout de souffle » : groupe infinitif prépositionnel.
2. « Si bien qu'il n'a pas pu faire sa conférence » : subordonnée consécutive.
3. « Au point de faire fuir tous les visiteurs » : groupe infinitif prépositionnel.
4. « Tellement (…) qu'il a réussi à passer l'agrégation » : subordonnée consécutive.
5. « Si bien que vous ne pouvez pas entrer » : subordonnée consécutive.
6. « Alors nous ne l'avons pas attendue. » : indépendante coordonnée par l'adverbe de liaison « alors ».
7. « Pour lui donner de la saveur » : groupe infinitif prépositionnel.

Exercice 2

1. Tu n'as pas travaillé si bien que tu seras puni. Tu n'as pas travaillé, c'est pourquoi tu seras puni.
2. La tempête était si violente que de nombreux arbres ont été déracinés. La tempête était d'une telle violence que de nombreux arbres ont été déracinés.
3. La précédente manifestation a été marquée par des violences de sorte que le gouvernement a interdit de nouveaux rassemblements. La précédente manifestation a été marquée par des violences, aussi le gouvernement a-t-il interdit de nouveaux rassemblements.
4. Vous refusez de m'aider de sorte que j'abandonne mon projet. Vous refusez de m'aider, donc j'abandonne mon projet.
5. Ils n'ont pas reçu notre lettre si bien qu'ils ne sont pas venus. Ils n'ont pas reçu notre lettre, c'est pourquoi ils ne sont pas venus.

6. Il était si malade qu'il n'a pu rendre son devoir. Il était malade au point de ne pas pouvoir rendre son devoir.
7. Le coureur était dopé si bien qu'il a remporté la course. Le coureur était suffisamment dopé pour remporter la course.
8. La route était déviée de sorte que je suis en retard. La route était déviée, c'est pourquoi je suis en retard.
9. Tu es sortie en silence de sorte qu'on ne t'a pas vue. Tu es sortie en silence sans te faire voir.

p.16

Exercice 3

a. Il n'y a aucune relation de cause et de conséquence explicites.
b. « Parce que » remplace la virgule, « si bien que » remplace « et », « car » remplace « et ».
Iphis voit à l'église un soulier d'une nouvelle mode, il regarde le sien et en rougit, parce qu'il ne se croit plus habillé ; il était venu à la messe pour s'y montrer, si bien qu'il se cache ; parce que le voilà retenu par le pied dans sa chambre pour le reste du jour. Il a la main douce car il l'entretient avec une pâte de senteur (...).
c. On pourrait mettre en valeur le lien consécutif entre « une nouvelle mode et regarde le sien » « si bien qu'il regarde le sien et qu'il en rougit. »
d. Les choix de La Bruyère renforcent l'humour du texte en créant un décalage humoristique entre l'effet et la cause marqués implicitement par la juxtaposition ou la coordination.

p.17

Exercice 1

1. « Qui ait une piscine » : proposition relative.
2. « Pour que les étudiants puissent le comprendre et qu'ils aient le temps de prendre des notes » : deux subordonnées finales introduites par « pour que » et « que ».
3. « Afin que chacun en ait un exemplaire » : subordonnée finale.
4. « De crainte d'une reprise des hostilités » : GN prépositionnel.
5. « De peur qu'il ne pleure » : subordonnée conjonctive finale.

Exercice 2

1. « Pour ne plus souffrir, il a pris une aspirine. » Impossible d'utiliser une subordonnée conjonctive en raison de l'obligation d'utiliser un groupe infinitif quand les deux sujets sont identiques.
2. « Le professeur a expliqué la difficulté pour être compris. » Idem.
3. « Au lieu du train nous prendrons l'avion pour arriver plus vite. » Idem.
4. « La jeune fille s'était maquillée pour que personne ne la reconnaisse / pour ne pas être reconnue. »
5. « Je désire un plat qui ne contienne pas de gluten / sans gluten. »
6. « Je vais vous faire un plan pour que vous ne vous perdiez pas / Je vais vous faire un plan pour vous éviter de vous perdre. »

p.18

Exercice 3

1. Non je préfère un appartement qui soit orienté au sud.
2. Non je cherche une traduction qui soit fidèle.
3. Je voudrais faire des études qui me permettent de m'accomplir et d'être autonome.

Exercice 4

a.
– « Pour t'empêcher de courir au trépas » : groupe infinitif prépositionnel.
– « Pour m'ôter à Don Sanche » : groupe infinitif prépositionnel.
– « Pour m'affranchir d'une condition » : groupe infinitif prépositionnel.
b.
– « Pour que cela t'empêche de courir au trépas. »
– « Pour que j'échappe à Don Sanche » : obligation de changer le sujet pour faire une subordonnée.
– « Pour que je sois affranchie d'une condition » : idem.
c. Chimène, après avoir mentionné la finalité non choisie par Rodrigue, combattre pour son seul honneur, lui en propose deux autres qui reviennent à une seule : se battre pour éviter qu'elle ne devienne l'épouse de Don Sanche à l'issue du combat.

p.20

Exercice 1

1. « Bien qu'il pleuve » : subordonnée conjonctive circonstancielle de concession.
2. « Quand bien même elle partirait » : subordonnée conjonctive circonstancielle de concession.
3. « Sans y être invitée » : groupe infinitif, concession.
4. « Malgré les reproches de son père » : groupe nominal prépositionnel, concession.
5. « Tout malade qu'il est » : subordonnée conjonctive circonstancielle de concession.

CORRIGÉS

Exercice 2

1. Bien que très âgée, elle est encore très dynamique. Malgré son grand âge, elle est encore très dynamique.
2. Même s'il est enrhumé, il travaille toujours autant. En dépit de son rhume, il travaille autant.
3. Quoique je sois majeur, mes parents m'interdisent encore de sortir le soir. Mes parents m'interdisent encore de sortir le soir, cependant je suis majeur.
4. Bien que son propriétaire ait menacé de le poursuivre en justice, il ne paie toujours pas son loyer. En dépit des menaces de son propriétaire de le poursuivre en justice, il ne paie toujours pas son loyer.

Exercice 3

1. Elle avait promis de venir me voir bien qu'elle habitât très loin.
2. Bien qu'il y ait de nombreuses recherches sur cette maladie, on n'a toujours pas trouvé de vaccin.
3. Le film a reçu de mauvaises critiques en dépit de ses qualités indéniables.
4. Les voleurs lui ont pris son sac même si elle s'est défendue avec courage.
5. Ils se sont mariés il y a deux mois, pourtant personne n'en a rien su.

Exercice 4

a.
– « Pourtant rien moins qu'agreste » adverbe de liaison + subordonnée circonstancielle de concession elliptique du verbe ;
– « mais » conjonction de coordination marquant l'opposition ;
– « bien que né » subordonnée circonstancielle de concession elliptique du verbe.

b. Il y a une opposition entre les deux portraits de la mère et du père qui ont des attitudes opposées face à la nature. Elle se double d'une autre opposition interne chez chaque personnage qui, elle, relève de la concession : la mère urbaine éprouve des élans envers la nature alors que le père d'origine rurale s'en tient à l'écart. Il y a une autre opposition dans le portrait de la mère entre la vigueur de l'élan et son aspect conventionnel.

p.22

Exercice 1

1. « En cas de collision » : GN prépositionnel.
2. « Qui ne connaîtrait rien à l'économie » : proposition relative à valeur conditionnelle.
3. « Pourvu qu'il soit rentré de vacances » : subordonnée conjonctive.
4. « Seriez-vous le seul à le dire » : proposition indépendante au conditionnel.

Exercice 2

1. « Invitiez » : indicatif imparfait
2. « Seriez » : conditionnel présent.
3. « Se démocratise » : indicatif présent.
4. « Désobéirait » : conditionnel présent.
5. « Aurait mérité » : conditionnel passé.

Exercice 3

1. Introduit une subordonnée conditionnelle.
2. Adverbe interrogatif qui introduit une subordonnée interrogative indirecte.
3. Fait partie de la locution conjonctive « si… que » et introduit une subordonnée de conséquence.
4. Fait partie de la locution conjonctive « si… que » et introduit une subordonnée de concession.
5. Introduit une subordonnée d'opposition.
6. Adverbe d'affirmation.
7. Introduit une subordonnée causale.

p.23

Exercice 4

a. Le thème est l'esclavage et le propos est la justification de l'esclavage.

b. Dans la subordonnée de condition le verbe « j'avais à » est à l'imparfait de l'indicatif. Si l'on s'en tient à une lecture littérale, la valeur du verbe serait un potentiel, condition non encore réalisée mais possible dans le futur. Cependant étant donné la personnalité de Montesquieu, philosophe des Lumières et esprit éclairé, il semble pour le moins curieux qu'il ait soutenu la thèse des esclavagistes, ce qui oblige à relire l'ensemble du texte et à réviser la valeur de cet imparfait. Celui-ci a la valeur d'un irréel du présent, c'est-à-dire une condition non réalisée dans le présent mais également irréalisable dans le futur étant donné les positions idéologiques de l'auteur.

c. Ainsi la tonalité ironique est d'emblée installée par ce système hypothétique. La phrase fonctionne comme une antiphrase. Cette interprétation est d'ailleurs corroborée à la lecture du premier argument proposé. Celui-ci pose des faits vrais : l'extermination des Indiens d'Amérique par les Européens et exploitation des terres par les esclaves africains, étant donné l'absence de main d'œuvre locale. Mais c'est le lien de causalité entre les deux faits qui pose problème : Montesquieu semble justifier la traite des Noirs par l'extermination des Indiens, donc une barbarie par une autre barbarie, le génocide ce qui invalide bien évidemment le raisonnement.

p.24

Exercice 1

1. **Ainsi** que son professeur l'avait prévu, l'étudiant a échoué à ses examens.
2. Il courait **comme si** sa vie en dépendait.
3. Il aurait fallu **plus** de soleil pour que les raisins arrivent à maturité.
4. Vous vous angoissez pour un rien, **de même que** vous vous enthousiasmez trop facilement.
5. Un papier peint habille **plus** une pièce **qu'**un simple badigeon.
6. Il était découragé car **plus** il avançait dans ses recherches, **moins** la solution était évidente.
7. Le remède est **pire** que le mal.

Exercice 2

1. « Aussi vaniteux que » : subordonnée circonstancielle de comparaison.
« Il est vaniteux comme son cousin germain. » : idem.
2. « Jamais autant ri de ma vie que ce soir-là » : subordonnée circonstancielle de comparaison.
3. « D'autant plus besoin de ciel bleu et de soleil qu' » : subordonnée circonstancielle de comparaison.
4. La voiture diesel pollue « plus que la voiture à essence » : subordonnée circonstancielle de comparaison. « La voiture diesel est plus polluante que la voiture à essence » : complément de l'adjectif au comparatif.
5. « Pareil à son père » indépendante elliptique. « Comme son père, il rafle tous les prix en compétition » : GN CC de comparaison.
6. Autant il excelle en sport, autant il néglige ses études. Indépendantes construites sur un parallélisme. « Il excelle en sport autant qu'il néglige ses études » : subordonnée circonstancielle de comparaison.

p.25

Exercice 3

a. Le premier tercet comporte deux subordonnées conjonctives circonstancielles de comparaison dont la dernière est elliptique du verbe. Dans le second tercet on relève trois comparaisons, une par vers, exprimées par trois subordonnées de comparaison toutes elliptiques du verbe.
b.

Comparé	Comparant
« Le séjour qu'ont bâti mes aïeux »	« Des palais romains le front audacieux »
« L'ardoise fine »	« Le marbre dur »
« Loir gaulois »	« Tibre latin »
« Petit Liré »	« Mont Palatin »
« Douceur angevine »	« L'air marin »

On remarque une opposition entre le langage noble pour caractériser Rome et la simplicité angevine (« séjour » / « palais », « marbre dur » / « ardoise fine », « la Loire » / « le Tibre », « l'air marin » / « la douceur angevine ») dont les termes soulignent la douceur, la finesse ; on peut remarquer que dans leur majorité ils sont féminins, manière de connoter le lien filial à la terre maternelle et à la famille (aïeux).
c. À travers ce système comparatif s'exprime nettement la préférence de du Bellay pour son Anjou natal : si le pays natal est moins beau et moins noble que Rome connotée par la splendeur des bâtiments et la noblesse des matériaux, il est plus cher au cœur du poète.

p.27

Exercice 1

1. Interrogation totale.
2. Interrogation partielle portant sur le COD « preuve ».
3. Interrogation partielle portant sur le CC de lieu « (quelque) part ».
4. Interrogation partielle portant sur le CC de temps « dimanche ».

Exercice 2

1. Dans le jardin, il **n'**y a **ni** pommes, **ni** poires, **ni** raisins.
2. Il **n'**était **pas** présent à la réunion, le directeur non plus.
3. Nous **n'**étions **pas** souvent partis pendant les vacances. Nous **n'**étions **jamais** partis pendant les vacances.
4. Je **ne** connais **pas** bien la région.
5. Il **ne** reste **plus** de miettes de pain.
6. Nous **ne** doutons **pas** que vous puissiez nous aider.
7. Il **ne** faut **pas** freiner dans un virage.

Exercice 3

1. « Ne » explétif.
2. « Ne » négatif.
3. « Ne » négatif.
4. « Ne » explétif.
5. « Ne » négatif.

Exercice 4

a. « Ne m'interrogez point » : locution négative « ne… point » portant sur l'action globale.
« Ne craignez… que mon indifférence » : « ne… que » valeur restrictive.
« Je me taise » : négation lexicale = « ne pas dire ».

« Que je ne t'adore » : « ne » explétif après un verbe de doute.
« Non » : négation catégorique.
b. Les interlocuteurs sont dans une relation conflictuelle : Sylvia déguisée en Lisette, sa servante, ne veut pas avouer ses sentiments à Dorante le seigneur qui est censé l'épouser en tant que maîtresse (rôle que joue sa servante) et qui met en doute la véracité de son amour, sous-entendant que les sentiments d'une soubrette lui importent peu. Dorante s'insurge contre cette posture dans l'interrogative au style très soutenu.

p.29

Exercice 1

1. La négation peut porter sur le verbe « intervenir », sur le sujet « la police » ou le CC de temps « demain » selon que le propos est « n'interviendra pas » ou « demain » en fonction de la question qui correspond au thème « Que fait la police demain ? La police intervient-elle demain ? Quand la police n'intervient- elle pas ? »
2. La négation peut porter sur les quatre éléments : le sujet « les enfants », le verbe « s'arrêter », le GN CC de temps « à l'appel de leurs parents », le CC de lieu « devant la porte du jardin ».
3. La négation peut porter sur les quatre éléments : le sujet « la réunion », le verbe « a eu lieu », le CC de temps « hier », le CC de cause « faute de participants ».
4. La négation peut porter soit sur l'ensemble de la phrase : personne n'est arrivé, soit sur le déterminant indéfini « aucun ».
5. Soit la négation porte sur l'ensemble de la phrase : « personne ne viendra à la réception » soit sur « tous » et le sens est alors : « Les invités ne viendront pas tous à la réception. »

Exercice 2

1. Impossible.
2. « Il semble qu'il ne soit pas favorable au projet » : pas de changement de sens.
3. « Il ne pense pas être à la hauteur » : pas de changement de sens.
4. « Je peux ne pas venir demain. » : sens différent (de choix) alors que dans le premier cas il s'agit d'une impossibilité.
5. « Vous êtes tenu de ne pas répondre » : sens différent (obligation).

Exercice 3

1. « Il est impensable de continuer ainsi » : adjectif avec préfixe négatif.
2. « Acceptez la main tendue » : antonyme.
3. « Il nie avoir participé à la manifestation » : antonyme.
4. « Il déteste la polémique » : antonyme.

p.30

Exercice 4

1. Il est parti sans une hésitation.
2. Il ne reste plus aucune place libre.
3. Ne croyez-vous pas que cela ne servira à rien ?
4. Je ne déteste pas les anticonformistes.

Exercice 5

a. Pangloss construit son raisonnement sur un enchaînement de cinq subordonnées de condition au plus-que-parfait dépendant d'une courte principale au conditionnel passé, ce qui devrait correspondre à un irréel du passé (conditions non réalisées qui n'ont pas permis la réalisation escomptée d'une situation) mais comme toutes ces propositions sont négatives, la double négation aboutit à une affirmation. Ces conditions réalisées ont permis la situation présente : « mang(er) des cédrats confits et des pistaches ».
b. Ce raisonnement est inepte, ces cinq subordonnées correspondent à autant d'expériences dramatiques vécues par Candide au cours de son périple : son bannissement du château de Thunder-ten-Tronckh, son procès devant l'Inquisition, son voyage en Amérique, le meurtre du baron, la perte de richesses rapportées de l'Eldorado, représentée par l'euphémisme « perdre ses moutons » qui aboutissent à une conséquence dérisoire : manger des cédrats et des pistaches. De plus, par cet enchaînement, Pangloss confère à des événements relevant du plus grand des hasards une causalité qui relève d'une intention supérieure, celle de Dieu.
Voltaire s'en prend une nouvelle fois à la philosophie optimiste de Leibniz qui veut que tout malheur ne peut à long terme qu'aboutir à un bonheur car tout vient de Dieu et Dieu qui est bon ne peut vouloir que le bonheur des hommes.
Mais malicieusement, la cascade de causalités malheureuses aboutit à un bonheur ridicule et dérisoire, ce qui rend la démonstration ridicule.
La dernière réplique de Candide, qui conclut le conte, oppose la parole vaine du philosophe à l'action « dire / cultiver notre jardin », la brièveté de son discours s'opposant à la logorrhée du philosophe. Le discours de Pangloss sur le plan formel est bien construit mais vide de sens alors que Candide se tourne vers une activité constructive pour le bien de toute la petite communauté.

p.32

Exercice 1

1. Interrogation partielle. Registre soutenu.
2. Interrogation partielle. Registre familier.
3. Interrogation partielle. Registre soutenu.
4. Interrogation partielle. Registre soutenu.
5. Interrogation totale. Registre soutenu.

Exercice 2

1. « Par quel train est-ce que tu arrives ? Par quel train arrives-tu ? » : adverbe interrogatif.
2. « Qu'est-ce qu'il apporte ? Qu'apporte-t-il ? » : adverbe interrogatif.
3. « Rendez-vous où ? Où avons-nous rendez-vous ? » : adverbe interrogatif.
4. « Quand l'ouragan doit frapper l'île ? Quand l'ouragan doit-il frapper l'île ? » : adverbe interrogatif.
5. « Pourquoi est-ce qu'Éric a pris cette initiative ? Pourquoi Eric a-t-il pris cette initiative ? » : adverbe interrogatif.

Exercice 3

1. Quand ces élèves respecteront-ils les consignes ?
2. Où ai-je pu ranger mon sac ?
3. Les candidats sont-ils prêts ?
4. Pourquoi me demandes-tu mon avis ?

Exercice 4

a. Le poème de Verlaine est composé de trois strophes :
– la première strophe comporte trois phrases : une phrase impérative, une déclarative et une interrogative ;
– la deuxième strophe comporte deux phrases de modalité interrogative ;
– la troisième strophe comporte deux phrases de modalité exclamative, puis impérative à valeur de conseil.
Verlaine utilise toute la gamme des modalités pour varier son art poétique : du rejet au questionnement puis au conseil au futur poète.
b. – La modalité interrogative de la première strophe est une interrogation partielle exprimée par l'adverbe interrogatif « où ». Sa syntaxe est relâchée avec le rejet en fin de vers de « jusqu'où ».
– Les deux modalités interrogatives suivantes sont également partielles, introduites par le pronom interrogatif « qui » et l'adjectif interrogatif « quel » mais leur syntaxe et correcte et leur registre de langue soutenu. Cela produit un effet de contraste avec la brutalité de la première strophe.
c. Les modalités interrogatives sont associées au champ lexical de la rime. Celle-ci est dépréciée dans la première strophe par l'utilisation d'une syntaxe fautive « tords-lui son cou » « elle ira jusqu'où ? » ; dans la seconde par l'emploi de caractérisations dépréciatives : « sourd », « fou », « d'un sou », « faux et creux ».
Verlaine rejette la poésie qui s'appuie sur l'éloquence et la rime au profit d'une poésie qui s'appuie sur la musicalité du vers.

p.34

Exercice 1

1. Interrogation partielle : « quand » adverbe interrogatif.
2. Interrogation totale : « si » adverbe interrogatif.
3. Interrogation partielle : « ce que » pronom interrogatif.
4. Interrogation partielle : « quelle » adjectif interrogatif.
5. Interrogation partielle : « que » pronom interrogatif.

Exercice 2

1. Il demande s'il y a encore des places disponibles.
2. Pierre se demandait s'il devait partir ou non.
3. Tout le village se demandait qui était le gagnant du loto.
4. Sais-tu comment tu iras à l'aéroport ?
5. Je ne sais pas ce qui la rend triste.

Exercice 3

1. « Viendrait » : conditionnel présent ; valeur de futur dans le passé.
2. « Avait bien pu » : plus-que-parfait de l'indicatif ; faits présentés comme réels.
3. « Feriez » : conditionnel présent ; valeur d'hypothèse.
4. « Répondre » : infinitif ; valeur de doute.

Exercice 4

a. Voltaire utilisait des pseudonymes pour signer ses contes qu'il qualifiait de « fadaises ». Mais en même temps, il écrivait dans une lettre du 9 janvier 1773 : « C'est par le plaisir qu'on vient à bout des hommes. » Pour faire passer ses idées, l'argumentation indirecte, qui cherche à instruire de manière plaisante par le détour de la fiction, serait-elle plus efficace que l'argumentation directe ?
b. Le peintre Fernand Léger affirme que « Si chaque époque invente sa beauté, nous devrions être davantage touchés par des œuvres qui nous sont contemporaines que par celles du passé. » L'attrait pour les œuvres d'art contemporaines serait-il plus puissant parce qu'elles correspondent mieux aux conceptions esthétiques de notre époque ? Nous pouvons nous demander si l'attrait pour les œuvres contemporaines

n'est pas plus puissant que pour les œuvres du passé parce qu'elles correspondent mieux aux conceptions esthétiques de notre époque.

p.36

Exercice 1

a. Le poème de Victor Hugo commence par une triple interrogation qui coïncide avec les trois premiers vers. Chaque question est construite de la même manière à partir du même adverbe et du même verbe « où vont » (sous-entendu dans les deux derniers vers) et oppose le début du vers qui connote la jeunesse et la douceur avec les trois expansions relatives qui terminent les vers et qui sont dépréciatives. Cette construction met en valeur les contradictions entre la nature des êtres, leur jeunesse et leur innocence, et leur situation malheureuse.

b. Le fait de poser les questions invite le lecteur à s'interroger sur ce qui explique la situation malheureuse de ces enfants avant d'apporter la réponse. Cela crée un effet de suspens qui contribue à mettre en valeur le verbe « ils travaillent » qui est le thème du poème. Le propos, lui, est posé dans l'interrogation : la condition malheureuse. La thèse est donc que le travail des enfants les rend malheureux. Ces questions contribuent à entraîner l'adhésion du lecteur qui ne peut être que choqué par cette situation malheureuse.

Exercice 2

a. Diderot pose quatre questions. Les trois premières sont des questions rhétoriques auxquelles on ne peut pas apporter de réponses logiques et recevables ; elles mettent en évidence le caractère arbitraire de l'esclavage et de la colonisation.

La quatrième est une interrogation qui porte sur un raisonnement hypothétique qui oblige le lecteur européen à se mettre à la place du colonisé et qui ne peut provoquer que honte et indignation.

b. Les interrogations oratoires sont utilisées par Diderot pour marquer son indignation et obliger le lecteur à adopter sa position face à l'esclavage et le colonialisme qui reposent sur l'arbitraire et l'injustice.

Exercice 3

Cet incipit confronte le lecteur à une série de questions qui sont précisément celles dont il attendrait normalement des réponses en début de roman. Elles sont au nombre de cinq et portent sur : les circonstances de la rencontre, l'identité, l'origine du déplacement, la destination et le contenu du dialogue.

Elles sont suivies de réponses qui ne sont pas satisfaisantes. La 1re souligne le côté fortuit de toute rencontre. La 2e est elle-même une question qui ridiculise la curiosité du lecteur. La 3e et la 4e n'apportent aucune information, la dernière soulignant même l'ineptie de la question. Seule la dernière comporte du contenu dans un double discours indirect.

Cette série de questions semble faire référence à une rencontre passée entre trois personnes mais sans donner d'informations. Nous est donnée seulement la relation de soumission entre Jacques et son maître puisque le premier ne fait que répéter les paroles du second.

Cependant, d'emblée, l'*incipit* propose une réflexion philosophique sur les notions de hasard (une occurrence et l'allusion aux errances des personnages) et de déterminisme à travers l'affirmation du maître reprise en style indirect par le valet. Ces deux notions s'opposent à la liberté du narrateur qui s'affirme par sa volonté de ne donner aucune des informations qu'on serait en droit d'attendre d'un *incipit* normal. Ce qui nous donne un *incipit* très déroutant mais qui met en valeur les deux caractéristiques du roman : forme décousue et déceptive du récit et interrogation philosophique sur la liberté et le déterminisme.

p.38

Exercice 1

– Préfixe a- : amoral, anormal.
– Préfixe mal- : malheureux.
– Préfixe dés- : désenchanté, désagréable.
– Préfixe in- : inutile, injuste, incomplet, incorrect, inattentif.

Exercice 2

Famille de mots issus de « *caput* » (la tête) : radical cap (i) : capitale, capitaine, capitalisme, capitaliser, mais aussi par déformation de la racine latine : chef, cheftaine, couvre-chef.

Exercice 3

– Hypo- (sous) : hypo + tension = tension en dessous de la normale ; hypo + thermie= température en dessous de la normale.
– Pan- (tout) : pan + théisme = doctrine selon laquelle tout est dans Dieu, pan + acée = remède universel.
– -cratie (pouvoir) : démo-cratie, aristo-cratie, théocratie.
– -phil- (aimer) : anglo + phile = qui aime les Anglais ; phil + atélie = art de collectionner les timbres ; hydro + phile = qui absorbe l'eau.
– Hipp(o) : hippo + campe = cheval recourbé ; hippo + potame = cheval du fleuve ; hippo + drome = terrain de courses équestres.

p.39

Exercice 4

1. Vertu = force, énergie ; « J'aime mieux un vice commode qu'une fatigante vertu. » Molière, *Amphitryon*.
2. Question = torture ; « Réponds à ma question sur le champ. »
3. Ruelle = l'espace entre le mur et le lit ; « Je circulais dans une ruelle étroite et sale. ».
4. Train = ensemble des domestiques, chevaux, voitures, accompagnant une personne de haut rang ; « Le train entra en gare avec une heure de retard. »

Exercice 5

a. Dans les deux premiers paragraphes du poème, on trouve quatre fois le suffixe « -âtre » : « *blanchâtre* », « *opiniâtrement* », « *verdâtre* », « *noirâtre* ».
Il donne aux trois adjectifs et à l'adverbe une connotation péjorative. Les deux adjectifs « *blanchâtre* » et « *noirâtre* » sont tous deux associés à des mots à connotation positive « *brillamment* » et « *dentelle* » pour créer des expressions à valeur d'oxymore, c'est une manière de mettre en avant la nature paradoxale de l'huître à la fois attirante et répulsive, ce que souligne aussi l'expression « à boire et à manger ». Quant à « *opiniâtrement* », il modifie l'adjectif « clos » qui caractérise le nom « *monde* ». L'expression renvoie à la nature du mollusque qui résiste à toute tentative d'ouverture.
b. Le mot « âtre » homonyme du suffixe « *-âtre* » désigne le foyer mais il vient d'un mot latin qui signifie coquille ! Le mot « firmament » qui signifie « cieux, voûte céleste » vient du latin *firmare* qui voulait dire « rendre ferme » et associé au mot « nacre » s'oppose à la mare, au sachet visqueux. On retrouve l'ambivalence de l'huître à la fois ferme par sa coquille et molle et visqueuse par le mollusque à proprement parler. On voit à travers ces analyses la manière dont Francis Ponge joue avec les mots, leur sens étymologique et actuel pour rendre compte de la « chose » dont il veut parler.
c. Le mot « *formule* » étymologiquement désigne une petite perle et c'est ce sens étymologique qu'il faut prendre en compte pour comprendre la dernière phase du poème. L'huître parfois (très rarement) sécrète une perle fine qui sera utilisée comme bijou. Mais en même temps, le sens moderne de « *formule* » fait allusion à la parole ou à l'expression, tout comme le mot « *gosier* ». Cela permet aussi d'activer un sens figuré de « *perle* » qui est celui d'une « *erreur grossière* » dans un texte. Le verbe « *orner* » peut aussi renvoyer aux figures de rhétorique dont on disait qu'elles étaient les ornements du discours.
Il y a donc des analogies entre le texte et l'huître, un poème en prose peut être tout comme l'huître d'un abord difficile, un « *monde opiniâtrement clos* » mais si l'on s'obstine, on peut l'ouvrir pour y découvrir tout un monde et même une perle. Ce poème en prose est donc un mode d'emploi de sa propre lecture.

p.41

Exercice 1

1. Le sens propre de « piétiner » correspond à marcher quasiment sur place, taper le sol avec ses pieds à plusieurs reprises. Ici le verbe est employé au sens figuré de « ne pas progresser ».
2. Le sens propre de « flambent » est « brûler fort ». Dans cette phrase, le verbe est utilisé au sens figuré de « augmenter beaucoup ».
3. Le mot « chute » au sens propre signifie « l'action de tomber ». Ici le mot est employé dans son sens figuré de « baisse rapide et forte ».

p.42

Exercice 2

1. Le sketch de Raymond Devos repose essentiellement le calembour. Il joue sur l'homophonie entre Caen, la ville normande, et « quand », conjonction de coordination ou adverbe interrogatif. Le jeu de mots est renforcé par le fait que « Caen » désigne un lieu alors que « quand » interroge sur le temps, ce qui permet de prolonger le quiproquo.
2. Ce calembour sert la satire de la bureaucratie en mettant en scène un fonctionnaire obtus qui s'enferme dans ce quiproquo sans chercher à comprendre l'usager qui lui fait face.

Exercice 3

1. Les connotations attachées au nom « printemps » sont : la naissance, la jeunesse, la fertilité, la promesse, la douceur :
à l'été sont attachées les connotations de récolte, moisson, plein épanouissement ;
– l'automne est rattaché aux notions de déclin, de vieillissement, de mélancolie mais aussi de richesse par le biais des couleurs ;
– l'hiver symbolise le froid, la mort, la stérilité, la blancheur.
Ces connotations peuvent varier selon les régions du globe.
2. Dans ce vers « L'automne ô ma saison mentale » Apollinaire veut faire le rapprochement entre son état d'esprit exprimé par « saison mentale » et la saison de l'automne. Son état d'esprit est porté à la mélancolie qui selon lui correspond à la spécificité

automnale, la baisse des jours, la chute des feuilles portant à la mélancolie devant la nature en train de jeter ses derniers feux avant de mourir.

Exercice 4

a. Le verbe « engager » est pris dans différentes acceptions dans cet extrait :

– au sens de « qui prennent position pour défendre une cause » dans le GN « les écrivains engagés » l.1 ;

– au sens de « prêter serment d'agir selon un règlement » dans la proposition « les militaires et le policier » l.2 ;

– au sens « d'embaucher » c'est-à-dire payer pour faire quelque chose « comme la recrue, l'homme à gages, ou le domestique » l.4 ;

– au sens « s'engager dans un espace étroit » : « comme un train est engagé sur des rails » l.6.

Le verbe conjugué ou le participe passé est toujours employé négativement sauf dans la première expression car selon Claude Roy ce sont justement ces formes d'engagement que ne doit pas suivre l'écrivain engagé, il ne doit être ni un soldat qui obéit sans discuter quoi qu'on lui demande, ni quelqu'un qui tire un profit de son travail, ni un instrument au service de quelqu'un ou d'une idée.

b. Les écrivains engagés selon Claude Roy sont poussés par une force, une urgence à laquelle ils ne peuvent résister et qui les force presque malgré eux à utiliser leur plume au service d'une cause. Ils « prennent feu » c'est-à-dire s'enflamment, se passionnent pour une idée ou une cause, ils « prennent parti » c'est-à-dire qu'ils ne restent pas dans un entre-deux mais choisissent un camp.

Comme exemple d'écrivain engagé, on peut citer Victor Hugo et sa lutte contre le Second Empire ou Zola qui avec « J'accuse » prend fait et cause pour Dreyfus injustement condamné pour trahison, ou Sartre qui, toute sa vie, quelles que soient les tragiques erreurs du Parti communiste, l'a soutenu jusqu'au bout y compris dans son aveuglement envers les crimes de l'Union soviétique ou des Khmers rouges au Cambodge.

p.51

1. Faux, c'est un courant littéraire. 2. Faux, au contraire, il la proscrit. **3. Vrai. 4. Faux,** c'est un vers de 7 syllabes. **5. Vrai. 6. Vrai.**

p.63

1. Vrai. 2. Faux. 3. Vrai. 4. Vrai. 5. Faux. 6. Faux, un essai est un texte argumentatif en prose.

p.76

1. Faux. 2. Vrai. 3. Vrai. 4. Faux. 5. Faux.

p.85

1. a. 2. c. 3. c. 4. b. 5. b. 6. a. 7. b.

p.97

1. Faux. Au contraire, il minore l'expression. **2. Faux.** Méfiez-vous des paronymes ! **3. Vrai. 4. Vrai.** Dans deux mots proches dans la phrase : nom et adjectif, par exemple. **5. Faux.** C'est une figure de répétition, donc à effet musical. **6. Vrai. 7. Vrai.** C'est le mot latin qui exprime la fatalité. **8. Vrai. 9. Vrai. 10. Vrai.** Elle peut aller jusqu'à la déformation du sujet.

p.106

1. Faux. Le commentaire analyse le texte littéraire, mais peut partir de vos premières impressions. **2. Vrai. 3. Vrai. 4. Faux.** Le plan du commentaire doit être fermement organisé, même s'il peut suivre une construction significative du texte. **5. Vrai. 6. Vrai. 7. Vrai. 8. Vrai. 9. Faux.** Le titre de l'œuvre complète doit être souligné. **10. Vrai.**

p.119

1. Vrai. 2. Faux. On ne donne son avis qu'en conclusion. **3. Vrai. 4. Vrai. 5. Faux.** Limitez-vous a deux ou trois parties ! **6. Vrai. 7. Faux.** Un exemple peut résumer une œuvre ou l'extrait d'un ouvrage : les citations ne sont pas obligatoires. **8. Faux.** Il y a d'autres types de plans : le plan analytique et le plan thématique. **9. Faux.** Il faut toujours commencer une conclusion par le bilan du développement. **10. Faux.** Ce sont les citations que l'on met entre guillemets.

p.126

1. a. 2. c. 3. b. 4. c.

HISTOIRE-GÉOGRAPHIE

p.183

1. c. Lors de la nuit du 4 août (abolition des privilèges).

2. b. Le Code civil, ou Code Napoléon.

3. b. Le suffrage censitaire.

4. a. Le Congrès de Vienne.

p.200

1. Vrai. La IIe République fixe la devise « Liberté, Égalité, Fraternité », le drapeau tricolore et l'usage de Marianne comme symbole.

2. Vrai. Napoléon III détient l'essentiel des pouvoirs : il gouverne, déclare la guerre, signe les traités et incarne la Nation.
3. Faux. Sous le Second Empire, la modernisation économique se traduit par le redéploiement de l'activité industrielle, en ville comme à la campagne.
4. b. C'est le roi de Piémont-Sardaigne, Victor-Emmanuel, qui devient roi d'Italie en 1860.

p.219

1. Vrai.
2. b.
3. a. Loi sur la laïcité : 1905 ; **b.** Loi autorisant les syndicats : 1884 ; **c.** Loi sur l'école laïque, gratuite et obligatoire : 1882 ; **d.** La loi autorisant le divorce : 1884 ; **e.** La loi sur la liberté de la presse : 1881.

p.236

1. b. Austro-serbe (l'attentat de Sarajevo) mais il met en jeu d'autres tensions entre États.
2. b. La guerre de position.
3. c. Avril 1917.
4. a., b. et c.
5. a. Les Ottomans.
6. b. Le traité de Versailles (28 juin 1919).

p.252

1. Vrai. La population mondiale citadine s'élève à plus de 4 milliards de personnes, soit 55 % de la population mondiale.
2. Faux. L'étalement urbain consiste en une extension spatiale du fait urbain alors que la métropolisation désigne le mouvement de concentration de populations, d'activités de valeur dans des ensembles urbains de grande taille.
3. Faux. Il s'agit d'une ville globale ou d'une ville mondiale.
4. Faux. Une mégapole est une mégacité ou cité géante de plus de 10 millions d'habitants alors qu'une mégalopole désigne des ensembles urbains reliés fonctionnellement (réseaux de transports, communications) sur plusieurs centaines de kilomètres.
5. Vrai. La gentrification désigne le processus de transformation du profil économique et social d'un quartier urbain ancien au profit d'une classe sociale supérieure.
6. Vrai. Le terme de favela utilisé au Brésil a son équivalent de *slum* dans le monde anglo-saxon. C'est un synonyme de bidonville.

p.268

1. Vrai. Il y a de plus en plus de zones franches dans le monde à mesure que les États cherchent à attirer les investissements et réduisent pour cela leur fiscalité.
2. Faux. La mondialisation favorise la littoralisation des activités, qui mettent en contact avec le reste du monde.
3. Faux. Singapour est le deuxième port du monde pour les conteneurs, derrière Shanghai.
4. Vrai. La France encourage le développement de pôles de compétitivité depuis 2004, et espère ainsi maintenir la compétitivité du territoire et des espaces productifs français.
5. Faux. Le principe du JAT favorise toutes les métropoles qui disposent de hubs, plateformes opérant des correspondances entre toutes les destinations
6. Vrai. L'exceptionnel développement économique de la Chine a considérablement accru ses besoins. L'Afrique, riche en ressources, est donc devenue un enjeu majeur pour l'économie chinoise. Les échanges entre les deux espaces ont ainsi bondi de 10 à 200 milliards de dollars entre 2000 et 2013.

p.284

1. c. L'Afrique concentre la moitié des terres accaparées dans le monde. Les pays qui cherchent à accroître leurs productions agricoles y trouvent de vastes surfaces foncières qu'ils peuvent acquérir à bon prix.
2. b. Les conditions naturelles et plusieurs siècles de mise en valeur agricole ont fait de l'ensemble des campagnes du bassin méditerranéen des régions spécialisées dans la production de vin, d'olives et de blé.
3. b. L'Inde compte 600 millions de paysans. Ils représentent près de 45 % de la population totale du pays. Ce sont des exploitants agricoles dont les fermes sont de petite taille, tant du point de vue de la surface cultivée que des revenus dégagés.
4. c. L'espace français est constitué à 70 % de territoires ruraux, caractérisés par une densité de population toujours inférieure à la moyenne nationale, et parfois extrêmement faible.
5. c. Une « zone de revitalisation rurale » se compose d'ensembles de communes (les intercommunalités) dont la densité de population est inférieure ou égale à 63 hbts/km2 et dont les habitants ont un revenu médian inférieur ou égal à 19 000 euros par an. Cette mesure phare de la politique d'aménagement du territoire vise à stimuler la renaissance économique des campagnes particulièrement touchées par le vieillissement, la dépopulation et la crise des activités traditionnelles sous la forme d'aides financières et d'exonérations fiscales.

6. b. 60 % du territoire breton est occupé par des activités agricoles contre 52 % en moyenne en France métropolitaine.

p.294

1. Vrai. Shanghai est la véritable capitale économique du pays grâce à son port, sa Bourse et ses nombreux sièges d'entreprises.
2. b. C'est Deng Xiaoping en 1978. Cette date marque la création des zones économiques spéciales (ZES) et donc l'ouverture de la Chine littorale aux investissements étrangers et à la mondialisation.
3. b. Le rapport est de 1 à 3, ce qui est un écart important. Cette inégalité de revenus explique d'ailleurs l'attrait que les Chinois ont pour la ville.
4. c. Le ministère de l'Environnement n'a été créé qu'en 2008, c'est une date récente.
5. b. Les énergies fossiles représentent 71 % du mix énergétique total, dont surtout le charbon. C'est ce qui explique que le pays soit un grand pollueur et que la qualité de l'air y soit très dégradée.

ENSEIGNEMENT SCIENTIFIQUE

p.303

1. Vrai. Le nombre de charge correspond au nombre de protons, seules particules chargées du noyau. Les neutrons, autres nucléons ou particules du noyau ont une charge nulle.
2. Faux. Le carbone 14 a un noyau constitué de 6 protons correspondant au nombre Z inscrit en indice dans le symbole du noyau. Le nombre total de nucléons, protons et neutrons, est de 14 : ce nombre se retrouve en exposant dans le symbole du noyau. On en déduit par différence que le noyau de carbone 14 possède : 14 – 6 = 8 neutrons.
3. Vrai. L'hydrogène est le premier élément. Il est à l'origine de la création, par réactions de fusion, des autres éléments chimiques.
4. Faux. La demi-vie est la durée au bout de laquelle une population de noyaux radioactifs est réduite de moitié, ce qui ne correspond pas du tout à la moitié de la « vie » de l'échantillon.
5. Faux. À strictement parler, la fission est la brisure d'un noyau pour en former d'autres. Certaines fissions sont produites par bombardement de neutrons sur le noyau instable, mais ce n'est pas toujours le cas.
6. Faux. Les noyaux radioactifs peuvent également être utilisés pour le diagnostic médical ainsi que pour traiter des cancers.

p.309

1. Vrai. Le chlorure de sodium est un cristal dont les constituants ioniques sont bien ordonnés.
2. Vrai. La maille élémentaire est le motif 3D d'un cristal.
3. Faux. La masse volumique est une propriété macroscopique d'un cristal, mais elle peut se calculer à partir d'une maille élémentaire.
4. Faux. Les composés organiques (coquilles, squelette…) et les composés inorganiques (cristaux) peuvent avoir des structures cristallines.
5. Vrai. Par définition d'un composé amorphe, ce n'est pas un cristal. Ces constituants ne présentent aucun ordre.
6. Vrai. Les verres sont des composés amorphes, mais ce ne sont pas les seuls.

p.319

1. Vrai.
2. Tous les êtres vivants sont constitués de cellules. La cellule constitue l'unité structurale et fonctionnelle du monde vivant. Toutes les cellules proviennent d'autres cellules.
3. Faux. La membrane plasmique est constituée de deux couches de phospholipides et de protéines.
4. Vrai.
5. Faux. Le microscope optique ne permet pas de voir des objets de taille inférieure à 1 µm. Un ribosome est beaucoup plus petit, il mesure environ 20 nm, soit 20×10^{-9} m.

p.327

1. Vrai. Du fait de l'équivalence masse-énergie ou relation d'Einstein, l'énergie produite par le Soleil et transférée par rayonnement correspond à une perte de masse de l'étoile.
2. Faux. Le spectre du rayonnement émis par une étoile ne dépend que de sa température. La puissance reçue par une planète dépend en revanche de la distance planète-étoile.
3. Vrai. À partir de la représentation graphique du spectre d'émission d'une étoile, on peut déterminer la longueur d'onde λ_m d'émission maximale (pic de la courbe).
La loi de Wien permet d'en déduire la température T de la surface de l'étoile.
4. Vrai. La puissance reçue par la surface terrestre dépend de la latitude, donc du lieu sur la Terre.

5. Faux. L'albédo est égal à la puissance réfléchie sur la puissance incidente et non l'inverse.
6. Vrai. Le sol est à une température de quelques degrés Celsius, donc T = 300 K environ, et la loi de Wien permet de déterminer une longueur d'onde λ_m = 3 000/300 soit de l'ordre de 10 µm. Cela correspond à un rayonnement infrarouge.

p.336

1. Faux. Les combustibles fossiles se forment très lentement sur plusieurs dizaines, voire centaines, de millions d'années.
2. Faux. Seule une partie de l'énergie solaire absorbée est convertie en énergie chimique. Le reste est dissipé sous forme de chaleur.
3. Faux. Elle n'absorbe pas le vert (d'où sa couleur), mais le bleu et le rouge.
4. Vrai.
5. Vrai.

p.344

1. Faux. Ils sont satisfaits par les molécules organiques, les glucides et les lipides.
2. Faux. La valeur énergétique de 1 g de glucides est d'environ 17 kJ, celle de 1 g de lipides est d'environ 38 kJ.
3. Vrai. Il augmente avec l'intensité de l'activité physique.
4. Vrai.
5. Faux. Lorsque la température s'élève au-delà de 19°C, l'organisme dépense de l'énergie pour maintenir sa température corporelle constante.

p.349

1. Faux. L'énergie directement transférée par le Soleil est de l'énergie radiative.
2. Vrai. Les combustibles fossiles (pétrole, charbon, gaz naturel) se sont formés il y a plusieurs dizaines à plusieurs centaines de millions d'années : ce sont des sources d'énergie non renouvelables.
3. Faux. L'énergie résultant de l'utilisation de la biomasse comme source d'énergie est obtenue par fermentation mais aussi par combustion.
4. Faux. Toutes les sources d'énergie issues du Soleil ne sont pas renouvelables, comme par exemple les combustibles fossiles.
5. Faux. Il n'existe malheureusement aucune source d'énergie pour laquelle son utilisation comme source d'énergie n'a pas d'inconvénient.

p.355

1. Vrai. La méthode d'Ératosthène a permis de mesurer la longueur d'un méridien par une méthode d'ombre portée.
2. Faux. Deux points d'un même méridien ont même longitude.
3. Faux. L'équateur est le parallèle de latitude 0°.
4. Vrai. Le méridien de référence de longitude 0° est le méridien de Greenwich.
5. Faux. Les parallèles sont des cercles formant des plans parallèles entre eux et en particulier parallèles au plan de l'équateur.
6. Vrai. Deux points du même parallèle ont la même latitude, mais des longitudes différentes. Ils appartiennent donc à des méridiens différents.

p.363

1. Faux. La stratigraphie permet cependant d'estimer le temps de dépôt correspondant à l'épaisseur d'une couche de roches sédimentaires.
2. Vrai.
3. Faux. La pente d'une droite isochrone permet de déterminer l'âge d'échantillons formés en même temps.
4. Vrai.
5. Vrai.

p.369

1. Faux. Un référentiel est un repère d'espace et un repère temporel.
2. Vrai. Le référentiel héliocentrique (*hélios* signifie « Soleil ») a son repère centré sur le Soleil.
3. Vrai. Un cercle est une ellipse d'excentricité $e = 0$.
4. Faux. La représentation actuelle du système solaire est celle des planètes en rotation autour du Soleil dans le référentiel héliocentrique.
5. Faux. La période de rotation de la Lune autour de la Terre est appelée période synodique. La période sidérale est la période de rotation propre de la Lune.
6. Faux. Seule une faible partie des réserves hydriques sur Terre est directement potable.

p.377

1. Faux. Même si un son pur correspond à un signal sinusoïdal dans le temps, la guitare ne produit que des sons complexes.
2. Vrai. Un son musical est périodique, ce qui le distingue d'un bruit.
3. Faux. La puissance sonore par unité de surface ou puissance sonore surfacique est l'intensité sonore et non le niveau d'intensité sonore en dB.
4. Vrai. La fréquence d'une harmonique est un multiple de la fréquence fondamentale.
5. Vrai. La fréquence du son émis par un instrument à cordes est d'autant plus grande que la corde est courte.
6. Faux. Le son émis par un diapason est un son pur possédant une unique fréquence. Il s'agit davantage d'une fréquence fondamentale sans harmoniques.

7. Vrai. Une octave correspond à un intervalle dont les fréquences sont en rapport 2/1.
8. Vrai. Une gamme est une suite finie de notes réparties sur une octave.

p.385

1. Vrai. On appelle discrétisation d'un signal son échantillonnage et sa quantification.
2. Faux. La numérisation est d'autant plus fidèle que l'échantillonnage est fréquent, donc que la fréquence d'échantillonnage est grande.
3. Faux. Une très grande quantité d'informations audio et vidéo est échangée chaque jour dans le monde.
4. Faux. Tout échange de fichier nécessite de l'énergie.
5. Vrai. La compression permet de diminuer la taille d'un fichier pour le stocker ou le transmettre plus facilement.
6. Vrai. Il existe deux types de compression : « destructive » dite avec perte d'information et « non destructive » sans perte d'information.

p.393

1. Faux. Il sépare l'oreille externe de l'oreille moyenne.
2. Vrai.
3. Faux. L'organisation du cortex auditif n'est pas définitive, car il existe une plasticité corticale.
4. Faux. L'aire auditive est une aire temporale.
5. Faux. Les fibres provenant de la cochlée se projettent point par point au niveau de l'aire auditive primaire.

MATHÉMATIQUES

p. 403

1. **a.** et **c.** **2.** **a.** et **c.** **3.** **a.** et **b.** **4.** **b.** et **c.** **5.** **a.** et **c.** **6.** **a.** et **c.** **7.** **c.** **8.** **c.** **9.** **a.**

p. 410

1. **b.** **2.** **a.**, **b.** et **c.** **3.** **a.**, **b.** et **c.** **4.** **b.** et **c.** **5.** **b.** et **c.** **6.** **a.** et **b.** **7.** **a.** **8.** **c.** **9.** **b.**

p. 415

1. **a.** **2.** **a.**, **b.** et **c.** **3.** **c.** **4.** **b.** et **c.** **5.** **a.** et **c.** **6.** **a.** **7.** **b.** **8.** **a.**, **b.** et **c.** **9.** **a.** et **c.**

p. 421

1. **a.**, **b.** et **c.** **2.** **a.** et **c.** **3.** **a.**, **b.** et **c.** **4.** **a.** et **c.** **5.** **a.**

p. 427

1. **b.** et **c.** **2.** **b.** et **c.** **3.** **c.** **4.** **b.** **5.** **a.** et **b.** **6.** **a.**

ANGLAIS

p.434

1. Vrai. 2. Vrai. 3. Le suffixe ***-ly*** ne permet pas de former un nom. **4.** Le suffixe ***-al*** ne permet pas de former un verbe. **5.** ***as though***, qui signifie « comme si ». **6.** ***as long as***, qui signifie « pourvu que ». **7.** Quels sont les liens qui unissent les personnages ?

p.441

1. *was reading.* **2.** *at.* **3.** *to give.* **4.** *devastated.* **5.** *first-rate.* **6.** *and yet.*

p.447

1. spell. **2.** Mean (*say* est impossible ici car c'est du présent simple. Le present *be + V-ing "am saying"* serait possible : alors l'énonciateur commente les propos qu'il est en train de tenir). **3.** Mixed feelings. Les deux autres expressions ont peu de sens. **4.** Montante à chaque mot de la liste. **5.** /z/ car le son précédent est un son voyelle /ai/. **6.** /id/ car le son précédent est le son consonne /d/.

p.455

1. *to deprive of.* **2.** *well-off.* **3.** *to influence.* **4.** *homeless.* **5.** *union.* **6.** *role model.*

ESPAGNOL

p. 461

1. El aspecto de una de las nociones. **2.** Espacios e intercambios. **3.** Choisissez la réponse correcte. **4.** Lo veo en la segunda línea. **5.** le but **6.** le verbe

p. 465

1. a. Cela m'étonne que le garçon n'ait pas assez d'argent pour acheter un cadeau à sa mère.
2. a. Je ne pense pas que ce soit possible de vivre ici.
3. b. Il fait comme s'il ne savait pas.
4. b. En premier lieu, nous analyserons la situation de la famille dans ce texte, et ensuite l'attitude du jeune garçon dans cette situation.
5. b. Ainsi, nous apprenons que le garçon n'aime pas la lecture.

p. 470

1. a. Je pense qu'il a raison.
2. a. Ça me semble essentiel.
3. b. Je ne suis pas d'accord.
4. b. Il fait partie des mythes fondateurs.

p. 477

1. por **2.** al **3.** de **4.** a **5.** es **6.** tenga

Faux-amis

Attention, certains faux-amis suivis d'une astérisque * ne le sont que dans certains contextes.

mot anglais	traduction	faux-ami en français	traduction
achieve	réussir	achever	*finish*
application	candidature	appliquer	*apply*
bribe	pot de vin	bribe	*bit*
*change**	monnaie	changer	*change*
coin	pièce de monnaie	coin	*corner*
comprehensive	exhaustif, complet	compréhensif	*understanding*
confidence	confiance	confidence	*secret*
deceive	tromper	decevoir	*disappoint*
demand	exiger, la demande	demander	*ask*
figure	chiffre	figure	*face*
injure	blesser	injurier	*insult*
lecture	conférence	lecture	*reading*
mercy	miséricorde, pitié	merci	*thank you*
notice	remarquer	notice	*instructions, manual*
petrol	essence	pétrole	*oil*
physician	docteur	physicien	*physicist*
pretend	faire semblant	prétendre	*claim*
prevent	empêcher	prévenir	*warn*
quit	arrêter de fumer, démissionner	quitter	*leave*
recover	récupérer	recouvrir	*cover*
store	magasin	stores	*blinds*
sympathetic	compatissant	sympathique	*nice*
touchy	susceptible	touché	*touched*
villain	méchant (ennemi du héros)	vilain	*naughty, nasty*

Erreurs à éviter

	WRONG	REMEMBER	MEMORIZE
« Être d'accord » **« Ne pas être d'accord »**	– *I ~~am~~ agree* – *I'~~m not~~ agree*	*To agree* est un verbe	– *I* **agree with** *that statement* – *I* **don't agree with** *you*
« Avoir raison » **« Avoir tort »**	– *She ~~has reason~~* – *He ~~has wrong~~*	– *To be right* – *To be wrong*	– *She* **is right** – *He* **is wrong**
Expression du but	*I'm going to London ~~for~~ find a job*	Jamais *"for"* devant un verbe pour exprimer un but	*I'm going to London* **(in order) to** *find a job*
« Permettre à quelqu'un de faire quelque chose »	*Watching movies in the original version ~~permits~~ me to improve my English*	*To enable someone to do something*	*Watching movies in the original version* **enables** *me to improve my English*
Depuis : durée / moment précis	*He ~~sleeps since~~ eight hours*	*For* et *since* : *present perfect be + V-ing*	*He*'**s been sleeping for** *eight hours* / **since** *8:00 pm*
« Pendant » **« Pendant que »**	*~~During~~ three years*	– *During = at one point, in a certain period of time* – Pendant que = *while*	– **During** *my holidays* *I went to London* **for** *three days* – **While** *you were reading, I was doing my homework*
Adjectifs	*The ~~french~~ students are ~~differents~~ from the ~~american~~ students*	– Adjectifs invariables – Majuscules aux nationalités	*The* **French** *students are* **different** *from the* **American** *students*
Adjectifs composés	*The main character is ~~thirteen years~~*	– Traits d'union – et pas de *"s"*	*The main character is* **a thirteen-year-old boy**
Assez	*He's ~~enough~~ old to understand*	*"Enough"* après l'adjectif	*The main character is* **old enough** *to understand*
"Much" **"Many"**	*~~Much~~ people think…*	– *"Much"* suivi d'un indénombrable – *"Many"* suivi d'un dénombrable	– *He doesn't have* **much money** – **Many people** *think…*
Gérondifs	*She drinks after ~~to eat~~*	*V-ing* après une préposition : *without, instead of, before, after*	*She drinks* **without** *eat***ing**
« Tous » **« Tout »**	*Every ~~men are~~*	– *Every* + singulier – *All* + pluriel – *Everything*	– *Every* **man is** *an island* – **All** *students* **are** *told to work* – *Thank you for* **everything**
« Vouloir que quelqu'un fasse quelque chose »	*The teacher ~~wants that…~~*	*To want someone to do something*	*The teacher* **wants the students to** *work hard*
L'habitude dans le passé	*People used to ~~smoking~~*	*Used to* + base verbale	*People* **used to** *smoke*

Verbes à construction prépositionnelle

Cette liste de verbes (non exhaustive), choisis en fonction du lien éventuel avec les notions du baccalauréat, vous permettra d'enrichir votre lexique et de construire correctement ces verbes fréquemment employés ; **nous avons choisi les prépositions les plus courantes** : verbes + *a, en, de, por, para.*

1. Verbes + préposition *a*

Acercarse ***a***	s'approcher de	*Se sintió aliviado al acercarse a la costa.* Il se sentit soulagé en s'approchant de la côte.
Acertar ***a***	réussir à	*Nunca acertaremos a saber la verdad.* Nous ne réussirons jamais à savoir la vérité.
Aficionar ***a***	donner le goût de	*Su tía supo aficionarle a las artes.* Sa tante a su lui donner le goût des arts.
Aficionarse ***a***	se passionner pour	*Se aficionó a la música andina.* Il s'est passionné pour la musique andine.
Aproximarse ***a***	s'approcher de	*Se aproximó al presidente.* Il s'approcha du président.
Atender ***a***	s'occuper de	*Ella atiende a la abuela con dulzura.* Elle s'occupe de grand-mère avec douceur.
Atreverse ***a***	oser	*Nadie se atreve a denunciarlo.* Personne n'ose le dénoncer.
Comprometerse ***a***	s'engager à	*Se comprometerá a ayudar a los más débiles.* Il s'engagera à aider les plus faibles.
Convertirse ***a***	se convertir à	*Se convirtieron al budismo.* Ils se sont convertis au bouddhisme.
Dar ***a***	donner sur	*Este palacio da a un río.* Ce palais donne sur un fleuve.
Decidirse ***a***	se décider à	*No consigue decidirse a dejar de fumar.* Il n'arrive pas à se décider de cesser de fumer.
Incorporarse ***a***	intégrer	*Este bailador se incorporó a una nueva peña.* Ce danseur a rejoint un nouveau groupe.
Negarse ***a***	refuser de	*Todos se niegan a ver la realidad.* Tous refusent de voir la réalité.
Obligar ***a***	obliger à	*No te pueden obligar a hacerlo.* On ne peut pas t'obliger à le faire.
Oler ***a***	sentir (quelque chose)	*Huele a petróleo.* Ça sent le pétrole.
Ponerse ***a***	se mettre à	*Se pusieron a resistir.* Ils se mirent à résister.
Saber ***a***	avoir goût de	*Esta novela sabe a nostalgia.* Ce roman a un goût de nostalgie.
Traducir ***a***	traduire en	*Es necesario traducir este documento al inglés.* Il faut traduire ce document en anglais.
Volver ***a*** **(+ infinitif)**	refaire quelque chose	*Se lo volvió a decir.* Il le lui dit à nouveau.

2. Verbes + préposition *en*

Acabar ***en***	se transformer en, aboutir	*La fiesta se acabó en una tragedia.* La fête s'est terminée en tragédie.
Ahondar ***en***	approfondir	*Es interesante ahondar en este tema.* C'est intéressant d'approfondir ce thème.
Alistarse ***en***	s'engager dans	*No quiso alistarse en las filas republicanas.* Il ne voulut pas s'engager dans les rangs républicains.
Ampararse ***en***	se réfugier derrière	*Suelen ampararse en la costumbre.* D'habitude, ils se réfugient derrière la coutume.
Basarse ***en***	se fonder sur	*Esta novela se basa en hechos reales.* Ce roman se fonde sur des faits réels.
Comprometerse ***en***	s'engager dans	*Los jóvenes poco se comprometen en política.* Les jeunes s'engagent peu en politique.

Consentir **en**	consentir à	*Los indígenas no consienten en esta venta.* Les indigènes ne consentent pas à cette vente.
Consistir **en**	consister à	*La tarea consiste en explicar un texto.* Le travail consiste à expliquer un texte.
Convertirse **en**	devenir, se transformer en	*La ciudad se ha convertido en una basura.* La ville s'est transformée en poubelle.
Creer **en**	croire à	*Todos creían en un futuro mejor.* Tous croyaient à un avenir meilleur.
Desembocar **en**	déboucher sur, aboutir	*La huelga no ha desembocado en ningún acuerdo.* La grève n'a abouti à aucun accord.
Dudar **en**	hésiter à	*No dudaron en salir de Cuba.* Ils n'hésitèrent pas à quitter Cuba.
Ejercitarse **en**	s'exercer en, s'essayer à	*¡Ejercítate en guitarra!* Entraîne-toi en guitare !
Empeñarse **en**	s'obstiner à	*Se empeña en hablar sin poner el acento.* Il s'obstine à parler sans mettre l'accent.
Esmerarse **en**	s'appliquer à	*Los jóvenes se esmeran en hallar prácticas.* Les jeunes s'efforcent de trouver des stages.
Estribar **en**	résider dans	*Las claves de comprensión estriban en una lectura aguda.* Les clefs de la compréhension résident dans une lecture aiguisée.
Fijarse **en**	faire attention à, bien observer	*Fíjate en los tiempos empleados cuando lees un documento.* Fais bien attention aux temps employés quand tu lis un document.
Inspirarse **en**	s'inspirer de	*La película se inspiró en la novela.* Le film s'est inspiré du roman.
Interesarse **en**	s'intéresser à	*Se interesan en la música cubana.* Ils s'intéressent à la musique cubaine.
Insistir **en**	insister sur	*Quisiera insistir en lo siguiente.* Je voudrais insister sur ceci.
Licenciarse **en**	faire une licence de	*Carlos se licenció en derecho.* Carlos a fait une licence de droit.
Participar **en**	participer à	*Participaron en la sublevación.* Ils ont participé au soulèvement.
Pensar **en**	penser à	*Solo piensa en sus intereses.* Il ne pense qu'à ses intérêts.
Profundizar **en**	approfondir	*Intenta profundizar en la pregunta.* Essaie d'approfondir la question.
Quedar **en**	convenir de	*Quedaron en parar el debate.* Ils sont convenus d'arrêter le débat.
Radicar **en**	résider dans	*Todo radica en las actuaciones de los actores.* Tout a son origine dans le jeu des acteurs.
Reparar **en**	faire attention à	*Reparemos en los detalles.* Remarquons bien les détails.

3. Verbes + préposition *de*

Acabar **de**	venir de	*Acaban de encontrar los restos de Cervantes.* On vient de trouver les restes de Cervantes.
Admirarse **de**	s'étonner de	*Todos se admiraron de su reacción.* Tous se sont étonnés de sa réaction.
Alegrarse **de**	se réjouir de	*Nos alegramos de su decisión.* Nous nous réjouissons de sa décision.
Arrepentirse **de**	regretter	*Nunca se arrepintió de su política.* Il n'a jamais regretté sa politique.
Coger **de**	tenir, prendre par	*¡Cógelo de la mano!* Prends-le par la main.
Colgar **de**	accrocher à	*Tiene que colgar la foto de la pared.* Il faut qu'il accroche la photo au mur.
Constar **de**	se composer de	*Esta novela consta de diez capítulos.* Ce roman se compose de dix chapitres.
Cuidar **de**	s'occuper de	*¿Quién cuidará de la abuela?* Qui s'occupera de la grand-mère ?
Dar **de**	donner à	*Dale de beber, tiene sed.* Donne-lui à boire, il a soif.
Discrepar **de**	ne pas être du même avis sur…	*Sus ideas discrepan de las mías.* Ses idées sont opposées aux miennes.
Estar **de**	travailler comme	*Su amiga está de enfermera.* Son amie travaille comme infirmière.
Gozar **de**	jouir de	*Esta universidad goza de buena fama.* Cette université jouit d'une bonne réputation.

Huir **de**	fuir	*Querían huir de la miseria.* Ils voulaient fuir la misère.
Ir **de**	s'en aller en	*Nos vamos de vacaciones.* Nous partons en vacances.
Olvidarse **de**	oublier	*Nunca se ovidarán de aquel día.* Ils n'oublieront jamais ce jour.
Prescindir **de**	se passer de	*No podemos prescindir de él.* On ne peut pas se passer de lui.
Renegar **de**	renier	*Todos reniegan de su pasado.* Ils renient tous leur passé.
Saber **de**	s'y connaître en	*No sé nada de electricidad.* Je n'y connais rien en électricité.
Vestirse **de**	s'habiller en	*Se vistió de negro.* Elle s'habilla en noir.

4. Verbes + préposition *por*

Acabar **por**	finir par	*Acabarán por encontrar la solución.* Ils finiront par trouver la solution.
Afanarse **por**	s'efforcer de	*Se afanaron por encontrar un acuerdo.* Ils se sont efforcés de trouver un accord.
Apasionarse **por**	se passioner pour	*Se apasionó por la pintura italiana.* Il se passionna pour la peinture italienne.
Cambiar **por**	échanger contre	*Cambió su moto por una bici eléctrica.* Il a échangé sa moto contre une bicyclette électrique.
Esforzarse **por**	s'efforcer de	*Se esforzó por reducir los impuestos.* Il s'est efforcé de réduire les impôts.
Estar **por**	1) avoir l'intention de 2) rester à faire	*Todos estamos por quedarnos en casa ya que muchas cosas están por hacer.* Tous nous avons l'intention de rester à la maison car il reste beaucoup de choses à faire.
Luchar **por**	lutter pour	*Lucharon por la libertad de expresión.* Ils ont lutté pour la liberté d'expression.
Optar **por**	choisir de	*Optaron por cambiar de meta.* Ils ont choisi de changer de direction.
Preguntar **por**	demander des nouvelles de	*¡Pregunta por él!* Demande de ses nouvelles !
Preocuparse **por**	s'inquiéter de	*Nos preocupamos por el porvenir del planeta.* On s'inquiète de l'avenir de la planète.
Quedar **por** *(hacer algo)*	rester (à faire)	*Queda mucha faena por hacer.* Il reste beaucoup de travail à faire.
Votar **por**	voter pour	*¡Que voten por este candidato!* Qu'ils votent pour ce candidat !

5. Verbes + préposition *para*

Bastar **para**	suffire à	*Esta explicación basta para entender.* Cette explication suffit pour que l'on comprenne.
Estar **para**	être sur le point de	*Esta familia está para emigrar.* Cette famille est sur le point d'émigrer.
No estar **para**	ne pas être d'humeur à	*Hoy no estoy para bromas.* Aujourd'hui, je ne suis pas d'humeur à faire des blagues.
Servir **para**	servir à	*No sirve para nada.* Cela ne sert à rien.

Pièges à éviter

ORTHOGRAPHE

Les accents

- Faites attention à l'accentuation des verbes.

Ne confondez pas *hablo* (« je parle ») et *habló* (« il a parlé » ou « il parla ») car la personne et le temps ne sont pas les mêmes.

- **Attention aux mots monosyllabiques** qui n'ont pas le même sens :
  - *tu* (ton, ta) et *tú* (toi, tu)
  - *mi* (mon, ma) et *mí* (moi après une préposition)
  - *el* (le) et *él* (il, lui)
  - *se* (se) et *sé* (je sais ou sois).
- **Pensez à mettre le tilde sur le -n** pour éviter d'énormes quiproquos. Exemple : *el año* (l'année), *el ano* (l'anus) ; *la peña* (le rocher), *la pena* (la peine)…

Les doubles consonnes

CaRoLiNa (*la dirección, un perro, se llama, ennoblecer*) est un bon moyen mnémotechnique pour se rappeler que **seules les consonnes de ce prénom peuvent se doubler en espagnol**.

Exemple : *en efecto* (en effet) ne peut s'écrire qu'avec un seul « f » en espagnol.

Les voyelles

Rappelez-vous que **le « y » n'est pas une voyelle** en espagnol.

Exemple : un synonyme = *un sinónimo.*

La ponctuation

Pensez à mettre le point d'interrogation à l'envers lorsque la phrase est interrogative et **le point d'exclamation à l'envers** lorsqu'elle est exclamative.

Exemple : *¿Cómo estás?* (Comment vas-tu ?) *¡Muy bien!* (Très bien !).

GRAMMAIRE

Les accords

Le genre et le nombre d'un mot peuvent différer d'une langue à l'autre. Attention aux accords !

Exemples : Les gens sont sympathiques. *La gente es simpática.*

Les cheveux blonds. *El pelo rubio.*

Les pronoms personnels

- **En règle générale, on ne met pas les pronoms personnels sujets** sauf lorsqu'il y a risque de confusion ou pour insister sur la personne.

Exemple : *Se expresa con soltura.* → *Usted se expresa con soltura.* (Vous vous exprimez avec aisance.) / *Él se expresa con soltura.* (Il s'exprime avec aisance.) / *Ella se expresa con soltura.* (Elle s'exprime avec aisance).

- **Attention à la double enclise.**

Exemple : *Díselo* (COI + COD). Dis-le-lui (COD + COI).

Les possessifs

L'espagnol les utilise moins qu'en français et **préfère souvent utiliser un verbe pronominal.**

Exemple : Il met son chapeau. *Se pone el sombrero.*

L'apocope

- **Primer(o), tercer(o), buen(o), mal(o)** perdent leur voyelle finale devant un nom masculin singulier. *Tiempo malo* (temps mauvais) / *Mal tiempo* (mauvais temps)
- **Gran(de), cualquier(a)** s'apocopent devant un nom au singulier. *Una gran ciudad* : une grande ville.

L'enclise

Les pronom(s) personnel(s) complément(s) vien(nen)t se greffer à la fin du verbe :

– à l'infinitif : *quiere expresarse* = il veut s'exprimer.
– au gérondif : *está leyéndole una novela* = il lui lit un roman.
– à l'impératif : *dámelo* = donne-le-moi.

Les prépositions

La préposition « *a* » :

– « *a* » introduit un **C.O.D.** de personne déterminée.
Le personnage méprise (qui ?) son interlocuteur. *El personaje menosprecia **a** su interlocutor.*
– « *a* » indique une **idée de mouvement** vers.
Exemple : Il va en Andalousie. *Va **a** Andalucía.*

- **La préposition « *en* »** permet de situer une action (pas de mouvement).

Exemple : À Tijuana, il y a de nombreux passeurs. ***En** Tijuana, hay numerosos « coyotes ».*

- **La préposition « *por* »** permet d'exprimer la cause.

Exemple : Il n'a pas réussi ses examens parce qu'il n'a pas beaucoup étudié. ***Por** no estudiar mucho, no aprobó.*

- **La préposition « *para* » :**

– « *para* » indique le **point de vue**, c'est l'équivalent de « *según* » *(selon).*
Exemple : Pour moi, ce n'est pas une bonne idée. *Para mí, no es una buena idea.*
– « *para* » exprime l'**idée de but.**
Exemple : Il emploie cette expression pour attirer l'attention de ses lecteurs. *Emplea esta expresión para llamar la atención de sus lectores.*

- **Verbes suivis de prépositions différentes :**

– rêver de : *soñar con*
– penser à : *pensar en*
– permettre de + infinitif : *permitir* + infinitif
– décider de + infinitif : *decidir* + infinitif

Être

Il y a trois façons de traduire le verbe « être » : *ser, estar* ou *haber*.

- Lorsque l'attribut du sujet est un nom commun, un nom propre, un pronom, un numéral, un infinitif, on utilise toujours ***ser***.

Exemple : *Es un clandestino* (c'est un clandestin), *es Pedro* (c'est Pedro), *soy yo* (c'est moi), *somos treinta* (nous sommes trente), *lo importante es estudiar* (l'important est d'étudier).

- Lorsque l'attribut du sujet est un adjectif seul, on utilise ***ser*** pour une caractéristique essentielle (ex : *es moreno* = il est brun) et ***estar*** pour une caractéristique passagère (ex : *está descontento* = il est mécontent).
- Certains adjectifs n'ont pas le même sens selon que l'on utilise ***ser*** ou ***estar***.

Exemple : *Es bueno* (il est gentil), *está bueno* (il est en pleine forme).
Es malo (il est méchant), *está malo* (il est malade).

- Lorsque l'attribut du sujet est un participe passé : ***ser*** + participe passé (action en train de se faire), ***estar*** + participe passé (résultat d'une action).

Exemple : *La puerta es cerrada (por el profesor)*. La porte est fermée (par le professeur). *La puerta está cerrada.* La porte est fermée. **Haber** + participe passé. Exemple : *¿Y a has ido a España?* Es-tu déjà allé en Espagne ?

Avoir

Il y a deux façons de traduire le verbe avoir : *haber* ou *tener*

- « Avoir » dans le sens de « posséder » : *tener* (*poseer*).

Exemple : J'ai 18 ans, j'ai peur. *Tengo 18 años, tengo miedo.*

- Auxiliaire « avoir » devant un participe passé : *haber* + participe passé.

Exemple : J'ai répondu à la lettre. *He contestado la carta.*

FAUX-AMIS

Les noms communs

– *la arena*	le sable (*la plaza de toros*: les arènes ; *el ruedo*: l'arène)
– *la armada*	la marine (*el ejército*: l'armée)
– *una carta*	une lettre (*una tarjeta postal o bancaria*: une carte postale ou bancaire; *un mapa*: une carte géographique)
– *el equipaje*	les bagages (*la tripulación*: l'équipage)
– *un gato*	un chat (*un pastel, una tarta*: un gâteau)
– *una inversión*	un investissement
– *el nombre*	le prénom (*el apellido*: le nom de famille)
– *un paisano*	un compatriote (*un campesino*: un paysan)
– *papi, mami*	papa, maman (*abuelito, abuelita*: papi, mamie)
– *el sable*	le sabre (*la arena*: le sable)
– *el sol*	le soleil (*el suelo*: le sol)
– *un suceso*	un événement, un fait divers (*un éxito*: un succès)

Les adjectifs

– *charlatán*	bavard
– *constipado*	enrhumé (*estreñido*: constipé)
– *débil*	faible (*necio*: bête, débile)
largo	long (*ancho*: large)
– *raro*	bizarre, étrange (*escaso*: rare)

Les verbes

– *abrazar*	enlacer, serrer dans ses bras (*besar*: embrasser, donner un baiser)
– *asomar(se)*	apparaître, se montrer (*matar a palos*: assommer à coups de bâton)
– *constiparse*	s'enrhumer (*estreñir*: constiper)
– *discutir*	se disputer (*charlar, hablar*: discuter)
– *enfermar*	tomber malade (*encerrar*: enfermer)
– *entender*	comprendre (*oír*: entendre, sentir)
– *exprimir*	presser (*expresar*: exprimer)
– *marcharse*	partir, s'en aller (*andar, caminar*: marcher)
– *quitar*	ôter, enlever (*dejar*: laisser, quitter)
– *restar*	soustraire (*quedar*: rester)
– *salir*	sortir, partir (*ensuciar*: salir)
– *subir*	monter (*sufrir, padecer*: subir)
– *tirar*	jeter
– *tumbarse*	s'allonger (*caer*: tomber)

Crédits photographiques

FRANÇAIS

p.45 : BIS/ Ph. © Archives Larbor ; **p.46 :** © BIS / Ph. Coll. Archives Nathan ; **p.49 :** BIS/ Ph. H. Josse © Archives Larbor ; **p.54 g :** BIS / Ph. Frédéric Hanoteau © Archives Nathan ; **p.54 d :** BRIDGEMAN IMAGES, © Association Marcel Duchamp / Adagp, Paris 2023 ; **p.58 :** BIS/ Ph. J. Arland © Archives Larbor ; **p.59 :** BIS/ Ph. © Archives Nathan ; **p.60 :** BIS/ Ph. H. Josse © Archives Larbor ; **p.61 :** Photo12/ Heritage Images/Heritage Art ; **p.62 :** BIS/ Ph. Jean Tarascon © Archives Larbor ; **p.72 ht :** BIS/ Ph. H. Josse © Archives Larbor ; **p.72 b :** BIS/ Ph. Coll.© Archives Larbor ; **p.81 :** ht BIS/ Ph. H. Josse © Archives Larbor ;bas BIS / Ph. Guiley-Lagache © Archives Larbor; **p.83 :** BNF ; **p.96 :** ©2023 The MC. ESCHER COMPANY– Holland. All rights reserved ; **p.131 :** BIS / Ph. Pierre Vals - Coll. Archives Larbor ; **p.134 :** BIS / Ph.© Archives Larbor ; **p.137 :** BIS / Ph. Jeanbor © Archives Larbor ; **p.140 :** BIS / Ph. Coll. Archives Larbor ; **p.143 :** BIS / Ph. Hubert Josse © Archives Larbor ; **p.146 :** BIS / Ph. Hubert Josse © Archives Bordas ; **p.149 :** BIS / Ph. H. Josse © Archives Larbor ; **p.152 :** BIS / Ph. Hubert Josse © Archives Larbor ; **p.155 :** BIS / Ph. Patrice Pascal © Archives Larbor ; **p.157 :** BIS / Ph. © Étienne Carjat -Archives Larbor ; **p.160 :** ROGER- VIOLLET / Boris Lipnitzki ; **p.163.:** BRIDGEMAN IMAGES / Louis Monier.

HISTOIRE-GÉO

p.175 : ADOC PHOTOS ; **p.176 :** Archives nationales ; **p.182 :** © BIS / Ph. Hubert Josse © Archives Bordas ; **p.188 :** BRIDGEMAN IMAGES ; **p.190 :** BRIDGEMAN IMAGES ; **p.192 :** BNF ; **p.196 :** RMN Grand Palais ; **p.199 :** © BIS / Ph. © Archiv für Kunst und Geschichte, Berlin - Archives Larbor ; **p.210 :** BRIDGEMAN IMAGES; **p.211 :** Collection Kharbine-Tapabor ; **p.212 :** Atelier Nadar/RMN GP/Ministère Culture Médiathèque du Patrimoine ; **p.214 :** GAMMA RAPHO/API ; **p.215 :** ROGER-VIOLLET ; **p.218 :** BNF ; **p.227 :** IWM ; **p.228 :** AKG-Images ; **p.230 :** GAMMA-RAPHO/EXPLORER/KEYSTONE France ; **p.235 :** Rue des Archives/ BRIDGEMAN IMAGES ; **p.241 :** Danny Lehman/Getty Images France ; **p.251 :** Ministère de la Cohésion des territoires ; **p.261 :** Hervé Théry, Géoconfluences, novembre 2016 ; **p.275 ht :** Russel Kord/ Photononstop ; **p.275 b :** PhotoPQR/La Dépêche du Midi/MAXPPP ; **p.277 :** Andrea Pistoles/Hemis.fr ; **p.280 :** Dreamstime ; **p.282 bas – gauche :** photographies aériennes de 1949 / source : IGN BD ORTHO® Historique 1949 – **droite :** photographies aériennes de 2017 / source : Mégalis Bretagne et collectivités territoriales bretonnes – 2017 ; **p.283 b :** afac-agroforesteries.fr.

ENSEIGNEMENT SCIENTIFIQUE

p.309 g : AdobeStock/cevahi 87 ; **d :** AdobeStock/Björn Wylezich ; **p.312 d :** BSIP / OMIKRON ; **p.313 g :** SPL/Burbidge ; **d :** D. R. ; **p.314 :** CONGE Hervé ; **p.315 :** ISM/Chu-UCBL ; **p.337 :** Frédéric Hanoteau ; **p.388 :** JACOPIN/BSIP ; **p.391 :** INSERM/Anne Guilhaume.

CAHIER SPECIAL BAC

p.488 : BIS/ Ph. Hubert Josse ©Archives Larbor ; **p.489 :** Manila Bulletin/Romi Santiago/DR ; **p.494 ht :** Agence Hans Lucas.